컴퓨터활용능력 1급 필기

길벗알앤디 지음

길벗

지은이 길벗알앤디
강윤석, 김용갑, 김우경, 김종일
IT 서적을 기획하고 집필하는 출판 기획 전문 집단으로, 2003년부터 길벗출판사의 IT 수험서인 〈시험에 나오는 것만 공부한다!〉 시리즈를 기획부터 집필 및 편집까지 총괄하고 있다.
30여 년간 자격증 취득에 관한 교육, 연구, 집필에 몰두해 온 강윤석 실장을 중심으로 IT 자격증 시험의 분야별 전문가들이 모여 국내 IT 수험서의 수준을 한 단계 높이기 위한 다양한 연구와 집필 활동에 전념하고 있다.

컴퓨터활용능력 1급 필기 – 시나공 시리즈 ⑥
The Written Examination for Advanced Computer Proficiency Certificate

초판 발행 · 2024년 8월 12일

발행인 · 이종원
발행처 · (주)도서출판 길벗
출판사 등록일 · 1990년 12월 24일
주소 · 서울시 마포구 월드컵로 10길 56(서교동)
주문 전화 · 02)332-0931 팩스 · 02)323-0586
홈페이지 · www.gilbut.co.kr 이메일 · gilbut@gilbut.co.kr

기획 및 책임 편집 · 강윤석(kys@gilbut.co.kr), 김미정(kongkong@gilbut.co.kr), 임은정(eunjeong@gilbut.co.kr), 정혜린(sunriin@gilbut.co.kr)
디자인 · 강은경, 윤석남 제작 · 이준호, 손일순, 이진혁 마케팅 · 조승모, 유영은
영업관리 · 김명자 독자지원 · 윤정아

편집진행 및 교정 · 길벗알앤디(강윤석 · 김용갑 · 김우경 · 김종일) 일러스트 · 윤석남
전산편집 · 예다움 CTP 출력 및 인쇄 · 예림인쇄 제본 · 신정제본

ISBN 979-11-407-1037-9 13000
(길벗 도서번호 030855)

가격 30,000원

독자의 1초까지 아껴주는 길벗출판사

(주)도서출판 길벗 | IT교육서, IT단행본, 경제경영서, 어학&실용서, 인문교양서, 자녀교육서 www.gilbut.co.kr
길벗스쿨 | 국어학습, 수학학습, 어린이교양, 주니어 어학학습, 학습단행본 www.gilbutschool.co.kr

인스타그램 • @study_with_sinagong

짜잔~ 'Quick & Easy 단기완성' 시리즈를 소개합니다~

요즘같이 힘든 시대에 자격증 취득에까지 돈과 시간을 낭비하면 되겠습니까?
꼭 취득해야 할 자격증이라면 쉽고 빠르게 취득하는 게 좋지 않겠습니까?
시나공 퀵이지(Quick & Easy) 단기완성을 기획하면서 딱 두 가지만 생각했습니다.

시나공 **퀵앤이지(Quick & Easy) 단기완성**, 줄여서 '**퀵이지 단기완성!**'은 시나공 자격증 수험서로 공부하면 빠르고 쉽게 취득한다는 의미를 담고 있습니다.

Quick, 빠르게 합격하자!

- 이론상 중요할지라도 시험 문제와 거리가 있는 내용, 출제 비중이 낮은 내용은 과감하게 제외하였습니다.
- 중요한 내용을 먼저 확인한 후 필요한 내용을 빠르게 학습할 수 있도록 구성했습니다.

Easy, 쉽게 공부하자!

- 소설책을 읽듯이 술술 넘어갈 수 있도록 쉽게, 그래도 어려운 부분은 예제를 통해 충분히 이해할 수 있도록 자세하게 설명했습니다.
- 이해가 어려운 수험생을 위해 핵심 단위로 동영상 강의를 붙였습니다.

"**컴퓨터활용능력1급**" 자격증, 꼭 취득하여 여러분의 즐거운 인생살이에 조금이라도 보탬이 되었으면 하는 간절함이 있습니다.

2024년 시원한 여름날에

강윤석

⓪ 준비 운동

컴퓨터 일반

① 한글 Windows 10의 기본

② 한글 Windows 10의 고급 기능

③ 컴퓨터 시스템의 개요

④ 컴퓨터 하드웨어

스프레드시트 일반

① 입력 및 편집

1등만이 드릴 수 있는 1등 혜택!!

수험생을 위한 아주 특별한 서비스

하나, 합격 도우미

'시나공 홈페이지(sinagong.co.kr)'

자격증 준비를 위한 시험정보와 합격전략을 제공합니다.

둘, 수험생 지원 센터

'책 내용 질문하기' 게시판

공부하다 궁금하면 참지 말고 게시판에 질문을 남기세요!

셋, 유형별 기출문제

'기출문제' 게시판

자세한 해설이 포함된 기출문제로 현장 감각을 키우세요.

시나공 시리즈는 단순한 책 한 권이 아닙니다. 여러분이 시나공 시리즈 책 한 권을 구입한 순간, Q&A 서비스부터 최신기출문제 등 각종 학습 자료까지, IT 자격증 최고 전문가들이 제공하는 온라인&오프라인 합격 보장 교육 프로그램이 함께합니다.

넷, 기출문제 CBT

최종점검 기출문제 CBT

시험장과 동일한 CBT 환경에서 실제 시험보듯 기출문제를 풀어볼 수 있습니다. 자세한 해설은 덤입니다.

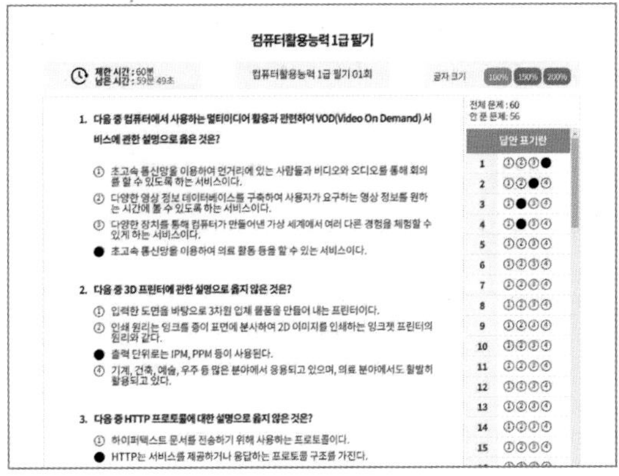

다섯, 무료 동영상 강의

합격에 필요한 내용은 모두 동영상 강의로!

152섹션 407필드 중 395필드를 동영상 강의로 담았습니다. 혼자 공부하다가 어려운 부분이 나와도 고민하지 말고 QR코드를 스캔하세요.

방법1 스마트폰으로 QR코드를 스캔하세요.
방법2 시나공 홈페이지의 [컴퓨터활용능력 1/2급 필기] → [토막강의]에서 강의번호를 입력하세요.
방법3 유튜브 검색 창에 "시나공"+강의번호를 입력하세요.

시나공500101 

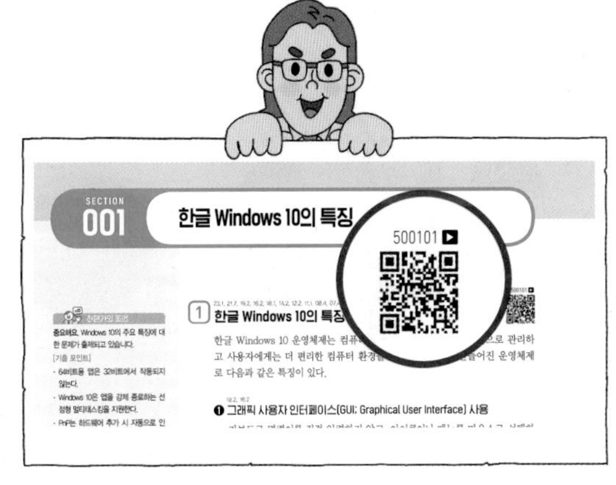

여섯, 온라인 실기 특강

실기 시험 대비 온라인 특강

시나공 홈페이지에서는 실기 시험 준비를 위한 온라인 특강을 무료로 제공합니다.

실기 특강 온라인 강좌는 이렇게 이용하세요!
1. 길벗출판사 홈페이지(www.gilbut.co.kr)에 접속하여 로그인 하세요!
2. 상단 메뉴 중 [동영상 강좌] → [IT자격증] → [컴퓨터활용능력]을 클릭하세요!
3. '[2025] 컴활1급실기 [실제시험장을 옮겨놓았다]'를 클릭하여 시청하세요.

한눈에 살펴보는 시나공의 구성

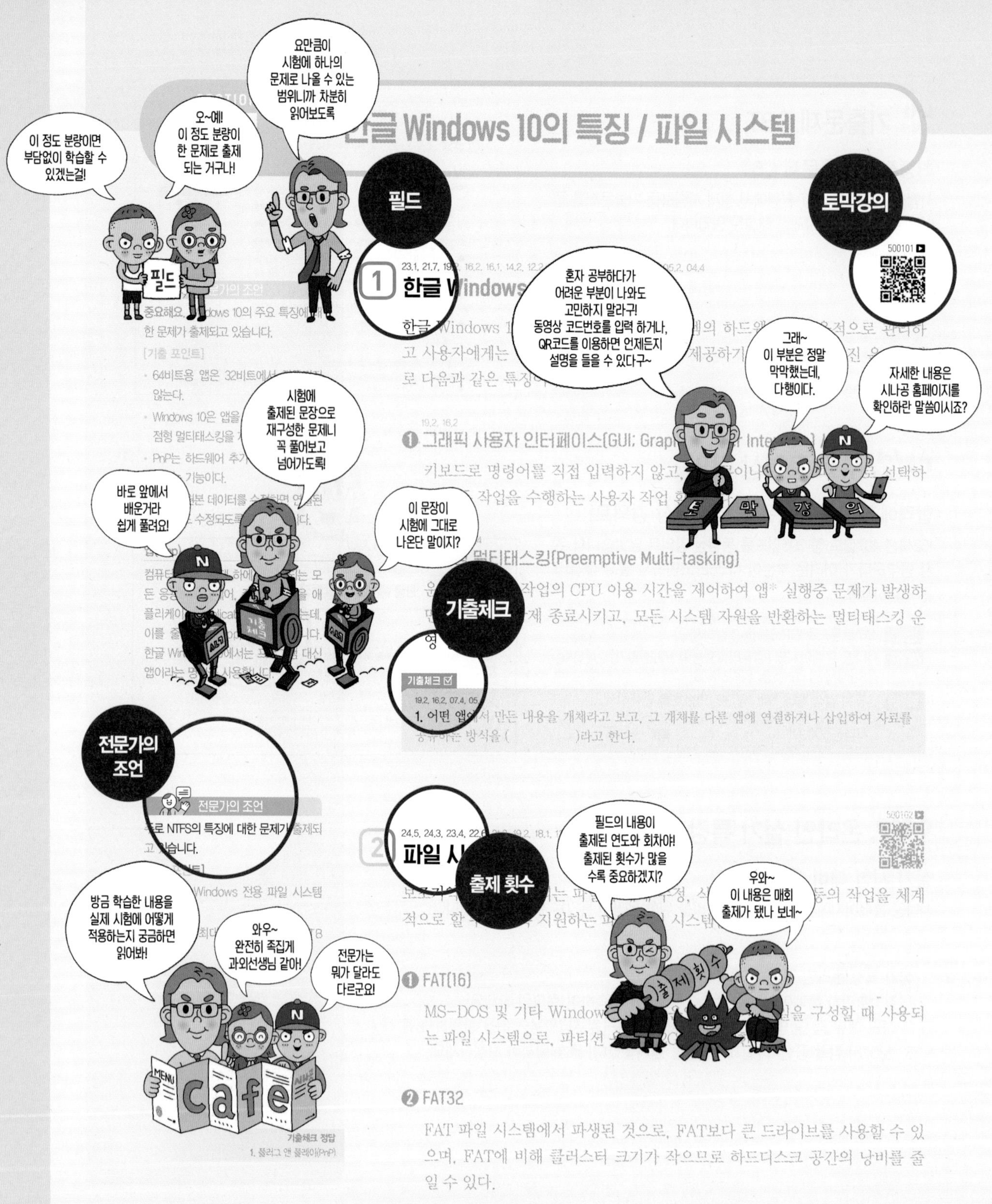

합격에 필요한 내용만 공부한다!

이론은 각 필드에서 짧게 공부하고, 기출체크로 바로 확인할 수 있어 학습이 지루하지 않습니다.

한눈에 살펴보는 시나공의 구성

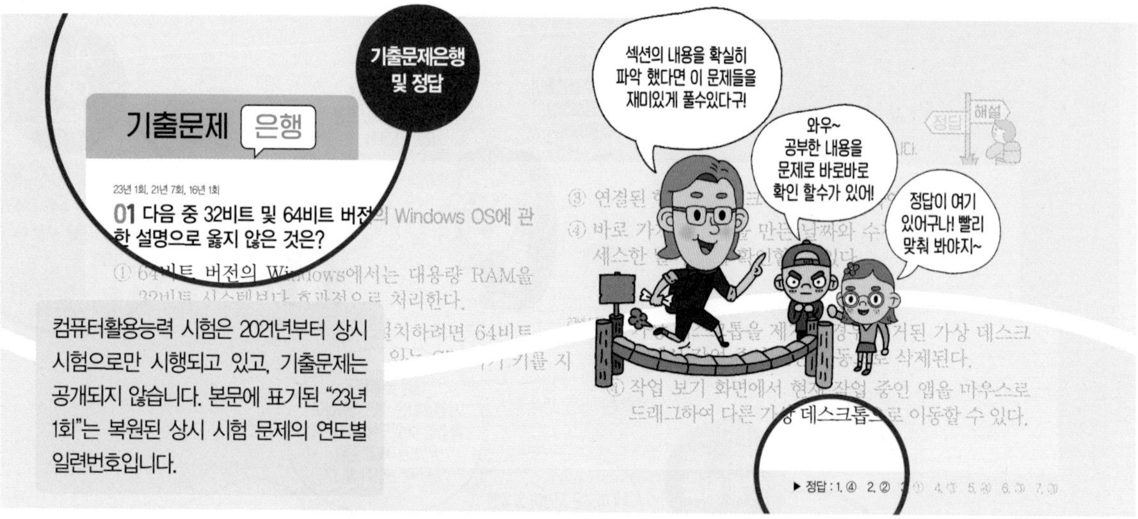

기출문제은행 및 정답

기출문제 은행

23년 1회, 21년 7회, 16년 1회

01 다음 중 32비트 및 64비트 버전의 Windows OS에 관한 설명으로 옳지 않은 것은?

컴퓨터활용능력 시험은 2021년부터 상시 시험으로만 시행되고 있고, 기출문제는 공개되지 않습니다. 본문에 표기된 "23년 1회"는 복원된 상시 시험 문제의 연도별 일련번호입니다.

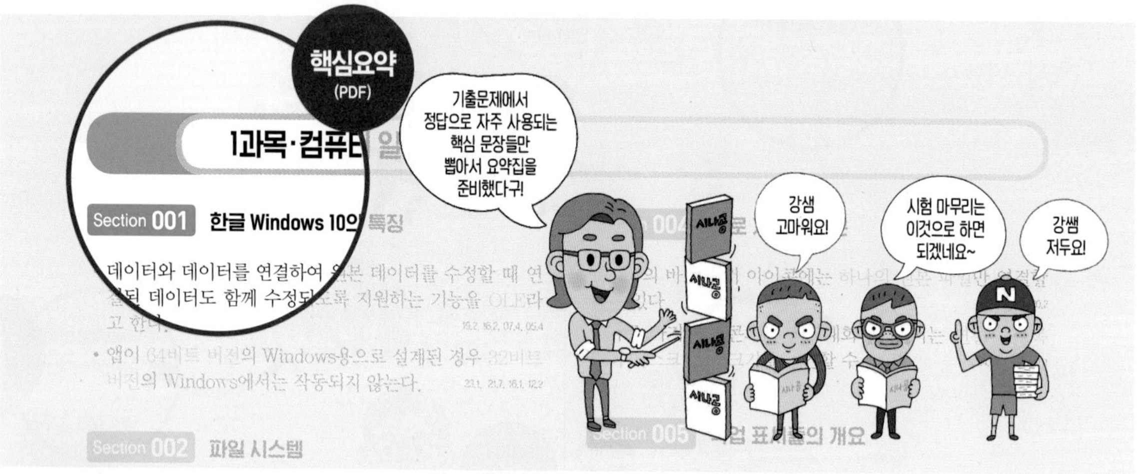

섹션의 내용을 확실히 파악 했다면 이 문제들을 재미있게 풀수있다구!

와우~ 공부한 내용을 문제로 바로바로 확인 할수가 있어!

정답이 여기 있어구나! 빨리 맞춰 봐야지~

▶ 정답 : 1. ④ 2. ②

핵심요약 (PDF)

1과목 · 컴퓨터 일반

Section 001 한글 Windows 10의 특징

데이터와 데이터를 연결하여 원본 데이터를 수정할 때 연결된 데이터도 함께 수정되도록 지원하는 기능을 OLE라고 한다.

• 앱이 64비트 버전의 Windows용으로 설계된 경우 32비트 버전의 Windows에서는 작동되지 않는다.

Section 002 파일 시스템

기출문제에서 정답으로 자주 사용되는 핵심 문장들만 뽑아서 요약집을 준비했다구!

강샘 고마워요!

시험 마무리는 이것으로 하면 되겠네요~

강쌤 저두요!

최신 기출문제 (PDF)

시험 전 최종 마무리

섹션에서 배운 내용을 한 번 더 확인하고 다양한 문제를 풀어보면서 시험 준비를 최종 점검합니다.

시나공 홈페이지 회원 가입 방법

1. 시나공 홈페이지(sinagong.co.kr)에 접속하여 우측 상단의 〈회원가입〉을 클릭하고 〈이메일 주소로 회원가입〉을 클릭합니다.
   ※ 회원가입은 소셜 계정으로도 가입할 수 있습니다.
2. 가입 약관 동의를 선택한 후 〈동의〉를 클릭합니다.
3. 회원 정보를 입력한 후 〈이메일 인증〉을 클릭합니다.
4. 회원 가입 시 입력한 이메일 계정으로 인증 메일이 발송됩니다. 수신한 인증 메일을 열어 이메일 계정을 인증하면 회원 가입이 완료됩니다.

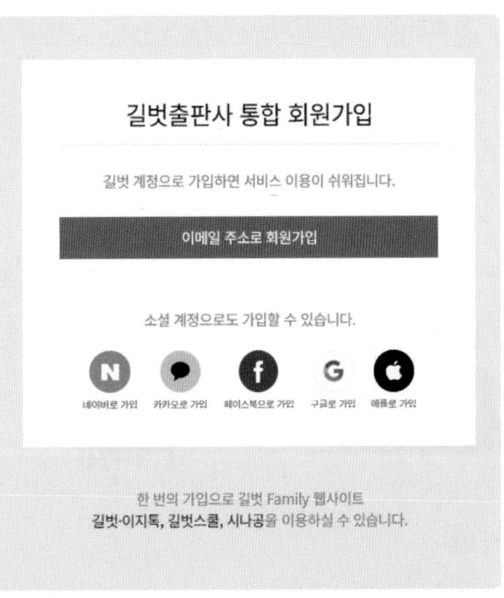

시험 접수부터 자격증을 받기까지
한눈에 살펴볼까요?

필기 시험

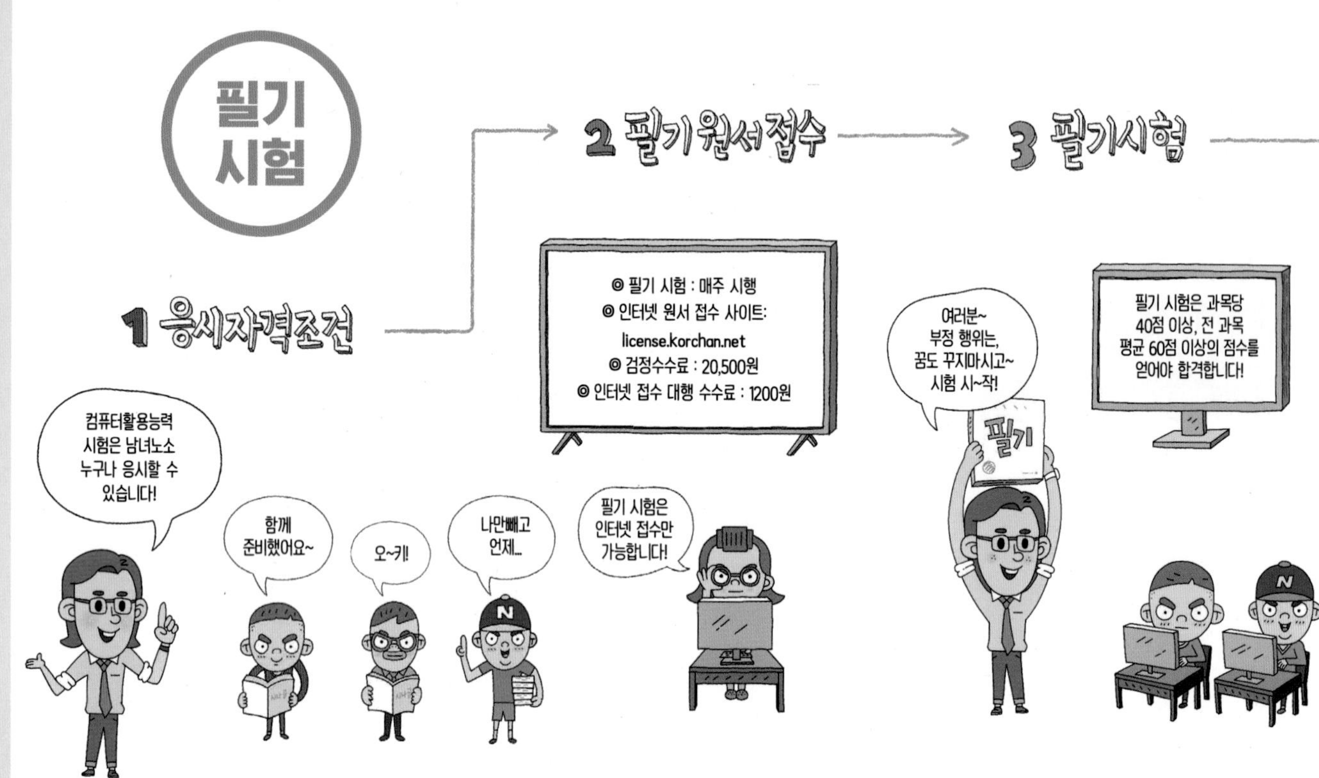

★ 자격증 신청 및 수령 ★

신청방법
⇓
인터넷 신청만 가능!

수령방법
⇓
등기 우편으로만 수령가능!

※ 신청할 때 준비할 것은~

▶ 접수 수수료 3,100원, 등기 우편 수수료 3,000원

4 합격여부 확인

1 실기원서접수

설마 필기시험에
떨어진건
아니겠지~?
합격
축
합격

실기 시험은
인터넷 접수만
가능합니다!
실기

◎ 실기 시험 : 매주 시행
◎ 인터넷 원서 접수 사이트:
license.korchan.net
◎ 프로그램 : 오피스 2021
◎ 검정수수료 : 25,000원
◎ 인터넷 접수 대행 수수료 : 1,200원

최종
합격

3 합격여부 확인

합격여부 확인은
license.korcham.net로
하면 됩니다.

필기는 합격
하셨군요~ 실기도
편안한 마음으로
시작하세요~고고!
실기

실기 시험은
70점 이상의 점수를
(1급은 두 과목 모두)
얻어야 합니다!

컴퓨터활용능력 시험, 이것이 궁금하다!

Ⓠ 컴퓨터활용능력 자격증 취득 시 독학사 취득을 위한 학점 인정이 가능하다고 하던데, 학점 인정 현황은 어떻게 되나요?

Ⓐ

종목	학점	종목	학점
정보처리기사	20	워드프로세서	4
정보처리산업기사	16	ITQ A급	6
사무자동화산업기사	16	ITQ B급	4
컴퓨터활용능력 1급	14	GTQ 1급	5
컴퓨터활용능력 2급	6	GTQ 2급	3

※ 자세한 내용은 평생교육진흥원 학점은행 홈페이지(https://cb.or.kr)를 참고하세요.
※ **ITQ A급** : 5과목 중 3과목이 모두 A등급인 경우
※ **ITQ B급** : 5과목 중 3과목이 모두 B등급 이상인 경우

Ⓠ 시험 접수를 취소하고 환불받을 수 있나요? 받을 수 있다면 환불 방법을 알려주세요.

Ⓐ 네, 가능합니다. 대한상공회의소 자격평가사업단 홈페이지의 상단 메뉴에서 [개별접수] → [환불신청]을 클릭하여 신청하면 됩니다. 하지만 환불 신청 기간 및 사유에 따라 환불 비율에 차이가 있습니다.

상시 시험	
접수일 ~ 시험일 4일 전	100% 반환
시험일 3일 전 ~ 시험일	반환 불가

※ 100% 반환 시 인터넷 접수 수수료는 제외하고 반환됩니다.

Ⓠ 필기 시험에 합격하면 2년 동안 필기 시험이 면제된다고 하던데, 필기 시험에 언제 합격했는지 기억이 나지 않을 경우 실기 시험 유효 기간이 지났는지 어떻게 확인해야 하나요?

Ⓐ 대한상공회의소 자격평가사업단 홈페이지에 로그인한 후 [마이페이지] 코너에서 확인할 수 있습니다.

Ⓠ 필기 시험 볼 때 입실 시간이 지나서 시험장에 도착할 경우 시험 응시가 가능한가요?

Ⓐ 입실 시간이 지나면 시험장에 입실할 수 없습니다. 반드시 입실 시간에 맞춰 입실하세요.

Ⓠ 필기 시험 볼 때 가져갈 준비물로는 어떤 것들이 있나요?

Ⓐ 수검표, 신분증(주민등록증, 운전면허증 등)을 지참해야 합니다.
※ 신분증을 지참하지 않으면 시험에 응시할 수 없으니 반드시 신분증을 지참하세요.

Q 컴퓨터활용능력 1급 필기 시험에 합격하면 2급은 필기 시험 없이 실기 시험에 바로 응시할 수 있나요?

A 네, 그렇습니다. 1급 필기 시험에 합격하면 1, 2급 실기 시험에 모두 응시할 수 있습니다.

Q 신분증을 분실하였을 경우에는 어떻게 해야 하나요?

A 신분증을 분실했을 경우 동사무소에서 임시 주민등록증을 발급 받아 오거나 교육행정정보시스템(www.neis.go.kr)에서 재학증명서를 발부해 오면 됩니다. 그 외에 운전면허증, 학생증(초 · 중 · 고등학생 한정), 사진이 나와 있는 여권, 국가기술자격증이 있어도 됩니다.

Q 필기 시험에 합격한 후 바로 상시 시험에 접수할 수 있나요?

A 네. 가능합니다. license.korcham.net에서 접수하면 됩니다.

Q 실기 시험 합격 여부를 확인하기 전에 다시 상시 시험에 접수하여 응시할 수 있나요?

A 네, 상시 시험은 같은 날 같은 급수만 아니면, 합격 발표 전까지 계속 접수 및 응시가 가능합니다. 그러나 합격한 이후에 접수한 시험은 모두 무효가 되며 접수한 시험에 대해서는 취소 및 환불이 되지 않으니 주의하기 바랍니다.

Q 필기 시험과 실기 시험의 합격 기준은 어떻게 되나요?

A

필기 시험

등급	시험 과목	제한시간	출제형태	합격기준
1급	컴퓨터 일반	60분	객관식 60문항	과목당 40점 이상 평균 60점 이상
	스프레드시트 일반			
	데이터베이스 일반			
2급	컴퓨터 일반	40분	객관식 40문항	
	스프레드시트 일반			

실기 시험

등급	시험 과목	제한시간	출제형태	합격기준
1급	스프레드시트 실무	90분 (과목별 45분)	컴퓨터 작업형	70점 이상 (1급은 매 과목 70점 이상)
	데이터베이스 실무			
2급	스프레드시트 실무	40분		

1 과목

컴퓨터 일반

1 장

한글 Windows 10의 기본

SECTION 001

한글 Windows 10의 특징

500101

23.1, 21.7, 19.2, 16.2, 16.1, 14.2, 12.2, 11.1, 08.4, 07.4, 06.3, 05.4, 05.2, 04.4

1 한글 Windows 10의 특징

한글 Windows 10 운영체제는 컴퓨터 시스템의 하드웨어를 효율적으로 관리하고 사용자에게는 더 편리한 컴퓨터 환경을 제공하기 위하여 만들어진 운영체제로 다음과 같은 특징이 있다.

19.2, 16.2

❶ 그래픽 사용자 인터페이스(GUI; Graphical User Interface) 사용

키보드로 명령어를 직접 입력하지 않고, 아이콘이나 메뉴를 마우스로 선택하여 모든 작업을 수행하는 사용자 작업 환경이다.

19.2, 16.2, 08.4

❷ 선점형 멀티태스킹(Preemptive Multi-tasking)

운영체제가 각 작업의 CPU 이용 시간을 제어하여 앱* 실행중 문제가 발생하면 해당 앱을 강제 종료시키고, 모든 시스템 자원을 반환하는 멀티태스킹 운영 방식이다.

19.2, 16.2, 08.4, 05.4, 05.2, 04.4

❸ 플러그 앤 플레이(PnP; Plug & Play)

컴퓨터 시스템에 하드웨어를 설치했을 때, 해당 하드웨어를 사용하는 데 필요한 시스템 환경을 운영체제가 자동으로 구성해 주는 것이다.

19.2, 16.2, 07.4, 05.4

❹ OLE(Object Linking and Embedding)

다른 여러 앱에서 작성된 문자나 그림 등의 개체(Object)를 현재 작성중인 문서에 자유롭게 연결(Linking)*하거나 삽입(Embedding)*하여 편집할 수 있게 하는 기능이다.

23.1, 21.7, 16.1, 12.2

❺ 64비트 데이터 처리

완전한 64비트*로 데이터를 처리하므로 더 많은 양의 데이터를 빠르게 처리할 수 있으며, 사용자가 좀 더 빠르고 효율적인 시스템을 구축할 수 있게 한다.

기출체크 ☑

19.2, 16.2, 07.4, 05.4

1. 어떤 앱에서 만든 내용을 개체라고 보고, 그 개체를 다른 앱에 연결하거나 삽입하여 자료를 공유하는 방식을 (   )라고 한다.

전문가의 조언

중요해요. Windows 10의 주요 특징에 대한 문제가 출제되고 있습니다.

[기출 포인트]

- 64비트용 앱은 32비트에서 작동되지 않는다.
- Windows 10은 앱을 강제 종료하는 선점형 멀티태스킹을 지원한다.
- PnP는 하드웨어 추가 시 자동으로 인식하는 기능이다.
- OLE는 원본 데이터를 수정하면 연결된 데이터도 수정되도록 하는 기능이다.

전문가의 조언

컴퓨터활용능력 시험은 2021년부터 상시 시험으로만 시행되고 있고, 기출문제는 공개되지 않습니다. 본문에 표기된 "23.1"은 복원된 상시 시험 문제의 연도별 일련 번호입니다.

앱(App)

컴퓨터의 운영체제 하에서 실행되는 모든 응용 소프트웨어, 즉 프로그램을 애플리케이션(Application)이라고 하는데, 이를 줄여서 앱(App)이라고 부릅니다. 한글 Windows 10에서는 프로그램 대신 앱이라는 명칭을 사용합니다.

개체 연결 및 삽입

개체를 연결한 경우 원본을 수정하면 연결된 개체도 함께 수정되지만 개체를 삽입한 경우 원본을 수정해도 삽입한 개체에는 반영되지 않습니다.

64비트

64비트 버전으로 제작된 Windows 10용 앱은 32비트 버전의 Windows 10에서는 작동되지 않습니다.

기출체크 정답

1. OLE

SECTION 002

파일 시스템

500102

22.6, 21.3, 19.2, 18.1, 12.1, 10.1, 09.2

1 파일 시스템

보조기억장치에 저장되는 파일에 대해 수정, 삭제, 추가, 검색 등의 작업을 체계적으로 할 수 있도록 지원하는 파일 관리 시스템을 말한다.

❶ FAT(16)

MS-DOS 및 기타 Windows 기반의 운영체제에서 파일을 구성할 때 사용되는 파일 시스템으로, 파티션 용량이 2GB까지 제한된다.

❷ FAT32

FAT 파일 시스템에서 파생된 것으로, FAT보다 큰 드라이브를 사용할 수 있으며, FAT에 비해 클러스터 크기가 작으므로 하드디스크 공간의 낭비를 줄일 수 있다.

22.6, 21.3, 19.2, 18.1, 12.1, 10.1, 09.2

❸ NTFS*

- 성능, 보안, 디스크 할당, 안정성, 속도 면에서 FAT 파일 시스템에 비해 뛰어난 고급 기능을 제공하며, 시스템 리소스를 최소화 할 수 있다.
- 파일 및 폴더에 대한 액세스 제어를 유지하고 제한된 계정을 지원한다.
- 최대 볼륨 크기는 256TB이며, 파일 크기는 볼륨 크기에 의해서만 제한된다.
- 비교적 큰 오버헤드가 있기 때문에 400MB 이상의 볼륨에서 사용하면 효과적이다.

기출체크 ☑

22.6, 21.3, 12.1

1. NTFS는 모든 디스크 드라이브에서 기본적으로 사용되는 범용 파일 시스템이다. (○, ×)

전문가의 조언

주로 NTFS의 특징에 대한 문제가 출제되고 있습니다.

[기출 포인트]

- NTFS는 Windows 전용 파일 시스템이다.
- NTFS의 최대 볼륨 크기는 256TB이다.

NTFS

NTFS는 Windows에서만 사용 가능한 파일 시스템입니다.

기출체크 1번

NTFS는 윈도우 전용 파일 시스템으로 모든 디스크 드라이브에서 사용할 수 있는 파일 시스템이 아닙니다.

기출체크 정답

1. ×

SECTION 003

바로 가기 키

> 전문가의 조언
> - **중요해요!** 바로 가기 키에 대한 문제가 자주 출제되고 있습니다.
> - 바로 가기 키들의 기능은 실습을 통해 익히는 것이 가장 효율적입니다. 꼭! 실습해 보세요.

1 바로 가기 키

바로 가기 키는 키보드의 키를 조합하여 명령어 대신 특정 앱이나 명령을 빠르게 실행하는 기능으로, 단축키 또는 핫키(Hot Key)라고도 한다.

[기출 포인트]
- F2 : 파일/폴더 이름 바꾸기
- F3 : 파일 탐색기의 '검색 상자' 선택하기
- F5 : 최신 정보로 고치기

500202

24.4, 11.2, 05.4, 03.4, 03.3

2 기능키

바로 가기 키	기능
24.4, 05.4, 03.4, 03.3 F2	폴더 및 파일의 이름을 변경한다.
24.4, 05.4, 03.4, 03.3 F3	파일 탐색기의 '검색 상자'를 선택한다.
F4	파일 탐색기에서 주소 표시줄 목록을 표시한다.
11.2, 05.4, 03.4 F5	최신 정보로 고친다.

기출체크 ☑

24.4

1. 파일 이름을 바꿀 때 사용하는 바로 가기 키는 (   )이다.

[기출 포인트]
- Alt + Tab : 실행 앱 작업 전환
- Alt + F4 : 실행 창이나 앱 종료
- Alt + Enter : 속성 대화상자 호출

실행중인 앱들의 목록

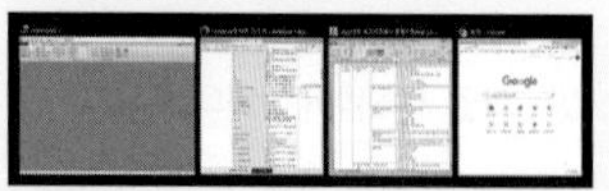

활성창

활성창은 활성화된 창, 즉 실행 중인 여러 개의 작업창 중에서 현재 선택되어 작업 대상이 되는 창을 말합니다.

기출체크 정답
1. F2

500203

24.4, 22.5, 21.4, 14.2, 12.1, 11.2, 06.3, 06.2, 05.1, 04.3, 04.2, 03.3, 03.2

3 Alt를 이용한 바로 가기 키

바로 가기 키	기능
21.4, 14.2, 04.2 Alt + Esc	현재 실행 중인 앱들을 순서대로 전환한다.
14.2, 12.1, 04.3, 04.2, 03.2 Alt + Tab	• 현재 실행 중인 앱들의 목록*을 화면 중앙에 나타낸다. • Alt를 누른 상태에서 Tab을 이용하여 이동할 작업 창을 선택한다.
22.5, 21.4, 14.2, 12.1, 06.3, 03.3 Alt + Enter	선택된 항목의 속성 대화상자를 나타낸다.
14.2, 11.2, 06.2, 05.1, 04.2 Alt + Spacebar	활성창*의 바로 가기 메뉴를 표시한다.

24.4, 14.2, 06.3, 06.2, 05.1, 04.3 Alt + F4	• 실행 중인 창(Window)이나 앱을 종료한다. • 실행 중인 앱이 없으면 'Windows 종료' 창을 나타낸다.
24.4, 22.5, 14.2, 04.2 Alt + Print Screen*	현재 작업 중인 활성 창을 클립보드로 복사한다.

기출체크 ☑

24.4, 14.2, 06.3, 06.2, 05.1, 04.3
2. 활성 창을 닫거나 활성 앱을 종료하는 바로 가기 키는 (   )+(   )이다.

22.5, 21.4, 14.2, 12.1, 06.3, 03.3
3. 선택된 항목의 속성 대화상자를 호출하는 바로 가기 키는 (   )+(   )이다.

500204

22.5, 21.4, 12.1, 11.2, 04.2, 03.3, 03.2

4 Ctrl*을 이용한 바로 가기 키

바로 가기 키	기능
22.5, 03.3, 03.2 Ctrl + A	폴더 및 파일을 모두 선택한다.
22.5, 21.4, 12.1, 04.2 Ctrl + Esc	[⊞(시작)]을 클릭한 것처럼 [시작] 메뉴를 표시한다.
11.2 Ctrl + Shift + Esc	'작업 관리자' 대화상자를 호출하여 문제가 있는 앱을 강제로 종료한다.
Ctrl + 마우스 스크롤	바탕 화면의 아이콘 크기를 변경한다.

기출체크 ☑

22.5, 21.4, 12.1, 04.2
4. [시작] 메뉴를 표시하는 바로 가기 키는 (   )+(   )이다.

500205

21.6, 21.4, 12.1, 11.2, 10.3, 06.3, 04.3, 04.2, 03.3, 03.2

5 Shift를 이용한 바로 가기 키

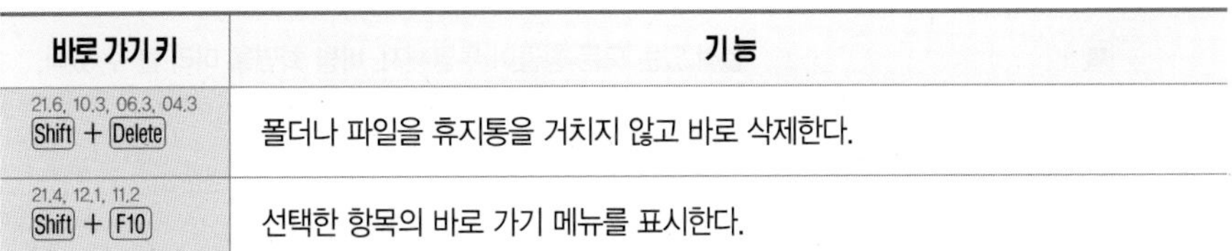

바로 가기 키	기능
21.6, 10.3, 06.3, 04.3 Shift + Delete	폴더나 파일을 휴지통을 거치지 않고 바로 삭제한다.
21.4, 12.1, 11.2 Shift + F10	선택한 항목의 바로 가기 메뉴를 표시한다.

기출체크 ☑

21.4, 12.1, 11.2
5. 선택한 항목에 대한 바로 가기 메뉴를 표시하는 바로 가기 키는 (   )+(   )이다.

Print Screen

Print Screen만 누를 경우 화면 전체를 클립보드로 복사합니다.

[기출 포인트]

- Ctrl+Esc : [시작] 메뉴 표시
- Ctrl+Shift+Esc : '작업 관리자' 호출

Ctrl을 사용한 기본 바로 가기 키

- Ctrl+C : 복사하기
- Ctrl+X : 잘라내기
- Ctrl+V : 붙여넣기
- Ctrl+Z : 실행 취소

[기출 포인트]

- Shift+F10 : 바로 가기 메뉴 표시
- Shift+Delete : 파일 완전히 삭제

기출체크 정답

2. Alt, F4 3. Alt, Enter 4. Ctrl, Esc 5. Shift, F10

500206 ▶

24.3, 15.2, 11.3, 11.1, 07.1

6 ⊞을 이용한 바로 가기 키

[기출 포인트]
- ⊞+A : 알림 센터 표시
- ⊞+E : 파일 탐색기 실행
- ⊞+M : 열려 있는 모든 창 최소화
- ⊞+Pause : '시스템' 창 표시

바로 가기 키	기능
⊞	[⊞(시작)]이나 Ctrl+Esc를 클릭한 것처럼 [시작] 메뉴를 표시한다.
15.2, 11.3, 07.1 ⊞+E	'파일 탐색기'를 실행한다.
15.2, 11.3, 07.1 ⊞+F	피드백 허브※ 앱을 실행한다.
15.2 ⊞+L	컴퓨터를 잠그거나 사용자를 전환한다.
15.2, 11.3, 07.1 ⊞+M / ⊞+Shift+M	열려 있는 모든 창을 최소화/이전 크기로 나타낸다.
15.2, 11.3, 07.1 ⊞+R	'실행' 창을 나타낸다.
⊞+U	[설정]의 '접근성' 창을 나타낸다.
⊞+A	알림 센터를 표시한다.
⊞+B	알림 영역으로 포커스를 옮긴다.
⊞+I	'설정' 창을 화면에 나타낸다.
⊞+S	'검색 상자'로 포커스를 옮긴다.
⊞+Ctrl+D	가상 데스크톱을 추가한다.
⊞+Ctrl+F4	사용 중인 가상 데스크톱을 삭제한다.
⊞+Tab	'작업 보기'를 실행한다.
⊞+Home	선택된 창을 제외한 모든 창을 최소화 한다.
⊞+Ctrl+F	'컴퓨터 찾기' 대화상자를 나타낸다.
⊞+(+)/(-)/Esc	돋보기 실행 후 확대/축소/종료를 지정한다.
24.3 ⊞+(.)/⊞+(;)	이모지(그림 문자)를 나타낸다.
24.3 ⊞+(,)	열려 있는 모든 창들이 투명해져, 바탕 화면을 미리 볼 수 있다.
15.2, 11.1 ⊞+Pause/Break	'시스템' 창을 나타낸다.

피드백 허브

사용자가 Windows 10을 사용하는 과정에서 발생한 오류나 기능에 대한 의견을 보내면, Windows 개발자들이 이를 참고하여 기능 개선에 사용하게 되는데, 이와 같이 Windows 10의 개선을 위해 사용자와 개발자 간의 의견을 교환할 수 있도록 하는 앱을 의미합니다.

궁금해요 **시나공 Q&A 베스트**

Q ⊞+Shift+M은 '열려있는 모든 창을 이전 크기'로 라고 했는데요. 어떻게 창이 이전 크기로 간다는 의미인지 모르겠어요.

A '이전 창'이란 창에 어떤 변화가 일어나기 전을 말합니다. 앱 창이 여러 개 열려 있는 상태에서 '⊞+M'을 누르면 모든 창이 작업 표시줄로 최소화되고 바탕 화면이 나타납니다. 이 상태에서 '⊞+Shift+M'을 누르면 창들이 '⊞+M'을 누르기 전의 상태로 돌아옵니다. 이 바로 가기 키는 바탕 화면을 보고 싶을 때 유용합니다.

기출체크 ☑

24.3, 15.2, 11.3, 11.1, 07.1

6. 다음 물음에 해당하는 바로 가기 키를 보기에서 고르시오.

ⓐ ⊞+M　　ⓑ ⊞+A　　ⓒ ⊞+E

① 알림 센터 열기 : (　　)
② 열려있는 모든 창 최소화 : (　　)
③ '파일 탐색기' 실행 : (　　)

기출체크 정답
6. ①-ⓑ, ②-ⓐ, ③-ⓒ

SECTION 004

바로 가기 아이콘

500301

24.1, 23.4, 22.1, 21.5, 20.2, 15.1

1 바로 가기 아이콘

바로 가기 아이콘(Shortcut)은 자주 사용하는 문서나 앱을 빠르게 실행시키기 위한 아이콘으로, 원본 파일의 위치 정보를 가지고 있다.

- 바로 가기 아이콘을 실행시키면 바로 가기 아이콘과 연결된 원본 파일이 실행된다.
- 바로 가기 아이콘은 '단축 아이콘'이라고도 하며, 폴더나 파일, 디스크 드라이브, 다른 컴퓨터, 프린터 등 모든 개체에 대해 작성할 수 있다.
- 바로 가기 아이콘은 왼쪽 하단에 화살표 표시가 있어 일반 아이콘과 구별된다.*
- 바로 가기 아이콘의 확장자*는 LNK이며, 여러 개 존재할 수 있다.
- 하나의 원본 파일에 대해 여러 개의 바로 가기 아이콘을 만들 수 있으나, 하나의 바로 가기 아이콘에는 하나의 원본 파일만 지정할 수 있다.
- 바로 가기 아이콘을 삭제 · 이동하더라도 원본 파일은 삭제 · 이동되지 않는다.
- 원본 파일을 삭제하면 해당 파일의 바로 가기 아이콘은 실행되지 않는다.
- 바로 가기 아이콘은 원본 파일이 있는 위치와 관계없이 만들 수 있다.
- **바로 가기 아이콘 만들기**
  - 바탕 화면이나 폴더 빈 곳의 바로 가기 메뉴에서 [새로 만들기] → [바로 가기]를 선택한다.
  - 개체를 마우스 오른쪽 버튼으로 누른 채 원하는 위치로 드래그하면 나타나는 바로 가기 메뉴에서 [여기에 바로 가기 만들기]를 선택한다.
  - 개체를 Ctrl + Shift를 누른 채 원하는 위치로 드래그 한다.
- **바로 가기 아이콘의 '속성' 대화상자**
  - 바로 가기 아이콘의 파일 형식, 설명, 위치, 크기, 만든 날짜, 수정한 날짜, 액세스한 날짜, 연결된 항목의 정보* 등을 확인할 수 있다.
  - 바로 가기 키, 아이콘, 원본 파일 등을 변경*할 수 있다.

기출체크 ☑

24.1, 20.2

1. 하나의 바로 가기 아이콘에 여러 개의 원본 파일을 연결할 수 있다. (○, ×)

23.4, 22.1, 21.5, 15.1

2. 바로 가기 아이콘의 [속성] 대화상자에서 연결된 항목의 디스크 할당 크기를 확인할 수 있다. (○, ×)

전문가의 조언

바로 가기 아이콘의 특징에 대한 문제가 출제되고 있습니다.

[기출 포인트]

- 하나의 바로 가기 아이콘에 하나의 원본 파일만 지정할 수 있다.
- 바로 가기 아이콘의 '속성' 대화상자에서 연결된 항목의 디스크 할당 크기는 확인할 수 없다.

바로 가기 아이콘/일반 아이콘

바로 가기 아이콘의 확장자 확인

바로 가기 아이콘 속성 대화상자의 '자세히' 탭에서 바로 가기 아이콘의 확장자를 확인할 수 있습니다.

연결된 항목 정보

연결된 항목의 정보에는 대상 파일, 형식, 위치 등이 있습니다.

원본 파일 변경

바로 가기 아이콘 속성 대화상자의 '바로 가기' 탭에서 '대상' 난에 새로운 원본 파일이 있는 위치를 직접 입력하여 변경합니다.

기출체크 1번

하나의 바로 가기 아이콘에는 하나의 원본 파일만 연결할 수 있습니다.

기출체크 2번

연결된 항목의 디스크 할당 크기는 바로 가기 아이콘의 '속성' 대화상자가 아니라 해당 항목의 '속성' 대화상자에서 확인할 수 있습니다.

기출체크 정답

1. × 2. ×

SECTION 005

작업 표시줄의 개요

500401 

20.1

1 개념 및 특징

작업 표시줄은 현재 실행되고 있는 앱 단추와 앱을 빠르게 실행하기 위해 등록한 고정 앱 단추 등이 표시되는 곳으로서, 기본적으로 바탕 화면의 맨 아래쪽에 있다.

- 작업 표시줄은 [田(시작)] 단추, 검색 상자, 작업 보기, 앱 단추가 표시되는 부분, 알림 영역, '바탕 화면 보기' 단추로 구성된다.
- 작업 표시줄은 위치를 변경하거나 크기*를 조절할 수 있다. 단, 크기는 화면의 1/2까지만 늘릴 수 있다.
- 작업 표시줄의 바로 가기 메뉴를 이용하여 검색 상자와 작업 보기 단추의 표시 여부를 설정할 수 있다.
- 작업 표시줄 오른쪽의 알림 영역에 표시할 앱 아이콘과 시스템 아이콘을 설정할 수 있다.

기출체크 ☑

20.1

1. 작업 표시줄에 있는 시작 단추, 검색 상자, 작업 보기 단추의 표시 여부를 설정할 수 있다. (○, ×)

500402 

23.3, 22.4, 20.상시, 18.상시, 14.1

2 작업 표시줄 설정

'작업 표시줄 설정' 창 실행

- **방법 1** : 작업 표시줄의 바로 가기 메뉴에서 [작업 표시줄 설정] 선택
- **방법 2** : [田(시작)] → [⚙(설정)] → [개인 설정] → [작업 표시줄] 클릭
- **방법 3** : 작업 표시줄의 빈 공간을 클릭한 후 Alt + Enter를 누름

전문가의 조언

작업 표시줄의 시작 단추 표시 여부에 대한 문제가 출제된 적이 있습니다.

[기출 포인트]

- 작업 표시줄 크기는 화면의 1/2까지 조절할 수 있다.
- [시작] 단추의 표시 여부를 설정할 수 없다.

작업 표시줄의 위치나 크기 변경

'작업 표시줄 잠금'이 지정된 상태에서는 작업 표시줄의 크기나 위치 등을 변경할 수 없습니다. '작업 표시줄 잠금'은 작업 표시줄의 바로 가기 메뉴나 [田(시작)] → [⚙(설정)] → [개인 설정] → [작업 표시줄]에서 설정할 수 있습니다.

[시작] 단추

[시작] 단추는 작업 표시줄에 항상 표시되는 것으로, 표시 여부를 지정할 수 없습니다.

기출체크 1번

작업 표시줄에 있는 검색 상자와 작업 보기 단추의 표시 여부는 설정할 수 있지만, 시작 단추의 표시 여부는 설정할 수 없습니다.

전문가의 조언

'작업 표시줄 설정' 창에서 설정 가능한 기능에 대한 문제가 출제되고 있습니다.

[기출 포인트]

- 작업 표시줄 항상 숨기기 기능은 없다.
- 작업 표시줄에서 바탕 화면 아이콘을 표시하는 기능은 없다.

기출체크 정답
1. ×

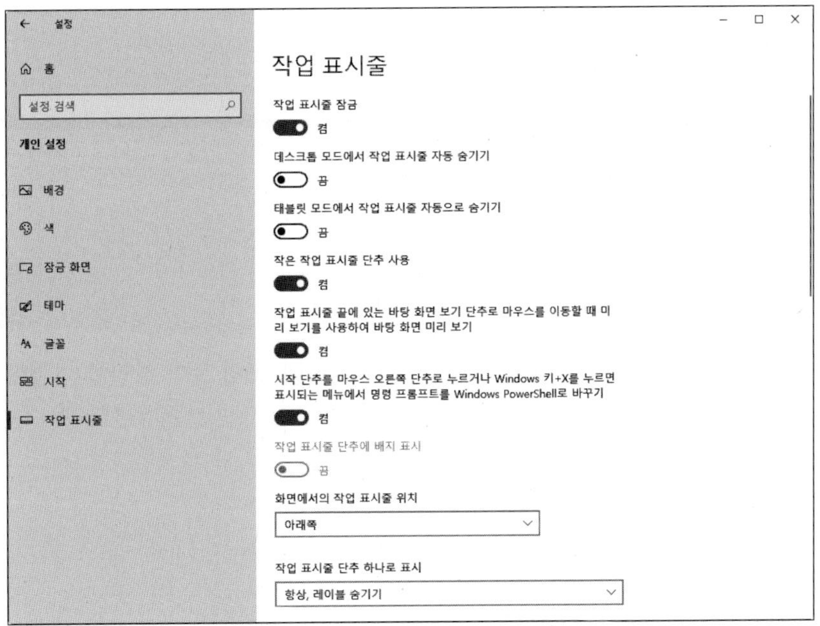

- 작업 표시줄을 포함하여 작업 표시줄에 있는 도구 모음의 크기나 위치를 변경하지 못하도록 할 수 있다.
- 작업 표시줄이 있는 위치에 마우스를 대면 작업 표시줄이 나타나고, 마우스를 다른 곳으로 이동하면 작업 표시줄이 사라지도록 하는 자동 숨기기 기능을 지정할 수 있다.
- 작업 표시줄의 앱 단추들을 작은 아이콘으로 표시할 수 있다.
- 작업 표시줄의 오른쪽 끝에 있는 [바탕 화면 보기] 단추 위에 마우스 포인터를 놓으면 바탕 화면이 일시적으로 표시되도록 할 수 있다.
- 계정을 등록해 사용하는 앱의 경우 작업 표시줄 단추에 사용자 이름을 표시할 수 있다.
- 작업 표시줄의 위치*를 왼쪽, 위쪽, 오른쪽, 아래쪽 중에서 선택할 수 있다.
- 알림 영역에 표시할 앱 아이콘과 시스템 아이콘을 설정할 수 있다.
- **작업 표시줄 단추 하나로 표시***
  - 항상, 레이블 숨기기 : 같은 앱은 그룹으로 묶어서 레이블이 없는 하나의 단추로 표시한다.
  - 작업 표시줄이 꽉 찼을 때 : 각 항목을 레이블이 있는 개별 단추로 표시하다가 작업 표시줄이 꽉 차면 같은 앱은 그룹으로 묶어서 하나의 단추로 표시한다.
  - 안 함 : 열린 창이 아무리 많아도 그룹으로 묶지 않고, 단추 크기를 줄여 표시하다가 나중에는 작업 표시줄 내에서 스크롤 되도록 한다.

기출체크 ☑

22.4

2. 작업 표시줄에서 바탕 화면의 아이콘을 표시할 수 있다. (○, ×)

마우스를 이용하여 작업 표시줄의 위치를 변경하는 방법

작업 표시줄의 빈 공간을 클릭한 상태로 바탕 화면의 네 가장자리 중 하나로 드래그하면 작업 표시줄이 이동됩니다.

'항상, 레이블 숨기기'를 선택한 경우

레이블명이 없는 하나의 단추로 표시됨

'작업 표시줄이 꽉 찼을 때'를 선택한 경우

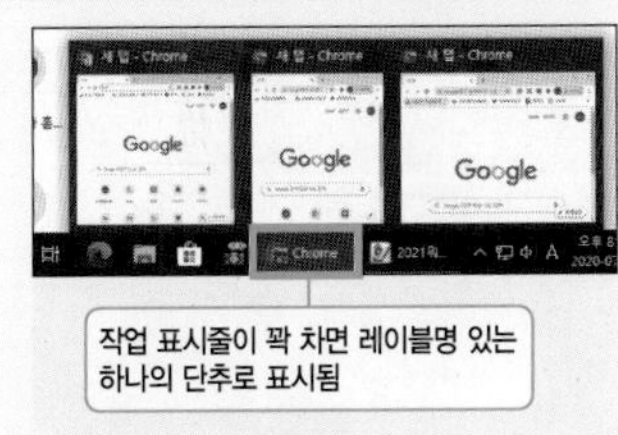

작업 표시줄이 꽉 차면 레이블명 있는 하나의 단추로 표시됨

'안 함'을 선택한 경우

그룹으로 묶이지 않고 표시됨

기출체크 2번

바탕 화면의 아이콘은 [(시작)] → [(설정)] → [개인 설정] → [테마] → [바탕 화면 아이콘 설정]을 이용하여 표시할 수 있습니다.

기출체크 정답

2. ×

SECTION 006

작업 보기 / 가상 데스크톱

전문가의 조언

작업 보기와 가상 데스크톱의 특징을 묻는 문제가 출제되고 있습니다.

[기출 포인트]

⊞+Tab을 누르면 작업 보기 화면이 표시된다.

1 작업 보기

23.4

500501

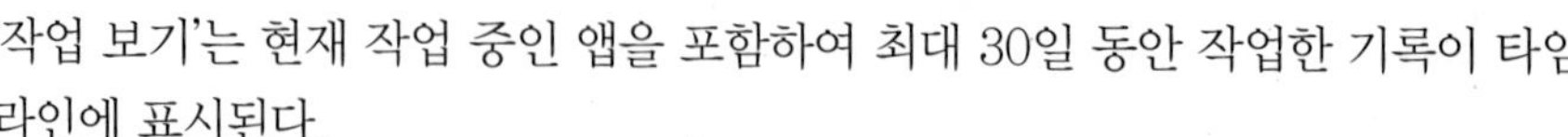

'작업 보기'는 현재 작업 중인 앱을 포함하여 최대 30일 동안 작업한 기록이 타임라인에 표시된다.

실행

- **방법 1** : 작업 표시줄의 '(작업 보기)' 클릭
- **방법 2** : ⊞ + Tab

- [(시작)] → [(설정)] → [개인 정보] → [활동 기록]에서 '이 장치에 내 활동 기록 저장' 항목이 체크되어 있어야 작업한 기록이 저장된다.
- 작업 보기 화면 우측 상단의 활동 검색 아이콘()을 클릭하면 활동 기록을 대상으로 검색을 수행할 수 있다.
- **개별 활동 기록 지우기** : 타임라인에 기록된 작업의 바로 가기 메뉴에서 [제거] 선택
- **모든 활동 기록 지우기** : [(시작)] → [(설정)] → [개인 정보] → [활동 기록]에서 '활동 기록 지우기' 항목의 〈지우기〉 클릭*
- **'(작업 보기)' 단추 표시하기** : 작업 표시줄의 바로 가기 메뉴*에서 [작업 보기 단추 표시] 선택

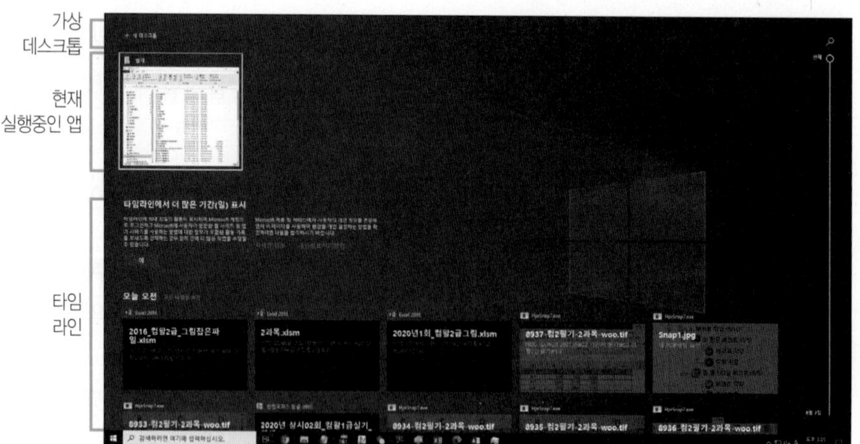

선별적 활동 기록 지우기

'활동 기록' 창에 'Microsoft에 내 활동 기록 보내기'가 체크되어 있는 경우에는 '활동 기록 지우기' 항목에서 '내 Microsoft 계정 활동 데이터 관리'를 클릭한 후 'Microsoft 계정' 사이트에 로그인하여 필요한 기록을 선별적으로 지울 수 있습니다.

작업 표시줄의 바로 가기 메뉴

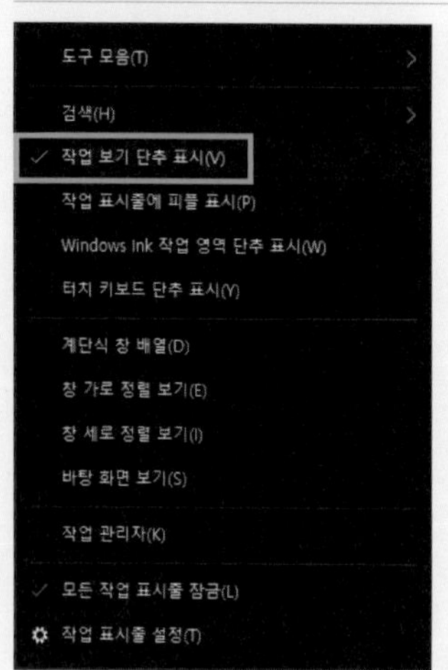

기출체크 ☑

23.4

1. ⊞+(　　)을 누르거나 작업 표시줄의 작업 보기 아이콘()을 클릭하여 작업 보기 화면을 표시할 수 있다.

기출체크 정답

1. Tab

24.2, 23.4

2 가상 데스크톱

500502

'가상 데스크톱'은 바탕 화면을 여러 개 만들어 바탕 화면별로 필요한 앱을 실행해 놓고 바탕 화면을 전환하면서 작업할 수 있다.*

- 가상 데스크톱이 생성되면 작업 보기 화면 위쪽에 데스크톱 아이콘이 표시된다.
- 데스크톱 아이콘에 마우스를 놓으면 해당 데스크톱에서 현재 작업 중인 앱이 표시된다.
- 작업 보기 화면에서 원하는 데스크톱을 선택하여 이동할 수 있다.
- 작업 보기 화면에서 현재 작업 중인 앱을 드래그하여 다른 데스크톱으로 이동할 수 있다.
- 제거된 가상 데스크톱에서 작업 중이던 앱은 이전 가상 데스크톱으로 이동된다.*
- 시스템을 재시작하더라도 가상 데스크톱은 제거되지 않고 남아 있다.

생성

- **방법1** : 작업 보기 화면 좌측 상단에서 〈+ 새 데스크톱〉 클릭
- **방법2** : Ctrl + ⊞ + D

제거

- **방법1** : 작업 보기 화면에서 제거할 가상 데스크톱의 '☒(닫기)' 단추 클릭
- **방법2** : Ctrl + ⊞ + F4

가상 데스크톱 제거 추가

기출체크 ☑

24.2

2. 시스템을 재시작하면 가상 데스크톱은 모두 제거된다. (○, ×)

[기출 포인트]

- 가상 데스크톱을 제거하면 작업 중이던 앱은 이전 가상 데스크톱으로 이동한다.
- 시스템을 재시작해도 가상 데스크톱은 제거되지 않는다.

다중 모니터 효과

예를 들어, 가상 데스크톱을 추가하여, 데스크톱1에는 문서 작업을 위한 아래 한글, 엑셀, 파워포인트 등의 앱을 실행해 두고, 데스크톱2에는 그래픽 작업을 위한 포토샵, 이미지 편집기, 동영상 편집기 등의 앱을 실행해 두면, 두 작업을 서로 다른 모니터 화면에서 작업하는 것과 같은 효과를 얻을 수 있습니다.

작업 중이던 앱 이동

예를 들어, 데스크톱3을 제거하면 데스크톱3에서 작업 중이던 앱은 데스크톱2로 이동되고, 데스크톱2도 제거하면 작업 중이던 앱은 데스크톱1로 이동합니다. 데스크톱1은 한글 Windows 10에서 기본적으로 제공하는 바탕 화면입니다.

기출체크 2번

시스템을 재시작해도 가상 데스크톱은 제거되지 않고 남아 있습니다.

기출체크 정답

2. ×

SECTION 007

시작 메뉴

5500701

1 시작 메뉴

24.3, 24.2, 23.3

시작 메뉴는 작업 표시줄의 가장 왼쪽에 있는 [(시작)] 단추를 눌렀을 때 나타나는 메뉴이다.

- 시작 메뉴에는 Windows 10에 설치된 앱들이 메뉴 형태로 등록되어 있다.
- 시작 메뉴를 표시하는 바로 가기 키는 ⊞ 또는 Ctrl + E이다.
- 시작 메뉴에 있는 앱의 크기를 조절하거나 그룹화할 수 있고, 타일을 이동할 수도 있다.
- 시작 메뉴를 화면 전체에 표시하려면 [(시작)] → [(설정)] → [개인 설정] → [시작]에서 '전체 시작 화면 사용'을 지정한다.
- 시작 메뉴에 등록된 앱의 바로 가기 메뉴에서 [제거]를 선택하면, 해당 앱을 제거할 수 있는 창이 표시된다.
- **시작 메뉴의 앱이 설치되어 있는 위치 확인 방법** : 앱의 바로 가기 메뉴에서 [자세히] → [파일 위치 열기] 선택 → 앱의 바로 가기 아이콘의 바로 가기 메뉴에서 [파일 위치 열기] 선택

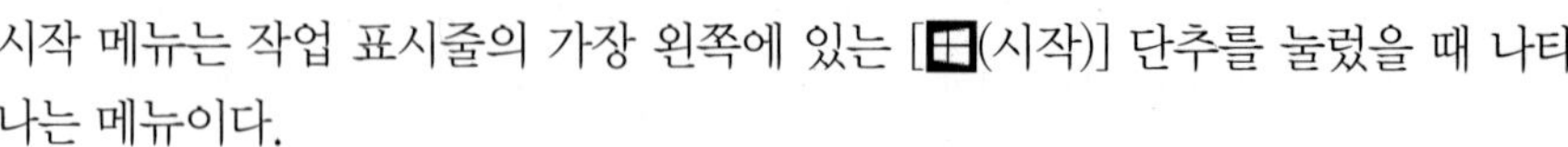

24.2, 23.3

잠깐만요 고정된 타일

5500731

- 컴퓨터에 설치되어 있는 앱의 바로 가기 아이콘을 사용자가 원하는 대로 묶어 사용할 수 있도록 마련된 공간으로, 목록에 추가된 아이콘들이 타일 모양으로 배치됩니다.
- 타일 목록에 있는 아이콘의 바로 가기 메뉴에서 [크기 조정]을 이동하여 크기를 조정할 수 있습니다.
- **타일 목록에 앱 추가** : 시작 메뉴에서 추가할 앱의 바로 가기 메뉴에서 [시작 화면에 고정]*을 선택합니다.
- **타일 목록에서 앱 해제** : 고정된 앱의 바로 가기 메뉴에서 [시작 화면에서 제거]를 선택합니다.

기출체크 ☑

24.3

1. 시작 화면에 있는 앱이 설치되어 있는 실제 위치를 확인하려면 앱의 바로 가기 메뉴에서 '파일 위치 열기'를 클릭한다. (○, ×)

전문가의 조언

시작 메뉴의 특징과 시작 화면에 앱을 추가하는 방법을 묻는 문제가 출제되고 있습니다.

[기출 포인트]

- 시작 메뉴의 앱이 설치되어 있는 위치를 확인하려면 앱의 바로 가기 메뉴에서 [자세히] → [파일 위치 열기] → 바로 가기 아이콘의 바로 가기 메뉴에서 [파일 위치 열기]를 선택한다.
- 작업 표시줄에 고정된 앱을 시작 메뉴에 표시하려면 작업 표시줄에 고정된 앱의 바로 가기 메뉴를 선택한 다음 표시된 메뉴 중 해당 앱의 바로 가기 메뉴에서 [시작 화면에 고정]을 선택한다.

작업 표시줄에 고정된 앱을 시작 화면에 표시하는 방법

작업 표시줄에 고정된 앱의 바로 가기 메뉴를 선택한 다음 표시된 메뉴중 해당 앱의 바로 가기 메뉴에서 '시작 화면에 고정'을 선택하면 됩니다.

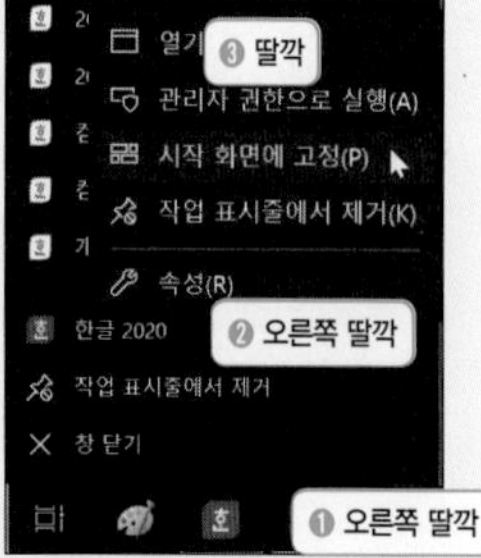

기출체크 1번

시작 메뉴에 있는 앱의 바로 가기 메뉴에서 [자세히] → [파일 위치 열기]를 선택하면 앱이 실제 설치된 폴더가 아닌 바로 가기 아이콘이 설치되어 있는 폴더가 열립니다. 이 폴더에 있는 바로 가기 아이콘의 바로 가기 메뉴에서 [파일 위치 열기]를 선택해야 앱이 실제 설치되어 있는 폴더가 열립니다.

기출체크 정답

1. ×

SECTION 008

폴더 옵션

500605

24.5, 24.3, 22.5, 21.7, 21.1, 20.1, 18.상시, 14.3, 10.2, 09.1, 08.1, 07.1, 04.1

1 폴더 옵션

'폴더 옵션' 대화상자에서는 파일이나 폴더의 보기 형식, 검색 방법 등에 대한 설정을 변경한다.

실행

- **방법 1** : 파일 탐색기에서 [파일] → [폴더 및 검색 옵션 변경] 또는 [파일] → [옵션]* 선택
- **방법 2** : 파일 탐색기에서 리본 메뉴의 [보기] → '(옵션)' 클릭
- **방법 3** : 파일 탐색기에서 리본 메뉴의 [보기] → [옵션] → [폴더 및 검색 옵션 변경] 선택

'폴더 옵션' 대화상자의 탭별 기능

일반	• 파일 탐색기가 열렸을 때의 기본 위치를 '즐겨찾기'나 '내 PC' 중에서 선택할 수 있다. • 새로 여는 폴더의 내용을 같은 창에서 열리거나 다른 창에 열리도록 지정할 수 있다. • 웹을 사용하는 것처럼 바탕 화면이나 파일 탐색기에서도 파일을 한 번 클릭하면 실행되도록 설정할 수 있다. • 즐겨찾기에 최근에 사용된 파일이나 폴더의 표시 여부를 지정한다. • 파일 탐색기의 즐겨찾기에 표시된 최근에 사용한 파일 목록을 지울 수 있다.
보기	• 탐색 창에 라이브러리 또는 모든 폴더의 표시 여부를 지정한다. • 메뉴 모음의 항상 표시 여부를 지정한다. • 숨김 파일이나 폴더의 표시 여부를 지정한다. • 알려진 파일 형식의 파일 확장명 표시 여부를 지정한다. • 보호된 운영체제 파일의 숨김 여부를 지정한다. • 폴더 팁에 파일 크기 정보 표시 여부를 지정한다.
검색	• 폴더에서 시스템 파일을 검색할 때 색인의 사용 여부를 지정한다. • 색인되지 않은 위치 검색 시 포함할 항목*을 지정한다.

기출체크 ☑

24.5, 24.3, 22.5, 21.7, 21.1, 20.1, 18.상시, 14.3, 08.1, 07.1, 04.1

1. '폴더 옵션' 대화상자에서 설정할 수 없는 작업을 모두 고르시오. (　　　　)

ⓐ 메뉴 모음이 항상 표시되도록 설정할 수 있다.
ⓑ 라이브러리의 항목을 삭제할 수 있다.
ⓒ 폴더 팁에 파일 크기 정보 표시를 설정할 수 있다.
ⓓ 탐색 창, 미리 보기 창, 세부 정보 창의 표시 여부를 설정할 수 있다.
ⓔ 공유 폴더에 액세스 할 때 필요한 계정과 암호를 설정할 수 있다.

전문가의 조언

중요해요. '폴더 옵션' 대화상자에서 설정할 수 있는 항목에 대한 문제가 자주 출제됩니다.

[기출 포인트]

- '폴더 옵션'에서 탐색 창, 미리 보기 창의 표시 여부를 설정할 수는 없다.
- '폴더 옵션'에서 라이브러리의 항목을 삭제할 수는 없다.
- '폴더 옵션'에서 공유 폴더에 액세스 할 때 필요한 계정과 암호를 설정할 수는 없다.
- '폴더 옵션'에서 파일 및 폴더의 보호된 운영 체제 파일 열기를 설정할 수는 없다.

[파일] → [옵션] 메뉴

파일 탐색기의 폴더 창이 선택된 상태에서는 [파일] → [폴더 및 검색 옵션 변경] 메뉴가 표시되고 파일 창이 선택된 상태에서는 [파일] → [옵션] 메뉴가 표시됩니다.

색인되지 않은 위치 검색 시 포함할 항목

- 시스템 디렉터리
- 압축 파일
- 항상 파일 이름 및 내용 검색

기출체크 1번

ⓑ '폴더 옵션' 대화상자에서는 라이브러리의 항목을 삭제할 수 없습니다.
ⓓ 탐색 창, 미리 보기 창, 세부 정보 창의 표시 여부는 파일 탐색기에서 설정할 수 있습니다.
ⓔ '폴더 옵션' 대화상자에서는 공유 폴더에 액세스 할 때 필요한 계정과 암호를 설정할 수 없습니다.

기출체크 정답
1. ⓑ, ⓓ, ⓔ

SECTION 009

파일과 폴더

1 파일과 폴더

파일(File)은 자료가 디스크에 저장되는 기본 단위이고, 폴더(Folder)는 파일을 모아 관리하기 위한 장소이다.

500702

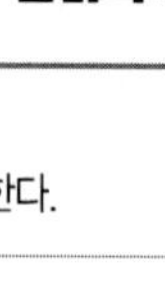

19.1, 04.3

2 파일/폴더 선택

전문가의 조언

비연속적인 여러 파일을 선택할 때 사용하는 키에 대한 문제가 출제된 적이 있습니다.

[기출 포인트]

- 연속적인 항목 선택 시 Shift를 사용한다.
- 비연속적인 항목 선택 시 Ctrl을 사용한다.

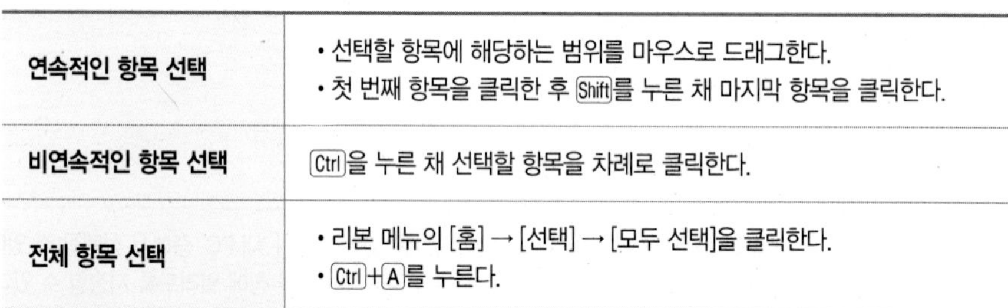

연속적인 항목 선택	• 선택할 항목에 해당하는 범위를 마우스로 드래그한다. • 첫 번째 항목을 클릭한 후 Shift를 누른 채 마지막 항목을 클릭한다.
비연속적인 항목 선택	Ctrl을 누른 채 선택할 항목을 차례로 클릭한다.
전체 항목 선택	• 리본 메뉴의 [홈] → [선택] → [모두 선택]을 클릭한다. • Ctrl+A를 누른다.

기출체크 ☑

04.3

1. 비연속적인 다수의 파일을 선택하려면 (　　)을 누른 상태에서 해당되는 파일을 하나씩 클릭한다.

500703

24.1, 23.4, 23.2, 22.1, 21.8, 21.6, 21.5, 19.1, 03.2

3 파일/폴더 복사 및 이동

전문가의 조언

다른 드라이브로 파일을 복사 및 이동할 때 사용하는 키에 대한 문제가 출제되고 있습니다.

[기출 포인트]

- 파일/폴더 복사 시 Ctrl을 사용한다.
- 파일/폴더 이동 시 Shift를 사용한다.
- **다른 드라이브로 드래그** : 복사
- **같은 드라이브에서 드래그** : 이동

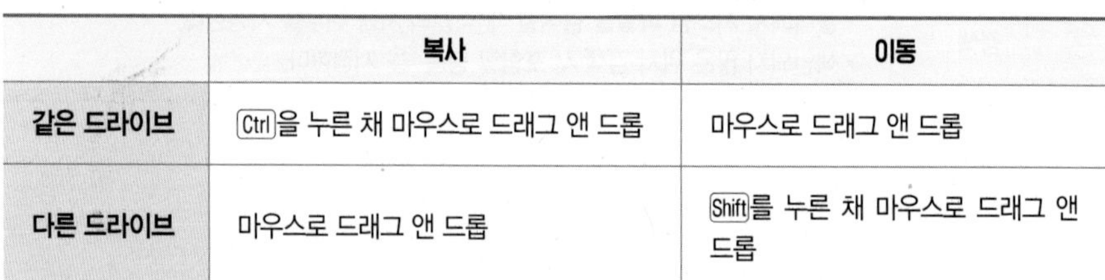

	복사	이동
같은 드라이브	Ctrl을 누른 채 마우스로 드래그 앤 드롭	마우스로 드래그 앤 드롭
다른 드라이브	마우스로 드래그 앤 드롭	Shift를 누른 채 마우스로 드래그 앤 드롭

기출체크 ☑

23.2, 21.6, 19.1

2. 마우스를 사용하여 다른 드라이브로 파일을 이동시킬 때 사용하는 키는 (　　)이다.

기출체크 정답

1. Ctrl 2. Shift

SECTION 010

검색 상자

500801

1 파일 탐색기의 검색 상자

24.4, 23.1, 22.1, 21.8, 21.5, 21.1, 18.2, 17.2, 17.1, 14.2, 11.3, 10.2, 09.4, 07.1, 05.2, 03.1

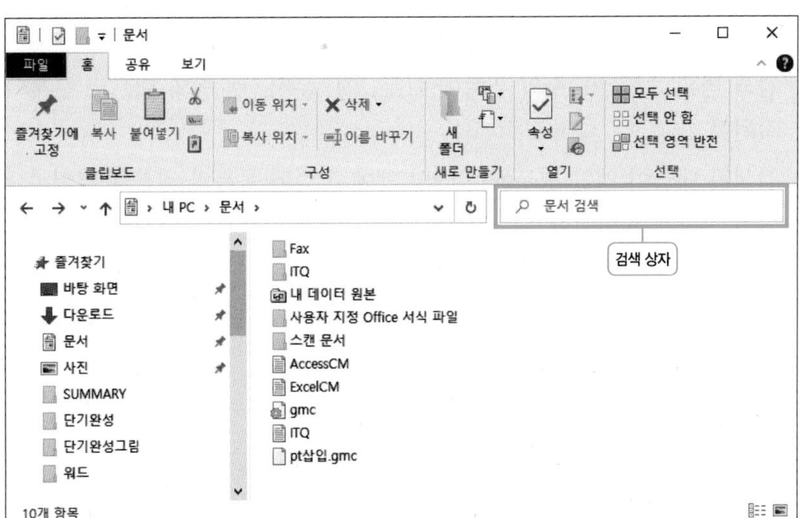

- 파일 탐색기에서 찾으려는 내용을 검색 상자에 입력하고 Enter를 누르면 리본 메뉴에 검색 필터*를 설정할 수 있는 [검색] 탭이 생성되고 검색이 수행된다.
- 파일 탐색기에서 F3이나 Ctrl + F를 누르면 검색 상자로 포커스가 옮겨진다.
- 기본적으로 검색 상자에 입력한 내용이 포함된 파일*이나 폴더 등이 검색되고, 내용 앞에 '–'을 붙이면 해당 내용이 포함되지 않은 파일이나 폴더가 검색된다.
- 데이터를 검색한 후 검색 기준을 저장할 수 있으며, 저장된 검색 기준을 열면 해당 기준으로 데이터를 검색하여 표시한다.
- 색인 위치*를 지정하여 더 빠른 속도로 검색*할 수 있다.
- 수정한 날짜*, 종류, 크기* 등과 같은 속성을 이용하여 파일을 검색할 수 있다.

기출체크 ☑

22.1, 21.1, 18.2

1. 검색 내용 앞에 (　　)를 붙이면 해당 내용이 포함되지 않은 파일이나 폴더가 검색된다.

전문가의 조언

중요해요! 파일 탐색기의 검색 상자의 특징에 대한 문제가 자주 출제됩니다.

[기출 포인트]
- 검색 내용의 앞에 '–'을 붙이면 해당 내용이 포함되지 않은 파일/폴더가 검색된다.
- 색인은 검색 기능을 향상시킨다.
- 수정한 날짜, 종류, 크기를 이용하여 파일을 검색할 수 있다.

검색 필터

수정한 날짜, 종류, 크기 등과 같은 속성을 이용하여 파일을 검색할 수 있는 기능입니다.

검색 상자 내용 입력 시 '–'

예를 들어, 검색 상자에 **합격 –불합격**을 입력하면 "합격"은 포함되고 "불합격"은 포함되지 않는 파일이나 폴더 등이 검색됩니다.

색인 위치

색인 위치를 확인하거나 추가하려면 [제어판] → [색인 옵션]을 이용해야 합니다.

색인된 파일 검색

- 파일 탐색기와 [시작] 메뉴의 검색 상자를 사용하여 검색할 경우 색인된 파일만 검색됩니다.
- 컴퓨터의 일반적인 파일은 대부분 색인이 구성되어 있습니다.

수정한 날짜

어제, 지난 주 등

크기

비어 있음, 작음, 중간 등

기출체크 정답

1. –

2 작업 표시줄의 검색 상자

14.2

500802

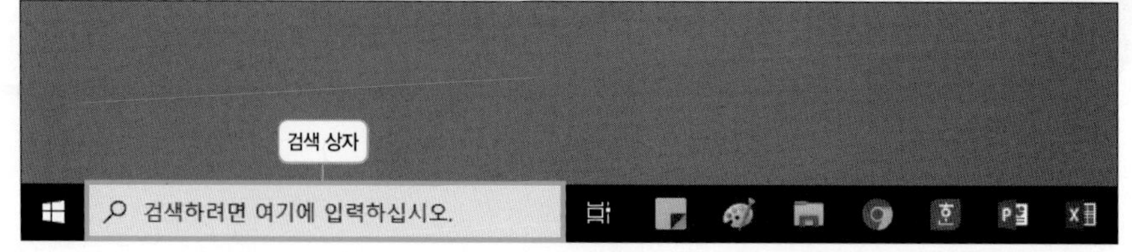

- 작업 표시줄의 검색 상자에 찾으려는 내용을 입력하면 자동으로 검색이 시작된다.
- [Windows]+[S]를 누르면 검색 상자로 포커스가 옮겨진다.
- 검색 범위*는 검색 창의 위쪽에 모두, 앱, 문서, 웹 등의 탭으로 구분되어 표시된다.
- 검색된 대상이 앱인 경우에는 해당 앱에 고정된 목록과 최근에 열어본 목록이 검색 상자에 표시된다.
- 검색된 앱을 선택하여 바로 실행할 수 있다.*
- 작업 표시줄의 바로 가기 메뉴에서 [검색]을 이용하여 검색 상자의 표시 여부를 지정할 수 있다.

500831

잠깐만요 작업 표시줄과 파일 탐색기 '검색 상자'의 차이점

	작업 표시줄 '검색 상자'	파일 탐색기 '검색 상자'
바로 가기 키	[Windows]+[S]	[F3], [Ctrl]+[F]
검색 항목	파일, 폴더, 앱, 웹 등	파일, 폴더
검색 위치	컴퓨터 전체	지정 가능
검색 필터	사용 불가능	사용 가능
검색 결과	범주별로 그룹화 되어 표시	검색어에 노란색 표시

기출체크 ☑

14.2

2. 작업 표시줄의 검색 상자에서 검색 필터를 사용하여 파일을 검색할 수 있다. (○, ×)

전문가의 조언

작업 표시줄의 검색 상자에서 검색 필터를 사용할 수 있는지에 대한 문제가 출제된 적이 있습니다.

[기출 포인트]

작업 표시줄의 검색 상자에서는 검색 필터를 사용할 수 없다.

검색 상자의 검색 범위

모두, 앱, 문서, 웹, 동영상, 사람, 사진, 설정, 음악, 전자 메일, 폴더

검색된 앱 바로 실행

예를 들어, 작업 표시줄의 [검색 상자]에 **설정**을 입력하면 '설정'과 관련된 내용이 자동으로 검색됩니다. 키보드의 방향키를 이용하여 검색된 메뉴 중 하나를 선택한 후 [Enter]를 누르거나 마우스로 클릭하면 해당 앱이 실행됩니다.

궁금해요 시나공 Q&A 베스트

Q 작업 표시줄의 바로 가기 메뉴에서 [검색]에 '검색 상자 표시'가 없어요!

A [(시작)] → [(설정)] → [개인 설정] → [작업 표시줄]에서 '작은 작업 표시줄 단추 사용'을 해제해야 '검색 상자 표시'가 표시됩니다.

기출체크 2번

작업 표시줄의 검색 상자에서는 검색 필터를 사용할 수 없습니다.

기출체크 정답

2. ×

SECTION 011

휴지통

500901

21.1, 19.상시, 18.상시, 17.2, 15.3, 13.3, 12.3, 10.1, 07.3, 04.4

1 휴지통의 개요

휴지통은 삭제된 파일이나 폴더가 임시 보관되는 장소이다.

- 바탕 화면에서 '휴지통' 아이콘을 더블클릭하면 파일 탐색기의 리본 메뉴에 [관리] → [휴지통 도구] 탭이 표시되며, 파일 창에 휴지통 내용이 표시된다.
- 기본적으로 드라이브 용량의 5%~10% 범위 내에서 시스템이 자동으로 설정하지만 사용자가 원하는 크기를 MB 단위로 지정할 수 있다.
- 휴지통의 실제 파일이 저장되는 폴더의 위치는 운영체제가 자동으로 지정하므로 사용자가 임의로 지정할 수 없다.
- 휴지통은 아이콘을 통하여 휴지통이 비워진 경우( )와 들어있는 경우( )를 구분할 수 있다.
- 휴지통은 하드디스크 드라이브마다 한 개씩 만들 수 있다.
- 휴지통의 용량을 초과하면 가장 오래 전에 삭제된 파일부터 자동으로 지워진다.
- 휴지통에 보관된 파일이나 폴더는 복원*할 수 있지만 복원하기 전에는 사용하거나 이름을 변경할 수 없다.

기출체크 ☑

21.1, 17.2

1. 휴지통에 지정된 최대 크기를 초과하면 보관된 파일 중 가장 용량이 큰 파일부터 자동 삭제된다. (○, ×)

500902

23.4, 22.3, 15.3, 12.3, 11.2, 07.3, 05.4

2 휴지통에 보관되지 않는 경우

일반적으로 삭제된 항목은 휴지통에 임시 보관되지만 다음과 같은 경우에는 휴지통을 거치지 않고 바로 삭제되므로 복원이 불가능하다.

- DOS 모드*, 네트워크 드라이브, USB 메모리에서 삭제된 항목
- Shift를 누른 채 삭제 명령을 실행한 경우
- 휴지통 속성에서 '파일을 휴지통에 버리지 않고 삭제할 때 바로 제거'를 선택한 경우
- 휴지통 속성에서 최대 크기를 0MB로 지정한 경우
- 같은 이름의 항목을 복사/이동 작업으로 덮어쓴 경우

기출체크 ☑

22.3, 07.3

2. [명령 프롬프트] 창에서 삭제한 파일은 휴지통에 보관된다. (○, ×)

전문가의 조언

중요해요! 휴지통의 전반적인 특징을 알고 있어야 풀 수 있는 문제가 자주 출제됩니다.

[기출 포인트]

- 휴지통 용량 초과 시 가장 오래된 파일부터 삭제된다.
- 휴지통에 있는 파일은 바로 실행할 수 없다.

복원

휴지통에 들어 있는 파일이나 폴더를 원래 위치나 다른 위치로 되돌려 놓는 것을 말합니다.

기출체크 1번

휴지통에 지정된 최대 크기를 초과하면 보관된 파일 중 가장 오래 전에 보관된 파일부터 자동 삭제됩니다.

전문가의 조언

영구적으로 삭제되어 휴지통에서 복원할 수 없는 경우에 대한 문제가 출제되고 있습니다.

[기출 포인트]

- USB에서 삭제한 파일은 복원할 수 없다.
- Shift+Delete 눌러 삭제한 파일은 복원할 수 없다.
- 명령 프롬프트 창에서 삭제한 파일은 복원할 수 없다.

DOS 모드

Windows에서 DOS 모드를 앱으로 구현한 것은 '명령 프롬프트'입니다.

기출체크 2번

[명령 프롬프트] 창에서 삭제한 파일은 휴지통에 보관되지 않습니다.

기출체크 정답

1. × 2. ×

1201202

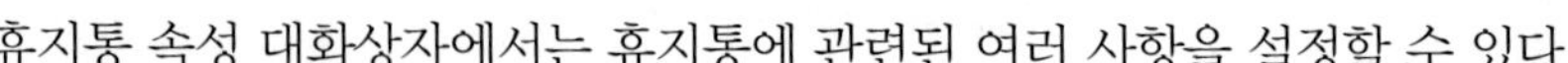

23.5, 15.3

3 휴지통 속성

휴지통 속성 대화상자에서는 휴지통에 관련된 여러 사항을 설정할 수 있다.

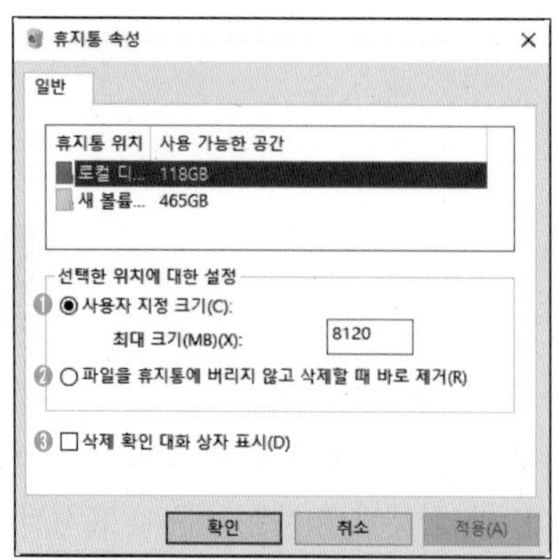

❶ 휴지통의 크기를 드라이브마다 다르게 설정할 수 있고, 모두 같은 크기로 설정할 수도 있다.

❷ 파일이나 폴더를 삭제할 때 휴지통을 거치지 않고 바로 삭제하도록 설정할 수 있다.

❸ '삭제 확인 대화 상자 표시'를 선택하여 파일이나 폴더가 삭제될 때마다 확인 대화상자가 표시되도록 설정할 수 있다.

기출체크 ☑

23.5

3. 휴지통 속성 대화상자에서 휴지통에 지정된 최대 크기를 초과하면 자동으로 휴지통 비우기를 실행하도록 설정할 수 있다. (○, ×)

전문가의 조언

휴지통 속성에서 설정할 수 있는 기능에 대한 문제가 출제되고 있습니다.

[기출 포인트]

- 각 드라이브마다 휴지통의 크기를 다르게 설정할 수 있다.
- 삭제 시 휴지통을 거치지 않고 바로 삭제하도록 설정할 수 있다.
- 삭제 시 확인 대화상자의 표시 유무를 설정할 수 있다.

기출체크 3번

휴지통 속성 대화상자에서 휴지통을 자동으로 비우는 기능을 제공하지는 않습니다.

1201204

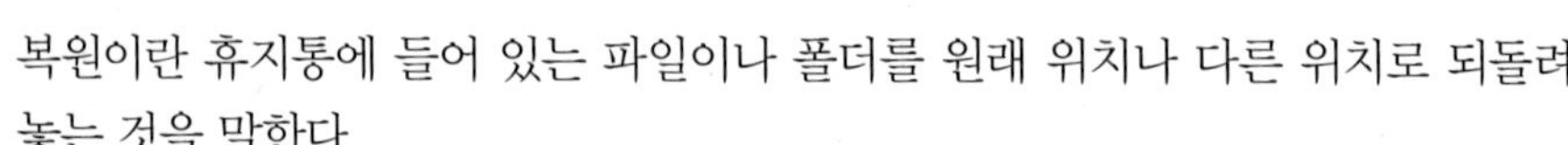

23.5, 22.7

4 복원

복원이란 휴지통에 들어 있는 파일이나 폴더를 원래 위치나 다른 위치로 되돌려 놓는 것을 말한다.

- **방법 1** : [관리] → [휴지통 도구] → [복원] → [모든 항목 복원/선택한 항목 복원] 클릭
- **방법 2** : 바로 가기 메뉴에서 [복원] 선택
- **방법 3** : 원하는 위치로 드래그
- **방법 4** : [홈] → [클립보드] → [잘라내기], 복원할 위치를 선택한 후 [홈] → [클립보드] → [붙여넣기]
- **방법 5** : Ctrl + X(잘라내기) 누른 후 복원한 위치를 선택하고 Ctrl + V(붙여넣기) 누름

기출체크 ☑

23.5

4. 휴지통의 모든 파일을 복원하려면 휴지통의 바로 가기 메뉴에서 [전체 복원하기]를 선택한다. (○, ×)

전문가의 조언

휴지통에 보관된 파일의 복원 방법을 묻는 문제가 출제되고 있습니다.

[기출 포인트]

휴지통의 모든 파일을 복원하려면 [관리] → [휴지통 도구] → [복원] → [모든 항목 복원]을 클릭한다.

기출체크 4번

휴지통의 바로 가기 메뉴에는 복원과 관련된 항목이 없습니다. 휴지통의 모든 파일을 복원하려면 휴지통을 열고 [관리] → [휴지통 도구] → [복원] → [모든 항목 복원]을 클릭해야 합니다.

기출체크 정답

3. × 4. ×

SECTION 012

Windows 보조프로그램

1 Windows 보조프로그램의 개요

Windows 보조프로그램은 Windows에 내장된 앱으로, 시스템 운영에 필수적이지는 않지만 컴퓨터 사용에 부가적인 도움을 주는 앱들로 구성되어 있다.

501002

21.4, 16.3, 12.1, 11.1, 08.1, 07.4, 05.4, 05.3

2 메모장

'메모장'은 특별한 서식이 필요 없는 간단한 ASCII 형식의 텍스트 파일을 작성할 수 있는 문서 작성 앱이다.

실행 [(시작)] → [Windows 보조프로그램] → [메모장] 선택

- 텍스트(.TXT) 형식의 문서만 열거나 저장할 수 있다.
- 문서 전체에 대해서만 글꼴의 종류, 속성, 크기를 변경할 수 있다.
- 그림, 차트 등의 OLE* 개체를 삽입할 수 없다.
- ANSI, 유니코드, UTF-8 등의 인코딩 형식으로 저장할 수 있다.
- 문서의 첫 행 맨 왼쪽에 대문자로 **.LOG**라고 입력하면 메모장을 열 때마다 현재의 시간과 날짜를 문서의 끝에 표시한다.
- **주요 메뉴**
  - **페이지 설정** : 용지 크기 · 방향 · 여백 설정, 머리글 · 바닥글 입력
  - **찾기** : 대 · 소문자를 구분하거나 찾을 방향을 지정하여 찾음
  - **바꾸기** : 찾은 내용을 바꿀 내용으로 변경
  - **이동** : 줄을 기준으로 커서를 이동할 수 있지만 '자동 줄 바꿈'이 해제된 상태에서만 사용 가능
  - **시간/날짜** : 커서가 있는 위치에 현재 시간과 날짜 입력(바로 가기 키 : F5)
  - **자동 줄 바꿈** : 창의 가로 크기에 맞게 텍스트를 표시하고 다음 줄로 넘김
  - **글꼴** : 글꼴 종류, 글꼴 스타일, 크기 등 지정
  - **상태 표시줄** : 상태 표시줄의 표시 여부 지정

기출체크 ☑

21.4, 16.3, 12.1, 11.1, 08.1, 07.4, 05.4, 05.3

1. 다음은 '메모장'에 대한 설명이다. 틀린 것을 모두 고르시오. (　　　　　)

ⓐ 문서의 일부 영역에 글꼴 서식을 별도로 지정할 수 있다.
ⓑ ASCII 코드 형식의 텍스트 파일을 작성, 편집, 인쇄할 수 있다.
ⓒ 편집 중인 문서에 그림을 삽입할 수 있다.
ⓓ '자동 줄 바꿈'이 설정된 경우에도 '이동' 명령을 사용할 수 있다.

전문가의 조언

- Windows 앱 중 메모장, 그림판, 빠른 지원의 특징에 대한 문제가 출제되고 있습니다.
- 메모장, 그림판에 대해서는 용도와 세부적인 특징을 잘 알아두고, 단계 레코드는 용도만 알고 있으면 됩니다.

[기출 포인트]

- 메모장에서 '자동 줄 바꿈'을 설정하면 '이동' 기능을 사용할 수 없다.
- 메모장에는 그림, 차트 등을 삽입할 수 없다.
- 메모장에서는 일부에 대해서만 글꼴 서식을 지정할 수 없다.

OLE(Object Linking & Embedding)

다른 앱에서 작성한 그림이나 표 등의 개체(Object)를 연결(Linking)하거나 삽입(Embedding)하는 기능으로, 작성한 앱에서 내용을 수정하면 수정된 내용이 연결된 앱에 자동으로 반영됩니다.

기출체크 1번

ⓐ 메모장에서는 문서 전체에 대해서만 글꼴 서식을 변경할 수 있습니다.
ⓒ 메모장에서는 그림, 차트 등의 OLE 개체를 삽입할 수 없습니다.
ⓓ '이동' 명령은 '자동 줄 바꿈'이 해제된 상태에서만 사용할 수 있습니다.

기출체크 정답

1. ⓐ, ⓒ, ⓓ

501003

3 그림판

23.1, 22.2, 14.1, 11.2

'그림판'은 간단한 그림을 작성하거나 수정하기 위한 보조 앱이다.

실행 [⊞(시작)] → [Windows 보조프로그램] → [그림판] 선택

- 기본 저장 형식은 PNG이며, BMP, TIF, JPG 등의 형식으로도 저장할 수 있다.
- 그림판에서 편집한 그림을 다른 문서에 붙여넣거나 Windows 바탕 화면의 배경으로 사용할 수 있다.
- 그림판에서 그림을 선택, 자르기, 크기 조정, 회전 또는 대칭 이동 등을 수행할 수 있다.
- Shift를 누른 상태에서는 수평선, 수직선, 45°의 대각선, 정사각형, 정원을 그릴 수 있다.
- 색상을 변경할 때 전경색*은 [홈] → [색] → [색 1]을, 배경색*은 [홈] → [색] → [색 2]를 클릭한 후 색을 선택한다.

기출체크 ☑

23.1, 22.2, 11.2

2. '그림판'에서 레이어 기능을 이용하면 여러 사진을 추가하여 합성할 수 있다. (○, ×)

501007

4 단계 레코더

'단계 레코더'는 컴퓨터에서 작업을 수행할 때 각 작업 단계를 녹화하는 앱이다.

실행 [⊞(시작)] → [Windows 보조프로그램] → [단계 레코드] 선택

- 마우스 드래그나 클릭, 키보드 입력 등이 하나의 작업 단계로 녹화되며, 녹화된 내용은 텍스트로 표시된다.
- '화면 캡처*' 기능을 사용할 수 있고, 텍스트 설명을 추가할 수 있다.

기출체크 ☑

출제예상

3. '단계 레코드'로 녹화된 내용은 기본적으로 텍스트로 표시된다. (○, ×)

[기출 포인트]

그림판에서 레이어 기능은 사용할 수 없다.

전경색과 배경색

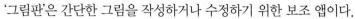

전경색은 문자나 선, 이미지의 경계 등을 나타내는 색이고, 배경색은 그림의 배경을 칠하는데 사용하는 색으로, 지우개로 지우면 전경색이 지워지고 배경색이 나타납니다. 쉽게 비유한다면 도화지 색깔은 배경색이고, 도화지 위에 칠하는 물감 등은 전경색입니다.

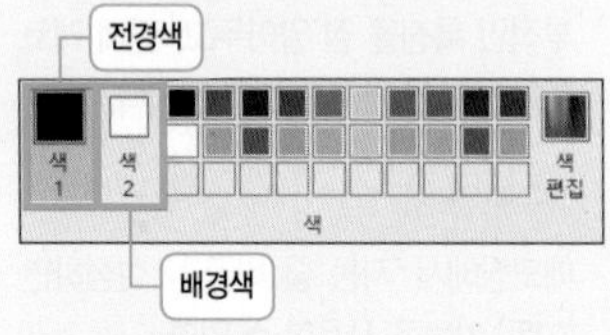

기출체크 2번

그림판은 레이어와 같은 고급 그래픽 프로그램의 기능은 제공하지 않습니다.

화면 캡처

작업 단계를 이미지로 캡처할 경우 기본적으로 저장되는 화면의 수는 최근에 수행한 작업 25개이지만 1~999개까지 임의로 지정할 수 있습니다.

기출체크 정답

2. × 3. ○

SECTION 013

유니버설 앱

1 유니버설 앱의 개요

유니버설 앱*은 Windows 보조프로그램과 마찬가지로 Windows에 내장된 앱으로, 시스템 운영에 필수적이지는 않지만 컴퓨터 사용에 부가적인 도움을 주는 앱들로 구성되어 있다.

- 유니버설 앱은 [⊞(시작)]을 클릭하여 나타나는 시작 메뉴에서 선택하여 실행할 수 있다.

501102

2 계산기

'계산기'는 간단한 사칙연산부터, 삼각법, 진법 변환, 날짜 계산, 통화 환율 등을 계산할 때 사용하는 앱이다.

실행 [⊞(시작)] → [계산기] 선택

- **계산기 종류**

표준	일반적인 사칙연산을 계산한다.
공학용	삼각법이나 함수 등을 최대 32자리까지 계산한다.
프로그래머	진법 변환* 등을 최대 64자리까지 계산한다.
그래프	삼각법, 부등식, 함수 등을 이용한 계산식을 그래프로 표시한다.
날짜 계산	두 날짜 간의 차이, 특정 날짜에 일수를 더하거나 뺀 날짜를 계산한다.

- **변환기** : 통화 환율, 부피, 길이, 무게 및 질량, 온도, 에너지, 면적, 속도, 시간, 일률, 데이터, 압력, 각도 등을 계산한다.
- 표시된 숫자를 저장할 때는 [MS] 단추를, 저장된 숫자를 불러와 입력할 때는 [MR] 단추를 누른다.

예상체크 ☑

출제예상

1. '계산기'의 종류 5가지는 (　　　), (　　　), (　　　), (　　　), (　　　)이다.

전문가의 조언

- Windows 보조프로그램과 마찬가지로 컴퓨터 사용에 부가적인 도움을 주는 앱입니다.
- '빠른 지원'과 '캡처 및 스케치'의 용도와 세부적인 기능들을 잘 알아두세요.

유니버설 앱과 Windows 보조프로그램의 다른 점

유니버설 앱은 윈도우 10, 윈도우 폰, Xbox One 등 마이크로소프트의 플랫폼 어디에서나 실행 가능한 앱인 반면 Windows 보조프로그램은 윈도우 10에서만 실행 가능한 앱입니다.

진법 변환

2진수, 8진수, 10진수, 16진수 등의 수 체계를 서로 변환하는 것을 의미합니다.

예상체크 정답

1. 표준, 공학용, 프로그래머, 그래프, 날짜 계산

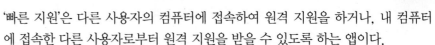

501004 

23.3, 22.5, 21.2

3 빠른 지원*

'빠른 지원'은 다른 사용자의 컴퓨터에 접속하여 원격 지원을 하거나, 내 컴퓨터에 접속한 다른 사용자로부터 원격 지원을 받을 수 있도록 하는 앱이다.

실행 [⊞(시작)] → [빠른 지원] 선택

- 내 컴퓨터의 마우스와 키보드로 다른 사용자 컴퓨터를 제어하는 동안 다른 사용자도 화면을 보면서 마우스와 키보드를 조작할 수 있다.
- 원격 지원을 하는 자는 마이크로소프트 계정으로 로그인해야 하고, 원격 지원을 받는 자는 로그인하지 않아도 된다.
- '공유 옵션'에는 '모든 권한 가지기'와 '화면 보기'가 있다.

기출체크 ☑

23.3, 22.5, 21.2

2. '빠른 지원' 연결 시 원격 접속을 지원할 사용자는 마이크로소프트 계정으로 로그인하지 않아도 되지만 지원 받는 사용자는 마이크로소프트 계정으로 로그인해야 한다. (○, ×)

1201406 

24.1

4 캡처 및 스케치

'캡처 및 스케치'는 Windows 보조프로그램의 '캡처 도구'와 마찬가지로 화면의 특정 부분 또는 전체를 캡처하여 JPG, PNG, GIF 파일로 저장하는 앱이다.

실행 [⊞(시작)] → [캡처 및 스케치] 선택

- 캡처 유형에는 사각형, 자유형, 창, 전체 화면이 있다.
- '캡처 및 스케치'의 바로 가기 키는 ⊞ + Shift + S이다.
- 볼펜, 연필, 형광펜, 지우개, 눈금자, 각도기 도구 등을 이용하여 캡처한 이미지에 필요한 정보를 추가할 수 있다.
- 캡처한 이미지는 전자 메일(E-mail)을 통해 바로 전송할 수 있다 .
- 캡처한 이미지를 그림판, 사진 등의 다른 앱으로 열어서 추가 작업을 할 수 있다.

기출체크 ☑

24.1

3. '캡처 및 스케치'의 캡처 유형에는 ( ), ( ), ( ), ( )이 있다.

[기출 포인트]

원격 접속을 지원하는 자는 MS 계정으로 로그인해야 한다.

'빠른 지원' 대화상자

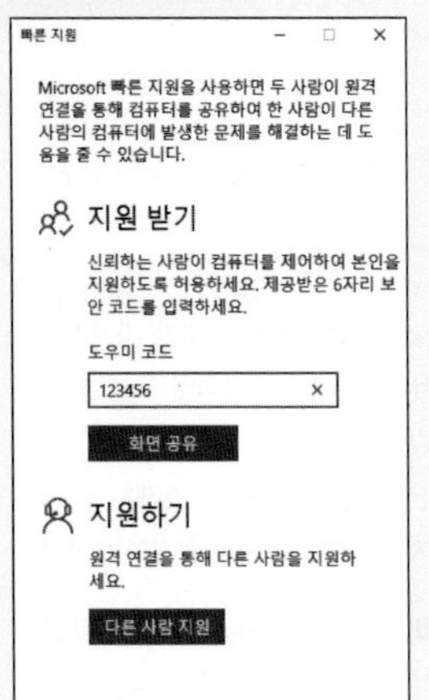

기출체크 2번

원격 접속을 지원할 사용자는 마이크로소프트 계정으로 로그인해야 하고, 지원 받는 사용자는 로그인하지 않아도 됩니다.

[기출 포인트]

캡처 유형에는 사각형, 자유형, 창, 전체 화면이 있다.

기출체크 정답

2. × 3. 사각형, 자유형, 창, 전체 화면

기출문제 은행

해설은 44쪽에 있습니다.

23년 1회, 21년 7회, 16년 1회

01 다음 중 32비트 및 64비트 버전의 Windows OS에 관한 설명으로 옳지 않은 것은?

① 64비트 버전의 Windows에서는 대용량 RAM을 32비트 시스템보다 효과적으로 처리한다.
② 64비트 버전의 Windows를 설치하려면 64비트 버전의 Windows를 실행할 수 있는 CPU가 필요하다.
③ 64비트 버전의 Windows에서 하드웨어 장치가 정상적으로 동작하려면 64비트용 장치 드라이버가 필요하다.
④ 앱이 64비트 버전의 Windows용으로 설계된 경우 호환성 유지를 위해 32비트 버전의 Windows에서도 작동되도록 설계되어 있다.

22년 6회, 21년 3회, 12년 1회

02 다음 중 NTFS 파일 시스템에 관한 설명으로 옳지 않은 것은?

① 파일 크기는 볼륨 크기에 의해서만 제한된다.
② HDD, SSD, CD 등 모든 디스크 드라이브에서 기본적으로 사용되는 범용 파일 시스템이다.
③ FAT32 파일 시스템보다 성능, 보안, 안전성이 높다.
④ 파일 및 폴더에 대한 액세스 제어를 유지하고 제한된 계정을 지원한다.

22년 5회

03 다음 중 Windows 10의 바로 가기 키에 대한 설명으로 옳은 것은?

① Alt + Enter : 선택된 항목의 속성 창을 호출함
② Alt + PrintScreen : 현재 활성화된 창을 인쇄함
③ Ctrl + Esc : 열려 있는 창을 닫음
④ Ctrl + Tab : 시작 메뉴를 표시함

23년 4회, 22년 1회, 21년 5회, 15년 1회

04 다음 중 한글 Windows 10 바로 가기 아이콘의 [속성] 대화상자에 대한 설명으로 옳지 않은 것은?

① 대상 파일이나 대상 형식, 대상 위치 등에 관한 연결된 항목의 정보를 확인할 수 있다.
② 연결된 항목을 바로 열 수 있는 바로 가기 키를 지정할 수 있다.
③ 연결된 항목의 디스크 할당 크기를 확인할 수 있다.
④ 바로 가기 아이콘을 만든 날짜와 수정한 날짜, 액세스한 날짜 등을 확인할 수 있다.

23년 5회, 22년 7회

05 다음 중 한글 Windows 10의 [휴지통]에 보관된 파일을 복원하는 방법으로 옳지 않은 것은?

① 휴지통을 열고 복원할 파일의 바로 가기 메뉴에서 [잘라내기]를 선택한 후 바탕 화면의 바로 가기 메뉴에서 [붙여넣기]를 선택한다.
② 휴지통을 열고 복원할 파일의 바로 가기 메뉴에서 [복원]을 선택한다.
③ 휴지통을 열고 복원할 파일을 선택한 후 원하는 위치로 드래그 앤 드롭한다.
④ 휴지통의 모든 파일을 복원하려면 휴지통의 바로 가기 메뉴에서 [전체 복원하기]를 선택한다.

24년 1회

06 다음 중 '캡처 및 스케치'에 대한 설명으로 옳지 않은 것은?

① 화면의 특정 부분 또는 전체를 캡처하여 JPG, PNG, GIF 파일로 저장할 수 있다.
② 눈금자 또는 각도기 도구를 이용하여 이미지에 직선이나 아치를 그릴 수 있다.
③ 캡처 유형에는 사각형 캡처, 원형 캡처, 자유형 캡처 세 가지가 있다.
④ 캡처한 이미지를 다른 프로그램으로 열기하여 추가 작업을 할 수 있다.

23년 4회

07 다음 중 한글 Windows 10의 작업 보기와 가상 데스크톱에 대한 설명으로 옳지 않은 것은?

① 작업 보기 화면 상단에 표시된 가상 데스크톱에 마우스를 가져가면 해당 데스크톱에서 작업중인 앱이 표시된다.
② ⊞ + Tab을 누르거나 작업 표시줄의 작업 보기 아이콘(▣)을 클릭하여 작업 보기 화면을 표시할 수 있다.
③ 가상 데스크톱을 제거한 경우 제거된 가상 데스크톱에서 작업 중인 앱은 자동으로 삭제된다.
④ 작업 보기 화면에서 현재 작업 중인 앱을 마우스로 드래그하여 다른 가상 데스크톱으로 이동할 수 있다.

▶ 정답 : 1. ④ 2. ② 3. ① 4. ③ 5. ④ 6. ③ 7. ③

24년 5회, 22년 5회

08 다음 중 한글 Windows 10의 [폴더 옵션] 대화상자에서 설정할 수 있는 작업으로 옳지 않은 것은?

① [숨김 파일, 폴더 또는 드라이브 표시 안 함]을 선택할 수 있다.
② [라이브러리의 항목 삭제]를 선택할 수 있다.
③ [알려진 파일 형식의 확장명 숨기기]를 선택할 수 있다.
④ [폴더 팁에 파일 크기 정보 표시]를 선택할 수 있다.

23년 4회, 22년 1회, 21년 5회

09 다음 중 한글 Windows 10에서 마우스의 끌어놓기(Drag & Drop) 기능을 이용하여 할 수 있는 작업으로 옳지 않은 것은?

① 파일을 마우스로 선택한 후 동일한 드라이브의 다른 폴더로 끌어서 놓으면 이동이 된다.
② 파일을 마우스로 선택한 후 다른 드라이브의 임의의 폴더로 끌어서 놓으면 복사가 된다.
③ 파일을 마우스로 선택한 후 Ctrl을 누른 채 같은 드라이브의 다른 폴더로 끌어서 놓으면 복사가 된다.
④ USB에 저장되어 있는 파일을 C 드라이브로 끌어서 놓으면 이동이 된다.

22년 1회, 21년 8회, 5회, 17년 2회

10 다음 중 한글 Windows 10에서 파일의 검색 기능을 향상시키기 위한 기능은?

① 색인　　② 압축
③ 복원　　④ 백업

22년 3회, 07년 3회

11 다음 중 한글 Windows 10에서 파일과 폴더의 삭제에 대한 설명으로 옳지 않은 것은?

① 네트워크 드라이브, USB 메모리에서 삭제한 파일은 휴지통에 보관되지 않는다.
② Shift를 누른 상태에서 폴더를 선택하여 휴지통으로 드래그하면 휴지통에 보관되지 않는다.
③ 폴더를 선택하고 Shift를 누른 상태에서 Delete를 눌러 삭제하면 휴지통에 보관되지 않는다.
④ [명령 프롬프트] 창에서 삭제한 파일은 휴지통에 보관된다.

22년 2회, 11년 2회

12 다음 중 Windows 10의 [그림판]에 대한 내용으로 옳지 않은 것은?

① 그림판에서 그림을 그린 다음 다른 문서에 붙여넣거나 바탕 화면 배경으로 사용할 수 있다.
② JPG, GIF, BMP와 같은 그림 파일도 그림판에서 작업할 수 있다.
③ [레이어]를 이용하면 여러 사진을 추가하여 합성할 수 있다.
④ 선택한 영역을 대칭으로 이동시킬 수 있다.

24년 3회

13 다음 중 한글 Windows 10의 시작 메뉴에 대한 설명으로 옳지 않은 것은?

① 시작 메뉴에 있는 앱의 바로 가기 메뉴에서 [제거]를 이용하면 해당 앱을 제거할 수 있다.
② 시작 화면에 있는 앱이 설치되어 있는 실제 위치를 확인하려면 앱의 바로 가기 메뉴에서 '파일 위치 열기'를 클릭한다.
③ 시작 화면에 있는 앱의 크기를 조절하거나 타일을 이동하고 앱을 그룹화 할 수 있다.
④ [시작] → [설정] → [개인 설정] → [시작]에서 '전체 시작 화면 사용'을 켜면 화면 전체에 시작 메뉴가 표시된다.

23년 3회, 22년 5회, 21년 2회

14 다음 중 한글 Windows 10의 [빠른 지원]에 대한 설명으로 옳지 않은 것은?

① [시작] → [빠른 지원]을 선택하여 실행할 수 있다.
② 다른 사용자의 컴퓨터에 접속하여 원격 지원을 하거나, 내 컴퓨터에 접속한 다른 사용자로부터 원격 지원을 받을 수 있도록 할 수 있다.
③ '공유 옵션'에는 '모든 권한 가지기'와 '화면 보기'가 있다.
④ 원격 지원을 하는 자는 마이크로소프트 계정으로 로그인 하지 않아도 되고, 지원 받는 자는 로그인해야 한다.

24년 1회

15 다음 중 Windows 탐색기에서 수행한 작업 결과가 다른 것은?

```
∨ 내 PC
  > 다운로드
  > 동영상
  > 문서
  > 바탕 화면
  > 사진
  > 음악
  ∨ 로컬 디스크 (C:)
    > STUDY
  ∨ SYSTEM (D:)
    > COM
  ∨ USB 드라이브 (E:)
    > DATA
  > 네트워크
```

① 'COM' 폴더에 있는 파일을 Shift를 누른 채 '바탕 화면'으로 드래그한다.

② 'STUDY' 폴더에 있는 파일을 '바탕 화면'으로 드래그한다.

③ '다운로드'에 있는 파일을 Shift를 누른 채 '문서'로 드래그한다.

④ 'DATA' 폴더에 있는 파일을 '사진'으로 드래그한다.

24년 4회, 23년 1회

16 다음 중 [파일 탐색기]의 검색 도구에 대한 설명으로 옳지 않은 것은?

① 수정한 날짜를 이용하여 지난 주에 수정한 파일들을 검색할 수 있다.

② 파일의 크기를 선택하여 검색할 수 있다.

③ 파일의 종류를 선택하여 검색할 수 있다.

④ 파일 특성이 '읽기 전용'인 파일들을 검색할 수 있다.

▶ 정답 : 8. ② 9. ④ 10. ① 11. ④ 12. ③ 13. ② 14. ④ 15. ④ 16. ④

기출문제 해설

[문제 01] Section 001

64비트 버전의 Windows용으로 설계된 앱은 32비트 버전의 Windows에서 작동되지 않는다.

[문제 02] Section 002

NTFS는 윈도우 전용 파일 시스템으로 모든 디스크 드라이브에서 사용할 수는 없다.

[문제 03] Section 003

② Alt + PrintScreen : 현재 활성화된 창을 클립보드로 복사함

③ Ctrl + Esc : [시작] 메뉴를 표시함

Alt + F4 : 열려 있는 창을 닫음

④ Ctrl + Tab : 다음 탭으로 이동함

[문제 04] Section 004

- 바로 가기 아이콘은 원본 파일, 즉 연결된 항목의 위치 정보를 가지고 있는 아이콘으로, 연결된 항목의 디스크 할당 크기는 알 수 없다.
- 연결된 항목의 디스크 할당 크기는 해당 항목의 '속성' 대화상자에서 확인할 수 있다.

[문제 05] Section 011

- 휴지통의 바로 가기 메뉴에는 복원과 관련된 항목이 없다.
- 휴지통의 모든 파일을 복원하려면 휴지통을 열고 [관리] → [휴지통 도구] → [복원] → [모든 항목 복원]을 클릭해야 한다.

[문제 06] Section 011

'캡처 및 스케치'의 캡처 유형에는 사각형 캡처, 자유형 캡처, 창 캡처, 전체 화면 캡처 네 가지가 있다.

[문제 07] Section 006

가상 데스크톱을 제거하면 제거된 가상 데스크톱에서 작업 중인던 앱은 이전 가상 데스크톱으로 이동한다.

[문제 08] Section 008

'폴더 옵션' 대화상자의 '보기' 탭에서 제공하는 '고급 설정' 항목에는 '라이브러리의 항목 삭제'가 아니라 '라이브러리 표시'가 있다.

[문제 09] Section 009

- USB에 저장되어 있는 파일을 C 드라이브로 끌어서 놓으면 복사가 된다.
- 파일을 이동시키려면 Shift를 누른 채 파일을 끌어서 놓아야 한다.

[문제 10] Section 010

한글 Windows 10에서의 색인은 사용자 컴퓨터의 파일에 대한 상세 정보의 모음으로, 한글 Windows 10은 이 색인에 저장된 정보를 이용하여 파일을 검색하므로 보다 빠르고 정확하게 검색할 수 있다.

[문제 11] Section 011

'명령 프롬프트' 창에서 삭제한 파일은 휴지통에 보관되지 않는다.

[문제 12] Section 012

그림판은 간단한 그림을 그리거나 수정하기 위한 앱으로, 레이어와 같은 고급 그래픽 프로그램의 기능은 제공하지 않는다.

[문제 13] Section 007

시작 메뉴에 있는 앱의 바로 가기 메뉴에서 [자세히] → [파일 위치 열기]를 선택하면 앱이 실제 설치된 폴더가 아닌 바로 가기 아이콘이 설치되어 있는 폴더가 열린다. 이 폴더에 있는 바로 가기 아이콘의 바로 가기 메뉴에서 [파일 위치 열기]를 선택해야 앱이 실제 설치되어 있는 폴더가 열린다.

[문제 14] Section 013

원격 지원을 하는 자는 마이크로소프트 계정으로 로그인 해야 하고, 지원 받는 자는 로그인 하지 않아도 된다.

[문제 15] Section 009

①, ②, ③번을 수행하면 파일이 이동되고, ④번을 수행하면 파일이 복사된다.

[문제 16] Section 010

'파일 탐색기'의 [검색 도구] → [검색] 탭에는 읽기 전용, 숨김 등 파일 특성을 지정하여 검색할 수 있는 도구가 없다.

2장

한글 Windows 10의 고급 기능

SECTION 014

[설정] → [시스템]

> 전문가의 조언
>
> [설정] 창은 컴퓨터를 구성하는 하드웨어와 앱에 대한 설정 사항을 변경하는 곳으로, 여러 가지 항목으로 구성되어 있습니다.

1 시스템의 개요

'시스템'은 디스플레이, 알림, 전원, 저장소 등 컴퓨터 시스템과 관련된 사항을 설정하거나 확인할 때 사용한다.

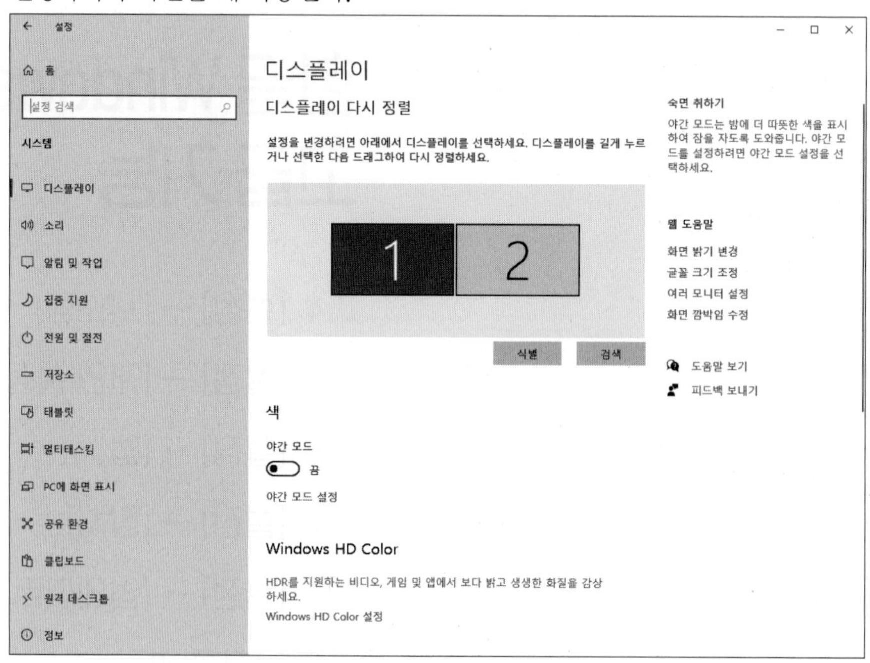

> 전문가의 조언
>
> '디스플레이'에서 설정할 수 있는 기능에 대한 문제가 출제되고 있습니다.
>
> [기출 포인트]
> - 화면 해상도를 변경할 수 있다.
> - 화면 방향을 변경할 수 있다.
> - 야간 모드를 지정할 수 있다.
>
> **해상도와 화면 방향**
>
> 해상도나 화면 방향을 변경하면 현재 컴퓨터에 로그온한 모든 사용자에게 변경 내용이 적용됩니다.
>
> **디스플레이 방향**
>
> 가로, 세로, 가로(대칭 이동), 세로(대칭 이동)

501202

24.4, 21.7, 15.1

2 디스플레이

'디스플레이'는 화면에 표시되는 텍스트와 앱의 크기, 화면 해상도 등을 변경할 때 사용한다.

- 디스플레이 장치의 해상도*를 변경한다.
- 디스플레이 장치의 화면 방향*을 변경한다.
- 화면에 표시되는 텍스트나 앱, 아이콘 등의 크기를 변경한다.
- 야간 모드의 사용 여부 및 켜고 끄는 시간을 지정한다.
- 하나의 컴퓨터에 두 개 이상의 모니터를 연결하면, 다중 디스플레이 옵션이 활성화된다.

21.7

잠깐만요 다중 디스플레이 501231

하나의 컴퓨터에 두 개 이상의 모니터를 연결하는 것으로, 다음과 같은 특징이 있습니다.

- 각 모니터마다 해상도와 방향을 다르게 설정할 수 있고, 원하는 모니터를 주모니터로 설정할 수 있습니다.
- 한 모니터에서는 웹 작업, 다른 모니터에서는 문서 작성 등 모니터마다 다른 작업을 수행할 수 있도록 지정할 수 있습니다.
- 복수 모니터를 개별 그래픽 어댑터 또는 복수 출력을 지원하는 단일 어댑터에 연결할 수 있습니다.

전문가의 조언

다중 디스플레이의 특징에 대한 문제가 출제되고 있습니다.

[기출 포인트]

각 모니터마다 해상도와 방향을 다르게 설정할 수 있다.

기출체크 ☑

24.4

1. [(설정)] → [디스플레이]에서 화면의 밝기 및 기타 전원 설정을 조정할 수 있다. (○, ×)

기출체크 1번

기타 전원 설정은 [(설정)] → [시스템] → [전원 및 절전]이나 [제어판] → [전원 옵션]에서 조정할 수 있습니다.

501206

24.2, 24.1

3 저장소

'저장소'는 하드디스크에서 불필요한 앱이나 임시 파일, 휴지통 파일 등을 제거하여 사용 공간을 확보할 때 사용한다.

- 저장소 센스*는 기본적으로 하드디스크 공간이 부족할 때 실행되지만 매일, 매주, 매월 단위로 저장소 센스가 실행되도록 설정할 수 있다.
- 휴지통과 다운로드 폴더에 보관된 파일의 삭제 기준일*을 지정할 수 있다.
- 앱이나 파일 등을 선택하여 직접 삭제할 수 있다.

전문가의 조언

'저장소'에서 설정할 수 있는 기능에 대한 문제가 출제되고 있습니다.

[기출 포인트]

저장소 센스는 하드디스크 공간이 부족할 때 불필요한 파일을 자동으로 삭제한다.

저장소 센스(Storage Sense)

저장소 센스는 저장 공간 센스, 스토리지 센스라고도 불립니다.

삭제 기준일

안 함, 1일, 14일, 30일, 60일 중 선택할 수 있고, 저장소 센스가 실행되면 선택한 기준일보다 오래 보관된 파일들은 삭제됩니다.

기출체크 ☑

24.1

2. 저장 공간 센스를 켜면 드라이브의 단편화 제거로 인해 컴퓨터를 효율적으로 사용할 수 있다. (○, ×)

기출체크 2번

저장 공간 센스는 하드디스크 공간이 부족할 때 자동으로 실행되어 임시 파일이나 휴지통의 파일 등 불필요한 파일을 삭제하는 것으로, 드라이브의 단편화를 제거하지는 않습니다.

5501404

24.5

4 태블릿

- '태블릿* 모드'는 일반 PC를 태블릿처럼 사용할 수 있도록 설정할 때 사용한다.
- **로그인 시** : 항상 태블릿 모드 사용, 태블릿 모드 사용 안 함, 하드웨어에 적절한 모드 사용
- **이 장치를 태블릿으로 사용할 때** : 태블릿 모드로 전환 안 함, 모드를 전환하기 전에 확인, 항상 태블릿 모드로 전환
- 태블릿 모드를 설정해도 키보드와 마우스를 사용할 수 있다.

전문가의 조언

태블릿 모드의 설정에 대한 문제가 문제가 출제되고 있습니다.

[기출 포인트]

태블릿 모드를 설정해도 키보드와 마우스를 사용할 수 있다.

태블릿(Tablet)

태블릿은 터치 스크린 기능이 장착되어 펜으로 기기를 조작할 수 있는 컴퓨터를 말합니다.

기출체크 ☑

24.5

3. 태블릿 모드를 설정해도 키보드와 마우스를 사용할 수 있다. (○, ×)

기출체크 정답

1. × 2. × 3. ○

전문가의 조언

'정보'에서 확인 및 변경할 수 있는 항목에 대한 문제가 출제되고 있습니다.

[기출 포인트]

'정보'에서 변경 가능한 것은 컴퓨터 이름뿐이다.

501207

5 정보

22.4, 21.4

'정보'는 시스템에 연결된 하드웨어 및 Windows 사양 등을 확인하거나 컴퓨터 이름을 변경할 때 사용한다.

- **장치 사양** : 장치 이름, 프로세서(CPU) 종류, 메모리(RAM) 크기, 장치 ID, 제품 ID, 시스템 종류, 펜 및 터치 등
- **Windows 사양** : 에디션, 버전, 설치 날짜, OS 빌드, 경험 등

기출체크 ☑

22.4, 21.4

4. [⚙(설정)] → [시스템] → [정보]에서 설치된 운영체제를 32비트에서 64비트로 변경할 수 있다. (○, ×)

기출체크 4번

[⚙(설정)] → [시스템] → [정보]에서는 운영체제의 종류만 확인 가능하며, 변경할 수는 없습니다.

기출체크 정답

4. ×

SECTION 015

[설정] → [개인 설정]

1 개인 설정의 개요

'개인 설정'은 바탕 화면의 배경 그림, 창 색, 화면 보호기, 글꼴, 작업 표시줄 등을 변경할 때 사용한다.

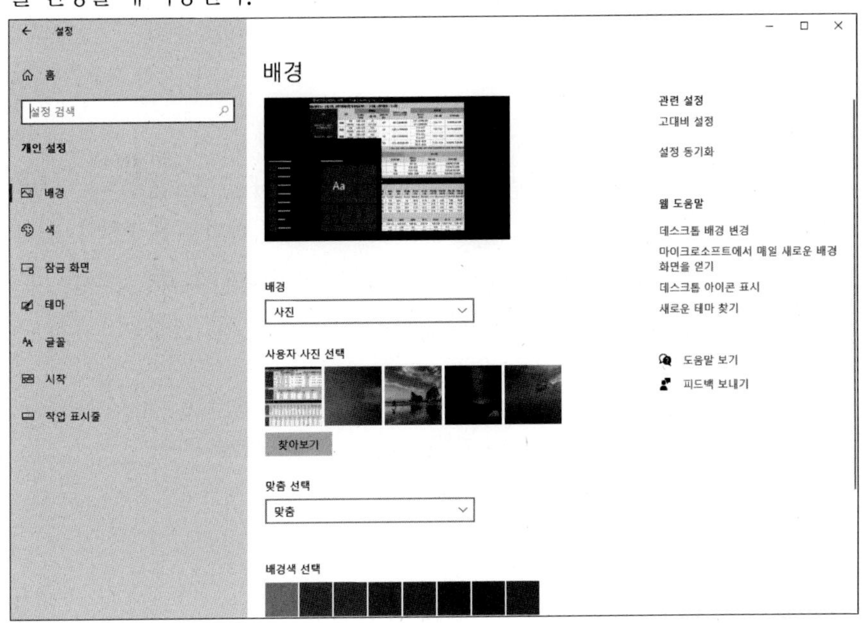

> **전문가의 조언**
> '개인 설정'에서 설정할 수 있는 항목들에 대한 문제가 출제되고 있습니다.
> [기출 포인트]
> - '개인 설정'에서 모니터의 해상도는 변경할 수 없다.
> - '개인 설정'에서 모니터의 방향은 변경할 수 없다.
> - '개인 설정'에서 화면 보호기를 설정할 수 있다.
> - '개인 설정'에서 바탕 화면의 테마를 변경할 수 있다.

501302

22.3, 21.1, 19.1, 15.1, 10.2, 03.3

2 배경

'배경'은 바탕 화면의 배경을 지정할 때 사용한다.

- 바탕 화면의 배경이 표시되는 방식*을 지정한다.
- Windows에서 제공하는 이미지나 GIF, BMP, JPEG, PNG 등의 확장자를 가진 사용자 이미지 중에서 원하는 그림 파일을 선택하여 지정한다.
- 바탕 화면에 놓일 배경 그림의 맞춤 방식*을 지정한다.

기출체크 ☑

21.1, 15.1

1. [(설정)] → [개인 설정] → [배경]에서 화면 해상도를 설정할 수 있다. (○, ×)

배경 표시 방식

사진, 단색, 슬라이드 쇼

※ 바탕 화면의 배경을 '슬라이드 쇼'로 지정할 경우 사진 변경 시간을 1분, 10분, 30분, 1시간, 6시간, 1일 단위로 다양하게 지정할 수 있습니다.

맞춤 방식 종류

그림 크기를 모니터의 크기에 맞추는 방식으로, 종류에는 채우기, 맞춤, 확대, 바둑판식 배열, 가운데, 스팬이 있습니다.

기출체크 1번

화면 해상도는 [(설정)] → [시스템] → [디스플레이]에서 설정할 수 있습니다.

기출체크 정답

1. ×

전문가의 조언

'잠금 화면'에서 설정할 수 있는 항목을 묻는 문제가 출제되고 있습니다.

[기출 포인트]

잠금 화면에 세부 상태를 표시할 앱은 하나만 설정할 수 있다.

잠금 화면 배경

잠금 화면 배경은 사진이나 슬라이드 쇼로 지정할 수 있습니다.

기출체크 2번

잠금 화면에 세부 상태를 표시할 앱은 하나만 설정할 수 있습니다.

501303 ▶

24.3, 22.3, 21.1, 19.1, 10.2, 06.4, 04.1, 03.3

3 잠금 화면

'잠금 화면'은 잠금 화면에 표시할 앱이나 배경*을 지정할 때 사용한다.

- 잠금 화면에 알림을 표시할 앱을 선택한다.
- 잠금 화면에서 세부 상태를 표시할 앱을 하나만 선택할 수 있다.
- 화면 보호기를 지정한다.

기출체크 ☑

24.3

2. [⚙(설정)] → [개인 설정] → [잠금 화면]에서 잠금 화면에 세부 상태를 표시할 앱을 여러 개 설정할 수 있다. (○, ×)

전문가의 조언

바탕 화면의 기본 아이콘이 아닌 것을 찾는 문제가 출제되고 있습니다.

[기출 포인트]

바탕 화면의 기본 아이콘에는 컴퓨터, 휴지통, 문서, 제어판, 네트워크가 있다.

바탕 화면 아이콘 설정

바탕 화면 아이콘은 [⚙(설정)] → [개인 설정] → [테마] → [바탕 화면 아이콘 설정]을 클릭하면 나타나는 '바탕 화면 아이콘 설정' 대화상자에서 설정할 수 있습니다.

501304 ▶

24.2, 22.3, 21.1, 19.1, 10.2

4 테마

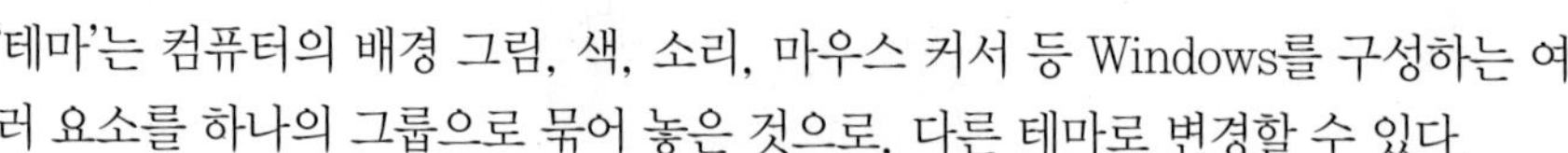

'테마'는 컴퓨터의 배경 그림, 색, 소리, 마우스 커서 등 Windows를 구성하는 여러 요소를 하나의 그룹으로 묶어 놓은 것으로, 다른 테마로 변경할 수 있다.

- **바탕 화면 아이콘 설정*** : 바탕 화면의 기본 아이콘인 컴퓨터, 휴지통, 문서, 제어판, 네트워크의 표시 여부를 지정한다.

기출체크 ☑

24.2

3. [⚙(설정)] → [개인 설정]에서 지정할 수 있는 바탕 화면 아이콘은 (　　), (　　), (　　), (　　), (　　)이다.

전문가의 조언

글꼴의 전반적인 내용을 알고 있어야 풀 수 있는 문제가 출제되고 있습니다.

[기출 포인트]

- rtf, inf, txt는 글꼴 확장자가 아니다.
- 글꼴은 [설정] → [앱] → [앱 및 기능]에서 추가·삭제할 수 없다.
- '글꼴 설정'에서는 글꼴의 설치 및 삭제를 할 수 없다.

글꼴(Font)

명조, 궁서, 굴림 등과 같은 문자의 생김새를 말합니다.

기출체크 4번

글꼴 파일은 OTF, TTC, TTF, FON 등의 확장자를 갖고 있습니다.

501305 ▶

24.1, 22.2, 21.8, 15.2, 11.2, 10.3, 10.1, 09.4, 08.2, 06.4, 03.1

5 글꼴*

'글꼴'은 시스템에 설치되어 있는 글꼴을 제거하거나 새로운 글꼴을 추가할 때 사용한다.

- 글꼴 폴더에는 OTF나 TTC, TTF, FON 등의 확장자를 갖는 글꼴 파일이 설치되어 있다.
- 글꼴이 설치되어 있는 폴더의 위치는 'C:\Windows\Fonts'이다.
- 설치된 글꼴은 대부분의 앱에서 사용할 수 있다.
- 트루타입(TrueType)과 오픈타입(OpenType) 글꼴을 제공한다.

24.1

잠깐만요 **[제어판] → [글꼴] → [글꼴 설정]**

5501531 ▶

- **글꼴 표시 및 숨기기** : 입력 언어 설정을 지원하지 않는 글꼴의 표시 여부를 지정함
- **글꼴 설치** : 저장 공간 절약을 위해 글꼴 파일 대신 글꼴 파일에 대한 바로 가기 설치 여부를 지정함

기출체크 ☑

22.2, 21.8, 15.2, 11.2, 10.1, 03.1

4. 글꼴 파일은 .rtf 또는 .inf의 확장자를 가지고 있다. (○, ×)

기출체크 정답

2. × 3. 컴퓨터, 휴지통, 문서, 제어판, 네트워크 4. ×

SECTION 016 [설정] → [앱]

1 앱의 개요

'앱'은 컴퓨터에 설치된 앱의 수정, 제거, 또는 웹 브라우저나 메일 등의 작업에 사용할 기본 앱을 설정할 때 사용한다.

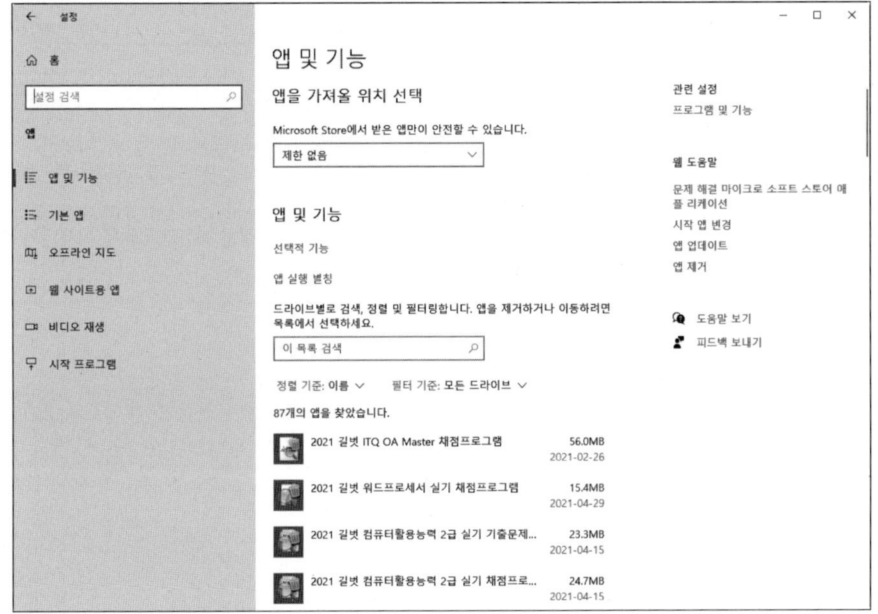

501402

17.2, 15.2, 05.2

2 앱 및 기능

'앱 및 기능'은 컴퓨터에 설치된 앱을 수정하거나 제거할 때 사용한다.

- 설치할 앱을 가져올 위치를 지정한다.*
- 현재 설치된 앱의 설치 날짜나 크기를 확인할 수 있다.
- **선택적 기능*** : 언어 팩, 필기 인식 등 Windows에서 제공하는 기능을 선택하여 추가로 설치 및 제거할 수 있다.
- **앱 실행 별칭** : 동일한 이름으로 여러 개의 앱이 설치되어 있을 경우 '명령 프롬프트' 창에서 해당 앱을 실행하는데 사용할 이름을 선택한다.

기출체크 ☑

17.2, 15.2

1. [⚙(설정)] → [앱] → [앱 및 기능]에서 다양한 테마를 추가 · 설치할 수 있다. (○, ×)

전문가의 조언

'앱 및 기능'에서 테마의 설치 여부에 대한 문제가 출제된 적이 있습니다.

[기출 포인트]

'앱 및 기능'에서는 테마를 추가할 수 없다.

앱을 가져올 위치

- 컴퓨터를 보호하기 위해 Microsoft Store에서 받은 앱만을 설치하도록 권장하지만 제한은 없습니다.
- 설치할 앱에 따라 알림이나 경고 메시지가 표시되도록 설정할 수 있습니다.

선택적 기능

Windows에서 제공하는 기능만을 설치하거나 제거할 수 있는 곳으로, Windows에 포함되지 않은 앱은 설치할 수 없습니다.

기출체크 1번

테마는 [⚙(설정)] → [개인 설정] → [테마]에서 추가할 수 있습니다.

기출체크 정답

1. ×

전문가의 조언

주로 연결 프로그램의 특징에 대한 문제가 출제되고 있습니다.

[기출 포인트]

연결 프로그램을 삭제해도 원본 파일은 삭제되지 않는다.

동일한 앱에서 실행

예 jpg, bmp, png 등의 그림 파일을 열 때 사용할 앱을 '사진'으로 설정함

연결된 앱이 없는 파일을 더블클릭할 경우 실행되는 창

이 파일을 열 때 사용할 앱을 선택하세요.

Windows 10의 주요 기능

사진
사진이 간단히 보정 및 정리되며 편집 및 공유할 준비가 됩니다.

기타 옵션

HyperSnap

Windows 사진 뷰어

그림판

그림판 3D

☑ 항상 이 앱을 사용하여 .tif 파일 열기

확인

501403

22.7, 19.상시, 19.1, 16.3, 14.2

3 기본 앱

'기본 앱'은 웹 브라우저나 메일, 비디오 플레이어 등의 작업에 사용할 기본 앱을 설정할 때 사용한다.

- 메일, 지도, 음악 플레이어, 사진 뷰어, 비디오 플레이어, 웹 브라우저 등의 작업에 사용할 기본 앱을 지정한다.
- 사용자가 지정한 기본 앱을 MS 사의 권장 앱으로 초기화 할 수 있다.
- 파일 형식별, 프로토콜별로 각각 연결되어 실행될 앱을 설정할 수 있다.
- 비슷한 유형의 파일 형식들을 동일한 앱에서 열리도록 설정*할 수 있다.

22.7, 19.상시, 19.1, 16.3, 14.2

잠깐만요 연결 프로그램

501431

- 특정 데이터 파일을 열 때 자동으로 실행되는 앱으로, 파일의 확장자에 의해 연결 프로그램이 결정됩니다.
- 파일의 바로 가기 메뉴에서 [연결 프로그램]을 선택하여 연결 프로그램을 변경할 수 있습니다.
- 현재 연결된 앱이 없는 파일의 경우 파일을 더블클릭하면 실행되는 창*에서 사용할 앱을 지정합니다.
- 연결 프로그램을 지정하는 창에서 연결 프로그램을 삭제해도 연결된 데이터 파일은 삭제되지 않습니다.

기출체크 ☑

22.7, 19.상시, 19.1, 16.3, 14.2

2. 연결 프로그램을 지정하는 창에서 연결 프로그램을 삭제하면 연결된 데이터 파일도 함께 삭제된다. (○, ×)

기출체크 정답

2. ×

SECTION 017

[설정] → [장치]

501701

21.2, 20.2

장치의 개요

'장치'는 컴퓨터에 연결된 장치를 확인하거나 추가로 설치할 때 사용하며, 표시되는 장치는 다음과 같다.

- USB 포트에 연결하는 장치
- 컴퓨터에 연결된 호환 네트워크 장치
- 네트워크로 연결된 컴퓨터

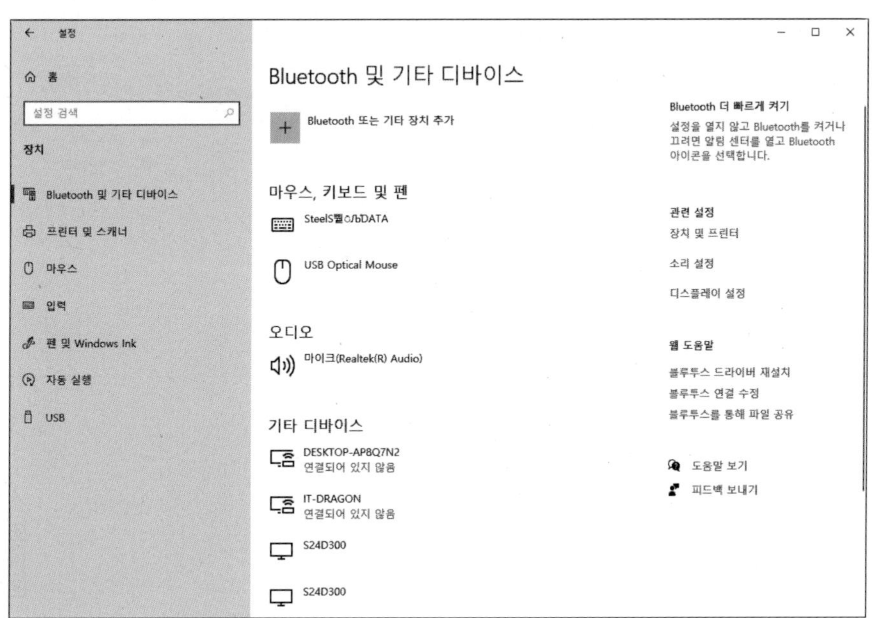

기출체크 ☑

21.2, 20.2

1. [(설정)] → [장치]에서 하드디스크 드라이브와 사운드 카드를 확인할 수 있다. (○, ×)

전문가의 조언

'장치'에 표시되지 않는 하드웨어를 찾는 문제가 출제되고 있습니다.

[기출 포인트]

'장치'에서는 하드디스크와 사운드 카드는 확인할 수 없다.

기출체크 1번

하드디스크 드라이브와 사운드 카드는 '장치 관리자'에서 확인할 수 있습니다.

기출체크 정답

1. ×

SECTION 018

[설정] → [업데이트 및 보안]

501801

1 업데이트 및 보안의 개요

'업데이트 및 보안'은 Windows를 최신 상태로 업데이트하고, 컴퓨터 보호를 위한 방화벽 등을 설정하거나 백업, 복구 등을 수행할 때 사용한다.

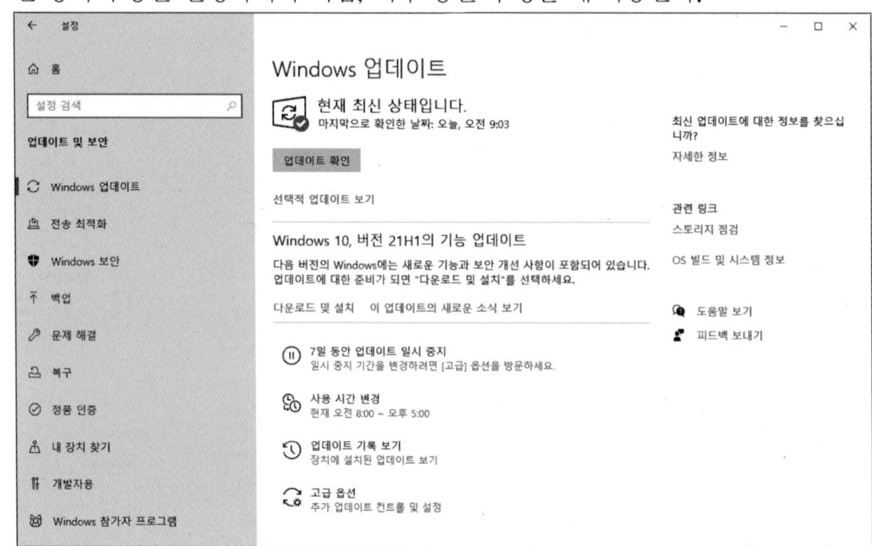

전문가의 조언

백업의 특징에 대한 문제가 출제되고 있습니다.

[기출 포인트]

- 백업 시 제외할 폴더를 지정할 수 있다.
- 백업된 데이터 복원 시 원하는 데이터만 선택하여 복원할 수 있다.

파일 히스토리(File History)

현재 사용자의 개인 파일을 외부 저장 장치에 저장하는 기능으로, 지정한 주기마다 저장된 여러 버전의 파일을 유지합니다.

드라이브 추가

백업 데이터가 저장될 위치를 지정하지 않은 경우는 '드라이브 추가'가 표시되고, 드라이브를 추가하여 저장 위치를 지정한 경우에는 '자동으로 파일 백업'이 표시됩니다.

3501703

22.6, 21.3, 20.2, 20.1

2 백업

'백업(Backup)'은 원본 데이터의 손실에 대비하여 중요한 데이터를 외부 저장장치에 저장해 두는 기능이다.

- Windows 10은 파일 히스토리(File History)*를 사용하여 파일을 백업한다.
- Windows 7에서 만든 파일을 Windows 10에서 사용할 수 있다.

❶ 드라이브 추가*

- 백업하려면 가장 먼저 백업 데이터를 저장할 위치를 지정해야 하므로 〈드라이브 추가〉를 클릭하여 저장 위치를 지정한다.
- 백업 저장 위치로는 Windows가 설치되지 않은 외장 메모리나 네트워크 드라이브 등을 지정해야 한다.

❷ 자동으로 파일 백업

자동 백업 여부를 지정한다.

21.3, 20.2, 20.1
❸ 기타 옵션

- 백업 주기*와 백업 유지 기간* 등을 지정한다.
- 백업은 기본적으로 문서, 음악, 사진 등 라이브러리 폴더와 바탕 화면, 즐겨찾기 폴더 등을 대상으로 백업하는데, 사용자가 백업할 폴더를 추가하거나 삭제할 수 있다.
- 백업된 데이터는 원래 위치로 복원하거나 복원 위치를 지정할 수 있다.
- 백업된 데이터를 복원할 때 원하는 데이터만 선택하여 복원할 수도 있다.

백업 주기

10/15/20/30분마다, 1/3/6/12시간마다, 매일

백업 유지 기간

공간이 허용할 때까지, 1/3/6/9개월, 1/2년, 전체

기출체크 ☑

21.3, 20.1
1. 백업 시 제외할 폴더를 지정할 수 없다. (○, ×)

기출체크 1번

백업 시 제외할 폴더를 지정할 수 있습니다.

3501704

22.6
3 복구

'복구'는 PC가 제대로 실행되지 않는 경우 PC를 초기화하거나 이전 버전의 Windows 10으로 되돌릴 때 사용한다.

전문가의 조언

복구의 특징에 대한 문제가 출제되고 있습니다.

[기출 포인트]

PC 초기화 시 Windows는 다시 설치된다.

22.6
❶ 이 PC 초기화

- Windows를 다시 설치하여 PC를 초기화한다.
- 사용자가 설치한 앱과 설정 내용이 모두 제거된다.
- 사용자의 개인 파일을 유지하거나 제거할 수 있다.

❷ 이전 버전의 Windows 10으로 되돌리기

- Windows를 업데이트 하기 이전의 버전으로 되돌린다.
- 업데이트된 후 설치한 앱과 드라이버, 설정 내용이 모두 제거된다.
- 사용자의 개인 파일은 그대로 유지된다.
- Windows를 업데이트한 후 10일 이후에는 사용할 수 없다.

❸ 고급 시작 옵션

다양한 고급 문제 해결 모드로 Windows를 시작하여 PC의 문제점을 찾아 해결한다.

기출체크 ☑

22.6
2. PC 초기화 시 Windows는 다시 설치되지 않고 유지된다. (○, ×)

기출체크 2번

PC 초기화 시 Windows는 다시 설치됩니다.

기출체크 정답

1. × 2. ×

SECTION 019

장치 관리자

501902

1 장치 관리자

23.1, 22.7, 22.2, 21.7, 16.3, 14.1, 12.3, 09.4, 08.2, 06.1, 05.3, 03.4, 03.3, 03.1

'장치 관리자'는 컴퓨터에 설치되어 있는 하드웨어의 종류와 작동 여부를 확인하고, 하드웨어의 제거나 사용 안 함, 업데이트 등의 속성을 변경할 때 사용한다.

- 아래 방향 화살표가 표시된 장치는 사용되지 않음을 나타낸다.
- 물음표가 표시된 장치는 알 수 없는 장치*를 나타낸다.
- 느낌표가 표시된 장치는 정상적으로 동작하지 않는 장치를 나타낸다.
- 각 장치의 속성을 이용하여 장치의 드라이버 파일이나 IRQ*, DMA*, I/O 주소*, 메모리 주소 등을 확인하고 변경한다.

실행

- **방법 1 :** [⊞(시작)] → [Windows 시스템] → [제어판] → [장치 관리자] 클릭
- **방법 2 :** [⊞(시작)]의 바로 가기 메뉴에서 [장치 관리자] 선택

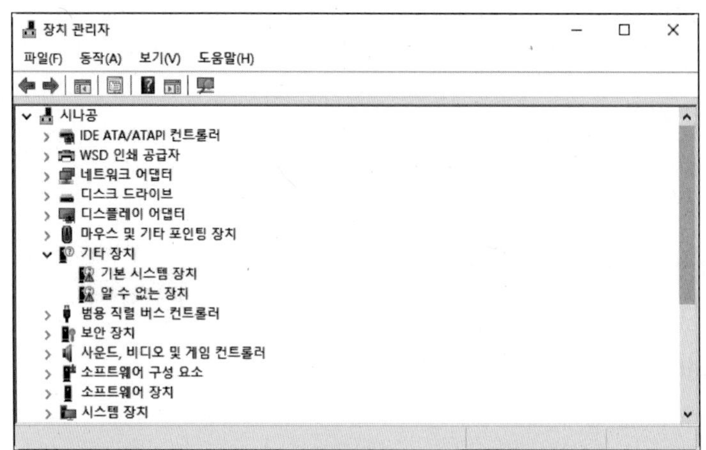

기출체크 ☑

23.1, 22.7, 22.2, 21.7, 16.3, 14.1, 12.3, 09.4, 08.2, 06.1, 03.3, 03.1

1. 다음 보기는 '장치 관리자' 창에 대한 설명이다. 틀린 것을 고르시오. (　　)

ⓐ 설치된 하드웨어를 확인하거나 하드웨어 설정의 수정 및 제거를 할 수 있다.
ⓑ 가상 메모리에 대한 정보를 확인하고, 설정 값을 변경할 수 있다.
ⓒ !(느낌표) 표시가 된 장치 아이콘은 장치에 문제가 있음을 나타낸다.
ⓓ 각 장치의 속성 창을 이용하여 IRQ, DMA, I/O Address 등을 확인하고 변경한다.

전문가의 조언

장치 관리자에서 확인 및 설정 가능한 것을 묻는 문제가 출제되고 있습니다.

[기출 포인트]

- 하드웨어를 확인하고 제거할 수 있다.
- 하드웨어 드라이버를 업데이트할 수 있다.

알 수 없는 장치

하드웨어를 추가한 후 드라이버를 설치하지 않으면 '장치 관리자'는 하드웨어를 올바로 인식할 수 없어 알 수 없는 장치라는 의미로 물음표를 표시합니다.

IRQ, DMA, I/O 주소

- IRQ(Interrupt ReQuest) : 각 장치들이 CPU 사용을 요청하기 위해 보내는 인터럽트 신호가 전달되는 통로
- DMA(Direct Memory Access) : CPU를 통하지 않고 각 장치와 메모리가 직접 데이터를 주고받을 수 있는 통로
- **I/O 주소** : 각 장치와 CPU가 데이터를 주고받기 위해 지정된 메모리 영역

※ IRQ, DMA, I/O 주소는 '장치 관리자' 대화상자에서 원하는 하드웨어 장치를 더블클릭한 후 '리소스' 탭에서 확인할 수 있습니다.

기출체크 1번

ⓑ 가상 메모리의 정보 확인 및 설정 값의 변경은 [제어판] → [시스템] → [고급 시스템 설정] → '시스템 속성' 대화상자에서 수행할 수 있습니다.

기출체크 정답

1. ⓑ

SECTION 020

프린터

502001

21.8, 21.6, 18.상시, 15.3, 13.2, 13.1, 11.3, 09.2, 06.4, 06.2, 03.3

1 프린터 설치

Windows 10에서는 대부분의 프린터를 지원하므로 프린터를 컴퓨터에 연결하면 자동으로 설치된다.

- 여러 개의 프린터를 한 대의 컴퓨터에 설치할 수 있고, 한 개의 프린터를 네트워크로 공유하여 여러 대의 컴퓨터에 설치할 수 있다.
- 프린터마다 개별적으로 이름을 붙여 설치할 수 있고, 이미 설치한 프린터를 다른 이름으로 다시 설치할 수도 있다.
- 네트워크 프린터를 설치하면, 다른 컴퓨터에 연결된 프린터를 내 컴퓨터에 연결된 프린터처럼 사용할 수 있다.
- 네트워크 프린터를 사용할 때는 프린터의 공유 이름과 프린터가 연결되어 있는 컴퓨터의 이름을 알아야 한다.
- **로컬 프린터*** : 내 컴퓨터에 연결되어 있는 프린터
- **네트워크 프린터*** : 다른 컴퓨터에 연결되어 있는 프린터

프린터 설치 과정

- **방법 1** : [(시작)] → [(설정)] → [장치] → [프린터 및 스캐너]에서 '프린터 또는 스캐너 추가'를 클릭한 후 검색된 프린터 중 설치할 프린터를 선택하고 〈장치 추가〉를 클릭하면 자동 설치됨
- **방법 2** : [(시작)] → [Windows 시스템] → [제어판] → [장치 및 프린터] → '장치 및 프린터'의 도구 모음에서 '프린터 추가' 클릭 → 검색된 프린터 중 설치할 프린터를 선택한 후 〈다음〉 클릭 → 테스트 인쇄 → 〈마침〉* 클릭

기출체크 ☑

21.8, 21.6, 15.3, 13.2, 11.3, 09.2, 06.2, 03.3

1. 다음 보기에서 프린터에 대한 설명으로 옳지 않은 것을 모두 고르시오. (   )

ⓐ 설치한 프린터를 다른 이름으로 다시 설치할 수 없으며, 프린터마다 개별적으로 이름을 부여하여 설치한다.
ⓑ 프린터 설치 시 사용할 포트는 반드시 LPT 1 포트로 선택해야 한다.
ⓒ 프린터는 로컬 프린터와 네트워크 프린터로 구분하여 설치할 수 있다.
ⓓ 여러 대의 프린터를 한 대의 컴퓨터에 설치할 수 있고, 한 대의 프린터를 네트워크로 공유하여 여러 대의 컴퓨터에서 사용할 수 있다.

전문가의 조언

프린터 설치와 관련된 문제가 출제되고 있습니다.

[기출 포인트]

- 이미 설치된 프린터를 다시 설치할 수 있다.
- 프린터를 설치할 때 포트는 LPT1~3, COM1~3 중에서 선택할 수 있다.

프린터 포트

로컬 프린터 설치 시 선택할 수 있는 포트에는 LPT1, LPT2, LPT3, COM1, COM2, COM3 등이 있고, 네트워크 프린터 설치 시에는 포트가 자동으로 지정됩니다.

마침

이미 다른 프린터가 기본 프린터로 설정되어 있는 경우에는 〈마침〉 단계에 '기본 프린터로 설정' 여부를 지정하는 항목이 표시됩니다.

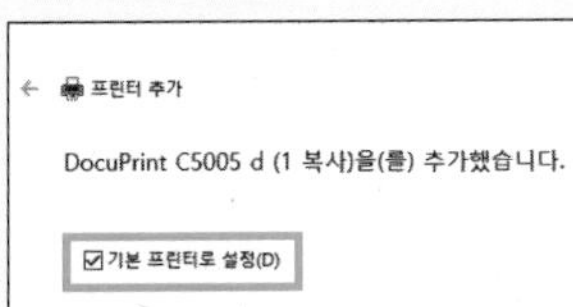

기출체크 1번

ⓐ 이미 설치한 프린터도 다른 이름으로 다시 설치할 수 있습니다.
ⓑ 프린터 설치 시 LPT1, LPT2, LPT3, COM1, COM2, COM3 등의 포트 중 하나를 선택하면 됩니다.

기출체크 정답
1. ⓐ, ⓑ

502002 ▶

2 기본 프린터

19.1, 18.상시, 15.3, 13.2, 11.3, 09.3, 09.2, 06.4, 06.2, 04.1, 03.3

'기본 프린터'는 인쇄 명령 수행 시 특정 프린터를 지정하지 않을 경우 자동으로 인쇄 작업이 전달되는 프린터이다.

- 기본 프린터는 하나만 지정할 수 있다.
- 현재 기본 프린터를 해제하려면 다른 프린터를 기본 프린터로 설정하면 된다.
- 프린터 이름 아래에 '기본값'이라고 표시되어 있다.
- 공유된 네트워크 프린터나 추가 설치된 프린터도 기본 프린터로 설정할 수 있다.

기본 프린터 설정

- **방법 1** : [(설정)] → [장치] → [프린터 및 스캐너]에서 기본 프린터로 사용할 프린터를 선택하고 〈관리〉 클릭 → 디바이스 관리에서 〈기본값으로 설정〉 클릭
- **방법 2** : [(시작)] → [Windows 시스템] → [제어판]의 '장치 및 프린터' 창에서 기본 프린터로 사용할 프린터를 클릭한 후 바로 가기 메뉴에서 [기본 프린터로 설정] 선택

기출체크 ☑

19.1, 15.3, 13.2, 11.3, 09.3, 09.2, 06.4, 06.2, 04.1, 03.3

2. 다음 보기에서 기본 프린터에 대한 설명으로 옳지 않은 것을 모두 고르시오. (   )

ⓐ 기본 프린터로 설정된 프린터도 삭제할 수 있다.
ⓑ 네트워크 프린터를 기본 프린터로 설정하려면 반드시 스풀링의 설정이 필요하다.
ⓒ 두 대 이상의 프린터를 기본 프린터로 지정할 수 있다.
ⓓ 다른 컴퓨터에 설치되어 네트워크로 공유한 프린터를 기본 프린터로 설정할 수 없다.

전문가의 조언

기본 프린터의 개념이나 특징을 묻는 문제가 출제되고 있습니다.

[기출 포인트]

- 기본 프린터는 하나만 지정할 수 있다.
- 기본 프린터 설정과 스풀링 설정은 관계가 없다.
- 네트워크 프린터도 기본 프린터로 설정할 수 있다.

기출체크 2번

ⓑ 네트워크 프린터도 스풀링 설정 여부와 상관없이 일반 프린터와 동일하게 기본 프린터로 설정할 수 있습니다.

ⓒ 기본 프린터는 한 대만 지정할 수 있습니다.

ⓓ 네트워크로 공유한 프린터도 기본 프린터로 설정할 수 있습니다.

기출체크 정답

2. ⓑ, ⓒ, ⓓ

SECTION 021

문서 인쇄

502101

24.1, 22.2, 12.1, 10.2, 06.1

1 스풀 기능

스풀(SPOOL; Simultaneous Peripheral Operation On-Line)이란 저속의 출력장치인 프린터를 고속의 중앙처리장치(CPU)와 병행처리할 때, 컴퓨터 전체의 처리 효율을 높이기 위해 사용하는 기능이다.

- 스풀링은 인쇄할 내용을 먼저 하드디스크에 저장하고 백그라운드 작업*으로 CPU의 여유 시간에 틈틈이 인쇄하기 때문에 프린터가 인쇄중이라도 다른 앱을 실행하는 포그라운드 작업*이 가능하다.
- 문서 전체 또는 일부를 스풀한 다음 인쇄를 시작하도록 설정할 수 있다.
- 스풀을 사용하면 사용하지 않았을 때보다 인쇄 속도는 느려진다.
- **스풀 설정**
  - ❶ [⚙(설정)] → [장치] → [프린터 및 스캐너]에서 프린터를 선택하고 〈관리〉를 클릭한다.
  - ❷ 디바이스 관리에서 [프린터 속성]을 클릭한 후 프린터 속성 대화상자*의 '고급' 탭에서 설정한다.

기출체크 ☑

24.1, 22.2, 12.1

1. 스풀 기능을 설정하면 프린터가 인쇄중이라도 다른 응용 앱 실행이 가능하다. (○, ×)

전문가의 조언

스풀 기능의 특징을 묻는 문제가 출제되고 있습니다.

[기출 포인트]

- 스풀을 설정하면 프린터가 인쇄중이라도 다른 앱을 실행할 수 있다.
- 스풀을 설정하면 인쇄 속도가 느려진다.

포그라운드(Foreground) 작업과 백그라운드(Background) 작업

몇 개의 앱이 동시에 실행될 때 전면에서 실행되는 우선순위가 가장 높은 앱을 포그라운드 작업이라 하고, 같은 상황에서 우선순위가 낮아 화면에 보이지 않고 실행되는 앱을 백그라운드 작업이라고 합니다. 다시 말해 사용자가 현재 직접하고 있는 작업은 포그라운드 작업이고, 그와 동시에 백그라운드 작업이 이루어지고 있습니다.

프린터 속성 대화상자

프린터 속성 대화상자에서는 해상도, 용지, 공유, 포트, 스풀 기능, 보안 등을 확인 및 설정할 수 있습니다.

502102

23.1, 22.7, 21.4, 18.1, 13.3, 13.2, 13.1, 11.2, 11.1, 08.3, 07.1, 06.3, 06.2, 04.4, 04.3, 04.1

2 문서 인쇄

인쇄 방법

- **방법 1** : 사용중인 앱에서 [파일] → [인쇄]를 선택한 다음 원하는 옵션을 지정하고 〈확인〉 클릭
- **방법 2** : 인쇄할 문서 파일을 선택한 후 바로 가기 메뉴에서 [인쇄] 선택
- **방법 3** : 인쇄할 문서 파일을 프린터 대화상자('인쇄 관리자' 창) 위로 드래그
- 문서를 인쇄하는 동안 작업 표시줄에 프린터 아이콘이 표시되며, 인쇄가 끝나면 없어진다.
- 인쇄 중일 때 [⚙(설정)] → [장치] → [프린터 및 스캐너]에서 인쇄되는 프린터를 선택한 후 〈대기열 열기〉를 클릭하거나 작업 표시줄의 프린터 아이콘을 더블클릭하면 다음 그림과 같은 프린터 대화상자('인쇄 관리자' 창)가 열린다.

전문가의 조언

중요해요. 문서 인쇄 시 프린터 대화상자에서 수행할 수 있는 작업에 관한 문제가 자주 출제됩니다.

[기출 포인트]

- 인쇄 중인 문서도 중지 · 종료 · 다시 시작할 수 있다.
- 인쇄 중인 문서는 다른 프린터로 전송할 수 없다.
- '인쇄 관리자' 창에서 용지 방향, 인쇄 매수는 설정할 수 없다.

기출체크 정답

1. ○

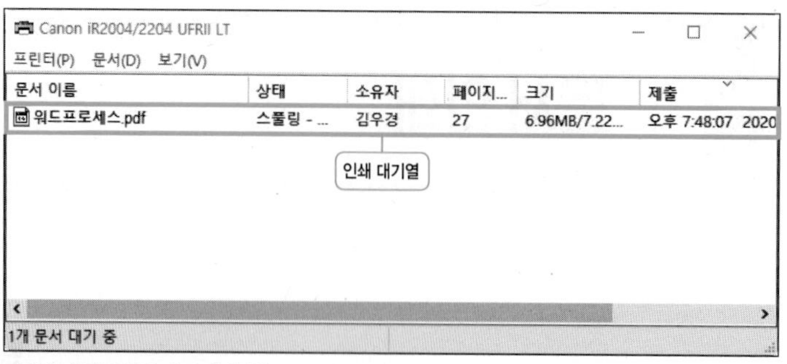

프린터 대화상자('인쇄 관리자' 창)

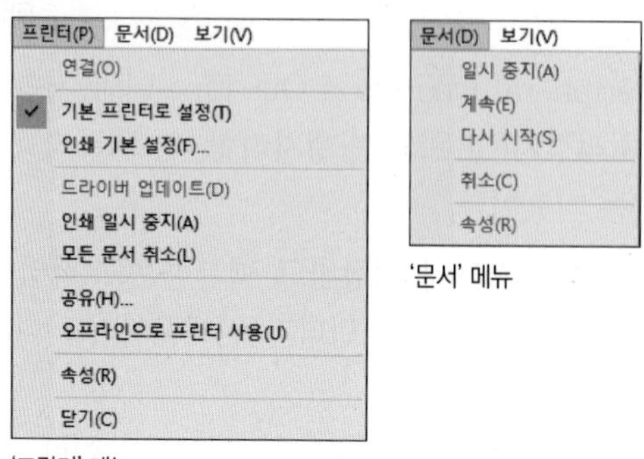

'프린터' 메뉴

'문서' 메뉴

- 인쇄 작업이 시작된 문서도 중간에 강제로 종료시키거나, 잠시 중지시켰다가 다시 인쇄할 수 있다.
- 인쇄 대기중인 문서의 문서 이름, 인쇄 상태, 페이지 수, 크기 등을 확인할 수 있다.
- 인쇄 대기중인 문서를 삭제하거나 순서를 임의*로 조정할 수 있다.
- [프린터] → [모든 문서 취소]를 선택하면 스풀러에 저장된 모든 인쇄 작업이 삭제되며, [문서] → [취소]를 선택하면 선택되어 있던 인쇄 작업이 삭제된다.
- 인쇄 대기열에 대기중인 문서는 다른 프린터로 보낼 수 있지만 인쇄 중에 있거나 인쇄 중 오류가 발생한 인쇄 작업은 다른 프린터로 보낼 수 없다.
- 인쇄 작업 중 오류가 발생하면 해당 문서가 인쇄 대기열에서 없어질 때까지 이후의 모든 인쇄 작업이 보류된다.
- 현재 사용중인 프린터를 기본 프린터로 설정하거나 공유를 설정할 수 있다.

출력 대기 순서 조정

인쇄 대기열에서 순서를 조정할 문서를 선택하고 [문서] → [속성]을 선택한 후 속성 대화상자의 '일반' 탭에서 '우선순위'의 '높음/낮음'을 이용하여 출력 순서를 조정할 수 있습니다.

기출체크 ☑

23.1, 22.7, 21.4, 18.1, 13.3, 13.2, 11.2, 11.1, 08.3, 07.1, 06.3, 06.2, 04.4, 04.1

2. 다음 보기에서 인쇄 작업에 대한 설명으로 옳지 않은 것을 모두 고르시오. (　　　　)

ⓐ 인쇄 대기 중인 문서에 대해서 용지 방향, 용지 공급 및 인쇄 매수 등을 인쇄 창에서 변경할 수 있다.
ⓑ 문서가 인쇄되는 동안 프린터 아이콘이 알림 영역에 표시되고, 인쇄가 완료되면 아이콘이 사라진다.
ⓒ 일단 프린터에서 인쇄 작업이 들어간 것은 프린터 전원을 끄기 전에는 강제로 종료시킬 수 없다.
ⓓ 인쇄 중인 문서나 오류가 발생한 문서를 다른 프린터로 전송할 수 있다.
ⓔ 여러 개의 출력 파일들의 출력 대기 상태를 확인하거나 출력 순서를 임의로 조정할 수 있다.

기출체크 2번

ⓐ 문서의 용지 방향, 용지 공급 및 인쇄 매수 등은 인쇄를 실행하기 전에 '프린터'의 속성 대화상자에서 설정해야 합니다.

ⓒ 프린터에서 인쇄 작업이 시작된 경우라도 프린터 전원을 끄지 않고 프린터 인쇄 관리자 창을 통해 강제로 인쇄를 종료시킬 수 있습니다.

ⓓ 인쇄 중에 있거나 인쇄 중 오류가 발생한 인쇄 작업은 다른 프린터로 보낼 수 없습니다.

기출체크 정답

2. ⓐ, ⓒ, ⓓ

SECTION 022

Windows 관리 도구

502201

24.2, 23.3, 21.3, 21.2, 17.1, 10.3, 09.1, 08.4, 03.1

1 드라이브 조각 모음 및 최적화

'드라이브 조각 모음 및 최적화'는 드라이브의 접근 속도를 향상시키기 위해 드라이브를 최적화하는 기능이다.

실행

[(시작)] → [Windows 관리 도구] → [드라이브 조각 모음 및 최적화] 선택

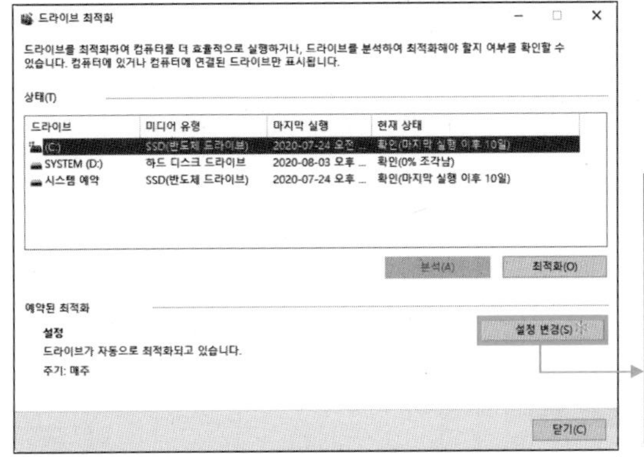

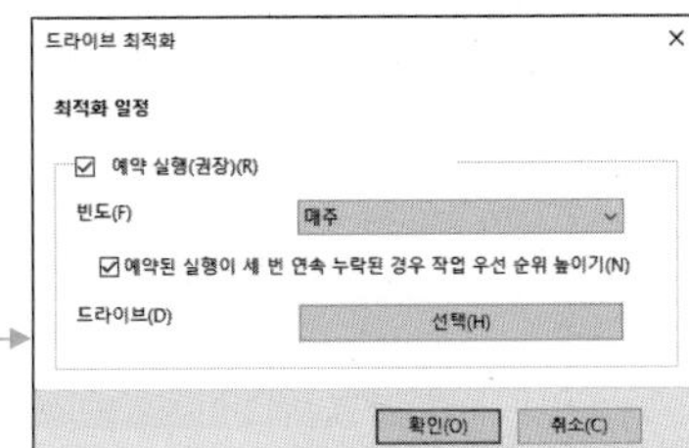

- 드라이브 미디어 유형이 HDD(Hard Disk Drive)인 경우 단편화(Fragmentation)*로 인해 여기저기 분산되어 저장된 파일들을 연속된 공간으로 최적화시킨다.
- 드라이브 미디어 유형이 SSD(Solid State Drive)인 경우 트림(Trim)* 기능을 이용하여 최적화시킨다.
- 드라이브에 대한 접근 속도를 향상시키기 위한 것으로, 드라이브의 용량 증가와는 관계가 없다.
- **드라이브 조각 모음 및 최적화가 불가능한 경우**
  - NTFS, FAT, FAT32 이외의 파일 시스템으로 포맷된 경우
  - CD/DVD-ROM 드라이브
  - 네트워크 드라이브
  - Windows가 지원하지 않는 형식으로 압축된 드라이브

전문가의 조언

중요해요. '드라이브 조각 모음 및 최적화'를 수행할 수 있는 대상이나 특징을 묻는 문제가 자주 출제됩니다.

[기출 포인트]

- 네트워크 드라이브와 DVD 드라이브는 '드라이브 조각 모음 및 최적화'를 수행할 수 없다.
- '드라이브 조각 모음 및 최적화'는 드라이브 여유 공간 증가와는 관계없다.

설정 변경 / 켜기

예약이 설정되어 있는 경우 〈설정 변경〉으로 표시되고, 예약이 해제되어 있는 경우 〈켜기〉로 표시됩니다.

단편화(Fragmentation)

하나의 파일이 연속된 공간에 저장되지 않고, 여기저기 분산되어 저장되는 것을 말합니다.

트림(Trim)

운영체제에서 데이터를 삭제하면 운영체제 상에서는 삭제된 것처럼 보이지만 실제로는 저장장치에 데이터가 남아 있는데, 이것을 삭제하는 기능이 트림입니다.

기출체크 ☑

24.2, 23.3, 21.3, 21.2, 17.1

1. 다음 보기에서 [드라이브 조각 모음 및 최적화]를 수행할 수 있는 대상을 고르시오. (　　)

ⓐ CD-ROM 드라이브
ⓑ Windows가 지원하지 않는 형식의 압축 앱
ⓒ 외장 하드디스크 드라이브
ⓓ 네트워크 드라이브

기출체크 정답

1. ⓒ

502202 ▶

22.6, 21.3

2 디스크 정리

'디스크 정리'는 디스크의 여유 공간을 확보하기 위해 필요 없는 파일을 삭제하는 기능이다.

실행

[⊞(시작)] → [Windows 관리 도구] → [디스크 정리] 선택

- **디스크 정리 대상**
  - 다운로드된 프로그램 파일*
  - 임시 인터넷 파일
  - Windows 오류 보고서 및 피드백 진단
  - DirectX 셰이더 캐시
  - 전송 최적화 파일
  - 휴지통
  - 임시 파일
  - 미리 보기 사진 등
- 〈시스템 파일 정리〉를 클릭하여 '기타 옵션' 탭을 추가하면 사용하지 않는 앱과 시스템 복원 지점을 제거*하여 여유 공간을 확보할 수 있다.

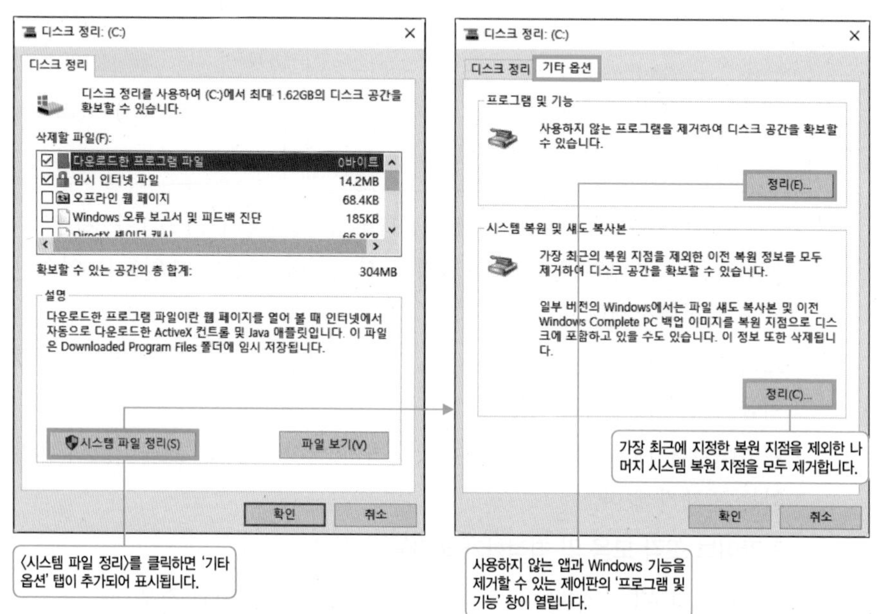

기출체크 ☑

22.6, 21.3

2. [디스크 정리]를 사용하면 임시 파일이나 휴지통에 있는 파일 등을 삭제하여 디스크의 공간을 확보할 수 있다. (○, ×)

전문가의 조언

'디스크 정리'의 개념을 묻는 문제가 출제되고 있습니다.

[기출 포인트]

'디스크 정리'는 파일을 삭제하여 디스크 공간을 확보하는 기능이다.

다운로드된 프로그램 파일

인터넷에서 웹 페이지를 열어 볼 때마다 자동으로 다운로드된 ActiveX 컨트롤 및 Java 애플릿 파일로, 파일이 저장되어 있는 실제 위치는 'C:\Windows\Downloaded Program Files'입니다.

시스템 복원 지점 제거

'디스크 정리' 대화상자의 '기타 옵션' 탭에서 '시스템 복원 및 섀도 복사본'의 〈정리〉를 클릭하면 가장 최근에 지정한 복원 지점을 제외한 나머지 복원 지점이 제거됩니다.

기출체크 정답

2. ○

502203

22.6, 22.1, 21.5, 21.3, 18.2, 14.1, 11.3, 09.4, 09.3, 08.3, 08.2, 07.4, 07.4, 07.2, 07.1, 05.1, 04.4, 04.2, 03.2

3 레지스트리(Registry)

컴퓨터에 설치된 모든 하드웨어와 소프트웨어의 실행 정보를 한곳에 모아 관리하는 계층적인 데이터베이스이다.

레지스트리 편집기 실행

- **방법 1** : [⊞(시작)] → [Windows 관리 도구] → [레지스트리 편집기] 선택
- **방법 2** : 작업 표시줄의 검색 상자나 '실행(⊞+R)' 창에 **레지스트리 편집기** 또는 **Regedit**를 입력한 후 Enter를 누름
- **방법 3** : 파일 탐색기의 주소 표시줄에 **Regedit**를 입력한 후 Enter를 누름

레지스트리 백업

- **방법** : 레지스트리 편집기에서 [파일] → [내보내기]를 선택한 후 내보내기할 파일 이름 지정
- 레지스트리는 각 사용자의 프로필, IRQ, I/O 주소, DMA 등과 같은 하드웨어 자원, 설치된 프로그램 및 속성 정보 같은 소프트웨어 자원을 관리한다.
- 레지스트리 정보는 Windows가 작동하는 동안 지속적으로 참조된다.
- 레지스트리의 내용은 기계어로 되어 있어 일반 문서 편집기로 확인할 수 없으며, 수정하려면 REGEDIT와 같은 레지스트리 편집 앱을 사용해야 한다.
- 레지스트리 관련 내용은 'C:\Windows\System32\config' 폴더에 여러 개의 파일로 저장된다.
- 사용자 프로필과 관련된 부분은 'ntuser.dat' 파일에 저장되는데, 이 파일은 'C:\사용자'의 하위 폴더인 사용자 계정 폴더에 사용자별로 하나씩 저장된다.
- 레지스트리는 시스템과 사용자에 대한 중요한 정보를 가지고 있으므로 레지스트리에 문제가 있을 경우 시스템이 부팅되지 않을 수도 있다.
- 레지스트리의 정보는 삭제할 수 있으나 시스템에 이상이 생길 수 있으므로 함부로 삭제하지 않는 것이 좋다.

기출체크 ☑

22.6, 21.3, 18.2, 09.3

3. 레지스트리 정보는 Windows의 부팅 시에만 참조된다. (○, ×)

22.1, 21.5, 14.1, 08.2

4. 레지스트리의 정보는 수정할 수는 있으나 삭제는 할 수 없어 언제든지 레지스트리 복원이 가능하다. (○, ×)

전문가의 조언

중요해요. 레지스트리의 개념이나 특징, 레지스트리 편집기 등에 대한 문제가 자주 출제됩니다.

[기출 포인트]

- 레지스트리 정보는 수정·삭제할 수 있다.
- 레지스트리 정보는 부팅 후 지속적으로 참조된다.
- **레지스트리 편집기 실행** : 작업 표시줄의 검색 상자에 Regedit 입력

기출체크 3번

레지스트리 정보는 Windows가 작동하는 동안 지속적으로 참조됩니다.

기출체크 4번

레지스트리의 정보는 수정하거나 삭제할 수 있습니다.

기출체크 정답

3. × 4. ×

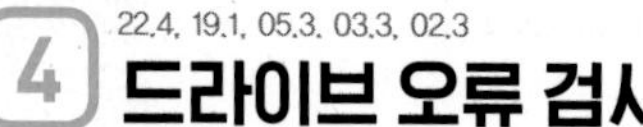

3502104

22.4, 19.1, 05.3, 03.3, 02.3

4 드라이브 오류 검사

하드디스크(HDD)나 SSD에 논리적 혹은 물리적으로 손상이 있는지 검사하고, 복구 가능한 에러가 있으면 이를 복구해 주는 기능이다.

실행 파일 탐색기에서 드라이브의 바로 가기 메뉴 중 [속성] 선택 → '도구' 탭에서 '오류 검사'의 〈검사〉 클릭

- 드라이브 오류 검사는 폴더와 파일의 오류를 검사하여 발견된 오류를 복구한다.
- 드라이브 오류 검사는 드라이브를 검사하여 배드 섹터(Bad Sector)*를 표시한다.
- 드라이브 오류 검사는 손상된 부분을 복구할 때 교차 연결*된 파일이 발견되면 제거하거나 백업한다.
- 네트워크 드라이브, CD/DVD-ROM 드라이브는 드라이브 오류 검사를 수행할 수 없다.

기출체크 ☑

22.4, 19.1

5. '드라이브 오류 검사'는 하드디스크 문제로 인하여 컴퓨터 시스템이 오작동하는 경우나 바이러스의 감염을 예방할 수 있다. (○, ×)

전문가의 조언

드라이브 오류 검사의 특징을 묻는 문제가 출제되었습니다.

[기출 포인트]

드라이브 오류 검사는 바이러스의 감염 예방 기능을 제공하지 않는다.

배드 섹터

드라이브에서 발견된 물리적인 손상 영역으로, 더 이상 데이터를 기록할 수 없는 부분입니다.

교차 연결

두 개 이상의 파일이 하나의 클러스터에 기록된 것입니다.

기출체크 5번

'드라이브 오류 검사'는 하드디스크나 SSD에 논리적 혹은 물리적으로 손상이 있는지 검사하고, 복구 가능한 에러가 있으면 이를 복구해 주는 기능으로, 바이러스의 감염 예방 기능을 제공하지는 않습니다.

기출체크 정답

5. ×

SECTION 023

기본 네트워크 정보 및 연결 설정

502501

24.1, 23.2, 22.3, 22.2, 21.6

1 네트워크 및 인터넷

'네트워크 및 인터넷'에서는 현재 설정되어 있는 기본 네트워크 정보를 확인하거나 네트워크 설정 사항을 변경할 수 있는 다양한 기능을 제공한다.

실행 [(시작)] → [(설정)] → [네트워크 및 인터넷] 클릭

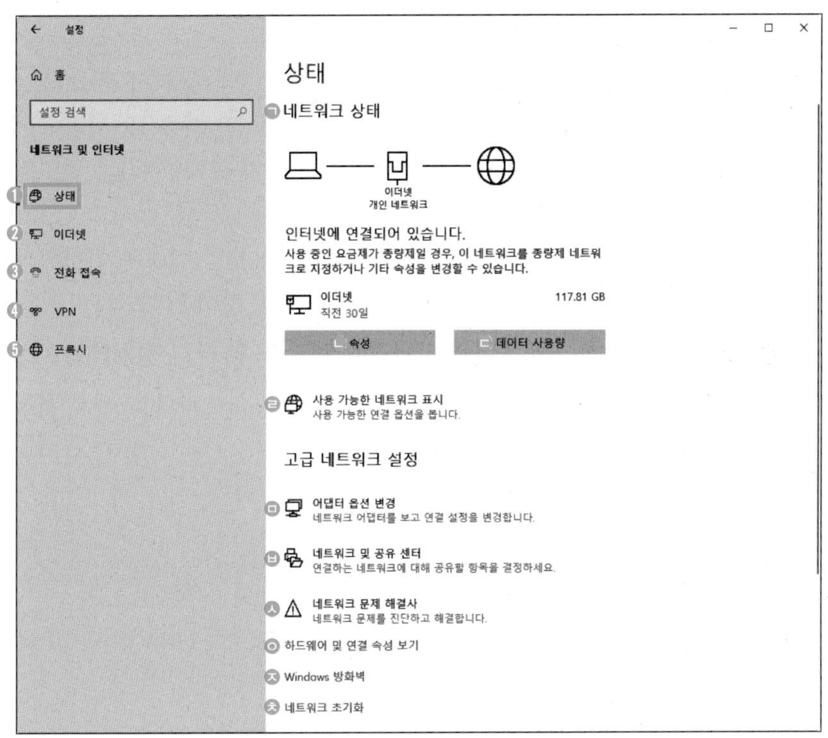

22.3, 22.2, 21.6

❶ 상태

ㄱ 네트워크 상태 : 내 컴퓨터가 네트워크에 연결된 상태를 시각적으로 표시한다.

ㄴ 속성

- **네트워크 프로필** : 네트워크의 다른 컴퓨터에서 내 컴퓨터의 프린터 및 파일 등을 공유할 수 있도록 허용 여부를 설정한다.
- **데이터 통신 연결** : 데이터 사용량의 제한 여부를 설정한다.
- **IP 설정** : IP를 자동(DHCP) 또는 수동으로 할당한다.
- **속성** : IPv6 주소, IPv4 주소, IPv4 DNS 서버, 제조업체, 설명, 드라이버 버전, 물리적 주소(MAC) 등을 표시한다.

전문가의 조언

'네트워크 및 인터넷'의 기능에 대한 문제가 출제되고 있습니다.

[기출 포인트]

- '네트워크 및 인터넷'에서 Windows 업데이트 현황을 확인할 수는 없다.
- '네트워크 및 인터넷'에서 컴퓨터와 작업 그룹의 이름을 변경할 수는 없다.

제한 유형 종류

월간, 한 번, 제한 없음

데이터 제한 크기 단위

MB, GB

ⓒ 데이터 사용량

– 개요 : 최근 30일 동안의 데이터 사용량 및 현재 연결되어 있는 네트워크를 표시한다.

– 데이터 제한 : Windows가 데이터 사용량을 제한할 수 있도록 제한 유형*, 요금제 시작일, 데이터 제한 크기*를 설정한다.

ⓓ **사용 가능한 네트워크 표시** : 내 컴퓨터에서 사용 가능한 네트워크를 작업 표시줄 오른쪽의 알림 영역에 표시한다.

ⓔ **어댑터 옵션 변경** : 네트워크 어댑터의 연결 설정을 변경할 수 있는 '제어판'의 '네트워크 연결' 창이 실행된다.

ⓕ **네트워크 및 공유 센터** : 네트워크 정보를 확인하고 설정 사항을 변경할 수 있는 '네트워크 및 공유 센터' 창이 실행된다.

ⓖ **네트워크 문제 해결사** : 네트워크 문제를 진단하고 해결할 수 있는 'Windows 네트워크 진단' 마법사가 실행된다.

ⓗ **하드웨어 및 연결 속성 보기** : 네트워크 이름, 설명, 물리적 주소(MAC), 상태, 최대 전송 단위, 링크 속도(송/수신), DHCP 사용 및 서버, IPv4 주소, IPv6 주소, 기본 게이트웨이, DNS 서버 및 도메인 이름, 네트워크 이름 및 범주 등을 표시한다.

ⓘ **Windows 방화벽** : 방화벽을 설정하고 네트워크 및 인터넷 연결에 발생하는 상황을 확인하는 '방화벽 및 네트워크 보호' 창이 실행된다.

ⓙ **네트워크 초기화** : 네트워크 어댑터를 제거한 후 다시 설치하고 네트워킹 구성 요소를 기본값으로 설정한다.

❷ 이더넷

현재 연결되어 있는 네트워크를 표시한다.

❸ 전화 접속

전화 접속 연결을 설정한다.

VPN(가상 사설망)

인터넷망을 사용하여 사설망을 구축하게 해주는 통신망입니다.

❹ VPN*

VPN 연결을 설정한다.

프록시(Proxy)

PC 사용자와 인터넷 사이에서 중계자 역할을 하는 서버로, 방화벽 기능과 캐시 기능을 제공합니다.

❺ 프록시*

- 프록시 사용 여부를 설정한다.
- 프록시 사용 시 자동 또는 수동 여부를 설정한다.

기출체크 1번

Windows의 자동 업데이트 현황은 [⚙(설정)] → [업데이트 및 보안]에서 확인할 수 있습니다.

기출체크 ☑

23.2, 22.3, 21.6

1. [⚙(설정)] → [네트워크 및 인터넷]에서 Windows의 자동 업데이트 현황을 확인할 수 있다. (○, ×)

기출체크 정답

1. ×

502502

24.5, 22.6, 22.5, 21.3, 20.상시, 18.1, 14.1, 13.2, 13.1, 12.2, 11.1, 11.3, 10.3, 09.4, 08.4, 08.2, 08.1, 07.2, 06.1, …

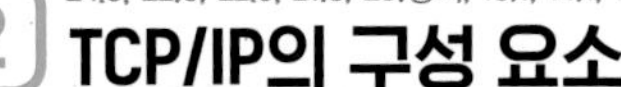

2 TCP/IP의 구성 요소

TCP/IP는 인터넷에 연결된 서로 다른 기종의 컴퓨터끼리 데이터를 주고받을 수 있도록 하는 인터넷 표준 프로토콜이다.

- **TCP/IP 구성 요소 설정** : [(시작)] → [(설정)] → [네트워크 및 인터넷] → [상태] → [어댑터 옵션 변경] → [이더넷]의 바로 가기 메뉴에서 [속성] 선택 → '네트워킹' 탭에서 '인터넷 프로토콜 버전 4(TCP/IPv4)' 또는 '인터넷 프로토콜 버전 6(TCP/IPv6)'을 더블클릭

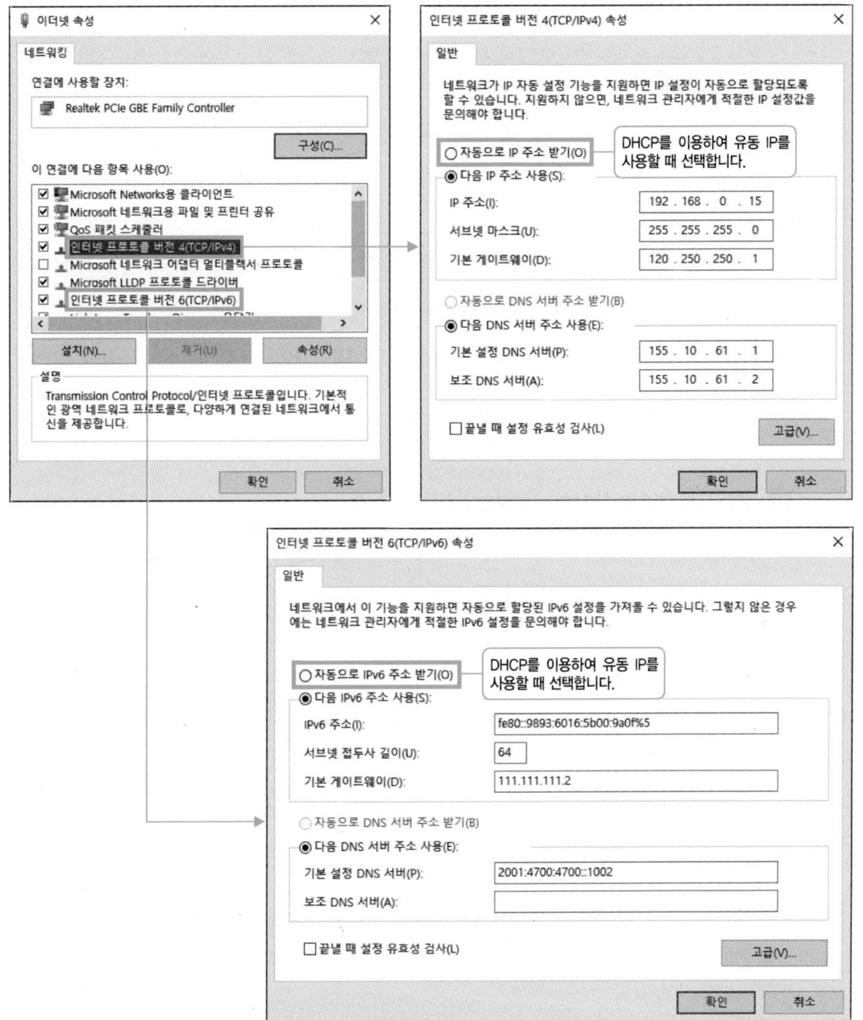

- TCP/IP 구성 요소 중에서 수동으로 IP를 설정할 경우 인터넷 접속을 위해 반드시 지정해야 하는 구성 요소는 다음과 같다.

24.5, 22.6, 22.5, 21.3, 20.상시, 18.1, 13.1, 12.2, 09.4, 08.1, 06.1, 04.4

❶ IP 주소

- 인터넷에 연결된 호스트 컴퓨터의 유일한 주소로, 네트워크 주소와 호스트 주소로 구성되어 있다.
- IPv4 주소는 32비트 주소를 8비트씩 마침표(.)로 구분한다.
- IPv6 주소는 128비트 주소를 16비트씩 콜론(:)으로 구분한다.

전문가의 조언

중요해요. 단순히 TCP/IP의 구성 요소가 아닌 것을 찾거나 구성 요소의 특징에 대한 문제가 자주 출제됩니다.

[기출 포인트]

- TCP/IP 설정 시 IP 주소, 서브넷 마스크, 게이트웨이, DNS 서버를 지정해야 한다.
- DNS는 문자로 된 도메인 네임을 숫자로 된 IP 주소로 변환한다.

❷ 서브넷 접두사 길이

IPv6 주소의 네트워크 주소와 호스트 주소를 구별하기 위하여 IPv6 수신인에게 허용하는 서브넷 마스크 부분의 길이를 비트로 표현한 것이다.

24.5, 22.6, 22.5, 21.3, 20.상시, 18.1, 14.1, 12.2, 10.3, 09.4, 08.4, 06.1, 03.4

❸ 서브넷 마스크

- IPv4 주소의 네트워크 주소와 호스트 주소를 구별하기 위하여 IPv4 수신인에게 허용하는 32비트 주소이다.
- IP 주소와 결합하여 사용자의 컴퓨터가 속한 네트워크를 나타낸다.

24.5, 22.6, 22.5, 21.3, 20.상시, 18.1, 13.1, 12.2, 09.4, 08.1, 06.1

❹ 게이트웨이

- 다른 네트워크와의 데이터 교환을 위한 출입구 역할을 하는 장치로, LAN에서 다른 네트워크에 데이터를 보내거나 받아들이는 역할을 하는 장치를 지정한다.
- 네트워크 사이에서 IP 패킷을 라우팅하거나 전달할 수 있는 여러 개의 실제 TCP/IP 네트워크에 연결된 장치이다.
- 서로 다른 전송 프로토콜이나 IPX 및 IP와 같은 데이터 형식 간의 변환을 담당한다.

22.6, 22.5, 21.3, 18.1, 13.2, 13.1, 11.3, 09.4, 08.2, 08.1, 07.2, 06.1

❺ DNS(Domain Name Sever) 서버 주소

DNS 서버는 문자 형태로 된 도메인 네임을 숫자로 된 IP 주소로 변환해 주는 서버이며, DNS 서버 주소에는 이 서버가 있는 곳의 IP 주소를 지정한다.

13.2, 11.3, 08.2, 07.2

잠깐만요 DHCP 서버

컴퓨터에 IP 주소를 자동으로 할당해 주는 서버입니다.

※ DHCP(Dynamic Host Configuration Protocol) : 고유한 IP 주소 없이 인터넷에 접속할 때 자동으로 새로운 IP 주소를 할당해 주는 프로토콜

전문가의 조언

DHCP의 개념을 묻는 문제가 출제된 적이 있습니다.

[기출 포인트]

DHCP는 동적 IP 주소를 할당한다.

기출체크 ☑

24.5, 22.6, 22.5, 21.3, 20.상시, 18.1, 13.1, 08.1, 04.4

2. 다음 중 네트워크 연결 시 IP 설정이 자동으로 할당되지 않을 경우 직접 설정해야 하는 TCP/IP 속성을 모두 고르시오. (　　)

ⓐ IPv4 주소	ⓑ 서브넷 마스크	ⓒ 라우터 주소
ⓓ 게이트웨이	ⓔ DNS 서버 주소	ⓕ DHCP 서버 주소

기출체크 정답

2. ⓐ, ⓑ, ⓓ, ⓔ

SECTION
024 문제 해결

502601 ▶

22.7, 22.2, 09.4
1 메모리 용량 문제 해결

- 불필요한 앱을 종료한다.
- '시작프로그램' 폴더* 안의 불필요한 앱을 삭제한다.
- [(시작)] → [(설정)] → [앱] → [시작 프로그램]이나 '작업 관리자' 대화상자(Ctrl + Shift + Esc)의 '시작프로그램' 탭에서 불필요한 앱의 실행을 해제한다.
- 작업량에 비해 메모리가 작을 경우는 시스템에 메모리(RAM)를 추가한다.
- '시스템 속성' 대화상자*의 '고급' 탭에서 가상 메모리의 크기를 적절히 설정한다.

기출체크 ☑

22.7, 22.2, 09.4
1. 주기억장치의 메모리 용량이 부족한 경우 [휴지통]이나 하드디스크의 임시 기억 장소에 저장된 불필요한 파일을 삭제한다. (○, ×)

502602 ▶

22.5, 22.4, 22.1, 21.5, 19.상시, 18.2, 12.1, 07.1, 05.2, 04.1
2 하드디스크 용량 문제 해결

- 불필요한 파일은 백업한 다음 하드디스크에서 삭제한다.
- 사용하지 않는 응용 앱을 삭제한다.
- 사용하지 않는 Windows 기능을 제거*한다.
- 휴지통에 있는 파일을 삭제한다.
- [디스크 정리]를 수행하여 불필요한 파일들을 삭제한다.

기출체크 ☑

22.1, 21.5
2. 하드디스크의 여유 공간이 부족할 경우 [드라이브 조각 모음 및 최적화]를 수행한다. (○, ×)

전문가의 조언

주로 하드디스크 용량의 문제 해결에 대한 문제가 출제되고 있습니다.

[기출 포인트]
- 휴지통 파일 삭제는 메모리 용량과 관계없다.
- 하드디스크 파일 삭제는 메모리 용량과 관계없다.

'시작프로그램' 폴더의 실제 위치

'C:\사용자\사용자 계정\AppData\Roaming\Microsoft\Windows\시작 메뉴\프로그램\시작프로그램'입니다.

'시스템 속성' 대화상자

'시스템 속성' 대화상자는 [(시작)] → [(설정)] → [시스템] → [정보] → [고급 시스템 설정] 클릭하면 나타납니다.

기출체크 1번

휴지통이나 하드디스크의 임시 기억 장소에 저장된 불필요한 파일을 삭제하는 것은 하드디스크의 용량이 부족할 경우의 해결 방법입니다.

[기출 포인트]
- '드라이브 조각 모음 및 최적화'는 하드디스크 용량과 관계없다.
- 바이러스 감염 파일 삭제는 하드디스크 용량 문제 해결 방법이 아니다.
- 사용하지 않는 Windows 기능을 제거하면 하드디스크 용량이 증가한다.

Windows 기능 제거

[(시작)] → [Windows 시스템] → [제어판] → [프로그램 및 기능] → [Windows 기능 켜기/끄기] → 'Windows 기능' 대화상자에서 사용하지 않는 Windows 기능의 선택을 해제합니다.

기출체크 2번

'드라이브 조각 모음 및 최적화'는 드라이브의 접근 속도를 향상시키기 위해 드라이브를 최적화하는 기능입니다.

기출체크 정답
1. × 2. ×

전문가의 조언

비정상적인 부팅 문제의 해결 방법에 대한 문제가 출제되고 있습니다.

[기출 포인트]

'디스크 정리'는 비정상적인 부팅 문제의 해결 방법이 아닙니다.

502603

22.5, 22.2, 21.6, 21.2, 19.2, 13.3

3 비정상적인 부팅 문제 해결

- 안전 모드로 부팅하여 문제를 해결한 후 정상 모드로 재부팅한다.
- 부팅 가능한 USB나 CD/DVD-ROM으로 부팅한 후 원인을 찾는다.
- 시스템 복구 드라이브를 만들어 둔 경우 시스템 복구 드라이브를 이용해 시스템 복구를 수행한다.
- '시스템 복원' 기능을 이용하여 컴퓨터가 정상적으로 부팅되던 시점으로 복원한다.
- 바이러스에 의해 이상이 생겼을 경우 백신 앱으로 치료한다.

전문가의 조언

시스템 복구가 필요한 경우에 대한 문제가 출제되고 있습니다.

[기출 포인트]

시스템 복구와 파일 단편화의 개선은 관계가 없다.

22.2, 21.6, 21.2, 19.2, 13.3

잠깐만요 시스템 복구를 해야 하는 경우 / 시스템 복구 드라이브

3502331

시스템 복구를 해야 하는 경우
- 새 장치를 설치한 후 시스템이 불안정할 때
- 로그온 화면이 나타나지 않으며, 운영체제를 시작할 수 없을 때
- 누락되거나 손상된 데이터 파일을 이전 버전으로 되돌릴 때

시스템 복구 드라이브
- 시스템에 문제가 발생하여 정상적으로 부팅이 되지 않을 때 사용하기 위한 드라이브로, 오류 발생 시 Windows를 복구할 수 있습니다.
- Windows 10에서는 [제어판]의 [복구] 창에서 '복구 드라이브 만들기'를 이용하여 만들 수 있습니다.

기출체크 ☑

22.2, 21.6, 21.2, 19.2, 13.3

3. 파일의 단편화를 개선하여 디스크의 접근 속도를 향상시키고자 할 때는 시스템 복구를 수행한다. (○, ×)

기출체크 3번

파일의 단편화를 개선하여 디스크의 접근 속도를 향상시키고자 할 때는 '드라이브 조각 모음 및 최적화'를 수행하면 됩니다.

기출체크 정답

3. ×

기출문제 은행

해설은 73쪽에 있습니다.

22년 4회, 21년 4회

01 다음 중 한글 Windows 10의 [시스템] → [정보]에 관한 설명으로 옳지 않은 것은?

① 설치된 RAM의 크기를 확인할 수 있다.
② Windows의 설치 날짜를 확인할 수 있다.
③ 설치된 운영체제를 32비트에서 64비트로 변경할 수 있다.
④ 컴퓨터의 이름을 확인하거나 변경할 수 있다.

24년 1회

02 다음 중 한글 Windows 10의 [글꼴]에 관한 설명으로 옳지 않은 것은?

① [글꼴 설정]을 이용하여 글꼴을 설치 및 삭제할 수 있다.
② 글꼴이 설치되어 있는 폴더의 위치는 C:\Windows\Fonts이다.
③ 글꼴 파일은 .ttf 또는 .ttc의 확장자를 가지고 있다.
④ ClearType 텍스트 조정을 사용하면 가독성을 향상시켜 준다.

22년 7회, 19년 1회, 16년 3회, 14년 2회

03 다음 중 파일의 바로 가기 메뉴 중 [연결 프로그램]에 대한 설명으로 옳지 않은 것은?

① 문서나 그림 같은 데이터 파일을 더블클릭할 때 자동으로 실행되는 앱을 의미한다.
② 파일의 바로 가기 메뉴에서 [연결 프로그램]을 선택하면 연결 프로그램을 변경할 수 있다.
③ 연결 프로그램이 지정되지 않았을 경우 데이터 파일을 더블클릭하면 연결 프로그램을 선택하기 위한 대화상자가 표시된다.
④ [연결 프로그램] 대화상자에서 연결 프로그램을 삭제하면 연결된 데이터 파일도 함께 삭제된다.

23년 3회, 21년 2회, 17년 1회

04 다음 중 [드라이브 조각 모음 및 최적화]를 수행할 수 있는 대상으로 옳은 것은?

① 외장 하드디스크 드라이브
② 네트워크 드라이브
③ CD-ROM 드라이브
④ Windows가 지원하지 않는 형식의 압축 프로그램

22년 6회

05 다음 중 한글 Windows 10의 [백업]과 [복구]에 관한 설명으로 옳지 않은 것은?

① PC가 제대로 실행되지 않아 초기화 하는 경우 개인 파일을 유지하거나 제거하도록 선택할 수 있다.
② Windows 7 백업 및 복원 도구를 사용하여 백업을 만든 경우 Windows 10에서도 계속 사용할 수 있다.
③ PC 초기화 시 Windows는 다시 설치되지 않고 유지된다.
④ 파일 히스토리를 이용하여 자동으로 파일이 백업되도록 설정할 수 있다.

23년 1회, 22년 7회, 2회, 12년 3회

06 다음 중 한글 Windows 10에서 설치된 하드웨어를 확인하거나 제거할 수 있는 창으로 옳은 것은?

① [장치 관리자] 창
② [레지스트리 편집] 창
③ [작업 관리자] 창
④ [하드웨어 추가/제거] 창

24년 2회, 1회

07 다음 중 [설정] → [시스템] → [저장소]에 대한 설명으로 옳지 않은 것은?

① 하드디스크에서 불필요한 앱이나 임시 파일 등을 제거하여 사용 공간을 확보할 때 사용한다.
② 휴지통과 다운로드 폴더에 보관된 파일의 삭제 기준일을 지정할 수 있다.
③ 저장 공간 센스를 켜면 드라이브의 단편화 제거로 인해 컴퓨터를 효율적으로 사용할 수 있다.
④ 파일 정리를 바로 실행할 수 있다.

24년 5회, 22년 6회, 5회, 21년 3회, 18년 1회, 13년 1회, 08년 1회, 04년 4회

08 다음 중 LAN에 연결된 컴퓨터에서 고정 IP 주소로 인터넷에 접속하기 위해 설정해야 할 인터넷 프로토콜(TCP/IP) 항목으로 옳지 않은 것은?

① 기본 게이트웨이
② 서브넷 마스크
③ IP 주소
④ DHCP 서버 주소

▶ 정답 : 1. ③ 2. ① 3. ④ 4. ① 5. ③ 6. ① 7. ③ 8. ④

기출문제 은행

23년 5회, 2회, 22년 6회

09 다음 중 한글 Winodws 10의 [Windows 관리 도구]에 대한 설명으로 옳은 것은?

① [시스템 정보]는 컴퓨터에 설치된 모든 하드웨어와 소프트웨어의 실행 정보를 한군데 모아 관리한다.
② [디스크 정리]는 디스크의 필요 없는 파일을 삭제하여 여유 공간을 확보하는 기능으로, 필요 없는 프로그램의 제거도 가능하다.
③ [레지스트리 편집기]에서는 하드웨어 리소스, 구성 요소, 설치된 소프트웨어 환경 등의 정보를 확인한다.
④ [컴퓨터 관리]는 하드디스크에 논리적 혹은 물리적으로 손상이 있는지 검사하고, 복구 가능한 에러가 있으면 이를 복구한다.

22년 1회, 21년 5회, 14년 1회

10 다음 중 한글 Windows 10의 레지스트리(Registry)에 관한 설명으로 옳지 않은 것은?

① 작업 표시줄의 검색 상자에 'regedit'를 입력하여 레지스트리 편집기를 실행할 수 있다.
② 레지스트리 편집기를 사용하면 레지스트리 폴더 및 각 레지스트리 파일에 대한 설정을 볼 수 있다.
③ 레지스트리 편집기에서 [내보내기]를 이용하여 레지스트리를 백업할 수 있다.
④ 레지스트리의 정보를 수정할 수는 있으나 삭제는 할 수 없어 언제든지 레지스트리 복원이 가능하다.

23년 1회, 22년 7회, 21년 4회

11 다음 중 한글 Windows 10에서 설치된 기본 프린터의 인쇄 관리자 창에서 실행할 수 있는 작업으로 옳지 않은 것은?

① 인쇄 중인 문서나 오류가 발생한 문서를 다른 프린터로 전송할 수 있다.
② 인쇄 작업이 시작된 문서도 중간에 강제로 인쇄를 종료할 수 있으며 잠시 중지시켰다가 다시 인쇄할 수 있다.
③ [프린터] 메뉴에서 [모든 문서 취소]를 선택하면 스풀러에 저장되어 있는 모든 인쇄 작업을 취소할 수 있다.
④ 인쇄 대기 중인 문서를 삭제하거나 출력 대기 순서를 임의로 조정할 수 있다.

23년 2회, 22년 3회, 21년 6회

12 다음 중 Windows 10의 [설정] → [네트워크 및 인터넷]에 대한 설명으로 옳지 않은 것은?

① 현재 네트워크 상태를 확인할 수 있다.
② 앱별 데이터 사용량을 확인할 수 있다.
③ 사용 가능한 네트워크를 표시할 수 있다.
④ Windows의 자동 업데이트 현황을 확인할 수 있다.

22년 1회, 21년 5회, 12년 1회

13 다음 중 한글 Windows 10에서 하드디스크의 용량 부족 문제가 발생하였을 때의 해결 방법으로 적절하지 않은 것은?

① [휴지통 비우기]를 수행한다.
② [디스크 정리]를 통해 임시 파일들을 삭제한다.
③ 사용하지 않는 응용 앱을 삭제한다.
④ [드라이브 조각 모음 및 최적화]를 수행한다.

23년 3회, 22년 2회, 21년 6회, 2회, 19년 2회, 13년 3회

14 다음 중 시스템 복구를 해야 하는 시기로 가장 적절하지 않은 것은?

① 새 장치를 설치한 후 시스템이 불안정할 때
② 로그온 화면이 나타나지 않으며, 운영체제를 시작할 수 없을 때
③ 누락되거나 손상된 데이터 파일을 이전 버전으로 되돌리고자 할 때
④ 파일의 단편화를 개선하여 디스크의 접근 속도를 향상시키고자 할 때

24년 5회

15 다음 중 태블릿 설정에 대한 설명으로 옳은 것은?

① 로그인 시 '소프트웨어에 적절한 모드 사용'을 설정할 수 있다.
② 태블릿 설정 모드에는 '태블릿 모드로 전환 안 함'과 '항상 태블릿 모드로 전환' 두 가지가 있다.
③ 태블릿 모드를 지정하면 앱 실행 시 전체 화면으로 표시되고, 작업 표시줄과 바탕 화면 아이콘이 축소된다.
④ 태블릿 모드를 설정해도 키보드와 마우스를 사용할 수 있다.

▶ 정답 : 9. ② 10. ④ 11. ① 12. ④ 13. ④ 14. ④ 15. ④

기출문제 해설

[문제 01] Section 014

[시스템] → [정보]에서 운영체제의 종류를 확인할 수 있지만 변경할 수는 없다.

[문제 02] Section 015

- [제어판] → [글꼴] → [글꼴 설정]에서는 글꼴의 설치 및 삭제를 할 수 없다.
- [제어판] → [글꼴] → [글꼴 설정]에서는 글꼴의 표시 및 숨기기를 지정하거나 공간 절약을 위해 글꼴 파일 대신 글꼴 파일에 대한 바로 가기 설치 여부를 지정할 수 있다.

[문제 03] Section 016

'연결 프로그램' 대화상자는 연결 프로그램들의 연결 정보만을 갖고 있기 때문에 '연결 프로그램' 대화상자에서 연결 프로그램을 삭제해도 연결 정보만 삭제될 뿐 연결된 데이터 파일은 삭제되지 않는다.

[문제 04] Section 022

외장 하드디스크 드라이브는 '드라이브 조각 모음 및 최적화'를 수행할 수 있지만 나머지 ②~④번은 수행할 수 없다.

[문제 05] Section 018

PC 초기화 시 Windows는 다시 설치된다.

[문제 06] Section 019

'장치 관리자'는 컴퓨터에 설치되어 있는 하드웨어의 종류와 작동 여부를 확인하고, 하드웨어의 제거나 사용 안 함, 업데이트 등의 속성을 변경할 때 사용한다.

[문제 07] Section 014

저장 공간 센스는 하드디스크 공간이 부족할 때 자동으로 실행되어 임시 파일이나 휴지통의 파일 등 불필요한 파일을 삭제하는 것으로, 드라이브의 단편화를 제거하지는 않는다.

[문제 08] Section 023

TCP/IP 구성 요소

IP 주소, 서브넷 마스크, 서브넷 접두사 길이, 기본 게이트웨이, DNS 서버 주소

[문제 09] Section 022

① '시스템 정보'는 시스템 분석 및 문제 해결을 위하여 컴퓨터에 설치된 하드웨어와 소프트웨어의 정보를 제공하는 관리 도구이다. ①번은 레지스트리(Registry)에 대한 설명이다.

③ '레지스트리 편집기'는 레지스트리를 확인하거나 수정, 삭제 등을 할 때 사용하는 앱이다. ②번은 '시스템 정보'에서 확인할 수 있다.

④ '컴퓨터 관리'는 시스템 도구, 저장소, 서비스 및 응용 프로그램을 확인 및 설정하는 관리 도구이다. ④번은 '드라이브 오류 검사'에 대한 설명이다.

[문제 10] Section 022

레지스트리의 정보는 삭제가 가능하지만 시스템에 이상이 생길 수 있으므로 함부로 삭제하지 않는 것이 좋다.

[문제 11] Section 021

인쇄 중인 문서나 오류가 발생한 문서는 다른 프린터로 전송할 수 없다.

[문제 12] Section 023

- [⚙(설정)] → [네트워크 및 인터넷]에서는 현재 설정되어 있는 기본 네트워크 정보를 확인하거나 네트워크 설정 사항을 변경할 수 있지만 Windows의 자동 업데이트 현황은 확인할 수 없다.
- Windows의 자동 업데이트 현황은 [⚙(설정)] → [업데이트 및 보안]에서 확인할 수 있다.

[문제 13] Section 024

'드라이브 조각 모음 및 최적화'는 드라이브의 접근 속도를 향상시키기 위해 드라이브를 최적화하는 기능으로, 하드디스크의 용량 증가와는 관계가 없다.

[문제 14] Section 024

파일의 단편화를 개선하여 디스크의 접근 속도를 향상시키고자 할 때는 '드라이브 조각 모음 및 최적화'를 수행하면 된다.

기출문제 해설

[문제 15] Section 014

① 로그인 시 '하드웨어에 적절한 모드 사용'을 설정할 수 있다.

② 태블릿 설정 모드에는 '태블릿 모드로 전환 안 함', '항상 태블릿 모드로 전환', '모드를 전환하기 전에 확인'이 있다.

③ 태블릿 모드를 지정해도 작업 표시줄은 축소되지 않는다. 작업 표시줄을 축소하려면 '추가 태블릿 설정 변경' 항목에서 '작업 표시줄 자동 숨기기'를 지정해야 한다.

3장

컴퓨터 시스템의 개요

SECTION 025

컴퓨터 분류

전문가의 조언

컴퓨터의 분류에 대한 문제가 출제되고 있습니다.

[기출 포인트]

컴퓨터는 취급 데이터에 따라 디지털 · 아날로그 · 하이브리드 컴퓨터로 구분한다.

5502501

23.2, 23.1

1 컴퓨터 분류의 개요

컴퓨터는 용량과 속도를 기준으로 하는 처리 능력에 따른 분류, 취급하는 데이터의 형태에 따른 분류, 그리고 사용하는 목적에 따른 분류로 3가지 형태로 나눌 수 있다.

구분	내용
23.1 **처리 능력**	• 얼마나 많은 데이터를 얼마나 빠르게 처리할 수 있느냐를 기준으로 분류한다. • 종류 : 슈퍼 컴퓨터, 메인 프레임, 미니 컴퓨터, 마이크로 컴퓨터 등
23.2, 23.1 **데이터 취급**	• 컴퓨터에서 처리하는 데이터의 형태인 디지털형, 아나로그형, 혼합형을 기준으로 분류한다. • 종류 : 디지털 컴퓨터, 아날로그 컴퓨터, 하이브리드 컴퓨터
23.1 **사용 용도**	• 컴퓨터를 어떠한 목적으로 사용하느냐를 기준으로 분류한다. • 종류 : 범용 컴퓨터, 전용 컴퓨터

5502531

잠깐만요 **디지털/아날로그 데이터 / 범용/전용 컴퓨터**

- **디지털 데이터** : 시간에 따라 이산적*으로 변하는 정보로, 결과를 숫자나 문자를 조합하여 표시합니다.
- **아날로그 데이터** : 시간에 따라 크기가 연속적으로 변하는 정보로, 결과를 곡선이나 그래프로 표시합니다.
- **범용 컴퓨터** : 여러 분야에서 다양한 용도로 사용하기 위해 제작된 컴퓨터로, 디지털 컴퓨터가 여기에 해당됩니다.
- **전용 컴퓨터** : 특수한 목적에만 사용하기 위해 제작된 컴퓨터로, 아날로그 컴퓨터가 여기에 해당됩니다.

이산적

'비연속적인, 구분된'을 의미합니다.

기출체크 ☑

23.1

1. 컴퓨터를 데이터 취급 형태에 따라 (   ) 컴퓨터, (   ) 컴퓨터, (   ) 컴퓨터 등으로 구분할 수 있다.

기출체크 정답

1. 디지털, 아날로그, 하이브리드

2 디지털 컴퓨터와 아날로그 컴퓨터의 비교

24.3, 23.4, 23.2, 22.1, 21.5, 21.4, 21.1, 17.1, 11.3, 09.3, 09.1, 08.4, 08.2, 08.1, 07.4, 07.3, 05.2, 03.1

502703

항목	디지털 컴퓨터	아날로그 컴퓨터
24.3, 23.4, 22.1, 21.5, 21.4, 17.1 **입력 형태**	숫자, 문자	전류, 전압, 온도
출력 형태	숫자, 문자	곡선, 그래프
22.1, 21.5, 21.4, 17.1 **연산 형식**	산술 · 논리 연산	미 · 적분 연산
23.4 **연산 속도**	느림	빠름
24.3, 23.4, 21.1 **구성 회로**	논리 회로	증폭 회로
24.3, 22.1, 21.5, 21.4, 17.1 **프로그래밍**	필요함	필요하지 않음
24.3, 23.2, 11.3, 08.4, 07.4, 07.3, … **정밀도**	필요한 한도까지	제한적임
기억 기능	있음	없음
22.1, 21.5, 21.4, 17.1 **적용성**	범용	특수 목적용

기출체크 ☑

24.3, 23.2, 11.3, 08.4, 08.1, 07.4, 07.3, 05.2, 03.1

2. (   ) 컴퓨터는 정밀도가 제한적이고 프로그래밍을 필요로하지 않는다.

전문가의 조언

객관식 시험의 특성상 외울 게 많을 때는 둘 중 하나의 특징만 정확히 외워도 충분한 도움이 됩니다.

[기출 포인트]

- 아날로그 컴퓨터는 정밀도가 제한적이다.
- 아날로그 컴퓨터는 프로그래밍을 필요로하지 않는다.
- 아날로그 컴퓨터는 연산 속도가 빠르다.

기출체크 정답

2. 아날로그

SECTION 026

자료 구성 단위

전문가의 조언

자료 구성 단위들의 개별적인 크기나 특징을 묻는 문제가 출제되고 있습니다.

[기출 포인트]

- 바이트는 문자를 표현하는 최소 단위이다.
- 니블은 4비트로 구성된다.
- **논리적 단위 : 필**드, **레**코드, **파**일, **데**이터베이스

Bit

Bit는 Binary Digit의 합성어입니다. Binary는 2를 의미하고, Digit는 아라비아 숫자를 뜻하는 것으로, 2진수를 말합니다.

필드(Field)

다른 말로 아이템(Item), 항목이라고도 합니다.

502801

24.4, 24.2, 23.3, 22.6, 22.3, 21.3, 16.3, 13.2, 06.4, 04.4, 04.3

1 자료 구성 단위

자료의 구성 단위는 컴퓨터 내부에서 사용하는 물리적 단위인 비트, 니블, 바이트, 워드와 사람이 인식하여 사용할 수 있는 논리적 단위인 필드, 레코드, 파일, 데이터베이스가 있다.

24.4, 16.3, 13.2, 06.4, 04.4, 04.3 **비트*(Bit)**	• 자료 표현의 최소 단위이다. • 두 가지 상태, 즉 0과 1을 표시하는 2진수 1자리이다.
24.2, 23.3, 22.6, 21.3 **니블(Nibble)**	• 4개의 비트(Bit)가 모여 1개의 니블(Nibble)을 구성한다. • 16진수 1자리를 표현하기에 적합하다.
22.6, 22.3, 21.3, 16.3, 13.2, 06.4, … **바이트(Byte)**	• 문자를 표현하는 최소 단위이다. • 8개의 비트(Bit)가 모여 1바이트(Byte)를 구성한다.
24.4, 22.6, 22.3, 21.3, 16.3, 13.2, … **워드(Word)**	• CPU가 한 번에 처리할 수 있는 명령 단위이다. • 종류 – 반워드(Half Word) : 2Byte – 전워드(Full Word) : 4Byte – 더블워드(Double Word) : 8Byte
24.4, 22.6, 22.3, 21.3, 16.3, 13.2, … **필드*(Field)**	• 파일 구성의 최소 단위이다. • 의미 있는 정보를 표현하는 최소 단위이다.
24.4, 22.6, 22.3, 21.3, 16.3, 13.2, … **레코드(Record)**	• 하나 이상의 관련된 필드가 모여서 구성된다. • 컴퓨터 내부의 자료 처리 단위이다.
16.3, 13.2, 06.4, 04.4, 04.3 **파일(File)**	프로그램 구성의 기본 단위로, 여러 레코드가 모여서 구성된다.
16.3, 13.2, 06.4, 04.4, 04.3 **데이터베이스(Database)**	여러 개의 관련된 파일의 집합이다.

기출체크 ☑

24.4, 22.6, 22.3, 21.3

1. (　　　　)는 문자를 표현하는 최소 단위이다.

24.2, 23.3

2. (　　　　)은 1바이트를 반으로 나눈 4비트로 구성된 단위이다.

기출체크 정답

1. 바이트(Byte) 2. 니블(Nibble)

SECTION 027

보수

5502701

23.5, 17.2

1 보수*

보수는 컴퓨터가 기본적으로 수행하는 덧셈 연산을 이용하여 뺄셈을 수행하기 위해 사용한다.

- N + N′= r일 때 N′를 N에 대한 r의 보수라고 한다.
- r진법에는 r의 보수와 r−1의 보수가 존재한다.
- 10진법에는 10의 보수와 9의 보수가, 2진법에는 2의 보수와 1의 보수가 있다.

r의 보수	• 보수를 구할 숫자의 자릿수만큼 0을 채우고 가장 왼쪽에 1을 추가하여 기준을 만든다. 예 33에 10의 보수는? 33+X=100 → X=100−33 → X=67 예 10101에 2의 보수는? 10101+X=100000 → X=100000−10101 → X=01011
r−1의 보수	• 10진수 N에 대한 9의 보수는 보수를 구할 숫자의 자릿수만큼 9를 채운다. 예 33에 9의 보수는? 33+X=99 → X=99−33 → X=66 • 2진수 N에 대한 1의 보수는 보수를 구할 숫자의 자릿수만큼 1을 채운다. 예 10101에 1의 보수는? 10101+X=11111 → X=11111−10101 → X=01010

23.5, 17.2

잠깐만요 보수 쉽게! 쉽게!

1203431

- 1의 보수는 주어진 각 자리값을 0일 때는 1로, 1일 때는 0으로 변환합니다.
  1 0 1 0 1의 보수 → 0 1 0 1 0
- 2의 보수는 1의 보수를 구한 뒤 결과값에 1을 더합니다.
  1 0 1 0 1의 2의 보수 → 0 1 0 1 0(1의 보수) + 1 → 0 1 0 1 1
- 2의 보수를 구하는 좀더 쉬운 방법은 소수점의 위치*에서 왼쪽 방향으로 첫 번째 1이 나올 때까지는 그냥 쓰고 나머지는 반대로 씁니다.
  1 0 1 0 1 1 0 0의 2의 보수 → 0 1 0 1 0 | 1 0 0
  (1 0 0: 그대로 씁니다. / 0 1 0 1 0: 반대로 씁니다.)

기출체크 ☑

23.5

1. 2진법에서 2의 보수는 1의 보수를 구한 뒤 결과값에 (　　　　)을 더하면 된다.

전문가의 조언

보수의 특징과 보수를 구하는 문제가 출제되고 있습니다.

[기출 포인트]

2의 보수는 1의 보수를 구한 뒤 결과값에 1을 더한다.

보수

보수는 각 자리의 숫자의 합이 어느 일정한 수가 되게 하는 수를 말합니다. 일반적으로 X에 대한 Y의 보수는 X−Y를 의미하는데 예를 들어 10에 대한 3의 보수는 7(10−3)입니다.

기출체크 정답

1. 1

SECTION 028

자료의 표현 방식

내부적/외부적 표현

- **내부적 표현** : 컴퓨터 내부에서 연산을 하거나 데이터를 처리할 때 표현하는 방법
- **외부적 표현** : 처리된 결과를 사람이 확인할 수 있도록 출력할 때 표현하는 방법

10진 연산의 종류에 대한 문제가 출제되고 있습니다.

[기출 포인트]

10진 연산은 '팩'과 '언팩' 방식을 사용한다.

502901

24.1, 23.4, 22.2, 22.1, 21.5, 17.1, 10.3

1 10진 연산

24.1, 23.4, 22.2, 22.1, 21.5, 17.1, 10.3 **언팩(Unpack) 연산**	• 1Byte로 10진수 1자리를 표현한다. • 4개의 존(Zone) 비트와 4개의 숫자(Digit) 비트를 사용한다. • 연산이 불가능하며 데이터의 입 · 출력에 사용된다.
24.1, 23.4, 22.2, 22.1, 21.5, 17.1, 10.3 **팩(Pack) 연산**	• 1Byte로 10진수 2자리를 표현한다. • 연산이 가능하다.

기출체크 ☑

24.1, 23.4, 22.2, 22.1, 21.5, 17.1, 10.3

1. 숫자 데이터 표현 중 10진 연산을 위하여 "팩(Pack)과 언팩(Unpack)" 표현 방식이 사용된다. (○, ×)

전문가의 조언

2진 연산의 특징에 대한 문제가 출제되고 있습니다.

[기출 포인트]

- 표현 범위가 작다.
- 연산 속도가 빠르다.

기출체크 정답

1. ○

502902

24.1, 23.4, 22.2, 22.1, 21.5, 17.1, 14.1, 10.3

2 2진 연산

- 2진 정수 데이터의 표현에 사용된다.
- 표현할 수 있는 범위가 작지만 연산 속도가 빠르다.
- 첫 번째 비트는 부호 비트로, 양수는 0, 음수는 1로 표시한다.

기출체크 ☑
24.1, 23.4, 22.2, 22.1, 21.5, 17.1, 10.3
2. 2진 정수 데이터는 실수 데이터 보다 표현할 수 있는 범위가 작으며 연산 속도는 빠르다. (○, ×)

502903 

24.1, 23.4, 22.2, 22.1, 21.5, 17.1, 10.3, 09.3, 05.4
3 부동 소수점 연산

- 실수 데이터 표현과 연산에 사용된다.
- 숫자를 부호(1Bit), 지수부(7Bit), 가수부(소수부)로 나누어 표현한다.
- 표현 비트에 따라 단정도(4Byte), 배정도(8Byte) 실수형이 있다.
- 고정 소수점 연산에 비해 실행 시간이 많이 걸리나 매우 큰 수나 매우 작은 수를 표현하는 데 적합하다.
- 첫 번째 비트는 부호 비트로, 양수는 0, 음수는 1로 표시한다.

전문가의 조언
부동 소수점 연산의 특징에 대한 문제가 출제되고 있습니다.
[기출 포인트]
부동 소수점 연산은 부호, 지수부, 가수부로 구분한다.

기출체크 ☑
24.1, 23.4, 22.2, 22.1, 21.5, 17.1, 10.3
3. 실수형 데이터는 정해진 크기에 (　　　　), (　　　　), (　　　　)로 구분하여 표현한다.

502904 

24.5, 22.7, 22.4, 21.4, 21.1, 20.상시, 19.상시, 18.상시, 16.3, 16.1, 14.1, 12.2, 12.1, 06.2, 03.3
4 BCD 코드(2진화 10진)

- 하나의 문자를 2개의 Zone 비트와 4개의 Digit 비트로 표현한다.
- 2^6 = 64가지의 문자를 표현할 수 있다.
- 영문 소문자를 표현하지 못한다.

전문가의 조언
중요해요. BCD 코드의 특징에 대한 문제가 자주 출제됩니다.
[기출 포인트]
- 64가지 문자를 표현한다.
- 영문 소문자를 표현 못한다.

기출체크 ☑
22.7, 22.4, 21.4, 16.3, 14.1, 12.1, 06.2
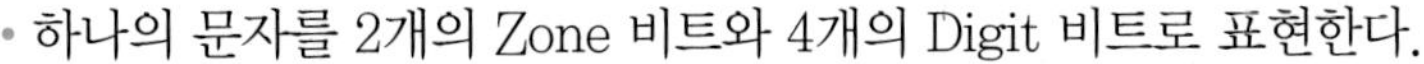
4. BCD 코드는 64가지의 문자를 표현할 수 있으나 영문 소문자는 표현 불가능하다. (○, ×)

502905 

24.5, 24.3, 23.1, 22.7, 22.6, 22.5, 22.4, 21.8, 21.4, 21.3, 21.1, 20.상시, 20.1, 19.2, 18.상시, 16.3, 16.1, 13.3, 13.1, …
5 ASCII 코드(미국 표준)

- 하나의 문자를 3개의 Zone 비트와 4개의 Digit 비트로 표현한다.
- 2^7 = 128가지의 문자를 표현할 수 있다.
- 데이터 통신용이나 개인용 컴퓨터에서 사용한다.
- 확장 ASCII 코드는 8비트를 사용하므로 2^8 = 256가지의 문자를 표현한다.

전문가의 조언
ASCII 코드의 특징에 대한 문제도 꾸준히 출제되고 있습니다.
[기출 포인트]
- 7비트로 128가지 문자를 표현한다.
- 데이터 통신용으로 사용한다.
- 확장 ASCII는 8Bit로 256가지 문자를 표현한다.

기출체크 ☑
24.3, 22.7, 22.6, 22.4, 21.4, 21.3, 21.1, 20.1, 19.2, 12.2
5. 확장 ASCII 코드는 (　　)비트를 사용하며, (　　)가지의 문자를 표현할 수 있다.

기출체크 정답
2. ○ 3. 부호, 지수부, 가수부 4. ○ 5. 8, 256

502906

22.7, 22.4, 21.4, 21.2, 21.1, 20.상시, 19.상시, 19.1, 18.상시, 16.3, 16.1, 14.1, 12.2, 12.1, 06.2

6 EBCDIC 코드(확장 2진화 10진)

전문가의 조언

EBCDIC 코드도 특징에 대한 문제가 출제되고 있습니다.

[기출 포인트]

- 8Bit로 256가지 문자를 표현한다.
- 대형 컴퓨터에서 사용된다.

- BCD 코드를 확장한 것으로, 하나의 문자를 4개의 Zone 비트와 4개의 Digit 비트로 표현한다.
- 2^8 = 256가지의 문자를 표현할 수 있다.
- 대형 컴퓨터에서 사용한다.

23.5, 19.상시, 14.1

잠깐만요 에러 검출 코드

1303203

- **해밍 코드(Hamming Code)** : 에러 검출 및 교정이 가능한 코드로, 2비트의 에러 검출 및 1비트의 에러 교정이 가능함
- **패리티 체크 비트(Parity Check Bit)** : 에러 검출을 목적으로 원래의 데이터에 추가한 1비트로, 패리티 체크 비트를 이용한 에러 교정은 불가능함
- **순환 중복 검사(CRC)** : 순환 중복 검사를 위해 미리 정해진 다항식을 적용하여 오류를 검출하는 방식
- **블록합 검사(BSC)** : 패리티 검사의 단점을 보완한 방식으로, 프레임 내의 모든 문자의 같은 위치 비트들에 대한 패리티를 추가로 계산하여 블록의 맨 마지막에 추가 문자를 부가하는 방식

전문가의 조언

해밍 코드의 개념을 묻는 문제만 출제되고 있습니다.

[기출 포인트]

해밍 코드는 에러 검출과 교정이 가능하다.

기출체크 ☑

24.2, 22.4, 21.4, 16.3, 16.1, 14.1, 12.1, 06.2

6. EBCDIC 코드는 BCD 코드를 확장한 코드체계로 (　　)가지의 문자를 표현할 수 있다.

502907

24.5, 23.2, 22.7, 22.5, 22.4, 21.8, 21.7, 20.상시, 19.상시, 18.상시, 17.2, 16.3, 16.2, 16.1, 14.1, 12.2, 12.1, 11.2, …

7 유니코드(Unicode)

전문가의 조언

유니코드 역시 특징에 대한 문제가 출제되고 있습니다.

[기출 포인트]

- 국제 표준 코드이다.
- 1개의 문자를 16Bit로 통일해 사용한다.
- **KS X 1001 완성형 코드** : 자주 사용하는 문자를 만들어 놓고 코드 값을 지정하는 방식
- **KS X 1001 조합형 코드** : 한글 창제의 원리인 초성, 중성, 종성에 코드 값을 지정하는 방식

- 전 세계의 모든 문자를 2바이트로 표현할 수 있는 국제 표준 코드이다.
- KS X 1001 완성형 코드*에 조합형 코드*를 반영하여 개발되었다.
- 데이터의 교환을 원활하게 하기 위하여 문자 1개에 부여되는 값을 16Bit(2Byte)로 통일한다.
- 최대 65,536자의 글자를 코드화할 수 있다.
- 한글은 조합형, 완성형, 옛글자를 모두 표현할 수 있다.

기출체크 ☑

22.7, 21.7, 16.3, 12.1, 09.4

7. 유니코드(Unicode)는 세계 각국의 언어를 (　　)비트 체계로 통일한 국제 표준 코드이다.

기출체크 정답

6. 256 7. 16

기출문제 은행

해설은 84쪽에 있습니다.

22년 1회, 21년 5회, 4회, 17년 1회

01 다음 중 아날로그 컴퓨터와 비교하여 디지털 컴퓨터의 특징으로 옳지 않은 것은?

① 데이터의 각 자리마다 0 혹은 1의 비트로 표현한 이산적인 데이터를 처리한다.
② 데이터 처리를 위한 명령어들로 구성된 프로그램에 의해 동작된다.
③ 온도, 전압, 진동 등과 같이 연속적으로 변하는 데이터를 효율적으로 처리할 수 있다.
④ 산술 및 논리 연산을 처리하는 회로에 기반을 둔 범용 컴퓨터로 사용된다.

24년 4회, 23년 3회, 22년 6회, 3회, 21년 3회

02 다음 중 자료 구성 단위에 대한 설명으로 옳지 않은 것은?

① 워드(Word)는 문자를 표현하는 최소 단위이다.
② 니블(Nibble)은 4개의 비트(Bit)가 모여 1개의 니블을 구성한다.
③ 레코드(Record)는 하나 이상의 관련된 필드가 모여서 구성되는 자료 처리 단위이다.
④ 필드(Field)는 파일 구성의 최소 단위이며, 여러 개의 필드가 모여 레코드(Record)가 된다.

24년 1회, 23년 4회, 22년 2회, 1회, 21년 5회, 17년 1회

03 다음 중 컴퓨터에서 사용하는 자료의 표현에 관한 설명으로 옳지 않은 것은?

① 실수형 데이터는 정해진 크기에 부호(1bit)와 가수부(7bit)로 구분하여 표현한다.
② 2진 정수 데이터는 실수 데이터 보다 표현할 수 있는 범위가 작으며 연산 속도는 빠르다.
③ 숫자 데이터 표현 중 10진 연산을 위하여 "팩(Pack)과 언팩(Unpack)" 표현 방식이 사용된다.
④ 컴퓨터에서 뺄셈을 수행하기 위해서는 보수와 덧셈 연산을 이용한다.

22년 5회, 21년 8회, 13년 3회

04 다음 중 문자 데이터 표현이 아닌 것은?

① HS 코드 ② ASCII 코드
③ Unicode ④ KS 코드

22년 7회, 12년 2회

05 다음 중 컴퓨터에서 문자를 표현하는 코드에 대한 설명으로 옳지 않은 것은?

① BCD 코드는 6비트로 문자를 표현하며, 영문 소문자를 표현하지 못한다.
② 확장 ASCII 코드는 7비트를 사용하여 128개의 문자, 숫자, 특수문자 코드를 규정한다.
③ EBCDIC은 8비트를 사용하여 문자를 표현하며, IBM에서 제정한 표준 코드이다.
④ 유니코드(Unicode)는 16비트를 사용하며, 한글의 조합형, 완성형, 옛글자 모두를 표현할 수 있다.

22년 4회, 16년 3회, 12년 1회

06 다음 중 컴퓨터에서 데이터를 표현하기 위한 코드에 관한 설명으로 옳지 않은 것은?

① 유니코드는(Unicode)는 전 세계의 모든 문자를 4바이트로 표현하는 국제 표준 코드이다.
② BCD 코드는 64가지의 문자를 표현할 수 있으나 영문 소문자는 표현이 불가능하다.
③ ASCII 코드는 각 문자를 7비트로 표현하며, 총 128개의 문자 표현이 가능하다.
④ EBCDIC 코드는 4개의 Zone 비트와 4개의 Digit 비트로 구성되며, 256개의 문자를 표현할 수 있다.

23년 1회, 22년 6회, 21년 3회, 19년 2회

07 다음 중 컴퓨터에서 사용하는 ASCII 코드에 관한 설명으로 옳지 않은 것은?

① 데이터 처리 및 통신 시스템 상호 간의 정보 교환을 위해 사용된다.
② 각 나라별 언어를 표현할 수 있다.
③ 각 문자를 7비트로 표현하며, 총 128개의 문자 표현이 가능하다.
④ 확장 ASCII 코드는 8비트를 사용한다.

23년 5회

08 다음 중 에러 검출과 교정이 가능한 코드로 2비트의 에러 검출 및 1비트의 에러 교정이 가능한 방식은?

① 해밍 코드 ② 패리티 체크 비트
③ 순환 중복 검사 ④ 블록합 검사

▶ 정답 : 1. ③ 2. ① 3. ① 4. ① 5. ② 6. ① 7. ② 8. ①

기출문제 해설

[문제 01] Section 025

온도, 전압, 진동 등과 같이 연속적으로 변하는 데이터를 효율적으로 처리하는 컴퓨터는 아날로그 컴퓨터이다.

[문제 02] Section 026

- 워드(Word)는 CPU가 한 번에 처리할 수 있는 명령 단위이다.
- 문자를 표현하는 최소 단위는 바이트(Byte)이다.

[문제 03] Section 028

실수형 데이터는 정해진 크기에 부호(1Bit), 지수부(7Bit), 가수부(소수부)로 구분하여 표현한다.

[문제 04] Section 028

HS 코드는 국가 간 무역 거래 상품을 총괄적으로 분류한 품목 분류 코드이다.

[문제 05] Section 028

확장 ASCII 코드는 8비트를 사용하여 256개의 문자, 숫자, 특수문자 코드를 규정한다.

[문제 06] Section 028

유니코드는(Unicode)는 전 세계의 모든 문자를 2바이트(16비트)로 표현하는 국제 표준 코드이다.

[문제 07] Section 028

- ASCII 코드는 각 나라별 언어를 표현할 수 없다.
- 각 나라별 언어를 표현할 수 있는 자료 표현 방식은 유니코드(Unicode)이다.

[문제 08] Section 028

- **패리티 체크 비트(Parity Check Bit)** : 에러 검출을 목적으로 원래의 데이터에 추가한 1비트로, 패리티 체크 비트를 이용한 에러 교정은 불가능함
- **순환 중복 검사(CRC)** : 순환 중복 검사를 위해 미리 정해진 다항식을 적용하여 오류를 검출하는 방식
- **블록합 검사(BSC)** : 패리티 검사의 단점을 보완한 방식으로, 프레임 내의 모든 문자의 같은 위치 비트들에 대한 패리티를 추가로 계산하여 블록의 맨 마지막에 추가 문자를 부가하는 방식

4장

컴퓨터 하드웨어

SECTION 029

중앙처리장치

중앙처리장치의 개념과 구성 요소들의 종류를 파악해 두세요.

503001

1 중앙처리장치의 개요

중앙처리장치(CPU; Central Processing Unit)는 사람의 두뇌와 같이 컴퓨터 시스템에 부착된 모든 장치의 동작을 제어하고, 명령을 실행하는 장치이다.

- 중앙처리장치는 제어장치(CU; Control Unit), 연산장치(ALU; Arithmetic Logic Unit), 레지스터(Register)로 구성된다.

기출체크 ☑

출제예상

1. 중앙처리장치는 (　　　　　), (　　　　　), (　　　　　)로 구성된다.

전문가의 조언

제어장치에서 사용되는 레지스터의 기능에 대한 문제가 출제되고 있습니다.

[기출 포인트]

- 프로그램 카운터는 다음에 실행할 명령의 번지를 기억한다.
- 부호기는 해독된 명령어에 따라 제어 신호를 생성한다.

503002

24.5, 23.2, 23.1, 22.5, 22.3, 20.2, 20.1, 17.1, 13.3, 12.1, 11.1, 05.3

2 제어장치(Control Unit)

제어장치는 컴퓨터에 있는 모든 장치들의 동작을 지시하고 제어하는 장치이다.

구성 요소	기능
24.5, 23.2, 23.1, 22.5, 22.3, 20.1, 17.1, 13.3, … **프로그램 카운터 (PC; Program Counter)**	다음에 실행할 명령어의 번지를 기억하는 레지스터이다.
22.3, 20.1, 17.1, 13.3, 11.1, 05.3 **명령 레지스터 (IR; Instruction Register)**	현재 실행중인 명령의 내용을 기억하는 레지스터이다.
17.1, 11.1, 05.3 **명령 해독기(Decoder)**	명령 레지스터에 있는 명령어를 해독하는 회로이다.
20.2, 20.1, 17.1, 11.1, 05.3 **부호기(Encoder)**	해독된 명령에 따라 각 장치로 보낼 제어 신호를 생성하는 회로이다.
20.1, 13.3 **메모리 주소 레지스터(MAR; Memory Address Register)***	기억장치를 출입하는 데이터의 번지를 기억하는 레지스터이다.
13.3 **메모리 버퍼 레지스터(MBR; Memory Buffer Register)***	기억장치를 출입하는 데이터가 잠시 기억되는 레지스터이다.

MAR과 MBR의 기능

- **데이터를 읽을 경우** : 읽을 데이터의 주소를 MAR에 기억시킴. 제어장치가 주기억장치에게 읽기(Read) 신호를 보내면 MAR에 있는 주소를 읽어서 찾은 데이터를 MBR에 기억시킴
- **데이터를 저장할 경우** : 저장할 데이터를 MBR에, 저장될 주소를 MAR에 기억시킴. 제어장치가 주기억장치에게 쓰기(Write) 신호를 보내면 MBR의 내용이 MAR에 저장된 주기억장치의 주소에 기록됨

기출체크 ☑

24.5, 23.2, 23.1, 22.5, 20.1, 17.1, 13.3, 11.1, 05.3

2. 컴퓨터가 현재 실행하고 있는 명령을 끝낸 후 다음에 실행할 명령의 주소를 기억하고 있는 레지스터는 (　　　　　)이다.

기출체크 정답

1. 제어장치, 연산장치, 레지스터
2. 프로그램 카운터(PC)

503003

22.7, 22.3, 21.6, 21.1, 20.상시, 18.상시, 18.2, 13.1, 12.1

3 연산장치(ALU; Arithmetic & Logic Unit)

연산장치는 제어장치의 명령에 따라 실제로 연산을 수행*하는 장치이다.

구성 요소	기능
22.7, 21.6, 18.2, 12.1 **가산기(Adder)**	2진수의 덧셈을 수행하는 회로이다.
22.7, 21.6, 18.2 **보수기(Complementor)**	뺄셈을 위해 입력된 값을 보수*로 변환하는 회로이다.
22.7, 22.3, 21.6, 18.2, 13.1, 12.1 **누산기(AC; Accumulator)**	연산 결과를 일시적으로 저장하는 레지스터이다.
22.3, 21.6, 21.1, 18.2 **데이터 레지스터(Data Register)**	연산에 사용될 데이터를 기억하는 레지스터이다.
22.7, 21.6, 18.2 **상태 레지스터(Status Register)**	연산중에 발생하는 여러 가지 상태값을 기억하는 레지스터이다.
인덱스 레지스터(Index Register)	주소 변경을 위해 사용되는 레지스터이다.

기출체크 ☑

21.6, 21.1, 18.2

3. 연산장치 중 연산에 사용될 데이터를 기억하는 레지스터는 (   )이다.

전문가의 조언

연산장치에서 사용되는 레지스터의 기능에 대한 문제가 출제되고 있습니다.

[기출 포인트]

- 데이터 레지스터는 연산에 사용될 데이터를 기억한다.
- 누산기는 연산 결과를 일시 저장한다.
- 보수기는 뺄셈을 위해 데이터를 보수로 변환한다.

연산장치가 수행하는 연산

산술 연산, 논리 연산, 관계 연산, 이동(Shift) 등

보수(Complement)

컴퓨터에서 뺄셈을 하기 위해 음수를 표시하는 방법입니다.

503004

24.3, 22.7, 22.4, 19.2, 16.3, 09.4

4 레지스터(Register)

레지스터는 CPU 내부에서 처리할 명령어나 연산의 중간 값 등을 일시적으로 저장하는 기억장치이다.

- 레지스터는 플립플롭(Flip-Flop)*이나 래치(Latch)* 등을 연결하여 구성한다.
- 메모리 중에서 액세스 속도가 가장 빠르다.
- 레지스터의 크기는 컴퓨터가 한 번에 처리할 수 있는 데이터의 크기를 의미한다.

기출체크 ☑

22.7, 22.4, 19.2, 16.3, 09.4

4. (   )는 CPU 내부에서 특정한 목적에 사용되는 일시적인 기억장소이다.

전문가의 조언

레지스터의 특징을 묻는 문제가 출제되고 있습니다.

[기출 포인트]

- 레지스터는 일시적인 기억장소이다.
- 레지스터는 펌웨어를 저장하지 않는다.

플립플롭(Flip-Flop)

기억장치를 구성하는 전자 회로로, 1비트의 정보를 기억할 수 있는 능력이 있습니다.

래치(Latch)

1비트 이상의 입력된 값을 다음 입력이 있기 전까지 그대로 유지하는 전자 회로입니다.

기출체크 정답

3. 데이터 레지스터 4. 레지스터

SECTION 030

주기억장치

1 주기억장치의 개요

주기억장치는 CPU가 직접 접근하여 데이터를 처리할 수 있는 기억장치(Memory)로, 현재 수행되는 프로그램과 데이터를 저장하고 있다.

- 종류에는 롬(ROM)과 램(RAM)이 있다.

503102

22.4, 21.4, 18.상시, 17.1, 06.4, 05.4, 04.2, 03.4, 03.1

2 롬(ROM; Read Only Memory)

롬(ROM)은 기억된 내용을 읽을 수만 있는 기억장치로서 일반적으로 쓰기는 불가능하다.

- 전원이 꺼져도 기억된 내용이 지워지지 않는 비휘발성 메모리*이다.
- 주로 펌웨어(Firmware)를 저장한다.
- 롬에는 주로 기본 입·출력 시스템(BIOS), 글자 폰트, 자가진단 프로그램(POST) 등이 저장되어 있다.

ROM

- 롬은 기억된 내용의 수정 가능 여부 및 데이터 기록 방법에 따라 다음과 같이 분류된다.

Mask ROM	제조 과정에서 미리 내용을 기억시켰으며, 사용자가 임의로 수정할 수 없다.
04.2 PROM (Programmable ROM)	특수 프로그램을 이용하여 한 번만 기록할 수 있으며, 이후엔 읽기만 가능하다.
03.4 EPROM (Erasable PROM)	자외선을 이용하여 기록된 내용을 여러 번 수정하거나 새로운 내용을 기록할 수 있다.
06.4, 05.4, 03.1 EEPROM (Electrically EPROM)	전기적인 방법을 이용하여 기록된 내용을 여러 번 수정하거나 새로운 내용을 기록할 수 있다.

기출체크 ☑

22.4, 21.4, 17.1

1. ROM에는 BIOS, 기본 글꼴, POST 시스템 등이 저장되어 있다. (○, ×)

전문가의 조언

롬(ROM)과 EEPROM에 대한 문제가 자주 출제되고 있습니다.

[기출 포인트]

ROM에는 BIOS, 기본 글꼴, POST 등이 저장되어 있다.

비휘발성 메모리

전원이 차단되더라도 기억된 내용이 지워지지 않는 메모리를 비휘발성 메모리라고 합니다. 휘발성 메모리는 그 반대겠죠? ROM과 보조기억장치는 비휘발성 메모리이고 나머지, 즉 RAM, 레지스터, 캐시 메모리 등은 모두 휘발성 메모리입니다.

기출체크 정답

1. ○

22.6, 22.4, 21.4, 21.3, 21.2, 17.1, 16.2, 15.3, 15.1, 14.2, 12.1, 09.1, 08.2, 05.2, 04.1, 03.1

3 램(RAM; Random Access Memory)

503103

램(RAM)은 자유롭게 읽고 쓸 수 있는 기억장치로, 주로 사용중인 프로그램이나 데이터를 저장한다.

RAM

- 전원이 꺼지면 기억된 내용이 모두 사라지는 휘발성 메모리이다.
- 일반적으로 '주기억장치'라고 하면 '램(RAM)'을 의미한다.
- 램은 재충전 여부에 따라 DRAM(Dynamic RAM, 동적 램)과 SRAM(Static RAM, 정적 램)으로 분류된다.

구분	DRAM(동적 램)	SRAM(정적 램)
16.2 **구성 소자**	콘덴서*	플립플롭*
16.2, 15.3, 15.1 **특징**	전원이 공급되어도 일정 시간이 지나면 전하가 방전되므로 주기적인 재충전(Refresh)이 필요함	전원이 공급되는 동안에는 기억 내용이 유지됨
16.2 **전력 소모**	적음	많음
22.4, 21.4, 17.1, 16.2 **접근 속도**	느림	빠름
16.2 **집적도**	높음	낮음
가격	저가	고가
22.6, 21.3, 21.2, 16.2 **용도**	일반적인 주기억장치	캐시 메모리

기출체크 ☑

22.6, 21.3, 21.2, 15.3, 15.1

2. (   )은 주기적으로 재충전(Refresh)이 필요하며, 주기억장치로 사용된다.

전문가의 조언

SRAM과 DRAM의 차이점을 알아야 맞힐 수 있는 문제가 출제되고 있습니다.

[기출 포인트]

- DRAM은 재충전이 필요하다.
- DRAM은 주기억장치로 사용된다.
- SRAM은 접근 속도가 빠르다.

콘덴서

전기를 저장할 수 있는 일종의 축전지입니다.

플립플롭(Flip-Flop)

1비트의 정보를 기억할 수 있는 기억 소자로, 기억장치를 구성하는 전자 회로입니다.

503104

24.5, 24.4, 24.2, 23.5, 23.3, 23.1, 22.5, 21.7, 21.2, 21.1, 20.상시, 20.2, 19.상시, 19.1, 18.상시, 17.2, 17.1, 16.2, 14.3, …

4 기타 메모리

24.5, 24.4, 23.1, 22.5, 21.1, 20.상시, 20.2, 19.상시, 17.2, 16.2, 14.3, 14.1, 13.2, 12.1, 11.3, 11.1, 10.2, 10.1, 09.4, 08.4, 08.2, …

❶ 캐시 메모리(Cache Memory)

- CPU(중앙처리장치)와 주기억장치 사이에서 컴퓨터의 처리 속도를 향상시키는 역할을 한다.
- 캐시 메모리로는 접근 속도가 빠른 정적 램(SRAM)을 사용하며, 용량은 주기억장치보다 작게 구성된다.
- 캐시 메모리의 적중률(Hit Ratio)*이 높을수록 시스템의 전체적인 속도가 향상된다.
- **L1 캐시(1차 캐시)** : 자주 반복되는 연산 처리를 위해 필요한 저장공간으로, CPU 내부에 내장되어 있다.

전문가의 조언

중요해요! 각 메모리의 특징과 용도를 묻는 문제가 자주 출제됩니다.

[기출 포인트]

- 캐시 메모리는 CPU와 주기억장치 사이에서 처리 속도를 향상시킨다.
- 캐시 메모리는 속도가 빠른 SRAM으로 구성된다.
- 가상 메모리는 보조기억장치를 주기억장치처럼 사용하는 메모리 기법이다.
- 연관 메모리는 저장된 내용의 일부를 이용하는 기억장치이다.

캐시 적중률

- 명령어나 자료를 찾기 위하여 캐시 메모리에 접근하는 경우, 원하는 정보가 캐시 메모리에 기억되어 있을 때 적중(Hit)되었다고 하고, 기억되어 있지 않을 때 실패했다고 합니다.
- 적중률 = 적중횟수/총 접근횟수

기출체크 정답

2. DRAM

- **L2 캐시(2차 캐시)** : CPU가 데이터를 처리하는 동안 미리 CPU가 필요로 하는 데이터를 저장해 두는 기억공간으로, 본래 메인보드에 내장되어 있었으나 펜티엄 프로부터는 CPU 내에 포함되어 제공된다.

24.2, 23.5, 23.3, 21.7, 21.2, 19.1, 11.1, 10.2, 09.3, 06.3, 06.2, 04.3, 02.3

❷ 가상 메모리(Virtual Memory)

- 보조기억장치의 일부를 주기억장치처럼 사용하는 메모리 기법이다.
- 주기억장치보다 큰 프로그램을 불러와 실행해야 할 때 유용하게 사용된다.

24.4, 23.1, 21.1, 20.2, 18.상시, 16.2, 11.3, 07.2, 04.4

❸ 플래시 메모리(Flash Memory)*

플래시 메모리 저장 단위

플래시 메모리는 데이터를 블록 단위로 저장합니다.

- EEPROM의 일종으로, 비휘발성 메모리이다.
- 전력 소모가 적고, 데이터 전송 속도가 빠르다.
- 디지털 카메라, 개인용 정보 단말기, 스마트폰 등에 사용한다.

23.1, 21.1, 20.2, 16.2, 12.2, 10.2

❹ 연관 메모리(Associative Memory)

- 기억장치에 저장된 정보에 접근할 때 주소 대신 기억된 내용의 일부를 이용하여 접근하는 장치로, 정보 검색이 신속하다.
- 캐시 메모리나 가상 메모리의 매핑 테이블에 사용된다.

10.2

❺ 버퍼 메모리(Buffer Memory)

두 장치 간에 데이터를 주고받을 때 속도 차이를 해결하기 위한 임시 저장 공간이다.

잠깐만요 캐시 메모리, 왜 필요할까!

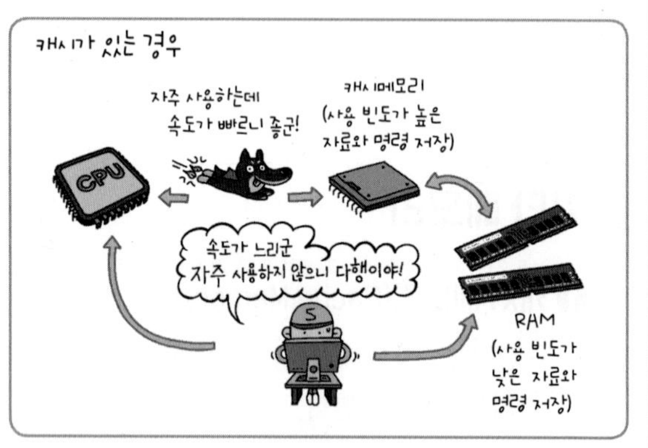

기출체크 ☑

24.5, 24.4, 17.2, 14.3, 13.2, 10.2, 10.1, 08.4, 08.2, 06.2

3. (   )는 CPU와 주기억장치 사이에서 처리 속도를 향상시키기 위한 일종의 버퍼 메모리 역할을 한다.

24.2, 23.5, 21.7, 21.2, 19.1, 09.3

4. (   )는 보조기억장치의 일부를 주기억장치처럼 사용하는 메모리 사용 기법으로, 주기억장치보다 큰 프로그램을 로드하여 실행할 경우에 유용하다.

기출체크 정답
3. 캐시 메모리 4. 가상 메모리

SECTION
031 보조기억장치

1 보조기억장치의 개요

보조기억장치는 주기억장치의 단점*을 보완하기 위한 장치이다.

- 주기억장치에 비해 속도는 느리다.
- 전원이 차단되어도 내용이 그대로 유지된다.
- 저장 용량이 크다.

전문가의 조언

보조기억장치 중 SSD와 Blu-ray에 대한 문제가 자주 출제되고 있습니다.

주기억장치의 단점

주기억장치는 접근 속도가 빠르지만 가격이 비싸고 저장 용량이 적습니다. 또한 대부분 전원 공급이 중단되면 기억된 내용이 모두 지워지는 휘발성 메모리이므로 작업한 문서를 장기간 보관할 수 없습니다.

503202

2 하드디스크(Hard Disk)

하드디스크는 자성 물질을 입힌 금속 원판을 여러 장 겹쳐서 만든 기억매체이다.

- 개인용 컴퓨터에서 보조기억장치로 널리 사용된다.
- 저장 용량이 크고, 데이터 접근 속도가 빠르나 충격에 약해 본체 내부에 고정시켜 사용한다.

하드디스크

503203

23.5, 23.4, 23.2, 22.7, 22.6, 22.3, 22.1, 21.5, 21.3, 20.상시, 20.1, 19.2, 18.상시, 16.3, 15.3, 14.2

3 SSD(Solid State Drive)

SSD는 하드디스크 드라이브(HDD)와 비슷하게 동작하면서 HDD와는 달리 기계적 장치가 없는 반도체를 이용하여 정보를 저장한다.

SSD

- 고속으로 데이터를 입·출력할 수 있다.
- 디스크가 아닌 반도체 메모리에 데이터를 기록하므로 배드 섹터가 발생하지 않는다.
- 발열, 소음, 전력 소모가 적다.
- 소형화, 경량화 할 수 있다.
- 하드디스크에 비해 외부 충격에 강하나 저장 용량당 가격이 비싸다.

[기출 포인트]

- SSD는 반도체를 이용한다.
- SSD는 충격에 강하다.
- SSD는 배드 섹터가 발생하지 않는다.
- SSD는 HDD보다 저장 용량당 가격이 비싸다.

기출체크 ☑

23.5, 23.4, 23.2, 22.7, 22.6, 22.3, 22.1, 21.5, 21.3, 20.1, 19.2, 16.3, 15.3, 14.2

1. (   )는 반도체를 이용한 컴퓨터 보조기억장치로, 크기가 작고 충격에 강하며, 소음 발생이 없는 대용량 저장장치이다.

기출체크 정답

1. SSD

[기출 포인트]

Blu-ray는 단층, 다층 구조로 생산된다.

503206

4 Blu-ray

Blu-ray는 고선명(HD) 비디오를 위한 디지털 데이터를 저장할 수 있도록 만든 광 기록방식의 저장매체이다.

Blu-ray

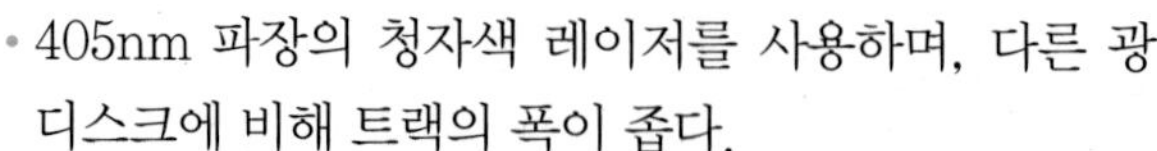

- 405nm 파장의 청자색 레이저를 사용하며, 다른 광 디스크에 비해 트랙의 폭이 좁다.
- DVD에 비해 약 10배 이상의 데이터, 즉 단층은 25GB, 복층은 50GB를 저장할 수 있다.

기출체크 ☑

15.1
2. 블루레이 디스크는 단층 구조로만 생산된다. (○, ×)

기출체크 2번

블루레이 디스크는 단층은 물론 다층 구조로도 생산되고 있습니다.

전문가의 조언

전송 시간과 지연 시간의 개념을 묻는 문제가 출제되고 있습니다.

[기출 포인트]

- 전송 시간은 읽은 데이터를 주기억장치로 보내는 데 걸리는 시간이다.
- 지연 시간은 디스크가 회전하여 원하는 섹터가 헤드 아래쪽에 올 때까지 걸리는 시간이다.

503207

21.6, 07.3

5 자기 디스크 관련 용어

용어	설명
트랙(Track)	회전축을 중심으로 데이터가 기록되는 동심원
섹터(Sector)	트랙을 일정하게 나눈 구간으로 정보 저장의 기본 단위
실린더(Cylinder)	여러 장의 디스크 판에서 같은 위치에 있는 트랙의 모임
클러스터(Cluster)	여러 개의 섹터를 모은 것으로, 운영체제가 관리하는 파일 저장의 기본 단위
Seek Time(탐색 시간)	읽기/쓰기 헤드가 지정된 트랙에 도달하는 데 걸리는 시간
07.3 Search Time(=Latency Time, 회전 지연 시간)	디스크가 회전하여 원하는 섹터가 헤드 아래쪽에 올 때까지 걸리는 시간
21.6 Transmission Time (전송 시간)	읽은 데이터를 주기억장치로 보내는 데 걸리는 시간
Access Time(접근 시간)	데이터를 읽고 쓰는 데 걸리는 시간의 합 (Seek Time + Search Time + Transmission Time)

기출체크 ☑

21.6
3. (   )은 읽은 데이터를 주기억장치로 보내는 데 걸리는 시간을 의미한다.

기출체크 정답
2. × 3. Transmission Time(전송 시간)

SECTION 032

출력장치

503301

 모니터 관련 용어

24.1, 21.4, 20.2, 16.2, 11.1, 09.3, 07.2, 07.1, 05.1, 04.2

용어	설명
21.4, 16.2 **모니터의 크기***	모니터의 화면 크기는 대각선의 길이를 센티미터(cm) 단위로 표시한다.
20.2, 11.1, 09.3, 07.2, 07.1, 05.1, 04.2 **픽셀(Pixel, 화소)***	• 모니터 화면을 구성하는 가장 작은 단위이다. • 픽셀 수가 많을수록 해상도가 높아진다.
21.4, 20.2, 16.2, 11.1, 09.3, 07.1, 05.1, … **해상도(Resolution)**	• 모니터 등의 출력장치가 내용을 얼마나 선명하게 표현할 수 있느냐를 나타내는 단위이다. • 해상도는 픽셀(Pixel)의 수에 따라 결정되며, 픽셀의 수가 많을수록 화면은 선명해진다.
21.4, 20.2, 16.2, 11.1, 09.3, 07.1 **재생률(Refresh Rate)**	• 픽셀들이 밝게 빛나는 것을 유지하도록 하기 위한 1초당 재충전되는 횟수이다. • 재생률이 높을수록 모니터의 깜박임이 줄어든다.
21.4, 20.2, 16.2, 11.1, 09.3, 07.1 **점 간격(Dot Pitch)**	픽셀들 사이의 공간을 나타내는 것으로, 간격이 가까울수록 해상도가 높다.
21.4, 16.2 **플리커프리(Flicker Free)**	모니터의 깜빡임 현상인 플리커(Flicker)를 제거하여 눈의 피로나 두통 등의 증상을 줄여주는 기술이다.

24.1

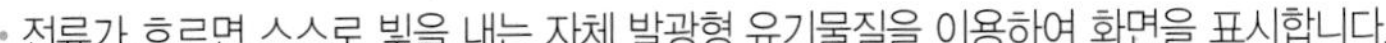

잠깐만요 OLED(Organic Light Emitting Diodes)

5503231

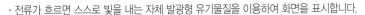

- 전류가 흐르면 스스로 빛을 내는 자체 발광형 유기물질을 이용하여 화면을 표시합니다.
- 백라이트(Back Light)를 사용하지 않습니다.
- 저전력이 사용되고 색재현율이 뛰어납니다.
- 구분 방식에 따라 수동형 구동 방식과 능동형 구동 방식으로 구분합니다.

기출체크 ☑

20.2, 11.1, 09.3, 07.1

1. 해상도(Resolution)는 모니터 화면의 픽셀 수와 관련이 있으며, 픽셀 수가 많을수록 표시할 수 있는 색상의 수가 증가한다. (○, ×)

전문가의 조언

모니터 관련 용어와 OLED에 대한 문제가 출제되고 있습니다.

[기출 포인트]

- 영상을 표현하는 최소 단위는 픽셀이다.
- 모니터 크기는 대각선 길이를 cm로 표시한다.
- 해상도는 색상 수와 관계없다.
- OLED는 전력이 적게 사용된다.

모니터의 크기

픽셀

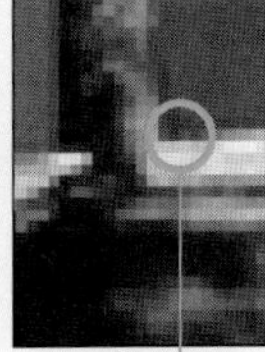

픽셀

기출체크 1번

픽셀의 수는 해상도에 영향을 주지만 색상의 수와는 관계가 없습니다. 픽셀의 수가 많아지면 해상도가 높아져 화면이 선명해집니다.

기출체크 정답

1. ×

전문가의 조언

3D 프린터의 특징에 대한 문제가 출제되고 있습니다.

[기출 포인트]

3D 프린터의 출력 단위는 MMS이다.

503302

23.4, 22.6, 22.1, 21.5, 21.3, 17.2

2 3D 프린터

3D 프린터는 3차원의 입체적인 물품을 만드는 프린터이다.

- 인쇄 원리는 잉크를 종이 표면에 분사하여 2D 이미지를 인쇄하는 잉크젯 프린터와 같다.
- 인쇄 결과물을 만드는 방식에 따라 적층형과 절삭형이 있다.
- 의료, 기계, 건축, 예술, 우주 등 많은 분야에서 활용되고 있다.
- 출력 속도 단위는 MMS(MilliMeters per Second)이다.

기출체크 ☑

23.4, 22.6, 22.1, 21.5, 21.3

2. 3D 프린터의 출력 단위로는 (　　　　)가 사용된다.

전문가의 조언

- DPI의 의미를 묻는 문제가 출제되고 있습니다.
- 영문 약어를 풀어서 이해하면 기억하기 쉽습니다.

[기출 포인트]

DPI는 출력물의 해상도를 나타내는 단위이다.

503303

23.3, 21.8, 21.5, 21.3, 21.2, 20.1

3 프린터 관련 단위

❶ CPS(Character Per Second)

- 1초에 출력되는 글자 수이다.
- 도트 매트릭스 및 시리얼 프린터의 속도 단위이다.

❷ LPM(Line Per Minute)

- 1분에 출력되는 줄(Line) 수이다.
- 라인 프린터의 속도 단위이다.

❸ PPM(Page Per Minute)

- 1분에 출력되는 페이지 수이다.
- 잉크젯 및 레이저 프린터의 속도 단위이다.

21.5, 21.3

❹ MMS(MilliMeters per Second)

- 1초에 이동하는 노즐*의 거리이다.
- 3D 프린터의 속도 단위이다.

노즐(Nozzle)

액체나 기체가 분사되는 작은 구멍을 의미합니다.

23.3, 21.8, 21.2, 20.1

❺ DPI(Dot Per Inch)

- 1인치에 출력되는 점(Dot)의 수이다.
- 출력물의 인쇄 품질인 해상도를 나타내는 단위이다.

기출체크 ☑

23.3, 21.8, 21.2, 20.1

3. (　　　　)는 프린터에서 출력할 파일의 해상도를 조절하거나 스캐너를 이용해 스캔한 파일의 해상도를 조절하기 위해 쓰는 단위이다.

기출체크 정답

2. MMS　3. DPI

SECTION 033

인터럽트 / 채널 / 마이크로프로세서

503401

24.5, 24.2, 23.5, 23.3, 21.4, 19.2, 15.2, 06.3, 06.2, 04.3, 04.2, 03.4

1 인터럽트(Interrupt)

인터럽트는 프로그램 실행 도중 예기치 않은 상황이 발생할 경우, 현재 작업을 일시 중단하고 발생된 상황을 우선 처리한 후 실행중인 작업으로 복귀하여 계속 처리하는 것이다.

① 예기치 않은 상황 발생(인터럽트 요청)

② 작업 상태 저장 (상태 보관)

③ 장치 식별 (처리 루틴)

④ 인터럽트 조치 (취급 루틴)

⑤ 작업 복귀

- 인터럽트가 발생했을 때 인터럽트를 요청한 장치를 식별하기 위해 실행하는 프로그램을 인터럽트 처리 루틴이라 하고, 실질적으로 인터럽트를 처리하기 위해 실행하는 프로그램을 인터럽트 서비스 루틴이라 한다.
- 인터럽트는 외부 인터럽트, 내부 인터럽트, 소프트웨어 인터럽트로 구분된다.

23.5, 19.2 **외부 인터럽트**	입 · 출력장치, 타이밍 장치, 전원 등의 외부적인 요인에 의해 발생한다.
내부 인터럽트	잘못된 명령이나 데이터를 사용할 때 발생하며, 트랩(Trap)이라고도 부른다.
소프트웨어 인터럽트	• 프로그램 처리 중 명령의 요청에 의해 발생한다. • 대표적으로 운영체제의 감시 프로그램을 호출하는 SVC(Super Visor Call) 인터럽트가 있다.

기출체크 ☑

24.2, 23.3, 21.4, 15.2

1. (　　　　)는 어떤 장치가 다른 장치의 일을 잠시 중단시키고 자신의 상태 변화를 알려주는 것을 의미한다.

전문가의 조언

인터럽트의 개념이나 외부 인터럽트가 발생하는 경우에 대한 문제가 출제되고 있습니다.

[기출 포인트]

- 인터럽트는 현재 작업을 일시 중단하고, 발생한 급한 상황을 먼저 처리한다.
- 실행할 수 없는 명령이 사용된 경우 내부 인터럽트가 발생한다.
- 인터럽트 요청이 들어오면 인터럽트 서비스 루틴이 실행된다.

기출체크 정답

1. 인터럽트

전문가의 조언

채널의 개념이나 특징에 대한 문제가 출제되고 있습니다.

[기출 포인트]

채널은 CPU와 입·출력장치 사이의 속도 차이 문제를 해결한다.

503402

24.1, 22.3, 22.2, 21.1, 20.상시, 19.1, 17.2, 12.2, 11.3, 11.2, 09.1, 08.1, 07.4

2 채널(Channel)

채널은 주변장치에 대한 제어 권한을 중앙처리장치(CPU)로부터 넘겨받아 중앙처리장치(CPU) 대신 입·출력을 관리한다.

- 채널은 중앙처리장치와 입·출력장치 사이의 속도 차이로 인한 문제점을 해결하기 위해 사용된다.
- 채널은 입·출력 작업이 끝나면 중앙처리장치(CPU)에게 인터럽트 신호를 보낸다.
- **채널의 종류**

셀렉터(Selector) 채널	고속의 입·출력장치를 제어하는 채널이다.
멀티플렉서(Multiplexer) 채널	저속의 입·출력장치를 제어하는 채널이다.
블록 멀티플렉서(Block Multiplexer) 채널	셀렉터와 멀티플렉서 채널의 기능이 혼합된 채널이다.

기출체크 ☑

24.1, 22.3, 22.2, 21.1, 19.1, 17.2, 12.2, 11.3, 08.1, 07.4

2. ( )은 중앙처리장치와 입·출력장치 사이의 속도 차이로 인한 문제를 해결하기 위한 장치이다.

전문가의 조언

마이크로프로세서의 특징을 묻는 문제가 출제되고 있습니다.

[기출 포인트]

- 마이크로프로세서는 제어장치, 연산장치, 레지스터로 구성된다.
- CISC는 생산가가 비싸고 전력 소모가 많다.

클럭 주파수

전기의 On/Off가 반복되는 주기로 헤르츠(Hz)를 단위로 사용합니다.

내부 버스

CPU 내의 레지스터끼리 데이터를 주고받는 통로로, 비트(Bit)를 단위로 사용합니다.

3204601

24.3, 23.1, 18.2, 16.3

3 마이크로프로세서

- 마이크로프로세서(Microprocessor)는 제어장치, 연산장치, 레지스터가 한 개의 반도체 칩(IC)에 내장된 장치로, 개인용 컴퓨터(PC)에서 중앙처리장치로 사용되고 있다.
- 마이크로프로세서는 클럭 주파수*와 내부 버스*의 폭(Bandwidth)으로 성능을 평가한다.
- 마이크로프로세서는 작은 규모의 임베디드 시스템이나 휴대용 기기에서부터 메인프레임이나 슈퍼 컴퓨터까지 사용된다.
- 마이크로프로세서는 설계 방식에 따라 RISC와 CISC로 구분된다.
- **RISC와 CISC의 차이점**

구분	명령어	주소 지정	레지스터	전력 소모	처리 속도	가격	프로그래밍	용도
RISC	적음	간단	많음	적음	빠름	저가	복잡함	서버, 워크스테이션
CISC	많음	복잡	적음	많음	느림	고가	간단함	개인용 컴퓨터(PC)

기출체크 ☑

23.1, 18.2

3. 마이크로프로세서는 ( ), ( ), ( )가 하나의 반도체 칩에 내장된 장치이다.

기출체크 정답

2. 채널 3. 제어장치, 연산장치, 레지스터

SECTION 034

메인보드

1 메인보드의 개요

메인보드(Main Board)는 컴퓨터를 구성하는 모든 장치들이 장착되고 연결되는 컴퓨터의 기본 부품으로, 마더보드(Mother Board)라고도 한다.

503602 

24.3, 24.1, 22.2, 21.6, 18.1

2 버스

버스(Bus)는 컴퓨터에서 데이터를 주고받는 통로로, 사용 용도에 따라 내부 버스, 외부 버스, 확장 버스로 구분한다.

24.1, 22.2, 21.6, 18.1

❶ 내부 버스

- CPU 내부에서 레지스터 간의 데이터 전송에 사용되는 통로이다.
- 내부 버스는 버스의 폭에 따라 16비트, 32비트, 64비트로 구분한다.

24.3, 24.1, 22.2, 21.6, 18.1

❷ 외부 버스(시스템 버스)

- CPU와 주변장치 간의 데이터 전송에 사용되는 통로이다.
- 외부 버스는 전달하는 신호의 형태에 따라 다음과 같이 분류된다.

제어 버스	제어장치의 제어 신호가 각 장치로 전달되는 통로로, 양방향임
주소 버스	주기억장치의 주소가 각 장치로 전달되는 통로로, 단방향임
데이터 버스	각 장치별로 필요한 데이터가 전달되는 통로로, 양방향임

24.1, 22.2, 21.6, 18.1

❸ 확장 버스

메인보드에서 지원하는 기능 외에 다른 기능을 지원하는 장치를 연결하는 부분으로, 끼울 수 있는 슬롯 형태이기 때문에 확장 슬롯이라고도 한다.

전문가의 조언

버스의 특징을 묻는 문제가 출제되고 있습니다.

[기출 포인트]

- 내부 버스는 CPU 내부에서 레지스터 간의 데이터 전송로다.
- 외부 버스는 CPU와 주변장치 간의 데이터 전송로다.
- 주소 버스는 단방향 통로이다.

기출체크 ☑

24.1, 22.2, 21.6, 18.1

1. (   )는 CPU와 주변장치 간의 데이터 전송에 사용되는 통로이다.

기출체크 정답

1. 외부 버스

503603 ▶

24.4, 23.1, 22.5, 22.4, 22.2, 21.6, 21.4, 18.상시, 16.2, 161, 14.3, 13.2, 12.3, 12.2, 12.1, 10.3, 09.2, 09.1, 08.4, …

3 포트

포트(Port)는 메인보드에 주변장치를 연결하기 위한 접속 부분으로, 대표적으로 USB, 블루투스, HDMI, DP 등이 있다.

24.4, 22.5, 22.4, 22.2, 21.6, 21.4, 18.상시, 16.2, 16.1, 14.3, 13.2, 12.3, 12.2, 12.1, 10.3, 09.2, 09.1, 08.4, 08.3, 08.2, 07.4, 07.1, …

❶ USB(Universal Serial Bus; 범용 직렬 버스)

- 기존의 직렬*, 병렬*, PS/2 포트*를 통합한 직렬 포트의 일종이다.
- 마우스, 키보드, 모니터, PC 카메라, 프린터, 디지털 카메라와 같은 주변장치를 최대 127개까지 연결한다.
- USB를 지원하는 일부 주변기기는 별도의 전원이 필요하다.
- 핫 플러그인(Hot Plug In)*과 플러그 앤 플레이(Plug & Play)를 지원한다.
- **전송 속도**
  - USB 1.0 : 1.5Mbps
  - USB 3.0 : 5Gbps
  - USB 1.1 : 12Mbps
  - USB 3.1 : 10Gbps
  - USB 2.0 : 480Mbps
- **연결 단자 색상**
  - USB 2.0 이하 : 검정색 또는 흰색
  - USB 3.0 : 파란색
  - USB 3.1 : 하늘색 또는 빨간색

23.1, 16.1, 07.1

❷ 블루투스(Bluetooth)

- 근거리 무선 통신을 가능하게 해주는 통신 방식으로, IEEE 802.15.1 규격을 사용하는 PANs(Personal Area Networks)의 산업 표준이다.
- 핸드폰, PDA, 노트북과 같은 휴대 가능한 장치들 간의 양방향 정보 전송이 가능하다.

기출체크 ☑

24.4, 22.5, 22.4, 22.2, 21.6, 21.4, 14.3, 12.3, 12.2, 12.1, 09.1, 08.4, 08.3

2. 다음 보기에서 USB에 대한 설명으로 옳지 않은 것을 모두 고르시오. (   )

ⓐ USB는 범용 병렬 장치를 연결할 수 있게 해주는 컴퓨터 인터페이스이며, 12Mbps의 속도로 데이터를 전송할 수 있다.
ⓑ USB는 핫 플러그인과 플러그 앤 플레이 설치를 지원하는 외부 버스이다.
ⓒ USB 지원 주변기기는 반드시 별도의 전원이 필요하다.
ⓓ USB 3.0은 이론적으로 최대 5Gbps의 전송속도를 가지며, PC 및 연결기기, 케이블 등의 모든 USB 3.0 단자는 파랑색으로 되어 있어 이전 버전과 구분이 된다.

전문가의 조언

USB, 블루투스, IEEE1394의 특징에 대한 문제가 출제되는데, 최근에는 대부분 USB에 대한 문제가 출제되고 있습니다.

[기출 포인트]

- USB는 별도 전원 장치가 없어도 된다.
- USB 3.0의 전송 속도는 5Gbps, 단자는 파랑색이다.
- 블루투스는 IEEE 802.15.1 규격을 사용하는 근거리 통신 기술이다.

직렬, 병렬, PS/2 포트

- **직렬 포트** : 한 번에 한 비트씩 전송하는 방식
- **병렬 포트** : 한 번에 8비트씩 전송하는 방식
- **PS/2 포트** : PS/2용 마우스와 키보드 연결에 사용되며 6핀으로 구성됨

핫 플러그인(Hot Plug In)

PC의 전원이 켜져 있는 상태에서도 장치의 설치/제거가 가능한 것으로, 핫 스왑(Hot Swap)이라고도 합니다.

기출체크 2번

ⓐ USB는 기존의 직렬, 병렬, PS/2 포트를 통합한 범용 직렬 포트이며, 전송 속도는 버전에 따라 초당 1.5Mbps, 12Mbps, 480Mbps, 5Gbps, 10Gbps입니다.
ⓒ USB 지원 주변기기는 별도의 전원 장치가 필요 없는 것도 많이 있습니다.

기출체크 정답
2. ⓐ, ⓒ

SECTION

035 바이오스 / 펌웨어

503701

24.4, 24.3, 23.4, 23.2, 23.1, 22.4, 22.3, 22.1, 21.8, 21.7, 21.5, 20.1, 19.상시, 19.1, 18.상시, 18.1, 14.3, 14.1, 13.2, …

1 바이오스(BIOS; Basic Input Output System)

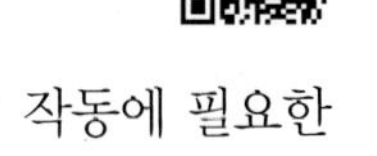

바이오스는 컴퓨터의 기본 입 · 출력 장치나 메모리 등 하드웨어 작동에 필요한 명령을 모아 놓은 프로그램이다.

- 전원이 켜지면 POST(Power On Self Test)*를 통해 컴퓨터를 점검한 후 사용 가능한 장치들을 초기화하며, 윈도우가 시작될 때까지 부팅 과정을 이끈다.
- 바이오스는 ROM에 저장되어 있어 ROM-BIOS라고도 한다.
- 바이오스는 하드웨어와 소프트웨어의 중간 형태인 펌웨어(Firmware)이다.
- 최근의 바이오스는 플래시 롬(Flash ROM)에 저장되므로 칩을 교환하지 않고도 바이오스를 업그레이드할 수 있다.
- 바이오스는 CMOS 셋업* 프로그램을 이용하여 일부 BIOS 정보를 설정할 수 있다.

24.3, 23.4, 22.4, 22.1, 21.8, 21.7, 21.5, 19.1, 18.1

잠깐만요 CMOS에서 설정 가능한 항목

503731

- 시스템의 날짜와 시간
- 하드디스크 타입(Type)
- 부팅 순서
- 칩셋
- 전원 관리
- PnP
- 시스템 암호
- Anti-Virus

기출체크 ☑

24.4, 23.2, 23.1, 22.3, 20.1, 14.1, 06.4

1. 바이오스(BIOS)는 (　　　　)에 저장되어 있다.

24.3, 23.4, 22.4, 22.1, 21.8, 21.7, 21.5, 19.1, 18.1

2. 다음 보기 중 CMOS 셋업 프로그램에서 설정할 수 없는 항목을 모두 고르시오. (　　　　)

ⓐ 하드디스크의 타입
ⓑ 하드디스크나 USB 등의 부팅 순서
ⓒ Windows 로그인 암호 변경
ⓓ 시스템 날짜와 시간
ⓔ 멀티부팅 시 사용하려는 BIOS의 종류

전문가의 조언

바이오스의 개념이나 특징이 출제되고 있습니다.

[기출 포인트]

- 바이오스는 ROM에 저장되어 있다.
- 바이오스는 가상 메모리의 페이징 파일 크기를 설정할 수는 없다.

POST(Power On Self Test)

영문 그대로 전원이(Power) 들어 오면(On) 컴퓨터 스스로(Self) 이상유무 검사(Test)를 수행하는 과정을 말합니다.

CMOS 셋업

사용자의 컴퓨터에 장착된 하드웨어 사양을 CMOS RAM에 기록하는 작업입니다. 컴퓨터를 켠 후 BIOS의 정보가 나타날 때, F2나 Del을 눌러 CMOS 셋업 프로그램을 실행합니다.

전문가의 조언

최근들어 CMOS에서 설정할 수 있는 항목에 대한 문제가 종종 출제되고 있습니다.

[기출 포인트]

- CMOS에서는 Windows 로그인 암호를 변경할 수 없다.
- CMOS에서는 멀티부팅 시 사용할 BIOS의 종류를 설정할 수 없다.

기출체크 정답

1. 롬(ROM) 2. ⓒ, ⓔ

503702 ▶

24.1, 23.5, 22.2, 20.2, 19.2, 15.2, 13.1, 09.3, 09.1, 08.2

2 펌웨어(Firmware)

펌웨어는 하드웨어의 동작을 지시하는 소프트웨어이지만 하드웨어적으로 구성되어 하드웨어의 일부분으로도 볼 수 있는 제품이다.

- 펌웨어는 하드웨어 교체없이 소프트웨어 업그레이드만으로 시스템의 성능을 높이기 위해 사용되며, 하드웨어와 소프트웨어의 중간적인 성격을 가진다.
- 주로 ROM에 반영구적으로 저장되어 하드웨어를 제어 · 관리하는 역할을 수행한다.
- 펌웨어는 기계어 처리, 데이터 전송, 부동 소수점 연산, 채널 제어 등의 처리 루틴을 가지고 있다.
- 읽기/쓰기가 가능한 플래시 롬(Flash ROM)에 저장되기 때문에 내용을 쉽게 변경하거나 추가 · 삭제할 수 있다.
- 펌웨어로 만들어져 있는 프로그램을 마이크로프로그램이라고 한다.

전문가의 조언

펌웨어의 전반적인 특징을 알고 있어야 풀 수 있는 문제가 출제되고 있습니다.

[기출 포인트]

- 펌웨어는 ROM에 저장되어 있다.
- 펌웨어는 소프트웨어의 업그레이드만으로도 기능을 향상시킬 수 있다.

기출체크 ☑

24.1, 22.2, 20.2, 19.2, 13.1, 09.3

3. 펌웨어는 소프트웨어의 업그레이드만으로도 기능을 향상시킬 수 있다. (○, ×)

기출체크 정답

3. ○

SECTION 036

RAID

503802

24.2, 23.3, 22.6, 21.8, 21.7, 21.3, 21.2, 17.1, 14.1, 08.3, 07.4

1 RAID(Redundant Array Of Inexpensive Disk)

RAID는 여러 개의 하드디스크를 한 개의 하드디스크처럼 관리하는 관리 기술로, 중요한 자료를 다루는 서버(Server)에서 주로 사용된다.

- RAID는 하드디스크의 모음뿐만 아니라 자동으로 복제해 백업 정책도 구현한다.
- RAID를 이용하면 데이터의 안정성이 높아지며, 데이터 복구가 용이하고, 전송 속도도 빨라진다.
- RAID Level*의 숫자가 클수록 저장장치의 신뢰성이 높고 효율성이 좋다.
- RAID는 시스템 장애 시 컴퓨터를 끄지 않고 디스크를 교체할 수도 있으며 미러링과 스트라이핑 기술을 융합해서 사용한다.
  - 미러링(Mirroring) 방식 : 데이터를 두 개의 디스크에 동일하게 기록하는 방식으로, 한쪽 디스크의 데이터 손상 시 다른 한쪽 디스크를 이용하여 복구하는 방식이다.
  - 스트라이핑(Striping) 방식 : 데이터를 여러 개의 디스크에 나눠서 기록하는 방식으로, 자료를 읽고 쓰는 시간을 단축할 수는 있으나, 디스크가 한 개라도 손상되면 데이터를 사용할 수 없다.

기출체크 ☑

24.2, 23.3, 22.6, 21.8, 21.7, 21.3, 21.2, 17.1, 14.1, 08.3, 07.4

1. 다음 보기에서 RAID 기술에 관한 설명으로 옳지 않은 것을 모두 고르시오. (　　　　)

ⓐ 여러 개의 하드디스크를 모아서 하나의 하드디스크처럼 사용할 수 있도록 하는 기술이다.
ⓑ 하드디스크의 모음뿐만 아니라 자동으로 복제해 백업 정책을 구현해 주는 기술이다.
ⓒ 하드디스크, CD-ROM, 스캐너 등을 통합적으로 연결해 주는 기술이다.
ⓓ RAID의 구성 방식을 RAID Level이라 하고, Level의 숫자가 작을수록 저장장치의 신뢰성이 높고 효율성이 좋다.
ⓔ 스트라이핑 방식은 데이터를 여러 개의 하드디스크에 나누어 저장하므로 장애 시 복구가 용이하나 데이터 입·출력이 느리다.

전문가의 조언

RAID의 개념이나 특징에 대한 문제가 출제되고 있습니다.

[기출 포인트]

- RAID는 여러 개의 하드디스크를 한 개의 하드디스크처럼 사용하는 기술이다.
- RAID Level의 숫자가 클수록 좋다.
- RAID를 사용하여 하드디스크, CD-ROM, 스캐너 등을 연결할 수는 없다.
- 스트라이핑 방식은 데이터 입·출력 속도는 빠르지만 장애 시 복구가 어렵다.

RAID Level

하드디스크에서 데이터를 저장하는 방식을 의미하며, 일반적으로 Level 0부터 6까지 있습니다.

기출체크 1번

ⓒ 하드디스크, CD-ROM, 스캐너 등을 연결해 주는 것은 SCSI 장치입니다.
ⓓ RAID의 구성 방식을 RAID Level이라 하고, Level의 숫자가 클수록 저장장치의 신뢰성이 높고 효율성이 좋습니다.
ⓔ 스트라이핑 방식은 데이터 입·출력 속도는 빠르지만 하드디스크가 한 개라도 손상되면 데이터를 사용할 수 없고 장애 시 복구가 어렵습니다.

기출체크 정답

1. ⓒ, ⓓ, ⓔ

SECTION 037

시스템 관리

전문가의 조언

컴퓨터(PC) 관리 방법과 무정전 전원 공급장치의 개념에 대한 문제가 출제되고 있습니다.

[기출 포인트]

- UPS는 전원 공급 장치이다.
- 바이러스 예방과 BIOS 업데이트는 관계가 없다.
- 시스템을 자주 재부팅하면 부품의 수명이 단축된다.
- 시스템에 이상이 발생하면 [설정] → [업데이트 및 보안] → [복구]를 이용한다.

번인(Burn-in) 현상

모니터는 동일한 화면이 장시간 비춰질 경우 그 영상이 모니터 유리면에 인쇄된 것처럼 남게 되는데, 이 현상을 '모니터가 탔다'하여 번인(Burning) 현상이라고 합니다.

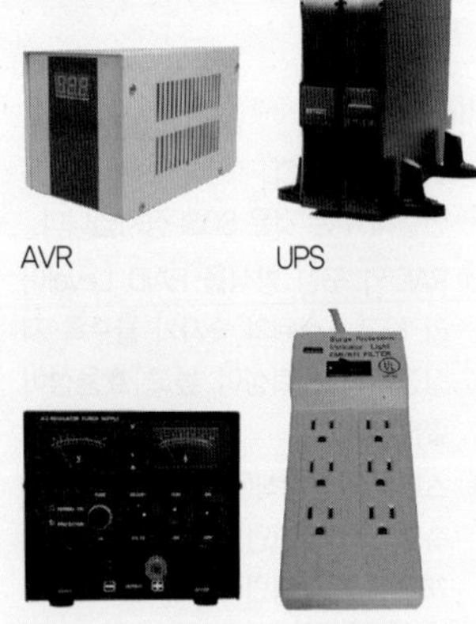

AVR UPS

CVCF 서지 보호기

기출체크 1번

바이러스를 예방하기 위해서는 최신 백신 프로그램을 사용하여 정기적으로 바이러스 검사를 수행해야 합니다.

기출체크 정답

1. ×

503901

21.8, 19.상시, 17.2, 16.1, 14.3, 12.3, 10.2, 09.3, 04.3

1 시스템 관리

- 컴퓨터를 켤 때는 주변기기를 먼저 켜고 본체를 나중에 켜지만, 끌 때는 본체를 먼저 끈다.
- 컴퓨터를 이동하거나 부품을 교체할 때는 반드시 전원을 끄고 작업한다.
- 컴퓨터 전원은 사용중인 프로그램을 모두 종료한 후 끈다.
- 컴퓨터의 설치는 직사광선과 습기가 많은 장소, 그리고 자성이 강한 물체가 있는 곳은 피한다.
- 컴퓨터를 너무 자주 켜고 끄는 재부팅은 시스템에 충격을 가해 부품의 수명을 단축시키는 행위이므로 삼가한다.
- 시스템에 이상이 발생하면 부팅 디스크를 사용하여 재부팅하고, [(시작)] → [(설정)] → [업데이트 및 보안] → [복구]를 이용해 시스템을 복구한다.
- 정기적으로 최신 백신 프로그램을 사용하여 바이러스 감염을 방지한다.
- 중요한 데이터는 정기적으로 백업하며, 가급적 불필요한 프로그램은 설치하지 않는다.
- 프로그램을 제거할 때는 정상적인 제거를 위해 [(설정)] → [앱]을 이용한다.
- 정기적으로 시스템 최적화 프로그램을 사용하여 PC를 점검한다.
- 모니터의 번인(Burn-in) 현상*을 방지하기 위해 화면 보호기를 사용한다.
- 전원 관리 장치는 정전, 전압의 불안정 등에 대비하여 사용하는 장치로, 종류는 다음과 같다.

종류	기능
무정전 전원 공급장치(UPS)*	정전되었을 때, 시스템에 일정 시간 동안 전원을 공급해 주는 장치이다.
자동 전압 조절기(AVR)*	입력 전압의 변동에 관계없이 항상 일정한 출력 전압을 유지시켜 주는 장치이다.
정전압 정주파장치(CVCF)*	전압과 주파수를 항상 일정하게 유지시켜 주는 장치이다.
서지 보호기(Surge Protector)*	전압이나 전류의 갑작스런 증가에 의한 손상을 보호하는 장치이다.

기출체크 ☑

21.8, 17.2

1. 바이러스를 예방하기 위하여 BIOS 업데이트를 자주 실행한다. (○, ×)

SECTION **038**

하드웨어 업그레이드

4304803

23.2

1 하드웨어 업그레이드

23.2 **CPU 업그레이드**	시스템의 성능을 향상시킬 수 있는 가장 확실한 방법으로 주로 메인보드와 함께 교체하여 등급을 높인다.
램(RAM) 업그레이드	• 높은 사양의 시스템을 요구하는 소프트웨어들이 출시되면서 처리 속도가 느려지거나 제대로 동작하지 않을 경우, 가장 먼저 고려하는 것이다. • 램을 추가할 때는 현재 설치되어 있는 램과 핀 수가 같은 램으로 추가해야 한다.
HDD/SSD 업그레이드	부족한 디스크 공간을 확보하기 위해 HDD/SSD를 추가하거나 용량이 큰 것으로 교체한다.

기출체크 ☑

23.2

1. (　　　) 업그레이드는 시스템의 성능을 향상시킬 수 있는 가장 확실한 하드웨어 업그레이드 방법으로, 주로 메인보드와 함께 교체해야 한다.

3205131

24.3, 23.5, 21.7, 18.1, 15.2, 11.2, 07.3

2 업그레이드 시 고려사항

수치가 클수록 좋은 것	수치가 작을수록 좋은 것
• CPU 클럭 속도 : MHz※ 또는 GHz • CPU 성능 : MIPS • 모뎀의 전송 속도 : bps 또는 cps • DVD-ROM 드라이브 전송 속도 : 배속 • HDD/SSD 용량 : GB • HDD 회전수 : RPM • HDD/SSD 전송 속도 : MB/s, IOP • 모니터, 프린터 해상도 : DPI	• RAM 접근 속도 : ns

기출체크 ☑

24.3, 23.5, 21.7, 15.2, 11.2, 07.3

2. DRAM의 데이터 접근 속도(ns)는 클수록 좋다. (○, ×)

전문가의 조언

CPU 업그레이드에 대한 문제가 출제되고 있습니다.

[기출 포인트]

CPU 업그레이드는 시스템의 성능을 향상시키는 가장 확실한 방법이다.

MHz(Mega Hertz)

MHz는 1초당 1백만 번의 주기에 해당하는 전기적 주파수의 단위로, CPU의 클럭 속도를 나타낼 때 사용됩니다.

기출체크 2번

DRAM의 데이터 접근 속도(ns)는 작을수록 좋습니다.

기출체크 정답

1. CPU 2. ×

기출문제 은행

24년 5회, 23년 2회, 1회, 22년 3회

01 다음 중 레지스터에 대한 설명으로 옳지 않은 것은?

① 명령 레지스터는 현재 실행중인 명령의 내용을 기억하는 레지스터이다.

② 프로그램 계수기는 다음 순서에 실행할 명령의 내용을 기억하는 레지스터이다.

③ 데이터 레지스터는 연산에 사용될 데이터를 기억하는 레지스터이다.

④ 누산기는 연산된 결과를 일시적으로 저장하는 레지스터이다.

22년 7회, 21년 6회, 1회, 18년 2회

02 다음 중 컴퓨터의 연산장치에 있는 레지스터에 관한 설명으로 옳지 않은 것은?

① 누산기는 연산 결과를 일시적으로 저장한다.

② 가산기는 2진수 덧셈을 수행한다.

③ 보수기는 곱셈과 나눗셈을 위하여 데이터를 보수로 변환한다.

④ 상태 레지스터는 연산중에 발생하는 여러 가지 상태값을 기억한다.

22년 6회, 21년 3회, 2회, 15년 3회, 1회

03 다음 중 RAM(Random Access Memory)에 대한 설명으로 옳은 것은?

① 주로 펌웨어(Firmware)를 저장한다.

② 주기적으로 재충전(Refresh)이 필요한 DRAM은 주기억장치로 사용된다.

③ 전원이 꺼져도 기억된 내용이 사라지지 않는 비휘발성 메모리로 읽기만 가능하다.

④ 컴퓨터의 기본적인 입출력 프로그램, 자가진단 프로그램 등이 저장되어 있어 부팅 시 실행된다.

24년 5회, 4회, 22년 5회, 17년 2회, 13년 2회, 09년 4회, 06년 2회, 04년 3회

04 다음 중 캐시 메모리(Cache Memory)에 관한 설명으로 옳은 것은?

① 중앙처리장치와 주기억장치 사이에 위치하여 컴퓨터의 처리 속도를 향상시킨다.

② 캐시 메모리는 주로 DRAM을 사용한다.

③ 보조기억장치의 일부를 주기억장치처럼 사용한다.

④ 주기억장치보다 큰 프로그램을 불러와 실행해야 할 때 유용하다.

23년 5회, 4회, 2회, 22년 7회, 6회, 1회, 21년 5회, 3회, 20년 1회, 16년 3회, 15년 3회, 14년 2회

05 다음 중 컴퓨터 보조기억장치로 사용되는 SSD(Solid State Drive)에 관한 설명으로 옳지 않은 것은?

① 고속으로 데이터를 입출력할 수 있다.

② 크기가 작고 충격에 강하다.

③ HDD와 비슷하게 동작하면서 HDD와는 달리 기계적 장치가 없는 반도체를 이용하여 정보를 저장한다.

④ HDD보다 저장 용량당 가격이 저렴하다.

23년 4회, 22년 6회, 1회, 21년 5회, 3회

06 다음 중 3D 프린터에 관한 설명으로 옳지 않은 것은?

① 입력한 도면을 바탕으로 3차원 입체 물품을 만들어 내는 프린터이다.

② 인쇄 원리는 잉크를 종이 표면에 분사하여 2D 이미지를 인쇄하는 잉크젯 프린터의 원리와 같다.

③ 출력 단위로는 IPM, PPM 등이 사용된다.

④ 기계, 건축, 예술, 우주 등 많은 분야에서 응용되고 있으며, 의료 분야에서도 활발히 활용되고 있다.

23년 2회, 1회, 22년 3회, 21년 1회, 16년 2회, 09년 4회

07 다음 중 BIOS(Basic Input Output System)에 관한 설명으로 옳지 않은 것은?

① 컴퓨터의 기본 입출력장치나 메모리 등 하드웨어 작동에 필요한 명령들을 모아 놓은 프로그램이다.

② 컴퓨터의 전원을 켜면 자동으로 가장 먼저 기동되며, 기본 입출력장치나 메모리 등 하드웨어의 이상 유무를 검사한다.

③ 최근에는 보조기억장치인 SSD에 저장되므로 칩을 교환하지 않고도 바이오스를 업그레이드 할 수 있다.

④ CMOS 셋업 프로그램을 이용하여 시스템의 날짜와 시간, 부팅 순서 등 일부 BIOS 정보를 설정할 수 있다.

24년 2회, 23년 3회, 21년 4회, 15년 2회, 06년 2회, 04년 3회

08 프로그램을 실행하는 도중에 예기치 않은 상황이 발생할 경우 현재 실행중인 작업을 일시 중단하고, 발생된 상황을 우선 처리한 후 실행중이던 작업으로 복귀하여 계속 처리하는 것을 의미하는 용어는?

① 채널 ② 인터럽트

③ DMA ④ 레지스터

해설은 106쪽에 있습니다.

24년 4회, 22년 4회, 2회, 21년 4회, 14년 3회

09 다음 중 Windows에서 사용하는 USB(Universal Serial Bus)에 대한 설명으로 옳은 것은?

① USB는 범용 병렬 장치를 연결할 수 있게 해주는 컴퓨터 인터페이스이다.

② USB 3.0은 이론적으로 최대 5Gbps의 전송 속도를 가지며, PC 및 연결기기, 케이블 등의 모든 USB 3.0 단자는 파랑색으로 되어 있어 이전 버전과 구분이 된다.

③ 허브를 이용하여 하나의 USB 포트에 여러 개의 주변기기를 연결할 수 있으며, 최대 256개까지 연결할 수 있다.

④ 핫 플러그인(Hot Plug In) 기능은 지원하지 않으나 플러그 앤 플레이(Plug & Play) 기능은 지원한다.

24년 1회, 22년 2회, 21년 6회, 18년 1회

10 다음 중 컴퓨터 메인보드의 버스(Bus)에 관한 설명으로 옳지 않은 것은?

① 컴퓨터에서 데이터를 주고받는 통로로, 사용 용도에 따라 내부 버스, 외부 버스, 확장 버스로 구분된다.

② 내부 버스는 CPU와 주변장치 간의 데이터 전송에 사용되는 통로이다.

③ 외부 버스는 전달하는 신호의 형태에 따라 데이터 버스, 주소 버스, 제어 버스로 구분된다.

④ 확장 버스는 메인보드에서 지원하는 기능 외에 다른 기능을 지원하는 장치를 연결하는 부분으로 끼울 수 있는 형태이기에 확장 슬롯이라고도 한다.

24년 3회, 22년 4회, 21년 7회, 18년 1회

11 다음 중 CMOS 셋업 프로그램에서 설정할 수 없는 항목은?

① 시스템 암호 설정

② 하드디스크의 타입

③ 멀티 부팅 시 사용하려는 BIOS의 종류

④ 하드디스크나 USB 등의 부팅 순서

24년 1회, 22년 2회, 20년 2회, 19년 2회, 13년 1회, 09년 3회

12 다음 중 컴퓨터 및 정보기기에서 사용하는 펌웨어(Firmware)에 관한 설명으로 옳은 것은?

① 주로 하드디스크의 부트 레코드 부분에 저장된다.

② 인터프리터 방식으로 번역되어 실행된다.

③ 운영체제의 일부로 입출력을 전담한다.

④ 소프트웨어의 업그레이드만으로도 기능을 향상시킬 수 있다.

22년 6회, 21년 8회, 7회

13 다음 중 RAID에 대한 설명으로 옳지 않은 것은?

① RAID의 구성 방식을 RAID Level이라 하고, Level의 숫자가 작을수록 저장장치의 신뢰성이 높고 효율성이 좋다.

② 주로 서버에서 사용하며, 데이터의 안전성이 높다.

③ RAID를 사용하면 데이터 복구가 용이하며, 속도도 빨라진다.

④ 여러 개의 하드디스크를 모아서 하나의 하드디스크처럼 사용할 수 있도록 하는 기술이다.

23년 5회, 3회, 21년 7회, 2회, 19년 1회, 09년 3회

14 다음 중 컴퓨터 시스템에서 사용하는 가상 기억장치(Virtual Memory)에 대한 설명으로 옳지 않은 것은?

① 보조기억장치 같은 큰 용량의 기억장치를 주기억장치처럼 사용하는 개념이다.

② 주기억장치의 용량보다 큰 프로그램의 실행을 가능하게 한다.

③ 주소 매핑(mapping)이라는 작업이 필요하다.

④ 주기억장치의 접근 시간을 최소화하여 시스템의 처리 속도가 빨라진다.

24년 3회, 23년 5회, 21년 7회

15 다음 중 컴퓨터의 장치를 교체할 때 고려해야 할 사항으로 옳지 않은 것은?

① 하드디스크의 용량(Gb)은 클수록 좋다.

② 모니터가 지원하는 해상도(dpi)는 클수록 좋다.

③ CPU 코어의 수는 많을수록 좋다.

④ DRAM의 데이터 접근 속도(ns)는 클수록 좋다.

▶ 정답 : 1. ② 2. ③ 3. ② 4. ① 5. ④ 6. ③ 7. ③ 8. ② 9. ② 10. ② 11. ③ 12. ④ 13. ① 14. ④ 15. ④

기출문제 해설

[문제 01] Section 029

프로그램 계수기(PC; Program Counter)는 다음 번에 실행할 명령어의 번지를 기억하는 레지스터이다.

[문제 02] Section 029

보수기(Complementor)는 뺄셈의 수행을 위해 입력된 값을 보수로 변환하는 레지스터이다.

[문제 03] Section 030

①, ③, ④번은 ROM에 대한 설명이다.

[문제 04] Section 030

② 캐시 메모리(Cache Memory)는 접근 속도가 빠른 정적 램(SRAM)을 사용한다.

③, ④ 가상 메모리(Virtual Memory)에 대한 설명이다.

[문제 05] Section 031

SSD는 HDD보다 저장 용량당 가격이 비싸다.

[문제 06] Section 032

- 3D 프린터의 출력 단위는 MMS(MilliMeters per Second)이다.
- IPM과 PPM은 잉크젯 및 레이저 프린터의 출력 단위이다.

[문제 07] Section 035

바이오스는 주기억장치 중 하나인 롬(ROM)에 저장되어 있으며, 최근에는 플래시 롬에 저장되므로 칩을 교환하지 않고도 업그레이드 할 수 있다.

[문제 08] Section 033

인터럽트(Interrupt)는 프로그램 실행 도중 예기치 않은 상황이 발생할 경우, 현재 작업을 일시 중단하고 발생된 상황을 우선 처리한 후 실행중인 작업으로 복귀하여 계속 처리하는 것이다.

[문제 09] Section 034

① USB는 범용 직렬 장치를 연결할 수 있게 해주는 컴퓨터 인터페이스이다.

③ USB는 주변장치를 최대 127개까지 연결할 수 있다.

④ USB는 핫 플러그인(Hot Plug In)과 플러그 앤 플레이(Plug & Play) 기능을 모두 지원한다.

[문제 10] Section 034

- 내부 버스는 CPU 내부에서 레지스터 간의 데이터 전송에 사용되는 통로이다.
- ②번은 외부 버스에 대한 설명이다.

[문제 11] Section 035

CMOS 셋업 프로그램에서 설정할 수 있는 항목

시스템의 날짜와 시간, 하드디스크 타입, 부팅 순서, 칩셋, 전원 관리, PnP, 시스템 암호, Anti-Virus 기능 등

[문제 12] Section 035

펌웨어(Firmware)는 하드웨어적으로 구성된 소프트웨어로, 소프트웨어의 업그레이드만으로도 기능을 향상시킬 수 있다.

[문제 13] Section 036

RAID의 구성 방식을 RAID Level이라 하고, Level의 숫자가 클수록 저장장치의 신뢰성이 높고 효율성이 좋다.

[문제 14] Section 030

④번은 캐시 메모리(Cache Memory)에 대한 설명이다.

[문제 15] Section 038

DRAM의 데이터 접근 속도(ns)는 작을수록 좋다.

5장

컴퓨터 소프트웨어

SECTION 039

소프트웨어의 개요

504201

24.1, 22.7, 22.2, 15.3, 14.3, 14.2, 10.3, 04.2

1 소프트웨어의 개요

소프트웨어(Software)는 컴퓨터 전체를 작동시키거나 사용자가 컴퓨터를 이용하여 특정 업무를 처리할 수 있게 개발된 프로그램으로, 시스템 소프트웨어와 응용 소프트웨어로 구분한다.

- **시스템(System) 소프트웨어**
  - 컴퓨터 전체를 작동시키는 프로그램으로, 기능에 따라 제어 프로그램과 처리 프로그램으로 구분한다.
  - **종류** : 운영체제(OS)*, 언어 번역 프로그램*, 펌웨어, 라이브러리 프로그램, 부트 로더, 장치 드라이버 등
- **응용(Application) 소프트웨어**
  - 사용자가 컴퓨터를 이용하여 특정 업무를 처리할 수 있게 개발된 프로그램을 말한다.
  - **종류** : 워드프로세서, 스프레드시트, 포토샵, 데이터베이스 관리 시스템(DBMS), 웹 브라우저 등

기출체크 ☑

24.1, 22.7, 22.2

1. (   )는 사용자가 컴퓨터를 이용하여 특정 업무를 처리할 수 있게 개발된 프로그램이다.

전문가의 조언

시스템 소프트웨어의 개념과 종류에 대한 문제가 출제되고 있습니다.

[기출 포인트]

- 운영체제는 시스템 소프트웨어이다.
- 응용 소프트웨어는 특정 업무를 처리하는 프로그램이다.
- 웹 브라우저는 응용 소프트웨어이다.

운영체제(OS)

- 사용자의 편의를 도모하는 동시에 시스템의 생산성을 높이기 위한 프로그램의 모임으로, 사용자와 컴퓨터 사이에서 중계자 역할을 합니다.
- **종류** : Windows, UNIX, LINUX, MS-DOS 등

언어 번역 프로그램

- 사용자가 고급 언어로 작성한 원시 프로그램(Source Program)을 기계어 형태의 목적 프로그램(Object Program)으로 변환하는 프로그램이다.
- **종류** : 컴파일러, 어셈블러, 인터프리터, 프리프로세서 등

기출체크 정답

1. 응용 소프트웨어

504202 

23.5, 22.6, 22.4, 22.3, 21.8, 21.7, 21.3, 21.1, 20.2, 19.상시, 19.1, 18.상시, 17.2, 16.3, 16.1, 15.2, 15.1, 14.3, 14.2, 14.1, …

2 사용권에 따른 소프트웨어 분류

구분	설명
상용 소프트웨어	• 정식으로 대가를 지불하고 사용해야 하는 소프트웨어이다. • 해당 소프트웨어의 모든 기능을 정상적으로 사용할 수 있다.
23.5, 22.6, 22.3, 21.8, 21.3, 21.1, … **셰어웨어(Shareware)**	• 기능 혹은 사용 기간에 제한을 두어 배포하는 소프트웨어이다. • 무료로 사용할 수 있으며, 일정 기간 사용해 보고 정식 프로그램을 구입할 수 있다.
23.5, 22.6, 21.1, 18.상시, 15.2, 14.2, … **프리웨어(Freeware)**	• 무료로 사용 또는 배포가 가능한 소프트웨어이다. • 배포는 주로 인터넷을 통해 이루어진다.
19.1, 15.1 **공개 소프트웨어 (Open Software)**	• 개발자가 소스를 공개한 소프트웨어로, 누구나 자유롭게 사용하고 수정 및 재배포할 수 있다. • 대표적인 공개 소프트웨어로 LINUX가 있다.
21.8 **데모(Demo) 버전**	정식 프로그램의 기능을 홍보하기 위해 사용 기간이나 기능을 제한하여 배포하는 소프트웨어이다.
22.3, 19.상시, 16.1, 13.3 **알파(Alpha) 버전**	베타테스트를 하기 전, 제작 회사 내에서 테스트할 목적으로 제작하는 소프트웨어이다.
22.3, 21.3, 21.1, 19.상시, 18.상시, 14.2, … **베타(Beta) 버전**	정식 프로그램을 발표하기 전, 프로그램의 문제 발견이나 기능 향상을 위해 일반인에게 무료로 배포하는 소프트웨어이다.
22.4, 22.3, 21.1, 20.2, 19.상시, 18.상시, … **패치(Patch) 버전**	이미 제작하여 배포된 프로그램의 오류 수정이나 성능 향상을 위해 프로그램의 일부 파일을 변경해 주는 소프트웨어이다.
21.8 **벤치마크 테스트**	하드웨어나 소프트웨어의 성능을 검사하기 위해 실제로 사용되는 조건에서 처리 능력을 테스트하는 것이다.
23.5, 22.6, 21.8, 21.7, 21.3, 15.2, 14.3, … **애드웨어(Adware)**	소프트웨어 자체에 광고를 포함하여 이를 보는 대가로 무료로 사용하는 소프트웨어이다.
23.5, 22.6, 21.3, 15.2, 12.2, 04.2 **번들(Bundle)**	특정 하드웨어나 소프트웨어를 구입하였을 때 무료로 끼워주는 소프트웨어이다.

기출체크 ☑

23.5, 22.6, 22.3, 21.3, 19.상시, 18.상시, 17.2, 16.3, 15.2, 14.2, 14.1, 12.2, 12.1, 04.2

2. (   )는 정식 프로그램의 구매를 유도하기 위해 기능이나 사용 기간에 제한을 두어 무료로 배포하는 프로그램이다.

전문가의 조언

중요해요! 사용권에 따른 소프트웨어의 종류나 의미를 묻는 문제가 자주 출제됩니다.

[기출 포인트]

- 셰어웨어는 무료 사용 후 정식 버전을 구입할 수 있는 소프트웨어이다.
- 데모 버전은 홍보를 위해 사용 기간을 제한하여 배포하는 소프트웨어이다.
- 베타 버전은 정식 버전 출시 전에 일반인에게 공개하는 소프트웨어이다.
- 패치 버전은 오류 수정이나 성능 향상을 위해 배포하는 소프트웨어이다.
- 벤치마크는 실제로 사용되는 조건에서 처리 능력을 테스트하는 것이다.

기출체크 정답

2. 셰어웨어

SECTION 040

운영체제

전문가의 조언

운영체제의 기능과 특징에 대한 문제가 출제되고 있습니다.

[기출 포인트]

- 운영체제는 주기억장치에 위치한다.
- 운영체제는 반드시 설치해야 한다.
- 운영체제의 종류에는 Windows, UNIX, LINUX 등이 있다.

시스템 소프트웨어

컴퓨터를 사용하기 위해 기본적으로 필요한 소프트웨어로, 종류에는 운영체제, 각종 언어의 컴파일러, 어셈블러, 라이브러리 프로그램 등이 있습니다.

기출체크 1번

ⓑ 응용 소프트웨어에 대한 설명입니다.

ⓒ 운영체제 프로그램은 컴퓨터가 동작하는 동안 하드디스크가 아닌 주기억장치에 위치합니다.

ⓓ 컴파일러(Compiler)는 고급 언어로 작성된 프로그램을 기계어로 변환하는 언어 번역 프로그램입니다.

전문가의 조언

중요해요! 운영체제의 목적 4가지에 대한 문제가 자주 출제됩니다.

[기출 포인트]

- 운영체제의 목적 4가지는 **반**환 시간 단축, **처**리 능력 향상, **사**용 가능도 향상, **신**뢰도 향상이다.
- 사용 가능도는 시스템의 즉시 사용 가능한 정도를 의미한다.

기출체크 정답

1. ⓑ, ⓒ, ⓓ

504301

24.2, 23.1, 22.4, 18.상시, 15.3, 15.2, 15.1, 12.3, 10.2, 09.2, 08.3, 08.1, 06.2, 05.4, 05.2, 05.1

1 운영체제(OS; Operating System)

사용자의 편의를 도모하는 동시에 시스템의 생산성을 높이기 위한 프로그램의 모임으로, 사용자와 컴퓨터 사이에서 중계자 역할을 한다(Man-Machine Interface).

- 운영체제는 가장 대표적인 시스템 소프트웨어*이다.
- 운영체제는 컴퓨터를 사용하기 위해 기본적으로 필요한 소프트웨어로 반드시 설치해야 한다.
- 운영체제는 컴퓨터가 동작하는 동안 주기억장치에 위치한다.
- 운영체제의 종류에는 Windows, UNIX, LINUX, MS-DOS 등이 있다.
- **주요 기능**
  - 프로세서, 기억장치, 주변장치, 파일 및 정보 등의 자원을 관리한다.
  - 자원을 효율적으로 관리하기 위해 자원의 스케줄링 기능을 제공한다.
  - 사용자와 시스템 간의 편리한 인터페이스를 제공한다.
  - 데이터를 관리하고, 데이터 및 자원의 공유 기능을 제공한다.

기출체크 ☑

24.2, 23.1, 22.4, 15.2, 15.1, 10.2, 9.2, 05.4

1. 다음 보기에서 운영체제에 대한 설명으로 옳지 않은 것을 모두 고르시오. (　　　)

ⓐ 시스템 소프트웨어에서 가장 중요한 요소로 사용자에게 편리함을 제공하고, 시스템의 생산성을 높여준다.
ⓑ 사용자 측면에서 특정 분야의 작업을 처리하기 위한 프로그램으로, 반드시 설치될 필요는 없으나 설치하여 사용할 것을 권고하고 있다.
ⓒ 컴퓨터가 동작하는 동안 하드디스크 내에 위치하여 여러 종류의 자원 관리 서비스를 제공한다.
ⓓ 운영체제의 종류에는 COMPILER, UNIX, LINUX 등이 있다.

504302

24.2, 23.3, 22.4, 21.2, 18.2, 18.1, 15.3, 13.2, 11.3, 10.3, 07.3, 06.4, 04.4

2 운영체제의 목적

운영체제의 목적에는 처리 능력 향상, 사용 가능도 향상, 신뢰도 향상, 반환 시간 단축 등이 있다.

- 처리 능력, 반환 시간, 사용 가능도, 신뢰도는 운영체제의 성능을 평가하는 기준이 된다.

21.2, 18.2, 18.1, 15.3, 13.2, 11.3, … **처리 능력(Throughput)**	일정 시간 내에 시스템이 처리하는 일의 양
21.2, 18.2, 18.1, 15.3, 13.2, 11.3, … **반환 시간(Turn Around Time)**	시스템에 작업을 의뢰한 시간부터 처리가 완료될 때까지 걸린 시간
21.2, 18.2, 18.1, 15.3, 13.2, 11.3, … **사용 가능도(Availability)**	시스템을 사용할 필요가 있을 때 즉시 사용 가능한 정도
21.2, 18.2, 18.1, 15.3, 13.2, 11.3, … **신뢰도(Reliability)**	시스템이 주어진 문제를 정확하게 해결하는 정도

기출체크 ☑

24.2, 23.3, 22.4, 21.2, 18.2, 15.3, 13.2, 11.3, 10.3, 07.3, 16.4, 04.4
2. 운영체제의 목적은 ( ), ( ), ( ), ( ) 이다.

504303

24.4, 22.4, 21.6, 15.3, 14.3, 13.3

3 운영체제의 구성

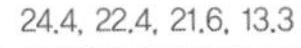

24.4, 22.4, 21.6, 13.3

❶ 제어 프로그램(Control Program)

- **감시 프로그램(Supervisor Program)** : 제어 프로그램 중 가장 핵심적인 역할을 하는 것으로, 자원의 할당 및 시스템 전체의 작동 상태를 감시하는 프로그램이다.
- **작업 관리 프로그램(Job Management Program)** : 작업이 정상적으로 처리될 수 있도록 작업의 순서와 방법을 관리하는 프로그램이다.
- **데이터 관리 프로그램(Data Management Program)** : 작업에 사용되는 데이터와 파일의 표준적인 처리 및 전송을 관리하는 프로그램이다.

❷ 처리 프로그램(Processing Program)

- **언어 번역 프로그램** : 사용자가 고급 언어로 작성한 원시 프로그램(Source Program)을 기계어 형태의 목적 프로그램(Object Program)으로 변환시키는 프로그램이다.
- **서비스 프로그램**
  - 사용자가 컴퓨터를 더욱 효율적으로 사용할 수 있도록 제작된 프로그램이다.
  - 연계 편집, 정렬/병합(Sort/Merge)*, 유틸리티 프로그램 등이 여기에 해당된다.

기출체크 ☑

24.4, 21.6
3. ( )은 사용자가 고급 언어로 작성한 원시 프로그램을 기계어 형태의 목적 프로그램으로 변환시킨다.

전문가의 조언

제어 프로그램의 특징과 종류에 대한 문제가 출제되고 있습니다.

[기출 포인트]
- 언어 번역 프로그램은 처리 프로그램이다.
- 서비스 프로그램은 사용자의 편의를 위해 제작된 프로그램이다.

정렬/병합(Sort/Merge)

데이터를 일정한 기준으로 정렬하거나 정렬된 두 개 이상의 파일을 하나로 합치는 기능을 하는 서비스 프로그램입니다.

기출체크 정답
2. 처리 능력 향상, 사용 가능도 향상, 신뢰도 향상, 반환 시간 단축 3. 언어 번역 프로그램

SECTION 041

운영체제의 운영 방식

전문가의 조언

중요해요! 운영체제 운영 방식에 대한 문제가 자주 출제됩니다.

[기출 포인트]

- 실시간 처리 시스템은 데이터 발생 즉시 처리하는 방식이다.
- 분산 처리 시스템은 여러 대 컴퓨터의 작업 결과를 상호 교환하는 시스템이다.
- 다중 프로그래밍 시스템은 한 개의 CPU로 여러 개의 프로그램을 처리하고, 다중 처리 시스템은 하나의 컴퓨터에 여러 개의 CPU를 설치하여 프로그램을 처리한다.
- 임베디드 시스템은 특정 기능을 수행하기 위하여 전체 장치의 일부분으로 내장된 시스템이다.

504401

24.5, 23.4, 22.7, 22.6, 22.5, 22.3, 22.1, 21.8, 21.7, 21.6, 21.5, 21.3, 21.1, 20.1, 18.2, 18.1, 17.2, 17.1, 16.1, 13.3, …

1 운영체제 운영 방식

23.4, 22.6, 22.1, 21.5, 21.3, 18.1, 17.2, 13.2, 09.1, 06.1

❶ 일괄 처리 시스템(Batch Processing System)

- 처리할 데이터를 일정량 또는 일정 기간 모았다가 한꺼번에 처리하는 방식이다.
- 온라인 일괄 처리 시스템과 오프라인 일괄 처리 시스템이 있다.
- 급여 계산, 공공요금 계산 등에 사용된다.

24.5, 23.4, 22.6, 22.1, 21.5, 21.3, 17.2

❷ 실시간 처리 시스템(Real Time Processing System)

- 처리할 데이터가 생겨날 때마다 바로 처리하는 방식으로, 일반적으로 온라인 실시간 시스템을 의미한다.
- 항공기나 열차의 좌석 예약, 은행 업무 등에 사용된다.

24.5, 23.4, 22.6, 22.1, 21.5, 21.3, 21.1, 20.1, 17.2, 16.1, 13.2, 09.1, 06.3

❸ 시분할 시스템(Time Sharing System)

- 한 대의 시스템을 여러 사용자가 동시에 사용하는 방식이다.
- 일정 시간 단위로 CPU 사용권을 신속하게 전환함으로써, 모든 사용자들은 자신만 혼자 컴퓨터를 사용하고 있는 것처럼 느낀다.

23.4, 22.7, 22.5, 22.1, 21.6, 21.5, 18.2, 18.1, 13.1, 09.1, 06.3

❹ 분산 처리 시스템(Distributed System)

지역적으로 분산된 여러 대의 컴퓨터를 연결하여 작업을 분담하여 처리하는 방식이다.

24.5, 21.3, 21.1, 20.1, 17.2, 16.1, 13.2, 13.1

❺ 다중 프로그래밍 시스템(Multi Programming System)

한 개의 CPU로 여러 개의 프로그램을 동시에 처리하는 방식이다.

24.5, 22.6, 22.3, 21.3, 21.1, 20.1, 17.2, 16.1, 13.2

❻ 다중 처리 시스템(Multi-Processing System)

처리 속도를 향상시킬 목적으로 하나의 컴퓨터에 여러 개의 CPU를 설치하여 프로그램을 처리하는 방식이다.

21.8, 21.7, 18.1, 13.3, 09.1, 08.3, 04.1

❼ 임베디드 시스템(Embedded System)

- 마이크로프로세서에 특정 기능을 수행하는 응용 프로그램을 탑재하여 컴퓨터의 기능을 수행하는 것으로, 컴퓨터의 하드웨어와 소프트웨어가 하나로 조합된 전자 제어 시스템이다.
- **임베디드 운영체제** : 디지털 TV, 전기밥솥, 냉장고, PDA 등 해당 제품의 특정 기능에 맞게 특화되어서 제품 자체에 포함된 운영체제로, Windows CE가 여기에 속한다.

17.1

❽ 듀얼 시스템(Dual System)

두 대의 컴퓨터가 같은 업무를 동시에 처리하므로 한쪽 컴퓨터가 고장나면 다른 컴퓨터가 계속해서 업무를 처리하여 업무가 중단되는 것을 방지하는 시스템이다.

❾ 듀플렉스 시스템(Duplex System)

두 대의 컴퓨터를 설치하여 한쪽의 컴퓨터가 가동중일 때는 다른 한 컴퓨터는 대기하고 있다가 가동중인 컴퓨터가 고장이 나면 즉시 대기중인 컴퓨터가 가동되어 시스템이 안전하게 작동되도록 운영하는 시스템이다.

기출체크 ☑

22.5, 21.6, 21.5, 18.2, 13.1

1. (　　　　　　　)은 여러 대의 컴퓨터들이 작업한 결과를 통신망을 이용하여 상호 교환할 수 있도록 연결되어 있는 시스템이다.

22.6, 21.3, 17.2

2. (　　　　　　　)은 한 개의 CPU로 여러 개의 프로그램을 동시에 처리하는 방식이다.

기출체크 정답

1. 분산 시스템 2. 다중 프로그래밍

SECTION
042

프로그래밍 언어

504501

21.8

1 프로그래밍 언어의 개요

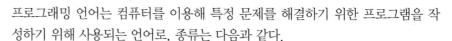

전문가의 조언

프로그래밍 언어의 종류에 대한 문제가 출제됩니다.

[기출 포인트]

고급 언어는 번역기를 통해 기계어로 변환된다.

저급 언어와 고급 언어

저급 언어와 고급 언어의 구분은 언어가 저급이냐 고급이냐를 말하는 것이 아니라 기계 친화적이냐 인간 친화적이냐, 즉 기계가 이해하기 쉬우면 저급 언어, 인간이 이해하기 쉬우면 고급 언어입니다.

프로그래밍 언어는 컴퓨터를 이용해 특정 문제를 해결하기 위한 프로그램을 작성하기 위해 사용되는 언어로, 종류는 다음과 같다.

저급 언어*	• 기계어 : 0과 1의 2진수 형태로 표현하는 언어이다. • 어셈블리어 : 기계어와 1:1로 대응되는 기호로 이루어진 언어이다.
21.8 고급 언어*	• 인간이 실생활에 사용하는 자연어와 비슷한 형태와 구조를 갖는다. • 컴퓨터가 이해할 수 있는 기계어로 번역하기 위해 컴파일러, 인터프리터 등의 번역기가 사용된다. • 문제 중심 언어 : 처리 방법이나 절차보다는 해결하려는 문제에 중심을 두고 프로그램할 수 있는 언어로서, 비절차적이며 대화식으로 구성된다. • 절차 중심 언어 : 정해진 문법에 맞게 일련의 처리 절차를 순서대로 기술해 나가는 언어이다.

기출체크 ☑

21.8
1. 고급 언어는 번역 과정이 없어 보다 편리하게 프로그래밍 할 수 있다. (○, ×)

기출체크 1번

고급 언어는 번역기를 통해 컴퓨터가 이해할 수 있는 기계어로 변환되어야 실행이 가능합니다.

504502

21.7, 21.4, 21.1, 17.1, 14.1, 13.1, 12.2, 11.2, 10.2, 10.1, 09.3, 09.1, 07.4, 07.1, 04.3

2 주요 프로그램 언어의 특징

전문가의 조언

JAVA의 특징을 묻는 문제가 주로 출제되고 있습니다.

[기출 포인트]

- JAVA는 바이트 코드를 사용하므로 플랫폼에 독립적이다.
- 인공지능 분야에서 사용되는 언어는 LISP이다.

바이트 코드(Byte Code)

컴퓨터 하드웨어와 무관하게 동작하는 일종의 JAVA용 어셈블리어로 JAVA를 컴파일하면 생성됩니다.

플랫폼

프로그램이 실행될 수 있는 기초를 이루는 컴퓨터 시스템을 의미합니다.

언어	특징
21.7, 21.4, 13.1, 12.2, … JAVA	• 객체 지향 언어로, 분산 네트워크 환경에 적용이 가능하다. • 멀티스레드 기능을 제공하므로 여러 작업을 동시에 처리할 수 있다. • 운영체제 및 하드웨어에 독립적이며, 이식성이 강하다. • 바이트 코드* 생성으로 플랫폼*에 관계없이 독립적으로 동작한다.
C	• UNIX 운영체제 제작을 위해 개발되었다. • 저급 언어와 고급 언어의 특징을 고루 갖춘 중급 언어이다.
COBOL	• 사무 처리용 언어로, 영어 문장 형식으로 구성되어 있어 이해와 사용이 쉽다.
LISP	• 인공지능 분야에 사용되는 언어이다. • 기본 자료 구조가 연결 리스트 구조이며, 재귀 호출을 많이 사용한다.

기출체크 ☑

21.4, 13.1, 10.2, 04.3
2. (　　　)는 인터프리터를 이용한 프로그래밍 언어로, 특히 인공지능 분야에서 널리 사용되고 있다.

기출체크 정답
1. × 2. LISP

504503 ▶

24.4, 23.2, 22.7, 21.7, 21.6, 21.3, 21.2, 20.1, 19.2, 09.1

3 프로그래밍 기법

24.4, 21.6 **구조적 프로그래밍**	• 입력과 출력이 각각 하나씩 이루어진 구조로, GOTO문을 사용하지 않으며, 순서, 선택, 반복의 3가지 논리 구조를 사용하는 기법이다. • 대표적인 종류 : PASCAL
24.4, 21.6 **절차적 프로그래밍**	• 지정된 문법 규칙에 따라 일련의 처리 절차를 순서대로 기술해 나가는 프로그래밍 기법이다. • 대표적인 종류 : C, COBOL, FORTRAN, BASIC 등
24.4, 23.3, 23.2, 22.7, 21.7, … **객체 지향 프로그래밍**	• 객체를 중심으로 한 프로그래밍 기법이다. • 절차적 프로그래밍의 문제점*을 해결하기 위해 개발된 프로그래밍 기법이다. • 코드의 재사용과 유지 보수가 용이하여 프로그램의 개발 시간을 단축할 수 있다. • 시스템의 확장성이 높고 정보 은폐가 용이하다. • 추상화, 캡슐화, 상속성, 다형성 등의 특징을 갖고 있다. • 대표적인 종류 : Smalltalk, C++, JAVA, C#, Python, Ruby 등
24.4, 21.6 **비주얼 프로그래밍**	• 기존 문자 방식의 명령어 전달 방식을 기호화된 아이콘의 형태로 바꿔 사용자가 대화형으로 좀 더 쉽게 프로그래밍할 수 있는 기법이다. • 대표적인 종류 : Visual BASIC, Visual C++, Delphi, Power Builder 등

기출체크 ☑

24.4, 23.2, 22.7, 21.6, 19.2

3. (　　　　) 프로그래밍은 지정된 문법 규칙에 따라 일련의 처리 절차를 순서대로 기술해 나가는 기법이다.

전문가의 조언

프로그래밍 기법에 대한 문제가 종종 출제되고 있습니다.

[기출 포인트]

- JAVA는 객체 지향 프로그래밍 기법에 사용된다.
- 절차적 프로그래밍은 처리 절차를 중요하게 여긴다.
- 객체 지향 프로그래밍은 코드 재사용과 유지 보수가 용이하다.
- 비주얼 프로그래밍은 문자 방식의 명령어 대신 기호화된 아이콘을 이용하여 프로그래밍하는 기법이다.

절차적 프로그래밍의 문제점

절차적 프로그래밍은 프로그램을 분석하기 어렵고, 유지 보수나 코드의 수정이 어렵습니다.

1205033 ▶

23.2, 09.4

4 컴파일러와 인터프리터의 비교

구분	컴파일러*	인터프리터*
번역 단위	전체	행
목적 프로그램	생성	없음
실행 속도	빠름	느림
번역 속도	느림	빠름
관련 언어	C, C++, Java, C# 등	Python, Ruby, R 등

기출체크 ☑

23.2

4. 다음 보기에서 인터프리터 언어에 해당하는 것을 모두 고르시오. (　　　　)

ⓐ Ruby　ⓑ C　ⓒ JAVA　ⓓ R　ⓔ Python　ⓕ C++

전문가의 조언

컴파일러와 인터프리터의 차이점을 묻는 문제가 출제되고 있습니다.

[기출 포인트]

인터프리터 언어에는 Python, Ruby, R 등이 있다.

컴파일러(Compiler)

C, Java 등의 고급 언어로 작성된 프로그램을 기계어로 번역하는 프로그램입니다.

어셈블러(Assembler)

저급 언어인 어셈블리어로 작성된 프로그램을 기계어로 번역하는 프로그램입니다.

기출체크 정답

3. 절차적 4. ⓐ, ⓓ, ⓔ

SECTION 043

웹 프로그래밍 언어

전문가의 조언

웹 프로그래밍 언어들의 개별적인 용도나 특징을 묻는 문제가 출제되고 있습니다.

[기출 포인트]

- HTML은 인터넷용 하이퍼텍스트 문서 제작에 사용된다.
- XML은 구조화된 문서를 기술하기 위한 언어이다.
- JSP와 PHP는 다양한 운영체제에서 실행된다.
- 자바 스크립트는 주로 아이디, 암호, 수량 등을 확인할 때 사용된다.

504601

22.5, 19.1, 18.2, 18.1, 16.2, 15.2, 13.3, 12.1, 11.3, 11.2, 10.1, 08.4, 08.2, 08.1, 07.3, 06.4, 06.3, 06.2, 06.1, 05.3, 05.2, …

1 웹 프로그래밍 언어

22.5, 11.2

❶ HTML(Hyper Text Markup Language)

인터넷의 표준 문서인 하이퍼텍스트 문서 제작을 위해 사용하는 언어로, 특별한 데이터 타입이 없는 단순한 텍스트이므로 호환성이 좋고 사용이 편리하다.

15.2

❷ DHTML(Dynamic HTML)

HTML에 비해 애니메이션이 강화되고 사용자와의 상호작용에 좀 더 민감한 동적인 웹 페이지를 만들 수 있게 하는 언어이다.

15.2

❸ SGML(Standard Generalized Markup Language)

텍스트, 이미지, 오디오 및 비디오 등을 포함하는 멀티미디어 전자 문서들을 다른 기종의 시스템들과 정보의 손실 없이 효율적으로 전송, 저장 및 자동 처리하기 위한 언어이다.

18.1, 13.3, 12.1, 10.1, 08.2, 06.3, 06.2, 06.1, 05.3

❹ XML(eXtensible Markup Language)

- 확장성 생성 언어라는 뜻으로, 기존 HTML의 단점을 보완하여 웹에서 구조화된 폭넓고 다양한 문서들을 상호 교환할 수 있도록 설계된 언어이다.
- 사용자가 새로운 태그(Tag)*와 속성을 정의할 수 있다.
- 문서의 내용과 이를 표현하는 방식이 독립적이다.
- HTML과 달리 문서 형식 정의(DTD)*가 고정되어 있지 않아 논리적 구조를 표현할 수 있는 유연성을 가진다.

태그(Tag)

홈페이지를 만들 때 특정한 기능이나 모양 등을 정의하기 위한 '꼬리표'를 의미합니다.

DTD(Document Type Definition)

마크업 문서의 요소와 속성 등을 기술할 때 따라야 할 규칙에 대한 기준을 말합니다.

08.4, 07.3, 06.1, 04.3

❺ WML(Wireless Markup Langage)

XML에 기반을 둔 마크업 언어로, 휴대폰, PDA, 양방향 호출기와 같은 무선 단말기에서 텍스트 기반의 콘텐츠를 제공하기 위한 언어이다.

05.3

❻ UML(Unified Modeling Language)

표기법이 여러 가지였던 모델링 언어의 표준화를 위해 만든 것으로, 객체지향 분석/설계에서 이용되는 모델링 언어이다.

11.2, 03.2

❼ VRML(Virtual Reality Modeling Language)

가상 현실 모델링 언어라는 뜻으로, 웹에서 3차원 가상 공간을 표현하고 조작할 수 있는 언어이다.

18.1, 16.2, 13.3, 12.1, 06.3, 06.2, 06.1

❽ ASP(Active Server Page)

- 서버 측에서 동적으로 수행되는 페이지를 만들기 위한 언어이다.
- 마이크로소프트 사에서 제작하였고, Windows 계열에서만 사용할 수 있다.

19.1, 18.1, 16.2, 13.3, 12.1, 08.4, 08.1, 06.3, 06.1, 05.3

❾ JSP(Java Server Page)

- 자바(JAVA)로 만들어진 서버 스크립트 언어이다.
- 웹 환경에서 작동되는 웹 어플리케이션을 개발할 수 있다.
- 서버 측에서 동적으로 수행되며, Linux, Unix, Windows 등의 다양한 운영체제에서 사용할 수 있다.

18.1, 16.2, 13.3, 12.1, 06.3, 06.1, 05.3

❿ PHP(Professional Hypertext Preprocessor)

- 초기에는 아주 간단한 유틸리티들로만 구성되어 개인용 홈페이지 제작 도구로 사용되었으나, PHP 4.0 버전 이후 가장 각광받는 웹 스크립트 언어이다.
- 서버 측에서 동적으로 수행되며, Linux, Unix, Windows 등의 다양한 운영체제에서 사용할 수 있다.

18.2, 11.3, 05.2

⓫ 자바 스크립트(Java Script)

- 일반 사용자가 프로그래밍하기 힘든 자바 애플릿(Applet)*의 단점을 극복하고자 개발되었다.
- 클래스가 존재하지 않고, 변수 선언도 필요 없다.
- 소스 코드가 HTML 문서에 포함되어 있어 사용자의 웹 브라우저에서 직접 번역되고 실행된다.
- 서버에 데이터를 전송할 때 아이디, 비밀번호, 수량 등의 입력 사항을 확인할 때 주로 사용한다.

애플릿(Applet)

HTML 문서 내에 포함될 수 있는 자바 프로그램을 일컫는 말로, 현재 웹 상의 대부분의 프로그램에서 사용하는 방식입니다.

기출체크 ☑

19.1

1. JSP는 JAVA 언어를 기반으로 하여 윈도우즈 운영체제에서만 실행이 가능하다. (○, ×)

22.5

2. HTML은 인터넷용 하이퍼텍스트 문서 제작에 사용된다. (○, ×)

기출체크 1번

JSP는 다양한 운영체제에서 실행이 가능합니다.

기출체크 정답

1. × 2. ○

기출문제 은행

23년 5회, 22년 6회, 21년 3회, 15년 2회, 12년 2회, 04년 2회

01 다음 중 저작권에 따른 컴퓨터 소프트웨어의 분류에 관한 설명으로 옳지 않은 것은?

① 애드웨어 : 광고를 보는 대가로 무료로 사용하는 소프트웨어이다.

② 셰어웨어 : 정식 버전이 출시되기 전에 프로그램에 대한 일반인의 평가를 받기 위해 제작된 소프트웨어이다.

③ 번들 : 특정한 하드웨어나 소프트웨어를 구매하였을 때 끼워주는 소프트웨어이다.

④ 프리웨어 : 개발자가 무료로 사용을 허가한 소프트웨어이다.

24년 2회, 23년 1회

02 다음 중 컴퓨터 운영체제(OS) 대한 설명으로 옳지 않은 것은?

① 컴퓨터 하드웨어와 응용 프로그램을 사용하고자 하는 사용자 사이에 위치하여 인터페이스 역할을 해주는 소프트웨어이다.

② 운영체제는 컴퓨터가 동작하는 동안 주기억장치에 위치하며, 프로세스, 기억장치, 입・출력장치, 파일 등의 자원을 관리한다.

③ 운영체제의 종류에는 COMPILER, UNIX, LINUX 등이 있다.

④ 운영체제의 목적에는 처리 능력의 향상, 응답 시간의 단축, 사용 가능도의 향상, 신뢰도 향상 등이 있다.

22년 6회, 21년 3회, 17년 2회

03 다음 중 컴퓨터 운영체제의 운영방식에 대한 설명으로 옳지 않은 것은?

① 다중 처리(Multi-Processing) : 한 개의 CPU로 여러 개의 프로그램을 동시에 처리하는 방식이다.

② 실시간 처리(Real Time Processing) : 처리할 데이터가 입력될 때 마다 즉시 처리하는 방식으로, 각종 예약 시스템이나 은행 업무 등에서 사용한다.

③ 일괄 처리(Batch Processing) : 컴퓨터에 입력하는 데이터를 일정량 또는 일정 시간 모았다가 한꺼번에 처리하는 방식이다.

④ 시분할 시스템(Time Sharing System) : 한 대의 시스템을 여러 사용자가 동시에 사용하는 방식으로, 처리 시간을 짧은 시간 단위로 나누어 각 사용자에게 순차적으로 할당하여 실행한다.

22년 7회, 5회, 21년 6회, 18년 2회

04 다음 중 컴퓨터를 이용한 정보처리 방식에서 분산 처리 시스템에 관한 설명으로 적절한 것은?

① 여러 개의 CPU와 하나의 주기억장치를 이용하여 여러 프로그램을 동시에 처리하는 방식이다.

② 여러 명의 사용자가 사용하는 시스템에서 시간을 분할하여 프로그램을 실행하는 시스템이다.

③ 여러 대의 컴퓨터들이 작업한 결과를 통신망을 이용하여 상호 교환할 수 있도록 연결되어 있는 시스템이다.

④ 하나의 CPU와 주기억장치를 이용하여 여러 개의 프로그램을 동시에 처리하는 방식이다.

24년 4회, 22년 7회, 19년 2회

05 다음 중 객체 지향 프로그래밍 언어에 대한 설명으로 옳지 않은 것은?

① 소프트웨어의 재사용으로 프로그램의 개발 시간을 단축할 수 있다.

② 대표적인 객체 지향 언어로 C++, Java 등이 있다.

③ 상속성, 캡슐화, 추상화, 다형성 등의 특징이 있다.

④ 순차적인 처리가 중요시되며 프로그램 전체가 유기적으로 연결되도록 작성한다.

22년 5회, 11년 2회

06 다음 중 인터넷 문서를 작성할 때 사용되는 언어 중에서 HTML에 관한 설명으로 옳은 것은?

① 인터넷용 하이퍼텍스트 문서 제작에 사용된다.

② 구조화된 문서를 제작하기 위한 언어로, 태그의 사용자 정의가 가능하다.

③ 서버 측에서 동적으로 처리되는 페이지를 만들기 위한 언어이다.

④ 웹 상에서 3차원 가상 공간을 표현하기 위한 언어이다.

23년 3회, 21년 2회, 18년 1회

07 다음 중 컴퓨터 운영체제의 성능 평가 기준에 해당하지 않는 것은?

① 중앙처리장치의 사용 정도를 측정하는 사용 가능도(Availability)
② 주어진 문제를 정확하게 해결하는 정도를 의미하는 신뢰도(Reliability)
③ 일정 시간 내에 시스템이 처리하는 양을 의미하는 처리능력(Throughput)
④ 작업을 의뢰한 시간부터 처리가 완료된 시간까지의 반환 시간(Turn Around Time)

23년 4회, 22년 1회, 21년 2회

08 다음 중 컴퓨터 운영체제의 운영 방식에 대한 설명으로 옳지 않은 것은?

① 일괄 처리는 컴퓨터에 입력하는 데이터를 일정량 또는 일정 시간 모았다가 한꺼번에 처리하는 방식이다.
② 실시간 처리는 오프라인에서 처리할 데이터가 입력될 때 마다 즉시 처리하는 방식이다.
③ 시분할 시스템은 한 대의 시스템을 여러 사용자가 동시에 사용하는 방식이다.
④ 분산 처리 시스템은 여러 대의 컴퓨터들이 작업한 결과를 통신망을 이용하여 상호 교환할 수 있도록 연결되어 있는 방식이다.

24년 4회

09 다음 중 프로그래밍 기법에 대한 설명으로 옳지 않은 것은?

① 객체지향 프로그래밍은 객체를 중심으로 한 기법으로, 소프트웨어의 재사용과 유지보수가 용이하다.
② 구조적 프로그래밍은 지정된 문법 규칙에 따라 일련의 처리 절차를 순서대로 기술해 나가는 기법이다.
③ 비주얼 프로그래밍은 Windows의 GUI 환경에서 아이콘과 마우스를 이용하여 대화형으로 좀 더 쉽게 프로그래밍할 수 있다.
④ 하향식 프로그래밍은 프로그램 구조의 상위 모듈에서 하위 모듈로 작성하는 기법이다.

23년 2회

10 언어 번역 프로그램 중에서 컴파일러 대비 인터프리터의 특징이 아닌 것은?

① 대표적인 언어에는 C, C++, Java, C# 등이 있다.
② 번역 속도는 빠르지만 실행 속도는 느리다.
③ 목적 프로그램을 생성하지 않는다.
④ 행 단위로 번역한다.

24년 1회, 22년 7회, 2회

11 다음 중 시스템 소프트웨어에 대한 설명으로 옳지 않은 것은?

① 사용자가 컴퓨터를 이용하여 특정 업무를 처리할 수 있게 개발된 프로그램이다.
② 시스템 소프트웨어는 제어 프로그램과 처리 프로그램으로 구분된다.
③ 컴퓨터 시스템을 효율적으로 운영해 주는 소프트웨어이다.
④ 대표적인 시스템 소프트웨어로는 운영체제가 있다.

24년 4회, 22년 3회

12 다음 중 컴퓨터의 소프트웨어 관련 용어에 대한 설명으로 옳은 것은?

① 베타(Beta) 버전은 제작 회사 내에서 테스트할 목적으로 제작하는 소프트웨어이다.
② 셰어웨어(Shareware)는 기능과 사용 기간에 제한 없이 무료로 사용할 수 있는 소프트웨어이다.
③ 패치(Patch) 버전은 이미 제작하여 배포된 프로그램의 오류 수정이나 성능 향상을 위해 프로그램 일부를 변경해 주는 소프트웨어이다.
④ 알파(Alpha) 버전은 프로그램을 출시하기 전에 테스트를 목적으로 일반인에게 공개하는 소프트웨어이다.

▶ 정답 : 1. ② 2. ③ 3. ① 4. ③ 5. ④ 6. ① 7. ① 8. ② 9. ② 10. ① 11. ① 12. ③

기출문제 해설

[문제 01] Section 039

- 셰어웨어(Shareware)는 기능 혹은 사용 기간에 제한을 두어 배포하는 소프트웨어로, 무료로 사용할 수 있으며, 일정 기간 사용해 보고 정식 프로그램을 구입할 수 있다.
- ②번은 베타(Beta) 버전에 대한 설명이다.

[문제 02] Section 040

- 운영체제의 종류에는 Windows, UNIX, LINUX, MS-DOS 등이 있다.
- 컴파일러(Compiler)는 고급 언어로 작성된 프로그램을 기계어로 번역하는 언어 번역 프로그램이다.

[문제 03] Section 041

- 다중 처리(Multi-Processing)는 하나의 컴퓨터에 여러 개의 CPU를 설치하여 프로그램을 처리하는 방식이다.
- ①번은 다중 프로그래밍(Multi Programming)에 대한 설명이다.

[문제 04] Section 041

①번은 다중 처리(Multi-Processing), ②번은 시분할 시스템(Time Sharing System), ④번은 다중 프로그래밍(Multi Programming)에 대한 설명이다.

[문제 05] Section 042

④번은 절차적 프로그래밍 언어에 대한 설명이다.

[문제 06] Section 043

②번은 XML, ③번은 ASP, ④번은 VRML에 대한 설명이다.

[문제 07] Section 040

사용 가능도(Availability)는 시스템을 사용할 필요가 있을 때 즉시 사용 가능한 정도를 의미한다.

[문제 08] Section 041

실시간 처리는 온라인에서 처리할 데이터가 입력될 때 마다 즉시 처리하는 방식이다.

[문제 09] Section 042

- 구조적 프로그래밍은 입력과 출력이 각각 하나씩 이루어진 구조로, GOTO문을 사용하지 않으며, 순서, 선택, 반복의 3가지 논리 구조를 사용하는 기법이다.
- ②번은 절차적 프로그래밍에 대한 설명이다.

[문제 10] Section 042

- 대표적인 인터프리터 언어에는 Python, Ruby, R 등이 있다.
- C, C++, Java, C# 등은 컴파일러 언어에 해당한다.

[문제 11] Section 039

①번은 응용 소프트웨어에 대한 설명이다.

[문제 12] Section 039

① 베타(Beta) 버전은 정식 프로그램을 출시하기 전, 테스트를 목적으로 일반인에게 공개하는 소프트웨어이다.

② 셰어웨어(Shareware)는 기능 혹은 사용 기간에 제한을 두어 배포하는 소프트웨어로, 무료로 사용할 수 있으며, 일정 기간 사용해 보고 정식 프로그램을 구입할 수 있다.

④ 알파(Alpha) 버전은 베타테스트를 하기 전, 제작 회사 내에서 테스트할 목적으로 제작하는 소프트웨어이다.

7 장

인터넷 활용

SECTION 044

네트워크 운영 방식과 통신망의 종류

전문가의 조언

네트워크 운영 방식의 특징을 묻는 문제가 출제되고 있습니다.

[기출 포인트]

- 포인트 투 포인트 방식은 중앙 컴퓨터와 터미널이 1:1로 연결된다.
- 클라이언트/서버 방식은 서버와 클라이언트가 모두 처리 능력을 가진다.
- 동배간 처리 방식은 유지 보수 및 보안 유지가 어렵다.

메인 프레임

대규모 시스템으로, 수백 명의 사용자가 동시에 사용할 수 있습니다.

분산 처리

지역적으로 분산된 여러 대의 컴퓨터를 연결하여 작업을 분담하여 처리하는 방식을 의미합니다.

504701 ▶

22.7, 22.3, 18.2, 16.3, 16.1, 14.2, 13.2, 12.2

1 네트워크 운영 방식

18.2, 16.1, 14.2

❶ 중앙 집중(Host-Terminal) 방식

- 작업에 필요한 모든 처리를 담당하는 중앙 컴퓨터와 데이터의 입·출력 기능을 담당하는 단말기(Terminal)로 구성되어 있다.
- 포인트 투 포인트 방식으로 되어 있어 유지보수가 쉽다.
- **포인트 투 포인트(Point-To-Point) 방식**
  - 중앙 컴퓨터와 단말기를 1:1 독립적으로 연결하여 언제든지 데이터 전송이 가능한 방식이다.
  - 전송할 데이터의 양과 회선 사용 시간이 많을 때 효율적이다.
- 메인 프레임(Main Frame)*에서 많이 사용하던 방식으로 최근에는 잘 사용하지 않는다.

22.7, 22.3, 18.2, 16.1

❷ 클라이언트/서버(Client/Server) 방식

- 정보를 제공하는 서버(Server)와 정보를 요구하는 클라이언트(Client)로 구성되어 있다.
- 서버와 클라이언트가 모두 처리 능력을 가지고 있어 분산 처리* 환경에 적합하다.

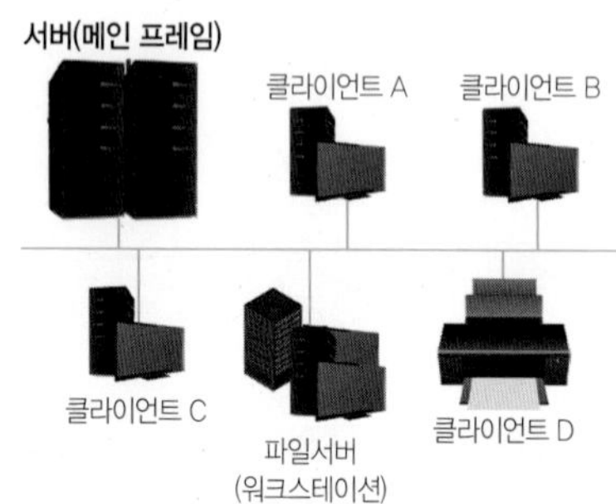

16.3, 13.2, 12.2

❸ 동배간 처리 방식(Peer-To-Peer)

- 모든 컴퓨터를 동등하게 연결하는 방식으로, 고속 LAN을 기반으로 한다.
- 시스템에 소속된 컴퓨터들은 어느 것이든 서버가 될 수 있으며, 동시에 클라이언트도 될 수 있다.
- 워크스테이션 혹은 개인용 컴퓨터(PC)를 단말기로 사용하는 작은 규모의 네트워크 구성에 많이 사용된다.
- 유지 보수 및 데이터의 보안 유지가 어렵다.

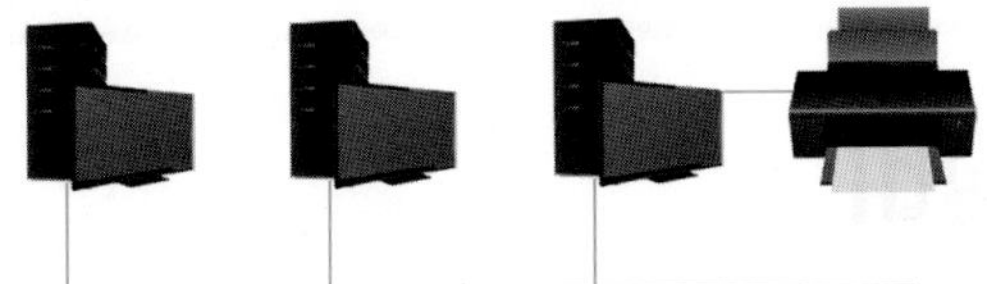

기출체크 ☑

22.7, 22.3, 18.2, 16.1
1. 서버와 클라이언트가 모두 처리 능력을 가지며, 분산 처리 환경에 적합한 네트워크 운영 방식은 (   )이다.

504702

21.8, 16.2, 15.3, 12.3, 11.9, 11.1, 09.2, 05.3, 03.1

2 통신망의 종류

통신망의 종류는 연결된 거리나 전송되는 데이터의 형식 등에 따라 다음과 같이 다양하게 구분된다.

16.2, 15.3, 11.9, 09.2

❶ LAN(Local Area Network, 근거리 통신망)

- 자원 공유를 목적으로 전송 거리가 짧은 학교, 연구소, 병원 등의 구내에서 사용하는 통신망이다.
- 고속 전송이 가능하며 에러 발생률이 낮다.

16.2, 11.1

잠깐만요 베이스밴드 전송

디지털 데이터 신호를 변조하지 않고 직접 전송하는 방식으로, 일반적으로 근거리 통신망(LAN)에 사용됩니다.

12.3

❷ WLAN(Wireless Local Area Network, 무선 근거리 통신망)

- 무선접속장치(Access Point)가 설치된 곳을 중심으로 일정 거리 안에서 초고속 인터넷을 사용할 수 있는 근거리 통신망(LAN)이다.
- 주로 2.4GHz 또는 5GHz 대에서 운용된다.
- 케이블이 필요하지 않으므로 설치장소에 제한을 받지 않는다.
- 무선 전송 방식에는 CDMA, TDMA, 적외선 방식이 있다.

21.8, 15.3, 09.2

❸ VAN(Value Added Network, 부가가치 통신망)

기간 통신망 사업자로부터 통신 회선을 빌려 기존의 정보에 새로운 가치를 더해 다수의 이용자에게 판매하는 통신망이다.

기출체크 ☑

21.8, 15.3, 09.2
2. (   )은 기간 통신망 사업자로부터 회선을 빌려 기존의 정보에 새로운 가치를 부여하여 다수의 이용자에게 판매하는 통신망이다.

전문가의 조언

LAN, WLAN, VAN, 베이스밴드 등의 개념이나 특징을 묻는 문제가 출제되고 있습니다.

[기출 포인트]

- LAN은 고속 전송이 가능하며 에러 발생률이 낮다.
- 베이스밴드 전송은 디지털 데이터를 변조하지 않고 전송하는 방식이다.
- VAN은 기간 통신망 사업자에게 임차한 통신 회선에 가치를 더하는 통신망이다.

기출체크 정답
1. 클라이언트/서버 방식 2. VAN(부가가치 통신망)

SECTION 045

망 구성과 네트워크 장비

전문가의 조언

망 구성 형태에 따른 특징을 알면 맞힐 수 있는 문제가 꾸준히 출제되고 있습니다.

[기출 포인트]

- 성형은 모든 단말기가 중앙 컴퓨터에 연결된 형태이다.
- 링형은 특정 노드의 고장을 쉽게 해결할 수 없다.
- 버스형은 모든 노드들이 하나의 케이블에 연결된 형태이다.
- 망형은 보안성과 안정성이 높다.
- 계층형은 분산 처리 시스템을 구성하는 방식이다.

504801

24.5, 24.3, 23.5, 22.2, 21.4, 21.1, 17.2, 15.1, 14.1, 13.3, 12.3, 10.3, 10.1, 09.4, 09.3, 09.2, 08.1, 07.2, 05.2

1 망의 구성 형태

24.5, 23.5, 22.2, 13.3, 12.3, 09.4, 09.2

❶ 성형(Star, 중앙 집중형)

- 모든 노드가 중앙 노드에 1:1 (Point-to-Point)로 연결되어 있는 형태이다.
- 통신망의 처리 능력 및 신뢰성은 중앙 노드의 제어장치에 의해 좌우된다.
- 고장 발견이 쉽고 유지 보수 및 확장이 용이하다.

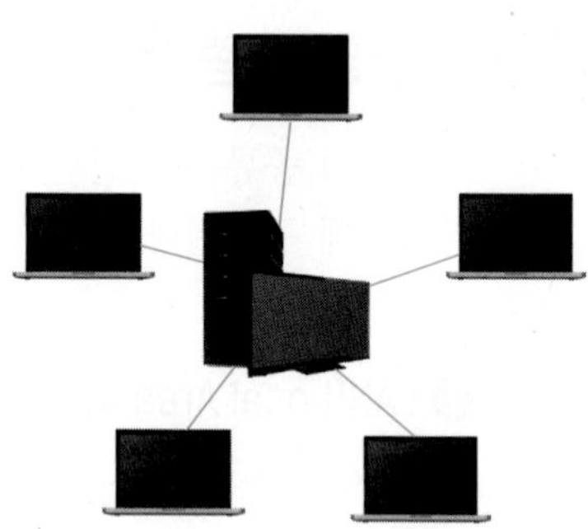

24.5, 22.2, 21.1, 17.2, 15.1, 13.3, 10.3, 10.1, 09.4

❷ 링형(Ring, 루프형)

- 인접한 컴퓨터와 단말기들을 서로 연결하여 양방향으로 데이터 전송이 가능한 통신망 형태이다.
- 통신 회선 중 어느 하나라도 고장나면 전체 통신망에 영향을 미친다.
- 단말장치의 추가/제거 및 기밀 보호가 어렵다.

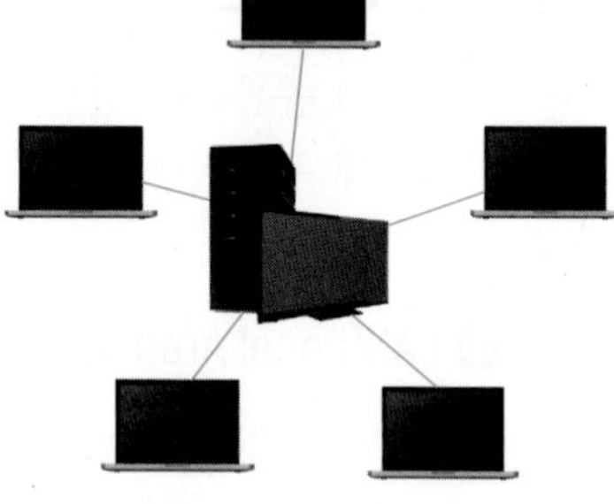

24.5, 24.3, 22.2, 21.1, 17.2, 15.1, 13.3, 09.4, 09.3, 07.2, 05.2

❸ 버스형(Bus)

- 한 개의 통신 회선에 여러 대의 단말장치가 연결되어 있는 형태이다.
- 설치 및 제거가 용이하고 단말장치가 고장나더라도 통신망 전체에 영향을 주지 않기 때문에 신뢰성을 높일 수 있다.
- 기밀 보장이 어렵고, 통신 회선의 길이에 제한이 있다.
- 매체 접근제어 방식으로 주로 CSMA/CD 방식을 사용한다.

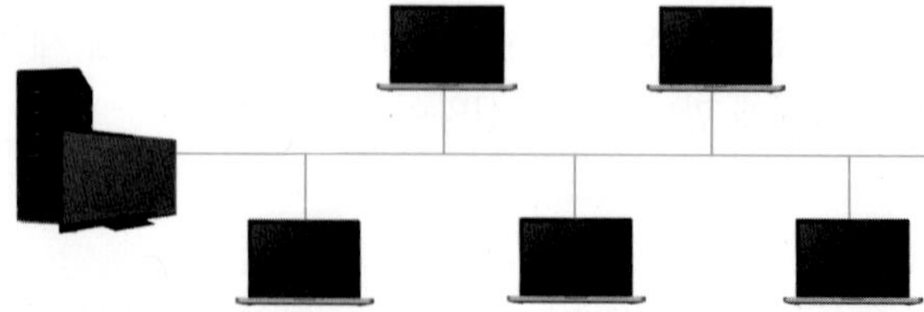

24.5, 22.2, 21.1, 17.2, 15.1, 13.3, 09.4

❹ 계층형(Tree, 분산형)

- 중앙 컴퓨터와 일정 지역의 단말장치까지는 하나의 통신 회선으로 연결시키고, 이웃하는 단말장치는 일정 지역 내에 설치된 중간 단말장치로부터 다시 연결시키는 형태이다.
- 네트워크의 확장이 많을 경우 트래픽이 과중될 수 있다.
- 분산 처리 시스템을 구성하는 방식이다.

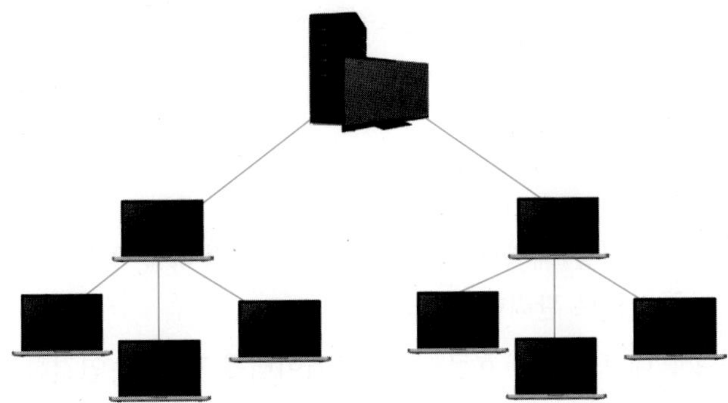

24.5, 21.4, 21.1, 15.1, 14.1

❺ 망형(Mesh)

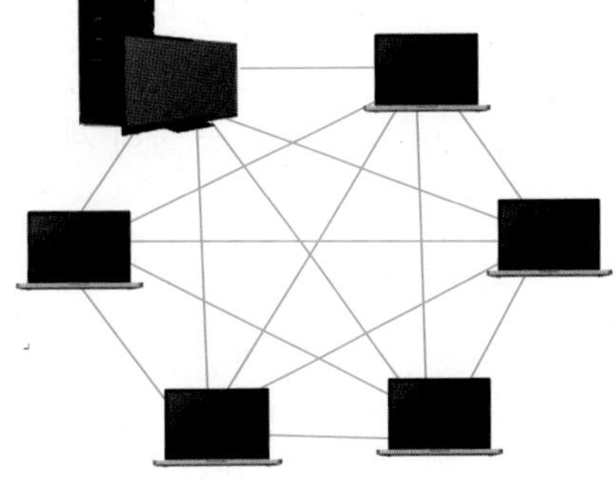

- 모든 지점의 컴퓨터와 단말장치를 서로 연결한 형태이다.
- 응답시간이 빠르고 노드의 연결성이 높다.
- 많은 단말장치로부터 많은 양의 통신을 필요로 하는 경우에 유리하다.
- 전화 통신과 같은 공중 데이터 통신망에 많이 이용된다.
- 통신 회선 장애 시 다른 경로를 통하여 데이터 전송이 가능하다.
- 단말장치의 추가 · 제거가 어려운 반면 보안성과 안정성이 높다.

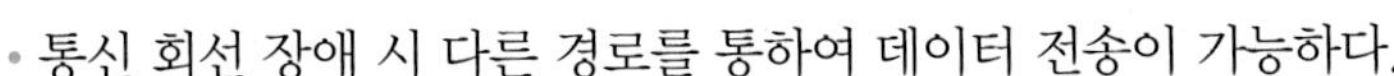

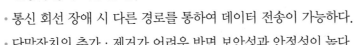

기출체크 ☑

24.5
1. (　　　　)형은 분산 처리 시스템을 구성하는 방식으로, 확장이 많아질 경우 트래픽이 과중될 수 있다.

24.5, 23.5, 09.4, 09.2
2. 네트워크 구성 방식 중 (　　　　)형은 모든 단말기가 중앙 컴퓨터에 연결되어 있는 형태이다.

기출체크 정답
1. 계층(Tree) 2. 스타(Star)

504802

2 네트워크 장비

24.5, 24.4, 24.3, 24.2, 23.5, 23.4, 23.3, 23.1, 22.7, 22.6, 22.4, 22.3, 22.1, 21.5, 21.4, 21.3, 21.2, 20.2, 16.2, …

❶ 네트워크 인터페이스 카드(NIC)

- 컴퓨터와 컴퓨터 또는 컴퓨터와 네트워크를 연결하는 장치이다.
- 정보 전송 시 정보가 케이블을 통해 전송될 수 있도록 정보 형태를 변경한다.
- 이더넷 카드(LAN 카드) 혹은 네트워크 어댑터라고 한다.
- OSI 7 계층* 중 데이터 링크 계층(Data Link Layer)의 장비이다.

21.2, 12.1, 09.1, 05.1

❷ 허브(Hub)

- 네트워크를 구성할 때 한꺼번에 여러 대의 컴퓨터를 연결하는 장치로, 각 회선을 통합적으로 관리한다.
- **더미 허브** : 네트워크에 흐르는 모든 데이터를 단순히 연결하는 기능만을 제공하며, LAN이 보유한 대역폭을 컴퓨터 수 만큼 나누어 제공한다.
- **스위치 허브**
  - 네트워크상에 흐르는 데이터의 유무 및 흐름을 제어하여 각각의 노드가 허브의 최대 대역폭을 사용할 수 있는 지능형 허브이다.
  - 더미 허브보다 안정적이고 속도가 빠르다.
- OSI 7 계층 중 물리 계층(Physical Layer)의 장비이다.

23.1, 22.7, 21.5, 21.3, 21.2, 13.3, 13.1, 12.3, 12.1, 09.4, 09.3, 07.3, 07.1

❸ 리피터(Repeater)

- 거리가 증가할수록 감쇠하는 디지털 신호의 장거리 전송을 위해서 수신한 신호를 재생시키거나 출력 전압을 높여 전송하는 장치이다.
- OSI 7 계층 중 물리 계층(Physical Layer)의 장비이다.

24.4, 24.3, 21.4, 21.3, 20.2, 13.3, 13.2, 12.3, 07.3

❹ 브리지(Bridge)

- 단순 신호 증폭뿐만 아니라 네트워크 분할을 통해 트래픽을 감소시키며, 물리적으로 다른 네트워크(LAN)를 연결할 때 사용한다.
- 데이터를 양쪽 방향으로 전송만 해줄 뿐 프로토콜 변환 등 복잡한 처리는 불가능하다.
- 네트워크 프로토콜과는 독립적으로 작용하므로 네트워크에 연결된 여러 단말들의 통신 프로토콜을 바꾸지 않고도 네트워크를 확장할 수 있다.
- OSI 7 계층 중 데이터 링크 계층(Data Link Layer)의 장비이다.

전문가의 조언

중요해요! 네트워크 구축에 필요한 장비에 대한 문제가 자주 출제됩니다.

[기출 포인트]

- 리피터는 장거리 전송을 위하여 전송 신호를 재생시킨다.
- 브리지는 OSI 모델의 데이터 링크 계층에 속한다.
- 라우터는 자료가 전송될 최적의 경로를 설정한다.
- 게이트웨이는 다른 네트워크에 연결할 때 사용한다.

OSI 7 계층

기종이 서로 다른 컴퓨터 간의 정보 교환을 원활히 하기 위해 국제표준화기구(ISO)에서 제정한 것으로, 자세한 내용은 Section 046을 참고하세요.

24.5, 24.2, 23.5, 23.4, 23.3, 22.6, 22.1, 21.5, 21.3, 21.2, 15.2, 13.3, 13.1, 12.3, 12.1, 09.4, 09.3, 07.3, 06.4, 06.2, 04.4, 03.4, …

❺ 라우터(Router)

- 인터넷 환경에서 네트워크와 네트워크 간을 연결할 때 반드시 필요한 장비로, 데이터 전송 시 최적의 경로를 설정하여 전송한다.
- 데이터들이 효율적인 속도로 전송될 수 있도록 데이터의 흐름을 제어한다.
- OSI 7 계층 중 네트워크 계층(Network Layer)의 장비이다.

22.4, 22.3, 21.3, 21.2, 15.2, 12.3, 12.1, 09.4, 09.3, 07.3

❻ 게이트웨이(Gateway)

- 주로 LAN에서 다른 네트워크에 데이터를 보내거나 다른 네트워크로부터 데이터를 받아들이는 출입구 역할을 한다.
- OSI 7 계층 중 전송 계층(Transport Layer)의 장비이다.

기출체크 ☑

24.5, 24.2, 23.5, 23.4, 23.3, 22.6, 22.1, 21.5, 21.3, 21.2, 12.1, 09.4

3. 다음 보기에서 라우터(Router)에 관한 설명으로 옳지 않은 것을 고르시오. (　　　)

ⓐ 인터넷 신호를 증폭하며 먼 거리로 정보를 전달할 때 사용된다.
ⓑ 가장 최적의 IP 경로를 설정하여 데이터를 전송하는데 사용된다.
ⓒ 인터넷 환경에서 네트워크와 네트워크 간을 연결할 때 사용한다.
ⓓ 데이터들이 효율적인 속도로 전송될 수 있도록 데이터의 흐름을 제어한다.

기출체크 3번

ⓐ 리피터(Repeater)에 대한 설명입니다.

기출체크 정답

3. ⓐ

SECTION
046 인터넷의 개요

504901

22.6, 22.4, 21.3, 20.2, 14.3, 14.1, 13.3, 13.1, 03.1

1 인터넷의 개요

전문가의 조언

인트라넷과 엑스트라넷의 개념을 묻는 문제가 출제되고 있습니다.

[기출 포인트]

- 인트라넷은 조직 내의 인터넷 환경이다.
- 엑스트라넷은 기업과 기업 간의 인트라넷을 연결한 네트워크이다.

인터넷(Internet)이란 TCP/IP 프로토콜을 기반으로 하여 전 세계 수많은 컴퓨터와 네트워크들이 연결된 광범위한 컴퓨터 통신망이다.

- 인터넷은 TCP/IP 프로토콜을 사용하여 상호 접속하며, 유닉스 운영체제를 기반으로 하고 있다.
- 통신망과 컴퓨터가 있는 곳이라면 시간과 장소에 구애받지 않고 정보를 교환할 수 있으며, 인터넷에 연결된 모든 컴퓨터는 고유한 IP 주소를 갖는다.
- 인터넷은 미국 국방성의 ARPANET에서 시작되었다.
- 인터넷 기술을 이용하여 기업에서 인트라넷과 엑스트라넷을 통해 편리하게 업무를 수행할 수 있다.

22.6, 22.4, 21.3, 14.1, 13.3, 13.1, … **인트라넷(Intranet)**	인터넷의 기술을 기업 내 정보 시스템에 적용한 것으로, 전자 우편 시스템, 전자결재 시스템 등을 인터넷 환경으로 통합하여 사용하는 것을 의미한다.
20.2, 14.3 **엑스트라넷(Extranet)**	기업과 기업 간에 인트라넷을 서로 연결한 것으로, 납품업체나 고객업체 등 자기 회사와 관련 있는 기업체와의 원활한 통신을 위해 인트라넷의 이용 범위를 확대한 것이다.

기출체크 ☑

22.6, 22.4, 21.3, 14.1, 13.3, 13.1, 03.1

1. (　　　　)은 인터넷 기술을 이용하여 조직 내의 각종 업무를 수행할 수 있도록 만든 네트워크 환경이다.

504902

21.7, 20.1, 16.2, 11.2, 11.1, 08.4, 07.4

2 인터넷 관련 용어

전문가의 조언

VoIP의 특징이나 코덱의 개념에 대한 문제가 출제되고 있습니다.

[기출 포인트]

- VoIP는 원거리 통화 시 PSTN보다 요금이 저렴하다.
- 코덱은 아날로그 신호를 디지털 신호로 변환하거나 그 반대의 역할을 한다.

21.7, 20.1, 08.4, 07.4

❶ VoIP(Voice over Internet Protocol)

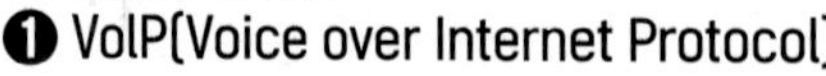

- '인터넷 프로토콜을 통한 음성'의 약어로, 보컬텍(VocalTec) 사의 인터넷폰으로 처음 소개되었다.
- 음성 신호를 압축하여 IP를 사용하는 인터넷을 통해 전송하는 방법이다.
- 이 방식으로 전화를 사용하면 기존 전화망(PSTN)의 시내전화 요금 수준으로 시외 및 국제전화 서비스를 받을 수 있다.

기출체크 정답
1. 인트라넷

❷ 모뎀(MODEM, MOdulator DEModulator)

디지털 신호를 아날로그 신호로 변환하는 변조(Modulation) 과정과 아날로그 신호를 디지털 신호로 변환하는 복조(Demodulation) 과정을 수행하는 신호 변환장치이다.

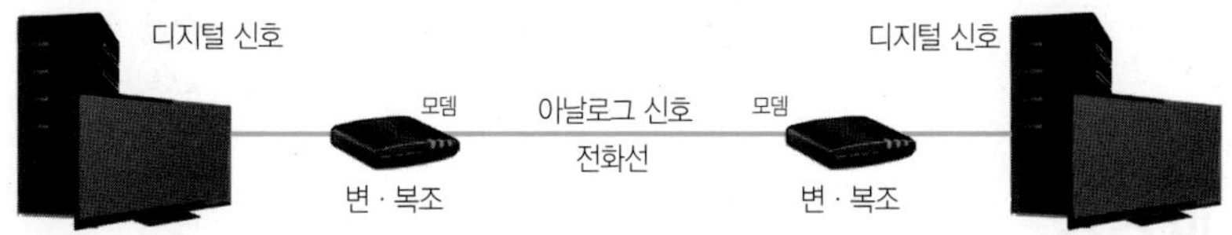

16.2, 11.2, 11.1

❸ 코덱(Codec)

음성이나 비디오 등의 아날로그 신호를 디지털 신호로 변환하고, 그 역의 작업을 수행하는 장치로, 모뎀과 반대의 역할을 한다.

기출체크 ☑

21.7, 20.1

2. VoIP를 사용하면 원거리 통화 시 PSTN 보다는 요금이 높지만 일정 수준의 통화 품질이 보장된다. (○, ×)

기출체크 2번

VoIP는 기존 전화망(PSTN)의 시내전화 요금 수준으로 시외 및 국제전화 서비스를 받을 수 있기 때문에 요금이 저렴하다고 할 수 있습니다.

기출체크 정답

2. ×

SECTION 047

인터넷의 주소 체계

505001

1 IP 주소

IP 주소(Internet Protocol Address)는 인터넷에 연결된 모든 컴퓨터의 자원을 구분하기 위한 인터넷 주소이다.

- 숫자로 8비트씩 4부분, 총 32비트로 구성되어 있다.
- 인터넷에 연결된 전 세계의 모든 IT 기기는 IP 주소가 중복되지 않아야 한다.
- IP 주소는 네트워크 부분의 길이에 따라 A 클래스에서 E 클래스까지 총 5단계로 구성되어 있다.

505002

24.3, 24.1, 23.3, 23.2, 22.7, 22.4, 21.8, 21.7, 21.6, 21.2, 20.1, 19.2, 18.1, 17.1, 16.2, 15.2, 15.1, 14.3, 13.3, 10.3, …

2 IPv6

IPv6(Internet Protocol version 6)은 현재 사용하고 있는 IP 주소 체계인 IPv4의 주소 부족 문제를 해결하기 위해 개발되었다.

- 16비트씩 8부분, 총 128비트로 구성되어 있다.
- 주소의 각 부분은 4자리의 16진수를 콜론(:)으로 구분하여 표현한다.
- 주소의 각 부분이 0으로 연속된 경우 0을 생략하여 '::'와 같이 표시*하고, 주소의 한 부분이 0으로 연속된 경우 0을 생략하고 ':'만 표시*할 수 있다.
- 인증성, 기밀성, 데이터 무결성의 지원으로 보안 문제를 해결할 수 있다.
- IPv4와의 호환성이 뛰어나다.
- 주소의 확장성, 융통성, 연동성이 뛰어나다.
- IPv4에 비하여 자료 전송 속도가 빠르다.
- 실시간 흐름 제어로 향상된 멀티미디어 기능을 지원한다.
- 모바일 IP나 웹 캐스팅이 용이하며, 등급별, 서비스별로 패킷을 구분할 수 있어 품질 보장도 용이하다.
- 유니캐스트(Unicast), 멀티캐스트(Multicast), 애니캐스트(Anycast) 등의 3가지로 주소 체계가 분류되기 때문에 주소의 낭비 요인을 줄이고 간단하게 주소를 결정할 수 있다.

전문가의 조언

중요해요! IPv6 주소의 특징에 대한 문제가 자주 출제됩니다.

[기출 포인트]

- IPv6은 16비트씩 8부분, 총 128비트의 주소를 사용한다.
- IPv6은 각 부분을 콜론(:)으로 구분한다.
- IPv6은 IPv4보다 전송 속도가 빠르다.
- IPv6는 모바일 IP나 웹 캐스팅이 용이하다.
- IPv6은 유니캐스트, 멀티캐스트, 애니캐스트의 3가지 주소 체계로 구분된다.

0이 연속된 경우 '::'으로 표시

예 2001:0DB8:0000:0000:0000:0000:1428:57ab
→ 2001:0DB8::1428:57ab

한 부분이 0으로 연속된 경우 ':'으로 표시

예 2001:0DB7:0000:2941:3752:64cb:1428:57ab
→ 2001:0DB7::2941:3752:64cb:1428:57ab

기출체크 ☑

24.3, 23.2, 22.7, 22.4, 21.8, 21.7, 21.6, 20.1, 19.2, 18.1, 17.1, 16.2, 14.3, 13.3, 10.3, 09.4, 08.2, 07.2, 06.2

1. IPv6은 ( )비트씩 ( )부분으로 총 ( )비트로 구성되며, 주소의 각 부분은 ( )으로 구분한다.

기출체크 정답
1. 16, 8, 128, 콜론(:)

1205404 

3 DNS

22.5, 14.2

DNS(Domain Name System)는 문자로 된 도메인 네임*을 숫자로 된 IP 주소로 바꿔주는 시스템이다.

- 인터넷의 모든 도메인과 호스트 이름이 DNS 서버에 등록되어 있어야 하며, 등록된 모든 호스트들은 메인별로 계층화하여 관리된다.

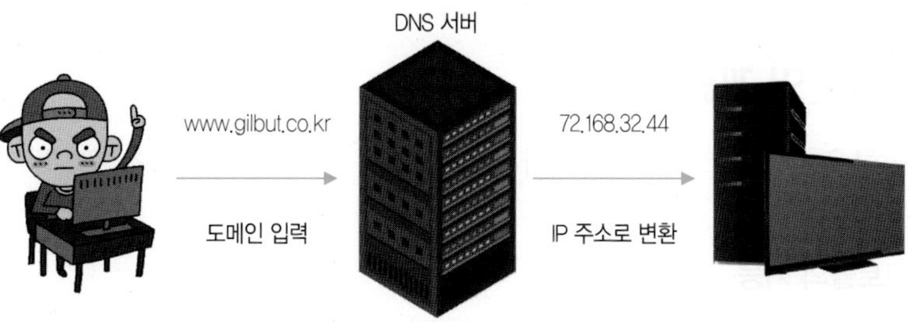

기출체크 ☑

22.5, 14.2

2. DNS 서버는 IP 주소를 이용하여 패킷의 최단 전송 경로를 설정한다. (○, ×)

505004

4 URL(Uniform Resource Locater)

22.4, 21.8, 19.2, 16.3, 14.2, 07.2, 06.3, 05.4, 05.2, 04.1, 03.4, 02.3

URL은 인터넷 상에 존재하는 각종 자원이 있는 위치를 나타내는 표준 주소 체계이다.

- **형식** : 프로토콜://서버 주소[:포트 번호][/파일 경로]
  - **프로토콜** : 인터넷 서비스의 종류로, http(WWW), ftp(FTP), telnet(Telnet), news(Usenet), mailto(E-Mail) 등이 있다.
  - **서버 주소** : 검색할 정보가 위치한 서버의 호스트 주소이다.
  - **포트 번호** : TCP 접속에 사용되는 포트 번호*이다.
  - **파일 경로** : 서비스에 접속한 후 실제 정보가 있는 경로이다.
- 다음은 다양한 URL 주소의 사용 예이다.

주소	의미
http://www.gilbut.co.kr/with/soon.html	하이퍼텍스트 서비스 주소
ftp://211.194.54.210/pub/picture.zip*	파일 전송 서비스 주소
telnet://211.194.54.210	텔넷 서비스 주소
mailto:admin@gilbut.co.kr	전자우편 서비스 주소

기출체크 ☑

22.4, 21.8, 14.2

3. 다음 보기의 URL 구성 요소를 순서대로 나열하시오. (　　,　　,　　,　　)

ⓐ 프로토콜　　ⓑ 서버 주소　　ⓒ 포트 번호　　ⓓ 파일 경로

전문가의 조언

DNS의 특징에 대한 문제가 출제되고 있습니다.

[기출 포인트]

DNS는 문자로 된 도메인 네임을 숫자로 된 IP 주소로 바꿔주는 시스템이다.

도메인 네임(Domain Name)

숫자로 된 IP 주소를 사람이 이해하기 쉬운 문자 형태로 표현한 것입니다.

기출체크 2번

라우터(Router)에 대한 설명입니다.

전문가의 조언

URL의 형식에 대한 문제가 출제되고 있습니다.

[기출 포인트]

- URL 형식은 '프로토콜, 서버 주소, 포트 번호, 파일 경로'이다.
- FTP는 'ftp://~' 형식으로 사용한다.

서비스별 포트 번호

- NEWS : 119
- HTTP : 80
- TELNET : 23
- FTP : 21
- GOPHER : 70

계정이 있는 ftp의 URL

ftp 계정이 있을 때는 'ftp://user:password@서버이름:포트번호'로 URL을 작성합니다. 여기서 패스워드는 생략이 가능합니다.

기출체크 정답

2. × 3. ⓐ, ⓑ, ⓒ, ⓓ

SECTION 048

프로토콜(Protocol)

전문가의 조언

프로토콜의 기능에 대한 문제가 출제되고 있습니다.

[기출 포인트]

- 프로토콜은 통신망에 전송되는 패킷의 흐름을 제어한다.
- 프로토콜은 송·수신기가 같은 상태를 유지하도록 한다.
- 프로토콜은 데이터 전송 도중 발생하는 오류를 검출한다.

패킷(Packet)

데이터 전송에 사용하는 데이터의 묶음을 말합니다.

기출체크 1번

운영체제가 서로 다른 경우 서로 호환되는 프로토콜을 설치해 주어야 인식하고 호환성을 제공합니다.

전문가의 조언

여러 프로토콜의 특징에 대한 문제가 출제되고 있습니다.

[기출 포인트]

- TCP는 전송 데이터의 흐름을 제어한다.
- IP는 패킷 주소를 해석하고 경로를 결정한다.
- HTTP는 하이퍼텍스트 문서를 전송하기 위해 사용한다.
- ARP는 IP 주소를 물리적인 MAC 주소로 변환한다.

TCP/IP

인터넷에 연결된 서로 다른 기종의 컴퓨터들 간에 데이터를 주고받을 수 있도록 하는 표준 프로토콜을 의미합니다.

기출체크 정답
1. ×

505101

23.2, 22.6, 21.3, 21.1, 20.1, 19.2, 17.1, 16.1, 14.1

1 프로토콜의 개요

프로토콜은 네트워크에서 서로 다른 컴퓨터들 간에 정보 교환을 할 수 있게 해주는 통신 규약이다.

- **프로토콜의 기능**

흐름제어	통신망에 흐르는 패킷* 수를 조절하는 등의 흐름 제어(Flow Control) 기능이 있어 시스템 전체의 안정성을 유지할 수 있다.
동기화	정보를 전송하기 위하여 송·수신기가 같은 상태를 유지하도록 하는 동기화(Synchronization) 기능을 수행한다.
오류 검출	데이터의 전송 도중에 발생하는 오류를 검출한다.

기출체크 ☑

22.6, 21.3, 21.1, 19.2, 16.1

1. 프로토콜은 네트워크에 접속된 다양한 단말장치를 자동으로 인식하여 호환성을 제공한다. (○, ×)

505102

23.5, 23.4, 23.1, 22.7, 22.1, 21.5, 20.2, 18.2, 18.1, 13.1, 11.2, 10.2, 10.1, 09.2, 09.1, 08.4, 08.3, 07.1, 06.3, …

2 프로토콜의 종류

23.5, 23.1, 18.1, 11.2, 10.1, 08.3

❶ TCP(Transmission Control Protocol)*

- 전송 데이터의 흐름을 제어하고 데이터의 에러 유무 검사한다.
- 메시지를 송·수신자의 주소와 정보로 묶어 패킷 단위로 나눈다.
- OSI 7계층 중 전송(Transport) 계층에 해당한다.

23.5, 23.1, 22.7, 20.2, 18.1, 11.2, 10.1, 08.3
❷ IP(Internet Protocol)

- 패킷 주소를 해석하고 경로를 결정하여 다음 호스트로 전송한다.
- OSI 7계층 중 네트워크(Network) 계층에 해당한다.

23.4, 22.1, 21.5
❸ HTTP(Hyper Text Transfer Protocol)

- 하이퍼텍스트 문서를 전송하기 위해 사용하는 프로토콜이다.
- 서비스를 요청하거나 응답하는 프로토콜 구조를 가진다.
- 보안이 강화된 버전을 HTTPS라고 한다.

13.1, 08.4, 06.3, 03.3
❹ ARP/RARP(Address Resolution Protocol/Reverse Address Resolution Protocol)

- ARP는 IP 주소를 이용하여 물리적인 MAC 주소*를 찾아 준다.
- RARP는 ARP와 반대로 물리적 MAC 주소를 IP 주소로 변환한다.

MAC(이더넷) 주소

네트워크 어댑터(NIC)의 고유 번호를 말합니다.

10.1
❺ UDP(User Datagram Protocol, 사용자 데이터그램 프로토콜)

- IP를 사용하는 네트워크의 한 컴퓨터에서 다른 컴퓨터로 데이터그램*을 전송하기 위해 사용하는 프로토콜이다.
- 메시지가 분실되거나 송신된 순서와 다른 순서로 수신되는 등 데이터 전송에 신뢰성을 보장하지 않는 비접속형 통신을 제공한다.

데이터그램

네트워크 간의 전송에 이용되는 실제 데이터 단위를 의미합니다.

10.2, 09.1, 06.1
❻ ICMP(Internet Control Message Protocol, 인터넷 제어 메시지 프로토콜)

IP와 조합하여 통신중에 발생하는 오류의 처리와 예상치 못한 상황에 대한 정보를 제공하는 제어 메시지 관리 프로토콜이다.

04.3, 03.4
❼ SNMP(Simple Network Management Protocol, 간이 네트워크 관리 프로토콜)

TCP/IP의 네트워크 관리 프로토콜로, 라우터나 허브 등 네트워크 기기의 네트워크 정보를 네트워크 관리 시스템에 보내는 데 사용되는 표준 통신 규약이다.

기출체크 ☑

23.1, 22.7, 20.2, 18.1, 10.1
2. 다음 물음에 해당하는 프로토콜의 기능을 보기에서 고르시오.

ⓐ 메시지를 송/수신자의 주소와 정보로 묶어 패킷 단위로 나눈다.
ⓑ 패킷 주소를 해석하고 경로를 결정하여 다음 호스트로 전송한다.
ⓒ 전송 데이터의 흐름을 제어하고 데이터의 에러를 검사한다.
ⓓ OSI 7계층 중 네트워크 계층에 해당하는 프로토콜이다.

- ① TCP 프로토콜 기능 : (   )
- ② IP 프로토콜 기능 : (   )

기출체크 정답
2. ①-ⓐ, ⓒ, ②-ⓑ, ⓓ

OSI 7계층의 전반적인 내용을 알고 있어야 풀 수 있는 문제들이 출제되고 있습니다.

[기출 포인트]

- 데이터 링크 계층은 흐름 제어, 프레임 동기화, 순서 제어 기능을 제공한다.
- 네트워크 계층은 경로 설정, 정보 교환 및 중계 기능을 제공한다.
- 표현 계층은 코드 변환, 데이터 암호화 기능을 제공한다.
- 응용 계층은 프로세스 간의 정보 교환, 파일 전송 등의 기능을 제공한다.

505103 

24.2, 21.7, 17.2, 14.3, 14.2, 14.1, 12.3, 11.3, 10.2, 06.4

3 OSI(Open Systems Interconnection) 7계층

- OSI 7계층은 기종이 서로 다른 컴퓨터 간의 정보 교환을 원활히 하기 위해 국제표준화기구(ISO)에서 제정했다.
- 네트워크를 이루고 있는 구성 요소들을 계층적 구조로 나누고 각 계층의 표준을 정했다.
- OSI 7계층은 1~3계층을 하위 계층, 4~7계층을 상위 계층으로 구분한다.
  - 하위 계층 : 물리 계층, 데이터 링크 계층, 네트워크 계층
  - 상위 계층 : 전송 계층, 세션 계층, 표현 계층, 응용 계층

21.7, 12.3

❶ 물리 계층(Physical Layer)

전송에 필요한 두 장치 간의 실제 접속과 절단 등 기계적, 전기적, 기능적, 절차적 특성을 정의한다.

14.2, 12.3, 06.4

❷ 데이터 링크 계층(Data Link Layer)

- 두 개의 인접한 개방 시스템들 간에 신뢰성 있고 효율적인 정보 전송을 할 수 있도록 한다.
- 흐름 제어, 프레임 동기화, 오류 제어, 순서 제어 기능이 있다.
- 링크의 확립, 유지, 단절의 수단을 제공한다.

21.7, 14.3, 12.3, 11.3

❸ 네트워크 계층(Network Layer, 망 계층)

- 개방 시스템들 간의 네트워크 연결 관리, 데이터 교환 및 중계를 담당한다.
- 경로 설정(Routing), 트래픽 제어, 패킷 정보 전송 기능이 있다.

❹ 전송 계층(Transport Layer)

- 종단 시스템(End-to-End) 간의 신뢰성 있고 투명한 데이터 전송을 가능하게 한다.
- 전송 연결 설정, 데이터 전송, 연결 해제 기능이 있다.

21.7

❺ 세션 계층(Session Layer)

- 송수신측 간의 관련성을 유지하고 대화 제어를 담당한다.
- 대화 구성 및 동기 제어, 데이터 교환 관리 기능이 있다.

21.7

❻ 표현 계층(Presentation Layer)

- 응용 계층으로부터 받은 데이터를 세션 계층에 맞게, 세션 계층에서 받은 데이터는 응용 계층에 맞게 변환한다.
- 코드 변환, 데이터 암호화, 데이터 압축, 구문 검색, 정보 형식 변환 기능이 있다.

24.2, 21.7, 14.2
❼ 응용 계층(Application Layer)

- 사용자(응용 프로그램)가 OSI 환경에 접근할 수 있도록 서비스를 제공한다.
- 응용 프로세스 간의 정보 교환, 파일 전송 등의 전송 제어 기능이 있다.

24.2
잠깐만요 OSI 7계층에서 사용하는 대표적인 주소

5504831

- **MAC 주소** : NIC(Network Interface Card)에 대한 식별자로, 데이터 링크 계층에서 사용함
- **IP 주소** : 호스트에 대한 식별자로, 네트워크 계층에서 사용함
- **포트 번호** : 호스트에서 실행되는 프로세스를 구분해 주며, 전송 계층에서 사용함
- **메일 주소** : 메일 시스템에서 사용자를 구분해 주며, 응용 계층에서 사용함

OSI 7계층에서 사용하는 주소에 대한 문제가 출제되고 있습니다.

[기출 포인트]

MAC 주소는 데이터 링크 계층에서 사용한다.

기출체크 ☑

21.7
3. ( ) 계층은 코드 변환, 데이터 암호화, 데이터 압축 기능을 제공한다.

24.2
4. MAC 주소는 NIC에 대한 식별자로 ( ) 계층에서 사용한다.

505104

23.5, 22.3, 18.2, 09.2, 09.1, 07.1, 06.1
4 TCP/IP의 구조

OSI	TCP/IP	기능
23.5, 22.3, 18.2, 09.2, 09.1, 06.1 **응용 계층** **표현 계층** **세션 계층**	응용 계층	• 응용 프로그램 간의 데이터 송 · 수신 제공 • TELNET, FTP, SMTP, SNMP 등
18.2 **전송 계층**	전송 계층	• 호스트들 간의 신뢰성 있는 통신 제공 • TCP, UDP
18.2 **네트워크 계층**	인터넷 계층	• 데이터 전송을 위한 주소 지정, 경로 설정 제공 • IP, ICMP, IGMP, ARP, RARP
18.2 **데이터 링크 계층** **물리 계층**	링크 계층	• 실제 데이터를 송 · 수신하는 역할 • Ethernet, IEEE 802, HDLC, X.25 등

전문가의 조언

TCP/IP 프로토콜의 계층의 기능과 응용 계층에 속한 프로토콜에 대한 문제가 출제되고 있습니다.

[기출 포인트]

- 링크 계층은 실제 데이터를 송 · 수신하는 역할을 한다.
- 전송 계층은 호스트들 간의 신뢰성 있는 통신을 제공한다.
- ICMP는 인터넷 계층의 프로토콜이다.
- TELNET, FTP는 응용 계층의 프로토콜이다.

기출체크 ☑

23.5, 22.3, 09.2
5. OSI 7계층 중 응용 프로그램 간의 데이터 송 · 수신을 제공하며, Telnet, FTP, E-mail 등의 프로토콜을 포함하는 계층은 응용 계층이다. (○, ×)

기출체크 정답
3. 표현(Presentation) 4. 데이터 링크 계층(Data Link) 5. ○

SECTION 049

인터넷 서비스

중요해요! 전자우편에 대한 문제가 자주 출제됩니다.

[기출 포인트]

- SMTP는 메일을 송신하는 프로토콜이다.
- POP3는 메일을 수신하는 프로토콜이다.
- IMAP은 로컬 서버에서 메일을 액세스하는 프로토콜이다.
- 전자우편은 7Bit의 ASCII 코드를 사용한다.

505201

24.4, 23.3, 23.2, 21.6, 21.2, 18.1, 17.2, 15.3, 12.2, 11.1, 09.3, 09.2, 09.1, 08.3, 08.1, 07.2, 06.4, 06.3, 06.2, …

1 전자우편(E-mail)

전자우편은 인터넷을 통해 다른 사람과 편지뿐만 아니라 그림, 동영상 등 다양한 형식의 데이터를 주고받을 수 있도록 해주는 서비스이다.

- 전자우편은 보내는 즉시 수신자에게 도착하므로 빠른 의견 교환이 가능하다.
- 한 사람이 동시에 여러 사람에게 동일한 전자우편을 보낼 수 있다.
- 전자우편을 보내거나 받기 위해서는 메일 서버에 사용자 계정이 있어야 한다.
- 기본적으로 7Bit의 ASCII 코드를 사용하여 메시지를 주고 받는다.
- **형식** : 사용자ID@메일서버_주소(도메인 이름)
- **전자우편에 사용되는 프로토콜**

SMTP	사용자의 컴퓨터에서 작성된 메일을 다른 사람의 계정이 있는 곳으로 전송하는 프로토콜이다.
POP3	메일 서버에 도착한 메일을 사용자 컴퓨터로 가져오는 프로토콜이다.
MIME	웹 브라우저가 지원하지 않는 각종 멀티미디어 파일의 내용을 확인하고, 실행하는 프로토콜이다.
IMAP	로컬 서버에서 프로그램을 이용하여 메일을 액세스하기 위한 표준 프로토콜이다.

- **전자우편의 주요 기능**

보내기(Send)	작성한 메일을 다른 사람에게 보내는 기능이다.
받기(Receive)	다른 사람이 보낸 메일을 받는 기능이다.
회신(Reply)	받은 메일에 대하여 답장을 작성하여, 발송자에게 다시 전송하는 기능이다.
전체 회신(Reply All)	받은 메일에 대하여 답장을 하되, 발송자는 물론 참조인들에게도 전송하는 기능이다.
전달(Forward)	받은 메일을 다른 사람에게 그대로 다시 보내는 기능이다.
첨부(Attach)	전자우편에 그림, 텍스트 파일 등을 같이 보내는 기능이다.

기출체크 ☑

24.4, 23.2, 21.6, 18.1, 17.2, 15.3, 11.1, 09.3, 07.2, 06.4, 06.3, 06.2

1. 메일 서버에 도착한 메일을 사용자의 컴퓨터로 가져오는 역할을 하는 프로토콜은 (　　)이고, 사용자의 컴퓨터에서 작성한 메일을 다른 사람에게 전송해 주는 역할을 하는 프로토콜은 (　　)이다.

기출체크 정답
1. POP3, SMTP

505202

22.4, 21.6, 19.1, 15.1, 14.3, 12.2, 12.1, 11.3, 11.2, 10.3, 10.2, 10.1, 09.2, 07.3, 06.3, 05.4, 05.1, 04.4, 04.3, 04.2, …

2 FTP(File Transfer Protocol, 파일 전송 프로토콜)

FTP는 컴퓨터와 컴퓨터 또는 컴퓨터와 인터넷 사이에서 파일을 주고받을 수 있도록 하는 원격 파일 전송 프로토콜이다.

- FTP를 이용하여 파일의 전송(Upload)과 수신(Download), 삭제, 이름 변경 등의 작업을 할 수 있다.
- FTP 서버에 있는 프로그램은 다운로드 후에만 실행이 가능하다.
- FTP의 기본적인 포트 번호는 21번이지만 다른 번호로 변경할 수 있다.
- 그림 파일, 동영상 파일, 압축된 형태의 파일을 전송할 때는 Binary 모드를, 텍스트 파일을 전송할 때는 ASCII 모드를 사용한다.
- Anonymous FTP(익명 FTP)
  - 'Anonymous'란 '이름이 없다'는 뜻으로, 계정(Account)*이 없는 사용자도 접근하여 사용할 수 있는 FTP 서비스이다.
  - Anonymous FTP 서버에 접속할 때는 비밀번호 없이 접속할 FTP 서버의 주소만 입력하면 된다.

기출체크 ☑

22.4, 21.6, 15.1, 14.3, 10.3, 10.2

2. FTP 서버에 있는 프로그램은 접속 후에 서버에서 바로 실행시킬 수 있다. (○, ×)

전문가의 조언

중요해요 ! FTP의 개념이나 특징에 대한 문제는 자주 출제됩니다.

[기출 포인트]

- FTP 서버에서 프로그램을 실행할 수 없다.
- 그림, 동영상 파일은 Binary 모드로 전송한다.
- Anonymous FTP는 계정 없이 사용할 수 있다.

계정(Account)

호스트 컴퓨터나 서버 컴퓨터에 접속해서 사용할 권리를 부여하기 위해 주어지는 식별 번호(ID)로, 사용자는 아이디(ID)와 패스워드(Password)를 입력하고, 컴퓨터의 자원을 사용합니다.

기출체크 2번

FTP 서버에 있는 프로그램은 서버에서 바로 실행시킬 수는 없고, 다운로드 후에만 실행할 수 있습니다.

505203

23.5, 22.2, 20.1, 17.2, 16.3, 16.1, 15.2, 14.2, 13.2, 11.2, 11.1, 10.3, 09.4, 09.1, 08.3, 08.2, 07.3, 06.2, 06.1, 05.3, …

3 기타 인터넷 서비스

서비스	설명
23.5, 10.3, 08.2 WWW(World Wide Web)	• 텍스트, 그림, 동영상, 음성 등 인터넷에 존재하는 다양한 정보를 거미줄처럼 연결해 놓은 종합 정보 서비스이다. • WWW는 HTTP 프로토콜을 사용하는 하이퍼텍스트 기반으로 되어 있다. • 송·수신 에러의 제어를 위해 HTTP 프로토콜을 사용한다.
22.2, 20.1, 16.3, 14.2, 13.2, 08.3 Tracert	• 인터넷 서버까지의 경로를 추적하는 명령어로, IP 주소, 목적지까지 거치는 경로의 수, 각 구간 사이의 데이터 왕복 속도를 확인할 수 있다. • 특정 사이트가 열리지 않을 때 해당 서버가 문제인지 인터넷 망이 문제인지를 확인할 수 있다. • 인터넷 속도가 느릴 때 어느 구간에서 정체를 일으키는지를 확인할 수 있다. 예 Tracert 211.31.119.151(명령 프롬프트 창에 입력)
16.1, 08.2, 07.3, 06.2, 06.1, 03.1 WAIS	여러 곳에 흩어져 있는 방대한 데이터베이스로부터 정보를 검색할 수 있도록 하는 서비스이다.
17.2, 15.2 Nslookup (Name Server lookup)	도메인 네임 서버 검색 서비스로, 도메인 네임을 이용하여 IP 주소를 찾을 수 있다.

기출체크 ☑

22.2, 20.1, 16.3, 14.2, 13.2

3. IP 주소, 목적지까지 거치는 경로의 수, 각 구간 사이의 데이터 왕복 속도를 확인할 수 있는 인터넷 서비스는 (   )이다.

전문가의 조언

무슨 인터넷 서비스를 말하는지 알 수 있어야 풀 수 있는 문제들이 출제되고 있습니다.

[기출 포인트]

- WWW는 송·수신 에러의 제어를 위해 HTTP 프로토콜을 사용한다.
- Netstat는 다른 컴퓨터의 IP 주소 및 포트 정보를 확인한다.
- Nslookup은 도메인 네임으로 IP 주소를 검색한다.

기출체크 정답

2. × 3. Tracert

SECTION 050

정보통신기술 활용

전문가의 조언

중요해요! ICT 신기술에 대한 문제가 자주 출제됩니다.

[기출 포인트]

- 클라우드 컴퓨팅은 컴퓨팅 자원을 가상화 기술로 통합하여 다양한 서비스를 제공한다.
- 사물 인터넷은 사람, 사물, 공간 등 모든 사물을 연결시키는 무선 통신 기술이다.
- 위치 기반 서비스는 통신 기술, GPS, 데이터베이스를 이용하여 주변의 위치와 부가 서비스를 제공한다.
- 테더링은 스마트폰을 모뎀처럼 활용하는 방법이다.
- 블록체인은 공공 거래 장부라고도 불린다.

클라우드

구름(Cloud)에서 유래된 말로 컴퓨터 네트워크상에 숨겨진 복잡한 구조를 뜻합니다.

5505001 ▶

24.5, 24.4, 24.3, 24.1, 23.5, 23.4, 23.3, 23.2, 23.1, 22.5, 22.4, 22.3, 22.2, 22.1, 21.4, 21.3, 21.2, 21.1, 20.상시, …

1 ICT* 신기술

ICT(Information Communication Technology)는 정보기술과 통신기술을 합한 말로, 정보기기의 운영 및 관리에 필요한 소프트웨어 기술과 이들 기술을 이용하여 정보를 수집, 생산, 가공, 활용하는 모든 방법을 통틀어 일컫는 말이다.

24.5, 22.5, 21.7

❶ 클라우드* 컴퓨팅(Cloud Computing)

- 하드웨어 · 소프트웨어 등의 컴퓨팅 자원을 자신이 필요한 만큼 빌려 쓰고 사용요금을 지불하는 방식의 컴퓨팅 서비스이다.
- 웹 기반 애플리케이션을 활용하여 인터넷 개인 서버에서 대용량 데이터베이스를 처리하고 저장한 데이터를 PC, 스마트폰, Pad 등의 단말기에서 불러오거나 가공할 수 있다.

24.5, 23.4, 22.1, 21.5, 19.2, 18.1, 17.1

❷ 사물 인터넷(IoT; Internet of Things)

- 세상에 존재하는 모든 사물을 네트워크로 연결해 인간과 사물, 사물과 사물 간 언제 어디서나 서로 소통할 수 있게 하는 새로운 정보 통신 환경으로, 개인 맞춤형 스마트 서비스를 지향한다.
- 스마트 센싱 기술과 무선 통신 기술을 융합하여 실시간으로 데이터를 주고받는다.
- 사물 인터넷 기반 서비스는 개방형 아키텍처를 필요로 하기 때문에 정보공유에 대한 부작용을 최소화하기 위한 정보보안기술의 적용이 중요하다.

23.3, 22.5, 21.4, 21.2

❸ 위치 기반 서비스(LBS; Location Based Service)

- 통신 기술과 GPS, 그리고 컴퓨터에 저장된 데이터베이스를 이용하여 주변의 위치와 부가 서비스를 제공하는 기술이다.
- 현재 위치 정보, 실시간 교통 정보 등 다양한 서비스를 제공한다.

23.2, 23.1, 18.2, 18.1, 15.2, 15.1, 12.1, 07.2, 05.3

❹ 유비쿼터스* 컴퓨팅(Ubiquitous Computing)

- 언제 어디서나 어떤 기기를 통해서도 컴퓨팅이 가능한 환경이다.
- 초소형 칩을 모든 사물에 내장시켜 네트워크로 연결하므로 사물끼리 통신이 가능한 환경이다.
- **관련 기술**

RFID	사물에 전자 태그를 부착하고 무선 통신을 이용하여 사물의 정보 및 주변 정보를 감지하는 센서 기술이다.
USN	• 모든 사물에 부착된 RFID 태그 또는 센서를 통해 탐지된 사물의 인식 정보는 물론 주변의 온도, 습도, 위치정보, 압력, 오염 및 균열 정도 등과 같은 환경 정보를 네트워크와 연결하여 실시간으로 수집하고 관리하는 네트워크 시스템이다. • 텔레매틱스, 동물관리, 교통관리, 공해감시, 유통분야, 물류분야, 홈 네트워크 등 거의 모든 분야에 응용할 수 있다.

유비쿼터스(Ubiquitous)

'언제, 어디서나 있는'을 의미하는 라틴어로, 사용자가 컴퓨터나 네트워크를 의식하지 않고 장소에 상관없이 자유롭게 네트워크에 접속할 수 있는 환경을 의미합니다.

18.2, 15.1, 13.2, 12.1

❺ Wibro(와이브로)

무선 광대역을 의미하는 것으로, 휴대폰, 노트북, PDA 등의 모바일 기기를 이용하여 언제 어디서나 이동하면서 고속으로 무선 인터넷 접속이 가능한 서비스이다.

24.5, 22.5, 21.6

❻ 텔레매틱스(Telematics)*

- 통신(Telecommunication)과 정보과학(Informatics)의 합성어로, 자동차에 정보 통신 기술과 정보 처리 기술을 융합하여 운전자에게 다양한 멀티미디어 서비스를 제공하는 것이다.
- 여러 IT 기술을 차량에 적용하여 새로운 부가가치를 창출한다.

텔레매틱스

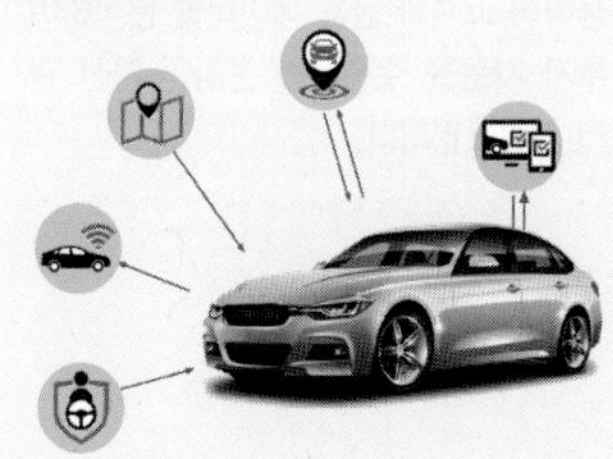

20.1

❼ 데이터 마이닝(Data Mining)

통계 기법이나 인공지능 등을 이용하여 대량의 데이터에 숨어 있는 유용한 정보를 추출해내는 기술이다.

24.1, 22.4, 22.3, 22.2, 21.4, 20.2, 19.1, 15.3

❽ 테더링(Tethering)

- 인터넷에 연결된 기기를 모뎀처럼 활용하여 다른 기기도 인터넷 사용이 가능하게 해주는 기술이다.
- 노트북과 같은 IT 기기를 스마트폰에 연결하여 무선 인터넷을 사용할 수 있다.

와이파이 6(Wi-Fi 6)

다중 접속 환경에 최적화된 무선 랜 규격으로, 공공 와이파이 환경에서도 최상의 네트워크 품질을 제공합니다.

AP(Access Point, 무선 접속 장치)

무선 랜과 유선 랜을 연결시켜 주는 장치로, 전파 도달 거리 내의 무선 랜 카드를 사용하는 컴퓨터나 무선 기기들이 자유롭게 통신할 수 있도록 하는 장치입니다.

크라우드 펀딩(Crowd Funding)

웹이나 모바일 네트워크를 통해 다수의 개인으로부터 자금을 모으는 행위입니다.

로보 어드바이저(Robo Advisor)

로봇(Robot)과 자문가(Advisor)의 합성어로, 알고리즘이나 빅 데이터 등을 이용하여 고객과 금융 데이터를 분석하여 투자 자문을 수행하는 온라인 자산 관리 서비스입니다.

23.4, 22.1, 21.5, 16.3

❾ 와이파이*(WiFi; Wireless-Fidelity)

- 2.4GHz대를 사용하는 무선 랜(WLAN) 규격(IEEE 802.11b)에서 정한 제반 규정에 적합한 제품에 주어지는 인증 마크이다.
- 무선 신호를 전달하는 AP*를 중심으로 데이터를 주고받는 인프라스트럭처(Infrastructure) 모드와 AP 없이 데이터를 주고받는 애드혹(Ad Hoc) 모드가 있다.
- 유선 랜을 무선화한 것으로 사용 거리에 제한이 있다.
- 3G 이동통신에 비해 전송 속도가 빠르고 전송 비용이 저렴하다

24.3, 23.2

❿ 핀테크(FinTech)

- 금융(Finance)과 기술(Technology)의 합성어로, 금융과 기술의 융합을 통한 금융 서비스 및 산업의 변화를 통칭한다.
- 모바일, SNS, 빅 데이터 등 새로운 IT 기술 등을 활용하여 간편 결제 및 송금, 자산 관리, 크라우드 펀딩*, 로보 어드바이저* 등의 서비스를 제공한다.

23.5

⓫ LWPA(Low Power Wide Area, 저전력 광역 통신망)

- 저전력, 저비용을 기반으로 소량의 데이터의 장거리 전송과 안정적인 통신을 지원하는 통신망이다.
- 사물 인터넷(Iot)에서 무선 광역 네트워크로 사용된다.

23.2

⓬ 메타버스(Metaverse)

- 가공(Meta)과 현실 세계(Universe)의 합성어로, 현실 세계와 같은 사회·경제·문화 활동이 이뤄지는 3차원 가상 세계를 가리킨다.
- 1992년 미국 SF 작가 닐 스티븐슨의 소설 '스노 크래시'에 처음 등장하였다.

24.3, 13.2

⓭ 지그비(Zigbee)

- 저전력, 저비용, 저속도와 2.4GHz를 기반으로 하는 홈 자동화 및 데이터 전송을 위한 무선 네트워크 규격이다.
- 전력 소모를 최소화 하는 대신 반경 30m 내에서만 데이터 전송이 가능하다.

24.1

⓮ 빅 데이터(Big Data)

- 기존의 관리 방법이나 분석 체계로는 처리하기 어려운 막대한 양의 데이터 집합이다.
- 스마트 단말의 빠른 확산, 소셜 네트워크 서비스의 활성화 등으로 데이터 폭발이 더욱 가속화되고 있다.

20.1
⑮ 데이터 마이닝(Data Mining)

통계 기법, 수학적 기법이나 인공지능 등을 이용하여 대량의 데이터에 숨어 있는 유용한 정보를 추출해내는 기술이다.

24.5
⑯ 블록체인(Blockchain)

P2P 네트워크를 이용하여 온라인 금융 거래 정보를 온라인 네트워크 참여자(Peer)의 디지털 장비에 분산 저장하는 기술로, 공공 거래 장부라도고 불린다.

기출체크 ☑

23.4, 22.1, 21.5, 17.1
1. 사물 인터넷은 사람을 제외한 사물과 공간, 데이터 등을 이더넷으로 서로 연결시켜 주는 무선 통신 기술을 의미한다. (○, ×)

23.3, 22.5, 21.4, 21.2
2. (　　　　　　　)는 통신 기술과 GPS, 그리고 컴퓨터에 저장된 데이터베이스를 이용하여 주변의 위치와 부가 서비스를 제공하는 기술이다.

기출체크 1번

사물 인터넷은 사람, 사물, 공간, 데이터 등 세상에 존재하는 모든 사물을 이더넷으로 서로 연결시켜 주는 무선 통신 기술입니다.

기출체크 정답

1. × 2. 위치 기반 서비스(LBS)

기출문제 은행

22년 7회, 3회, 18년 2회, 16년 1회

01 다음 중 네트워크 운영 방식 중 하나인 클라이언트/서버 방식에 관한 설명으로 옳은 것은?

① 서버와 클라이언트가 모두 처리 능력을 가지며, 분산 처리 환경에 적합하다.

② 중앙 컴퓨터가 모든 단말기에서 요구하는 데이터 처리를 전담한다.

③ 모든 단말기가 동등한 계층으로 연결되어 모두 클라이언트와 서버 역할을 할 수 있다.

④ 단방향 통신 방식으로 데이터 처리를 위한 대기 시간이 필요하다.

23년 5회, 22년 2회, 13년 3회

02 다음 중 네트워크 통신망의 구성 형태에 관한 설명으로 옳은 것은?

① 계층(Tree)형 : 한 개의 통신 회선에 여러 대의 단말 장치가 연결되어 있는 형태로 설치가 용이하고 통신망의 가용성이 높다.

② 버스(Bus)형 : 인접한 컴퓨터와 단말기를 서로 연결하여 양방향으로 데이터 전송이 가능한 형태로 단말기의 추가 · 제거 및 기밀 보호가 어렵다.

③ 링(Ring)형 : 모든 지점의 컴퓨터와 단말 장치를 서로 연결한 상태로 응답 시간이 빠르고 노드의 연결성이 높다.

④ 성(Star)형 : 모든 단말기가 중앙 컴퓨터에 연결되어 있는 형태로 고장 발견이 쉽고 유지 보수가 용이하다.

24년 2회, 23년 5회, 3회, 22년 6회, 1회, 21년 5회, 3회, 2회, 12년 1회, 09년 4회, 06년 4회, 2회, 04년 4회, …

03 다음 중 네트워크 관련 장비로 라우터(Router)에 관한 설명으로 옳은 것은?

① 네트워크를 구성할 때 한꺼번에 여러 대의 컴퓨터를 연결할 때 사용되는 장비이다.

② 인터넷 신호를 증폭하거나 중계하는 역할을 하는 장비이다.

③ 가장 최적의 IP 경로를 설정하여 데이터를 전송하는데 사용되는 장비이다.

④ 다른 네트워크로 데이터를 보내거나 받아들이는 역할을 하는 장비이다.

22년 6회, 4회, 21년 3회, 14년 1회, 13년 3회, 1회, 03년 1회

04 다음 중 인트라넷(Intranet)에 대한 설명으로 옳은 것은?

① 여러 대의 컴퓨터를 연결하여 하나의 서버로 사용하는 기술이다.

② 인터넷 기술을 이용하여 조직 내의 각종 업무를 수행할 수 있도록 만든 네트워크 환경이다.

③ 이동 전화 단말기에서 개인용 컴퓨터의 운영체제와 같은 역할을 하는 소프트웨어이다.

④ 기업체가 협력업체와 고객 간의 정보 공유를 목적으로 구성한 네트워크이다.

22년 7회, 4회, 20년 1회

05 다음 중 인터넷 주소 체계에서 IPv6에 관한 설명으로 옳지 않은 것은?

① 각 부분은 10진수로 표현되며, 세미콜론(;)으로 구분한다.

② 주소 체계는 유니캐스트, 멀티캐스트, 애니캐스트로 나누어진다.

③ 실시간 흐름 제어로 향상된 멀티미디어 기능을 지원한다.

④ 16비트씩 8부분으로 총 128비트로 구성된다.

23년 2회, 22년 6회, 21년 3회, 1회, 19년 2회, 16년 1회

06 다음 중 컴퓨터 통신에서 사용하는 프로토콜 기능에 관한 설명으로 옳지 않은 것은?

① 통신망에 전송되는 패킷의 흐름을 제어해서 시스템 전체의 안전성을 유지한다.

② 정보를 전송하기 위해 송 · 수신기 사이에 같은 상태를 유지하도록 동기화 기능을 수행한다.

③ 데이터 전송 도중에 발생하는 오류를 검출한다.

④ 네트워크에 접속된 다양한 단말장치를 자동으로 인식하여 호환성을 제공한다.

23년 4회, 22년 1회, 21년 2회, 16년 3회

07 다음 중 와이파이(Wi-Fi)에 대한 설명으로 옳지 않은 것은?

① IEEE 802.11 기술 규격의 브랜드명으로 Wireless Fidelity의 약어이다.

② 무선 신호를 전달하는 AP(Access Point)를 중심으로 데이터를 주고 받는 인프라스트럭쳐(Infrastructure) 모드와 AP 없이 데이터를 주고 받는 애드혹(Ad Hoc) 모드가 있다.

③ 유선 랜을 무선화한 것이기 때문에 사용 거리에 제한이 없고 전송 속도가 3G 이동통신에 비해 느리며 전송 비용이 고가이다.

④ 와이파이 6(Wi-Fi 6)은 다중 접속 환경에 최적화하여 공공 와이파이 환경에서도 최상의 네트워크 품질을 제공하는 것을 목적으로 고안된 규격이다.

21년 6회, 18년 1회, 17년 2회, 15년 3회, 09년 3회

08 다음 중 전자우편에서 사용하는 POP3 프로토콜에 관한 설명으로 옳은 것은?

① 사용자가 작성한 이메일을 다른 사람의 계정으로 전송해 주는 역할을 한다.

② 메일 서버의 이메일을 사용자의 컴퓨터로 가져올 수 있도록 메일 서버에서 제공하는 프로토콜이다.

③ 멀티미디어 전자우편을 주고 받기 위한 인터넷 메일의 표준 프로토콜이다.

④ 웹 브라우저에서 제공하지 않는 멀티미디어 파일을 확인하여 실행시켜주는 프로토콜이다.

22년 4회, 21년 6회, 15년 1회, 10년 3회

09 다음 중 인터넷 서비스와 관련하여 FTP 서비스에 관한 설명으로 옳지 않은 것은?

① FTP 서버에 파일을 전송 또는 수신, 삭제, 이름 바꾸기 등의 작업을 할 수 있다.

② FTP 서버에 있는 프로그램은 접속 후에 서버에서 바로 실행시킬 수 있다.

③ 익명(Anonymous) 사용자는 계정이 없는 사용자로 FTP 서비스를 이용할 수 있다.

④ 기본적으로 그림 파일은 Binary 모드로, 텍스트 파일은 ASCII 모드로 전송한다.

23년 4회, 22년 1회, 21년 5회, 17년 1회

10 다음 중 사물 인터넷에 대한 설명으로 옳지 않은 것은?

① IoT(Internet of Things)라고도 하며 개인 맞춤형 스마트 서비스를 지향한다.

② 사람을 제외한 사물과 공간, 데이터 등을 인터넷으로 서로 연결시키는 무선 통신 기술을 의미한다.

③ 스마트 센싱 기술과 무선 통신 기술을 융합하여 실시간으로 데이터를 주고받는 기술이다.

④ 사물 인터넷 기반 서비스는 개방형 아키텍처를 필요로 하기 때문에 정보 공유에 대한 부작용을 최소화하기 위한 정보보안기술의 적용이 중요하다.

24년 1회, 23년 3회, 22년 5회, 21년 4회, 2회

11 통신 기술과 GPS, 그리고 컴퓨터에 저장된 데이터베이스를 이용하여 주변의 위치와 부가 서비스를 제공하는 기술은?

① 사물 인터넷(IoT)

② 빅 데이터(Big Data)

③ 위치 기반 서비스(LBS)

④ 시맨틱 웹(Semantic Web)

22년 4회, 3회, 2회, 21년 4회, 20년 2회, 19년 1회, 15년 3회

12 다음 중 스마트폰을 모뎀처럼 활용하는 방법으로, 컴퓨터나 노트북 등의 IT 기기를 스마트폰에 연결하여 무선 인터넷을 사용할 수 있게 하는 기능은?

① 와이파이(WiFi) ② 블루투스(Bluetooth)

③ 테더링(Tethering) ④ 와이브로(WiBro)

23년 5회, 20년 2회, 18년 1회

13 다음 중 인터넷에서 사용하는 TCP/IP에 대한 설명으로 옳지 않은 것은?

① 서로 다른 기종의 컴퓨터들 간 데이터를 송/수신하기 위한 표준 프로토콜이다.

② 일부 망에 장애가 있어도 다른 망으로 통신이 가능한 신뢰성을 제공한다.

③ TCP는 패킷 주소를 해석하고 최적의 경로를 결정하여 전송하는 역할을 한다.

④ IP는 OSI 7계층 중 네트워크 계층에 해당하는 프로토콜이다.

▶ 정답 : 1. ① 2. ④ 3. ③ 4. ② 5. ① 6. ④ 7. ③ 8. ② 9. ② 10. ② 11. ③ 12. ③ 13. ③

기출문제 해설

[문제 01] Section 044

②번은 중앙 집중 방식, ③번은 동배간 처리 방식에 대한 설명이다.

[문제 02] Section 045

① 계층(Tree)형은 중앙 컴퓨터와 일정 지역의 단말장치까지는 하나의 통신 회선으로 연결시키고, 이웃하는 단말장치는 일정 지역 내에 설치된 중간 단말장치로부터 다시 연결시키는 형태이다.

② 버스(Bus)형은 한 개의 통신 회선에 여러 대의 단말장치가 연결되어 있는 형태이다.

③ 링(Ring)형은 인접한 컴퓨터와 단말기들을 서로 연결하여 양방향으로 데이터 전송이 가능한 통신망 형태로 통신 회선 중 어느 하나라도 고장나면 전체 통신망에 영향을 미친다.

[문제 03] Section 045

①번은 허브(Hub), ②번은 리피터(Repeater), ④번은 게이트웨이(Gateway)에 대한 설명이다.

[문제 04] Section 046

- 인트라넷(Intranet) : 인터넷의 기술을 기업 내 정보 시스템에 적용한 것으로, 전자 우편 시스템, 전자 결재 시스템 등을 인터넷 환경으로 통합하여 사용하는 것
- 엑스트라넷(Extranet) : 기업과 기업 간에 인트라넷을 서로 연결한 것으로, 납품업체나 고객업체 등 자기 회사와 관련 있는 기업체와의 원활한 통신을 위해 인트라넷의 이용 범위를 확대한 것

[문제 05] Section 047

IPv6 주소의 각 부분은 16진수로 표현되며, 콜론(:)으로 구분한다.

[문제 06] Section 048

- 네트워크에 접속된 단말장치를 자동으로 인식하고 호환성을 제공하는 경우는 동일한 프로토콜을 사용하는 경우이다.
- 운영체제가 서로 다를 경우에는 서로 호환되는 프로토콜을 설치해 주어야 인식하고 호환성을 제공한다.

[문제 07] Section 050

와이파이는 유선 랜을 무선화 했기 때문에 사용 거리에 제한이 있지만 3G 이동 통신에 비해 전송 속도가 빠르고 전송 비용이 저렴하다.

[문제 08] Section 049

①번은 SMTP, ③, ④번은 MIME에 대한 설명이다.

[문제 09] Section 049

FTP 서버에 있는 프로그램을 서버에서 바로 실행시킬 수는 없고, 다운로드 후에만 실행할 수 있다.

[문제 10] Section 050

사물 인터넷(IoT)은 사람, 사물, 공간, 데이터 등 세상에 존재하는 모든 사물을 이더넷으로 서로 연결시키는 무선 통신 기술이다.

[문제 11] Section 050

- 사물 인터넷(IoT) : 세상에 존재하는 모든 사물을 네트워크로 연결해 인간과 사물, 사물과 사물 간 언제 어디서나 서로 소통할 수 있게 하는 새로운 정보 통신 환경으로, 개인 맞춤형 스마트 서비스를 지향함
- 빅 데이터(Big Data) : 기존의 관리 방법이나 분석 체계로는 처리하기 어려운 막대한 양의 데이터 집합
- 시맨틱 웹(Semantic Web) : 컴퓨터가 정보의 뜻을 이해하고 조작할 수 있는 차세대 지능형 웹

[문제 12] Section 050

- 와이파이(WiFi) : 2.4GHz대를 사용하는 무선 랜(WLAN) 규격(IEEE 802.11b)에서 정한 제반 규정에 적합한 제품에 주어지는 인증 마크
- 블루투스(Bluetooth) : 근거리 무선 통신을 가능하게 해주는 통신 방식
- 와이브로(WiBro) : 무선 광대역을 의미하는 것으로, 휴대폰, 노트북, PDA 등의 모바일 기기를 이용하여 언제 어디서나 이동하면서 고속으로 무선 인터넷 접속이 가능한 서비스

[문제 13] Section 048

- TCP는 메시지를 송 · 수신자의 주소와 정보로 묶어 패킷 단위로 나누는 역할을 한다.
- ③번은 IP의 역할이다.

7 장

멀티미디어 활용

SECTION 051

멀티미디어

505401

23.1, 22.4, 21.8, 21.1, 20.1, 19.상시, 16.3, 13.3, 12.2, 11.3, 10.3, 09.3, 07.3

1 멀티미디어의 개념 및 특징

멀티미디어의 특징에 대한 문제가 출제되고 있습니다.

[기출 포인트]

- 멀티미디어 특징에는 디지털화, 상호 작용성, 비선형성, 정보의 통합성이 있다.
- 멀티미디어는 사용자의 선택에 의해 다양한 방향으로 처리된다.

미디어(Media, 매체)

지식이나 의사, 감정 등과 같은 데이터를 표현하기 위한 수단으로, 텍스트·그래픽·사운드·오디오 등이 있습니다.

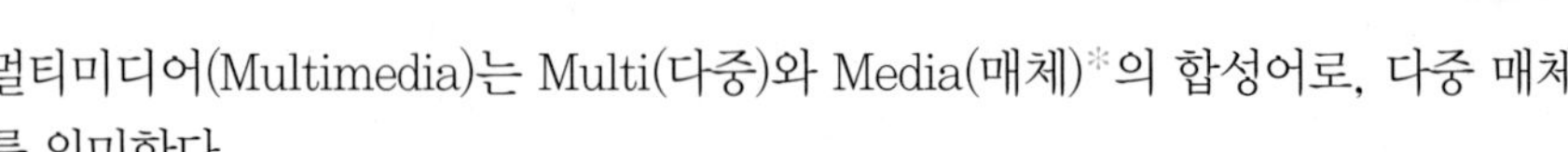

멀티미디어(Multimedia)는 Multi(다중)와 Media(매체)*의 합성어로, 다중 매체를 의미한다.

- 멀티미디어의 특징에는 디지털화, 상호 작용성, 비선형성, 정보의 통합성이 있다.

22.4, 21.8, 21.1, 19.상시, 16.3, 12.2, 11.3, … **디지털화(Digitalization)**	다양한 아날로그 데이터를 디지털 데이터로 변환하여 통합 처리한다.
22.4, 21.8, 21.1, 19.상시, 16.3, 13.3, 12.2, … **상호 작용성(Interaction, 쌍방향성)**	정보 제공자의 선택에 의해 일방적으로 데이터가 전달되는 것이 아니라 정보 제공자와 사용자 간의 상호 작용을 통해 데이터가 전달된다.
23.1, 22.4, 21.8, 21.1, 20.1, 19.상시, 16.3, … **비선형성(Non-Linear)**	데이터가 일정한 방향으로 순차적으로 처리되는 것이 아니라 사용자의 선택에 따라 다양한 방향으로 처리된다.
22.4, 21.8, 21.1, 19.상시, 16.3, 12.2, 11.3, … **정보의 통합성(Integration)**	텍스트, 그래픽, 사운드, 동영상, 애니메이션 등의 여러 미디어를 통합하여 처리한다.

기출체크 ☑

22.4, 21.8, 11.3, 09.3, 07.3

1. 다음 보기에서 멀티미디어의 특징을 모두 고르시오. (   )

ⓐ 용이성	ⓑ 비선형성	ⓒ 선형성
ⓓ 디지털화	ⓔ 상호 작용성	ⓕ 데이터의 통합성

505402

16.1, 14.3

2 하이퍼텍스트/하이퍼미디어

전문가의 조언

하이퍼미디어의 특징을 묻는 문제가 출제된 적이 있습니다.

[기출 포인트]

하이퍼미디어는 비선형 구조이다.

- **하이퍼텍스트(Hypertext)** : 문서와 문서가 연결되어 있는 것으로, 문서 내의 특정 문자를 선택하면 그와 연결된 문서로 이동하는 문서 형식이다.
- **하이퍼미디어(Hypermedia)** : 하이퍼텍스트와 멀티미디어를 합한 개념으로, 문자뿐만 아니라 그래픽, 사운드, 동영상의 정보를 연결해 놓은 미디어 형식이다.
- **특징**
  - 사용자의 의도에 따라 문서를 읽는 순서가 결정되는 비선형 구조를 가지고 있다.
  - 하나의 데이터를 여러 명의 사용자들이 서로 다른 경로를 통해 검색할 수 있다.
  - 사용자가 하이퍼링크(Hyperlink)를 클릭함으로써 원하는 데이터를 찾을 수 있다.

기출체크 정답

1. ⓑ, ⓓ, ⓔ, ⓕ

잠깐만요 **하이퍼텍스트와 하이퍼미디어 관련 용어**

- **노드(Node)** : 하이퍼텍스트/하이퍼미디어를 구성하는 각 문서에 연결된 페이지
- **앵커(Anchor)** : 하나의 노드에서 다른 노드로 넘어가게 해주는 키워드
- **하이퍼링크(Hyperlink)** : 노드와 노드의 연결점

기출체크 ☑

16.1, 14.3
2. 하이퍼미디어는 문서와 문서가 연결되어 있는 형식으로, 문서를 읽는 순서가 결정되는 선형 구조를 가지고 있다. (○, ×)

기출체크 2번

하이퍼미디어는 사용자에 의해 문서의 읽는 순서가 결정되는 비선형 구조입니다.

505403 ▶

24.5, 22.4, 21.6, 21.3, 18.1
3 멀티미디어 하드웨어

❶ 비디오 카드

- CPU에 의해 처리된 데이터를 아날로그 신호로 변환하여 모니터로 보내는 장치로, 그래픽 카드라고도 한다.
- 비디오 카드에 있는 비디오 메모리*의 크기에 따라 모니터의 출력 해상도와 색상 수가 결정된다.
- **비디오 데이터의 크기 계산식** : 해상도(가로 픽셀 수×세로 픽셀 수) × 색(Byte) × 프레임 수(초당)

24.5, 22.4, 21.6, 21.3, 18.1
❷ 사운드 카드

컴퓨터에서 소리를 재생하거나 녹음하는 데 사용되는 장치이다.

- 사운드 카드는 샘플링 비율에 따라 16비트, 32비트 등으로 구분된다.
- **사운드 카드 관련 용어**

용어	설명
24.5, 22.4, 21.6, 21.3, 18.1 **샘플링 (Sampling)**	음성, 영상 등의 아날로그 신호를 일정 시간 간격으로 검출하는 단계로, 아날로그 신호를 디지털 신호로 변환하는 과정 중 한 단계이다.
24.5, 22.4, 21.6, 21.3, 18.1 **샘플링률 (Sampling Rate)**	• 1초당 아날로그 신호를 디지털 신호로 변환하는 횟수를 의미한다. • 샘플링률이 높을수록 원음에 가깝다. • 단위 : Hz(헤르츠)
24.5, 22.4, 21.6, 21.3, 18.1 **샘플링 주파수 (Sampling Frequency)**	• 1초 동안 샘플링되는 횟수를 의미한다. • 샘플링 주파수가 클수록 고음역대의 소리까지 폭넓게 샘플링할 수 있지만 많은 기억 용량이 필요하므로 원래 신호 주파수의 2배 정도가 적당하다.
24.5, 22.4, 21.6, 21.3, 18.1 **샘플링 비트 (Sampling Bit) 수**	• 샘플링 비트 수는 표현할 수 있는 서로 다른 음의 종류를 의미하는 것으로, 16Bit는 2^{16}, 즉 65,536가지의 서로 다른 음을 표현할 수 있다. • 비트 수가 많을수록 자연음에 가까운 음이 출력된다.

전문가의 조언

사운드 카드 관련 용어에 대한 문제가 출제되고 있습니다.

[기출 포인트]

샘플링 주파수는 높을수록 좋다.

비디오 메모리

컴퓨터 화면에 표시되는 데이터를 저장하기 위한 메모리로, 비디오 램(RAM)이라고도 합니다.

기출체크 ☑

24.5, 22.4, 21.6, 21.3, 18.1
3. 샘플링 주파수(Sampling Frequency)는 낮으면 낮을수록 좋다. (○, ×)

기출체크 3번

샘플링 주파수는 높을수록 좋습니다. 하지만 많은 기억 용량이 필요하므로 원래 신호 주파수의 2배 정도가 적당합니다.

기출체크 정답
2. × 3. ×

SECTION 052

멀티미디어 소프트웨어

1 멀티미디어 소프트웨어의 개요

멀티미디어 소프트웨어란 멀티미디어 데이터를 생성, 저장, 가공, 재생할 수 있는 소프트웨어를 말한다.

- 대부분의 멀티미디어 소프트웨어는 용량이 큰 멀티미디어 데이터의 저장을 위해 압축 기능을 제공한다.

505502

22.6, 21.3, 19.상시, 09.3, 10.3, 08.2, 07.4, 07.1, 05.1

2 스트리밍(Streaming)

전문가의 조언

스트리밍의 개념이나 특징에 대한 문제가 출제되고 있습니다.

[기출 포인트]

스트리밍은 멀티미디어 데이터를 다운로드 하면서 재생하는 기술이다.

스트리밍은 웹에서 오디오, 비디오 등의 멀티미디어 데이터를 다운로드하면서 동시에 재생해 주는 기술을 말한다.

- 데이터 수신 속도가 느린 경우 데이터의 표현이 매끄럽지 않다.
- 수신한 데이터는 일반적으로 컴퓨터에 저장할 수 없다.
- 주로 인터넷 방송이나 원격 교육 등에 사용된다.
- **스트리밍 전송이 가능한 파일 형식** : ASF, WMV, RAM 등

기출체크 ☑

22.6, 21.3, 19.상시, 09.3, 08.2, 07.4, 05.1

1. (   )은 네트워크를 통해 대용량의 멀티미디어 데이터 파일을 다운받을 때, 사용자가 전체 파일을 다운받을 때까지 기다릴 필요 없이 전송되는 대로 재생시키는 기술이다.

505503

23.4, 22.3, 22.1, 21.5, 20.2

3 압축 프로그램

전문가의 조언

압축 프로그램의 특징을 묻는 문제가 출제되고 있습니다.

[기출 포인트]

압축 파일을 모아 재압축해도 파일 크기는 더 이상 줄지 않는다.

압축 프로그램은 중복되는 데이터를 이용하여 파일의 크기를 줄이는 것으로, 다음과 같은 특징이 있다.

- 압축 프로그램을 이용하면 디스크 공간을 효율적으로 사용할 수 있다.
- 여러 개의 파일을 하나의 파일로 압축하면 파일 관리가 용이하다.
- 압축 프로그램을 이용하면 파일 전송 시 시간 및 비용의 절감 효과를 얻을 수 있다.

기출체크 정답

1. 스트리밍

- 압축 프로그램을 이용하여 파일 압축 시 암호를 지정하거나 분할 압축이 가능하다.
- 압축 프로그램을 이용하여 이미 압축한 파일을 재압축해도 파일 크기는 변화가 없다.
- **종류** : WINZIP, 알집, 반디집 등

기출체크 ☑

22.3, 22.1, 21.5, 20.2

2. 압축 프로그램으로 압축한 파일을 모아 재압축을 반복하면 파일 크기를 계속 줄일 수 있다. (○, ×)

기출체크 2번

같은 파일을 다시 압축한다고 해서 압축 알고리즘이 바뀌는 것이 아니기 때문에 추가적인 압축 효과를 기대할 수는 없습니다.

505504

24.5, 23.5, 22.7, 21.2, 21.1, 20.상시, 19.상시, 19.2, 19.1, 18.상시, 18.2, 17.1, 15.1, 14.2, 14.1, 13.2, 11.1, 10.1, 08.3, …

4 그래픽 기법

기법	의미
20.상시, 18.2, 10.1, 04.2 **디더링(Dithering)**	제한된 색상을 조합하여 복잡한 색이나 새로운 색을 만드는 작업이다.
23.5, 22.7, 21.1, 20.상시, 19.2, 18.2, 15.1, … **렌더링(Rendering)**	3차원 애니메이션을 만드는 과정 중의 하나로, 물체의 모형에 명암과 색상을 입혀 사실감을 더하는 작업이다.
23.5, 22.7, 15.1, 14.2, 10.1, 04.2 **모델링(Modeling)**	렌더링 전에 수행되는 작업으로, 표현될 물체의 3차원 그래픽 형상을 정하는 작업이다.
24.5, 23.5, 22.7, 20.상시, 19.1, 18.2, 15.1, … **모핑(Morphing)**	2개의 이미지를 부드럽게 연결하여 변환 · 통합하는 것으로, 컴퓨터 그래픽, 영화 등에서 많이 응용하고 있다.
10.1 **필터링(Filtering)**	이미 작성된 그림을 필터 기능을 이용하여 여러 가지 형태의 새로운 이미지로 바꿔주는 작업이다.
23.5, 22.7, 21.2, 18.상시, 18.2, 15.1, … **안티앨리어싱(Anti-Aliasing)**	이미지의 가장자리가 톱니 모양으로 표현되는 계단 현상(Aliasing)을 없애기 위하여 경계선을 부드럽게 해주는 필터링 기술이다.
리터칭(Retouching)	기존의 이미지를 다른 형태로 새롭게 변형 · 수정하는 작업이다.
06.4, 04.3, 04.2 **인터레이싱(Interlacing)**	그림 파일을 표시하는 데 있어서 이미지의 대략적인 모습을 먼저 보여준 다음 점차 자세한 모습을 보여주는 기법이다.
메조틴트(Mezzotint)	무수히 많은 점과 선으로 이미지를 만드는 기법이다.
솔러리제이션(Solarization)	필름을 일시적으로 빛에 노출시켜 반전된 것처럼 표현하는 기법이다.

전문가의 조언

그래픽 기법에 대한 문제가 자주 출제되고 있습니다.

[기출 포인트]
- 렌더링은 물체의 모형에 명암과 색상을 입히는 기술이다.
- 모핑은 하나의 이미지를 다른 이미지로 자연스럽게 변화시키는 특수 효과이다.
- 안티앨리어싱은 톱니 모양의 계단 현상을 없애주는 필터링 기술이다.
- 앨리어싱은 계단 현상을 의미한다.

모핑(Morphing)

메조틴트(Mezzotint)

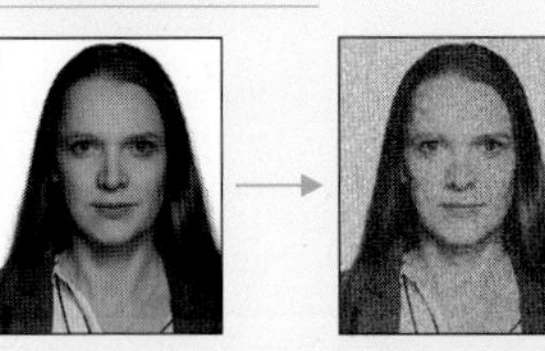

솔러리제이션(Solarization)

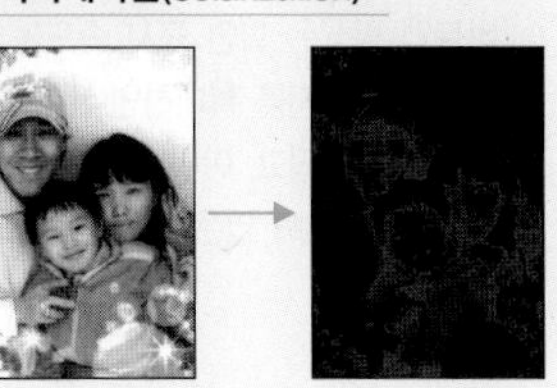

기출체크 ☑

24.5, 23.5, 22.7, 20.상시, 19.1, 18.2, 15.1, 13.2

3. (   )은 두 개의 이미지에 대해 하나의 이미지가 다른 이미지로 자연스럽게 변화하도록 하는 특수 효과를 뜻한다.

21.2, 08.3, 07.3

4. (   )은 이미지의 가장자리가 톱니 모양으로 표현되는 계단 현상을 없애기 위하여 경계선을 부드럽게 해주는 필터링 기술이다.

기출체크 정답

2. × 3. 모핑 4. 안티앨리어싱

SECTION 053

멀티미디어 그래픽 데이터

505601

24.5, 24.2, 23.5, 23.3, 23.2, 22.3, 22.1, 21.6, 21.5, 21.1, 20.상시, 19.상시, 18.상시, 18.1, 17.2, 16.3, 16.2, 15.3, 15.1, …

1 그래픽 데이터의 표현 방식

24.5, 24.2, 23.2, 22.3, 22.1, 21.5, 21.1, 20.상시, 19.상시, 18.상시, 17.2, 16.2, 15.1, 13.2, 12.1, 10.1, 09.4, 08.1, 07.2, 06.3, 03.3

❶ 비트맵(Bitmap)

- 점(Pixel, 화소)으로 이미지를 표현하는 방식으로, 래스터(Raster) 이미지라고도 한다.
- 이미지를 확대하면 테두리가 거칠게 표현되는 계단 현상(Aliasing)이 발생하기 때문에 이를 제거하는 안티앨리어싱(Anti-Aliasing) 처리를 해야 한다.
- 다양한 색상을 사용하므로 사진과 같은 사실적인 이미지를 표현할 수 있다.
- 화면 표시 속도가 빠르지만 이미지 저장 시 벡터 방식에 비해 많은 용량을 차지한다.
- **파일 형식** : BMP, TIF, GIF, JPEG, PNG 등
- **프로그램** : 그림판, 포토샵, 페인트샵 등

24.2, 23.5, 23.3, 21.6, 20.상시, 18.상시, 18.1, 17.2, 16.3, 16.2, 15.3, 13.2, 12.2, 09.1

❷ 벡터(Vector)

- 점과 점을 연결하는 직선이나 곡선을 이용하여 이미지를 표현하는 방식이다.
- 이미지를 확대해도 테두리가 거칠어지지 않고, 매끄럽게 표현된다.
- 단순한 도형과 같은 개체를 표현하기에 적합하다.
- **파일 형식** : AI, WMF 등
- **프로그램** : 일러스트레이터, 코렐드로우, 플래시 등

기출체크 ☑

24.5, 23.2, 22.3, 22.1, 21.5, 21.1, 19.상시, 17.2, 13.2, 12.1, 10.1

1. 다음 보기에서 비트맵 방식에 관한 설명으로 옳지 않은 것을 모두 고르시오. (　　　　)

ⓐ 래스터 방식이라고도 하며 다양한 색상을 사용하므로 사실 같은 이미지를 표현할 수 있다.
ⓑ 베지어, 스플라인 등의 곡선을 이용하여 이미지를 표현하며, 확대/축소 시 화질의 손상이 거의 없다.
ⓒ 이미지를 비트맵 방식으로 저장한 경우 벡터 방식에 비해 메모리를 적게 차지하지만 화면에 이미지를 보여 주는 속도는 느리다.
ⓓ 비트맵 파일 형식으로는 BMP, TIF, GIF, JPEG 등이 있다.

전문가의 조언

중요해요! 비트맵이나 벡터의 특징에 대한 문제가 자주 출제됩니다.

[기출 포인트]

- 비트맵 방식은 점(Pixel)으로 이미지를 표현한다.
- 비트맵 방식은 벡터 방식에 비해 메모리를 많이 차지한다.
- 벡터 방식은 곡선으로 이미지를 표현한다.
- 벡터 이미지는 일러스트레이터, 코렐드로우 등으로 편집할 수 있다.

기출체크 1번

ⓑ 벡터 방식에 대한 설명입니다.

ⓒ 비트맵 방식은 화면 표시 속도는 빠르지만 이미지를 확대하면 테두리가 거칠게 표현되고, 이미지 저장 시 벡터 방식에 비해 많은 용량을 차지합니다.

기출체크 정답

1. ⓑ, ⓒ

505602 ▶

24.3, 24.1, 23.1, 22.7, 22.5, 22.4, 22.2, 21.4, 21.2, 20.2, 18.2, 15.2, 14.1, 10.2, 09.2, 05.4, 05.3

2 그래픽 파일 형식

24.3, 22.5, 21.4, 21.2, 14.1, 09.2, 07.2, 05.4

❶ BMP*

- Windows의 표준 비트맵 파일 형식이다.
- 고해상도의 이미지를 표현할 수 있지만 압축을 하지 않으므로 파일의 크기가 크다.

24.3, 24.1, 23.1, 22.7, 22.5, 22.4, 22.2, 21.4, 21.2, 18.2, 15.2, 14.1, 09.2, 05.4

❷ JPEG*

- 사진과 같은 선명한 정지 영상을 표현하기 위한 국제 표준 압축 방식이다.
- 파일 크기가 작아 전송 시간을 단축할 수 있으므로 주로 인터넷에서 그림 전송에 사용한다.
- 24비트 컬러 사용으로 16,777,216(2^{24})가지의 색을 표현할 수 있다.
- 손실 압축* 기법과 무손실 압축* 기법을 사용한다.
- 평균 25:1의 압축률을 가지며, 사용자가 임의로 압축률을 지정할 수 있다.

24.3, 22.5, 21.4, 21.2, 20.2, 14.1, 10.2, 09.2, 05.4

❸ GIF*

- 인터넷 표준 그래픽 형식이다.
- 8비트 컬러를 사용하여 256(2^8)가지로 색의 표현이 제한된다.
- 애니메이션 표현이 가능하다.
- 무손실 압축 기법을 사용하여 선명한 화질을 제공한다.

24.3, 22.5, 21.4, 21.2

❹ PNG*

- 웹에서 고화질 이미지를 표현하기 위해 제정한 그래픽 형식이다.
- GIF를 대체하여 인터넷에서 사용할 수 있는 형식이지만 애니메이션은 표현할 수 없다.
- 8비트 알파 채널을 이용하여 부드러운 투명층을 표현할 수 있다.
- 무손실 압축 기법을 사용하며, 트루 컬러를 지원한다.

14.1, 09.2

❺ WMF*

Windows에서 기본적으로 사용하는 벡터 파일 형식이다.

❻ TIF*

호환성이 좋아 응용 프로그램 간 데이터 교환용으로 사용된다.

기출체크 ☑

24.3, 22.5, 21.4, 21.2, 14.1, 05.4

2. BMP는 Windows 운영체제의 표준 비트맵 파일 형식으로 압축하여 저장하므로 파일의 크기가 작은 편이다. (○, ×)

전문가의 조언

중요해요! BMP, JPEG, GIF의 특징에 대한 문제가 자주 출제됩니다.

[기출 포인트]

- BMP는 압축하지 않으므로 파일 크기가 크다.
- JPEG는 비트맵 방식이므로 확대하면 테두리가 거칠어진다.
- GIF는 비트맵 방식으로 이미지를 표현한다.
- PNG는 8비트 알파 채널을 이용한다.

비트맵/벡터 방식

BMP, JPEG, PNG, GIF, TIF는 비트맵 방식, WMF는 벡터 방식으로 이미지를 표현합니다.

손실 압축

복원한 데이터가 압축 전의 데이터와 완전히 일치하지 않는 것으로, 데이터에서 중복되는 내용을 제거하여 압축률을 높이는 것을 말합니다.

무손실 압축

복원한 데이터가 압축 전의 데이터와 완전히 일치하는 것을 말합니다.

기출체크 2번

BMP 파일 형식은 압축을 하지 않으므로 파일 크기가 큽니다.

기출체크 정답

2. ×

SECTION 054

멀티미디어 오디오/비디오 데이터

505701

24.5, 24.4, 22.5, 22.3, 21.7, 21.4, 21.2, 20.1, 19.2, 19.1, 17.2, 15.3, 14.3, 12.3, 08.1, 07.1, 06.4, 06.2, 05.4, 05.1, …

1 오디오 데이터

오디오 데이터는 사운드 카드에 의해 재생될 수 있는 소리를 담고 있는 데이터 파일을 말한다.

14.3, 07.1

❶ WAVE

- 아날로그 형태의 소리를 디지털 형태로 변형하는 샘플링 과정을 통해 작성된 데이터로, MS 사와 IBM 사에서 개발하였다.
- 낮은 레벨의 모노부터 CD 수준의 스테레오까지 다양한 수준으로 소리를 저장할 수 있다.
- 실제 소리가 저장되어 있으므로 재생은 쉽지만, 용량이 크다.

24.4, 15.3, 14.3, 12.3, 08.1, 07.1, 03.3

❷ MIDI(Musical Instrument Digital Interface)

- 전자악기 간의 디지털 신호에 의한 통신이나 컴퓨터와 전자악기 간의 통신 규약으로, 시퀀셜 서킷 사에서 개발하였다.
- 음의 높이와 길이, 음의 강약, 빠르기 등과 같은 연주 방법에 대한 명령어가 저장되어 있다.
- 음성이나 효과음의 저장이 불가능하고, 연주 정보만 저장되어 있으므로 크기가 작다.
- 시퀀싱 작업을 통해 작성되며, 16개 이상의 악기를 동시에 연주할 수 있다.
- MIDI 신호를 이용해 조명 제어, 무대 회전 등 전자악기 외의 다른 장비도 제어할 수 있다.

21.2, 19.1, 14.3, 06.4, 05.1

❸ MP3(MPEG Audio Player-3)

- 고음질 오디오 압축의 표준 형식으로, 프라운호퍼 사에서 개발하였다.
- MPEG-1의 압축 기술을 이용하여 음반 CD 수준의 음질을 유지하면서 용량을 1/12까지 압축할 수 있다.
- 인터넷 P2P* 음악 서비스에서 주로 사용되는 파일 형식이다.

20.1, 17.2

❹ AIFF(Audio Interchange File Format)

- Mac OS에서 표준으로 사용되는 오디오 파일 형식이다.
- 무손실 무압축 포맷이며, 고품질의 오디오 CD 제작에 사용한다.

전문가의 조언

오디오 데이터들의 개별적인 특징이나 P2P의 개념에 대한 문제가 출제되고 있습니다.

[기출 포인트]

- MIDI는 조명 제어, 무대 회전 등 다른 장비도 제어할 수 있다.
- MIDI는 시퀀셜 서킷 사에서 개발했다.
- P2P는 개인 대 개인의 파일 공유 기술이다.
- FLAC, AIFF, WAV는 사운드 관련 기술이다.

P2P

Peer To Peer의 약자로, 네트워크에서 개인 대 개인이 PC를 이용하여 서로 데이터를 공유하는 기술을 의미합니다.

20.1, 17.2

❺ FLAC(Free Lossless Audio Codec)

자이프닷오르그 재단이 만든 무손실 압축 포맷으로, 압축 효율은 낮지만 음원 손실이 거의 없다.

24.5, 22.5, 22.3, 21.7, 21.4, 19.2

잠깐만요 오디오 데이터의 파일 크기 구하기 / 시퀀싱(Sequencing) 505731

오디오 데이터의 파일 크기 구하기

- **오디오 데이터의 파일 크기 계산식** : 표본 추출률(Hz) × 샘플 크기(Bit)/8 × 시간(초) × 재생 방식(모노=1, 스테레오=2)
- 예를 들어, 44.1KHz의 스테레오 소리를 16비트로 샘플링하여 10초간 추출할 때 필요한 저장공간을 계산한다면
  44.1KHz × 16비트/8 × 10 × 2(스테레오)
  = 44100 × 2 × 10 × 2
  = 1,764,000byte
  = 1.76Mbyte가 됩니다.

시퀀싱(Sequencing)

- 컴퓨터를 이용하여 음악을 제작, 녹음, 편집하는 것을 말합니다.
- 시퀀싱 작업에 필요한 소프트웨어를 시퀀서라고 하며, 이를 통해 해당 음에 대한 악기를 지정하고, 음표 등을 입력할 수 있습니다.
- 시퀀서의 종류에는 Cubase, Cakewalk, Logic 등이 있습니다.

기출체크 ☑

24.4

1. MIDI는 조명 제어, 무대 회전 등과 다른 장비는 제어할 수 없다. (○, ×)

24.5, 22.5, 22.3, 21.7

2. (   )은 컴퓨터를 이용하여 음악을 제작, 녹음, 편집하는 작업을 의미한다.

505702

23.4, 21.8, 21.7, 20.2, 19.1, 17.1, 16.2, 16.1, 15.2, 14.2, 13.3, 13.1, 12.3, 12.1, 10.2, 09.4, 09.2, 09.1, 08.4, 08.3, …

2 비디오 데이터

비디오 데이터는 아날로그 데이터를 디지털화하여 영상으로 표현하는 데이터로, 용량이 커 대부분 압축하여 기록한다.

23.4, 21.8, 21.7, 20.2, 19.1, 17.1, 16.2, 14.2, 13.3, 13.1, 12.3, 10.2, 09.4, 09.2, 09.1, 08.4, 06.1, 04.4, 04.2, 03.4, 03.2, 03.1

❶ MPEG(Moving Picture Experts Group)

- 동영상 전문가 그룹에서 제정한 동영상 압축 기술에 대한 국제 표준 규격이다.
- 동영상뿐만 아니라 오디오도 압축할 수 있다.
- 프레임 간의 연관성을 고려하여 중복 데이터를 제거함으로써 압축률을 높이는 손실 압축 기법을 사용한다.
- MPEG-Video, MPEG-Audio, MPEG-System으로 구성된다.

전문가의 조언

오디오 파일의 크기 계산 시 필요한 요소와 시퀀싱의 개념을 묻는 문제가 출제되고 있습니다.

[기출 포인트]

- 오디오 파일의 크기 결정 요소는 **샘**플 크기, **표**본 추출률, **시**간, **재**생 방식이다.
- 시퀀싱은 컴퓨터로 음악을 제작 · 녹음 · 편집하는 작업이다.

기출체크 1번

MIDI 신호를 이용해 조명을 제어하거나 무대를 회전하는 등 전자악기 외의 다른 장비도 제어할 수 있습니다.

전문가의 조언

비디오 데이터의 각 형식의 특징에 대한 문제가 출제되고 있습니다.

[기출 포인트]

- MPEG는 동영상 전문가 그룹에서 제정했다.
- MPEG는 손실 압축 기법을 사용한다.
- MPEG-21은 디지털 콘텐츠의 생성 · 거래 · 전달 · 관리 등 전 과정을 관리하는 기술이다.

기출체크 정답

1. × 2. 시퀀싱(Sequencing)

• MPEG의 규격

MPEG-1	• CD와 같은 고용량 매체에서 동영상을 재생하기 위한 영상 압축 기술이다. • CD-I나 비디오CD 등이 이 규격을 따르고 있다.
12.3 MPEG-2	• MPEG-1의 화질을 개선하기 위한 것으로, ISO 13818로 규격화된 영상 압축 기술이다. • HDTV, 디지털 위성방송, DVD 등에서 사용한다.
21.8, 12.3, 09.4, … MPEG-4	• 통신 · PC · 방송 등을 결합하는 복합 멀티미디어 서비스의 통합 표준을 위한 영상 압축 기술로, MPEG-2의 압축률을 개선하였다. • IMT-2000 환경에서 영상 정보 압축 전송 시 필수적인 요소로 사용된다.
12.3, 09.4, 03.2 MPEG-7	멀티미디어 정보 검색이 가능한 동영상, 데이터 검색 및 전자상거래 등에 사용하도록 개발된 영상 압축 기술이다.
23.4, 21.7, 20.2, … MPEG-21	위의 MPEG 기술들을 통합해 디지털 콘텐츠의 제작 · 유통 · 보안 등 전 과정을 관리할 수 있는 영상 압축 기술이다.

17.1, 14.2, 13.3, 09.2, 04.4, 03.4, 03.1

❷ AVI(Audio Visual Interleaved)

- 마이크로소프트(MS) 사가 개발한 Windows의 표준 동영상 파일 형식이다.
- Windows에서 기본적으로 지원하므로 별도의 하드웨어 장치 없이 재생할 수 있다.

14.2, 13.3, 12.1, 09.2

❸ ASF/WMV(Advanced Streaming Format/Windows Media Video)

- 인터넷을 통해 오디오, 비디오 및 생방송 수신 등을 지원하는 마이크로소프트 사의 통합 멀티미디어 형식으로, 스트리밍*을 위한 표준 기술 규격이다.
- 용량이 작고, 음질이 뛰어나 주로 스트리밍 서비스를 하는 인터넷 방송국에서 사용된다.
- WMV는 ASF보다 최신 버전으로, ASF와 다른 코덱*을 사용한다.

스트리밍(Streaming)

웹에서 멀티미디어 데이터를 다운로드하면서 동시에 재생해 주는 기술입니다.

코덱(CODEC)

- 전송 및 보관을 위해 대용량의 동영상 및 사운드 파일을 압축(COmpress)하거나 압축을 푸는(DECompress)데 사용되는 모든 기술, 도구 등을 통칭하는 말입니다.
- 사용하는 소프트웨어마다 코덱이 다르므로 해당 소프트웨어에 맞는 코덱을 설치해야 합니다.

기출체크 ☑

23.4, 21.7, 20.2, 13.1

3. 디지털 콘텐츠의 생성 · 거래 · 전달 · 관리 등 전체 과정을 관리할 수 있는 기술로, 멀티미디어 프레임워크의 MPEG 표준은 (　　　　)이다.

21.8

4. MPEG는 프레임 간의 연관성을 고려하여 중복 데이터를 제거하는 (　　　) 압축 기법을 사용한다.

기출체크 정답
3. MPEG-21 4. 손실

SECTION
055 멀티미디어 활용

23.4, 22.1, 21.3, 13.1, 11.3

1 VOD(주문형 비디오)

VOD(Video On Demand)는 다양한 정보의 데이터베이스*를 구축하여 사용자가 요구하는 정보를 원하는 시간에 볼 수 있도록 전송하는 멀티미디어 서비스이다.

- 정보 제공자의 선택에 의해 정보를 서비스하는 것이 아니라 사용자의 선택에 의해 정보를 서비스해 준다.

기출체크

23.4, 22.1, 21.3, 13.1, 11.3

1. (　　　)는 다양한 영상 정보 데이터베이스를 구축하여 사용자가 요구하는 영상 정보를 원하는 시간에 볼 수 있도록 하는 서비스이다.

24.2, 23.3

2 OTT

- OTT(Over The Top)는 드라마, 영화 등의 영상 콘텐츠를 인터넷을 통해 제공하는 서비스이다.
- 스트리밍 기술을 기반으로 하기 때문에 셋톱박스나 PC, 스마트폰 등 인터넷이 연결된 각종 전자기기를 통해 영상을 시청할 수 있다.
- 사용자는 자신이 선호하는 콘텐츠를 검색하거나 알고리즘을 통해 콘텐츠를 추천받을 수 있다.

기출체크

24.2, 23.3

2. Over The Top에서 Top는 TV의 셋톱박스를 의미하며, 현재도 셋톱박스를 사용해야 서비스 이용이 가능하다. (○, ×)

13.1

3 증강현실(AR)*

증강현실(Augmented Reality)은 사용자가 눈으로 보는 현실 세계의 모습이나 실제 영상에 문자나 그래픽과 같은 가상의 3차원 정보를 실시간으로 겹쳐 보여주는 멀티미디어 기술을 말한다.

기출체크

13.1

3. (　　　)은 사용자가 눈으로 보는 현실 화면이나 실제 영상에 문자나 그래픽과 같은 가상의 3차원 정보를 실시간으로 겹쳐 보여주는 멀티미디어 기술을 의미한다.

전문가의 조언

최근에는 VOD의 개념과 OTT의 특징을 묻는 문제가 자주 출제되고 있습니다.

[기출 포인트]

- VOD는 사용자가 원하는 영상을 원하는 시간에 볼 수 있는 서비스이다.
- OTT는 셋톱박스, PC, 스마트폰 등을 통해 영상을 시청할 수 있다.
- 증강현실은 가상의 3차원 정보를 실시간으로 겹쳐 보여주는 멀티미디어 기술이다.

데이터베이스

여러 사용자들이 공동으로 사용하기 위하여 일정한 구조에 맞게 통합하여 저장된 자료의 집합을 말합니다.

기출체크 2번

초기에는 셋톱박스를 통해 각종 영상을 시청할 수 있었지만 현재는 셋톱박스를 비롯하여 PC, 스마트폰 등 인터넷이 연결된 각종 전자기기를 통해 영상을 시청할 수 있습니다.

증강현실

기출체크 정답

1. VOD(주문형 비디오) 2. × 3. 증강현실(AR)

기출문제 은행

22년 4회, 21년 1회, 16년 3회, 12년 2회, 10년 3회, 09년 3회

01 다음 중 컴퓨터에서 사용하는 멀티미디어의 특징에 관한 설명으로 옳지 않은 것은?

① 다양한 아날로그 데이터를 디지털 데이터로 변환하여 통합처리 하는 디지털화 특징이 있다.

② 정보 제공자와 사용자 간의 의견을 통한 상호 작용에 의해 데이터가 전달되는 쌍방향성의 특징이 있다.

③ 데이터가 사용자의 선택에 따라 다양하게 처리되는 것이 아니라 일정한 방향으로 순차적으로 처리되는 선형성의 특징이 있다.

④ 텍스트, 그래픽, 사운드, 동영상, 애니메이션 등의 여러 미디어를 통합하는 정보의 통합성 특징이 있다.

24년 5회, 22년 6회, 21년 6회, 3회

02 다음 중 사운드 카드 관련 용어에 대한 설명으로 옳지 않은 것은?

① 샘플링(Sampling)은 아날로그 신호를 디지털 신호로 변환하는 과정 중 한 단계이다.

② 샘플링률(Sampling Rate)이 높으면 높을수록 원음에 보다 가깝다.

③ 샘플링 주파수(Sampling Frequency)는 낮으면 낮을수록 좋다.

④ 샘플링 비트(Sampling Bit) 수는 음질에 영향을 미친다.

23년 4회, 22년 3회, 1회, 21년 5회, 20년 2회

03 다음 중 컴퓨터에서 사용하는 압축 프로그램에 관한 설명으로 옳지 않은 것은?

① 압축한 파일을 모아 재압축을 반복하면 파일 크기를 계속 줄일 수 있다.

② 여러 개의 파일을 압축하면 하나의 파일로 생성되어 파일 관리가 용이하다.

③ 대부분의 압축 프로그램에는 분할 압축이나 암호 설정 기능이 있다.

④ 파일의 전송시간과 비용을 절약하고, 디스크 공간을 효율적으로 사용할 수 있다.

22년 1회, 21년 5회

04 다음 중 이미지와 그래픽에서 사용되는 비트맵 방식의 파일 형식에 관한 설명으로 옳지 않은 것은?

① 래스터 방식이라고도 하며 다양한 색상을 사용하므로 사실 같은 이미지를 표현할 수 있다.

② 베지어, 스플라인 등의 곡선을 이용하여 이미지를 표현하며, 확대/축소 시 화질의 손상이 거의 없다.

③ 이미지를 확대하면 테두리가 거칠게 표현된다.

④ 비트맵 파일 형식으로는 BMP, GIF, JPEG 등이 있다.

24년 3회, 22년 5회, 21년 4회, 2회, 14년 1회, 09년 2회, 05년 4회

05 다음 중 그래픽 데이터 형식에 관한 설명으로 옳지 않은 것은?

① JPEG : 사진과 같은 선명한 정지 영상 압축 기술에 대한 국제 표준으로, 주로 인터넷에서 그림 전송에 사용된다.

② GIF : 인터넷 표준 그래픽 형식으로 8비트 컬러를 사용하여 최대 256 색상까지만 표현할 수 있으며, 애니메이션 표현이 가능하다.

③ PNG : 트루 컬러의 지원과 투명색 지정이 가능하다.

④ BMP : Windows 운영체제의 표준 비트맵 파일 형식으로 압축하여 저장하므로 파일의 크기가 작은 편이다.

24년 5회, 22년 5회, 3회, 21년 7회

06 다음 중 시퀀싱(Sequencing)에 대한 설명으로 옳은 것은?

① 컴퓨터를 이용하여 음악을 제작, 녹음, 편집하는 작업을 의미한다.

② 멀티미디어 데이터를 다운로드하면서 동시에 재생해 주는 기술이다.

③ 음성, 영상 등의 아날로그 신호를 디지털 신호로 변환하는 과정이다.

④ 전자악기 간의 디지털 신호에 의한 통신이나 컴퓨터와 전자악기 간의 통신규약이다.

해설은 158쪽에 있습니다.

24년 5회, 23년 5회, 22년 7회, 15년 1회

07 다음 중 멀티미디어와 관련된 그래픽 기법에 관한 설명으로 옳은 것은?

① 안티앨리어싱(Anti-Aliasing)은 제한된 색상을 조합하여 복잡한 색이나 새로운 색을 만드는 작업이다.

② 모델링(Modeling)은 3차원 애니메이션을 만드는 과정 중의 하나로 물체의 모형에 명암과 색상을 입혀 사실감을 더해 주는 작업이다.

③ 모핑(Morphing)은 2개의 이미지를 부드럽게 연결하여 변환 또는 통합하는 것으로 컴퓨터 그래픽, 영화 등에서 많이 사용된다.

④ 랜더링(Rendering)은 이미지 가장자리의 톱니 모양 같은 계단 현상을 제거하여 경계선을 부드럽게 하는 필터링 기술이다.

23년 5회

08 다음 중 이미지 데이터의 표현 방식에서 벡터(Vector) 방식에 관한 설명으로 옳은 것은?

① 픽셀로 이미지를 표현하며, 래스터(Raster) 이미지라고도 한다.

② 이미지를 확대해도 테두리가 거칠어지지 않고 매끄럽게 표현된다.

③ 다양한 색상을 이용하기 때문에 사실적 표현이 용이하다.

④ 저장 시 많은 용량을 차지한다.

24년 4회

09 다음 중 MIDI(Musical Instrument Digital Interface)에 대한 설명으로 옳지 않은 것은?

① 전자악기 간의 디지털 신호에 의한 통신이나 컴퓨터와 전자악기 간의 통신 규약이다.

② 파형 정보를 저장하지 않으므로 미디 신호를 재생하려면 미디 신호를 재생할 수 있는 전자악기를 사용해야 한다.

③ 조명 제어, 무대 회전 등과 다른 장비는 제어할 수 없다.

④ 게임 사운드 트랙과 스튜디오 녹음 등에 사용된다.

23년 4회, 22년 1회, 21년 5회

10 다음 중 컴퓨터에서 사용하는 멀티미디어 활용과 관련하여 VOD(Video On Demand) 서비스에 관한 설명으로 옳은 것은?

① 초고속 통신망을 이용하여 먼거리에 있는 사람들과 비디오와 오디오를 통해 회의를 할 수 있도록 하는 서비스이다.

② 다양한 영상 정보 데이터베이스를 구축하여 사용자가 요구하는 영상 정보를 원하는 시간에 볼 수 있도록 하는 서비스이다.

③ 다양한 장치를 통해 컴퓨터가 만들어낸 가상 세계에서 여러 다른 경험을 체험할 수 있게 하는 서비스이다.

④ 초고속 통신망을 이용하여 의료 활동 등을 할 수 있는 서비스이다.

24년 2회, 23년 3회

11 다음 중 OTT(Over The Top) 서비스에 대한 설명으로 옳지 않은 것은?

① Over The Top에서 Top는 TV의 셋톱박스를 의미하며, 현재도 생톱박스를 사용해야 서비스 이용이 가능하다.

② 전파나 케이블이 아닌 범용 인터넷망으로 방송 프로그램, 영화 등의 영상 콘텐츠를 제공한다.

③ 기존 방송 콘텐츠와 달리 사용자가 자신이 선호하는 콘텐츠를 검색하거나 알고리즘을 통해 콘텐츠를 추천받을 수 있다.

④ 실시간으로 재생되는 스트리밍 기술을 기반으로 한다.

▶ 정답 : 1. ③ 2. ③ 3. ① 4. ② 5. ④ 6. ① 7. ③ 8. ② 9. ③ 10. ② 11. ①

기출문제 해설

[문제 01] Section 051

멀티미디어 데이터는 사용자 선택에 따라 비순차적으로 처리되는 비선형성의 특징을 가진다.

[문제 02] Section 051

샘플링 주파수는 높을수록 좋다. 다만 많은 기억 용량이 필요하므로 원래 신호 주파수의 2배 정도가 적당하다.

[문제 03] Section 052

압축 프로그램은 한 번 압축할 때 각 프로그램의 기능을 사용하여 최대로 압축을 수행하기 때문에 재압축과 관련된 기능이 없으며, 동일한 파일에 대해 여러 번 압축을 수행해도 처음 압축 이후에는 압축 효과를 기대할 수 없다.

[문제 04] Section 053

②번은 벡터(Vector) 방식에 대한 설명이다.

[문제 05] Section 053

BMP 파일 형식은 압축을 하지 않으므로 파일의 크기가 크다.

[문제 06] Section 054

②번은 스트리밍(Streaming), ③번은 샘플링(Sampling), ④번은 MIDI에 대한 설명이다.

[문제 07] Section 052

- ① 안티앨리어싱(Anti-Aliasing)은 이미지의 가장자리가 톱니 모양으로 표현되는 계단 현상을 없애기 위하여 경계선을 부드럽게 해주는 필터링 기술을 의미한다. ①번은 디더링(Dithering)에 대한 설명이다.
- ② 모델링(Modeling)은 랜더링을 하기 전에 수행되는 작업으로, 물체의 형상을 3차원 그래픽으로 어떻게 표현할 것인지를 정하는 것이다. ②번은 랜더링(Rendering)에 대한 설명이다.

[문제 08] Section 053

①, ③, ④번은 비트맵(Bitmap) 방식에 대한 설명이다.

[문제 09] Section 054

MIDI 신호를 이용해 조명을 제어하거나 무대를 회전하는 것과 같이 전자악기 외의 다른 장비도 제어할 수 있다.

[문제 10] Section 055

①번은 VCS(화상회의 시스템), ③번은 가상현실(Virtual Reality), ④번은 원격 진료에 대한 설명이다.

[문제 11] Section 055

Over The Top에서 Top은 TV의 셋톱박스를 의미하며, 초기에는 셋톱박스를 통해 각종 영상을 시청할 수 있었지만 현재는 셋톱박스를 비롯하여 PC, 스마트폰 등 인터넷이 연결된 각종 전자기기를 통해 영상을 시청할 수 있다.

8장

컴퓨터 시스템 보호

SECTION
056 저작권 보호

전문가의 조언

저작권법의 조항으로 틀린 것을 찾는 문제가 출제되고 있습니다.

[기출 포인트]

저작권법은 프로그램 작성을 위한 프로그램 언어와 해법에는 적용되지 않는다.

저작권

소설, 시, 논문, 강연, 연술, 음악, 연극, 무용, 회화, 서예, 건축물, 사진, 영상, 지도, 도표, 컴퓨터 프로그램 저작물 등에 대하여 창작자가 가지는 권리를 말합니다.

기출체크 1번

저작권법은 프로그램을 작성하기 위하여 사용하는 프로그램 언어, 규약, 해법에는 적용되지 않습니다.

3505301

23.4, 22.1, 21.5, 15.3, 10.3, 09.2, 09.1

1 저작권*법

- 저작자의 권리와 이에 인접하는 권리를 보호하고 저작물의 공정한 이용을 도모함으로써 문화의 발전에 이바지함을 목적으로 한다.
- 저작권법은 프로그램을 작성하기 위하여 사용하고 있는 프로그램 언어, 규약 및 해법에는 적용하지 않는다.
- 원저작물을 번역, 편곡, 변형, 각색, 영상제작 그 밖의 방법으로 작성한 2차적 창작물은 독자적인 저작물로서 보호된다.
- 저작 재산권이 있는 소프트웨어를 복사하여 판매하였을 경우 저작권법에 저촉된다.

기출체크 ☑

23.4, 22.1, 21.5, 15.3, 10.3, 09.1

1. 저작권법은 프로그램을 작성하기 위하여 사용하고 있는 프로그램 언어와 해법에도 적용된다. (○, ×)

전문가의 조언

저작 재산권의 제한사항이 아닌 것을 찾는 문제가 출제되고 있습니다.

[기출 포인트]

- 영리를 목적으로 하지 않는 공연 · 방송에 이용할 경우 저작 재산권이 제한된다.
- 도서관 등 대통령령으로 정한 시설에서 복제할 경우 저작 재산권이 제한된다.

기출체크 2번

영리를 목적으로 하지 않는 공연 · 방송인 경우 저작 재산권이 제한됩니다.

기출체크 정답

1. × 2. ×

3505302

22.7, 16.1, 13.3

2 저작 재산권의 제한

- 영리를 목적으로 하지 않는 공연 · 방송에 이용할 경우
- 학교 교육 목적 등에 이용할 경우
- 보도 · 비평 · 교육 · 연구 등에 공표된 저작물을 인용할 경우
- 재판 절차 등에 복제할 경우
- 시사 보도에 이용할 경우
- 사적 이용을 위하여 복제할 경우
- 도서관 등 대통령령으로 정한 시설에서 복제할 경우
- 시험문제로 복제할 경우
- 시각장애인이나 청각장애인 등을 위하여 복제할 경우
- 방송 사업자가 일시적으로 녹음 · 녹화할 경우

기출체크 ☑

22.7

2. 영리를 목적으로 하는 공연 · 방송에 이용할 경우 저작 재산권이 제한된다. (○, ×)

SECTION 057

바이러스(Virus)

505801 ▶

24.1, 22.2, 21.1, 19.2, 18.1, 17.1

1 바이러스의 개요

바이러스는 컴퓨터의 정상적인 작동을 방해하기 위해 운영체제나 저장된 데이터에 손상을 입히는 프로그램이다.

- 바이러스는 디스크의 부트 영역이나 프로그램 영역에 숨어 있는다.
- 바이러스는 복제 · 은폐 · 파괴 기능을 갖고 있다.
- 바이러스는 주로 인터넷과 같은 통신 매체를 통해 다운로드한 파일이나 외부에서 복사해 온 파일 등을 통해 감염된다.
- 바이러스는 소프트웨어뿐만 아니라 하드웨어의 성능에도 영향을 미칠 수 있다.

기출체크 ☑

24.1, 22.2, 19.2

1. 바이러스는 컴퓨터 하드웨어와 무관하게 소프트웨어에만 영향을 미친다. (○, ×)

505802 ▶

22.3, 17.2

2 바이러스의 분류

바이러스는 감염 대상에 따라 부트, 파일, 매크로 바이러스로 구분한다.

파일 바이러스	• 실행 파일을 감염시키는 바이러스이다. • 종류 : 예루살렘, CIH, Sunday 등
부트 바이러스	• 부트 섹터(Boot Sector)를 손상시키는 바이러스이다. • 종류 : 브레인, 미켈란젤로, Monkey 등
부트/파일 바이러스	• 파일 바이러스와 부트 바이러스의 특징을 모두 가진 바이러스이다. • 종류 : Invader, 에볼라 등
매크로 바이러스	• 주로 MS-Office에서 사용하는 매크로 기능을 이용하여 다른 파일을 감염시키는 바이러스이다. • 종류 : 멜리사, Laroux 등

전문가의 조언

바이러스의 개념이나 특징에 대한 문제가 출제되고 있습니다.

[기출 포인트]

- 바이러스는 컴퓨터의 정상적인 작동을 방해한다.
- 바이러스는 소프트웨어와 하드웨어에 영향을 미친다.
- 바이러스는 통신 매체나 외부의 복사 파일 등을 통해 감염된다.

기출체크 1번

바이러스는 소프트웨어뿐만 아니라 하드웨어의 성능에도 영향을 미칠 수 있습니다.

기출체크 정답

1. ×

전문가의 조언

연결형 바이러스의 개념을 묻는 문제가 출제되고 있습니다.

[기출 포인트]

연결형 바이러스는 프로그램의 시작 위치를 바이러스의 시작 위치로 변경한다.

22.3, 17.2

잠깐만요 파일 바이러스의 유형

505831

파일 바이러스는 감염 위치나 감염되는 파일의 종류 등에 따라 다음과 같은 유형으로 나뉩니다.

22.3, 17.2 **연결형 바이러스**	프로그램을 직접 감염시키지 않고 디렉터리 영역에 저장된 프로그램의 시작 위치를 바이러스의 시작 위치로 변경하는 바이러스이다.
기생형 바이러스	원래 프로그램에 손상을 주지 않고 앞이나 뒤에 기생하는 바이러스로, 대부분의 파일 바이러스가 여기에 속한다.
겹쳐쓰기형 바이러스	원래 프로그램이 있는 곳의 일부에 겹쳐서 존재하는 바이러스이다.
산란형 바이러스	EXE 파일을 감염시키지 않고 같은 이름의 COM 파일을 만들어 바이러스를 넣어 둔다.

기출체크 ☑

22.3, 17.2

2. 프로그램을 직접 감염시키지 않고 디렉터리 영역에 저장된 프로그램의 시작 위치를 바이러스의 시작 위치로 변경하는 파일 바이러스 유형은 (   )이다.

전문가의 조언

바이러스의 감염 증상에 대한 문제가 출제됩니다.

[기출 포인트]

바이러스에 감염되면 파일 크기가 커지고, 실행 속도가 느려진다.

505803

23.1, 21.4

3 바이러스의 감염 증상

- 시스템 파일이 손상되어 부팅(Booting)이 정상적으로 수행되지 않는다.
- 파일의 크기가 커지며, 감염된 파일을 메모리로 옮길 경우 메모리 공간이 줄어든다.
- 파일의 작성 날짜 및 크기가 변경된다.
- 디스크를 인식하지 못하거나, 디스크의 내용이 삭제되고 디스크 볼륨명이 변경되기도 한다.
- 실행 파일이 감염되면 프로그램이 실행되지 않거나 속도가 느려진다.
- 특정 날짜가 되면 화면에 이상한 메시지가 표시된다.

기출체크 ☑

23.1, 21.4

3. 바이러스에 감염되면 파일의 크기가 작아지고, 프로그램의 실행 속도가 빨라진다. (○, ×)

기출체크 3번

바이러스에 감염되면 파일의 크기가 커지고, 프로그램의 실행 속도가 느려집니다.

기출체크 정답

2. 연결형 바이러스 3. ×

505804 ▶

4 바이러스의 감염 경로와 예방법

22.6, 11.2, 09.2, 05.4

- 통신망을 통해 다운로드한 파일이나 복사해 온 파일은 반드시 바이러스 검사를 수행한다.
- 네트워크를 통해 감염될 수 있으므로 공유 폴더의 속성은 '읽기 전용'으로 지정한다.
- 발신자가 불분명한 전자우편은 열어보지 않고 바로 삭제하거나 바이러스 검사를 수행한 후 열어본다.
- 바이러스에 감염된 것으로 예상되는 프로그램이나 자료는 바이러스 검사를 수행한 후 사용한다.
- 외부의 불법적인 침입을 막을 수 있는 방화벽을 설정하여 사용한다.
- 중요한 자료는 정기적으로 백업한다.
- 백신 프로그램*의 시스템 감시 및 인터넷 감시 기능을 이용해서 바이러스를 예방한다.
- 가장 최신 버전의 백신 프로그램을 사용하여 주기적으로 바이러스 검사를 수행하고 치료한다.

기출체크 ☑

22.6, 09.2

4. 바이러스에 감염된 것으로 예상되는 모든 프로그램이나 자료는 삭제한다. (○, ×)

전문가의 조언

바이러스의 예방법에 대한 문제가 출제되고 있습니다.

[기출 포인트]

- 바이러스 예방을 위해 공유 폴더의 속성을 '읽기 전용'으로 설정한다.
- 바이러스 감염이 예상되는 프로그램이나 자료는 바이러스 검사를 수행한 후 사용한다.

백신 프로그램

바이러스에 감염된 컴퓨터를 치료하기 위한 프로그램으로, 종류에는 V3 365, 알약, 바이로봇, Norton Anti Virus 등이 있습니다.

기출체크 4번

바이러스에 감염된 것으로 예상되는 프로그램이나 자료는 바이러스 검사를 수행한 후 사용합니다.

기출체크 정답

4. ×

SECTION 058

정보 보안 개요

전문가의 조언

보안 요건이 아닌 것을 찾거나 보안 요건들의 개별적인 의미를 묻는 문제가 출제되고 있습니다.

[기출 포인트]

- 인증은 정보를 보내오는 사람의 신원을 확인하는 것이다.
- 정보 보안 요건에는 무결성, 부인 방지, 가용성, 인증, 기밀성이 있다.

505901

23.2, 22.6, 21.7, 21.3, 15.2, 06.3

1 보안의 정의와 보안 요건

보안이란 컴퓨터 시스템 및 컴퓨터에 저장된 정보들을 외부의 불법적인 침입으로부터 보호하는 것을 의미한다.

- 시스템 및 정보의 보안에는 다음과 같이 기본적으로 충족해야 할 요건들이 있다.

요건	의미
23.2, 22.6, 21.7, 21.3, 15.2, 06.3 **기밀성(Confidentiality, 비밀성)**	• 시스템 내의 정보와 자원은 인가된 사용자에게만 접근이 허용된다. • 정보가 전송 중에 노출되더라도 데이터를 읽을 수 없다.
23.2, 22.6, 21.7, 21.3, 15.2, 06.3 **무결성(Integrity)**	• 시스템 내의 정보는 인가된 사용자만 수정할 수 있다. • 정보의 내용이 전송 중에 수정되지 않고 전달되는 것을 의미한다.
23.2, 21.7 **가용성(Availability)**	인가받은 사용자는 언제라도 사용할 수 있다.
15.2, 06.3 **인증(Authentication)**	• 정보를 보내오는 사람의 신원을 확인한다. • 사용자를 식별하고, 사용자의 접근 권한을 검증한다.
23.2, 22.6, 21.7, 21.3, 06.3 **부인 방지 (Non Repudiation)**	데이터를 송·수신한 자가 송·수신 사실을 부인할 수 없도록 송·수신 증거를 제공한다.

기출체크 ☑

23.2, 21.7, 06.3

1. 정보를 보내오는 사람의 신원을 확인하는 것을 (　　)이라고 한다.

전문가의 조언

위조의 의미를 묻는 문제가 출제되고 있습니다.

[기출 포인트]

- 위조는 자료가 다른 송신자로부터 전송된 것처럼 꾸미는 행위이다.
- 수정은 무결성을 저해한다.

505902

24.2, 23.3, 23.1, 21.2, 11.1, 08.4

2 보안 위협의 유형

유형	의미	위협 보안 요건
24.2 **가로막기(Interruption, 흐름차단)**	데이터의 정상적인 전달을 가로막아서 흐름을 방해하는 행위이다.	가용성 저해
24.2, 08.4 **가로채기(Interception)**	송신된 데이터가 수신지까지 가는 도중에 몰래 보거나 도청하여 정보를 유출하는 행위이다.	기밀성 저해
24.2 **수정(Modification, 변조)**	전송된 데이터를 원래의 데이터가 아닌 다른 내용으로 바꾸는 행위이다.	무결성 저해
24.2, 23.3, 23.1, 21.2, 11.1 **위조(Fabrication)**	마치 다른 송신자로부터 데이터가 송신된 것처럼 꾸미는 행위이다.	무결성 저해

기출체크 정답

1. 인증

기출체크 ☑

23.3, 23.1, 21.2, 11.1

2. 자료가 다른 송신자로부터 전송된 것처럼 꾸미는 행위를 (   )라고 한다.

24.5, 22.5, 22.4, 22.3, 21.6, 21.4, 20.1, 19.1, 18.2, 16.2, 15.3, 15.1, 14.2, 14.1, 08.3, 07.3, 06.4, 05.2, 05.1, 04.3

505903

3 보안 위협의 형태

형태	의미
24.5, 22.5, 21.6, 21.4, 20.1, 19.1, … **분산 서비스 거부 공격(DDoS; Distributed Denial of Service)**	여러 대의 장비를 이용하여 대량의 데이터를 특정 서버에 집중적으로 전송하여 특정 서버가 정상적으로 작동하지 못하게 하는 공격이다.
24.5, 18.2, 16.2, 15.1, 14.1, 08.3, … **스니핑(Sniffing)**	네트워크 주변을 지나다니는 패킷을 엿보면서 계정과 패스워드 등의 정보를 가로채는 행위로, 이때 사용하는 프로그램을 스니퍼(Sniffer)라고 한다.
24.5, 22.5, 21.6, 16.2, 15.3, 14.1, … **스푸핑(Spoofing)**	눈속임에서 파생된 것으로, 검증된 사람이 네트워크를 통해 데이터를 보낸 것처럼 데이터를 변조하여 접속을 시도하는 침입 형태이다.
22.5, 22.4, 22.3, 21.6, 15.3, 08.3 **피싱(Phishing)**	거짓 메일을 발송하여 특정 금융기관 등의 가짜 웹 사이트로 유인한 후 관련 금융기관과 관련된 ID, 암호, 계좌번호 등의 정보를 빼내는 기법이다.
24.5, 22.5, 21.6, 16.2, 15.3, 14.1, … **키로거(Key Logger)**	키보드상의 키 입력 캐치 프로그램을 이용하여 ID나 암호와 같은 개인 정보를 빼내어 악용하는 기법이다.
15.3, 14.1 **백도어(Back Door, Trap Door)**	인가받은 서비스 기술자나 유지보수 프로그래머들의 액세스 편의를 위해 보안을 제거하여 만든 비밀통로를 이르는 말로, 시스템에 무단 접근하기 위한 일종의 비상구로 사용된다.
크래킹(Cracking)	어떤 목적을 가지고 타인의 시스템에 불법으로 침입하여 정보를 파괴하거나 정보의 내용을 자신의 이익에 맞게 변경하는 행위로, 이런 일을 하는 사람을 크래커(Cracker)라고 부른다.
트로이 목마(Trojan Horse)	정상적인 기능을 하는 프로그램으로 가장하여 프로그램 내에 숨어 있다가 해당 프로그램이 동작할 때 활성화되어 부작용을 일으키는 것으로, 자기복제 능력은 없다.
22.3 **혹스(Hoax)**	실제로는 악성코드로 행동하지 않으면서 겉으로는 악성코드인 것처럼 가장하여 행동하는 소프트웨어이다.
드롭퍼(Dropper)	정상적인 파일 등에 트로이 목마나 웜, 바이러스가 숨겨진 형태를 일컫는 말이다.
스파이웨어(Spyware)	적절한 사용자 동의 없이 사용자 정보를 수집하는 프로그램, 또는 적절한 사용자 동의 없이 설치되어 사용을 불편하게 하거나 사생활을 침해하는 프로그램이다.

전문가의 조언

중요해요! 보안 위협 형태들의 개별적인 의미를 묻는 문제들이 자주 출제되고 있습니다.

[기출 포인트]

- 분산 서비스 공격은 특정 서버에 대량의 데이터를 집중적으로 전송하는 행위이다.
- 스니핑은 네트워크의 패킷을 엿보면서 계정과 패스워드를 알아내는 행위이다.
- 키로거는 키 입력 캐치 프로그램을 사용하여 ID나 암호를 알아내는 행위이다.
- 패스워드를 찾아내는 해킹 기법에는 스니핑, 피싱, 키로거 등이 있다.

기출체크 ☑

24.5, 22.5, 21.4, 20.1, 19.1, 14.2

3. 여러 대의 장비를 이용하여 특정 서버에 대량의 데이터를 집중적으로 전송함으로써 서버의 정상적인 동작을 방해하는 보안 위협 형태는 (   )이다.

기출체크 정답
2. 위조 3. 분산 서비스 거부 공격(DDoS)

SECTION 059

정보 보안 기법

1 정보 보안 기법의 개요

보안 기법이란 침입자로부터 시스템을 안전하게 보호하기 위해 행해지는 방법을 말한다.

- 대표적인 보안 기법에는 방화벽과 암호화가 있다.

506002

24.5, 24.4, 24.3, 24.2, 24.1, 23.3, 22.7, 22.5, 22.2, 21.8, 21.7, 21.6, 21.2, 20.2, 19.2, 19.1, 18.2, 18.1, 17.2, 17.1, …

2 방화벽(Firewall)

중요해요! 방화벽의 특징에 대한 문제가 자주 출제됩니다.

[기출 포인트]

- 방화벽은 내부로부터의 해킹은 막지 못한다.
- 방화벽의 기능에는 인증, 데이터 암호화, 접근 제어, 로깅과 감사 추적이 있다.

방화벽의 개념

방화벽은 '명백히 허용되지 않은 것은 금지한다'라는 적극적 방어 개념을 갖고 있습니다.

네트워크 통로 단일화

방화벽은 IP 주소 및 포트 번호를 이용하거나 사용자 인증을 기반으로 접속을 차단하여 네트워크의 통로를 단일화합니다.

방화벽*은 보안이 필요한 네트워크의 통로를 단일화*하여 관리함으로써 외부의 불법 침입으로부터 내부의 정보 자산을 보호하기 위한 시스템이다.

- 내부 네트워크에서 외부로 나가는 패킷은 그대로 통과시키고, 외부에서 내부 네트워크로 들어오는 패킷은 내용을 엄밀히 체크하여 인증된 패킷만 통과시키는 구조로, 해킹 등에 의한 외부로의 정보 유출을 막기 위해 사용하는 보안 시스템이다.
- 방화벽은 역추적 기능이 있어서 외부의 침입자를 역추적하여 흔적을 찾을 수 있다.
- 방화벽 시스템이 보안에 완벽한 것은 아니다. 특히 내부로부터의 불법적인 해킹은 막지 못한다.
- 방화벽을 운영하면 네트워크의 부하가 증가되며, 증가된 트래픽은 게이트웨이로 집중된다.
- 방화벽의 기능에는 인증(Authentication), 데이터 암호화, 접근 제어(Access Control), 로깅(Logging)과 감사 추적(Audit Trail) 등이 있다.

전문가의 조언

프록시 서버의 기능을 묻는 문제가 출제되고 있습니다.

[기출 포인트]

프록시 서버는 방화벽 기능과 캐시 기능이 있다.

21.8, 21.7, 19.2, 16.2, 12.1, 08.3, 06.1, 05.4, 03.4

506031

잠깐만요 프록시 서버(Proxy Server)

- 프록시 서버는 PC 사용자와 인터넷 사이에서 중계자 역할을 하는 서버입니다.
- 프록시 서버의 기능

방화벽 기능	컴퓨터 시스템에 방화벽을 설치하는 경우 외부와 연결하여 통신이 가능하도록 하며, HTTP, FTP, Gopher 프로토콜을 지원한다.
캐시 기능	많은 요청이 발생하는 데이터를 프록시 서버에 저장해 두었다가 요청이 있을 경우 신속하게 전송한다.

기출체크 ☑

22.7, 22.2, 21.6, 20.2, 17.2, 15.1, 07.2
1. 방화벽 시스템은 내부와 외부로부터 불법적인 해킹을 완전히 차단할 수 있다. (○, ×)

21.8, 21.7, 19.2, 16.2
2. 프록시(Proxy) 서버의 기능에는 (　　　　) 기능과 (　　　　) 기능이 있다.

기출체크 1번

방화벽은 내부로부터의 불법적인 해킹은 막지 못합니다.

506003 ▶

23.5, 23.4, 23.2, 22.1, 21.8, 21.5, 21.1, 20.2, 20.1, 18.2, 16.3, 16.1, 15.2, 13.2, 13.1, 12.3, 11.3, 10.2, 10.1, 08.2, …

3 암호화(Encryption)

암호화는 데이터를 보낼 때 송신자가 지정한 수신자 이외에는 그 내용을 알 수 없도록 평문을 암호문으로 변환하는 것이다.

23.4, 23.2, 22.1, 21.8, 21.5, 21.1, 20.2, 20.1, 16.1, 15.2, 13.2, 11.3, 10.1, 07.4, 05.3

❶ 비밀키 암호화 기법

- 비밀키 암호화 기법은 동일한 키로 데이터를 암호화하고 복호화한다.
- 복호화 키를 아는 사람은 누구든지 암호문을 복호화할 수 있으므로 복호화 키의 비밀성을 유지하는 것이 중요하다.
- 비밀키 암호화 기법은 대칭 암호화 기법 또는 단일키 암호화 기법이라고도 하며, 대표적으로 DES(Data Encryption Standard)가 있다.
- **장점** : 암호화·복호화 속도가 빠르며, 알고리즘이 단순하고 파일 크기가 작다.
- **단점** : 사용자의 증가에 따라 관리해야 할 키의 수가 상대적으로 많아진다.

23.5, 21.1, 18.2, 16.3, 15.2, 12.3, 10.2, 08.2, 05.3

❷ 공개키 암호화 기법

- 공개키 암호화 기법은 서로 다른 키로 데이터를 암호화하고 복호화한다.
- 데이터를 암호화할 때 사용하는 키(공개키, Public key)는 공개하고, 복호화할 때의 키(비밀키, Secret key)는 비밀로 한다.
- 공개키 암호화 기법은 비대칭 암호화 기법이라고도 하며, 대표적으로 RSA(Rivest Shamir Adleman)가 있다.
- **장점** : 키의 분배가 용이하고, 관리해야 할 키의 개수가 적다.
- **단점** : 암호화·복호화 속도가 느리며, 알고리즘이 복잡하고 파일 크기가 크다.

전문가의 조언

중요해요! 비밀키와 공개키 암호화 기법의 특징에 대한 문제가 자주 출제됩니다.

[기출 포인트]

- 비밀키 암호화 기법은 알고리즘이 단순하다.
- 공개키 암호화 기법에는 대표적으로 RSA가 있다.
- 공개키 암호화 기법은 암호화 키는 공개하고, 복호화 키는 비공개한다.

기출체크 ☑

23.4, 22.1, 21.8, 21.5, 20.1, 16.1
3. 비밀키 암호화 기법은 복잡한 알고리즘으로 인해 암호화와 복호화 속도가 느리다. (○, ×)

21.1, 15.2, 05.3
4. 공개키 암호화 기법에서는 (　　　　) 할 때 사용하는 키는 비밀로 하고, (　　　　) 할 때 사용하는 키는 공개하는 방식을 사용한다.

기출체크 3번

비밀키 암호화 기법은 알고리즘이 단순하여 암호화나 복호화 속도가 빠릅니다.

기출체크 정답

1. × 2. 방화벽, 캐시 3. × 4. 복호화, 암호화

기출문제 은행

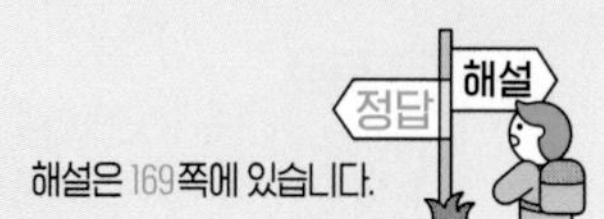

23년 4회, 22년 1회, 21년 5회, 15년 3회, 10년 3회, 09년 1회

01 다음 중 저작권법에 대한 설명으로 가장 적절하지 않은 것은?

① 저작권법은 저작자의 권리를 보호함을 목적으로 한다.

② 원저작물을 번역, 편곡, 변형 등의 방법으로 작성한 2차적 저작물도 독자적인 저작물로서 보호된다.

③ 프로그램을 작성하기 위하여 사용하고 있는 프로그램 언어와 해법에도 적용된다.

④ 저작 재산권이 있는 소프트웨어를 복사하여 판매한 경우 저작권법에 저촉된다.

24년 1회, 22년 2회, 19년 2회

02 다음 중 바이러스에 대한 설명으로 옳지 않은 것은?

① 컴퓨터 하드웨어와 무관하게 소프트웨어에만 영향을 미친다.

② 감염 부위에 따라 부트 바이러스와 파일 바이러스로 구분한다.

③ 사용자 몰래 스스로 복제하여 다른 프로그램을 감염시키고, 정상적인 프로그램이나 다른 데이터 파일 등을 파괴한다.

④ 주로 복제품을 사용하거나 통신 매체를 통하여 다운받은 프로그램에 의해 감염된다.

22년 6회, 21년 3회

03 정보 시스템을 통하여 전자문서를 전송하기 위해서는 정보 보호를 위하여 보안 서비스가 필요하다. 다음 중 보안 서비스에 해당하지 않는 것은?

① 부인 방지 ② 기밀성
③ 무결성 ④ 확장성

22년 5회, 21년 6회, 15년 3회

04 다음 중 시스템 보안과 관련한 불법적인 형태에 대한 설명으로 옳지 않은 것은?

① 피싱(Phishing)은 거짓 메일을 보내서 가짜 금융기관 등의 가짜 웹 사이트로 유인하여 정보를 빼내는 행위이다.

② 스푸핑(Spoofing)은 검증된 사람이 네트워크를 통해 데이터를 보낸 것처럼 데이터를 변조하여 접속을 시도하는 행위이다.

③ 분산 서비스 거부 공격(DDoS)은 마이크로소프트사의 MS-DOS를 운영체제로 사용하는 컴퓨터에 네트워크를 통해 불법적으로 접속하는 행위이다.

④ 키로거(Key Logger)는 키 입력 캐치 프로그램을 사용하여 ID나 암호를 알아내는 행위이다.

22년 7회, 2회, 20년 2회, 16년 3회

05 다음 중 시스템 보안을 위해 사용하는 방화벽(Firewall)에 대한 설명으로 적절하지 않은 것은?

① IP 주소 및 포트 번호를 이용하거나 사용자 인증을 기반으로 접속을 차단하여 네트워크의 출입로를 단일화 한다.

② '명백히 허용되지 않은 것은 금지한다'라는 적극적 방어 개념을 가지고 있다.

③ 방화벽을 운영하면 바이러스와 내/외부의 새로운 위험에 효과적으로 대처할 수 있다.

④ 로그 정보를 통해 외부 침입의 흔적을 찾아 역추적 할 수 있다.

23년 4회, 22년 1회, 21년 8회, 5회, 20년 1회, 16년 1회

06 다음 중 정보 보안을 위한 비밀키 암호화 기법에 대한 설명으로 옳지 않은 것은?

① 비밀키 암호화 기법의 안전성은 키의 길이 및 키의 비밀성 유지 여부에 영향을 많이 받는다.

② 암호화와 복호화 시 사용하는 키가 동일한 암호화 기법이다.

③ 복잡한 알고리즘으로 인해 암호화와 복호화 속도가 느리다.

④ 사용자가 증가할 경우 상대적으로 관리해야 할 키의 수가 많아진다.

21년 8회, 7회, 19년 2회, 16년 2회

07 다음 중 컴퓨터 통신에서 사용하는 프록시(Proxy) 서버의 기능으로 옳은 것은?

① 내부 불법 해킹 차단 기능

② 방화벽 기능과 캐시 기능

③ 네트워크 병목현상 해결 기능

④ FTP 프로토콜 연결 해제 기능

▶ 정답 : 1. ③ 2. ① 3. ④ 4. ③ 5. ③ 6. ③ 7. ②

기출문제 해설

[문제 01] Section 056

저작권법은 프로그램을 작성하기 위하여 사용하는 프로그램 언어, 규약, 해법에는 적용되지 않는다.

[문제 02] Section 057

바이러스는 소프트웨어뿐만 아니라 하드웨어의 성능에도 영향을 미칠 수 있다.

[문제 03] Section 058

정보 보호를 위한 보안 서비스에는 부인방지, 기밀성, 무결성, 가용성, 인증이 있다.

[문제 04] Section 058

분산 서비스 거부 공격(DDoS)은 여러 대의 컴퓨터를 이용하여 대량의 데이터를 한 곳의 서버에 집중적으로 전송함으로써 특정 서버의 정상적인 기능을 방해하는 형태의 공격을 말한다.

[문제 05] Section 059

방화벽은 외부의 불법적인 침입은 막을 수 있지만 내부로부터의 불법적인 위험은 막지 못한다.

[문제 06] Section 059

- 비밀키 암호화 기법은 알고리즘이 단순하여 암호화나 복호화 속도가 빠르다.
- 복잡한 알고리즘으로 인해 암호화와 복호화 속도가 느린 기법은 공개키 암호화 기법이다.

[문제 07] Section 059

프록시 서버(Proxy Server)는 PC 사용자와 인터넷 사이에서 중계자 역할을 하는 서버로, 방화벽 기능과 캐시 기능이 있다.

2 과목

스프레드시트 일반

1장 입력 및 편집

2장 수식 활용

3장 차트 작성

4장 출력

5장 데이터 관리

6장 데이터 분석

7장 매크로 작성과 VBA 프로그래밍

1장

입력 및 편집

SECTION 060

엑셀의 화면 구성

4307402 ▶

1 화면 구성

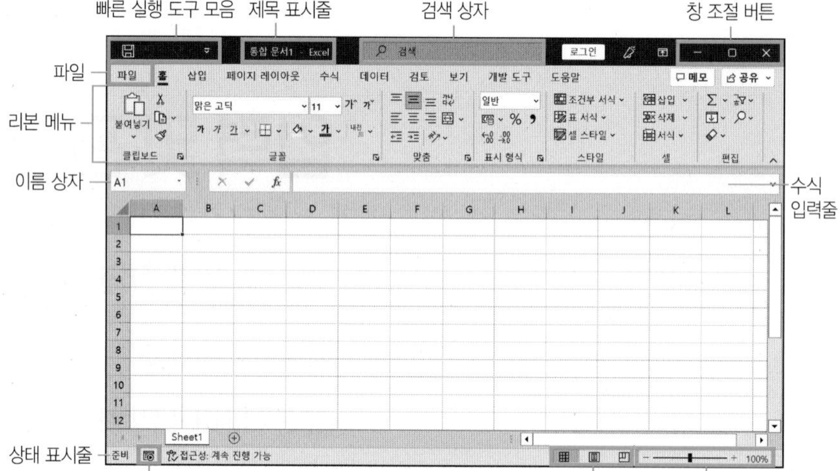

506102 ▶

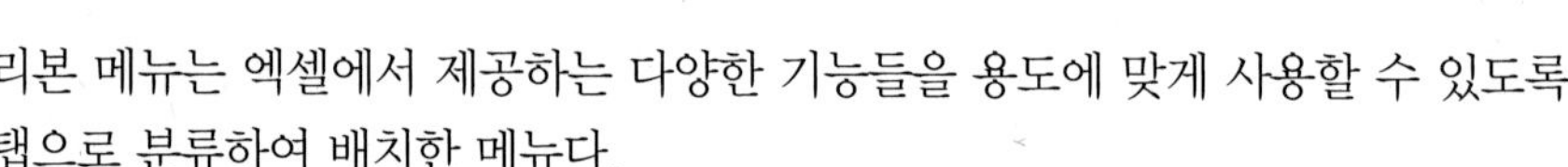

19.2, 15.1, 14.3, 14.1

2 리본 메뉴

리본 메뉴는 엑셀에서 제공하는 다양한 기능들을 용도에 맞게 사용할 수 있도록 탭으로 분류하여 배치한 메뉴다.

- 리본 메뉴는 탭, 그룹, 명령*으로 구성되어 있다.
  - 탭 종류 : 홈, 삽입, 페이지 레이아웃, 수식, 데이터, 검토, 보기, 개발 도구, 도움말 등
- Alt나 F10을 누르면 리본 메뉴에 바로 가기 키가 표시된다.
- 리본 메뉴를 감추거나 표시하는 방법
  - 방법 1 : 리본 메뉴를 마우스 오른쪽 버튼으로 클릭하면 표시되는 바로 가기 메뉴에서 [리본 메뉴 축소] 선택
  - 방법 2 : Ctrl + F1 누름
  - 방법 3 : 활성 탭의 이름을 더블클릭함

기출체크 ☑

19.2, 14.1

1. 리본 메뉴를 최소화하거나 원래 상태로 되돌리려면 바로 가기 키 (   )을 누른다.

매크로 기록 / 보기 바로 가기 / 확대/축소 슬라이더

상태 표시줄의 바로 가기 메뉴를 이용하여 표시 여부를 지정할 수 있습니다.

전문가의 조언

리본 메뉴를 최소화하는 방법이나 리본 메뉴의 특징을 묻는 문제가 출제된 적이 있습니다.

[기출 포인트]

- 리본 메뉴를 최소화하려면 Ctrl+F1을 누른다.
- 리본 메뉴에 바로 가기 키를 표시하려면 Alt나 F10을 누른다.

리본 메뉴

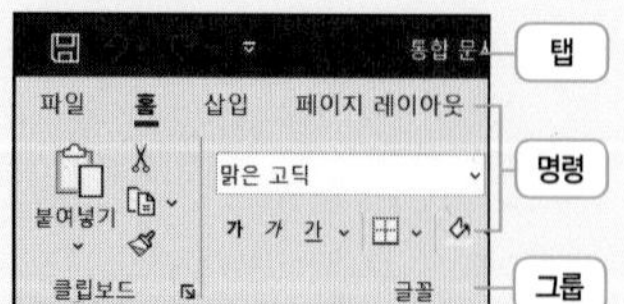

기출체크 정답

1. Ctrl+F1

506103

24.5, 22.6, 22.3, 22.2, 22.1, 21.5, 20.2, 20.1, 18.2, 15.3

3 상태 표시줄

상태 표시줄은 현재의 작업 상태나 선택한 명령에 대한 기본적인 정보가 표시되는 곳이다.

- 상태 표시줄에는 [상태 표시줄 사용자 지정], '매크로 기록(아이콘)' 아이콘, '보기 바로 가기(아이콘)' 아이콘, '확대/축소 슬라이더(- + 100%)' 등이 있다.
- **[상태 표시줄 사용자 지정]※** : 평균, 개수(데이터가 입력된 셀), 숫자 셀 수, 최소값, 최대값, 합계를 선택하여 자동 계산할 수 있다.
- **'매크로 기록(아이콘)' 아이콘** : 매크로를 기록할 수 있는 아이콘으로, 기본적으로 '매크로 기록(아이콘)' 아이콘으로 표시되지만, 매크로 기록 중에는 '기록 중지(□)' 아이콘으로 변경된다.
- **'보기 바로 가기(아이콘)' 아이콘** : 워크시트의 보기 상태를 변경할 수 있는 아이콘이다.
  - 田 : 기본
  - 圓 : 페이지 레이아웃
  - 四 : 페이지 나누기 미리 보기
- **확대/축소 슬라이더(- + 100%)** : 화면을 10%~400%로 확대/축소할 수 있는 컨트롤이다.

기출체크 ☑

24.5, 22.6, 22.3, 22.2, 22.1, 20.1, 18.2

2. 상태 표시줄의 바로 가기 메뉴인 [상태 표시줄 사용자 지정]에는 선택한 영역 중 문자 데이터가 입력된 셀의 수가 표시된다. (○, ×)

506104

21.3, 21.2, 20.1, 15.1, 14.2, 12.2

4 기타 화면 구성 요소

파일	새로 만들기, 열기, 저장, 다른 이름으로 저장, 인쇄, 옵션 등의 메뉴가 표시된다.
15.1, 12.2 **빠른 실행 도구 모음**	• 빠른 실행 도구 모음은 자주 사용하는 도구들을 모아두는 곳으로, 필요한 도구들을 간단하게 추가하거나 제거할 수 있다. • 빠른 실행 도구 모음에 명령을 추가하면 일련 번호로된 바로 가기 키가 부여된다.
제목 표시줄	현재 사용하고 있는 프로그램의 이름, 파일 이름, 창 조절 버튼이 표시된다.
검색 상자	워크시트의 내용, 작업 명령, 파일, 도움말 등을 검색할 수 있다.
21.3, 21.2, 20.1, 14.2 **이름 상자**	이름 상자는 현재 작업 중인 셀의 이름이나 주소를 표시하는 부분으로, 차트 항목이나 그리기 개체를 선택하면 개체의 이름이 표시된다.
수식 입력줄	수식 입력줄은 현재 작업하는 셀의 수식을 그대로 표시하는 부분으로, 수식 입력 상자를 이용하여 셀에 내용을 입력하거나 수정할 수 있다.

기출체크 ☑

21.3, 21.2, 20.1, 14.2

3. (   )는 현재 작업 중인 셀의 이름이나 주소를 표시하는 부분으로, 차트나 그리기 개체를 선택하면 개체의 이름이 표시된다.

전문가의 조언

상태 표시줄에 표시되는 항목과 [상태 표시줄 사용자 지정]에서 선택할 수 있는 자동 계산의 종류를 묻는 문제가 출제되고 있습니다.

[기출 포인트]

- 상태 표시줄에는 워크시트의 보기 상태, 확대/축소, 매크로 기록 상태 등이 표시된다.
- [상태 표시줄 사용자 지정]을 이용하여 문자가 입력된 셀의 수를 구할 수는 없다.

전문가의 조언

컴퓨터활용능력 시험은 2021년부터 상시 시험으로만 시행되고 있고, 기출문제는 공개되지 않습니다. 본문에 표기된 "22.6"은 복원된 상시 시험 문제의 연도별 일련 번호입니다.

상태 표시줄의 바로 가기 메뉴

기출체크 2번

[상태 표시줄 사용자 지정]을 이용하여 데이터가 입력된 셀의 수나 숫자가 입력된 셀의 수는 계산할 수 있지만 문자 데이터가 입력된 셀의 수는 계산할 수 없습니다.

전문가의 조언

이름 상자에 표시되는 정보를 묻는 문제가 출제되고 있습니다.

[기출 포인트]

- 이름 상자에는 셀의 이름이나 주소가 표시된다.
- 이름 상자에는 차트나 그리기 개체의 이름도 표시된다.

기출체크 정답

2. × 3. 이름 상자

SECTION 061

워크시트

전문가의 조언

워크시트의 개념과 통합 문서에 기본적으로 포함된 워크시트 수에 대한 문제가 출제된 적이 있습니다.

[기출 포인트]

- 행과 열이 만나는 작은 사각형은 셀이다.
- 셀들로 구성된 문서는 워크시트이다.

506201

14.2, 10.1, 04.4

1 워크시트

워크시트는 데이터 작업이 이루어지는 기본 문서로, 행과 열이 교차되어 만들어진 셀로 구성되어 있다.

- 하나의 워크시트는 가로 16,384개, 세로 1,048,576개의 셀로 구성되어 있다.

열 머리글

셀 포인터

셀

행 머리글

시트 탭

Sheet1

- 새로운 통합 문서를 열었을 때 기본적으로 생성되는 워크시트의 수는 1개이며, [파일] → [옵션] → 'Excel 옵션' 대화상자 → '일반' 탭에서 기본 워크시트의 수를 변경할 수 있다.
- **시트 탭**
  - 통합 문서에 포함되는 시트의 이름을 표시하는 부분으로, 시트 탭을 클릭하여 작업할 시트를 선택한다.
  - 시트 탭을 이용하여 시트의 이름 변경, 복사, 이동, 삽입, 삭제 등의 작업을 한다.
  - 시트 탭 이동 단추(◀ ▶) : 작업중인 워크시트가 많을 경우 워크시트 선택을 도와주는 단추이다. 현재 선택된 워크시트를 다른 워크시트로 변경하기 위한 단추가 아니다.

기출체크 ☑

14.2, 10.1, 04.4

1. 행과 열이 교차되면서 만들어진 사각형으로, 데이터가 입력되는 기본 단위를 워크시트라고 한다. (○, ×)

기출체크 1번

행과 열이 교차되어 만들어진 사각형으로, 데이터가 입력되는 기본 단위를 셀이라고 합니다.

기출체크 정답

1. ×

21.8, 19.상시, 19.1, 17.2, 16.3, 15.2, 14.3, 14.1, 04.4

2 워크시트 선택

506202

- 시트 탭에서 원하는 시트를 클릭한다.
- **연속적인 여러 개의 시트 선택** : 첫 번째 시트를 클릭하고, Shift를 누른 채 마지막 시트를 클릭함

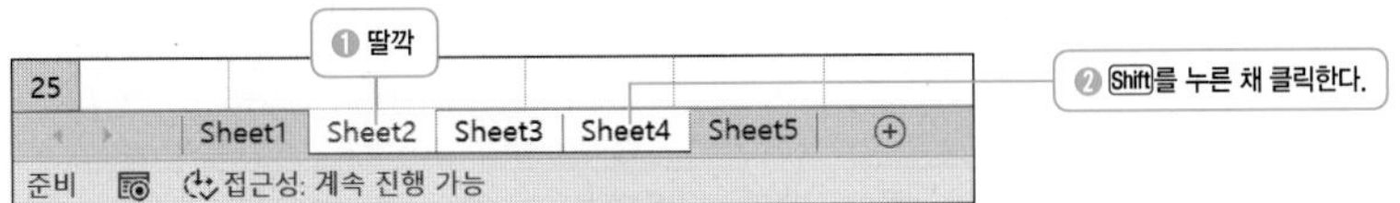

- **비연속적인 여러 개의 시트 선택** : 첫 번째 시트를 클릭하고, Ctrl을 누른 채 원하는 시트를 차례대로 클릭함

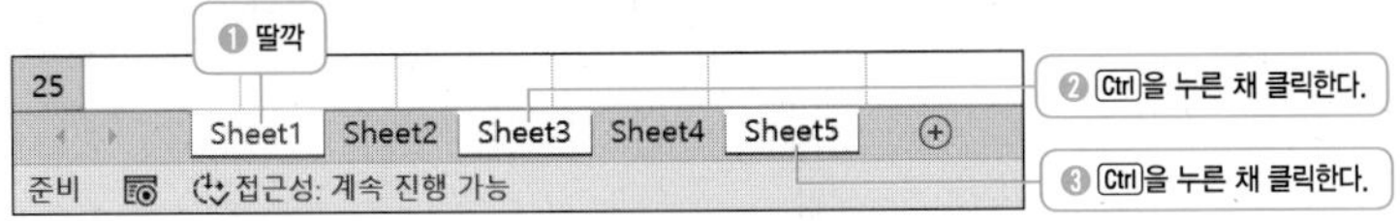

- 여러 개의 시트를 선택하면 제목 표시줄에 '그룹'* 이라고 표시된다.
- 여러 개의 시트를 선택하고 데이터를 입력하면 선택한 모든 시트에 동일한 데이터가 입력된다.
- 그룹 상태에서는 도형, 차트 등의 그래픽 개체를 삽입하거나 정렬, 필터 등의 데이터 관리 작업을 수행할 수 없다.

기출체크 ☑

19.1, 17.2, 16.3, 14.1
2. 연속된 여러 개의 시트를 선택할 때는 첫 번째 시트를 선택하고 (   )를 누른 채 마지막 시트의 시트 탭을 클릭한다.

17.2, 14.1
3. 떨어져 있는 여러 개의 시트를 선택할 때는 먼저 (   )을 누른 상태에서 원하는 워크시트의 시트 탭을 차례로 누르면 된다.

전문가의 조언

여러 개의 시트를 선택하는 방법을 묻는 문제가 출제되고 있습니다.

[기출 포인트]
- 연속적인 워크시트를 선택하려면 Shift를 누른 채 클릭한다.
- 비연속적인 워크시트를 선택하려면 Ctrl을 누른 채 클릭한다.

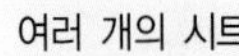

그룹 해제 방법

여러 개의 시트가 선택된 그룹 상태를 해제하려면 시트 탭의 바로 가기 메뉴에서 [시트 그룹 해제]를 선택하거나 임의의 시트를 클릭하면 됩니다.

24.1, 21.7, 21.3, 18.2, 16.1, 14.3

3 워크시트 이름 변경

506203

- 바꿀 시트 이름을 더블클릭한 후 원하는 이름을 입력하고 Enter를 누른다.

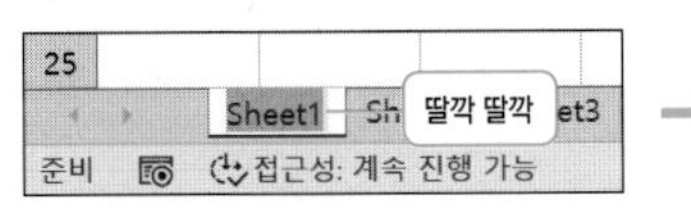

시트 이름을 더블클릭한다.

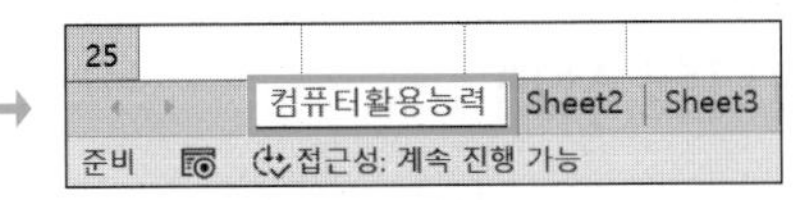

시트 이름을 입력한 후 Enter를 누른다.

- 시트 이름은 공백을 포함하여 최대 31자까지 지정할 수 있으나 * / : ? [ ] 등의 문자는 사용할 수 없다.
- 하나의 통합 문서 안에서는 동일한 시트 이름을 사용할 수 없다.

기출체크 ☑

24.1, 21.7, 21.3, 16.1
4. 다음 보기에서 워크시트 이름으로 적절하지 않은 것을 모두 고르시오. (   )

ⓐ _매출실적	ⓑ BOOK / 1	ⓒ 매출실적?	ⓓ TEST #1

전문가의 조언

시트 이름으로 옳지 않은 것을 찾는 문제가 출제되고 있습니다.

[기출 포인트]
- 시트의 이름은 최대 31자까지 지정할 수 있다.
- 시트의 이름에 * / : ? [ ] 등은 사용할 수 없다.

기출체크 4번

시트 이름에 * / : ? [ ] 등의 문자는 사용할 수 없습니다.

기출체크 정답
2. Shift 3. Ctrl 4. ⓑ, ⓒ

506204 ▶

4 워크시트 삽입

- 하나의 통합 문서에는 기본적으로 1개의 워크시트가 포함되어 있으나 메모리 한도까지 워크시트를 추가할 수 있다.
- 삽입된 시트는 활성 시트의 왼쪽에 삽입된다.*
- **시트 삽입 바로 가기 키 : Shift + F11**

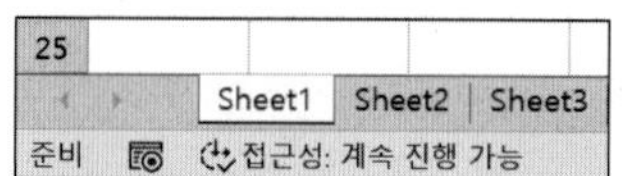

→
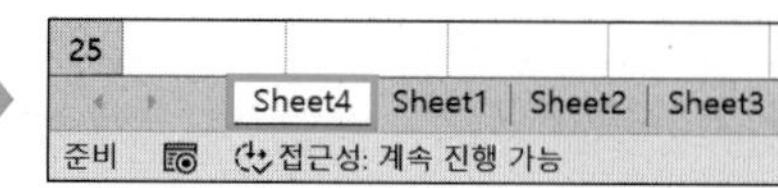

Shift+F11을 누르면 활성 시트의 왼쪽에 시트가 삽입된다.

> **전문가의 조언**
> 시트를 삽입하는 바로 가기 키를 묻는 문제가 출제된 적이 있습니다.
> [기출 포인트]
> 시트를 삽입하려면 Shift+F11을 누른다.
>
> **'새 시트(⊕)' 아이콘**
> 시트 탭의 오른쪽 끝에 있는 '새 시트(⊕)' 아이콘을 클릭한 경우에는 활성 시트의 오른쪽에 시트가 삽입됩니다.

기출체크 ☑

19.1, 16.3

5. 현재 워크시트의 왼쪽에 새로운 시트를 삽입할 때는 (   )을 누른다.

506205 ▶

23.2, 17.2, 14.1, 10.1

5 워크시트 이동/복사

- **워크시트 이동 :** 이동할 시트를 선택한 후 원하는 위치까지 드래그

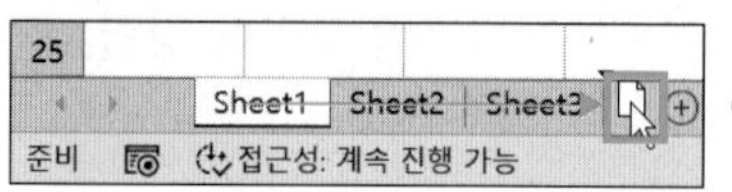

→
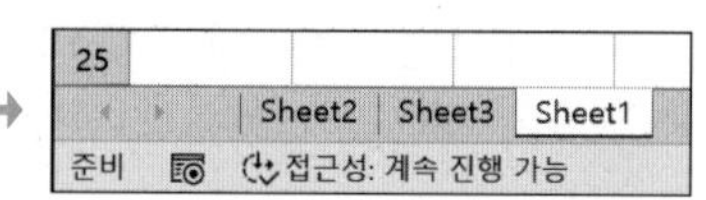

- **워크시트 복사 :** 복사할 시트를 선택한 후 원하는 위치까지 Ctrl을 누른 채 드래그

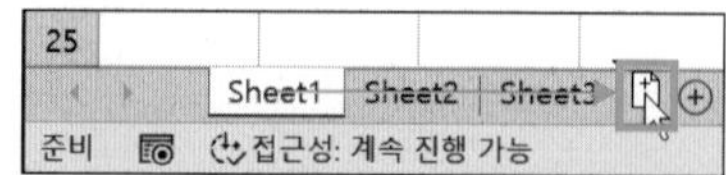

→
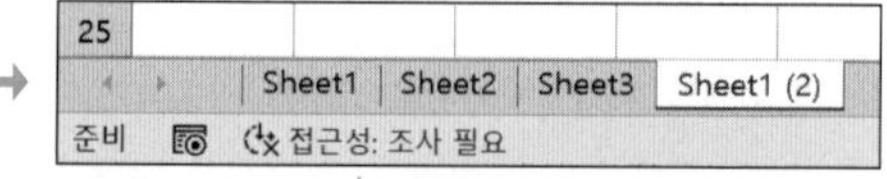

- 시트를 복사할 때마다 시트 이름은 원래의 시트 이름 뒤에 ( )가 삽입되면서 (2), (3), … 등으로 일련번호가 붙는다. 예 Sheet1 (2), Sheet1 (3)

> **전문가의 조언**
> 시트를 복사하거나 이동하는 방법에 대한 문제가 출제된 적이 있습니다.
> [기출 포인트]
> - 시트를 이동하려면 드래그한다.
> - 시트를 복사하려면 Ctrl을 누른 채 드래그한다.
> - 'Sheet1' 시트를 복사하면 시트 이름은 'Sheet1 (2)'이다.

기출체크 ☑

17.2, 14.1, 10.1

6. 워크시트 복사는 (   )을 누른 채 원본 워크시트 탭을 마우스로 드래그 앤 드롭하면 된다.

506206 ▶

17.2, 14.1

6 워크시트 삭제

- **방법 1 :** 삭제할 시트를 선택하고, [홈] → [셀] → [삭제] → [시트 삭제] 선택
- **방법 2 :** 시트 탭의 바로 가기 메뉴에서 [삭제] 선택
- 삭제된 시트는 되살릴 수 없으므로 신중하게 실행해야 한다.
- 여러 개의 시트를 선택하여 한꺼번에 삭제할 수 있다.

> **전문가의 조언**
> 시트의 삭제 방법을 묻는 문제가 출제된 적이 있습니다.
> [기출 포인트]
> 삭제된 시트는 되살릴 수 없다.

기출체크 ☑

17.2, 14.1

7. 시트를 삭제하려면 시트 탭에서 마우스 오른쪽 단추를 클릭한 후 표시되는 [삭제] 메뉴를 선택하면 되지만, 삭제된 시트는 되살릴 수 없으므로 유의하여야 한다. (○, ×)

기출체크 정답
5. Shift+F11 6. Ctrl 7. ○

SECTION

062 데이터 입력

506301

22.3, 21.7, 21.3, 19.2, 19.1, 18.상시, 18.2, 17.1, 16.3, 15.1, 13.3, 13.2, 13.1, 12.2, 10.3, 10.2, 09.4, 05.4, 03.1

1 데이터 입력의 기초

- 데이터를 입력할 셀로 셀 포인터를 이동한 다음 데이터를 입력하고 Enter를 누른다.*
- 셀 안에서 줄을 바꿔 계속 입력하려면 Alt + Enter를 누른다.

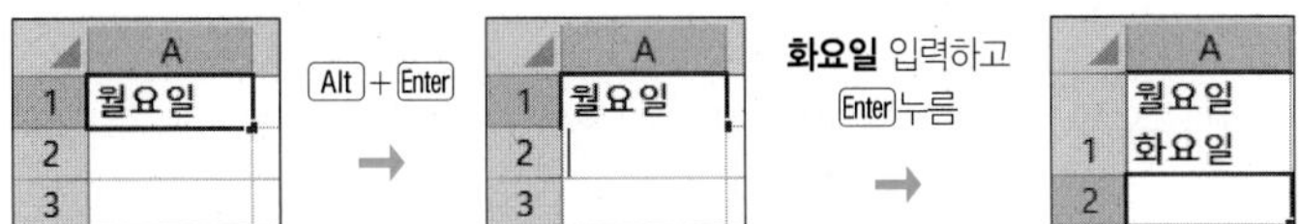

- 여러 셀에 동일한 내용을 입력하려면 해당 셀들을 범위로 지정한 후 데이터를 입력하고 Ctrl + Enter를 누른다.

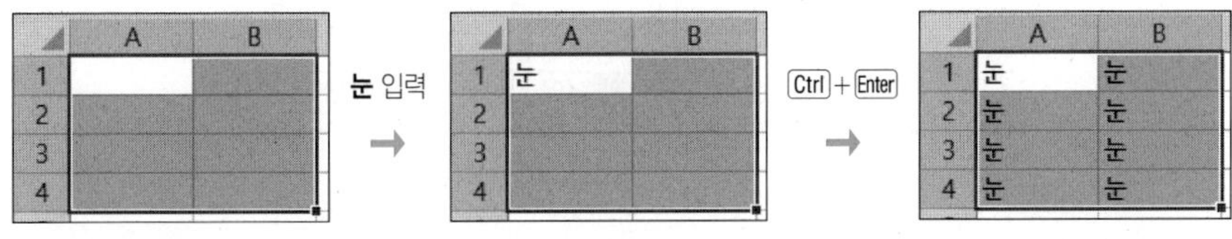

- 범위를 지정하고 Enter를 누르면 지정한 범위 안에서만 셀 포인터가 이동한다.

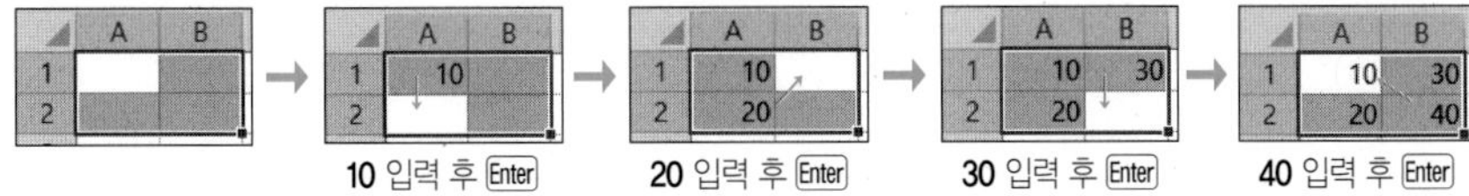

10 입력 후 Enter　20 입력 후 Enter　30 입력 후 Enter　40 입력 후 Enter

- 데이터를 입력하고 Enter를 누르면 바로 아래 셀로 이동하고, Shift + Enter를 누르면 바로 위 셀로 이동한다.
- 셀을 선택하고 Alt + ↓를 누르면 같은 열에 입력된 문자열 목록이 표시된다.

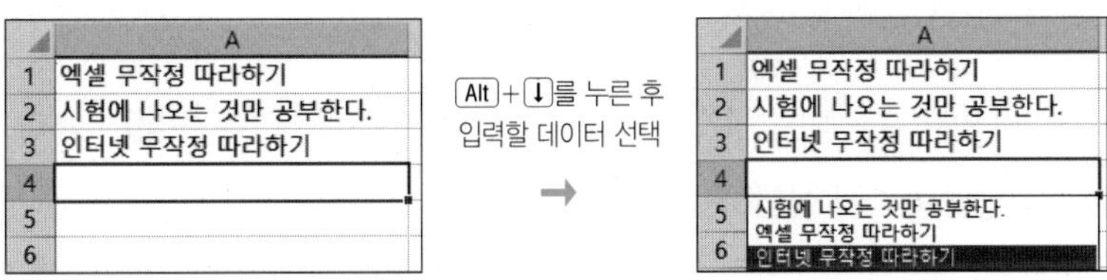

기출체크 ☑

22.3, 21.7, 21.3, 19.1, 10.2

1. 아래 워크시트에서 [B4] 셀을 선택하고 ( )를 누르면 [B1:B3] 영역의 문자열이 목록으로 표시된다.

	A	B
1	A	오름세
2	B	보합세
3	C	내림세
4	D	
5	E	내림세
6	F	보합세 오름세
7	G	

전문가의 조언

데이터 입력 방법을 묻는 문제가 출제되고 있습니다.

[기출 포인트]

- 한 개의 셀에 여러 줄을 입력하려면 Alt + Enter를 누른다.
- 여러 셀에 동일한 데이터를 입력하려면 Ctrl + Enter를 누른다.
- 문자열 목록을 표시하려면 Alt + ↓를 누른다.

데이터 입력을 완료하는 방법

- **방법 1** : Enter 누름
- **방법 2** : 방향키(→, ←, ↑, ↓) 누름
- **방법 3** : 마우스로 다른 셀 클릭
- **방법 4** : 수식 입력줄의 입력(✓) 버튼 클릭

기출체크 정답

1. Alt + ↓

18.2, 17.1, 15.1, 13.3, 13.2, 13.1, 09.4, 03.1
2. 셀에 데이터를 입력하던 중 (　　　　)를 누르면 같은 셀 내에서 줄 바꿈이 실행된다.

19.2, 18.2, 17.1, 16.3, 15.1, 13.3, 13.1, 12.2, 10.3
3. 범위를 지정하고 데이터를 입력한 후 (　　　　)를 누르면 지정된 범위에 동일한 데이터가 한꺼번에 입력된다.

506302 ▶

21.1, 16.2, 13.3, 03.3

2 셀 내용 자동 완성

전문가의 조언

셀 내용 자동 완성의 특징을 알아야 풀 수 있는 문제가 출제되고 있습니다.

[기출 포인트]

문자 데이터에만 적용된다.

- 데이터 입력 중 처음 몇 자가 같은 열에 이미 입력된 내용과 동일하면 자동으로 나머지 내용이 채워진다.
- 문자 데이터에만 적용되고, 숫자, 날짜, 시간 형식의 데이터에는 적용되지 않는다.
- 자동 완성 기능을 사용하려면 [파일] → [옵션]을 클릭한 후 'Excel 옵션' 대화상자의 '고급' 탭에서 '편집 옵션' 항목의 '셀 내용을 자동 완성'을 선택한다.

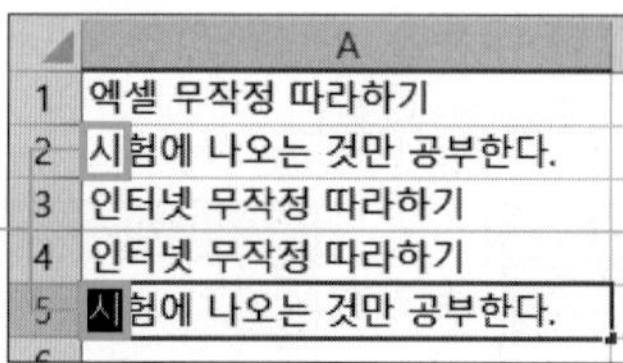

'시' 자가 동일하므로 **시** 자를 입력하면 나머지가 자동으로 입력된다.

기출체크 ☑

21.1, 16.2, 13.3, 03.3
4. 숫자 또는 날짜만으로 구성된 내용에는 '셀 내용 자동 완성' 기능이 적용되지 않는다. (○, ×)

506303 ▶

15.3, 13.1, 08.4

3 실행 취소 및 다시 실행

전문가의 조언

실행을 취소하거나 다시 실행하는 방법을 묻는 문제가 출제된 적이 있습니다.

[기출 포인트]

- 실행을 취소하려면 Ctrl+Z를 누른다.
- 다시 실행하려면 Ctrl+Y를 누른다.
- 데이터 입력을 취소하려면 Esc를 누른다.

- **실행한 작업을 취소하는 방법**
  - 방법 1 : 빠른 실행 도구 모음의 [취소(↶)] 클릭
  - 방법 2 : Ctrl + Z 누름
  - 데이터 입력 도중 취소 : Esc나 빠른 실행 도구 모음의 [취소(↶)] 클릭
- **취소한 작업을 다시 실행하는 방법**
  - 방법 1 : 빠른 실행 도구 모음의 [다시 실행(↷)] 클릭
  - 방법 2 : Ctrl + Y 누름
- **실행 취소가 불가능한 작업**
  - 시트 이름 변경, 시트 삽입, 시트 삭제, 시트 복사, 시트 이동 등 시트 관련 작업
  - 틀 고정, 창 숨기기 등

기출체크 ☑

15.3, 13.1
5. 작업을 취소한 경우 (　　　　)를 눌러 원래대로 되돌릴 수 있다.

기출체크 정답

2. Alt+Enter 3. Ctrl+Enter 4. ○ 5. Ctrl+Y

SECTION
063 데이터 형식

506401 ▶

1 문자 데이터

24.3, 23.5, 22.5, 21.8, 21.4, 18.2, 14.2, 09.3

문자 데이터는 한글, 영문, 특수문자, 문자와 숫자가 혼합된 데이터이다.

- 기본적으로 셀의 왼쪽으로 정렬된다.
- 숫자 데이터 앞에 문자 접두어(')를 입력하면 문자 데이터로 인식된다.
- **입력 데이터가 셀의 너비보다 긴 경우** : 오른쪽 셀이 비어 있으면 연속해서 표시하고 오른쪽 셀에 데이터가 있으면 셀의 너비만큼만 표시함

	A	B	C	D	E
1	시나공				
2	gilbut				
3	5				
4	엑셀2021				
5	12월 25일 크리스마스				
6	12월 25일	화이트			

A6 : 12월 25일 크리스마스

숫자 데이터를 문자 데이터로 입력하려면 숫자 데이터 앞에 작은따옴표(')를 입력한다.

오른쪽 셀(B5)이 비어 있으면 오른쪽 셀에 연속해서 표시된다.

오른쪽 셀(B6)에 데이터가 있으면 셀의 너비만큼만 데이터가 표시된다.

기출체크 ☑

24.3, 18.2, 14.2

1. 숫자 데이터를 문자 데이터로 입력하려면 숫자 데이터 앞에 문자 접두어(')를 입력한다. (○, ×)

전문가의 조언

문자 데이터의 특징을 묻는 문제가 출제되고 있습니다.

[기출 포인트]

- 문자 데이터는 셀의 왼쪽으로 정렬된다.
- 숫자를 문자로 입력하려면 '3 처럼 입력한다.

506402 ▶

2 수치 데이터

24.4, 24.3, 22.3, 21.4, 14.2, 02.3

수치 데이터는 0~9까지의 숫자, +, −, 소수점(.), 쉼표(,), 통화(₩, $), 백분율(%), 지수(e) 등을 사용하여 입력한 데이터이다.

- 기본적으로 셀의 오른쪽으로 정렬된다.
- 분수는 0 입력 후 한 칸 띄고 입력한다. (0 1/2)*
- 셀의 너비보다 긴 경우 지수 형식으로 표시된다.
- 표시 형식을 지정한 수치 데이터나 지수 형식의 데이터가 셀의 너비보다 긴 경우 셀의 너비만큼 '#'이 표시되지만 셀의 너비를 넓히면 정상적으로 표시된다.

전문가의 조언

수치 데이터의 특징을 묻는 문제가 출제되고 있습니다.

[기출 포인트]

- 수치 데이터는 셀의 오른쪽으로 정렬된다.
- 분수는 0 1/4 처럼 입력한다.

분수 입력

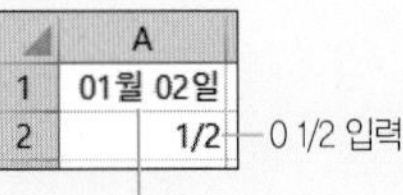

기출체크 정답

1. ○

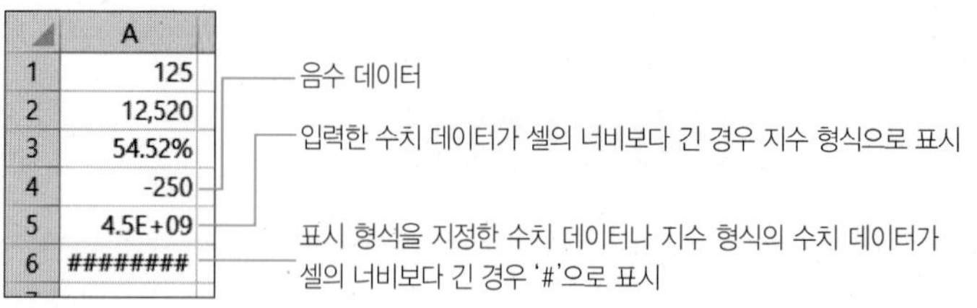
A
1 125
2 12,520
3 54.52%
4 -250
5 4.5E+09
6 ########
음수 데이터
입력한 수치 데이터가 셀의 너비보다 긴 경우 지수 형식으로 표시
표시 형식을 지정한 수치 데이터나 지수 형식의 수치 데이터가
셀의 너비보다 긴 경우 '#'으로 표시

기출체크 ☑

22.3, 14.2, 02.3

2. 분수 1/3을 워크시트에 입력하려면 0 1/3과 같이 입력해야 한다. (○, ×)

506403 ▶

24.4, 22.5, 22.3, 21.8, 21.4, 20.2, 19.2, 17.1, 14.1, 12.2, 10.3, 10.2, 06.1, 05.4, 02.3

3 날짜/시간 데이터

- 날짜와 시간을 한 셀에 입력할 경우 날짜와 시간을 공백으로 구분한다.
- 날짜와 시간을 수식에서 인수로 사용하려면 큰따옴표(" ")로 묶어준다.
- **날짜 데이터**
  - 하이픈(-)이나 슬래시(/)를 이용하여 연, 월, 일을 구분한다.
  - 날짜는 일련번호*로 저장되고, 시간은 하루에 대한 비율로 계산되어 소수*로 저장된다.
  - 날짜 데이터는 1900-01-01을 일련번호 1로 시작한다.
  - 날짜의 연도를 입력할 때 00~29 사이의 숫자를 입력하면 2000~2029년, 30~99 사이의 숫자를 입력하면 1930~1999년 사이의 연도가 된다.
  - 날짜의 월, 일만 입력하면 자동으로 올해의 연도가 추가된다.
  - 오늘 날짜 입력 : Ctrl + ;
- **시간 데이터**
  - 콜론(:)을 이용하여 시, 분, 초를 구분한다.
  - 시간은 기본적으로 24시간제로 표시되며, 12시간제로 표시할 때는 시간 뒤에 한 칸 띄우고 AM이나 PM을 입력한다.
  - 시간 데이터는 밤 12시(자정)를 0.0으로 시작하여 6시는 0.25, 12시(정오)는 0.5로 저장된다.
  - 현재 시간 입력 : Ctrl + Shift + ;

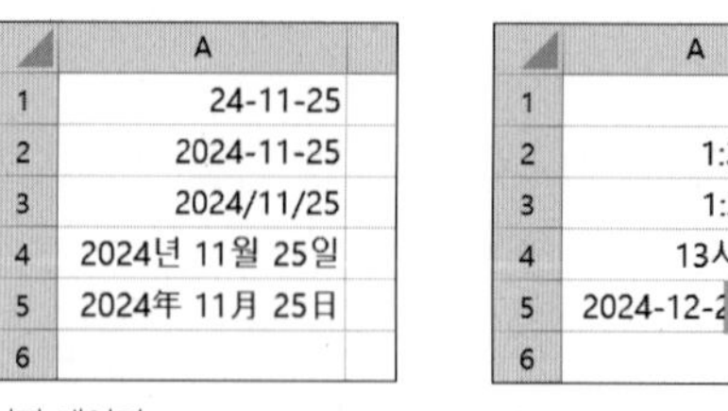

	A
1	24-11-25
2	2024-11-25
3	2024/11/25
4	2024년 11월 25일
5	2024年 11月 25日
6	

날짜 데이터

	A
1	1:31
2	1:31 AM
3	1:31 PM
4	13시 31분
5	2024-12-25 1:31
6	

12시각제
24시각제
날짜와 시간
한칸의 공백을 준다.

시간 데이터

기출체크 ☑

22.3, 20.2, 19.2, 14.1, 10.3, 06.1, 05.4

3. 현재 시간을 입력하려면 (   )을, 오늘 날짜를 입력하려면 (   )을 누른다.

전문가의 조언

날짜 데이터나 시간 데이터의 입력 방법을 묻는 문제가 꾸준히 출제되고 있습니다.

[기출 포인트]

- 오늘 날짜를 입력하려면 Ctrl + ; 을 누른다.
- 현재 시간을 입력하려면 Ctrl + Shift + ; 을 누른다.
- 날짜를 수식에서 인수로 사용하려면 큰따옴표("")로 묶어준다.

일련번호

날짜 형식으로 데이터를 입력하면 실제로는 일련번호로 저장됩니다.

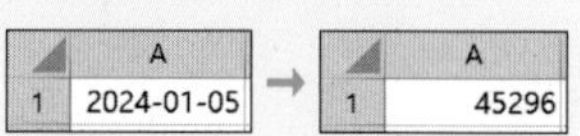

	A			A
1	2024-01-05	→	1	45296

소수

시간 형식으로 데이터를 입력하면 실제로는 소수로 저장됩니다.

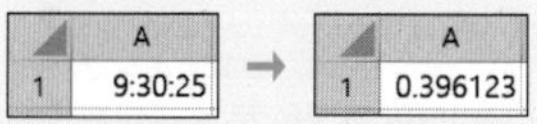

	A			A
1	9:30:25	→	1	0.396123

기출체크 정답

2. ○ 3. Ctrl + Shift + ;, Ctrl + ;

24.4, 24.3, 22.5, 21.8, 21.4, 21.2, 20.2, 19.1, 17.1, 16.1, 15.1, 12.3, 09.3, 07.3

4 수식 데이터

506404

수식 데이터는 시트에 입력된 데이터를 계산하기 위한 계산식으로, 숫자, 연산자, 함수 등으로 구성된다.

- 등호(=)나 '+', '−' 기호*로 시작한다.
- 셀에는 입력된 수식의 결과값이, 수식 입력줄에는 입력한 수식이 표시된다.
- 셀에 수식을 입력한 후 F9를 누르면 수식의 결과값이 상수로 변환되어 입력된다.
- **셀에 전체 수식 표시 방법**
  - 방법 1 : Ctrl + ~* 누름
  - 방법 2 : [수식] → [수식 분석] → [수식 표시] 클릭

기출체크 ☑

21.2, 20.2, 19.1, 12.3, 09.3

4. 수식을 입력한 후 결과값이 수식이 아닌 상수로 입력되게 하려면 수식을 입력한 후 (   )를 누른다.

전문가의 조언

수식 데이터 입력 방법에 대한 문제가 출제되고 있습니다.

[기출 포인트]

수식을 상수로 변환하려면 F9를 누른다.

'+'나 '−' 기호

+나 − 기호를 붙여 수식 데이터를 입력한 후 Enter를 누르면 '+'나 '−' 기호 앞에 등호(=)가 추가되어 표시됩니다.

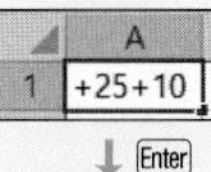

Enter

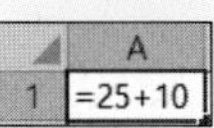

Ctrl + ~를 누른 화면

Ctrl + ~

~는 숫자 왼쪽에 있는 키입니다. −와 혼동하지 마세요. Ctrl + −는 셀을 삭제하는 바로 가기 키입니다.

14.2, 13.1, 08.1, 07.4, 07.3, 05.1

5 한자 / 특수 문자

506405

- **한자** : 한자로 변환할 한글을 입력한 후 한자를 눌러 해당 셀 바로 아래에 표시되는 한자 목록에서 원하는 한자를 선택하여 입력함

한을 입력하고 한자를 누른다.

- **특수 문자** : 한글 입력 상태에서 한글 자음(ㄱ ㄴ ㄷ …)을 입력하고 한자를 눌러 해당 셀 바로 아래에 표시되는 특수 문자 목록에서 원하는 특수 문자를 선택하여 입력함

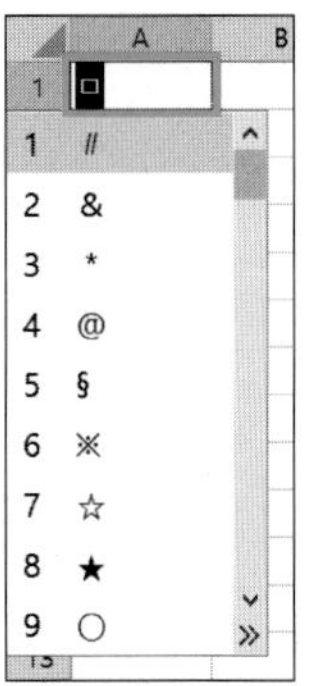

ㅁ을 입력하고 한자를 누른다.

전문가의 조언

한자와 특수 문자 입력 방법에 대한 문제가 출제된 적이 있습니다.

[기출 포인트]

한자나 특수 문자는 한자를 눌러 입력한다.

기출체크 ☑

14.2, 13.1, 08.1, 07.4, 07.3, 05.1

5. 한글 자음(ㄱ, ㄴ, …, ㅎ) 중 하나를 입력한 후 (   )를 누르면 해당 셀 바로 아래에 특수 문자 목록이 표시된다.

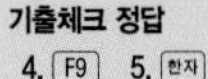

기출체크 정답

4. F9 5. 한자

506407

6 윗주

24.4, 24.1, 21.7, 21.3, 20.상시, 19.1, 18.상시, 13.1, 10.2

윗주의 특징을 묻는 문제가 출제되고 있습니다.

[기출 포인트]

- 윗주는 문자 데이터에만 삽입할 수 있다.
- 데이터를 삭제하면 윗주도 삭제된다.

윗주는 셀에 입력된 데이터의 위쪽에 추가하는 주석문으로, 문자 데이터에만 삽입할 수 있다.

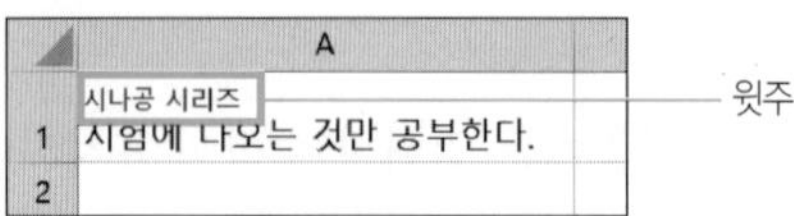

- 윗주가 삽입된 셀의 데이터를 삭제하면 윗주도 함께 삭제된다.
- 셀에 수치 데이터, 날짜/시간 데이터가 입력되어 있거나 아무것도 입력되어 있지 않으면 윗주를 삽입할 수 없다.
- 윗주 서식은 윗주 전체에 대해서만 적용하거나 변경할 수 있다.
- **윗주 삽입 및 내용 수정** : [홈] → [글꼴] → [윗주 필드 표시/숨기기(내천)의 ⌄] → [윗주 편집] 선택

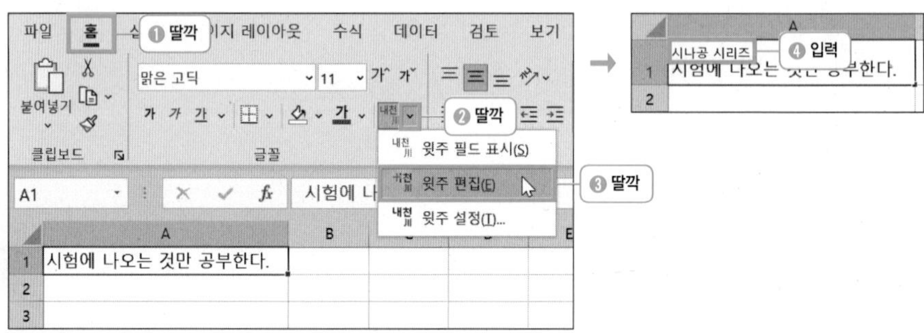

- **윗주 표시/숨기기** : [홈] → [글꼴] → [윗주 필드 표시/숨기기(내천)] 클릭

기출체크 ☑

24.1, 21.7, 21.3

6. 데이터를 삭제해도 윗주는 그대로 표시되어 있다. (○, ×)

기출체크 6번

윗주가 삽입된 셀의 데이터를 삭제하면 윗주도 함께 삭제됩니다.

기출체크 정답

6. ×

SECTION 064 채우기 핸들을 이용한 데이터 입력

506501 ▶

18.1, 17.1

1 채우기 핸들

채우기 핸들은 선택한 셀의 오른쪽 아래 모서리 부분에 있는 작은 사각형으로, 마우스 포인터를 채우기 핸들 위에 놓으면 마우스 포인터 모양이 십자(+) 모양으로 바뀐다.

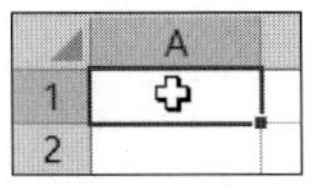

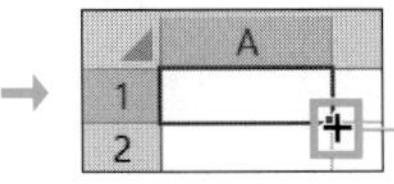

채우기 핸들 위에 놓은 마우스 포인터

- 마우스로 채우기 핸들을 드래그하면 자동으로 데이터가 입력된다.
- 채우기 핸들을 드래그하여 데이터를 입력하면 채워진 선택 영역 바로 아래에 '자동 채우기 옵션(⊞)' 단추가 나타난다.
  - '자동 채우기 옵션' 단추를 클릭하면 텍스트나 데이터를 채우는 방법을 지정할 수 있는 목록이 표시된다.
  - 사용할 수 있는 옵션은 입력한 내용, 입력한 내용이 있는 원본 프로그램, 입력한 데이터의 서식에 따라 달라진다.

	A	B	C	D	E	F	G	H
1	2023-01-25	2023-01-25	2023-01-25	2023-01-25	2023-01-25	2023-01-25	2023-01-25	2023-01-25
2	2023-01-25	2023-01-26		44952	2023-01-26	2023-01-26	2023-02-25	2024-01-25
3	2023-01-25	2023-01-27		44953	2023-01-27	2023-01-27	2023-03-25	2025-01-25
4	2023-01-25	2023-01-28		44954	2023-01-28	2023-01-30	2023-04-25	2026-01-25
	❶	❷	❸	❹	❺	❻	❼	❽

기출체크 ☑

18.1

1. 날짜 데이터의 자동 채우기 옵션에는 일 단위 채우기, 주 단위 채우기, 월 단위 채우기, 평일 단위 채우기 등이 있다. (○, ×)

전문가의 조언

- 중요해요! 데이터가 입력된 셀의 채우기 핸들을 드래그했을 때의 결과를 묻는 문제가 자주 출제됩니다.
- 쉽게 이해하고 오래 기억하는 방법은 직접 실습을 해보는 것입니다. 꼭 해보세요.

[기출 포인트]

날짜를 일, 평일, 월, 연 단위로 채우려면 자동 채우기 옵션 단추를 이용한다.

기출체크 1번

날짜 데이터의 자동 채우기 옵션에는 주 단위 채우기 목록은 없습니다.

기출체크 정답

1. ×

[기출 포인트]

- 숫자 데이터의 채우기 핸들을 드래그하면 복사된다.
- Ctrl을 누르고 채우기 핸들을 드래그하면 1씩 증가한다.

506502

24.4, 24.3, 24.1, 23.2, 23.1, 22.7, 21.6, 21.4, 21.3, 21.2, 20.1, 19.2, 17.2, 16.3, 10.1, 06.2, 06.1, 05.2, 03.2

2 숫자 데이터

- **한 셀** : 숫자 데이터를 입력하고 채우기 핸들을 드래그하면 동일한 데이터가 입력되고, Ctrl을 누르고 드래그하면 값이 1씩 증가하며 입력된다.

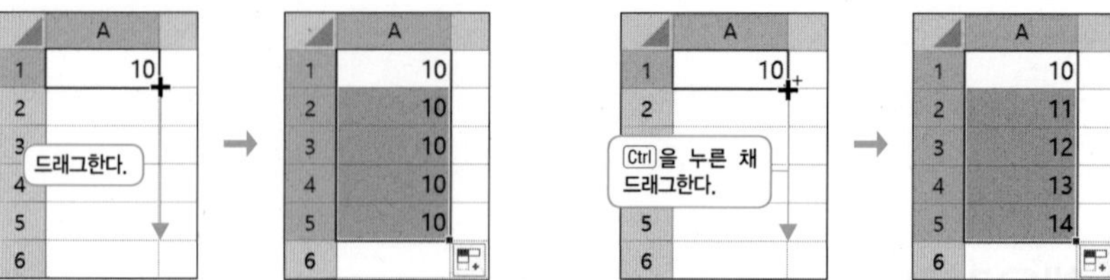

- **두 셀** : 숫자가 입력된 두 셀을 범위로 지정하고 채우기 핸들을 드래그하면 첫 셀과 두 번째 셀의 차이만큼 증가/감소하고, Ctrl을 누른 채 드래그하면 두 개의 값이 반복*하여 복사된다.

두 개의 숫자 반복

숫자 데이터뿐만 아니라 날짜, 시간, 문자 데이터의 경우에도 두 셀에 입력된 값이 반복하여 입력됩니다.

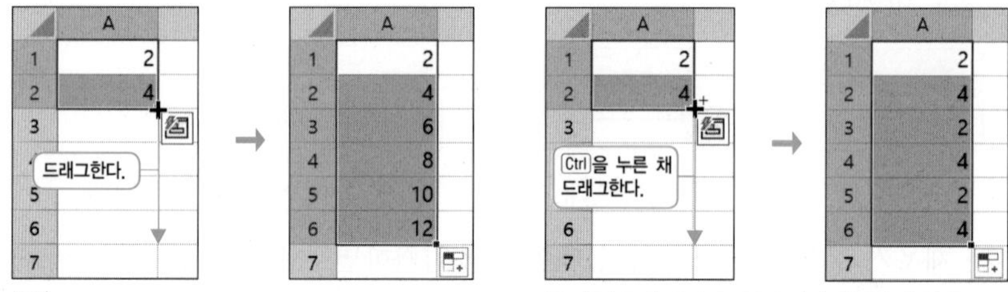

증가

두 개의 숫자 데이터 : 두 숫자가 반복하여 입력

기출체크 ☑

24.1, 22.7, 21.6, 21.4, 19.2, 16.3

2. 숫자 데이터가 입력된 두 셀을 선택하고 채우기 핸들을 선택한 방향으로 드래그하면 두 값의 차이만큼 증가/감소하며 자동 입력된다. (○, ×)

[기출 포인트]

문자 데이터의 채우기 핸들을 드래그하면 복사된다.

506504

24.1, 22.7, 21.6, 20.1, 19.2, 16.3

3 문자 데이터

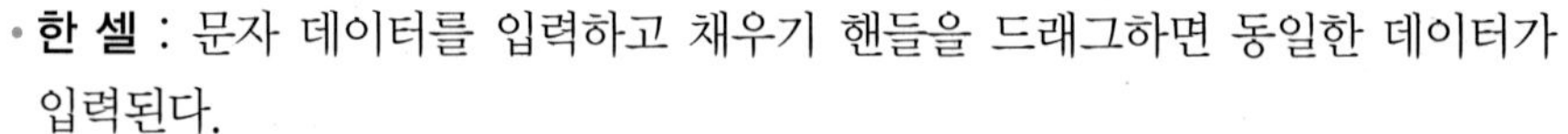

- **한 셀** : 문자 데이터를 입력하고 채우기 핸들을 드래그하면 동일한 데이터가 입력된다.
- **두 셀** : 문자 데이터가 입력된 두 셀을 범위로 지정하고 채우기 핸들을 드래그하면 두 개의 문자가 반복하여 입력된다.

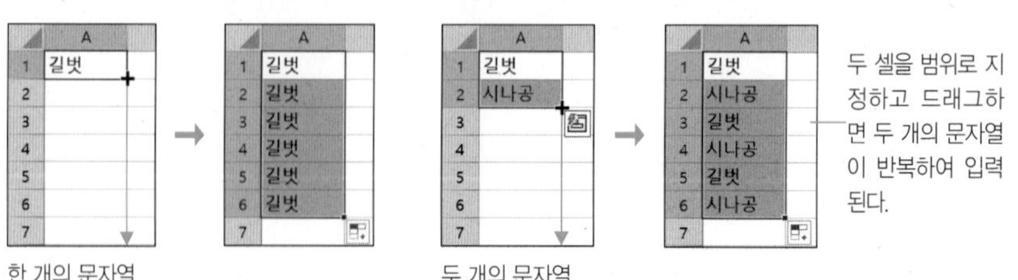

한 개의 문자열

두 개의 문자열

기출체크 ☑

24.1, 19.2, 16.3

3. 동일한 문자를 여러 개의 셀에 입력하려면 셀에 문자를 입력한 후 채우기 핸들을 드래그한다. (○, ×)

기출체크 정답

2. ○ 3. ○

506505

24.1, 22.7, 21.6, 20.1, 17.2, 07.1, 04.4

4 혼합 데이터(문자 + 숫자)

- **한 셀** : 문자와 숫자가 혼합하여 입력된 셀의 채우기 핸들을 드래그하면 가장 오른쪽에 있는 숫자는 1씩 증가하고, 나머지는 그대로 입력된다.

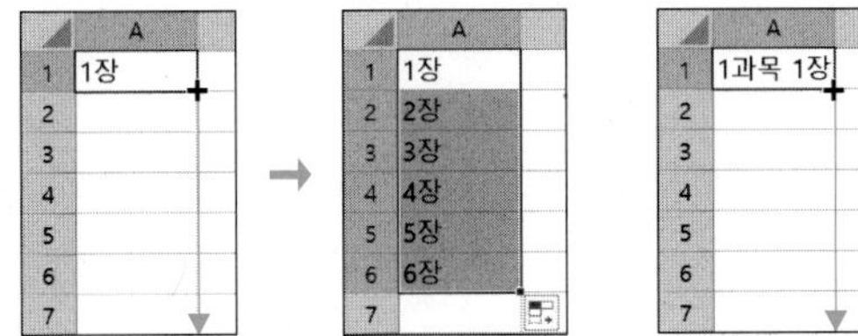

한 개의 숫자와 문자 혼합 데이터

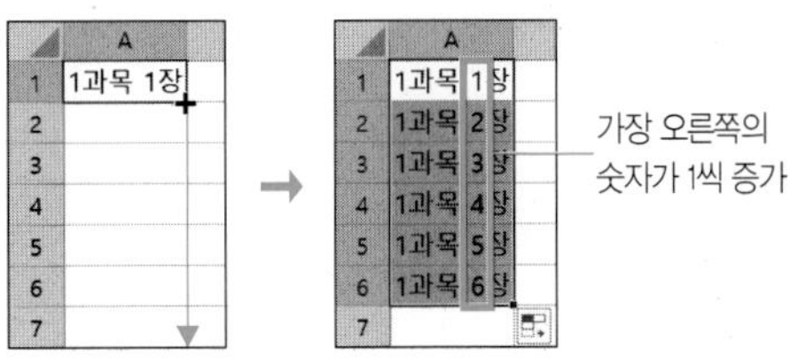

두 개의 숫자와 문자 혼합 데이터

- **두 셀** : 문자와 숫자가 혼합하여 입력된 두 셀을 범위로 지정하고 채우기 핸들을 드래그하면 숫자 데이터는 차이만큼 증가/감소하고, 문자는 그대로 입력된다.

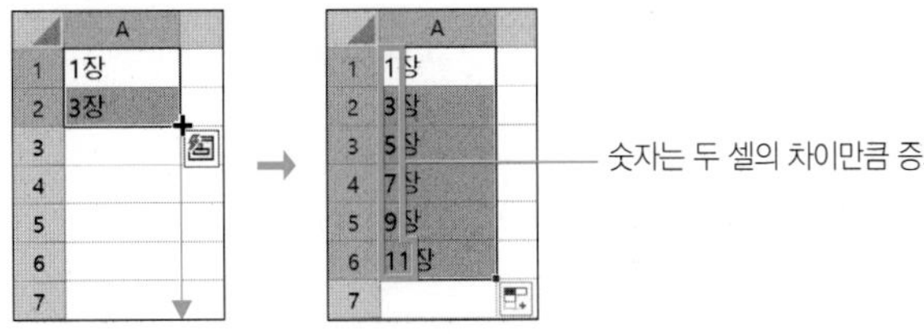

두 셀에 한 개의 숫자와 문자 혼합 데이터

- Ctrl을 누른 채 드래그하면 복사된다.

기출체크 ☑

24.1, 22.7, 20.1

4. 1개의 숫자와 문자가 조합된 텍스트 데이터가 입력된 셀의 채우기 핸들을 드래그하면 숫자만 1씩 증가하고 문자는 그대로 복사되어 채워진다. (○, ×)

[기출 포인트]

혼합 데이터의 채우기 핸들을 드래그하면 문자는 복사되고, 숫자는 1씩 증가된다.

506506

22.7, 20.1, 17.2

5 날짜 데이터

- **한 셀** : 날짜 데이터를 입력하고 채우기 핸들을 드래그하면 1일 단위로 증가한다.
- **두 셀** : 날짜 데이터가 입력된 두 셀을 범위로 지정하고 채우기 핸들을 드래그하면 두 셀의 차이만큼 연, 월, 일 단위로 증가한다.

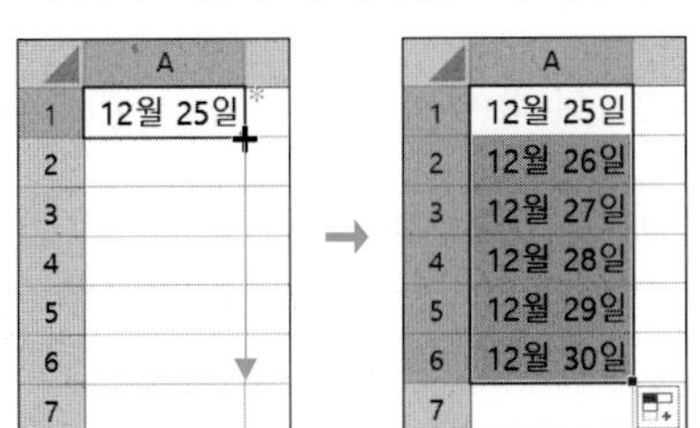

한 개의 날짜 데이터 : 1일 단위로 증가

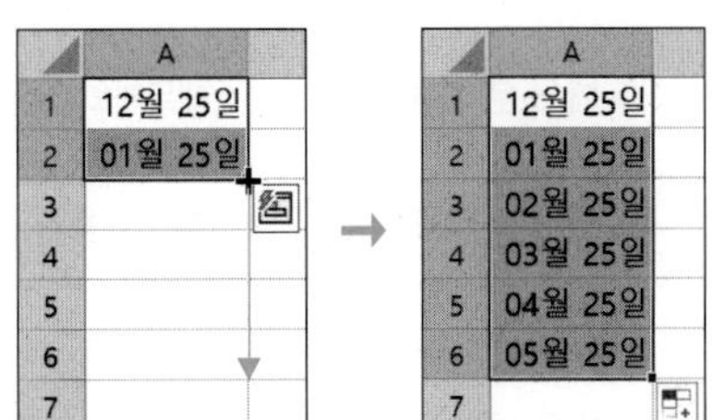

두 개의 날짜 데이터 : 1개월 단위로 증가

기출체크 ☑

22.7, 20.1

5. 데이터가 입력된 셀에서 채우기 핸들을 드래그하면 일반적인 문자 데이터나 날짜 데이터는 그대로 복사되어 채워진다. (○, ×)

[기출 포인트]

날짜 데이터의 채우기 핸들을 드래그하면 1일 단위로 증가한다.

'12월 25일' 입력 방법

셀에 12-25를 입력하면 화면에는 '12월 25일'로 표시됩니다.

기출체크 5번

문자 데이터는 그대로 복사되지만, 날짜 데이터는 1일씩 증가합니다.

기출체크 정답

4. ○ 5. ×

SECTION 065

찾기

'찾기 및 바꾸기' 대화상자에 대한 설명으로 잘못된 내용을 찾는 문제가 출제되고 있습니다.

[기출 포인트]

- 만능문자(?, *)를 찾으려면 ~* 또는 ~?로 지정한다.
- 역순으로 검색하려면 Shift를 누른 상태에서 〈다음 찾기〉를 클릭한다.

'찾기' 탭

Ctrl+H를 누르면 '바꾸기' 탭이 선택된 상태로 '찾기 및 바꾸기' 대화상자가 표시됩니다.

만능 문자(와일드 카드)

모든 문자를 대신하여 사용하는 문자를 말합니다. *는 문자의 모든 자리를 대신할 수 있지만, ?는 문자의 한 자리만 대신할 수 있습니다.

- a* : a로 시작하는 모든 문자
- a?c : a로 시작하고 c로 끝나는 세 글자의 모든 단어

※ 만능 문자(?, *) 자체를 찾으려면 ~* 또는 ~?와 같이 만능 문자 앞에 ~ 기호를 입력하면 됩니다.

기출체크 정답
1. ~*

506602

24.2, 23.5, 22.7, 22.5, 21.8, 21.6, 21.1, 20.상시, 20.2, 17.2, 17.1, 15.1, 14.2, 14.1, 12.3, 12.2

1 찾기

찾기는 워크시트에 입력된 데이터 중에서 특정 내용을 찾는 기능으로, 숫자, 특수문자, 한자 등도 찾을 수 있다.

- 실행 다음 방법대로 수행하여 '찾기' 탭*이 선택된 '찾기 및 바꾸기' 대화상자를 나오게 한 다음 찾을 내용을 입력하고 〈다음〉 클릭
  - 방법 1 : [홈] → [편집] → [찾기 및 선택] → [찾기] 선택
  - 방법 2 : Ctrl + F 또는 Shift + F5 누름

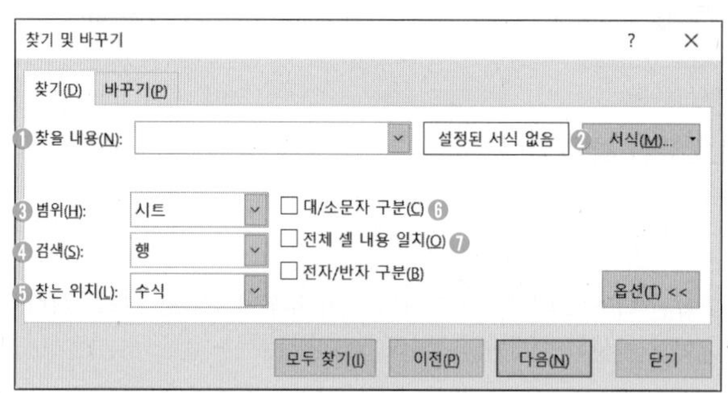

24.2, 23.5, 22.7, 22.5, 21.1, 20.상시, … **❶ 찾을 내용**	찾고자 하는 내용 입력, '*, ?' 등의 만능 문자*를 사용할 수 있다.
23.5, 22.5, 21.6, 15.1 **❷ 서식**	특정 서식이 지정된 데이터를 찾는다.
21.8, 21.1, 20.상시, 17.1 **❸ 범위**	찾을 범위로, 시트나 통합 문서를 지정한다.
23.5, 22.5, 21.6, 17.2, 15.1 **❹ 검색**	찾을 방향으로, 행이나 열을 지정한다.
22.5, 21.6, 15.1, 14.2, 12.2 **❺ 찾는 위치**	찾을 정보가 들어 있는 워크시트의 요소로, 수식이나 값, 메모를 지정한다.
17.2, 14.2 **❻ 대/소문자 구분**	대문자와 소문자를 구분하여 찾는다.
21.8, 21.1, 17.2, 17.1 **❼ 전체 셀 내용 일치**	찾을 내용과 완전히 일치하는 셀만을 찾는다.

- 데이터를 뒤에서부터 앞으로, 즉 역순으로 검색하려면 Shift를 누른 상태에서 〈다음 찾기〉를 클릭한다.
- 찾을 내용을 입력하고 〈다음 찾기〉를 한 번이라도 수행한 후에는 '찾기 및 바꾸기' 대화상자를 닫아도 F4를 눌러 입력한 내용을 계속하여 찾을 수 있다.

기출체크 ☑

23.5, 22.7, 22.5, 21.8, 21.1, 17.2, 17.1

1. '찾기 및 바꾸기' 대화상자에서 '*' 문자 자체를 찾으려면 '찾을 내용'에 (   )를 입력하면 된다.

SECTION 066

셀 포인터 이동

506701

23.5, 23.2, 23.1, 22.6, 22.1, 21.6, 21.5, 20.상시, 20.1, 19.상시, 19.1, 18.1, 17.1, 16.3, 15.3, 14.3, 11.2, 09.4, 07.3, …

1 셀 포인터 이동

- 셀을 마우스로 클릭하거나 키보드의 방향키(↑, ↓, ←, →)를 이용하여 원하는 셀로 이동한다.
- **방법 1** : 이동하고자 하는 셀을 마우스로 클릭함
- **방법 2** : 이름 상자에 이동하고자 하는 셀 주소를 입력하고 Enter를 누름
- **방법 3** : 키보드 이용

↑, ↓, ←, ↓*	상 · 하 · 좌 · 우 이동
23.5, 22.6, 22.1, 21.5 Shift+Tab, Tab	좌 · 우로 이동
23.2, 23.1, 18.1, 17.1 Shift+Enter, Enter	상 · 하로 이동
23.2, 23.1, 20.1, 18.1, 04.4 Home	해당 행의 A열로 이동
23.2, 23.1, 21.5, 20.상시, 20.1, 18.1, 07.3, 04.4 Ctrl+Home	[A1] 셀로 이동
23.2, 23.1, 18.1 Ctrl+End	데이터 범위의 맨 오른쪽 아래의 셀로 이동
07.3 Ctrl+↑, ↓, ←, ↓	데이터 범위의 상 · 하 · 좌 · 우의 끝으로 이동
PgUp, PgDn	한 화면 위, 아래로 이동
23.5, 22.6, 22.1, 21.5, 20.상시, 20.1 Alt+PgUp, Alt+PgDn	한 화면 좌, 우로 이동
23.5, 22.6, 22.1, 21.6, 21.5, 20.1, 19.상시, 19.1, … Ctrl+PgUp, Ctrl+PgDn	현재 시트의 앞, 뒤 시트로 이동
F5*	이동하고자 하는 셀 주소를 직접 입력하여 이동

기출체크 ☑

22.6, 22.1, 21.5, 20.1, 19.상시, 19.1, 16.3, 15.3, 14.3, 11.2

1. 다음 워크시트로 전환하려면 (   )을 누르고, 이전 워크시트로 전환하려면 (   )을 누른다.

전문가의 조언

- **중요해요!** 셀 이동에 사용하는 바로 가기 키에 대한 문제가 자주 출제됩니다.
- 바로 가기 키들의 기능은 실습을 통해 익히는 것이 가장 효율적입니다. 꼭 실습해 보세요.

[기출 포인트]

- [A1] 셀로 이동하려면 Ctrl+Home을 누른다.
- 행의 첫 번째 열로 이동하려면 Home을 누른다.
- 왼쪽 셀로 이동하려면 Shift+Tab을 누른다.
- 다음 워크시트로 이동하려면 Ctrl+PgDn을 누른다.
- 이전 워크시트로 이동하려면 Ctrl+PgUp을 누른다.

↑, ↓, ←, →를 눌러도 이동하지 않을 때 …

ScrollLock이 눌러진 상태에서 방향키(↑, ↓, ←, →)를 누르면 셀 포인터는 이동하지 않고 화면만 이동합니다.

셀 주소를 직접 입력하여 이동하는 방법

다음과 같이 수행한 후 셀 주소를 직접 입력합니다.

- **방법 1** : [홈] → [편집] → [찾기 및 선택] → [이동] 선택
- **방법 2** : Ctrl+G 누름
- **방법 3** : F5 누름

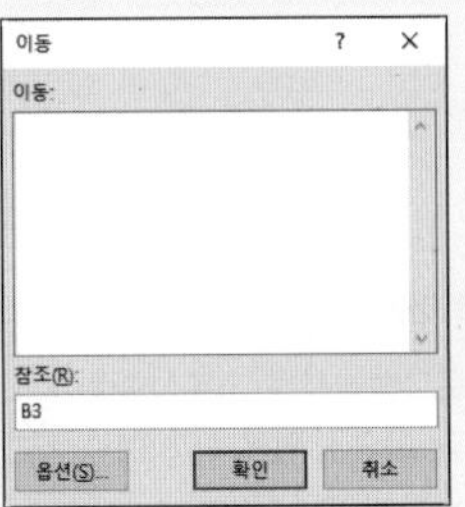

기출체크 정답

1. Ctrl+PgDn, Ctrl+PgUp

SECTION 067

[파일] → [옵션] → '고급' 탭

전문가의 조언

'소수점 자동 삽입' 항목의 기능을 알아야 풀 수 있는 문제가 출제되고 있습니다.

[기출 포인트]

- '소수점 위치'가 양수면 소수점 이하의 자릿수가 늘어난다.
- 음수면 소수점 이상의 자릿수가 늘어난다.

506803 

24.3, 23.3, 22.7, 22.3, 21.4, 21.1, 16.2, 16.1, 14.2, 13.2, 13.1, 11.1, 10.3, 04.3, 04.2, 03.3, 03.1

1 '고급' 탭 - '편집 옵션' 항목

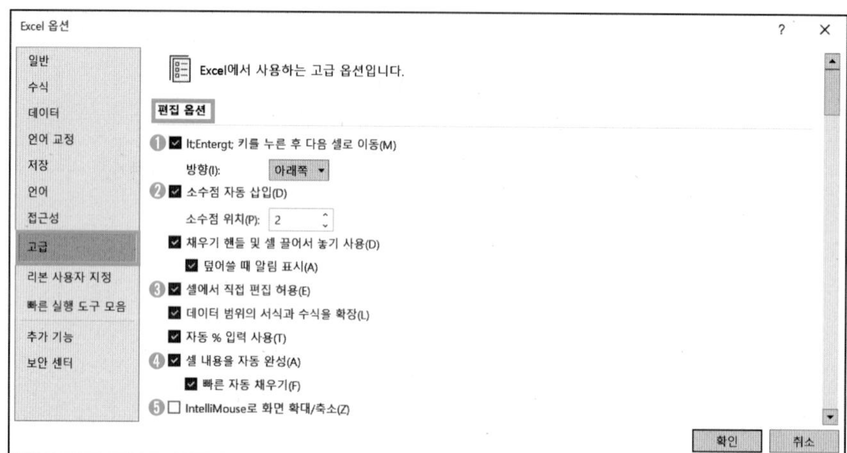

16.1, 14.2 ❶ 〈Enter〉 키를 누른 후 다음 셀로 이동	Enter를 누를 때 셀 포인터의 이동 방향을 아래쪽, 위쪽, 오른쪽, 왼쪽으로 지정한다.
24.3, 23.3, 22.7, 21.4, 21.1, 16.2, 13.1, 10.3, 04.3, … ❷ 소수점 자동 삽입	• 입력한 숫자 데이터의 소수점 위치를 '소수점 위치'에 입력된 숫자만큼 이동하여 설정한다. • '소수점 위치'에 입력한 숫자가 양수면 소수점 이하(오른쪽)의 자릿수를 늘리고, 음수면 소수점 이상(왼쪽)의 자릿수를 늘린다. (아래 표 참조) • '소수점 위치' 옵션을 무시하고 숫자를 입력하려면 숫자 뒤에 소수점을 입력하면 된다. 예 5.
10.3 ❸ 셀에서 직접 편집 허용	셀을 더블클릭하여 데이터의 수정이 가능하도록 설정한다.
03.3 ❹ 셀 내용을 자동 완성	셀에 입력한 처음 몇 자가 같은 열에 입력된 항목과 일치하면 자동으로 나머지 문자가 채워지도록 설정한다.
13.2, 11.1 ❺ IntelliMouse로 화면 확대/축소	Ctrl을 누르지 않은 상태에서 마우스 휠의 스크롤만으로 화면이 확대/축소되도록 설정한다.*

입력	소수점 위치	결과	입력	소수점 위치	결과
1	2	0.01	1	−2	100
10	2	0.1	10	−2	1000
100	2	1	100	−2	10000

마우스를 이용한 화면 확대/축소

엑셀 프로그램에서는 기본적으로 Ctrl을 누른 채 마우스 휠을 위/아래로 돌리면 화면이 확대/축소됩니다.

기출체크 ☑

24.3, 22.7, 21.4

1. 'Excel 옵션' 대화상자에서 소수점 위치를 '−2'로 지정한 후 셀에 1을 입력할 경우 화면에 표시되는 값은 (   )이다.

기출체크 정답

1. 100

SECTION

068 셀 편집

5506801 ▶

24.5, 22.2

1 셀 삽입/삭제

셀 삽입	• 기존에 있던 셀을 오른쪽이나 아래쪽으로 밀어내고, 지정한 범위만큼 새로운 셀을 삽입하는 기능이다. • 삽입할 셀 범위를 지정한 다음 Ctrl + + 를 누른 후 '삽입' 대화상자가 나타나면, 기존에 있던 데이터의 이동 방향을 선택하고 〈확인〉을 클릭한다.
24.5, 22.2 셀 삭제	• 범위로 지정한 셀을 삭제하고, 아래쪽이나 오른쪽에 있는 셀을 삭제한 자리로 이동하는 기능이다. • 삭제할 셀 범위를 지정한 다음 Ctrl + - 를 누른 후 '삭제' 대화상자가 나타나면, 기존에 있던 데이터의 이동 방향을 선택하고 〈확인〉을 클릭한다.

기출체크 ☑

24.5, 22.2

1. 다음과 같은 대화상자를 표시하기 위한 바로 가기 키는 (　　)+(　　)이다.

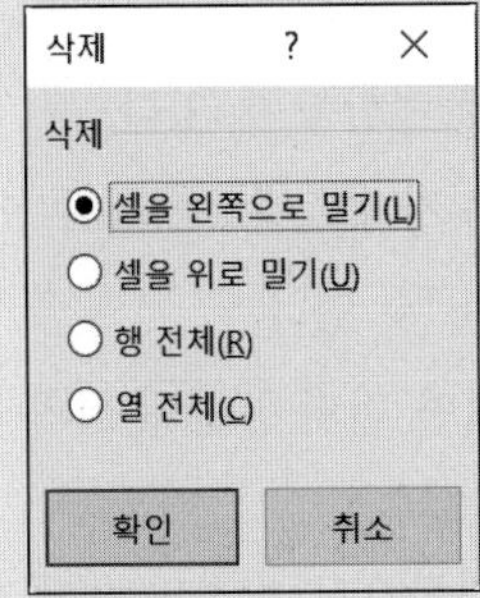

전문가의 조언

'삭제' 대화상자를 표시하는 바로 가기 키를 묻는 문제가 출제되고 있습니다.

[기출 포인트]

'삭제' 대화상자를 표시하는 바로 가기 키는 Ctrl + - 이다.

5506802 ▶

22.6, 22.1, 21.5, 06.4, 06.1, 03.3

2 셀 병합

• 여러 개의 셀을 하나로 합치는 기능이다.

• [홈] → [맞춤] → [병합하고 가운데 맞춤]을 클릭한다.

• 데이터가 입력되어 있는 여러 개의 셀을 셀 병합할 경우 가장 위쪽 또는 왼쪽의 데이터만 남고 나머지 셀의 데이터는 모두 지워진다.

기출체크 ☑

22.6, 22.1, 21.5, 06.4, 06.1, 03.3

2. 데이터가 입력되어 있는 여러 개의 셀을 범위로 설정한 후 셀 병합을 지정하면 가장 (　　) 또는 (　　)의 셀 데이터만 남고 나머지 셀 데이터는 모두 지워진다.

전문가의 조언

셀 병합의 특징을 묻는 문제가 출제되고 있습니다.

[기출 포인트]

여러 개의 셀을 병합하면 가장 위쪽 또는 왼쪽의 셀 데이터만 남는다.

기출체크 정답

1. Ctrl, - 2. 위쪽, 왼쪽

SECTION 069 통합 문서 공유 / 보호

1 통합 문서 공유

24.2, 22.7, 22.6, 22.5, 22.1, 21.6, 21.5, 21.1, 20.상시, 20.2, 19.상시, 18.상시, 17.1, 16.3, 15.2, 14.3, 11.3, 09.4, …

507201

통합 문서 공유는 네트워크로 연결된 환경에서 하나의 통합 문서를 여러 사람이 공동으로 작업할 수 있게 하는 기능이다.

- 실행 [검토] → [새 그룹] → [통합 문서 공유(레거시)]*를 클릭한 후 '편집' 탭에서 '새로운 공동 작성 환경 대신 기존의 공유 통합 문서 기능을 사용합니다.' 항목 선택
- 통합 문서를 공유하면 데이터 입력 및 편집은 가능하나 셀 병합, 조건부 서식, 차트, 시나리오, 부분합, 데이터 표, 피벗 테이블 보고서 등에 대한 작업은 추가 및 변경이 불가능하다.
- 공유된 통합 문서는 제목 표시줄에 '공유됨'이라고 표시된다.
- 공유된 통합 문서의 변경 내용을 추적하여 변경된 내용만 새로운 시트에 작성할 수 있다.
- 공유된 통합 문서는 여러 사용자가 동시에 변경 및 병합할 수 있다.
- 공유된 통합 문서를 사용하는 특정 사용자의 연결을 강제로 종료시킬 수 있다.
- 공유된 통합 문서를 보호하기 위해 암호를 설정*할 수 있다.
- 암호로 보호된 공유 통합 문서의 보호를 해제하려면 먼저 통합 문서의 공유를 해제해야 한다.
- 다른 사용자가 문서의 내용을 변경하였을 경우 자동으로 변경된 셀에 메모가 표시된다.*
- 공유 통합 문서 파일을 다른 위치에 복사해도 공유 설정 값은 유지된다.
- 공유 통합 문서가 저장된 네트워크 위치를 액세스하는 모든 사용자는 공유된 통합 문서를 액세스할 수 있다.
- 공유 통합 문서의 변경 내용을 일정 기간 동안 보관할 수 있으며, 그 여부를 지정할 수도 있다.
- 변경 내용을 저장하면 공유 통합 문서의 복사본이 만들어져 변경한 내용들을 병합할 수도 있다.
- 공유 통합 문서를 사용하는 여러 사용자들의 변경 내용이 충돌할 경우 저장할 내용을 선택하거나, 자신이 변경한 내용이 무조건 저장되도록 지정할 수 있다.

전문가의 조언

중요해요! 통합 문서 공유 방법이나 공유된 통합 문서의 특징을 묻는 문제가 자주 출제됩니다.

[기출 포인트]

- 공유된 통합 문서는 여러 사용자가 동시에 변경할 수 있다.
- 공유된 통합 문서에서는 셀 병합, 조건부 서식, 차트, 시나리오 등을 변경할 수 없다.
- 공유된 통합 문서를 다른 위치에 복사해도 공유가 그대로 유지된다.
- 공유된 통합 문서의 암호는 모든 사용자가 공통으로 사용할 수 있는 암호 하나만 설정할 수 있다.

궁금해요 시나공 Q&A 베스트

Q '통합 문서 공유(레거시)' 메뉴가 없어요.

A '통합 문서 공유(레거시)' 메뉴는 기본적으로 화면에 표시되지 않습니다. 화면에 표시하려면 [파일] → [옵션] → 'Excel 옵션' 대화상자의 '리본 사용자 지정' 탭 → '리본 메뉴 사용자 지정'의 '기본 탭'에서 '검토'를 선택한 후 〈새 그룹〉 클릭 → '명령 선택'에서 '모든 명령'을 선택한 후 '통합 문서 공유(레거시)'를 선택하고 〈추가〉를 클릭하세요.

암호 설정

공유된 통합 문서의 암호는 모든 사용자가 공통으로 사용할 수 있는 암호 하나만 설정할 수 있습니다.

변경된 셀에 표시되는 메모

내용을 변경한 사용자 이름과 변경된 내용을 표시합니다.

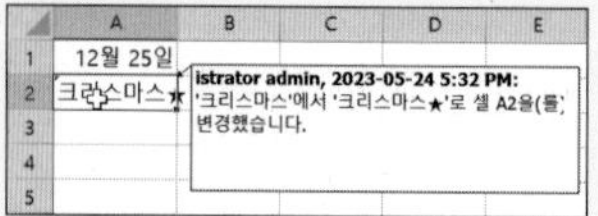

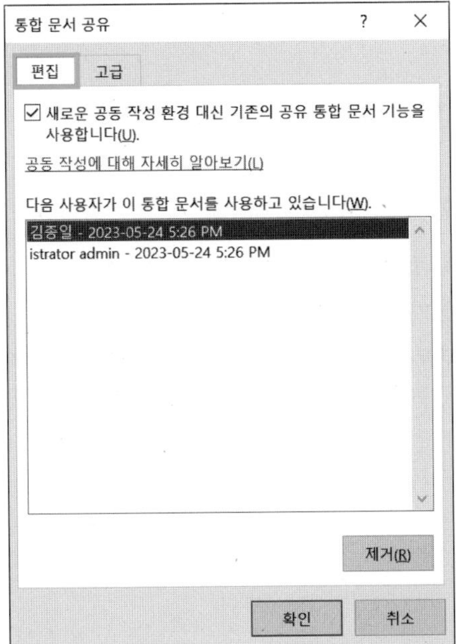

기출체크 ☑

22.6, 22.1, 21.6, 21.1, 20.상시, 19.상시, 17.1, 16.3, 15.2, 14.3, 11.3, 09.4, 09.3

1. 통합 문서를 공유한 후에는 데이터의 입력 및 편집은 물론이고 셀 병합, 조건부 서식, 차트, 시나리오, 부분합, 데이터 표, 피벗 테이블 보고서 등을 추가할 수 없다. (○, ×)

507202 ▶

24.3, 23.5, 23.3, 22.7, 22.5, 22.3, 21.8, 21.4, 21.2, 20.2, 18.1, 15.3, 15.1, 08.4, 06.4, 04.3

2 시트 보호

시트 보호는 특정 워크시트에 입력된 데이터나 차트 등을 변경할 수 없도록 보호하는 기능으로, 보호된 시트에서는 기본적으로 셀을 선택하는 것만 가능하다.

- 실행 [검토] → [보호] → [시트 보호] 클릭
- 해제 [검토] → [보호] → [시트 보호 해제] 클릭
- 통합 문서 중 특정 시트만을 보호하는 것으로, 나머지 시트는 변경이 가능하다.
- 모든 요소를 모든 사용자가 액세스하지 못하도록 보호할 수 있으며, 지정한 범위에 대해 개별적으로 사용자의 수정을 허용할 수도 있다.
- 셀/행/열의 서식, 하이퍼링크 삽입, 자동 필터, 피벗 테이블, 개체, 시나리오 등 특정 항목을 제외하고 시트 보호를 지정할 수 있다.
- '셀 서식' 대화상자의 '보호'* 탭에서 '잠금'이 해제된 셀은 보호되지 않는다.

시트 보호
시트 보호 해제 암호(P):
☑ 잠긴 셀의 내용과 워크시트 보호(C)
워크시트에서 허용할 내용(O):
☑ 잠긴 셀 선택
☑ 잠기지 않은 셀 선택
☐ 셀 서식
☐ 열 서식
☐ 행 서식
☐ 열 삽입
☐ 행 삽입
☐ 하이퍼링크 삽입
☐ 열 삭제
☐ 행 삭제
확인 취소

기출체크 ☑

24.3, 23.5, 23.3, 21.2, 08.4, 06.4, 04.3

2. 시트 보호 시 보호 대상에는 시트 이름, 시나리오, 내용, 개체 등이 있다. (○, ×)

기출체크 1번

통합 문서를 공유한 후에 데이터의 입력과 편집은 가능하지만 셀 병합, 조건부 서식, 차트, 시나리오, 부분합, 데이터 표 등을 추가하거나 변경할 수는 없습니다.

전문가의 조언

시트 보호의 특징을 묻는 문제가 출제되고 있습니다.

[기출 포인트]

- 시트에 입력된 데이터를 보호한다.
- 보호가 설정된 특정 시트만을 보호한다.

'셀 서식' 대화상자의 '보호' 탭

셀에 입력된 내용이나 셀의 크기 등을 변경할 수 없도록 셀을 보호하는 기능으로, '보호' 탭에서 잠금이나 숨김을 설정한 후 시트 보호를 설정해야 시트 보호가 적용됩니다.

- **잠금** : 데이터 입력, 수정 등을 변경하지 못하도록 보호함
- **숨김** : 수식 입력줄에 데이터가 표시되지 않음

기출체크 2번

시트 이름은 시트 보호와 상관없이 변경할 수 있습니다.

기출체크 정답

1. × 2. ×

507203

3 통합 문서 보호

24.4, 24.1, 23.4, 22.7, 22.4, 21.7, 21.3, 20.2, 18.상시, 18.1, 16.2, 15.1, 13.3, 12.1, 11.2

통합 문서 보호는 통합 문서의 시트 삭제, 이동, 숨기기, 이름 바꾸기 등을 할 수 없도록 보호한다.

- 실행 [검토] → [보호] → [통합 문서 보호] 클릭
- 해제 [검토] → [보호] → [통합 문서 보호]를 다시 한번 클릭
- 통합 문서를 보호해도 '시트 보호'가 설정되지 않았으면 데이터를 입력, 수정, 삭제하거나 피벗 테이블 보고서, 부분합과 같은 데이터 분석 작업을 할 수 있다.
- 암호를 지정할 수 있다.

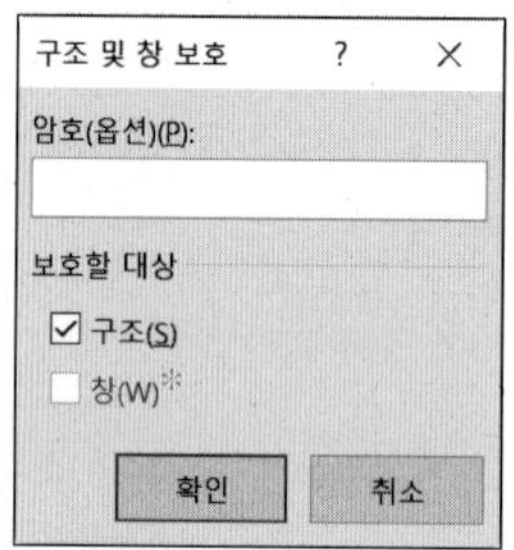

기출체크 ☑

24.4, 24.1, 22.7, 22.4, 21.7, 21.3, 18.1, 15.1

3. [통합 문서 보호]를 설정하면 시트에 포함된 차트, 도형 등의 그래픽 개체를 변경할 수 없다. (○, ×)

전문가의 조언

통합 문서 보호의 특징을 묻는 문제가 출제되고 있습니다.

[기출 포인트]

- 시트 자체를 삭제하거나 이동할 수 없도록 보호한다.
- 통합 문서를 보호해도 시트에 입력된 데이터는 변경할 수 있다.

'창' 옵션

엑셀 2021 버전에서는 '구조 및 창 보호' 대화상자의 '창' 옵션이 비활성화되어 사용할 수 없습니다.

기출체크 3번

통합 문서 보호는 시트 삭제, 이동, 숨기기, 이름 바꾸기 등을 할 수 없도록 보호하는 것으로, 통합 문서 보호를 지정해도 차트나 도형 등의 그래픽 개체를 변경할 수 있습니다. 그래픽 개체를 변경할 수 없도록 보호하려면 '시트 보호'를 설정해야 합니다.

기출체크 정답

3. ×

SECTION 070

사용자 지정 서식

507301

24.5, 24.3, 24.2, 24.1, 23.5, 23.4, 23.3, 22.7, 22.5, 22.4, 22.2, 21.8, 21.3, 21.2, 21.1, 19.2, 18.상시, 16.1, 15.3, …

1 사용자 지정 서식

사용자 지정 표시 형식은 기본적으로 제공하는 표시 형식을 이용하여 원하는 형식을 표시할 수 없을 때, 사용자가 직접 만들어 사용하는 표시 형식이다.

- '셀 서식' 대화상자의 '표시 형식' 탭에서 범주를 '사용자 지정'으로 선택한 후 형식 입력 상자에 직접 표시 형식을 입력한다.

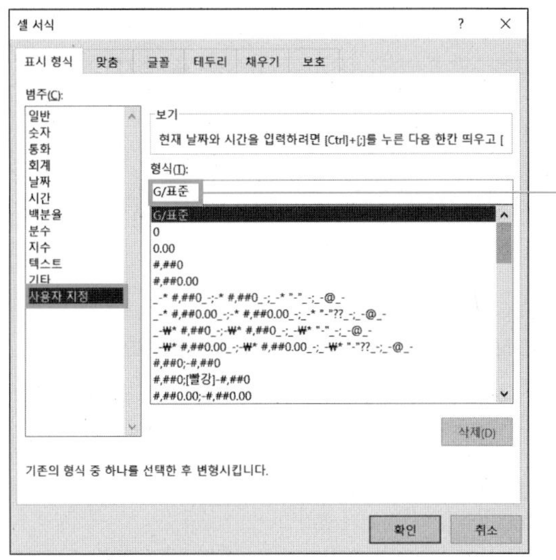

기본적인 형식이 입력되어 있다. 지우고 원하는 서식을 입력한다.

- 조건이 없을 때는 양수, 음수, 0, 텍스트 순으로 표시 형식이 지정되지만, 조건이 있을 때는 조건이 지정된 순으로 표시 형식을 나타낸다.
- 조건이나 글꼴색을 지정할 때는 대괄호([ ]) 안에 입력한다.
- **조건이 없을 때**

#,###	;	[빨강](#,###)	;	0.00	;	@"님"
양수		음수		0값		텍스트

- **조건이 있을 때**

[>0](#,###)	;	[<0][빨강](#,###)	;	0.00	;	@"님"
조건1		조건2		두 조건을 만족하지 않을 경우		텍스트

예제1 순이익이 0보다 크면 "파랑", 0보다 작으면 '–' 기호를 붙이고 "빨강", 0이면 "검정", 텍스트면 뒤에 "미등록"을 표시하는 사용자 지정 서식을 작성하시오(단, 천 단위마다 콤마(,)를 표시하고 값이 0일때 '0' 표시).

답 [파랑]#,##0;[빨강]–#,##0;[검정]#,##0;@"미등록"

전문가의 조언

중요해요! 지정된 사용자 지정 서식의 결과를 묻거나 반대로 제시된 형태대로 표현하기 위한 사용자 지정 서식을 묻는 문제가 자주 출제됩니다.

[기출 포인트]

- 조건이 없으면 양수, 음수, 0, 텍스트 순으로 지정한다.
- 조건이 있으면 조건1, 조건2, 두 조건을 만족하지 않을 경우, 텍스트 순으로 지정한다.
- 조건이나 글꼴색은 대괄호([ ]) 안에 입력한다.

예제 2 상반기 순이익이 100 이상이면 '파랑', 50 이상이면 '빨강', 50 미만이면 색을 지정하지 않는다. 단, 천 단위 구분 기호를 표시하고, 소수 둘째 자리까지 표시하시오.

답 [파랑][>=100]#,##0.00;[빨강][>=50]#,##0.00;#,##0.00

기출체크 1번

- 천 단위 구분 기호와 소수 이하 첫째 자리까지 표시 : #,##0.0
- 셀의 값이 1000 이상이면 '파랑', 1000 미만 500 이상이면 '빨강', 500 미만이면 색을 지정하지 않음 : [파랑][>=1000];[빨강][>=500];

∴ 두 형식을 합치면 [파랑][>=1000]#,##0.0;[빨강][>=500]#,##0.0;#,##0.0입니다.

기출체크 ☑

24.5, 24.3, 24.2, 23.5, 22.5, 22.2, 21.3, 21.1, 16.1, 12.2, 10.1, 09.3

1. 셀의 값이 1000 이상이면 '파랑', 1000 미만 500 이상이면 '빨강', 500 미만이면 색을 지정하지 않고, 각 조건에 대해 천 단위 구분 기호(,)와 소수 이하 첫째 자리까지 표시하는 사용자 지정 표시 형식을 적으시오. (   )

전문가의 조언

중요해요! #과 0의 차이점을 중심으로 숫자 서식 코드들의 의미를 암기하세요.

[기출 포인트]

- #은 유효하지 않은 0은 표시하지 않는다.
- 0은 유효하지 않은 0을 표시한다.
- 표시 형식의 맨 끝에 콤마를 표시하면 3자리씩 생략된다.

천 단위 생략

- 천 단위 생략은 천 단위 미만의 값을 삭제한다는 의미가 아니라 천 단위 미만의 값을 화면에만 표시되지 않게 숨긴다는 의미입니다.
- 이때 천 단위 미만의 값은 반올림되어 표시됩니다. 예를 들어 446000이 입력된 셀에 표시 형식을 #, 로 지정하면 천 단위 미만의 값이 표시되지 않고 백의 자리에서 반올림되므로 45가 표시됩니다.

154를 입력했을 때의 결과

- [DBNUM1] : 一百五十四
- [DBNUM2] : 壹百伍拾四
- [DBNUM3] : 百5十4
- [DBNUM4] : 일백오십

507302

24.5, 24.3, 24.2, 23.5, 23.3, 23.1, 22.7, 22.6, 22.5, 22.3, 22.2, 22.1, 21.8, 21.7, 21.6, 21.5, 21.4, 21.3, 21.2, 21.1, …

2 숫자 서식 코드

24.3, 24.2, 23.3, 23.1, 22.7, 22.6, … **#**	유효한 자릿수만 표시하고, 유효하지 않은 0은 표시하지 않다.
24.5, 24.3, 23.5, 23.1, 22.7, 22.6, … **0**	유효하지 않은 자릿수를 0으로 표시한다.
20.2, 16.2, 15.3, 15.1 **?**	유효하지 않은 자릿수에 0 대신 공백을 입력하고, 소수점을 기준으로 정렬한다.
23.3, 23.1, 22.6, 22.3, 22.1, 21.7, … **,**	• 천 단위 구분 기호를 표시한다. • 표시형식 맨 끝에 콤마를 표시하면 3자리씩 생략한다.*
23.1, 21.6, 19.상시, 19.1, 12.3, 11.1, … **%**	숫자에 100을 곱한 다음 %를 붙인다.
11.1, 09.2, 08.3, 05.4, 05.2, 04.2, … **[DBNUM1]**	• 숫자를 한자 및 한글, 한자/한글로 표시한다. • [DBNUM1] ~ [DBNUM4]가 있다.*

예제 3 숫자 서식 코드 사용하기

	A	B	C	
1	원본 데이터	지정된 서식	결과 데이터	
2	512.57	##	513	
3	32.1	##.##	32.1	유효하지 않은 자릿수는 표시하지 않음
4	1523.78	#,###.#	1,523.8	
5	24532468	#,###	24,532,468	천 단위로 표시하기 위해 3자리 생략
6	5135000	#,###,	5,135	
7	452000000	#,###,,"백만원"	452백만원	백만 단위로 표시하기 위해 6자리 생략
8	45	###%	4500%	
9	52.368	0,000.00	0,052.37	유효하지 않은 자릿수를 0으로 표시, 자릿수가 부족할 경우 반올림
10	321	0.0	321.0	
11	1255	?.??	1255.	? 표시만큼 자릿수 확보
12	23.12		23.12	
13	135.567		135.57	

쉼표(,)가 두 개이므로 6자리를 생략함

기출체크 2번

'#,###' 다음에 표시되는 콤마(,)는 천 단위 생략을 의미하므로 126,743.7에서 천 단위를 생략하면 126인데, 백의 자리에서 반올림되어 127이 표시됩니다.

기출체크 ☑

23.3, 22.6, 22.3, 22.1, 21.7, 21.5, 21.3, 20.2, 18.1, 17.2, 16.2, 15.3, 09.1, 05.3

2. 126,743.7이 입력되어 있는 셀에 표시 형식 #,###,를 적용했을 때 표시되는 값은? (   )

기출체크 정답

1. [파랑][>=1000]#,##0.0;[빨강][>=500]#,##0.0;#,##0.0
2. 127

507303 ▶

21.7, 21.6, 21.5, 21.3, 21.2, 20.2, 19.상시, 19.1, 18.상시, 17.2, 17.1, 16.2, 15.3, 12.3, 12.1, 11.3, 09.3, 08.1, 07.2, …

3 문자 서식 코드

21.7, 21.6, 21.5, 21.3, … **@**	문자 데이터의 표시 위치를 지정한다.
20.2, 17.2, 14.1, 12.1 *****	* 기호 다음에 있는 특정 문자를 셀의 너비만큼 반복하여 채운다.
09.3, 05.1, 03.1 **_**	셀에 입력된 데이터의 오른쪽 끝에 하나의 공백이 생긴다.

[기출 포인트]
@는 문자의 표시 위치를 지정한다.

예제 4 문자 서식 코드 사용하기

	A	B	C
1	원본 데이터	지정된 서식	결과 데이터
2	컴퓨터	@"활용능력"	컴퓨터활용능력
3	1급	"컴활"@	컴활1급
4	벨소리	@*~	벨소리~~~~~~~~
5	59	##*!	59!!!!!!!!!!!!!!!!!!!!!!!!!
6	32458	#,###"원"_-	32,458원 (공백)

기출체크 ☑

12.1, 11.3

3. @ 기호 다음에 있는 특정 문자를 셀의 너비만큼 반복하여 표시한다. (○, ×)

기출체크 3번
* 기호 다음에 있는 특정 문자를 셀의 너비만큼 반복하여 표시합니다.

507304 ▶

18.1, 17.2, 17.1, 12.3, 11.3, 11.1, 08.3, 08.2, 07.4, 07.2, 05.4, 05.3, 05.2, 04.2, 04.1

4 날짜 서식 코드

18.1, 17.2, … **연도**	• yy : 연도 중 뒤의 두 자리만 표시한다. • yyyy : 연도를 네 자리로 표시한다.
18.1, 17.2, … **월**	• m : 월을 1~12로 표시한다. • mm : 월을 01~12로 표시한다. • mmm : 월을 Jan~Dec로 표시한다. • mmmm : 월을 January~December로 표시한다.
18.1, 17.2, … **일**	• d : 일을 1~31로 표시한다. • dd : 일을 01~31로 표시한다.
07.2, 05.3, … **요일**	• ddd : 요일을 Sun~Sat로 표시한다. • dddd : 요일을 Sunday~Saturday로 표시한다.

[기출 포인트]
- "mmmm"은 영문 월을 표시한다.
- "dddd"는 영문 요일을 표시한다.

예제 5 날짜 서식 코드 사용하기

	A	B	C
1	원본 데이터	지정된 서식	결과 데이터
2	2022-09-07	yy-m-d	22-9-7
3	2021-08-09	yyyy-mm-ddd	2021-08-Mon
4	2015-04-03	mm-ddd-yy	04-Fri-15
5	2020-05-04	yyyy"년"mm"월"dd"일"	2020년05월04일

기출체크 ☑

11.3, 07.4, 05.3, 04.1

4. 셀에 07-12-25와 같이 입력한 후 결과가 December 25, 2021로 표시되도록 하기 위한 사용자 지정 표시 형식은 (   )이다.

기출체크 정답
3. × 4. mmmm dd, yyyy

[기출 포인트]
경과된 시간을 표시하려면 [h]로 지정한다.

경과된 시간 표시

현재 시간이 아닌 경과된 시간을 표시할 때는 시간을 대괄호 [ ]로 묶어주면 됩니다.

기출체크 5번

경과된 시간을 표시할 때는 시간을 대괄호 [ ]로 묶어야 합니다.

507305 ▶

5 시간 서식 코드

17.2, 14.2, 10.1, … **시간**	• h : 0~23으로 표시한다. • hh : 00~23으로 표시한다. • [h] : 경과된 시간을 표시한다.
17.2, 14.2, 10.1, … **분**	• m : 0~59로 표시한다. • mm : 00~59로 표시한다. • [m] : 경과된 분을 표시한다.
초	• s : 0~59로 표시한다. • ss : 00~59로 표시한다. • [s] : 경과된 초를 표시한다.
08.2 **오전/오후**	AM/PM, A/P로 표시한다.

예제 6 시간 서식 코드 사용하기

	A	B	C
1	원본 데이터	지정된 서식	결과 데이터
2	2:12:25	hh:mm:ss	02:12:25
3	15:12:25	h:m:s AM/PM	3:12:25 PM
4	20:30	hh"시"mm"분"ss"초"	20시30분00초
5	6:02	hh:mm A/P	06:02 A

기출체크 ☑

14.2, 10.1
5. 사용자 지정 표시 형식을 이용하여 경과된 시간을 표시할 때는 {h}와 같이 중괄호 { }로 묶어주면 된다. (○, ×)

기출체크 정답
5. ×

SECTION 071

조건부 서식

507401

24.5, 24.4, 24.2, 24.1, 23.4, 23.3, 23.2, 23.1, 22.7, 22.5, 22.4, 21.8, 21.7, 21.6, 21.3, 21.2, 18.상시, 18.2, 16.3, …

1 조건부 서식

조건부 서식은 규칙(조건)을 만족하는 셀에만 셀 서식을 적용하는 기능이다.

- 실행 [홈] → [스타일] → [조건부 서식] → [새 규칙] 선택
- 조건부 서식의 규칙을 수식으로 입력할 경우 수식 앞에 반드시 등호(=)를 입력해야 하고, 수식의 결과는 참(TRUE) 또는 거짓(FALSE)이 나오도록 작성해야 한다.
- 워크시트의 특정 셀을 이용하여 규칙을 작성할 수 있고, 규칙 작성 시 셀을 클릭하면 절대 참조로 지정된다.
- 셀의 값이 변경되어 규칙을 만족하지 않으면 적용된 서식이 해제된다.
- 셀에 입력된 값에 따라 데이터 막대, 색조, 아이콘 등을 표시할 수 있다.
- 규칙별로 다른 서식을 적용할 수 있다.
- 둘 이상의 조건부 서식이 참일 경우 두 규칙에 지정된 서식이 모두 적용되지만, 서식이 충돌할 경우 우선 순위가 높은 규칙*의 서식이 적용된다.
- 규칙에 맞는 데이터가 있는 행 전체에 서식을 지정할 때는 수식 입력 시 열 이름 앞에 $를, 열 전체에 서식을 지정할 때는 행 번호 앞에 $를 붙인다.
- 다른 통합 문서를 참조하여 규칙을 지정할 수 없다.
- [홈] → [편집] → [찾기 및 선택] → [이동 옵션]을 이용하면 조건부 서식이 적용된 셀을 찾을 수 있다.
- **조건부 서식 규칙 관리자**
  - 지정된 모든 조건부 서식을 확인*하거나 수정, 삭제, 추가, 우선 순위 등을 변경할 수 있다.
  - 실행 : [홈] → [스타일] → [조건부 서식] → [규칙 관리] 선택

예제 다음과 같은 데이터 목록에서 총점이 140 이상인 행 전체에 대해 바탕색을 '빨강'으로 지정하시오.

	A	B	C	D
1	이름	1과목	2과목	총점
2	홍길동	80	58	138
3	이숙희	84	75	159
4	양미숙	55	57	112
5	이숙자	89	95	184

→

	A	B	C	D
1	이름	1과목	2과목	총점
2	홍길동	80	58	138
3	이숙희	84	75	159
4	양미숙	55	57	112
5	이숙자	89	95	184

전문가의 조언

중요해요! 조건부 서식의 특징에서 규칙을 지정하는 방법까지 다양한 문제가 출제되고 있습니다.

[기출 포인트]

- 행 전체에 서식을 지정하려면 열 이름 앞에 $를 입력한다
- 규칙을 작성할 때 셀을 클릭하면 절대 참조로 지정된다.
- 조건 지정 시 다른 통합 문서의 셀은 참조할 수 없다.
- '조건부 서식 규칙 관리자' 대화상자에서는 현재 작업 문서에 지정된 서식만 확인 가능하다.

우선 순위가 높은 규칙의 서식

- 예를 들어, 글꼴 색과 채우기 색을 지정하는 두 조건이 모두 참일 경우 두 서식이 모두 적용되나, 글꼴 색을 빨강과 파랑으로 지정하는 두 조건이 모두 참인 경우에는 우선 순위가 높은 규칙의 글꼴 색만 적용됩니다.
- 규칙의 우선 순위는 규칙을 작성한 순서에 따라 결정되며, 가장 마지막에 작성한 규칙이 우선 순위가 가장 높습니다.

조건부 서식 확인

'조건부 서식 규칙 관리자' 대화상자에서는 현재 선택 영역과 현재 시트, 다른 시트에 지정된 서식, 즉 현재 작업중인 문서를 대상으로만 확인할 수 있습니다.

준비하세요

'C:\길벗컴활1급필기QnE\2과목\2과목.xlsm' 파일을 불러와 '섹션071' 시트에서 실습하세요. 실습할 예제 파일은 시나공 홈페이지(www.sinagong.co.kr)의 [자료실] → [실습예제]에서 다운받으면 됩니다.

범위 지정

- 필드명을 제외한 데이터 목록만 범위로 지정합니다.
- 행 전체에 서식을 설정할 경우 전체를 범위로 지정하고, 특정 셀에만 서식을 설정할 경우 해당 셀만 범위로 지정합니다.

궁금해요 **시나공 Q&A 베스트**

Q '$' 표시는 왜 하나요?

A 조건에 맞는 데이터가 있는 셀이 속한 행 전체에 서식을 적용하기 위한 것입니다. '$'를 붙이지 않으면 상대 주소가 적용되어 엉뚱한 곳에 서식이 적용됩니다.

① 조건부 서식을 적용할 범위(A2:D5)를 지정*하고, [홈] → [스타일] → [조건부 서식] → [새 규칙]을 선택한다.

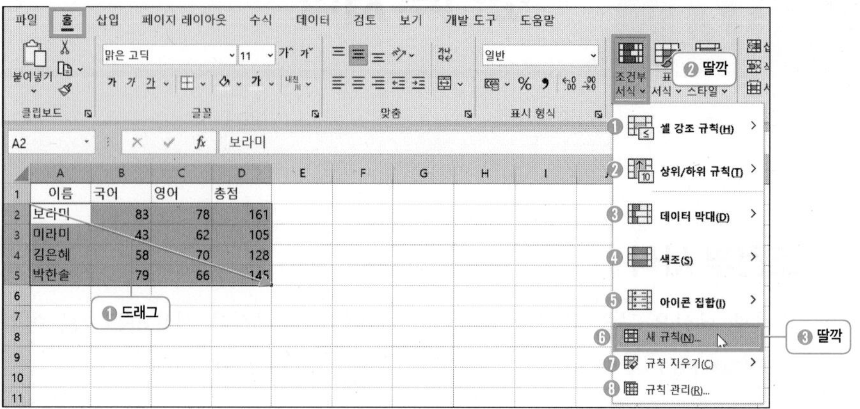

❶ **셀 강조 규칙** : 셀의 값에 따라 조건을 지정하여 서식을 지정한다.
❷ **상위/하위 규칙** : 선택한 범위의 셀 값 중 상위 혹은 하위 몇 %, 몇 개 항목에 대해 서식을 지정한다.
❸ **데이터 막대** : 데이터의 값에 따라 길이가 다른 데이터 막대를 표시한다.
❹ **색조** : 상위와 하위 또는 상위, 중간, 하위 색을 지정하여 표시하고, 그 사이의 값은 지정한 색 사이의 색으로 적절하게 표시한다.
❺ **아이콘 집합** : 셀의 값에 따라 다른 모양의 아이콘을 표시한다.
❻ **새 규칙** : '새 서식 규칙' 대화상자가 표시된다.
❼ **규칙 지우기** : 이미 지정된 규칙을 지운다.
❽ **규칙 관리** : 지정된 규칙을 수정, 삭제, 추가 등을 할 수 있는 '조건부 서식 규칙 관리자'가 표시된다.

② '새 서식 규칙' 대화상자의 '규칙 유형 선택'에서 '수식을 사용하여 서식을 지정할 셀 결정'을 선택하고, **=$D2>=140***을 입력한 후 〈서식〉을 클릭한다.

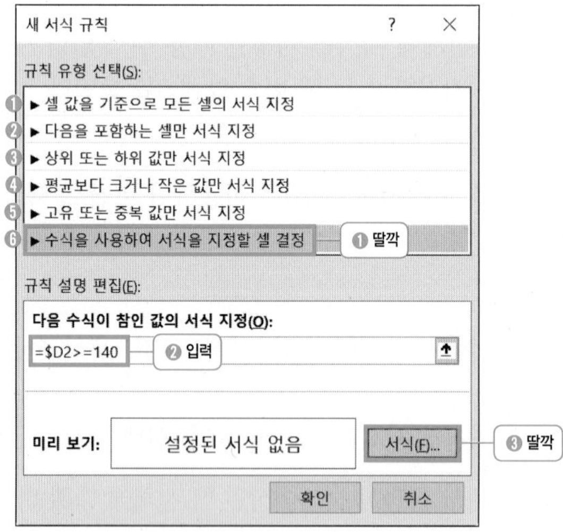

❶ **셀 값을 기준으로 모든 셀의 서식 지정** : 셀 값에 따라 농도가 다른 색이나 길이가 다른 데이터 막대를 모든 셀에 지정한다.
❷ **다음을 포함하는 셀만 서식 지정** : 셀 값에 따라 조건을 지정하여 서식을 지정한다.
❸ **상위 또는 하위 값만 서식 지정** : 선택한 범위의 셀 값 중 상위 혹은 하위 몇 %, 몇 개 항목에 대해 서식을 지정한다.
❹ **평균보다 크거나 작은 값만 서식 지정** : 선택한 범위의 셀 값들에 대한 평균이나 표준 편차보다 높거나 낮은 값에 대해 서식을 지정한다.
❺ **고유 또는 중복 값만 서식 지정** : 선택한 범위의 셀 값 중에서 중복된 값이나 고유 값에 대해 서식을 지정한다.
❻ **수식을 사용하여 서식을 지정할 셀 결정** : 함수나 수식을 이용하여 조건을 지정한다.

③ '셀 서식' 대화상자가 나타나면 '채우기' 탭에서 '빨강'을 선택한 후 〈확인〉을 클릭한다.

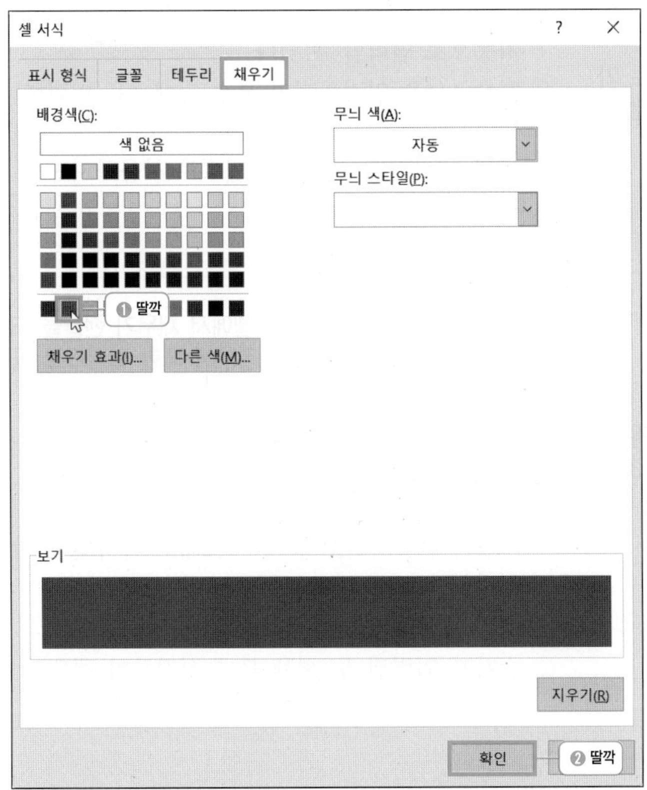

④ '새 서식 규칙' 대화상자에서 〈확인〉을 클릭한다.

기출체크 ☑

24.1, 21.7, 21.3, 21.2

1. 조건부 서식에서 수식을 이용하여 조건 지정 시 워크시트의 특정 셀을 클릭하면 (　　) 참조로 작성된다.

24.2, 23.2, 23.1

2. 조건부 서식에서 수식을 이용하여 조건을 지정할 경우, 다른 통합 문서에 대한 외부 참조를 사용할 수 있다. (○, ×)

기출체크 2번

조건부 서식의 조건으로 다른 시트의 셀은 참조할 수 있으나 다른 통합 문서의 셀은 참조할 수 없습니다.

기출체크 정답

1. 절대 2. ×

기출문제 은행

24년 5회, 22년 6회, 2회, 1회, 21년 5회, 20년 1회, 15년 3회

01 다음 중 셀 영역을 선택한 후 상태 표시줄의 바로 가기 메뉴인 [상태 표시줄 사용자 지정]에서 선택할 수 있는 자동 계산에 해당되지 않는 것은?

① 선택한 영역 중 숫자 데이터가 입력된 셀의 수
② 선택한 영역 중 문자 데이터가 입력된 셀의 수
③ 선택한 영역 중 데이터가 입력된 셀의 수
④ 선택한 영역의 합계, 평균, 최소값, 최대값

22년 3회, 21년 7회, 3회, 19년 1회

02 다음 중 아래 워크시트에서 [B1:B3] 영역의 문자열을 [B4] 셀에 목록으로 표시하여 입력하기 위한 키 조작으로 옳은 것은?

	A	B
1	A	오름세
2	B	보합세
3	C	내림세
4	D	
5	E	내림세 보합세 오름세
6	F	
7	G	

① Tab + ↓ ② Shift + ↓
③ Ctrl + ↓ ④ Alt + ↓

24년 3회, 23년 5회, 22년 5회, 21년 8회, 4회

03 다음 중 워크시트에 데이터를 입력하는 방법에 대한 설명으로 옳지 않은 것은?

① 날짜 데이터를 입력하면 기본적으로 셀의 오른쪽에 정렬된다.
② '3과 같이 입력하면 기본적으로 셀의 오른쪽에 정렬된다.
③ 수식 또는 함수식을 입력할 때는 = 기호를 붙여 입력한다.
④ 여러 개의 셀에 동일한 데이터를 한 번에 입력할 때 범위는 연속적으로 지정하지 않아도 된다.

24년 4회

04 다음 중 데이터 입력에 대한 설명으로 옳지 않은 것은?

① 수식 또는 함수 식을 입력할 때는 = 기호를 붙여 입력한다.
② 표 형식으로 입력된 데이터에서 바로 왼쪽 열에 데이터가 입력되어 있으면 채우기 핸들을 드래그하지 않고 더블클릭하여 왼쪽 열과 동일한 행까지 자동으로 입력할 수 있다.
③ 분수 1/4을 입력하려면 분수 앞에 0을 입력한 뒤 한 칸 띄고 분수를 입력한다.
④ 날짜 데이터를 수식에서 인수로 사용하려면 작은따옴표(')로 묶어준다.

22년 7회, 21년 6회, 20년 1회

05 다음 중 데이터가 입력된 셀에서 채우기 핸들을 드래그하여 데이터를 채우는 경우에 대한 설명으로 옳은 것은?

① 일반적인 문자 데이터나 날짜 데이터는 그대로 복사되어 채워진다.
② 1개의 숫자와 문자가 조합된 텍스트 데이터는 숫자만 1씩 증가하고 문자는 그대로 복사되어 채워진다.
③ 숫자 데이터는 1씩 증가하면서 채워진다.
④ 숫자가 입력된 두 셀을 블록 설정하여 채우기 핸들을 드래그하면 두 숫자가 반복하여 채워진다.

23년 5회, 21년 8회, 1회, 17년 1회

06 다음 중 [찾기 및 바꾸기] 대화상자에 대한 설명으로 옳지 않은 것은?

찾기 및 바꾸기 ? X
찾기(D) 바꾸기(P)
찾을 내용(N): [ ] 설정된 서식 없음 서식(M)...
범위(H): 시트 □ 대/소문자 구분(C)
검색(S): 행 □ 전체 셀 내용 일치(O)
찾는 위치(L): 수식 □ 전자/반자 구분(B)
옵션(T) <<
모두 찾기(I) 다음 찾기(F) 닫기

① 문서에서 '찾을 내용'에 입력한 내용과 일치하는 이전 항목을 찾으려면 Shift를 누른 상태에서 [다음 찾기] 단추를 클릭한다.
② '찾을 내용'에 입력한 문자만 있는 셀을 검색하려면 '전체 셀 내용 일치'를 선택한다.
③ 별표(*), 물음표(?) 및 물결표(~) 등의 문자가 포함된 내용을 찾으려면 '찾을 내용'에 작은따옴표(') 뒤에 해당 문자를 붙여 입력한다.
④ 찾을 내용을 워크시트에서 검색할지 전체 통합 문서에서 검색할지 등을 선택하려면 '범위'에서 '시트' 또는 '통합 문서'를 선택한다.

23년 5회, 22년 6회, 1회, 21년 5회, 20년 1회

07 다음 중 셀 포인터의 이동 작업에 대한 설명으로 옳은 것은?

① Ctrl + PgDn을 누르면 한 화면을 오른쪽으로 이동한다.
② Shift + Tab을 누르면 셀 포인터가 왼쪽으로 이동한다.
③ Alt + PgDn을 누르면 다음 시트로 이동한다.
④ Ctrl + Shift + Home을 누르면 [A1] 셀로 이동한다.

22년 5회, 21년 1회, 16년 3회

08 다음 중 공유 통합 문서에 대한 설명으로 옳지 않은 것은?

① 여러 사용자가 동시에 동일한 셀을 변경하려면 충돌이 발생한다.
② 통합 문서를 공유한 후 하이퍼링크, 시나리오, 매크로 등의 기능은 변경할 수 없지만 조건부 서식, 차트, 그림 등의 기능은 변경할 수 있다.
③ 공유 통합 문서를 네트워크 위치에 복사해도 다른 통합 문서나 문서의 연결은 그대로 유지된다.
④ 공유 통합 문서를 열면 창의 제목 표시줄의 엑셀 파일명 옆에 '공유됨'이라는 글자가 표시된다.

22년 3회, 21년 2회

09 다음 중 시트 보호에 대한 설명으로 옳지 않은 것은?

① 시트 보호 설정 시 암호를 설정할 수 있다.
② 시트 보호는 통합 문서 전체가 아닌 특정 시트만을 보호한다.
③ 시트 보호를 실행하면 시트의 삽입, 삭제, 이동, 숨기기, 이름 바꾸기 등의 작업을 할 수 없다.
④ 시트 보호를 설정하면 셀에 데이터를 입력하거나 수정하려고 했을 때 경고 메시지가 나타난다.

24년 1회, 21년 7회, 3회

10 다음 중 윗주에 대한 설명으로 옳지 않은 것은?

① 데이터를 삭제해도 윗주는 그대로 표시되어 있다.
② 윗주의 서식을 변경할 수 있다.
③ 문자열 데이터가 입력되어 있는 셀에만 윗주를 표시할 수 있다.
④ 윗주는 셀에 대한 주석을 설정하는 것이다.

24년 1회, 22년 4회, 21년 7회, 3회, 12년 1회, 11년 2회

11 아래와 같이 통합 문서 보호를 설정했을 경우에 대한 설명으로 옳지 않은 것은?

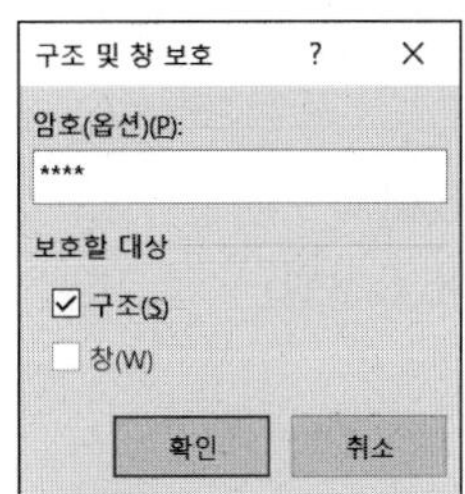

① 워크시트를 이동하거나 삭제할 수 없다.
② 새 워크시트 또는 차트 시트를 삽입할 수 없다.
③ 시나리오 요약 보고서를 만들 수 없다.
④ 워크시트에 작성된 차트를 다른 시트로 이동할 수 없다.

21년 3회, 2회, 20년 1회

12 다음 중 이름 상자에 대한 설명으로 옳지 않은 것은?

① Ctrl을 누르고 여러 개의 셀을 선택한 경우 마지막 선택한 셀 주소가 표시된다.
② 셀이나 셀 범위에 이름을 정의해 놓은 경우 이름이 표시된다.
③ 차트가 선택되어 있는 경우 차트의 종류가 표시된다.
④ 수식을 작성 중인 경우 최근 사용한 함수 목록이 표시된다.

24년 4회, 23년 2회, 1회, 21년 2회, 17년 2회

13 다음 중 아래 워크시트의 [A1] 셀에서 10.1을 입력한 후 Ctrl을 누르고 자동 채우기 핸들을 아래로 드래그한 경우 [A4] 셀에 입력되는 값은?

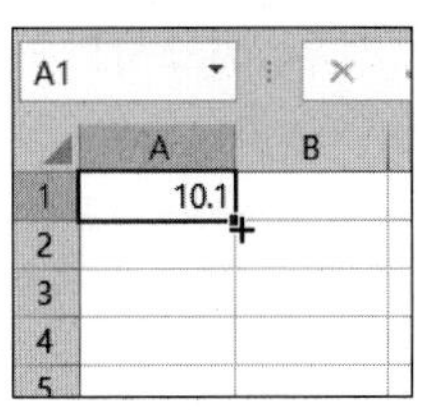

① 10.1 ② 10.4
③ 13.1 ④ 13.4

▶ 정답 : 1. ② 2. ④ 3. ② 4. ④ 5. ② 6. ③ 7. ② 8. ② 9. ③ 10. ① 11. ④ 12. ③ 13. ③

기출문제 은행

해설은 203쪽에 있습니다.

24년 1회, 22년 6회, 1회, 21년 7회, 5회, 3회, 09년 3회, 07년 1회, 06년 1회

14 숫자 -246000을 입력한 후 아래의 표시 형식을 적용했을 때 표시되는 결과로 옳은 것은?

#0.0,"천원";(#0.0,"천원");0.0;@"님"

① 246.0천원　② 246,000
③ (-246.0천원)　④ (246.0천원)

24년 2회

15 다음 조건을 이용하여 사용자 지정 표시 형식을 설정할 경우 옳은 것은?

- 셀의 값이 2000 이상이면 '빨강', 2000 미만 500 이상이면 '파랑', 500 미만이면 색을 지정하지 않고, 천 단위 구분 기호를 표시하시오.
- 0과 텍스트는 아무것도 표시하지 마시오.

[표시 예]
- 3000 : 3,000　• 1000 : 1,000　• 300 : 300
- 0 : 　• 상공 :

① [빨강][>=2000]#,###;[파랑][>=500]#,###;#,###
② [빨강][>=2000]#,###;[파랑][>=500]#,###;#,###;
③ [>=2000]〈빨강〉#,###;[>=500]〈파랑〉#,###;#,###
④ [>=2000]〈빨강〉#,###;[>=500]〈파랑〉#,###;#,###;

24년 1회, 21년 7회, 3회

16 다음 중 조건부 서식에 대한 설명으로 옳지 않은 것은?

① 조건부 서식의 조건은 결과가 TRUE(1) 또는 FALSE(0)가 나오도록 작성한다.
② 같은 통합 문서의 특정 셀을 이용하여 조건을 지정할 수 있다.
③ 수식을 이용하여 조건을 지정할 경우, 워크시트의 특정 셀을 클릭하면 상대 참조로 작성된다.
④ 이동 옵션을 이용하여 조건부 서식이 지정된 셀을 찾을 수 있다.

24년 3회, 23년 5회, 22년 5회, 21년 4회, 08년 4회, 06년 4회, 04년 3회

17 다음 중 시트 보호 시 '워크시트에서 허용할 내용'으로 지정할 수 있는 내용이 아닌 것은?

① 시나리오 편집　② 개체 편집
③ 시트 이름 바꾸기　④ 자동 필터 사용

22년 4회, 15년 3회

18 다음 중 아래의 [A1:E5] 영역에서 B열과 D열에만 배경색을 설정하기 위한 조건부 서식의 규칙으로 옳은 것은?

	A	B	C	D	E
1	자산코드	L47C	S22C	N71E	S34G
2	비품명	디스크	디스크	디스크	모니터
3	내용연수	4	3	3	5
4	경과연수	2	1	2	3
5	취득원가	550,000	66,000	132,000	33,000

① =MOD(COLUMNS($A1), 2)=1
② =MOD(COLUMNS(A$1), 2)=0
③ =MOD(COLUMN($A1), 2)=0
④ =MOD(COLUMN(A$1), 2)=0

23년 3회, 22년 3회

19 다음 중 데이터 입력에 대한 설명으로 옳지 않은 것은?

① 3e9를 입력하면 자동으로 지수 형식으로 입력된다.
② 현재 날짜와 시간을 입력하려면 Ctrl+;을 누른 다음 한 칸 띄우고 Ctrl+Shift+;을 누른다.
③ 분수를 입력하려면 0 1/2과 같이 분수 앞에 0을 입력한 뒤 한 칸 띄고 분수를 입력한다.
④ 고정 소수점 옵션을 무시하고 숫자를 입력하려면 숫자 앞에 느낌표(!)를 입력한다.

24년 2회, 23년 2회, 1회

20 다음 중 조건부 서식에 대한 설명으로 옳지 않은 것은?

① 수식을 이용하여 조건을 지정할 경우, 다른 통합 문서에 대한 외부 참조를 사용할 수 있다.
② 조건부 서식의 조건은 결과가 TRUE(1) 또는 FALSE(0)가 나오도록 작성한다.
③ 특정한 조건을 만족하는 경우에만 서식이 적용되도록 하는 기능이다.
④ 동일한 셀 범위에 둘 이상의 조건부 서식 규칙이 True로 평가되어 충돌하는 경우 [조건부 서식 규칙 관리자] 대화상자의 규칙 목록에서 가장 위에 있는, 즉 우선순위가 높은 규칙 하나만 적용된다.

▶ 정답 : 14. ④　15. ②　16. ③　17. ③　18. ④　19. ④　20. ①

기출문제 해설

[문제 01] Section 060

상태 표시줄의 바로 가기 메뉴의 [상태 표시줄 사용자 지정]에서 선택할 수 있는 자동 계산에는 평균, 개수(데이터가 입력된 셀 수), 숫자 셀 수, 최소값, 최대값, 합계가 있다.

[문제 02] Section 062

같은 열에 입력된 문자열 목록을 표시하는 키는 Alt + ↓이다.

[문제 03] Section 063

숫자 데이터를 입력하면 기본적으로 셀의 오른쪽에 정렬되지만 숫자 앞에 작은따옴표(')를 붙여 입력하면 문자 데이터로 인식되어 셀의 왼쪽에 정렬된다.

[문제 04] Section 063

날짜 데이터를 수식에서 인수로 사용하려면 큰따옴표(" ")로 묶어줘야 한다.

[문제 05] Section 064

① 문자 데이터는 그대로 복사되지만, 날짜 데이터는 1일씩 증가한다.

③ 숫자 데이터는 그대로 복사된다. 1씩 증가하며 채우려면 Ctrl을 누르고 드래그해야 한다.

④ 숫자가 입력된 두 셀을 블록으로 설정하여 채우기 핸들을 드래그하면 두 셀의 차이만큼 증가/감소하며 채워진다.

[문제 06] Section 065

별표(*), 물음표(?) 및 물결표(~) 등의 문자가 포함된 내용을 찾으려면 ~* 또는 ~? 등과 같이 찾으려는 문자 앞에 ~ 기호를 입력하면 된다.

[문제 07] Section 066

① Ctrl + PgDn을 누르면 다음 시트로 이동한다.

③ Alt + PgDn을 누르면 한 화면 오른쪽으로 이동한다.

④ Ctrl + Shift + Home을 누르면 현재 셀 포인터가 있는 위치부터 [A1] 셀까지 블록으로 지정된다. 예를들어 셀 포인터가 [C3] 셀에 있다면 [A1:C3] 영역이 블록으로 지정된다.

[문제 08] Section 069

통합 문서를 공유한 후에 데이터의 입력과 편집은 가능하지만 셀 병합, 하이퍼링크, 시나리오, 조건부 서식, 차트, 그림 등을 추가하거나 변경할 수는 없다.

[문제 09] Section 069

시트의 삽입, 삭제, 이동, 숨기기, 이름 바꾸기 등의 작업을 할 수 없도록 하려면 통합 문서 보호를 실행해야 한다.

[문제 10] Section 063

윗주가 삽입된 셀의 데이터를 삭제하면 윗주도 함께 삭제된다.

[문제 11] Section 069

통합 문서 보호는 통합 문서의 시트 삭제, 이동, 숨기기, 이름 바꾸기 등을 할 수 없도록 보호하는 것으로, 통합 문서 보호를 실행해도 워크시트에 작성된 차트를 다른 시트로 이동할 수 있다.

[문제 12] Section 060

차트를 선택하면 이름 상자에 차트 이름이 표시된다. 차트 이름은 기본적으로 차트가 만들어진 순서대로 '차트 1', '차트 2'로 지정되며, 차트 이름은 사용자가 변경할 수 있다.

[문제 13] Section 064

Ctrl을 누른 채 숫자가 들어 있는 셀의 채우기 핸들을 드래그하면 값이 1씩 증가하여 입력된다.

	A
1	10.1
2	11.1
3	12.1
4	13.1

[문제 14] Section 070

- #0.0,"천원" : 양수일 때 적용되는 서식으로, #0.0,"천원" 형식으로 표시된다.
  예 246000 → 246.0천원
- (#0.0,"천원") : 음수일 때 적용되는 서식으로, #0.0,"천원" 형식으로 표시하되 음수 표시는 ( )로 나타난다. 예 −246000 → (246.0천원)
- 0.0 : 0일 때 적용되는 서식으로, 0.0으로 표시된다. 예 0 → 0.0

기출문제 해설

- @"님" : 텍스트일 때 적용되는 서식으로, 해당 텍스트 다음에 "님"을 표시한다. 예 합격 → 합격님

※ '#0.0' 다음에 표시되는 콤마(,)는 천 단위를 생략할 때 사용한다.

[문제 15] Section 070

- 천 단위 구분 기호를 표시하는데 0이면 아무것도 표시하지 않음 : #,###
- 셀의 값이 2000 이상이면 '빨강' : [빨강][>=2000]#,###
- 2000 미만 500 이상이면 '파랑' : [파랑][>=500]#,###
- 500 미만이면 색을 지정하지 않음 : #,###
- 텍스트는 아무것도 표시하지 않음 :

[문제 16] Section 071

조건부 서식에서 조건 지정 시 마우스로 특정 셀을 클릭하면 절대 참조로 작성된다.

[문제 17] Section 069

시트 이름은 시트 보호와 상관없이 변경할 수 있다.

[문제 18] Section 071

- COLUMN(셀) 함수는 주어진 셀의 열 번호를, COLUMNS(셀 범위) 함수는 주어진 셀 범위의 열 개수를 구한다. 열 번호가 짝수인 열에 서식을 지정해야 하므로, COLUMN 함수를 이용하여 각 셀의 열 번호를 구한다.
- [A1:E5] 영역에 있는 각 셀을 모두 비교하여 셀 단위로 서식을 지정할 때는 **=MOD(COLUMN(A1), 2)=0**으로, 조건에 맞는 데이터가 있는 열 전체에 서식을 지정하려면 행 번호 앞에 $를 붙여 **=MOD(COLUMN(A$1), 2)=0**으로 입력한다. 두 경우의 결과는 동일하다.
- [A1:E5] 영역을 범위로 지정한 후 조건부 서식의 규칙을 **=MOD(COLUMN(A$1), 2)=0**으로 지정하면 열별로 수식이 아래와 같이 변경되어 각 열을 비교한다.

  =MOD(COLUMN(A$1), 2)=0

  =MOD(COLUMN(B$1), 2)=0

  =MOD(COLUMN(C$1), 2)=0

  =MOD(COLUMN(D$1), 2)=0

  =MOD(COLUMN(E$1), 2)=0

[문제 19] Section 067

고정 소수점 옵션을 무시하고 숫자를 입력하려면 숫자 뒤에 소수점을 입력하면 된다. 예 50.

[문제 20] Section 071

조건부 서식의 조건으로 다른 시트의 셀은 참조할 수 있으나 다른 통합 문서의 셀은 참조할 수 없다.

2 장

수식 활용

SECTION 072

수식 작성 / 오류 메시지

507501 ▶

1 수식의 개념

23.3, 22.7, 22.3, 21.2, 20.2, 19.1, 16.1, 12.3, 09.2, 08.1

수식이란 워크시트에 입력된 데이터를 계산하거나 분석하기 위한 식을 말한다.

- 더하기, 곱하기 같은 연산은 물론 워크시트 값을 비교하거나 텍스트를 결합할 수도 있다.
- 수식은 등호(=)나 '+', '−' 기호로 시작한다.*
- 문자열이 수식에 사용될 때는 큰따옴표(" ")로 묶어야 한다.
- 같은 워크시트의 다른 셀이나 같은 통합 문서의 다른 시트에 있는 셀, 다른 통합 문서의 시트에 있는 셀 등을 참조하여 수식을 작성할 수 있다.
- 수식이 입력된 셀에는 수식의 결과값이 표시되고, 수식은 수식 입력줄에 표시된다.
- 수식을 선택한 영역 전체에 한 번에 입력하려면 수식을 입력한 후 Ctrl + Enter를 누른다.
- Ctrl + ~를 누르면 워크시트에 입력된 수식을 모두 볼 수 있다.
- 수식을 입력한 후 F9*를 누르면 화면에 표시되는 값이 상수로 변환되어 수식 대신 셀에 입력*된다.

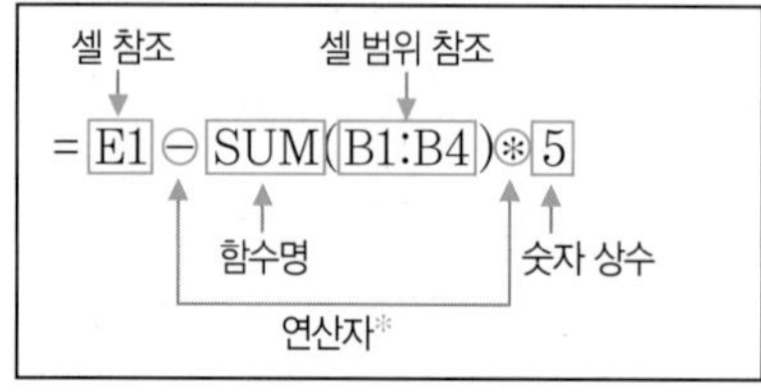

수식 입력

- **방법 1** : 원하는 셀에 수식을 직접 입력한다.

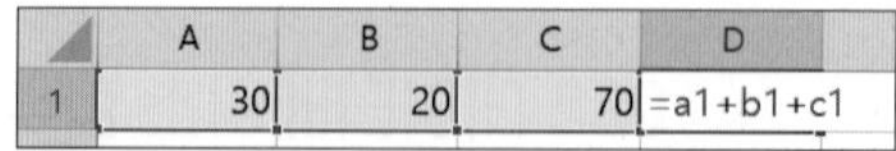

	A	B	C	D
1	30	20	70	=a1+b1+c1

- **방법 2** : 수식에서 참조할 셀을 마우스와 키보드로 선택하면서 입력한다.
  (= 입력 → A1 셀 클릭 → + 입력 → B1 셀 클릭 → + 입력 → C1 셀 클릭 → Enter)

	A	B	C	D
1	30	20	70	=A1+B1+C1

전문가의 조언

수식 입력 방법에 대한 문제가 출제되고 있습니다.

[기출 포인트]

- 선택한 영역에 수식을 한 번에 입력하려면 Ctrl+Enter를 누른다.
- 수식을 상수로 입력하려면 F9를 누른다.

수식 입력

수식을 입력할 때 맨 처음에 +를 입력한 경우는 =로 변경되어 입력되고, −를 맨 처음에 입력한 경우는 = −로 변경되어 입력됩니다.

예 +5+2 → =5+2
−5+3 → =−5+3

수식을 상수로 입력하기

=SUM(A1:B1)을 입력한 후 F9를 누릅니다.

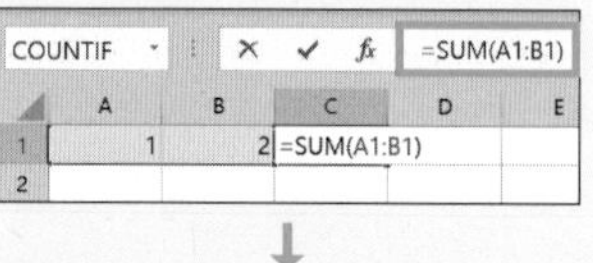

수식 입력줄의 '=SUM(A1:B1)'이 '3'으로 변경됩니다.

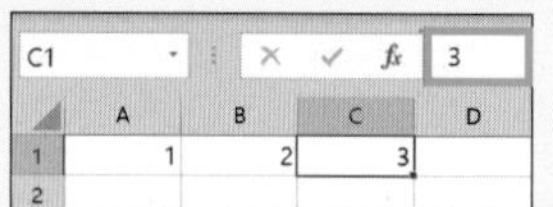

F9의 또 다른 기능

수식의 계산 방법이 '수동'으로 지정되어 있는 경우 F9를 누르면 열려 있는 통합 문서의 모든 워크시트에 입력된 수식이 다시 계산됩니다. 수식의 계산 방법은 [파일] → [옵션]을 선택한 후 'Excel 옵션' 대화상자의 '수식' 탭에서 지정합니다.

연산자

연산자는 수식의 한 요소로 계산할 값들의 관계를 설정합니다.

기출체크 ☑

22.3, 21.2, 20.2, 19.1, 16.1

1. 계산할 셀 범위를 선택하여 수식을 입력한 후 (   )를 누르면 선택한 영역에 수식을 한 번에 채울 수 있다.

507502 ▶

24.5, 23.4, 22.4, 21.8, 19.상시, 18.상시, 17.1, 15.3, 13.1, 10.3, 09.4, 08.3, 07.4, 04.4, 04.1, 03.1

2 오류 메시지

오류 메시지는 입력한 수식이 정상적인 결과를 계산할 수 없을 때 표시된다.

오류	원인	발생 예
#####	셀에 셀 너비보다 큰 수치 데이터※나 음수의 날짜나 시간이 있을 때	[A1: 16777216] → [A1: ####]
10.3, 04.1 #DIV/0!	• 피제수가 빈 셀이나 0이 있는 셀을 참조할 때 • 피연산자가 빈 셀이면 0으로 간주됨	[A1: =360/0] → [A1: #DIV/0!]
04.4 #N/A	함수나 수식에 사용할 수 없는 값을 지정했을 때	RANK.EQ(28,A1:A4)는 A1:A4에서 28점의 순위를 구하는 것인데 28점이 지정된 범위에 존재하지 않는 경우 [A1:A4: 10, 30, 20, 60 / B1: =RANK.EQ(28,A1:A4)] → [A1:A4: 10, 30, 20, 60 / B1: #N/A]
19.상시, 17.1, 03.1 #NAME?	인식할 수 없는 텍스트를 수식에 사용했을 때	ABC나 DEF가 수치 데이터의 범위를 나타내는 범위 이름이라면 에러가 발생하지 않음 [A1: =SUM(ABC, DEF)] → [A1: #NAME?]
19.상시, 17.1, 04.4 #NULL!	교차하지 않는 두 영역의 교점을 지정하였을 때	[A1: =SUM(A1:A5 B2:B5)] → [A1: #NULL!]
19.상시, 17.1, 04.4 #NUM!	표현할 수 있는 숫자의 범위를 벗어났을 때	엑셀에서 표현 가능한 숫자의 범위를 넘어간 값을 인수로 지정한 경우 [A1: =ABS(-1*100^309)] → [A1: #NUM!] ※ ABS(인수)는 인수의 절대값을 구하는 함수임
09.4, 07.4, 04.4 #REF!	셀 참조가 유효하지 않을 때	[C1] 셀에 [A1] 셀을 참조하는 수식이 입력된 상태에서 [A1] 셀을 삭제한 경우 [A1: 20, B1: 30, C1: =A1/B1] → [A1: 30, B1: #REF!]
24.5, 23.4, 22.4, … #VALUE!	• 잘못된 인수나 피연산자를 사용할 때 • 수식 자동 고침 기능으로 수식을 고칠 수 없을 때	INDEX(범위, 행, 열)는 지정된 범위에서 행과 열의 위치에 있는 데이터를 표시하는 함수로, 이 함수에 '-1'이라는 존재하지 않는 행의 값이 인수로 입력된 경우 [A1: =INDEX(A1:B5,-1,2)] → [A1: #VALUE!]

전문가의 조언

오류 메시지 발생 원인, 또는 셀에 입력된 수식에서 발생할 수 있는 오류 메시지를 묻는 문제가 출제되고 있습니다.

[기출 포인트]

- 인식할 수 없는 텍스트를 사용하면 #NAME?이 표시된다.
- 셀 참조가 유효하지 않으면 #REF!가 표시된다.
- 잘못된 인수나 피연산자를 사용하면 #VALUE!가 표시된다.

수치 데이터

0~9까지의 숫자, +, -, 소수점(.), 쉼표(,), 통화(₩, $) 기호, 백분율(%) 기호, 지수(e) 기호 등을 사용하여 입력한 데이터입니다.

기출체크 정답

1. Ctrl+Enter

21.8, 15.3, 13.1

잠깐만요 순환 참조 경고

507531 

수식에서 직접 또는 간접적으로 수식이 입력된 그 셀을 그 수식에서 참조하는 경우를 순환 참조라고 하고, 순환 참조인 경우 아래와 같은 메시지가 표시됩니다.

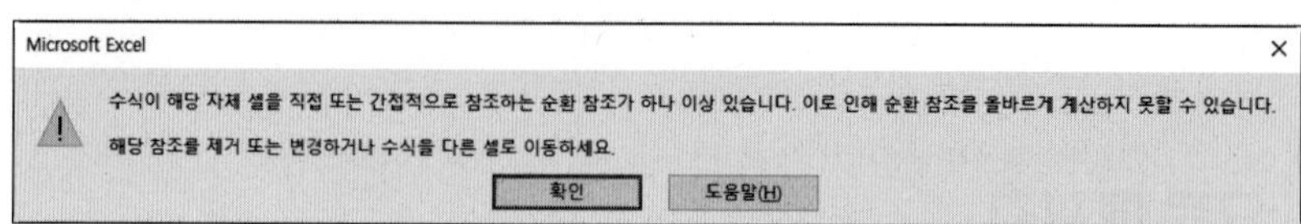

기출체크 ☑

24.5, 23.4, 22.4, 19.상시, 17.1, 08.3, 04.4

2. 수식에서 잘못된 인수나 피연산자를 사용한 경우 표시되는 오류 메시지는? (   )

기출체크 정답

2. #VALUE!

SECTION 073

셀 참조

507601 ▶

23.3, 22.7, 18.1

1 셀 참조의 개요

참조는 수식에서 워크시트의 특정 셀이나 셀 범위의 데이터, 또는 결과값을 사용하기 위해 주소를 지정하는 것을 말한다.

- 수식에 사용된 셀의 값이 변경되면 변경된 셀을 참조하는 수식의 값도 자동으로 재계산*된다.

참조 대상	참조 방법
A1부터 A5까지의 셀	A1:A5
A1 셀, B1 셀, C1 셀	A1, B1, C1
A1부터 A5까지의 셀과 C1부터 C5까지의 셀	A1:A5, C1:C5
A1부터 A5까지의 셀과 A3부터 E3까지의 셀에서 공통인 셀	A1:A5 A3:E3 → 두 영역의 공통 영역인 A3 셀을 참조 영역으로 지정한다.

- 셀 참조는 수식을 입력한 셀의 위치가 변경될 때, 참조하는 셀 주소의 변경 여부에 따라 상대 참조, 절대 참조, 혼합 참조가 있다.

18.1

❶ 상대 참조

- 수식을 입력한 셀의 위치가 변경되면 참조가 상대적으로 변경된다.
- 표기 예 A1

18.1

❷ 절대 참조

- 수식을 입력한 셀의 위치와 관계없이 고정된 주소로, 참조가 변경되지 않는다.
- 표기 예 $A$1

❸ 혼합 참조

- 상대 참조와 절대 참조를 혼합하여 사용한다.
- **열 고정 혼합 참조** : 열만 절대 참조가 적용됨($A1)
- **행 고정 혼합 참조** : 행만 절대 참조가 적용됨(A$1)

전문가의 조언

여러 개의 참조 영역 중 공통인 셀을 참조 영역으로 지정하는 공백의 용도를 알면 맞힐 수 있는 문제가 출제된 적이 있습니다.

[기출 포인트]

- 두 개의 참조 영역에서 공통인 셀을 참조 영역으로 지정할 때는 공백을 사용한다.
- 상대 참조(A1)는 참조가 상대적으로 변경된다.
- 절대 참조($A$1)는 참조가 변경되지 않는다.

재계산을 수동으로 …

[파일] → [옵션] → [수식] 탭에서 '수동'을 선택하면 셀의 값이 변경되어도 수식의 값이 자동으로 계산되지 않습니다. 재계산을 수동으로 설정한 후 변경된 셀 값을 수식에 적용하려면 F9를 누릅니다.

예제 1 C1 셀에는 '=A1+B1'이 입력되어 있다. ❶, ❷, ❸의 위치로 수식을 복사했을 때 셀 주소는 각각 어떻게 되는가?

	A	B	C	D
1	10	20	=A1+B1	❷
2	30	10	❶	❸

→

	A	B	C	D
1	10	20	=A1+B1	=B1+C1
2	30	10	=A2+B2	=B2+C2

예제 2 혼합 참조 방식이 적용된 C1 셀의 수식을 복사했을 때 ❶, ❷, ❸의 위치에 표시되는 각각의 셀 주소는 어떻게 되는가?

	A	B	C	D
1	10	20	=$A1+B$1	
2	30	10		❷
3	40	30		
4	50	40	❶	❸

→

	A	B	C	D
1	10	20	=$A1+B$1	=$A1+C$1
2	30	10	=$A2+B$1	=$A2+C$1
3	40	30	=$A3+B$1	=$A3+C$1
4	50	40	=$A4+B$1	=$A4+C$1

기출체크 ☑

22.7

1. 아래 시트에 대한 수식의 결과 값은? (　　　)

	A	B	C	D
1		2019	2020	2021
2	1사분기	1	1	1
3	2사분기	2	2	2
4	3사분기	3	3	3
5	4사분기	4	4	4

=SUM(B2:C5 C2:D5 B3:D4)

기출체크 1번

'B2:C5 C2:D5 B3:D4'와 같이 세 개의 참조 영역을 공백으로 연결하면 세 영역에서 공통인 [C3:C4] 영역을 참조 영역으로 지정하므로 '=SUM(C3:C4)'의 결과는 5입니다.

	A	B	C	D
1		2019	2020	2021
2	1사분기	1	1	1
3	2사분기	2	2	2
4	3사분기	3	3	3
5	4사분기	4	4	4

507603

2 3차원 참조

22.3, 21.2, 21.1, 20.2, 19.1, 16.3, 16.1, 14.3, 12.2, 08.3, 07.1, 05.1, 03.1

- 여러 개 시트의 동일한 셀 주소, 또는 동일한 셀 범위에 대한 참조를 3차원 참조라고 한다.
- 참조하는 시트가 연속적으로 나열되어 있고, 셀 주소가 모두 동일할 때는 첫 번째 시트와 마지막 시트의 이름을 콜론(:)으로 연결하고 셀 주소를 한 번만 지정한다.
- SUM, AVERAGE, AVERAGEA, COUNT, COUNTA, MAX, MAXA, MIN, MINA, PRODUCT, STDEV, VAR 함수를 사용할 수 있다.
- 배열 수식에는 3차원 참조를 사용할 수 없다.

전문가의 조언

3차원 참조에 대한 설명으로 잘못된 것을 고르는 문제가 출제되고 있습니다.

[기출 포인트]

- 3차원 참조는 서로 다른 시트의 같은 셀 주소를 참조하는 것이다.
- 배열 수식에는 3차원 참조를 사용할 수 없다.

예제 3 다음 Sheet1, Sheet2, Sheet3의 데이터 합계를 Sheet4에 계산하시오.

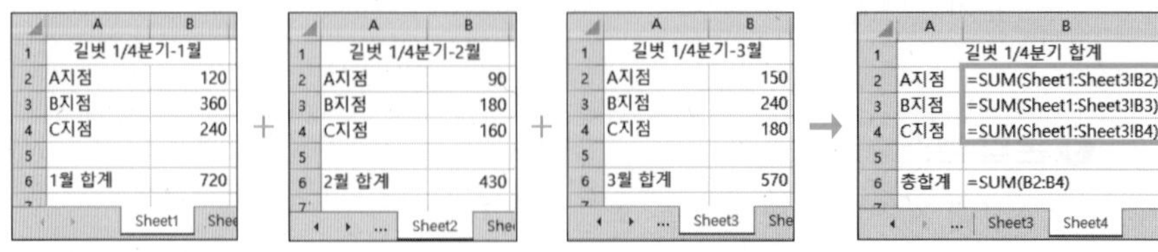

기출체크 ☑

20.2, 16.3, 16.1, 14.3

2. 배열 수식에 3차원 참조를 사용할 수 있다. (○, ×)

기출체크 2번

배열 수식에는 3차원 참조를 사용할 수 없습니다.

기출체크 정답

1. 5 2. ×

SECTION 074 이름 정의

3507001 ▶

1 이름 정의

24.3, 21.4, 19.1, 11.3, 11.1, 10.2, 09.4, 06.2, 03.4

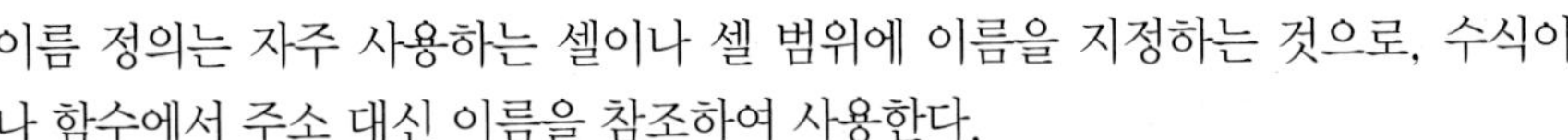

이름 정의는 자주 사용하는 셀이나 셀 범위에 이름을 지정하는 것으로, 수식이나 함수에서 주소 대신 이름을 참조하여 사용한다.

- 정의된 이름은 참조 시 절대 참조 방식으로 사용된다.
- **이름 지정 방법** : 이름으로 정의할 영역을 선택한 후 다음과 같이 수행한다.
  - 방법 1 : [수식] → [정의된 이름] → [이름 정의]를 클릭한 후 표시되는 대화상자에서 이름 지정
  - 방법 2 : 이름 상자에 작성할 이름을 입력하고 Enter 누름

이름 작성 규칙

- 첫 문자는 반드시 문자(영문, 한글)나 밑줄(_) 또는 역슬래시(\)*로 시작해야 한다.
- 이름에 공백을 사용할 수 없다.
- 대 · 소문자는 구분하지 않으며 최대 255자까지 지정할 수 있다.
- 같은 통합 문서 내에서 동일한 이름을 중복하여 사용할 수 없다.
- 셀 주소 형식으로 이름을 지정할 수 없다.

예제 [A1:A5] 영역의 이름을 '과자종류'로 정의하시오.

과자종류 | × ✓ *fx* | 새우깡

	A	B	C	D
1	새우깡			
2	양러링			
3	자갈티			
4	감자깡			
5	포크칩			

이름을 정의할 영역(A1:A5)을 블록으로 지정하고 이름 상자에 **과자종류**를 입력한 후 Enter를 누른다.

과자종류 | × ✓ *fx* | 새우깡 — ❷ 과자종류 입력 → Enter 누름

	A	B	C	D
1	새우깡			
2	양러링			
3	자갈티	❶ 드래그		
4	감자깡			
5	포크칩			

기출체크 ☑

21.4, 11.1, 10.2, 09.4, 03.4

1. 이름은 문자나 '_', '\' 중 하나로 시작하여야 하며 숫자로 시작될 수 없다. (○, ×)

전문가의 조언

이름 정의 방법이나 이름 작성 규칙에 관한 문제가 출제되고 있습니다.

[기출 포인트]

- [수식] → [정의된 이름] → [이름 정의]를 이용하여 정의한다.
- 하나의 통합 문서 내에서 동일한 이름을 중복하여 사용할 수 없다.
- 'A1'처럼 셀 주소 형식으로 이름을 지정할 수 없다.

역슬래시(\)

한글 Windows에서 역슬래시(\)는 '₩'로 표시됩니다.

예 \국어 → ₩국어

기출체크 정답

1. ○

SECTION 075

함수의 기본

전문가의 조언

• 이번 섹션은 시험에는 잘 출제되지는 않지만 함수를 공부하면서 꼭 필요한 기초적인 내용입니다.
• 함수 작성에 필요한 인수의 개념과 작성 규칙을 알아두세요.

507801 ▶

1 함수의 정의

함수는 약속된 값으로 정의된 인수를 사용하여 계산하는, 프로그램에 이미 정의된 수식을 말한다.

- 함수는 수식과 같이 등호(=), +, −로 시작해야 한다.
- 함수는 함수 이름, 왼쪽 괄호, 쉼표(,)로 구분된 함수의 인수, 오른쪽 괄호로 구성된다(예 = SUM(25, 30)).
- 함수에 따라 인수 없이 괄호로만 사용하는 경우도 있다(예 NOW( ), RAND( ) 등).
- 함수의 인수로 또 다른 함수를 사용하는 중첩 함수를 사용할 수 있다.

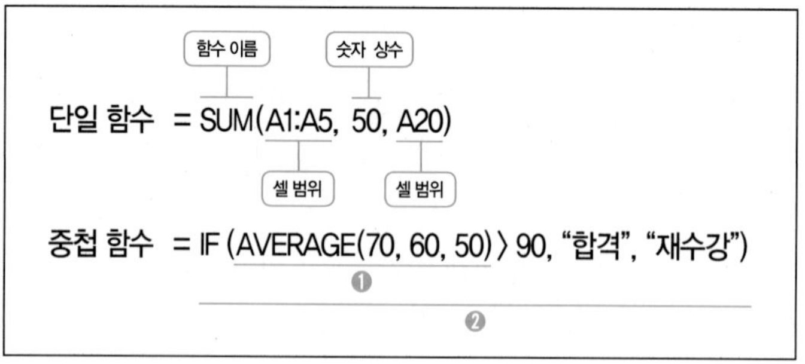

❶ AVERAGE(70, 60, 50) → 60(70, 60, 50의 평균을 구함)
❷ IF(60 〉 90, "합격", "재수강") → "재수강"(60이 90보다 크면 "합격", 그렇지 않으면 "재수강" 표시)

인수

- 함수의 계산에 필요한 값을 말한다.
- 일반적으로 숫자, 텍스트, 셀 주소, 셀 범위, 함수 등이 인수로 사용된다.
- 인수의 시작과 끝은 반드시 괄호로 구분하고, 인수와 인수는 쉼표(,)로 구분한다.

2 함수 마법사

예제 함수 마법사를 이용하여 학생별 성적의 총계(E6)를 계산하시오.

	A	B	C	D	E
1	이름	국어	수학	과학	합계
2	김수범	100	100	99	299
3	김상엽	99	95	97	291
4	박철수	97	99	100	296
5	김수환	98	99	98	295
6				총계	1181
7					

① 합계가 계산될 E6 셀을 선택하고 리본 메뉴에서 [수식] → [함수 라이브러리] → [함수 삽입]을 클릭하거나, 수식 입력줄 왼쪽에 있는 '함수 삽입(fx)' 아이콘을 클릭한다.

② '함수 마법사' 대화상자의 '범주 선택'*에서 '수학/삼각'을, '함수 선택'에서 'SUM'을 선택하고 〈확인〉을 클릭한다.

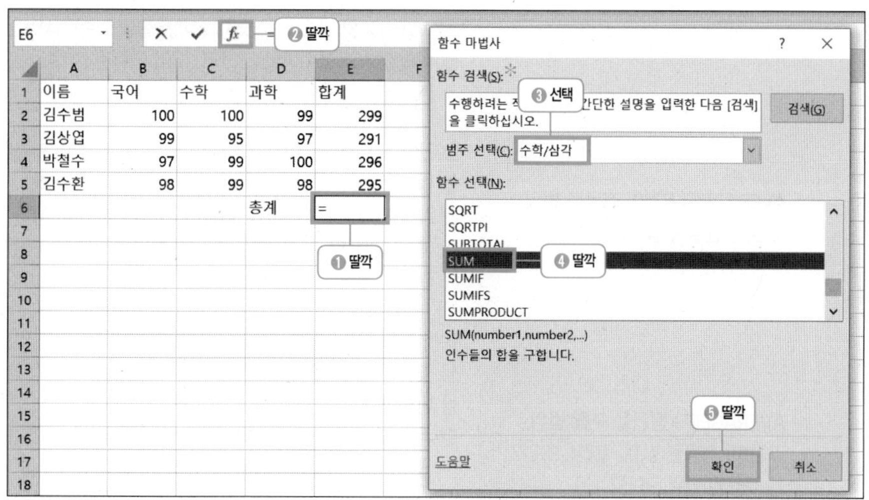

③ '함수 인수' 대화상자*가 나타나며 기본적으로 계산할 범위가 설정되어 있다. 계산하려는 범위가 맞으면 〈확인〉을 클릭한다.

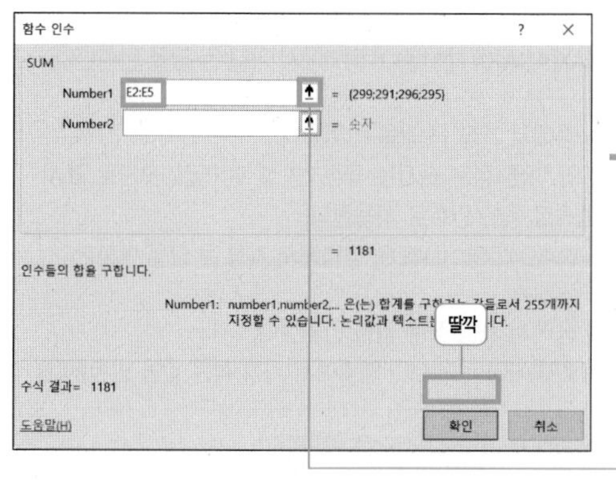

→

	A	B	C	D	E
1	이름	국어	수학	과학	합계
2	김수범	100	100	99	299
3	김상엽	99	95	97	
4	박철수	97	99	100	296
5	김수환	98	99	98	295
6				총계	E5)
7					

E2 =SUM(E2:E5) — 드래그한다.

계산할 범위와 다를 경우 범위 지정 단추(⬆)를 클릭한 후 드래그하여 범위를 지정하고 Enter를 누른다.

전문가의 조언

예제를 따라해 보면서 함수 마법사의 개념을 파악하세요.

준비하세요

'C:\길벗컴활1급필기QnE\2과목\2과목.xlsm' 파일을 불러와 '섹션075' 시트에서 실습하세요.

범주 선택

- **최근에 사용한 함수** : 최근에 사용한 함수 목록이 표시됩니다.
- **모두** : 내장된 모든 함수가 알파벳 순으로 표시됩니다.

함수 검색

함수 이름을 모를 경우 원하는 작업을 입력해 해당 함수를 찾을 수 있습니다. 그러나 완벽한 기능이 아니므로 찾지 못하는 경우도 많습니다.

'함수 인수' 대화상자

[수식] → [함수 라이브러리] → [수학/삼각] → [SUM]을 선택해도 SUM에 대한 '함수 인수' 대화상자가 실행됩니다.

함수 목록

셀에 =를 입력한 후 수식 입력줄 왼쪽의 목록 단추(▾)를 클릭하면 최근에 사용한 함수 목록이 나타납니다.

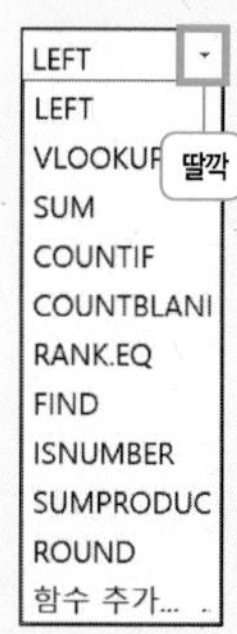

SECTION 076

통계 함수

전문가의 조언

- **중요해요!** 함수식의 의미를 제대로 이해해야 풀 수 있는 문제가 자주 출제됩니다.
- 자주 출제되는 함수들을 중심으로 함수들의 기능과 사용법을 확실하게 기억해 두세요.

[기출 포인트]

- AVERAGE는 숫자가 아닌 셀을 제외하고 평균을 구한다.
- AVERAGEA는 숫자가 아닌 셀을 포함하여 평균을 구한다.

507901

23.4, 22.7, 22.4, 21.1, 20.상시, 20.2, 20.1, 19.상시, 18.상시, 17.1, 14.3, 14.2, 14.1, 13.3, 12.1, 11.3, 10.2, 06.2, …

1 통계 함수1 – 평균 / 최대값 / 최소값

함수	기능
23.4, 22.7, 22.4, 21.1, 20.상시, 20.2, 20.1, 19.상시, … AVERAGE(인수1, 인수2, …)	인수들의 평균을 반환한다. 예 =AVERAGE(A1:A3) : 3, "가", 3이 입력된 [A1:A3] 영역의 평균을 구하면 3을 반환한다.
23.4, 22.4 AVERAGEA(인수1, 인수2, …)	• 인수들의 평균을 반환한다. • AVERAGE와 다른 점은 숫자가 아닌 셀도 인수로 사용한다. 예 =AVERAGEA(A1:A3) : 3, "가", 3이 입력된 [A1:A3] 영역의 평균을 구하면 2를 반환한다.
18.상시, 14.2, 12.1 **AVERAGEIF(조건이 적용될 범위, 조건, 평균을 구할 범위)**	'조건이 적용될 범위'에서 '조건'에 맞는 셀을 찾아 '평균을 구할 범위' 중 같은 행에 있는 값들의 평균값을 반환한다. 예 **=AVERAGEIF(A1:A10, "컴퓨터", B1:B10)** : [A1:A10] 영역에서 "컴퓨터"가 입력된 셀들을 찾은 후 [B1:B10] 영역의 같은 행에 있는 값들의 평균값을 반환한다.
18.상시, 14.1, 12.1 **AVERAGEIFS(평균을 구할 범위, 조건1이 적용될 범위, 조건1, 조건2가 적용될 범위, 조건2, …)**	여러 개의 조건이 적용될 범위에서 여러 개의 조건에 맞는 셀을 찾아 '평균을 구할 범위' 중 같은 행에 있는 값들의 평균값을 반환한다. 예 **=AVERAGEIFS(C1:C10, A1:A10, "컴퓨터", B1:B10, "1급")** : [A1:A10] 영역에서 "컴퓨터"가 입력된 셀들을 찾고, [B1:B10] 영역에서 같은 행들에 있는 "1급"이 입력된 셀들을 찾은 후 [C1:C10] 영역의 같은 행에 있는 값들의 평균값을 반환한다.
11.3, 10.2 MAX(인수1, 인수2, …)	인수들 중에서 가장 큰 값을 반환한다. 예 =MAX(A1:A10) : [A1:A10] 영역에서 가장 큰 값을 반환한다.
21.1, 17.1, 13.3 MAXA(인수1, 인수2, …)	• 인수 중에서 가장 큰 값을 반환한다. • MAX와 다른 점은 숫자는 물론 빈 셀, 논리값, 숫자로 표시된 텍스트 등도 인수로 사용한다. 예 =MAXA(D4:D9) : [D4:D9] 영역에서 가장 큰 값을 반환한다.
06.2, 05.2 MIN(인수1, 인수2, …)	인수들 중에서 가장 작은 값을 반환한다. 예 =MIN(A1:A10) : [A1:A10] 영역에서 가장 작은 값을 반환한다.
21.1, 17.1 MINA(인수1, 인수2, …)	• 인수 중에서 가장 작은 값을 반환한다. • MIN과 다른 점은 숫자는 물론 빈 셀, 논리값, 숫자로 표시된 텍스트 등도 인수로 사용한다. 예 =MINA(D4:D9) : [D4:D9] 영역에서 가장 작은 값을 반환한다.

예제 1 다음 표에 표시된 부분의 값을 함수를 이용하여 계산하시오.

	A	B	C	D	E	F
1			모의고사 성적		❶	❷
2	성명	국어	영어	수학	평균1	평균2
3	홍길동	90	72	78	80	80
4	이석경	65	80	95	80	80
5	양숙희	95	결시	94	94.5	63
6	한지민	결시	100	95	97.5	65
7	이지민	91	85	100	92	92
❸ 8	평균3	85.25	84.25	92.4		
❹ 9	평균4	83.66667	88.33333	96		
❺ 10	최고점수	95	100	100		
❻ 11	최저점수	65	72	78		
12						

❶ 평균1(E3) : 결시 과목을 제외한 평균 계산 → =AVERAGE(B3:D3)*

❷ 평균2(F3) : 결시 과목을 포함한 평균 계산 → =AVERAGEA(B3:D3)*

❸ 평균3(B8) : '평균1'이 80 이상인 과목들의 평균 계산 → =AVERAGEIF($E$3:$E$7, ">=80", B3:B7)

❹ 평균4(B9) : '평균1'과 '수학' 점수가 80 이상인 과목들의 평균 계산 → =AVERAGEIFS(B3:B7, $E$3:$E$7, ">=80", $D$3:$D$7, ">=80")*

❺ 과목별 최고 점수(B11) → =MAX(B3:B7)

❻ 과목별 최저 점수(B12) → =MIN(B3:B7)

기출체크 ☑

14.2, 12.1

1. 아래 워크시트에서 1학년 학생들의 국어 평균을 [D6] 셀에 계산하려고 한다. 올바른 수식을 작성하시오.

	A	B	C	D	E
1	학년	성명	국어	영어	수학
2	1학년	홍길동	80	90	80
3	2학년	김기동	80	80	90
4	1학년	황길동	50	60	71
5					
6	1학년 국어 평균				

① AVERAGEIF 함수 이용

( )

② AVERAGEIFS 함수 이용

( )

23.4, 22.4

2. 아래 워크시트에서 '=AVERAGEA(A1:A6)' 수식을 입력했을 때의 결과 값은? ( )

	A
1	2
2	2
3	0
4	1
5	TRUE
6	사용불가

해설

1. ① '=AVERAGEIF(A2:A4, "1학년", C2:C4)'는 [A2:A4] 영역에서 "1학년"이 입력된 셀들을 찾아, [C2:C4] 영역의 같은 행들에 있는 국어의 평균을 계산합니다.
   ② '=AVERAGEIFS(C2:C4, A2:A4, "1학년")'은 [A2:A4] 영역에서 "1학년"이 입력된 셀들을 찾아, [C2:C4] 영역의 같은 행들에 있는 국어의 평균을 계산합니다.
2. AVERAGEA는 수치가 아닌 셀도 포함하여 인수들의 평균을 계산하는 함수로, (2+2+0+1+1+0)/6=1을 반환합니다.
   ※ 논리값 TRUE가 숫자(1)로 인식되어 계산에 포함됩니다.

준비하세요

'C:\길벗컴활1급필기QnE\2과목\2과목.xlsm 파일을 불러와 '섹션076-1' ~ '섹션076-4'의 각 시트에서 실습하세요.

=AVERAGE(B5:D5)

셀의 값이 수치 데이터인 셀에 대한 평균을 구하는 것으로, "결시"가 입력되어 있는 [C5] 셀은 AVERAGE 함수가 적용되지 않습니다. 즉 [B5:D5] 영역의 양숙희 점수는 합계를 3이 아닌 2로 나눠 결과를 표시합니다.

=AVERAGEA(B5:D5)

비어 있지 않은 셀에 대한 평균을 구하는 것으로 수치 데이터가 아닌 셀도 AVERAGEA 함수가 적용됩니다. 즉 [B5:D5] 영역의 양숙희 점수는 합계를 3으로 나눠 결과를 표시합니다.

궁금해요 **시나공 Q&A 베스트**

Q '평균1과 수학 점수가 80 이상인 과목들의 평균'을 구할 때 [B3:B7]은 왜 넣는 건가요?

A 평균을 계산할 범위입니다. [B9] 셀에 수식을 입력할 때는 조건에 만족하는 국어의 평균을 계산해야 하므로 국어 점수가 입력된 [B3:B7] 영역을 지정한 것입니다.

기출체크 정답

1. ① =AVERAGEIF(A2:A4, "1학년", C2:C4)
   ② =AVERAGEIFS(C2:C4, A2:A4, "1학년")
2. 1

[기출 포인트]

- COUNT는 숫자가 있는 셀의 개수를 반환한다.
- COUNTA는 자료가 있는 셀의 개수를 반환한다.

507902

24.3, 24.2, 23.5, 23.4, 22.5, 22.4, 21.6, 21.4, 21.1, 17.2, 17.1, 14.3, 14.2, 14.1, 13.3, 11.2, 10.2, 10.1, 09.4, …

2 통계 함수2 – 개수

함수	기능
24.3, 23.5, 23.4, 22.4, 21.6, 21.4, 17.2, 14.2, 14.1, 10.2, 10.1, … **COUNT(인수1, 인수2, …)**	인수들 중에서 숫자가 있는 셀의 개수를 반환한다. 예 =COUNT(A1:A10) : [A1:A10] 영역에서 숫자가 있는 셀의 개수를 반환한다.
24.3, 24.2, 23.5, 23.4, 22.5, 22.4, 21.6, 21.1, 17.1, 14.3, 13.3, … **COUNTA(인수1, 인수2, …)**	인수들 중에서 자료가 입력되어 있는 셀의 개수를 반환한다. 예 =COUNTA(A1:A10) : [A1:A10] 영역에서 자료가 입력된 셀의 개수를 반환한다.
23.5, 21.6 **COUNTBLANK(범위)**	범위 중 자료가 없는 셀의 개수를 반환한다. 예 =COUNTBLANK(A1:A10) : [A1:A10] 영역에서 자료가 없는 셀의 개수를 반환한다.
23.5, 21.6, 14.2, 14.1, 11.2, 09.4, 04.2 **COUNTIF(범위, 조건)**	지정된 범위에서 조건에 맞는 셀의 개수를 반환한다. 예 =COUNTIF(A1:A10, "컴퓨터") : [A1:A10] 영역에서 "컴퓨터"가 입력된 셀들의 개수를 반환한다.
14.1 **COUNTIFS(조건1이 적용될 범위, 조건1, 조건2가 적용될 범위, 조건2, …)**	여러 개의 조건이 적용될 범위에서 여러 개의 조건에 맞는 셀을 찾아 개수를 반환한다. 예 =COUNTIFS(A1:A10, "컴퓨터", B1:B10, "1급") : [A1:A10] 영역에서 "컴퓨터"가 입력된 셀들을 찾은 후 [B1:B10] 영역의 같은 행에서 "1급"이 입력된 셀들의 개수를 반환한다.

예제 2 다음 표에 표시된 부분의 값을 함수를 이용하여 계산하시오.

	A	B	C	D
1	1학기 성적			
2	성명	국어	영어	수학
3	홍길동	90	78	72
4	이석경	85	95	0
5	양숙희		85	65
6	한지민	92		94
7	이지민	89	92	100
8	① 전체 학생수	5	5	5
9	② 응시한 학생수	4	4	5
10	③ 결시한 학생수	1	1	0
11	④ 90점이상 학생수	2	2	2
12	⑤ 80점이상 95점이하 학생수	4	3	1
13				

① 전체 학생수(B8) → =COUNTA($A$3:$A$7)

② 응시한 학생수(B9) → =COUNT(B3:B7)

③ 결시한 학생수(B10) → =COUNTBLANK(B3:B7)

④ 90점 이상인 학생수(B11) → =COUNTIF(B3:B7, ">=90")

⑤ 80점 이상 95점 이하인 학생수(B12) → =COUNTIFS(B3:B7, ">=80", B3:B7, "<=95")

기출체크 ☑

17.2, 08.1, 06.2

3. '=COUNT("COUNT", 1, 2, 3, "A")'의 결과 값은? (   )

14.2, 13.3, 04.2

4. 아래 워크시트에서 [B11] 셀에 영업1부의 인원수를 구하는 수식을 작성하시오.

	A	B
1	성명	부서
2	김남이	영업3부
3	이지훈	영업1부
4	김현철	영업2부
5	하나영	영업1부
6	유미진	영업1부
7	임진태	영업2부
8	현상국	영업2부
9	한동일	영업1부
10		
11	영업1부 인원수	

(   )

해설

3. COUNT는 인수 중 숫자가 들어 있는 셀의 개수를 표시하는 함수로, **=COUNT("COUNT", 1, 2, 3, "A")**는 3이 반환됩니다.

507903

24.5, 23.5, 23.4, 22.7, 22.6, 22.4, 22.2, 22.1, 21.1, 20.상시, 20.2, 20.1, 19.2, 18.상시, 17.1, 16.3, 13.3, 10.2, 09.1, …

3 통계 함수3 – N번째로 큰 값 / 작은 값 / 순위

함수	기능
24.5, 23.5, 23.4, 22.7, 22.6, 22.4, 22.2, 22.1, 21.1, … **LARGE(범위, n번째)**	범위 중 n번째로 큰 값을 반환한다. 예 **=LARGE(A4:C7, 2)** : [A4:C7] 영역에서 두 번째로 큰 값을 반환한다.
23.4, 22.7, 22.4, 21.1, 20.상시, 20.2, 20.1, 18.상시, … **SMALL(범위, n번째)**	범위 중 n번째로 작은 값을 반환한다. 예 **=SMALL(A1:A10, 2)** : [A1:A10] 영역에서 두 번째로 작은 값을 반환한다.
20.상시, 19.2, 18.상시, 16.3, 09.1, 05.2 **RANK.EQ(인수, 범위, 옵션)**	• 지정된 범위 안에서 인수의 순위를 반환하는데, 동일한 값들은 동일하지 않을 경우 나올 수 있는 순위들 중 가장 높은 순위를 동일하게 반환한다. • 옵션 – 0 또는 생략 : 내림차순을 기준으로 순위 부여 – 0 이외의 값 : 오름차순을 기준으로 순위 부여 예 **=RANK.EQ(E3, E3:E7)** : [E3:E7] 영역에서 내림차순을 기준으로 [E3] 셀의 순위를 반환한다.

[기출 포인트]

RANK.EQ(인수, 범위, 옵션)로 여러 셀에 순위를 구할 때는 범위를 절대참조로 지정한다.

기출체크 정답

3. 3 4. =COUNTIF(B2:B9, "영업1부")

예제3 다음 표에 표시된 부분의 값을 함수를 이용하여 계산하시오.

	A	B	C	D	E	F
1	모의고사 성적					❶
2	성명	국어	영어	수학	총점	순위
3	홍길동	80	95	83	258	2
4	이석경	60	0	100	160	4
5	양숙희		90	70	160	4
6	한지민	95	100		195	3
7	이지민	100	95	75	270	1
8	앞에서 2위 ❷	95	95	83	258	
9	뒤에서 2위 ❸	80	90	75	160	
10						

❶ 순위(F3) : 총점에 대한 전체 순위를 구하되, 동일한 값들은 동일하지 않을 경우 나올 수 있는 순위들 중 가장 높은 순위를 동일하게 표시 → =RANK.EQ(E3, $E$3:$E$7)

❷ 앞에서 2위(B8) : 각 점수에서 두 번째로 큰 값 표시 → =LARGE(B3:B7, 2)

❸ 뒤에서 2위(B9) : 각 점수에서 두 번째로 작은 값 표시 → =SMALL(B3:B7, 2)

기출체크 ☑

※ 아래의 워크시트에서 작성한 수식의 결과 값을 쓰시오(5~6).

	A	B	C
1	10	30	50
2	40	60	80
3	20	70	90

23.4, 22.7, 22.4, 20.2

5. '=SMALL(A1:B3, AVERAGE({1;2;3;4;5}))'의 결과 값은? (   )

23.4, 22.7, 22.4, 20.2

6. '=LARGE(A1:C3, AVERAGE({1;2;3;4;5}))'의 결과 값은? (   )

10.2

7. '=AVERAGE(LARGE({9,3,7,8}, 3), 5)'의 결과 값은? (   )

10.2

8. '=COUNT(1, "가", SMALL({12,3,4}, 2))'의 결과 값은? (   )

09.1, 05.2

9. 아래의 시트 [F2] 셀에서 '총점'에 대한 '순위'를 구한 후 채우기 핸들을 이용하여 [F2] 셀의 수식을 [F3:F5] 영역으로 복사하려고 할 때 [F2] 셀에 들어갈 수식으로 옳은 것을 모두 고르시오(단, 총점이 높은 경우 1등). (   )

	A	B	C	D	E	F
1	성명	국어	영어	수학	총점	순위
2	홍길동	89	78	80	247	
3	김길동	60	70	89	219	
4	황길동	90	90	60	240	
5	김수동	79	67	77	223	

ⓐ =RANK.EQ(E2, E2:E5)
ⓑ =RANK.EQ(E2, $E$2:$E$5)
ⓒ =RANK.EQ(E2, $E2:$E5, 1)
ⓓ =RANK.EQ(E2, $E$2:$E$5, 0)

해설

5. 수식의 이해

=SMALL(A1:B3, AVERAGE({1;2;3;4;5}))
❶ AVERAGE({1;2;3;4;5})
❷ SMALL(A1:B3, ❶)

기출체크 정답

5. 30 6. 70 7. 6 8. 2 9. ⓑ, ⓓ

❶ AVERAGE({1;2;3;4;5}) : 1, 2, 3, 4, 5의 평균인 3을 반환합니다.
❷ =SMALL(A1:B3, ❶) → =SMALL(A1:B3, 3) : [A1:B3] 영역에서 세 번째로 작은 값인 30을 반환합니다.

6. ❶ AVERAGE({1;2;3;4;5}) : 3을 반환합니다.
❷ =LARGE(A1:C3, 3) : [A1:C3] 영역에서 세 번째로 큰 값인 70을 반환합니다.

7. ❶ LARGE({9,3,7,8}, 3) : 9, 3, 7, 8 중 세 번째로 큰 값인 7을 반환합니다.
❷ =AVERAGE(7, 5) : 7과 5의 평균인 6을 반환합니다.

8. ❶ SMALL({12,3,4}, 2) : 12, 3, 4 중 두 번째로 작은 값인 4를 반환합니다.
❷ =COUNT(1, "가", 4) : 1, "가", 4 중 수치 데이터의 개수인 2를 반환합니다.

9. RANK.EQ(인수, 범위, 논리 값) 함수의 범위는 결과가 표시될 모든 셀에서 동일하게 사용되므로 절대 주소로 표시합니다. 논리 값이 생략되거나 0이면 총점이 큰 값의 순위가 1이 됩니다.

507904 ▶

24.4, 21.8, 21.2, 19.상시, 18.1, 17.2, 16.2, 14.2, 11.2, 10.2, 10.1, 09.4, 06.3, 06.1, 04.1

4 통계 함수4 - 기타

[기출 포인트]
FREQUENCY는 빈도수를 반환하는 함수이다.

함수	기능
VAR.S(인수1, 인수2, …)	인수로 주어진 숫자들의 표본 분산값을 반환한다. 예 =VAR.S(A1:A10) : [A1:A10] 영역의 값들에 대한 표본 분산값을 반환한다.
14.2, 11.2 STDEV.S(인수1, 인수2, …)	인수로 주어진 숫자들의 표본 표준편차값을 반환한다. 예 =STDEV.S(A1:A10) : [A1:A10] 영역의 값들에 대한 표본 표준편차 값을 반환한다.
MEDIAN(인수1, 인수2, …)	인수들의 중간값을 반환한다. 예 =MEDIAN(A1:A10) : [A1:A10] 영역의 값들의 중간값을 반환한다.
11.2 MODE.SNGL(인수1, 인수2, …)	인수 중 가장 빈도수가 높은 값을 반환한다. 예 =MODE.SNGL(A1:A10) : [A1:A10] 영역의 값들 중 가장 빈도수가 높은 값을 반환한다.
24.4, 21.8, 21.2, 18.1, 16.2, 09.4, 06.3, 04.1 FREQUENCY(배열1, 배열2)	배열2의 범위에 대한 배열1 요소들의 빈도수를 반환한다. 예 =FREQUENCY(A1:A10, B1:B10) : [B1:B10] 영역에 대한 [A1:A10] 영역의 값들의 빈도수를 반환한다.
19.상시, 06.1 GEOMEAN(인수1, 인수2, …)	인수로 주어진 숫자들의 기하 평균을 반환한다. 예 =GEOMEAN(A1:A10) : [A1:A10] 영역의 값들에 대한 기하 평균을 반환한다.
HARMEAN(인수1, 인수2, …)	인수로 주어진 숫자들의 조화 평균을 반환한다. 예 =HARMEAN(A1:A10) : [A1:A10] 영역의 값들에 대한 조화 평균을 반환한다.
16.2, 10.1 PERCENTILE.INC(범위, 인수)	범위에서 인수 번째 백분위수 값을 반환한다. 예 =PERCENTILE.INC(A1:A10, 0.5) : [A1:A10] 영역 중 50번째 백분위수를 반환한다.

예제 4 다음의 표시된 부분의 값을 함수를 이용하여 계산하시오.

	A	B	C	D	E	F	G	H
1	[표1] 1학년 내신 성적					[표2] 등급별 인원수 ❽		
2	이름	중간고사	기말고사	총점		등급표		인원수
3	홍길동	90	78	168		1 -	140	1
4	장길산	85	94	179		141 -	160	0
5	이영민	92	95	187		161 -	180	2
6	강숙희	92	95	187		181 -	200	3
7	양지국	74	60	134				
8	김산호	95	100	195				
❶ 9	중간 값	91	94.5	183				
❷ 10	최빈 값	92	95	187				
❸ 11	분　산	58	231.2	486.8				
❹ 12	표준편차	7.615773	15.20526	22.06354				
❺ 13	기하평균	87.70656	85.73079	173.7124				
❻ 14	조화평균	87.39377	84.29558	172.2898				
❼ 15	80%위치의 값	92	95	187				

❶ 중간 값(B9) → =MEDIAN(B3:B8)

❷ 최빈 값(B10) → =MODE.SNGL(B3:B8)

❸ 표본 분산(B11) → =VAR.S(B3:B8)

❹ 표본 표준편차(B12) → =STDEV.S(B3:B8)

❺ 기하평균(B13) → =GEOMEAN(B3:B8)

❻ 조화평균(B14) → =HARMEAN(B3:B8)

❼ 80% 위치의 값(B15) → =PERCENTILE.INC(B3:B8, 80%)

❽ 인원수(H3:H6) → {=FREQUENCY(D3:D8, G3:G6)}*

Frequency 함수의 입력

배열 수식은 먼저 범위를 설정한 후 입력합니다.

❶ [H3:H6] 영역을 블록으로 설정합니다.

❷ =FREQUENCY(D3:D8, G3:G6)을 입력합니다.

❸ Ctrl + Shift + Enter를 누릅니다.

※ 배열 수식은 Section 085에서 자세히 배웁니다.

궁금해요 시나공 Q&A 베스트

Q 인원수 구하는 문제를 아무리 해봐도 결과가 이상하게 나오네요. '=FREQUENCY($D$3:$D$8, G3:G6)' 이런 식으로 각 셀에 모두 입력했거든요.

A 원하는 결과가 나오지 않은 이유는 한 셀만을 선택한 상태에서 수식을 입력했기 때문입니다. FREQUENCY 함수는 배열 함수이기 때문에 결과도 배열(범위)로 출력합니다. 즉 결과가 출력될 부분을 모두 범위로 지정한 상태에서 수식을 입력해야 합니다.

기출체크 ☑

11.2

10. 아래 시트에서 [B13] 셀에 가장 많이 판매한 서버의 기종을 구하려고 한다. 올바른 수식을 작성하시오.

(　　　　　　　　　　　　　　　　　　　　　　)

	A	B
1	상공 서버 판매 현황	
2	판매처	기종
3	상공	2.7
4	전주	2.77
5	진주	2.85
6	광주	2.8
7	군산	2.7
8	대전	2.77
9	부산	2.85
10	원주	2.8
11	강릉	2.8
12	태백	2.8
13	가장 많이 판매한 기종	2.8

24.4, 21.2

11. 아래 워크시트에서 매출액[B3:B9]을 이용하여 매출 구간별 빈도수를 [F3:F6] 영역에 계산한 후 그 값만큼 "★"를 반복하여 표시하고자 한다. 올바른 배열 수식을 작성하시오.

(　　　　　　　　　　　　　　　　　　　　　　)

	A	B	C	D	E	F
1						
2		매출액		매출구간		빈도수
3		75		0	50	★
4		93		51	100	★★
5		130		101	200	★★★
6		32		201	300	★
7		123				
8		257				
9		169				

기출체크 정답

10. =MODE.SNGL(B3:B12)

11. {=REPT("★", FREQUENCY(B3:B9, E3:E6))}

해설

10. 인수 중 가장 많이 발생한 값을 찾는 함수는 MODE.SNGL입니다.

11. ❶ FREQUENCY(B3:B9, E3:E6) : [B3:B9] 영역의 데이터를 대상으로 [E3:E6] 영역의 구간별 빈도수를 반환합니다.

❷ =REPT("★", ❶) : REPT(텍스트, 개수)는 텍스트를 개수만큼 반복하여 반환하는 함수로, "★"를 ❶의 결과값만큼 반복하여 반환합니다.

- FREQUENCY 함수는 결과가 여러 개의 값을 갖는 배열로 반환되므로 배열 수식으로 작성해야 합니다.
- [F3:F6] 영역을 블록으로 지정한 후 **=REPT("★", FREQUENCY(B3:B9, E3:E6))**을 입력한 다음 Ctrl+Shift+Enter를 누르면 됩니다.
- Ctrl+Shift+Enter를 눌러 입력하면 수식 앞뒤에 중괄호({ })가 자동으로 입력되어 **{=REPT("★", FREQUENCY(B3:B9, E3:E6))}**과 같이 표시됩니다.

SECTION 077

수학/삼각 함수

전문가의 조언

- **중요해요!** 함수식의 의미를 제대로 이해해야 풀 수 있는 문제가 자주 출제됩니다.
- 자주 출제되는 함수들을 중심으로 함수들의 개별적인 기능을 확실하게 기억해 두세요.

[기출 포인트]

ROUND의 '반올림 자릿수'는 양수면 소수점 이하, 음수면 소수점 이상의 '반올림 자릿수'로 반올림한다.

508001 

24.3, 23.4, 22.4, 21.8, 21.7, 21.6, 21.4, 21.3, 21.1, 20.상시, 20.8, 20.2, 20.1, 19.상시, 19.3, 19.2, 19.1, 18.1, 17.2, …

1 수학/삼각 함수1 - 합계 / 반올림 / 올림 / 내림

함수	설명
23.4, 22.4, 21.4, 21.1, 17.2, 17.1, 14.3, 13.3, 12.2, 10.2, 08.3, 08.1, … **SUM(인수1, 인수2, …)**	인수들의 합계를 반환한다. 예 =SUM(A1:A10) : [A1:A10] 영역의 합계를 반환한다.
21.7, 21.6, 21.3, 21.1, 17.2, 16.1, 15.3, 14.2, 07.3, 05.3, 05.1 **SUMIF(조건이 적용될 범위, 조건, 합계를 구할 범위)**	조건에 맞는 셀을 찾아 합계를 반환한다. 예 =SUMIF(A1:A10, "컴퓨터", B1:B10) : [A1:A10] 영역에서 "컴퓨터"가 입력된 셀들을 찾은 후 [B1:B10] 영역의 같은 행에 있는 값들의 합계를 반환한다.
20.8, 20.2, 17.2, 14.1 **SUMIFS(합계를 구할 범위, 조건1이 적용될 범위, 조건1, 조건2가 적용될 범위, 조건2, …)**	여러 개의 조건이 적용될 범위에서 여러 개의 조건에 맞는 셀을 찾아 '합계를 구할 범위' 중 같은 행에 있는 값들의 합계값을 반환한다. 예 =SUMIFS(C1:C10, A1:A10, "컴퓨터", B1:B10, "1급") : [A1:A10] 영역에서 "컴퓨터"가 입력된 셀들을 찾고, [B1:B10] 영역에서 같은 행들에 있는 "1급"이 입력된 셀들을 찾은 후 [C1:C10] 영역의 같은 행에 있는 값들의 합계값을 반환한다.
23.4, 22.4, 12.1, 08.1, 05.1, 03.2 **ROUND(인수, 반올림 자릿수)**	인수에 대하여 지정한 '반올림 자릿수'로 반올림한다. 예 =ROUND(123.45, 1) : 123.45를 소수점 이하 첫째 자리로 반올림한 123.5를 반환한다.
23.4, 22.4, 19.3, 12.1, 10.3, 08.1, 06.2, 04.3, 03.3, 03.2 **ROUNDUP(인수, 올림 자릿수)**	인수에 대하여 지정한 '올림 자릿수'로 올림한다. 예 =ROUNDUP(123.43, 1) : 123.43을 소수점 이하 첫째 자리로 올림한 123.5를 반환한다.
24.3, 21.4, 19.상시, 12.1, 06.3, 04.2 **ROUNDDOWN(인수, 내림 자릿수)**	인수에 대하여 지정한 '내림 자릿수'로 내림한다. 예 =ROUNDDOWN(123.45, 1) : 123.45를 소수점 이하 첫째 자리로 내림한 123.4를 반환한다.

508031

잠깐만요 ROUND 관련 함수의 자릿수(ROUND, ROUNDUP, ROUNDDOWN)

ROUND 관련 함수는 자릿수로 지정된 자리까지 표시합니다.

3	8	6	4	.	5	5	8	8
-3자리	-2자리	-1자리	0자리		1자리	2자리	3자리	4자리

=ROUND(3864.5588, 3) → 3864.559(소수 넷째 자리에서 반올림하여 소수 셋째 자리까지 표시합니다.)
=ROUND(3864.5588, 0) → 3865(소수 첫째 자리에서 반올림하여 정수 부분만 표시합니다.)
=ROUND(3864.5588, -2) → 3900(십의 자리에서 반올림하여 백의 자리까지 표시합니다.)

예제 1 다음에 표시된 부분의 값을 함수를 이용하여 계산하시오.

준비하세요

'C:\길벗컴활1급필기QnE\2과목\2과목.xlsm' 파일을 불러와 '섹션077-1', '섹션077-2'의 시트에서 실습하세요.

	A	B	C	D	E
1			판매 현황		
2					
3	성명	상품명	수량	단가	판매가격
4	홍길동	핸드폰	10	1300	13000
5	이석경	건조기	15	1200	18000
6	양숙희	식기세척기	20	2000	40000
7	한지민	노트북	13	1400	18200
8	홍길동	건조기	8	1200	9600
9	이석경	노트북	23	1400	32200
10	양숙희	식기세척기	18	2000	36000
11	한지민	핸드폰	19	1300	24700
12	양숙희	노트북	24	1400	33600
13	① 평균1		16.7	1466.7	25033.3
14	② 평균2		16.67	1466.67	25033.34
15	③ 평균3		16.66	1466.66	25033.33
16	④ '홍길동' 사원 판매가격 합계				22600
17	⑤ 수량이 20 이상이고 단가가 1300 이상인 사원의 판매가격 합계				105800
18					

① 평균1(소수 2자리에서 반올림)(C13) → =ROUND(AVERAGE(C4:C12), 1)

② 평균2(소수 3자리에서 자리올림)(C14) → =ROUNDUP(AVERAGE(C4:C12), 2)

③ 평균3(소수 3자리에서 자리내림)(C15) → =ROUNDDOWN(AVERAGE(C4:C12), 2)

④ '홍길동' 사원의 판매가격 합계(E16) → =SUMIF(A4:A12, "홍길동", E4:E12)

⑤ 수량이 20 이상이고 단가가 1300 이상인 사원의 판매가격 합계(E17) →
=SUMIFS(E4:E12, C4:C12, ">=20", D4:D12, ">=1300")

기출체크 ☑

※ 다음 그림을 이용하여 아래 질문에 답하시오(1~2).

	A	B	C	D
1	성명	소속	성별	총매출액
2	이민우	영업1부	남	8,819
3	차소라	영업2부	여	8,072
4	진희경	영업3부	여	6,982
5	장용	영업1부	남	7,499
6	최병철	영업1부	남	7,343
7	김철수	영업3부	남	4,875
8	정진희	영업1부	여	5,605

21.7, 21.6, 21.3, 21.1, 17.2, 16.1, 15.3, 14.2, 07.3, 05.3, 05.1

1. 소속이 "영업1부"인 총매출액의 합계를 계산하는 수식을 작성하시오. (　　　　)

21.8, 20.2, 17.2, 14.1

2. 소속이 "영업1부"이고, 성별이 "남"인 총매출액의 합계를 계산하는 수식을 작성하시오.
(　　　　)

22.4, 19.3, 12.1, 10.3, 08.1, 06.2, 04.3, 03.3, 03.2

3. '=ROUNDUP(3.14159, 3)'의 결과 값은? (　　　　)

24.3, 21.4, 19.상시, 12.1, 06.3, 04.2

4. '=ROUNDDOWN(45.6789, 2)'의 결과 값은? (　　　　)

22.4, 12.1, 08.1, 05.1, 03.2

5. '=ROUND(87995, −3) + ROUNDUP(32.7, 0)'의 결과 값은? (　　　　)

해설

1. =SUMIF(B2:B8, "영업1부", D2:D8) : [B2:B8] 영역에서 "영업1부"와 동일한 데이터를 찾은 후 [D2:D8] 영역에서 같은 행에 있는 데이터들의 합계를 반환합니다.

2. =SUMIFS(D2:D8, B2:B8, "영업1부", C2:C8, "남") : [B2:B8] 영역에서 "영업1부"인 데이터를 찾고, [C2:C8] 영역에서 "남"인 데이터를 찾은 후 [D2:D8] 영역에서 같은 행에 있는 데이터들의 합계를 반환합니다.

3. =ROUNDUP(3.14159, 3) : 3.14159를 소수점 셋째 자리로 올림한 3.142를 반환합니다.

기출체크 정답

1. =SUMIF(B2:B8, "영업1부", D2:D8)
2. =SUMIFS(D2:D8, B2:B8, "영업1부", C2:C8, "남")
3. 3.142 4. 45.67 5. 88033

4. =ROUNDDOWN(45.6789, 2) : 45.6789를 소수점 둘째 자리로 내림한 45.67을 반환합니다.

5. ❶ ROUND(87995, –3) : 87995를 천의 자리로 반올림한 88000을 반환합니다.
❷ ROUNDUP(32.7, 0) : 32.7을 일의 자리로 올림한 33을 반환합니다.
= 88000 + 33 = 88033을 반환합니다.

[기출 포인트]

SUMPRODUCT는 배열간 대응하는 요소들을 모두 곱하고, 그 곱의 합을 반환한다.

508002

24.3, 23.5, 22.5, 21.4, 19.2, 16.2, 11.3, 11.2, 10.1, 09.4, 08.4, 08.3, 06.4, 05.3, 05.2, 05.1, 04.2

2 수학/삼각 함수2 - 배열 / 난수

함수	설명
24.3, 23.5, 22.5, 21.4, 19.2, 11.3, 11.2, 09.4, 08.4, 08.3, … **SUMPRODUCT(배열1, 배열2, …)**	배열1과 배열2의 개별 요소들끼리 곱한 결과를 모두 더한 값을 반환한다. 예 **=SUMPRODUCT(A1:A2, B1:B2)** : [A1:A2] 영역의 값과 [B1:B2] 영역의 값을 대응([A1]×[B1], [A2]×[B2])되게 곱한 값의 합계값을 반환한다.
16.2, 10.1, 05.2 **MDETERM(배열)**	배열의 행렬식을 반환한다. 예 **=MDETERM(A1:B2)** : [A1:B2] 영역의 행렬식을 반환한다.
MINVERSE(배열)	배열의 역행렬을 반환한다. 예 **=MINVERSE(A1:B2)** : [A1:B2] 영역의 역행렬을 반환한다.
05.3 **MMULT(배열1, 배열2)**	배열1과 배열2의 행렬 곱을 반환한다. 예 **=MMULT(A1:C1, A2:A4)** : [A1:C1] 영역과 [A2:A4] 영역의 행렬 곱을 반환한다.
19.2 **RAND( )**	0과 1 사이의 난수를 반환한다. 예 **=RAND( )** : 0과 1사이의 난수를 반환한다.
RANDBETWEEN(인수1, 인수2)	지정한 두 수 사이의 난수를 반환한다. 예 **=RANDBETWEEN(1, 10)** : 1과 10 사이의 난수를 반환한다.

예제 2 다음 표에서 함수의 결과를 구하시오.

	A	B	C	D
1	[표1]			
2	구분	중간고사	기말고사	
3	가중치	40%	60%	
4				
5	[표2]			
6	이름	중간고사	기말고사	평균
7	홍길동	90	78	82.8
8				

평균(D7) : 중간고사와 기말고사에 구분별 가중치를 곱한 값들의 합 →
=SUMPRODUCT(B7:C7, B3:C3)

잠깐만요 **수식의 이해**

508032

=SUMPRODUCT(B7:C7, B3:C3)
SUMPRODUCT 함수는 인수들의 곱의 합을 계산합니다. 위의 수식을 풀어 쓰면 다음과 같이 쓸 수 있습니다.
= B7 * B3 + C7 * C3
= 90 * 40% + 78 * 60%
= 36 + 46.8
= 82.8

기출체크 ☑

19.2
6. '=ROUNDUP(RAND( ), 0)'의 결과 값은? ( )

24.3, 23.5, 22.5, 21.4, 19.2, 11.3, 11.2, 09.4, 08.4, 08.3, 06.4, 05.1, 04.2
7. '=SUMPRODUCT({1,2,3}, {5,6,7})'을 입력하고 를 눌렀을 때 수식의 결과 값은? ( )

해설

6. 수식의 이해
=ROUNDUP(RAND( ), 0)
❶
❷
❶ RAND( ) : 0과 1사이의 난수를 반환합니다(예 0.616404849)
❷ =ROUNDUP(0.616404849, 0) : 0.616404849를 정수로 자리 올림한 1을 반환합니다.

7. =SUMPRODUCT({1,2,3}, {5,6,7})에서 대응하는 요소끼리 계산한 (1×5) + (2×6) + (3×7) = 38을 반환합니다.

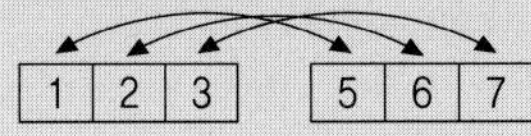

508003

24.3, 23.4, 23.3, 22.4, 22.3, 21.4, 20.상시, 20.4, 20.1, 19.상시, 19.2, 19.1, 18.1, 17.2, 15.1, 13.2, 12.1, 11.3, 10.3, …

3 수학/삼각 함수3 - 기타

함수	설명
20.상시, 19.상시, 19.2, 19.1, 10.3, 10.2, 09.2, 06.3, 05.3, 04.3, 03.3 **ABS(인수)**	인수의 절대값을 반환한다. 예 =ABS(−12) : −12의 절대값인 12를 반환한다.
24.3, 21.4, 19.2, 12.1, 08.1, 03.3 **INT(인수)**	인수보다 크지 않은 정수값을 반환한다. 예 =INT(5.5) : 5.5보다 크지 않은 정수값 5를 반환한다.
20.1, 19.2, 18.1, 17.2, 15.1, 13.2, 10.2, 07.4, 04.4, 03.4, 03.3 **MOD(인수1, 인수2)**	인수1을 인수2로 나눈 나머지값을 반환한다. 예 =MOD(10, 3) : 10을 3으로 나누기 한 후 나머지값 1을 반환한다.
19.2, 12.1 **FACT(인수)**	인수의 계승 값을 반환한다. 예 =FACT(3) : 1×2×3의 값 6을 반환한다.
24.3, 21.4, 20.상시, 19.상시, 19.1, 09.2 **SQRT(인수)**	• 인수의 양의 제곱근을 반환한다. • 인수가 음수면 에러가 발생한다. 예 =SQRT(4) : 2를 반환한다.
24.3, 21.4, 20.상시, 19.상시, 19.1, 10.2, 09.2, 06.3 **POWER(인수, 제곱값)**	인수를 '제곱값'만큼 거듭 곱한 값을 반환한다. 예 =POWER(3, 2) : 3을 2번 곱한 값 9를 반환한다.
23.4, 22.4, 12.1, 03.3 **TRUNC(인수, 자릿수)**	인수에 대해 자릿수 미만의 수치를 버린 값을 반환한다. 예 =TRUNC(5.278, 2) : 5.27을 반환한다.
10.3, 05.3, 04.3, 03.4 **PRODUCT(인수1, 인수2, …)**	인수를 모두 곱한 값을 반환한다. 예 =PRODUCT(1, 2, 3) : 1×2×3의 값 6을 반환한다.
SIGN(인수)	• 인수의 부호값을 반환한다. • 양수면 1, 0이면 0, 음수면 −1을 반환한다. 예 =SIGN(−5) : 음수이므로 −1을 반환한다.

[기출 포인트]
- INT(인수)는 인수보다 크지 않은 정수를 반환한다.
- MOD(인수1, 인수2)는 인수1을 인수2로 나눈 나머지를 반환한다.

기출체크 정답
6. 1 7. 38

12.1 PI( )	수치 상수 파이(π)를 15자리까지를 계산한다. 예 =PI( ) : 3.14159265358979를 반환한다.
EXP(인수)	e를 인수만큼 거듭제곱한 값을 반환한다. 예 =EXP(2) : 7.389056099를 반환한다.
23.3, 22.3 QUOTIENT(인수1, 인수2)	인수1을 인수2로 나누어 몫에 해당하는 정수 부분만을 반환한다. 예 =QUOTIENT(11, 2) : 5를 반환한다.

예제3 다음 표에서 함수의 결과를 구하시오.

수식	결과	비고
=INT(3.78)	3	= INT(−3.78) → −4
=MOD(7, 3)	1	= MOD(−7, 3) → 2*
=TRUNC(4.9)	4	= TRUNC(−4.9) → −4
=SQRT(36)	6	$\sqrt{36}$ → 6, = SQRT(−36) → #NUM!
=ABS(−10)	10	|−10| → 10
=POWER(3, 2)	9	3^2 → 9
=FACT(6)	720	6×5×4×3×2×1 → 720
=EXP(2)	7.389056	e^2 → 2.71828182^2
=SIGN(−10.95)	−1	=SIGN(10.95) → 1
=QUOTIENT(5, 2)	2	

음수의 나머지(7/3, −7/3)

몫과 나머지를 구한다는 것은 쉽게 말하면 … 똑같이 분배해 주면 몇 개씩 주고(몫) 남는 게(나머지) 몇 개냐는 의미입니다. 즉 7개를 3명에게 2개씩 주고 몇 개가 남느냐는 의미입니다. 1개가 남겠죠. 그렇다면 −7/3은? 음수값은 분배해 줄 양이 받아야 할 양이겠죠. 즉 7개를 채우려면 3명에게서 똑같이 몇 개씩 받으면(몫) 더 받은 (나머지) 것은 몇 개냐? 정도로 말할 수 있겠죠. 즉 3개씩 받으면 9개가 되므로 2개가 남죠? 즉 3개씩 받았으므로 몫은 −3, 2개가 남았으므로 나머지는 2가 됩니다. 엑셀을 이용해 다음과 같이 하여 몫과 나머지를 구할 수 있습니다.

= int(−7/3) → 몫 : −3

= −7−int(−7/3)*3 → 나머지 : 2

예 −5/3

몫 → −2, 나머지 → 1

즉 5개를 채우기 위해서 3명으로부터 2개씩 공평하게 받으면 1개가 남네요.

기출체크

19.2, 11.3
8. '=ABS(INT(−7.9))'의 결과값은? ( )

19.2
9. '=FACT(TRUNC((PI( ))))'의 결과값은? ( )

12.1
10. '=MOD(2, −5)'의 결과값은? ( )

11.3
11. '=SUM(TRUNC(45.6), MOD(32, 3))'의 결과값은? ( )

24.3, 21.4
12. '=SQRT(4)*(INT(−2)+POWER(2, 3))'의 결과값은? ( )

06.3
13. '=ROUNDDOWN(165.657, 2) − ABS(POWER(−2, 3))'의 결과값은? ( )

10.2
14. '=SUM(LARGE({9,3,7,8}, 2), POWER(2, 4), MOD(25, 3))'의 결과값은? ( )

10.3
15. '=ROUNDUP(324.54, 1)+ABS(PRODUCT(1, −2)'의 결과값은? ( )

10.2
16. '=MAX(MOD(ABS(−5), 3), ABS(MOD(−5, 3)))'의 결과값은? ( )

기출체크 정답

8. 8 9. 6 10. −3 11. 47 12. 12 13. 157.65 14. 25 15. 326.6 16. 2

해설

8. ❶ INT(−7.9) : −7.9보다 크지 않은 정수 −8을 반환합니다.
❷ =ABS(−8) : −8의 절대값 8을 반환합니다.

9. ❶ PI( ) : 수치 상수 파이(π)의 15자리인 3.14159265358979로 반환합니다.
❷ TRUNC(3.14159265358979) : TRUNC(인수, 자릿수)은 지정된 자릿수 이하를 잘라내는 함수인데, 자릿수가 지정되지 않았으므로 소수점 이하를 모두 버리고 정수 3을 반환합니다.
❸ =FACT(3) : 3×2×1인 6을 반환합니다.

10. =MOD(2, −5) : MOD(인수1, 인수2) 함수는 인수1을 인수2로 나눈 나머지를 반환합니다. 나머지를 구한다는 것은 쉽게 말하면 똑같이 분배해 주면 몇 개씩 주고(몫) 남는 게(나머지) 몇 개냐는 의미입니다.
- =MOD(2, 5) : 2개를 5명에게 몇 개씩 나눠주면 몇 개가 남느냐는 의미입니다. 2개를 5명에게 나눠줄 수 없으므로 몫은 0이고, 나머지는 2가 됩니다.
- =MOD(−2, 5) : 피제수가 음수(−2)인 경우는 분배해 줄 양이 받아야 할 양이 됩니다. 즉 2개를 채우려면 5명에게서 똑같이 몇 개씩 받으면(몫) 더 받은(나머지) 것은 몇 개냐? 정도로 말할 수 있습니다. 즉 1개씩 받으면 5개가 되므로 3개가 남죠? 나머지는 3이 됩니다.
- =MOD(2, −5) : 제수가 음수(−5)인 경우는 피제수가 음수인 '=MOD(−2, 5)'의 결과에 제수의 부호를 붙여주면 됩니다. 즉, '=MOD(−2, 5)'의 결과 3에 제수와 동일한 부호를 붙이면 −3이 됩니다.

11. ❶ TRUNC(45.6) : 45.6에서 소수점 이하를 버린 45를 반환합니다.
❷ MOD(32, 3) : 32를 3으로 나눈 나머지인 2를 반환합니다.
❸ =SUM(45, 2) : 두 수의 합인 47을 반환합니다.

12. ❶ SQRT(4) : 4의 양의 제곱근인 2를 반환합니다.
❷ INT(−2) : −2보다 크지 않은 정수인 −2를 반환합니다.
❸ POWER(2, 3) : $2^3 = 2\times2\times2 = 8$을 반환합니다.
∴ 2 * (−2 + 8) = 12를 반환합니다.

13. ❶ ROUNDDOWN(165.657, 2) : 165.657을 소수점 둘째 자리로 내림한 165.65를 반환합니다.
❷ POWER(−2, 3) : $-2^3 = -2\times-2\times-2 = -8$을 반환합니다.
❸ ABS(−8) : −8의 절대값 8을 반환합니다.
∴ 165.65 − 8 = 157.65를 반환합니다.

14. ❶ LARGE({9,3,7,8}, 2) : 9, 3, 7, 8 중 두 번째로 큰 값인 8을 반환합니다.
❷ POWER(2, 4) : $2^4 = 2\times2\times2\times2 = 16$을 반환합니다.
❸ MOD(25, 3) : 25를 3으로 나눈 나머지인 1을 반환합니다.
❹ =SUM(8, 16, 1) : 8, 16, 1을 모두 더한 값 25를 반환합니다.

15. ❶ ROUNDUP(324.54, 1) : 324.54를 소수점 첫 번째 자리로 올림한 324.6을 반환합니다.
❷ PRODUCT(1, −2) : 1과 −2를 곱한 −2를 반환합니다.
❸ ABS(−2) : −2의 절대값 2를 반환합니다.
∴ 324.6 + 2 = 326.6을 반환합니다.

16. ❶ ABS(−5) : −5의 절대값 5를 반환합니다.
❷ MOD(5, 3) : 5를 3으로 나눈 나머지인 2를 반환합니다.
❸ MOD(−5, 3) : −5를 3으로 나눈 나머지인 1을 반환합니다.
❹ ABS(1) : 1의 절대값인 1을 반환합니다.
❺ =MAX(2, 1) : 2와 1 중 최대값인 2를 반환합니다.

SECTION 078

텍스트 함수

전문가의 조언

- **중요해요!** 함수식의 의미를 정확히 이해해야 풀 수 있는 문제가 자주 출제됩니다.
- 자주 출제되는 함수들을 중심으로 함수들의 개별적인 기능을 확실하게 기억해 두세요.

[기출 포인트]

FIXED는 기본적으로 쉼표를 삽입하여 텍스트로 반환한다.

508101

24.4, 24.3, 23.4, 22.6, 22.4, 22.2, 22.1, 21.5, 21.4, 20.1, 19.2, 19.1, 18.상시, 18.2, 16.3, 16.1, 15.1, 12.3, 12.1, …

1 텍스트 함수1 - 변환

함수	설명
LOWER(텍스트)	텍스트를 모두 소문자로 변환하여 반환한다. 예 =LOWER("KOREA") : "KOREA"를 모두 소문자인 "korea"로 변환한다.
24.4 UPPER(텍스트)	텍스트를 모두 대문자로 변환하여 반환한다. 예 =UPPER("korea") : "korea"를 모두 대문자인 "KOREA"로 변환한다.
21.4, 05.2 PROPER(텍스트)	텍스트의 첫 문자만 대문자로 변환하여 반환한다. 예 =PROPER("korea") : "korea"의 첫 번째 문자만 대문자인 "Korea"로 변환한다.
20.1, 19.2, 11.2 VALUE(텍스트)	텍스트를 숫자로 변환하여 반환한다. 예 =VALUE(A1) : [A1] 셀의 텍스트를 숫자로 변환하여 반환한다.
24.4, 24.3, 23.4, 22.6, 22.4, 22.2, 22.1, 21.5, 19.1, 18.상시, … REPLACE(텍스트1, 시작 위치, 개수, 텍스트2)	텍스트1의 시작 위치에서 개수만큼 텍스트2로 변환하여 반환한다. 예 =REPLACE("홍길동", 2, 1," "*") : "홍*동"을 반환한다.
22.6, 22.1, 21.5, 18.상시, 12.3, 09.2 SUBSTITUTE(텍스트, 인수1, 인수2, n번째)	텍스트에서 인수1을 찾아, n번째에 있는 인수1을 인수2로 변환하여 반환한다. 예 =SUBSTITUTE("컴활2급2과목", "2", "1", 2) : 2번째 있는 "2"를 "1" 변환하므로 "컴활2급1과목"이 반환된다.
23.4, 22.4, 10.1 TEXT(인수, 형식)	인수를 지정한 형식의 텍스트로 변환하여 반환한다. 예 =TEXT(1000, "0원") : "1000원"을 반환한다.
23.4, 22.4, 19.1, 16.3, 15.1, 12.1, 10.1 FIXED(인수, 자릿수, 논리값)	• 인수를 반올림하여 지정된 자릿수까지 텍스트로 반환한다. • 자릿수가 지정되지 않으면 2로 인식된다. • 논리값 – TRUE : 쉼표를 표시하지 않는다. – FALSE 또는 생략 : 쉼표를 표시한다. 예 =FIXED(1234.8, 0, FALSE) : 1234.8을 일의 자리로 반올림한 1235에 쉼표가 표시된 1,235를 반환한다.

예제1 다음에 표시된 부분의 값을 함수를 이용하여 계산하시오.

수식	결과값
=UPPER("korea")	KOREA
=LOWER("CANADA")	canada
=PROPER("japan")	Japan
=VALUE("₩1,000")	1000
=REPLACE("KOREA", 2, 4, "ING")	KING
=SUBSTITUTE("KOKO", "O", "I")	KIKI
=TEXT("1991-4-15", "mmmm dd, yyyy")	April 15, 1991
=FIXED(1234.567, 1)	1,234.6

수식 설명

- =REPLACE("KOREA", 2 ,4, "ING") : "KOREA"의 두 번째에서 4문자, 즉 "OREA"가 "ING"로 변경되어 "KING"이 반환됩니다.
- =TEXT("1991-4-15", "mmmm dd, yyyy") : 1991-4-15를 날짜 형식의 텍스트 "mmmm dd, yyyy"로 변경하여 반환합니다.
- =FIXED(1234.567, 1) : 1234.567을 소수 둘째 자리에서 반올림한 후 문자로 바꿔 소수 첫째 자리까지 반환합니다.

기출체크 ☑

20.1, 19.2, 11.2

1. 아래 워크시트에서 LEFT(원본값, 2) 함수를 적용하여 추출값을 뽑아낸 후 추출값들의 합계를 계산하려고 한다. 알맞은 수식을 작성하시오. (SUM, VALUE 함수 사용) (　　　　　　　　)

	A	B
1	원본값	추출값
2	10개	10
3	23개	23
4	15개	15
5	09개	09
6	24개	24
7	합계	

23.4, 22.4, 21.5, 19.1, 18.상시, 18.2, 16.3, 16.1, 15.1, 12.3, 10.1, 09.2, 05.2

2. '=REPLACE("monkey", 4, 6, "ey")'의 결과 값은? (　　)

22.6, 22.1, 21.5, 18.상시, 12.3, 09.2

3. '=SUBSTITUTE("TR-A-80", "-", " ", 5)'의 결과 값은? (　　)

22.4, 19.1, 16.3, 15.1, 12.1, 10.1

4. '=FIXED(9876.54321, 1)'의 결과 값은? (　　)

22.4, 19.1, 16.3, 15.1, 12.1, 10.1

5. '=FIXED(3.14659, , FALSE)'의 결과 값은? (　　)

22.4, 10.1

6. '=TEXT("2010-3-21", "mmm dd, yy")'의 결과 값은? (　　)

해설

1. =SUM(VALUE(B2), VALUE(B3), VALUE(B4), VALUE(B5), VALUE(B6)) : B2, B3, B4, B5, B6 셀의 텍스트를 숫자로 변환한 후 더한 81을 반환합니다.
2. =REPLACE("monkey", 4, 6, "ey") : "monkey"의 4번째 글자부터 6글자를 "ey"로 변경한 "money"를 반환합니다. 4번째부터 마지막까지는 글자수가 3이므로 =REPLACE("monkey", 4, 3, "ey")로 작성해도 결과값은 동일합니다.
3. =SUBSTITUTE("TR-A-80", "-", "", 5) : "TR-A-80"의 "-" 중 다섯 번째의 "-"을 빈칸(공백)으로 변경합니다. "TR-A-80"에는 "-"이 두 개 밖에 없으므로 "TR-A-80"이 그대로 반환됩니다.
4. =FIXED(9876.54321, 1) : 9876.54321을 소수점 첫째 자리로 반올림하고 콤마 서식을 적용한 9,876.5를 반환합니다.

기출체크 정답

1. =SUM(VALUE(B2), VALUE(B3), VALUE(B4), VALUE(B5), VALUE(B6)) 2. money 3. TR-A-80 4. 9,876.5 5. 3.15 6. Mar 21, 10

5. =FIXED(3.14659, , FALSE) : FIXED(인수, 자릿수, 논리값) 함수에서 자릿수를 생략하면 2로 지정되므로 3.14659를 소수점 둘째 자리로 반올림하고 콤마 서식을 적용한 3.15를 반환합니다.
※ 3.14659는 정수 부분이 한 자리이므로 콤마, 즉 천 단위 구분 기호는 표시되지 않습니다. 예를 들어 값이 1234.14659라면 1,234.15를 반환합니다.

6. =TEXT("2010-3-21", "mmm dd, yy") : 2010-3-21을 "MMM DD, YY" 형식으로 변환한 "Mar 21, 10"을 반환합니다.

[기출 포인트]
FIND와 SEARCH는 모든 글자를 한 글자로 계산한다.

24.5, 24.4, 24.1, 23.4, 23.3, 22.7, 22.6, 22.4, 22.3, 22.2, 22.1, 21.5, 21.4, 21.2, 20.1, 19.상시, 19.1, 18.상시, 18.2, …

4309002 ▶

2 텍스트 함수2 - 기타

함수	설명
24.4, 24.1, 18.상시, 13.1, 12.3, 11.2, 10.2, 09.2, 08.2, 07.2, 06.4, … **LEFT(텍스트, 개수)**	텍스트의 왼쪽부터 지정한 개수만큼 반환한다. 예 =LEFT("**컴퓨터활용능력**", 3) : "컴퓨터"를 반환한다.
24.5, 24.1, 22.6, 22.2, 22.1, 21.5, 20.1, 18.2, 16.1, 12.3, 11.2, … **MID(텍스트, 시작 위치, 개수)**	텍스트의 시작 위치부터 지정한 개수만큼 반환한다. 예 =MID("ABCDE", 3, 2) : "CD"를 반환한다.
24.1, 18.상시, 13.1, 12.3, 11.2, 09.2, 07.2, 06.4, 03.3, 00.2 **RIGHT(텍스트, 개수)**	텍스트의 오른쪽부터 지정한 개수만큼 반환한다. 예 =RIGHT("**컴퓨터활용능력**", 2) : "능력"을 반환한다.
11.2, 05.2 **TRIM(텍스트)**	텍스트의 양쪽 공백을 제거한다. 예 =TRIM(" KOREA ") : " KOREA "의 양쪽 공백을 제거한 "KOREA"를 반환한다.
23.4, 22.4, 12.1, 11.2, 09.3 **LEN(텍스트)**	텍스트의 길이(개수)를 반환한다. 예 =LEN("**컴퓨터활용능력**") : 7을 반환한다.
EXACT(텍스트1, 텍스트2)	두 텍스트를 비교하여 일치하면 TRUE, 다르면 FALSE 반환한다. 예 =EXACT("**친구**", "**친구**") : TRUE를 반환한다.
23.4, 23.3, 22.7, 22.4, 22.3, 21.2 **REPT(텍스트, 개수)**	텍스트를 개수만큼 반복하여 반환한다. 예 =REPT("■", 4) : "■■■■"를 반환한다.
24.1, 23.4, 21.4, 19.상시, 18.상시, 12.3, 09.2, 08.3, 06.1, 05.2, … **CONCAT(텍스트1, 텍스트2, …)**	인수로 주어진 텍스트들을 연결하여 1개의 문자열로 반환한다. 예 =CONCAT("**컴퓨터**", "**활용**") : "컴퓨터활용"을 반환한다.
24.1 **FIND(찾을 텍스트, 문자열, 시작 위치)**	• 문자열의 시작 위치에서부터 찾을 텍스트를 찾아 그 위치값을 반환한다. • 문자를 모두 한 글자로 계산한다. • 대/소문자를 구분하며, 와일드카드(*, ?) 문자를 사용할 수 없다. 예 =FIND("**친**", "**친구친구**", 2) : 3을 반환한다.
24.5, 22.6, 22.2, 22.1, 21.5, 19.1, 18.2, 16.3, 16.1, 15.1 **SEARCH(찾을 텍스트, 문자열, 시작 위치)**	• 문자열의 시작 위치에서부터 찾을 텍스트를 찾아 그 위치값을 반환한다. • 문자를 모두 한 글자로 계산한다. • 대/소문자를 구분할 수 없고, 와일드카드(*, ?) 문자를 사용할 수 있다. 예 =SEARCH("**구**", "**친구친구**", 1) : 2를 반환한다.

예제2 다음의 결과값을 구하시오.

수식	결과값
=LEFT("770405-1386723", 6)	770405
=RIGHT("780525-1456789", 7)	1456789
=MID("760401-1567890", 8, 7)	1567890
=TRIM(" Bra zil ")	Bra zil
=LEN("KOREA")	5
=EXACT("abc", "abc")	TRUE
=REPT("*", 3)	***
=CONCAT("K", "ORE", "A")	KOREA
=FIND("f", "친구★79FRfr")	8
=SEARCH("f", "친구★79FRfr")	6

수식 설명

- =TRIM(" Bra zil ") : 보이지는 않지만 양쪽의 공백이 제거됩니다. 문자로 표시하면 "Bra zil"로 되겠죠.

수식 설명

- =FIND("f", "친구★79FRfr") : 소문자 'f'를 검색하여 위치를 반환합니다.
- =SEARCH("f", "친구★79FRfr") : 대/소문자 구분없이 'f'를 검색하여 위치를 반환합니다.

기출체크 ☑

23.4, 22.4

7. '=REPT("◆", LEN("PEAR"))'의 결과 값은? (   )

24.5, 19.1, 16.3, 15.1

8. '=REPLACE("February", SEARCH("U", "Seoul-Unesco"), 5, "")'의 결과 값은? (   )

24.1

9. [A1] 셀에 "가나다라마바사"가 입력되어 있고, [A2] 셀에 수식 =MID(CONCAT(LEFT(A1, 3), RIGHT(A1, 3)), FIND("다", A1), 3)을 입력한 결과 값은? (   )

해설

7. ❶ LEN("PEAR") : 텍스트 개수 4를 반환합니다.
   ❷ =REPT("◆", 4) : "◆"를 4번 반복한 ◆◆◆◆를 반환합니다.

8. ❶ SEARCH("U", "Seoul-Unesco") : "Seoul-Unesco"에서 "U"를 찾아 그 위치인 4를 반환합니다.
   • SEARCH 함수는 대소문자 구분하지 않으며, 시작 위치를 생략하면 첫 번째 글자부터 찾습니다.
   ❷ =REPLACE("February", 4, 5, "") : "February"의 네 번째 글자부터 다섯 글자를 빈칸으로 변경하여 "Feb"를 반환합니다.

9. ❶ LEFT(A1, 3) : [A1] 셀에 입력된 "가나다라마바사"의 왼쪽에서 세 글자를 추출한 "가나다"를 반환합니다.
   ❷ RIGHT(A1, 3) : "가나다라마바사"의 오른쪽에서 세 글자를 추출한 "마바사"를 반환합니다.
   ❸ CONCAT("가나다", "마바사") : 주어진 텍스트를 모두 연결한 "가나다마바사"를 반환합니다.
   ❹ FIND("다", A1) : "가나다라마바사"에서 "다"의 위치인 3을 반환합니다.
   ❺ =MID("가나다마바사", 3, 3) : "가나다마바사"의 3번째 자리에서부터 세 글자를 추출한 "다마바"를 반환합니다.

기출체크 정답

7. ◆◆◆◆ 8. Feb 9. 다마바

SECTION 079

날짜 함수

508201 ▶

24.3, 22.5, 21.4, 21.2, 18.상시, 17.1, 15.3, 15.1, 13.1, 12.2, 12.1, 10.3, 08.2, 08.1, 06.4, 06.2

1 날짜 함수1

함수	설명
21.2, 15.3, 13.1, 08.2, 06.4 YEAR(날짜)	날짜에서 연도만 추출하여 반환한다. 예 =YEAR("2024-05-07") : "2024-05-07"에서 연도만 추출한 2024를 반환한다.
MONTH(날짜)	날짜에서 월만 추출하여 반환한다. 예 =MONTH("2024-05-15") : "2024-05-15"에서 월만 추출한 5를 반환한다.
DAY(날짜)	날짜에서 일만 추출하여 반환한다. 예 =DAY("2024-05-15") : "2024-05-15"에서 일만 추출한 15를 반환한다.
WEEKDAY(날짜, 옵션)	• 날짜에 해당하는 요일번호를 반환한다. • 옵션 – 1 또는 생략 : 1(일요일) ~ 7(토요일) – 2 : 1(월요일) ~ 7(일요일) – 3 : 0(월요일) ~ 6(일요일) 예 =WEEKDAY("2024-05-05", 1) : 1(일요일)을 반환한다.
24.3, 22.5, 21.4, 21.2, 17.1, 08.1, 06.2 DAYS(마지막 날짜, 시작 날짜)	마지막 날짜에서 시작 날짜를 뺀 일 수를 계산하여 반환한다. 예 =DAYS("2024-7-10", "2024-7-7") : 3을 반환한다.
24.3, 18.상시, 15.1, 12.1 DATE(년, 월, 일)	년, 월, 일에 대한 날짜의 일련번호 반환한다. 예 =DATE(2024, 05, 15) : '2024-05-15'의 일련번호인 45427을 반환한다.
21.2, 18.상시, 15.3, 12.2, 10.3, 08.2 TODAY( )	현재 날짜를 반환한다. 예 =TODAY( ) : 오늘 날짜(예 2024-05-15)를 반환한다.
18.상시 DATEVALUE(날짜)	날짜의 일련번호를 반환한다. 예 =DATEVALUE("2024-5-15") : "2024-5-15"의 일련번호인 45427을 반환한다.

예제 1 다음 데이터 표를 이용하여 결과값을 구하시오.

	A	B
1	생일	
2	날짜	시간
3	2004-03-04	9시 56분 55초
4		

❶ 연도 구하기 : =YEAR(A3) → 2004

❷ 월 구하기 : =MONTH(A3) → 3

❸ 일 구하기 : =DAY(A3) → 4

전문가의 조언

• **중요해요!** 함수식의 의미를 정확히 이해해야 풀 수 있는 문제가 자주 출제됩니다.

• 자주 출제되는 함수들을 중심으로 함수들의 개별적인 기능을 확실하게 기억해 두세요.

[기출 포인트]

오늘 날짜를 구하는 함수는 TODAY이다.

준비하세요

'C:\길벗컴활1급필기QnE\2과목\2과목.xlsm' 파일을 불러와 '섹션079' 시트에서 실습하세요.

❹ 요일 번호 구하기 : =WEEKDAY(A3, 2) → 4

❺ 날짜 일련번호* 구하기 : =DATE(YEAR(A3), MONTH(A3), DAY(A3)) → 38050

❻ 날짜 일련번호 구하기 : =DATEVALUE("2004-03-04") → 38050

❼ 살아온 날 구하기 : =TODAY( )-A3 → 7350

❽ 살아온 날 구하기(DATE 이용) : =TODAY( )-DATE(YEAR(A3), MONTH(A3), DAY(A3)) → 7350

※ 오늘 날짜를 구하는 TODAY( ) 함수를 사용하기 때문에 실습하는 날짜에 따라서 결과가 다르게 나옵니다.

날짜/시간의 일련번호 표시하기

DATE나 TIME 함수를 사용하여 날짜나 시간에 대한 일련번호를 구하면 화면에 날짜/시간 형식으로 표시됩니다. 날짜/시간 형식을 해제하기 위해 '셀 서식' 대화상자에서 표시 형식을 '일반'으로 설정합니다.

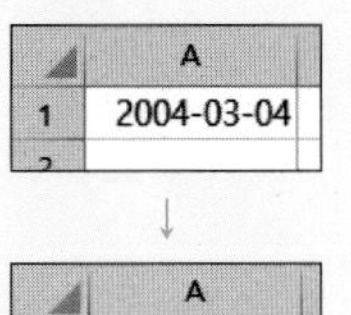

기출체크 ☑

24.3, 21.4, 21.2, 17.1, 08.1, 06.2

1. '=DAYS("2008-5-8", "2008-5-1")'의 결과 값은? (　　)

21.2, 15.3, 08.2

2. 다음 워크시트에서 주민번호를 이용하여 [C2:C3] 셀에 현재의 나이를 계산하였다. 올바른 수식을 작성하시오.

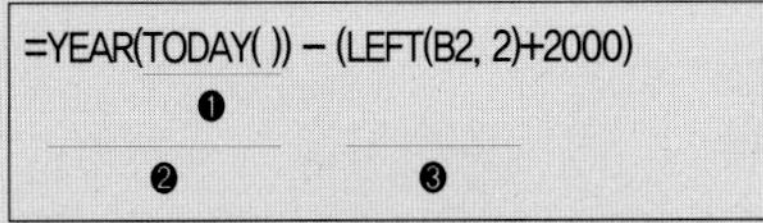

	A	B	C	D
1	성명	주민번호	나이	성별
2	장영실	040212-*******	20	남
3	연희	020917-*******	22	여

(　　　　　　　　　　　　　　　　)

해설

1. 2008-5-8부터 2008-5-1까지의 일수는 7입니다.

2. 수식의 이해

```
=YEAR(TODAY( )) − (LEFT(B2, 2)+2000)
         ❶
   ❷              ❸
```

❶ TODAY( ) : 오늘 날짜를 반환합니다(예 2024-07-06).

❷ YAER(❶) : 오늘 날짜에서 년도만 추출한 2024를 반환합니다.

❸ LEFT(B2, 2) : B2 셀의 왼쪽에서부터 두 글자를 추출한 04를 반환합니다.

= 2024 − (04 + 2000) = 20을 반환합니다.

508202 ▶

23.2, 22.5, 21.2, 19.1, 18.상시, 17.1, 16.3, 15.1, 12.2, 12.1

2 날짜 함수2

함수	설명
23.2, 18.상시, 12.2 **EDATE(시작 날짜, 월수)**	• 시작 날짜에서 월수를 더한 날짜를 반환한다. • 월수 − 양수 : 이후 날짜를 대상으로 구한다. − 음수 : 이전 날짜를 대상으로 구한다. 예 **=EDATE("2024-7-4", 3)** : 2024-10-04를 반환한다.
23.2, 22.5, 21.2, 19.1, 17.1, 16.3, 15.1, … **EOMONTH(날짜, 월수)**	• 지정한 날짜를 기준으로 몇 개월 이전 또는 이후 달의 마지막 날짜를 반환한다. • 월수 − 양수 : 이후 날짜를 대상으로 구한다. − 음수 : 이전 날짜를 대상으로 구한다. 예 **=EOMONTH("2024-5-15", 1)** : 2024-06-30을 반환한다.

[기출 포인트]

EDATE와 EOMONTH의 월수가 양수면 이후 날짜, 음수면 이전 날짜를 구한다.

날짜의 일련번호를 날짜 형식으로 표시하기

EDATE, EOMONTH 함수를 사용하여 계산한 날짜 일련번호를 날짜/시간 형식으로 변경하려면 '셀 서식' 대화상자에서 표시 형식을 '날짜'로 지정한 후 '형식'에서 표시하고자 하는 날짜 형식을 선택하면 됩니다.

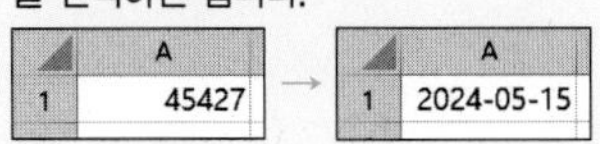

표시 형식을 '날짜'의 '*2012-03-14'로 지정

기출체크 정답

1. 7 2. =YEAR(TODAY( ))-(LEFT(B2,2)+2000)

23.2, 22.5, 21.2, 17.1, 12.2 **NETWORKDAYS(날짜1, 날짜2, 휴일날짜)**	주말(토, 일)과 지정한 휴일날짜를 제외한 날짜1과 날짜2 사이의 작업 일수를 반환한다. 예 =NETWORKDAYS("2024-5-3", "2024-5-10", "2024-5-5") : 6을 반환한다.
23.2, 22.5, 21.2, 17.1, 12.2 **WORKDAY(시작날짜, 일수, 휴일날짜)**	시작날짜에 주말과 휴일날짜를 제외하고 일수만큼 지난 날짜를 반환한다. 예 =WORKDAY("2024-5-3", 5, "2024-5-5") : 2024-5-10을 반환한다(토요일, 일요일, 5월 5일 제외).
WEEKNUM(날짜, 옵션)	• 날짜의 일년 중 주 일련번호를 반환한다. • 옵션 – 1 : 일요일부터 주가 시작 – 2 : 월요일부터 주가 시작 예 =WEEKNUM("2024-1-10", 2) : 2를 반환한다.

예제 2 다음의 결과값을 구하시오.

수식	결과값
=EDATE("2024-3-5", 5)	2024-08-05
=EOMONTH("2024-3-5", 2)	2024-05-31
=NETWORKDAYS("2024-9-5", "2024-9-12")*	6
=WORKDAY("2024-8-1", 5)*	2024-08-08
=WEEKNUM("2024-8-5")	32

=NETWORKDAYS("2024-9-5", "2024-9-12")

두 날짜 사이의 일수인 8에서 토요일, 일요일을 뺀 6을 반환합니다.

=WORKDAY("2024-8-1", 5)

2024년 8월 1일에서 토요일, 일요일을 제외하고 5일이 지난 2024-08-08을 반환합니다.

기출체크 ☑

23.2, 18.상시, 12.2
3. '=EDATE("2022-1-1", -5)'의 결과 값은? (　　)

23.2, 22.5, 21.2, 19.1, 16.3, 15.1, 12.1
4. '=EOMONTH("2022-1-1", 5)'의 결과 값은? (　　)

23.2, 22.5, 21.2, 17.1, 12.2
5. '=NETWORKDAYS("2022-1-1", "2022-1-7")'의 결과 값은? 단, 2022-1-1은 토요일임 (　　)

23.2, 22.5, 21.2, 17.1, 12.2
6. '=WORKDAY("2022-2-7", 5)'의 결과 값은? (　　)

21.2, 19.1, 16.3, 15.1, 12.1
7. '=EOMONTH(DATE(2022, 2, 25), 1)'의 결과 값은? (　　)

해설

3. =EDATE("2022-1-1", -5)
   - '월수'가 음수이므로 '월수'만큼 감소한 날짜를 계산합니다.
   - 2022-1-1의 5개월 전인 2021-08-01을 반환합니다.

4. =EOMONTH("2022-1-1", 5)
   - '월수'가 양수이므로 '월수'만큼 증가한 달의 마지막 날짜를 계산합니다.
   - 2022-1-1의 5개월 이후 달의 마지막 날짜 2022-06-30을 반환합니다.

5. =NETWORKDAYS("2022-1-1", "2022-1-7")
   - 두 날짜 사이의 일수는 7이고, 휴일날짜는 생략되었으므로 주말 날짜만 뺀 5를 반환합니다.
   - 2022-1-1(토요일), 2022-1-2(일요일)이 제외되었습니다.

6. =WORKDAY("2022-2-7", 5) : 2022-2-12(토요일), 2022-2-13(일요일)을 제외하고 5일을 더한 2022-04-14가 반환됩니다.

7. =EOMONTH(DATE(2022, 2, 25), 1)
   - DATE(2022, 2, 25) : 2022, 2, 25를 날짜 형식으로 변환합니다. → "2022-2-25"
   - 2022-2-25의 1개월 이후 달의 마지막 날짜 2022-03-31을 반환합니다.

기출체크 정답
3. 2021-08-01 4. 2022-06-30 5. 5 6. 2022-04-14 7. 2022-03-31

SECTION 080

논리 함수

24.2, 24.1, 23.5, 23.4, 23.3, 22.7, 22.5, 22.4, 22.3, 21.7, 21.6, 21.4, 20.1, 17.2, 14.3, 14.2, 14.1, 13.1, 12.1, 09.3, …

4309201

1 논리 함수

함수	설명
24.2, 24.1, 23.5, 23.4, 23.3, 22.7, 22.5, … IF(조건, 인수1, 인수2)	조건을 비교하여 '참'이면 인수1, '거짓'이면 인수2를 반환한다. 예 =IF(D4)90, "우수", "미달") : [D4] 셀의 값이 90을 초과하면 "우수", 그렇지 않으면 "미달"을 반환한다.
IFS(조건1, 인수1, 조건2, 인수2, …)	조건1이 '참'이면 인수1을, 조건2가 '참'이면 인수2를, … 조건n이 '참'이면 인수n을 반환한다. 예 =IFS(D4="M", "남자", D4="F", "여자") : [D4] 셀의 값이 "M"이면 "남자", "F"이면 "여자"를 반환한다. ※ 마지막 '조건n'에는 조건 대신 "TRUE"를 입력해도 됩니다.
17.2, 14.3, 12.1 IFERROR(인수, 오류 시 표시할 값)	인수로 지정한 수식이나 셀에서 오류가 발생하면 오류 시 표시할 값을 반환하고, 그렇지 않으면 결과값을 반환한다. 예 =IFERROR((A1+B1)/C1, "오류") : (A1+B1)/C1의 결과가 오류이면 "오류"를 반환하고, 그렇지 않으면 결과값을 반환한다.
SWITCH(변환할 값, 인수1, 결과1, 인수2, 결과2, …, 일치하는 인수가 없을 때 결과)	'변환할 값'이 인수1이면 결과1을, 인수2이면 결과2를, … 변환할 값과 일치하는 인수가 없을 경우 '일치하는 인수가 없을 때 결과'를 반환한다. 예 =SWITCH(A1, "토", "주말", "일", "주말", "평일") : [A1] 셀의 값이 "토"나 "일"이면 "주말", 그렇지 않으면 "평일"을 반환한다.
21.6, 08.1, 06.2, 05.2, 04.2, 03.3 NOT(인수)	인수의 반대 논리값을 반환한다. 예 =NOT(TRUE) : 'FALSE'를 반환한다.
21.7, 09.1, 08.4, 08.2, 07.1, 05.4, 05.2, … AND(인수1, 인수2, …)	주어진 인수가 모두 참이면 참을 반환한다. 예 =AND(A1, A2) : [A1]과 [A2] 셀의 값이 모두 참인 경우에만 참을 반환한다.
24.2, 24.1, 21.7, 20.1, 09.1, 08.2, 07.1 OR(인수1, 인수2, …)	인수 중 하나라도 참이면 참을 반환한다. 예 =OR(A1, A2) : [A1]과 [A2] 셀의 값 중 하나라도 참이면 참을 반환한다.
FALSE( )	논리값 'FALSE'를 반환한다. 예 =FALSE( ) : 'FASLE'를 반환한다.
TRUE( )	논리값 'TRUE'를 반환한다. 예 =TRUE( ) : 'TRUE'를 반환한다.

전문가의 조언

- **중요해요!** 함수식에 대한 결과값이나 특정 문제를 풀기 위한 함수식을 묻는 문제가 출제됩니다.
- IF와 IFERROR 함수를 중심으로 각 함수의 기능을 정확히 파악하세요.

[기출 포인트]

- AND는 모두 참이면 참을 반환한다.
- OR는 하나라도 참이면 참을 반환한다.

예제 1 다음 표를 보고 번호에 알맞은 함수를 완성하시오(IF, IFS 이용).

	A	B	C	D	E	
1	신입사원 채용 결과					
2	성명	부서명	구분코드	지역코드	비고	
3	박구형	생산부	H	S	본사	❶
4	구민희	영업부	B	K	경기도	❷

준비하세요

'C:\길벗컴활1급필기QnE\2과목\2과목.xlsm' 파일을 불러와 '섹션080-1', '섹션080-2' 시트에서 실습하세요.

❶ [E3] : 구분코드가 'H'면 '본사', 나머지는 '지사' 표시(IF 함수 사용)

→ =IF(C3="H", "본사", "지사")

❷ [E4] : 지역코드가 'S'면 '서울', 'K'면 '경기도', 나머지는 '인천' 표시(IFS 함수 사용)

→ =IFS(D4="S", "서울", D4="K", "경기도", TRUE, "인천")

예제 2 다음 표를 보고 번호에 알맞은 함수를 완성하시오(IF, IFS 이용).

	A	B	C	D	E	F	G	
1				사원 평가표				
2	사원명	주민등록번호	팀명	실적	영어회화	컴퓨터	비고	
3	오정국	990103-2******	영업1팀	100	78	100	국내팀	❶
4	하나영	881111-1******	영업3팀	78	59	96	국내연수	❷
5	우거진	001014-3******	판매2팀	87	65	85	없음	❸
6	유호연	860422-2******	판매1팀	93	91	98	2층	❹
7	박도리	011010-4******	홍보3팀	75	78	88	여자	❺
8	차한도	830417-2******	홍보2팀	94	82	79	통과	❻

❶ [G3] : '오정국' 사원의 팀명이 '1팀'이면 '국내팀', '2팀'이면 '국외팀', '3팀'이면 '본사팀'을 입력할 것(IFS 함수 사용)

→ =IFS(RIGHT(C3, 2)="1팀", "국내팀", RIGHT(C3, 2)="2팀", "국외팀", RIGHT(C3, 2)="3팀", "본사팀")

❷ [G4] : '하나영' 사원의 실적, 영어회화, 컴퓨터 점수가 모두 70점 이상이면 '해외연수', 아니면 '국내연수'를 입력할 것(IFS 함수 사용)

→ =IFS(AND(D4〉=70, E4〉=70, F4〉=70), "해외연수", TRUE, "국내연수")

❸ [G5] : '우거진' 사원의 실적, 영어회화, 컴퓨터 점수 중 평균이 90점 이상인 점수의 평균을, 아니면 "없음"을 입력할 것(IFERROR 함수 이용)

→ =IFERROR(AVERAGEIF(D5:F5, "〉=90"), "없음")

❹ [G6] : '유호연' 사원의 팀명이 '영업'이면 '1층', '판매'면 '2층', '홍보'면 '3층'을 입력할 것(SWITCH 함수 사용)

→ =SWITCH(LEFT(C6, 2), "영업", "1층", "판매", "2층", "3층")

❺ [G7] : '박도리' 사원의 주민등록번호 중 여덟 번째 자리가 1 또는 3이면 '남자', 2 또는 4이면 '여자'를 입력할 것(IF 함수 사용)

→ =IF(OR(MID(B7, 8, 1)="1", MID(B7, 8, 1)="3"), "남자", "여자")

❻ [G8] : '차한도' 사원의 실적, 영어회화, 컴퓨터 점수가 모두 60점 이상이면 '통과', 아니면 '과목미달'을 표시(IF 함수만 사용)

→ =IF(D8〉=60, IF(E8〉=60, IF(F8〉=60, "통과", "과목미달"), "과목미달"), "과목미달")

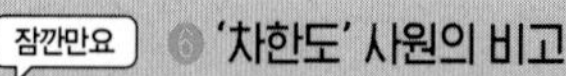

=IF(D8〉=60, IF(E8〉=60, IF(F8〉=60, "통과", "과목미달"), "과목미달"), "과목미달")

❶조건 ❷참 ❸거짓

→ ❶의 조건에 맞으면 ❷를 수행하고, 아니면 ❸("과목미달" 입력)을 수행함

❷ IF(E8〉=60, IF(F8〉=60, "통과", "과목미달"), "과목미달")

❹조건 ❺참 ❻거짓

→ ❹의 조건에 맞으면 ❺를 수행하고, 아니면 ❻("과목미달" 입력)을 수행함

❺ IF(F8〉=60, "통과", "과목미달")

→ [F8]이 60보다 크거나 같으면 "통과"를 입력하고, 아니면 "과목미달"을 입력함

기출체크 ☑

20.1

1. 아래 워크시트에서 주민등록번호의 여덟 번째 문자가 "1" 또는 "3"이면 "남", "2" 또는 "4"이면 "여"로 성별을 계산하기 위한 올바른 수식을 작성하시오(단, IF, OR, MID 함수 사용).

	A	B	C	D	E	F	G
1	번호	성명	주민등록번호	성별		코드	성별
2	1	이경훈	940209-1******	남		1	남
3	2	서정연	920305-2******	여		2	여
4	3	이정재	971207-1******	남		3	남
5	4	이준호	990528-1******	남		4	여
6	5	김지수	001128-4******	여			

( )

23.3, 22.7, 22.3

2. 아래 워크시트에서 성취도는 성취율을 10%로 나눈 값만큼 표시한 것으로, 성취율이 70%를 초과하면 "■"를, 그 외는 "□"을 반복하여 표시하기 위한 올바른 수식을 작성하시오. (IF, QUOTIENT, REPT 함수 사용)

	A	B	C
1	성명	성취율	성취도
2	김양호	98%	■■■■■■■■■
3	이숙경	75%	■■■■■■■
4	양미진	65%	□□□□□□
5	이형도	85%	■■■■■■■■
6	김인경	50%	□□□□□

( )

23.5, 22.5, 21.6

3. 아래 워크시트에서 [G3:G6] 영역에 월요일부터 금요일까지 모두 출석(√)하면 "우수", 그렇지 않으면 빈칸을 표시하기 위한 올바른 수식을 작성하시오. (IF, COUNTA 함수 사용)

	A	B	C	D	E	F	G
1		출석					
2	이름	월	화	수	목	금	비고
3	홍길동	√	√	√	√	√	
4	이대한	√	√		√		
5	김우리	√	√	√	√	√	
6	이석경	√		√	√	√	

( )

해설

1. ❶ MID(C2, 8, 1) : [C2] 셀의 8번째 위치에서 1문자인 "1"를 반환합니다.
   ❷ OR("1"="1", "1"="3") : 하나의 조건이 참이므로 TRUE를 반환합니다.
   ❸ =IF(TRUE, "남", "여") : 조건이 참이므로 "남"을 반환합니다.
2. ❶ IF(B2>70%, "■", "□") : [B2] 셀의 값 98%가 70%보다 크므로 "■"를 반환합니다.
   ❷ QUOTIENT(B2, 10%) : [B2] 셀의 값 98%를 10%로 나눈 몫인 9를 반환합니다.
   ❸ =REPT("■", 9) : "■"를 9번 반복하여 표시합니다.
3. ❶ COUNTA(B3:F3) : 자료가 입력되어 있는 셀의 개수인 5를 반환합니다.
   ❷ =IF(5=5, "우수", " ") : 조건이 참이므로 "우수"를 반환합니다.

기출체크 정답

1. =IF(OR(MID(C2, 8, 1)="1", MID(C2, 8, 1)="3"), "남", "여")
2. =REPT(IF(B2>70%, "■", "□"), QUOTIENT(B2, 10%))
3. =IF(COUNTA(B3:F3)=5, "우수", "")

SECTION 081

정보 함수

508401

1 정보 함수

23.4, 23.3, 23.1, 22.4, 22.3, 21.6, 21.1, 20.상시, 20.2, 18.2, 17.2, 16.2, 14.3, 12.1, 10.1, 09.3

함수	설명
18.2, 09.3 ISBLANK(인수)	인수가 빈 셀이면 'TRUE', 그렇지 않으면 'FALSE'를 반환한다. 예 =ISBLANK(A1) : [A1] 셀이 빈 셀이면 'TRUE'를, 그렇지 않으면 'FALSE'를 반환한다.
17.2, 14.3, 12.1, 10.1, 09.3 ISERROR(인수)	인수가 오류 값이면 'TRUE', 그렇지 않으면 'FALSE'를 반환한다. 예 =ISERROR(A1) : [A1] 셀에 오류가 발생했으면 'TRUE'를, 그렇지 않으면 'FALSE'를 반환한다.

18.2, 17.2, 14.3, 12.1
ISERR(인수)
	인수가 #N/A를 제외한 오류 값이면 'TRUE', 그렇지 않으면 'FALSE'를 반환한다.
	예 =ISERR(A1) : [A1] 셀에 #N/A를 제외한 오류가 발생했으면 'TRUE'를 반환한다.

ISEVEN(인수)	인수가 짝수면 'TRUE', 그렇지 않으면 'FALSE'를 반환한다. 예 =ISEVEN(5) : 'FALSE'를 반환한다.
18.2 ISODD(인수)	인수가 홀수면 'TRUE', 그렇지 않으면 'FALSE'를 반환한다. 예 =ISODD(5) : 'TRUE'를 반환한다.
17.2, 14.3, 12.1 ISNUMBER(인수)	인수가 숫자면 'TRUE', 그렇지 않으면 'FALSE'를 반환한다. 예 =ISNUMBER(5) : 'TRUE'를 반환함, 숫자가 아니었으면 'FALSE'를 반환한다.
23.4, 22.4 ISTEXT(인수)	인수가 텍스트면 'TRUE', 그렇지 않으면 'FALSE'를 반환한다. 예 =ISTEXT("**컴활**") : 'TRUE'를 반환한다.
ISNONTEXT(인수)	인수가 텍스트가 아니면 'TRUE', 텍스트면 'FALSE'를 반환한다. 예 =ISNONTEXT("**컴활**") : 'FALSE'를 반환한다.
17.2, 14.3, 12.1 ISLOGICAL(인수)	인수가 논리값이면 'TRUE', 그렇지 않으면 'FALSE'를 반환한다. 예 =ISLOGICAL(TRUE) : 'TRUE'를 반환한다.
23.3, 22.3 N(인수)	• 인수를 숫자로 변환하여 반환한다. • 숫자는 숫자, 날짜는 일련번호로, 'TRUE'는 1로, 그 외의 값은 0으로 반환한다. 예 =N(TRUE) : 1을 반환한다.
23.3, 23.1, 22.3, 21.6, 21.1, 20.상시, … TYPE(인수)	• 인수의 데이터 형식을 숫자로 반환한다. • 1 : 숫자, 2 : 텍스트, 4 : 논리값, 16: 오류값 예 =TYPE(7) : 7은 숫자이므로 1을 반환한다.
23.3, 23.1, 22.3, 21.6, 21.1, 20.상시, … CELL(정보유형, 셀주소)	셀의 서식 지정이나 위치, 내용 등에 대한 정보를 반환한다. 예 =CELL("row", A3) : 'row'는 셀의 행 번호를 의미하므로 [A3] 셀의 행 번호 3을 반환한다.

전문가의 조언

• **중요해요!** 함수식에 대한 결과값이나 특정 문제를 풀기 위한 함수식을 묻는 문제가 출제됩니다.
• 자주 출제되는 함수들을 중심으로 각 함수의 기능을 정확히 파악하세요.

[기출 포인트]

• TYPE은 인수가 숫자면 1, 텍스트면 2를 반환한다.
• CELL은 정보유형이 "row"면 행 번호를 반환한다.

22.3, 21.1, 20.상시, 20.2, 16.2

잠깐만요 CELL 함수의 정보유형

508431

- address : 절대 주소를 반환함
- col : 셀의 열 번호를 숫자로 반환함
- color : 셀의 값이 '–' 기호 대신 빨강색 등으로 음수를 표시할 경우에는 1, 그 외는 0을 반환함
- contents : 셀의 값을 반환함
- filename : 현재 작업 대상 셀이 들어 있는 파일의 이름을 반환함
- format : 숫자 서식에 적용된 서식을 텍스트로 반환함
- parentheses : 셀의 숫자에 괄호 서식이 적용된 경우에는 1, 그렇지 않은 경우에는 0을 반환함
- prefix : 셀의 값이 왼쪽 맞춤이면 작은따옴표('), 오른쪽 맞춤이면 큰따옴표("), 가운데 맞춤이면 캐럿(^)을 반환함
- protect : 셀이 잠겨 있으면 1, 그렇지 않으면 0을 반환함
- row : 셀의 행 번호를 반환함
- type : 셀이 비어 있으면 'b', 텍스트 상수를 포함하면 'l', 그 밖의 경우는 'v'를 반환함
- width : 열의 너비를 정수로 반올림하여 반환함

예제 다음 데이터 표를 이용하여 결과값을 구하시오.

	A	B
1	Love	
2	Section1	2
3	#N/A	8
4	₩506,000	65
5	#NAME?	TRUE

수식	결과	수식	결과
=ISBLANK(A1)	FALSE	=ISBLANK(B1)	TRUE
=ISERROR(A3)	TRUE	=ISERROR(B3)	FALSE
=ISERR(A5)	TRUE	=ISERR(A3)	FALSE
=ISEVEN(B2)	TRUE	=ISEVEN(B4)	FALSE
=ISODD(B3)	FALSE	=ISODD(B4)	TRUE
=ISNUMBER(A4)	TRUE	=ISNUMBER(A1)	FALSE
=ISTEXT(A2)	TRUE	=ISTEXT(B2)	FALSE
=ISNONTEXT(A2)	FALSE	=ISNONTEXT(B2)	TRUE
=ISLOGICAL(B5)	TRUE	=ISLOGICAL(A5)	FALSE
=TYPE(A2)	2	=TYPE(B2)	1
=CELL("COL", A4)	1	=CELL("ADDRESS", A4)	$A$4

준비하세요

'C:\길벗컴활1급필기QnE\2과목\2과목.xlsm' 파일을 불러와 '섹션081' 시트에서 실습하세요.

기출체크 ☑

22.3, 21.6, 21.1, 20.상시, 20.2, 16.2
1. '=TYPE("김진수")'의 결과 값은? (　　)

23.1, 22.3, 21.6, 21.1, 20.상시, 20.2, 16.2
2. '=CELL("row", B3)'의 결과 값은? (　　)

17.2, 14.3, 12.1, 10.1, 09.3
3. '=ISERROR(4/0)'의 결과 값은? (　　)

해설

1. "김진수"는 텍스트이므로 2를 반환합니다.
2. 'row'는 행 번호를 의미하므로 B3 셀의 행 번호인 3을 반환합니다.
3. 4를 0으로 나누면 #DIV/0! 오류가 발생하므로 TRUE를 반환합니다.

기출체크 정답
1. 2 2. 3 3. TRUE

SECTION 082

찾기/참조 함수

전문가의 조언

- **중요해요!** 함수식에 대한 결과값이나 특정 문제를 풀기 위한 함수식을 묻는 문제가 출제됩니다.
- 자주 출제되는 함수들을 중심으로 함수들의 개별적인 기능을 정확히 파악하세요.

[기출 포인트]

- VLOOKUP와 HLOOKUP은 옵션이 TRUE면 근접한 값을 찾는다.
- 옵션이 FALSE면 정확히 일치하는 값을 찾는다.

4309301

24.2, 24.1, 23.2, 21.7, 21.3, 21.2, 20.상시, 20.1, 18.상시, 18.1, 15.3, 13.1, 12.3, 11.1, 10.2, 09.3, 09.1, 07.2, …

1 찾기/참조 함수1

함수	설명
24.2, 21.2, 20.1, 18.상시, 18.1, 15.3, 13.1, 10.2, … **VLOOKUP(찾을값, 범위, 열 번호, 옵션)**	범위의 첫 번째 열에서 옵션에 맞게 찾을값과 같은 데이터를 찾은 후 찾을값이 있는 행에서 지정된 열 번호 위치에 있는 값을 반환한다. 예 **=VLOOKUP(A1, B2:C3, 2, FALSE)** : [B2:C3] 영역의 첫 번째 열에서 [A1] 셀의 값과 정확히 일치하는 값을 찾고, 찾은 값이 있는 행에서 열 번호로 지정된 두 번째 열의 값을 반환한다.
24.1, 23.2, 21.7, 21.3, 21.2, 18.상시, 13.1, 11.1, … **HLOOKUP(찾을값, 범위, 행 번호, 옵션)**	범위의 첫 번째 행에서 옵션에 맞게 찾을값과 같은 데이터를 찾은 후 찾을값이 있는 열에서 지정된 행 번호에 있는 값을 반환한다. 예 **=HLOOKUP(A1, B2:C3, 2, FALSE)** : [B2:C3] 영역의 첫 번째 행에서 [A1] 셀의 값과 정확히 일치하는 값을 찾고, 찾은 값이 있는 열에서 두 번째 행의 값을 반환한다.
24.2, 20.상시, 18.상시, 12.3, 09.1 **LOOKUP(찾을값, 범위)**	범위의 첫째 행 또는 열에서 찾을값과 같은 데이터를 찾은 후 범위의 마지막 행이나 열의 같은 위치에 있는 값을 반환한다. 예 **=LOOKUP(A1, B1:C8)** : [B1:C8] 영역의 첫 번째 열인 B열에서 [A1] 셀의 값과 같은 데이터를 찾은 후 [B1:C8] 영역의 마지막 열인 C열에서 같은 행에 있는 데이터를 반환한다.
LOOKUP(찾을값, 범위1, 범위2)	범위1에서 찾을값과 같은 데이터를 찾은 후 같은 행의 범위2에 있는 데이터를 반환한다. 예 **=LOOKUP(A1, B1:B10, C1:C10)** : [B1:B10] 영역에서 [A1] 셀의 값과 같은 데이터를 찾은 후 [C1:C10] 영역에서 같은 행에 있는 데이터를 반환한다.
XLOOKUP(찾을값, 찾을값 범위, 반환값 범위, 찾을값이 없을 때 반환할 값, 옵션1, 옵션2)	• 찾을값 범위의 첫 번째 행/열에서 옵션에 맞게 찾을값과 같은 데이터를 찾은 후 반환값 범위에서 같은 행/열에 있는 값을 반환하고, 찾을값을 못 찾은 경우 찾을값이 없을 때 반환할 값을 반환한다. • 옵션1 – -1 : 기준값보다 작거나 같은 값 중에서 가장 근접한 값 – 0 또는 생략 : 기준값과 정확하게 일치하는 값 – 1 : 기준값보다 크거나 같은 값 중에서 가장 근접한 값 – 2 : 기준값과 부분적으로 일치하는 값 • 옵션2 – 1 또는 생략 : 첫 번째 항목부터 검색함 – -1 : 마지막 항목부터 검색함 – 2 : 오름차순으로 정렬된 범위에서 검색함 – -2 : 내림차순으로 정렬된 범위에서 검색함 예 **=XLOOKUP(A1, B2:B4, C2:C4, "없음", 0, 1)** : [B2:B4] 영역에서 [A1] 셀의 값과 정확히 일치하는 값을 찾은 후 [C2:C4] 영역의 같은 행에 있는 값을 반환한다. 찾을값을 찾지 못한 경우 "없음"을 반환한다.

508531

잠깐만요 VLOOKUP과 HLOOKUP 옵션

- TRUE 또는 생략 : 기준값보다 크지 않은 값 중에서 가장 근접한 값을 찾습니다. TRUE 옵션을 사용할 경우 첫 번째 행(HLOOKUP)이나 열(VLOOKUP)은 반드시 오름차순으로 정렬되어 있어야 합니다.
- FALSE : 기준값과 정확히 일치하는 값을 찾습니다.

예제 1 다음 표를 보고 함수식의 결과값을 구하시오.

	A	B	C	D
1		10	20	30
2	가	10원	50원	90원
3	다	20원	60원	100원
4	마	30원	70원	110원
5	아	40원	80원	120원
6				
7	할인율표			
8	판매량	할인율		
9	1	0%		
10	30	3%		
11	50	5%		
12	100	10%		

수식	결과값	설명
=LOOKUP(58, A9:B12)	5%	지정된 범위의 행 길이(개수)가 열 길이(개수)보다 길기 때문에 첫 번째 열에서 58을 넘지 않으면서 58에 가장 근접한 값 50을 찾은 후 해당 행(11)의 마지막 열에 있는 값 5%가 반환된다.
=HLOOKUP(15, B1:D5, 2)	10원	옵션을 지정하지 않으면 TRUE를 지정한 것과 같다. [B1:D5] 범위 중 첫 번째 행에서 15를 넘지 않으면서 15에 가장 근접한 값 10을 찾은 후 해당 열(B)에서 지정된 행 번호(2행)에 있는 값 '10원'이 반환된다.
=HLOOKUP(29, B1:D5, 4, TRUE)	70원	옵션으로 'TRUE'가 지정되었으므로, [B1:D5] 범위 중 첫 번째 행에서 29를 넘지 않으면서 29에 가장 근접한 값 20을 찾은 후 해당 열(C)에서 지정된 행 번호(4)에 있는 값 '70원'이 반환된다.
=HLOOKUP(29, B1:D5, 4, FALSE)	#N/A	옵션으로 'FALSE'가 지정되었으므로, [B1:D5] 범위 중 첫 번째 행에서 29와 정확히 일치하는 값을 찾아야 하는데 해당 값이 없어 #N/A 오류가 발생된다.
=VLOOKUP("다", A2:D5, 3, FALSE)	60원	옵션으로 'FALSE'가 지정되었으므로, [A2:D5] 범위 중 첫 번째 열에서 '다'와 정확히 일치하는 값을 찾은 후 해당 행(3행)에서 지정된 열 번호(3)에 있는 값 '60원'이 반환된다.
=VLOOKUP("나", A2:D5, 4, TRUE)	90원	옵션으로 'TRUE'가 지정되어 있으므로, [A2:D5] 범위 중 첫 번째 열에서 '나'보다 크지 않으면서 가장 근접한 값 '가'를 찾은 후 해당 행(2행)에서 지정된 열 번호(4)에 있는 값 '90원'이 반환된다.
=XLOOKUP("다", A2:A5, D2:D5, "0원")	100원	옵션1과 2를 지정하지 않으면 옵션1은 0, 옵션2는 1로 지정한 것과 같다. [A2:A5] 범위에서 '다'와 정확히 일치하는 값을 찾은 후 [D2:D5] 범위에서 같은 행(2행)에 있는 '100원'이 반환된다.

준비하세요

'C:\길벗컴활1급필기QnE\2과목\2과목.xlsm' 파일을 불러와 '섹션082-1' ~ '섹션082-4'의 각 시트에서 실습하세요.

HLOOKUP의 수행 순서

❶ 범위의 첫 번째 행에서 15와 가장 근접한 값을 찾습니다(옵션 : TRUE).

	A	B	C	D
1		10	20	30
2	가	10원	50원	90원
3	다	20원	60원	100원
4	마	30원	70원	110원
5	아	40원	80원	120원

❷ 10을 찾았으므로, 10이 포함된 열에서 행 번호로 지정된 2행의 값을 읽습니다.

	A	B	C	D
1		10	20	30
2	가	10원	50원	90원
3	다	20원	60원	100원
4	마	30원	70원	110원
5	아	40원	80원	120원

=XLOOKUP(29, B1:D1, B5:D5, "0원", -1)	80원	옵션1로 '-1'이 지정되었고, 옵션2를 지정하지 않았으므로, [B1:D1] 범위에서 29를 넘지 않으면서 가장 근접한 값 20을 찾은 후 [B5:D5] 범위에서 같은 열(2열)에 있는 '80원'이 반환된다.

예제2 다음 표의 참여횟수표(B11:D12)를 참조하여 참여도(D4:E9)를 계산하고, 코드표(I4:J9)를 참조해 구입상품(F4:G9)을 계산하는 수식을 완성하시오(HLOOKUP, VLOOKUP, LOOKUP, XLOOKUP 이용).

	A	B	C	D	E	F	G	H	I	J
1	길벗 백화점 VIP 관리									
2				❶	❷	❸	❹			
3	성명	코드	참여횟수	참여도1	참여도2	구입상품1	구입상품2		코드	상품분류
4	박성재	A-100	9	적극적	적극적	의류	의류		A-100	의류
5	김아랑	A-200	8	보통	보통	가전제품	가전제품		A-200	가전제품
6	최정재	B-100	6	보통	보통	주방소품	주방소품		B-100	주방소품
7	한성구	B-200	4	소극적	소극적	가전제품	가전제품		B-200	가전제품
8	정효주	C-100	5	보통	보통	의류	의류		C-100	의류
9	김정렬	C-200	6	보통	보통	주방소품	주방소품		C-200	주방소품
10										
11	참여횟수	0	5	9						
12	참여도	소극적	보통	적극적						

❶ **참여도1(D4)** : =HLOOKUP(C4, $B$11:$D$12, 2) → 적극적

❷ **참여도2(E4)** : =LOOKUP(C4, $B$11:$D$12) → 적극적

❸ **구입상품1(F4)** : =VLOOKUP(B4, $I$4:$J$9, 2, FALSE) → 의류

❹ **구입상품2(G4)** : =XLOOKUP(B4, $I$4:$I$9, $J$4:$J$9) → 의류

기출체크 ☑

※ 아래와 같이 워크시트에 수식을 입력할 경우 각 수식의 결과를 쓰시오(1, 2).

	A	B	C	D
1	이름	국어	수학	영어
2	정영희	74	100	98
3	이수	80	88	80
4	김용훈	81	70	87
5	김근태	84	80	82
6	남궁정훈	85	70	91
7	김원	87	72	97

24.1, 23.2, 21.7, 21.3, 11.1, 10.2, 07.2, 04.1

1. =HLOOKUP("영어", B1:D7, 2) → (　　)

21.2, 20.1, 18.상시, 18.1, 15.3, 13.1, 10.2, 09.3, 07.2, 06.4, 06.1

2. =VLOOKUP(83, B2:D7, 2, TRUE) → (　　)

20.1

3. 아래 워크시트에서 주민등록번호의 여덟 번째 문자가 '1' 또는 '3'이면 '남', '2' 또는 '4'이면 '여'이다. 코드표(F2:G5)를 이용하여 성별을 계산하기 위한 올바른 수식을 작성하시오(단, VLOOKUP, MID, VALUE 함수 사용).

	A	B	C	D	E	F	G
1	번호	성명	주민등록번호	성별		코드	성별
2	1	이경훈	940209-1******	남		1	남
3	2	서정연	920305-2******	여		2	여
4	3	이정재	971207-1******	남		3	남
5	4	이춘호	990528-1******	남		4	여
6	5	김지수	001128-4******	여			

(　　　　　　　　　　　　　　　　　　　　)

기출체크 정답

1. 98 2. 70

3. =VLOOKUP(VALUE(MID(C2, 8, 1)), $F$2:$G$5, 2, FALSE)

해설

1. =HLOOKUP("영어", B1:D7, 2)

   ❶ [B1:D7] 영역의 첫 번째 행에서 "영어"를 넘지 않으면서 가장 근접한 값을 찾습니다.

   ❷ 찾은 값 "영어"가 있는 3열에서 행 번호로 지정된 두 번째 행의 값인 98이 반환됩니다.

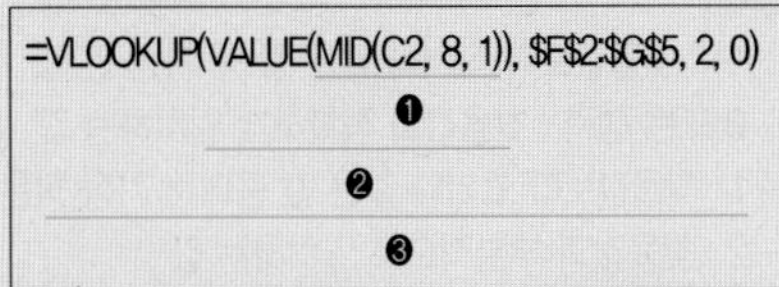

	A	B	C	D
1	이름	국어	수학	영어
2	정영희	74	100	98
3	이수	80	88	80
4	김용훈	81	70	87
5	김근태	84	80	82
6	남궁정훈	85	70	91
7	김원	87	72	97

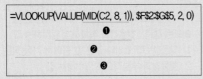

2. =VLOOKUP(83, B2:D7, 2, TRUE) : [B2:D7] 영역의 첫 번째 열에서 83을 넘지 않으면서 가장 근접한 값을 찾은 후 이 값이 있는 행에서 2열에 있는 70을 반환합니다.

3. 수식의 이해

```
=VLOOKUP(VALUE(MID(C2, 8, 1)), $F$2:$G$5, 2, 0)
                 ❶
           ❷
           ❸
```

❶ MID(C2, 8, 1) : [C2] 셀의 8번째 위치에서 1문자인 "1"을 반환합니다.

❷ VALUE("3") : 텍스트 형식의 숫자 3을 숫자 형식으로 변환합니다.

❸ =VLOOKUP(3, $F$2:$G$5, 2, 0) : [F2:G5] 영역의 첫 번째 열에서 3과 정확히 일치하는 값(옵션이 0이므로)을 찾은 후 이 값이 있는 행에서 2열에 있는 "남"을 반환합니다.

4309302 ▶

24.5, 24.3, 24.2, 24.1, 23.5, 23.3, 23.2, 23.1, 22.6, 22.5, 22.3, 22.2, 22.1, 21.8, 21.7, 21.6, 21.5, 21.4, 21.3, 21.1, …

2 찾기/참조 함수2

함수	설명
23.3, 23.1, 22.3, 21.6, 21.1, 20.상시, 20.2, 20.1, 19.1, … **CHOOSE(인수, 첫 번째, 두 번째, …)**	인수가 1이면 1번째, 인수가 2이면 2번째, … 인수가 n이면 n번째를 반환한다. 예 =CHOOSE(1, "A", "B", "C") : 첫 번째 "A"를 반환한다.
24.5, 24.2, 24.1, 23.5, 23.2, 23.1, 22.6, 22.5, 22.2, 22.1, … **INDEX(범위, 행 번호, 열 번호)**	지정된 범위에서 행 번호와 열 번호의 위치에 있는 데이터 반환한다. 예 =INDEX(A1:C10, 2, 3) : [A1:C10] 영역에서 2행 3열에 있는 [C2] 셀의 데이터를 반환한다.
19.2, 16.3 **INDEX(범위, 행 번호, 열 번호, 범위 번호)**	지정된 범위에서 행 번호와 열 번호 위치의 셀 주소를 반환한다. • **범위** : 한 개 이상의 셀 범위를 지정한다. • **범위 번호** : 범위가 두 개 이상 지정된 경우 사용할 범위를 지정한다. 예 =SUM(A1:INDEX((A1:B3, C1:D3), 2, 2, 1) : [A1] 셀에서 시작하여, [A1:B3] 영역과 [C1:D3] 영역 중 첫 번째에 있는 [A1:B3] 영역에서 2행 2열에 있는 [B2] 셀까지, 즉 [A1:B2] 영역의 합계를 반환한다.

[기출 포인트]

- MATCH의 옵션이 -1이면 '찾을값'보다 크거나 같은 값 중 가장 근접한 값을 찾는다.
- 옵션이 0이면 정확히 일치하는 값을 찾는다.
- 옵션이 1이면 '찾을값'보다 작거나 같은 값 중 가장 근접한 값을 찾는다.

함수	설명
24.5, 24.2, 24.1, 23.5, 23.2, 23.1, 22.6, 22.5, 22.2, 22.1, … **MATCH(찾을값, 범위, 옵션)**	• 범위에서 찾을값과 같은 데이터를 찾아 옵션을 적용하여 그 위치를 일련번호로 반환한다. • 옵션 - -1 : 찾을값보다 크거나 같은 값 중 가장 작은 값(내림차순 정렬) - 0 : 찾을값과 정확하게 일치하는 값 - 1 : 찾을값보다 작거나 같은 값 중에서 가장 큰 값(오름차순 정렬) 예 =MATCH(B1, A1:A10, 1) : [A1:A10] 영역에서 [B1] 셀의 값보다 작거나 같은 값 중에서 가장 큰 값을 찾아 그 위치를 일련번호로 반환한다.
XMATCH(찾을값, 범위, 옵션1, 옵션2)	범위에서 찾을값과 같은 데이터를 찾아 옵션을 적용하여 그 위치를 일련번호로 반환한다. • 옵션1 - -1 : 찾을값보다 작거나 같은 값 중 가장 큰 값 - 0 또는 생략 : 찾을값과 정확하게 일치하는 값 - 1 : 찾을값보다 크거나 같은 값 중에서 가장 작은 값 - 2 : 찾을값과 부분적으로 일치하는 값 • 옵션2 - 1 또는 생략 : 첫 번째 항목부터 검색함 - -1 : 마지막 항목부터 검색함 - 2 : 오름차순으로 정렬된 범위에서 검색함 - -2 : 내림차순으로 정렬된 범위에서 검색함 예 =XMATCH(B1, A1:A10, 1, 1) : [A1:A10] 영역에서 [B1] 셀의 값보다 크거나 같은 값 중에서 가장 작은 값을 찾아 그 위치를 일련번호로 반환한다.
24.3, 24.2, 23.2, 23.1, 21.8, 21.7, 21.4, 21.3, 21.1, 20.상시, … **OFFSET(범위, 행, 열, 높이, 너비)**	선택한 범위에서 지정한 행과 열만큼 떨어진 위치에 있는 데이터 영역의 데이터를 반환한다. 예 =OFFSET(A1, 1, 1, 2, 2) : [A1] 셀에서 아래쪽으로 1행, 오른쪽으로 1열 떨어진 [B2] 셀을 기준으로 2행 2열 데이터 영역의 데이터를 반환한다.

예제 3 다음 표를 보고 함수식의 결과값을 구하시오.

	A	B
1	판매량	할인율
2	1	0%
3	30	3%
4	50	5%
5	100	10%

수식	결과값	설명
=INDEX(A1:B5, 3, 2)	3%	[A1:B5] 범위에서 지정된 행 번호(3)와 열 번호(2)에 위치한(B3) 데이터 3%가 반환된다.
=MATCH(58, A2:A5, 1)	3	옵션으로 1이 지정되었으므로, 오름차순으로 정렬되어 있는 [A2:A5] 범위에서 58보다 크지 않으면서 가장 근접한 값 50을 찾아 그 위치의 일련번호 3이 반환된다.
=MATCH(58, A2:A5, -1)	#N/A	옵션으로 -1이 지정되었으므로, 범위가 내림차순으로 정렬되어 있어야 하나 해당 범위가 오름차순으로 정렬되어 있으므로 #N/A 오류가 발생된다.

=XMATCH(58, A2:A5, −1)	1	옵션1로 '−1'이 지정되었고, 옵션2를 지정하지 않았으므로, [A2:A5] 범위에서 58보다 크지 않으면서 가장 근접한 값 50을 찾아 그 위치의 일련번호 3이 반환된다.
=OFFSET(A1, 2, 1)	3%	[A1]에서 지정한 행(2)과 열(1)만큼 떨어진 위치(B3)에 있는 3%가 반환된다.

예제 4 다음 [표1]을 참조하여 [표2]의 제품명(B11:B18)과 단가(D11:D18)를 계산하는 수식을 완성하시오(INDEX, MATCH, XMATCH 이용).

	A	B	C	D	E
1	[표1]				
2	제품코드	제품명	0	30	50
3			29	49	
4	1	스피커	16,000	17,300	18,700
5	2	모뎀	48,000	51,800	55,900
6	3	디스켓	45,000	48,600	52,500
7	4	토너	12,300	13,300	14,400
8	5	스캐너	8,000	8,600	9,300
9	[표2]	❶		❷	
10	제품코드	제품명	수량	단가	매출금액
11	3	디스켓	18	45,000	810,000
12	4	토너	30	13,300	369,000
13	5	스캐너	60	9,300	480,000
14	2	모뎀	21	48,000	1,008,000
15	5	스캐너	50	9,300	400,000
16	4	토너	24	12,300	295,200
17	3	디스켓	6	45,000	270,000
18	2	모뎀	15	48,000	720,000

❶ 제품명(B11) : =INDEX($A$4:$E$8, XMATCH(A11, $A$4:$A$8, 0), 2) → 디스켓

❷ 단가(D11) : =INDEX($C$4:$E$8, MATCH(A11, $A$4:$A$8, 0), MATCH(C11, $C$2:$E$2, 1)) → 45,000

3209732

잠깐만요 수식의 이해

=INDEX($C$4:$E$8, MATCH(A11, $A$4:$A$8, 0), MATCH(C11, $C$2:$E$2, 1))

❶ ❷ ❸

❶ MATCH(A11, $A$4:$A$8, 0) : [A4:A8] 영역에서 [A11] 셀, 즉 3과 동일한 값을 찾은 후 그 위치의 일련번호인 3을 반환합니다.
- MATCH(찾을값, 범위, 옵션) 함수에서 옵션을 0으로 지정하면 찾을값과 정확히 일치하는 값을 찾습니다.
- 여러 셀에 결과를 구해야 하므로 범위는 절대 참조로 지정해야 합니다.

❷ MATCH(C11, $C$2:$E$2, 1) : [C2:E2] 영역에서 [C11] 셀, 즉 18보다 작거나 같은 값 중에서 가장 근접한 값(0)을 찾은 후 그 위치의 일련번호인 1을 반환합니다.

❸ =INDEX($C$4:$E$8, 3, 1) : [C4:E8] 영역에서 3행 1열, 즉 [C6] 셀의 값인 45,000을 반환합니다.

기출체크 ☑

※ 아래의 워크시트에 다음의 수식을 입력할 경우 각 수식의 결과를 쓰시오(4~9).

	A	B	C	D
1	1	3	5	7
2	5	6	7	8
3	9	10	11	12
4	13	14	15	16
5	17	18	19	20
6				

24.1, 23.2, 21.8, 21.7, 21.4, 21.3, 20.상시, 20.2, 20.1, 18.상시, 16.2, 12.2, 10.1, 08.3, 07.4, 06.1, 04.3

4. =OFFSET(A1, 3, 2) → (　　)

24.1, 22.5, 21.7, 21.3, 20.상시, 16.3, 16.2, 15.1, 11.3, 08.3, 04.3, 03.4

5. =INDEX(A1:D5, 3, 2) → (　　)

21.7, 21.5, 21.3, 21.1, 20.상시, 20.2, 19.1, 18.상시, 17.2, 12.3, 10.3, 09.1, …

6. =MATCH(7, A1:A5, 1) → (　　)

24.2, 21.7, 21.5, 21.3, 20.상시, 20.2, 19.1, 18.상시, 17.2, 13.2, 08.4, 09.1

7. =INDEX(A1:D5, MATCH(7, A1:A5, 1), MATCH(6, A1:D1, 1)) → (　　)

24.3, 21.4, 10.1

8. =COUNT(OFFSET(D5, −4, −3, 2, 2)) → (　　)

21.8, 21.7, 21.4, 21.3, 20.상시, 20.2, 20.1, 18.상시, 16.2, 12.2, 10.1, 08.3, 07.4, 06.1, 04.3

9. =SUM(OFFSET(A1, 1, 0, 3, 1)) → (　　)

20.1, 19.1

10. '=CHOOSE(VALUE(MID("040211-3******", 8, 1)), "남", "여", "남", "여")'의 결과값은?
(　　)

24.5, 23.5, 22.6, 22.2, 22.1, 21.5, 18.상시, 15.1, 13.2, 10.1, 09.1, 08.4, 03.4

11. 아래의 워크시트에서 [A8] 셀에 '=INDEX(A1:C6, MATCH(LARGE(C2:C6, 3), C1:C6, 0), 2)' 수식을 입력했을 때의 결과 값은? (　　　　　)

	A	B	C
1	코너	담당	판매금액
2	잡화	김남희	5,122,000
3	식료품	남궁민	450,000
4	잡화	이수진	5,328,000
5	식료품	서수남	6,544,000
6	식료품	김정미	6,024,500
7			

해설

4. =OFFSET(A1, 3, 2) : [A1] 셀을 기준으로 3행 2열 떨어진 [C4] 셀의 값인 15를 반환합니다.

5. =INDEX(A1:D5, 3, 2) : [A1:D5] 영역에서 3행 2열인 [B3] 셀의 값인 10을 반환합니다.

6. =MATCH(7, A1:A5, 1) : [A1:A5] 영역에서 7보다 작거나 같은 값 중에서 가장 근접한 값 5를 찾은 후 그 위치의 일련번호인 2를 반환합니다.

7. ❶ MATCH(7, A1:A5, 1) : [A1:A5] 범위에서 7보다 작거나 같은 값 중에서 가장 근접한 값 5를 찾은 후 그 위치의 일련번호인 2를 반환합니다.
   ❷ MATCH(6, A1:D1, 1) : [A1:D1] 범위에서 6보다 작거나 같은 값 중에서 가장 근접한 값 5를 찾은 후 상대 위치인 3을 반환합니다.
   ❸ =INDEX(A1:D5, 2, 3) : [A1:D5] 영역에서 2행 3열인 [C2] 셀의 값인 7을 반환합니다.

8. ❶ OFFSET(D5, −4, −3, 2, 2)
   – [D5] 셀을 기준으로 −4행, −3열 떨어진 셀 주소 [A1]을 찾습니다.
   – 이 주소를 기준으로 2행, 2열을 범위로 지정하면 [A1:B2]입니다.
   ❷ =COUNT(A1:B2) : [A1:B2] 영역에서 숫자 데이터의 개수인 4를 반환합니다.

9. ❶ OFFSET(A1, 1, 0, 3, 1)
   – [A1]을 기준으로 1행 0열 떨어진 셀 주소 [A2]를 찾습니다.
   – 이 주소를 기준으로 3행, 1열을 범위로 지정하면 [A2:A4]입니다.
   ❷ =SUM(A2:A4) : [A2:A4] 영역의 합계인 27을 반환합니다.

기출체크 정답
4. 15 5. 10 6. 2 7. 7 8. 4 9. 27
10. 남 11. 이수진

10. ❶ MID(C2, 8, 1) : "040211-3******"의 8번째에서 1글자를 반환하면 3입니다.
❷ VALUE("3") : 텍스트 형식의 "3"을 숫자 형식의 3으로 변환합니다.
❸ =CHOOSE(3, "남", "여", "남", "여") : "남", "여", "남", "여" 중 세 번째 값 "남"을 반환합니다.

11. ❶ LARGE(C2:C6, 3) : [C2:C6] 영역에서 3번째로 큰 값인 5328000을 반환합니다.
❷ MATCH(5328000, C1:C6, 0) : [C1:C6] 영역에서 5328000과 정확히 일치하는 값을 찾은 후 그 위치의 일련번호인 4를 반환합니다.
❸ =INDEX(A1:C6, 4, 2) : [A1:C6] 영역에서 4행 2열인 [B4] 셀의 값인 "이수진"을 반환합니다.

508503

24.1, 23.4, 23.3, 23.2, 22.7, 22.4, 21.7, 21.6, 21.3, 20.2, 20.1, 19.상시, 19.1, 17.2, 16.3, 15.1, 14.3, 14.1, 13.3, …

3 찾기/참조 함수3

함수	설명
23.4, 22.7, 22.4, 20.2, 20.1, 15.1, 13.3 **COLUMN(셀)**	주어진 셀의 열 번호를 반환한다. 예 =COLUMN(B10) : [B10] 셀의 열 번호인 2를 반환한다.
21.6, 17.2, 15.1 **COLUMNS(셀 범위)**	주어진 셀 범위의 열 개수를 반환한다. 예 =COLUMNS(A1:C4) : [A1:C4] 영역의 열 개수 3을 반환한다.
23.4, 22.7, 22.4, 20.2, 16.3, 15.1, 14.3, 14.1, 12.3 **ROW(셀)**	주어진 셀의 행 번호를 반환한다. 예 =ROW(A1) : [A1] 셀의 행 번호인 1을 반환한다.
23.3, 22.3, 21.6, 14.3, 14.1, 12.3 **ROWS(셀 범위)**	주어진 셀 범위의 행 개수를 반환한다. 예 =ROWS(A1:C4) : [A1:C4] 영역의 행 개수 4를 반환한다.
19.상시, 06.1 **TRANSPOSE(범위)**	범위에 입력된 값을 행/열을 바꾸어 현재 셀 범위에 반환한다. 예 {=TRANSPOSE(A1:B2)}* : [A1:B2] 영역에 입력된 값이 행/열 바꾸어 반환된다.
ADDRESS(행 번호, 열 번호, 참조 유형)	• 행 번호와 열 번호에 해당하는 셀 주소를 반환한다. • 참조 유형 – 1 : 절대 참조 – 2 : 행만 절대 참조 – 3 : 열만 절대 참조 – 4 : 상대 참조 예 =ADDRESS(1, 1, 1) : $A$1을 반환한다.
INDIRECT(텍스트)	주소 형식을 갖춘 텍스트를 셀 주소로 변환하여 해당 주소에 있는 값을 반환한다. 예 =INDIRECT("A1")* : [A1] 셀의 값을 반환한다.
24.1, 23.2, 21.7, 21.3 **AREAS(범위)**	범위 안에서의 영역 수를 반환한다. 예 =AREAS((A1:B2, D1:E2))* : 2를 반환한다.

[기출 포인트]

- COLUMN은 열 번호, COLUMNS는 열의 개수를 반환한다.
- ROW는 행 번호, ROWS는 행의 개수를 반환한다.

{=TRANSPOSE(A1:B2)}

[D1:E4] 영역을 블록으로 지정하고 =TRANSPOSE(A1:B2)를 입력한 후 Ctrl+Shift+Enter를 누르면 다음과 같이 입력됩니다.

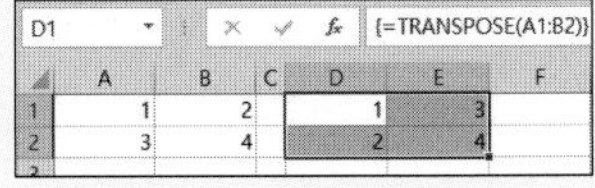

=INDIRECT("A1")

=INDIRECT("A1")에서 "A1"을 =INDIRECT(A1)과 같이 입력하면 [A1] 셀의 값인 "C1"을 셀 주소로 변환하여 [C1] 셀의 값인 30을 반환합니다.

E1 | =INDIRECT(A1)

	A	B	C	D	E	F
1	C1	20	30		30	
2	C2	40	50			

AREAS 함수

AREAS 함수에서 인수로 여러 개의 영역을 지정하려면 해당 영역들을 하나의 괄호( )로 묶어주어야 합니다.

기출체크 ☑

21.6, 17.2, 15.1
12. '=COLUMNS(C1:E4)'의 결과값은? (　　)

21.6, 17.2, 15.1
13. '=COLUMNS({1,2,3;4,5,6})'의 결과값은? (　　)

※ 아래의 워크시트에 수식을 입력할 경우 각 수식의 결과를 쓰시오(14~18).

	A	B	C
1	10	30	50
2	40	60	80
3	20	70	90

23.4, 22.7, 22.4, 20.2, 20.1, 15.1, 13.3
14. =SMALL(B1:B3, COLUMN(C3)) → (　　)

23.4, 22.7, 22.4, 20.2, 16.3, 15.1, 14.3, 14.1, 12.3
15. =LARGE(A1:B3, ROW(A1)) → (　　)

20.1, 19.1, 16.3, 15.1
16. =CHOOSE(ROW(A1:A3), "동", "서", "남", 2015) → (　　)

21.6, 17.2, 15.1
17. =CHOOSE(COLUMNS(A1:C3), A1, A2, A3, B1, B2, B3) → (　　)

24.1, 23.2, 21.7, 21.3
18. =AREAS(A1:C3) → (　　)

23.3, 22.3, 21.6
19. '=CHOOSE(ROWS(A2:B6), "건조기", "김치냉장고", "냉장고", "세탁기", "식기세척기")'의 결과 값은? (　　　　　　)

해설

12. =COLUMNS(C1:E4) : [C1:E4] 영역의 열의 수인 3을 반환합니다.

13. =COLUMNS({1,2,3;4,5,6}) : 배열 상수를 입력할 때 열의 구분은 쉼표(,)로 행의 구분은 세미콜론(;)으로 하므로, {1,2,3;4,5,6}은 2행 3열의 데이터이므로 3을 반환합니다.

14. ❶ COLUMN(C3) : [C3] 셀의 열 번호인 3을 반환합니다.
❷ =SMALL(B1:B3, 3) : [B1:B3] 영역에서 세 번째로 작은 값인 70을 반환합니다.

15. ❶ ROW(A1) : [A1] 셀의 행 번호인 1을 반환합니다.
❷ =LARGE(A1:B3, 1) : [A1:B3] 영역에서 첫 번째로 큰 값인 70을 반환합니다.

16. ❶ ROW(A1:A3) : ROW(셀)는 주어진 셀의 행 번호를 반환하는 함수입니다. 'ROW(A3:A6)'과 같이 ROW 함수의 인수로 범위를 지정하면 범위의 첫 번째 셀인 [A1] 셀의 행 번호를 반환합니다. [A1] 셀의 행 번호인 1을 반환합니다.
❷ =CHOOSE(1, "동", "서", "남", 2015) : 첫 번째 값 "동"을 반환합니다.

17. ❶ COLUMNS(A1:C3) : [A1:C3] 영역의 열의 수 3을 반환합니다.
❷ =CHOOSE(3, A1, A2, A3, B1, B2, B3) : 세 번째에 있는 [A3] 셀의 값인 20을 반환합니다.

18. =AREAS(A1:C3) : [A1:C3]은 영역이 하나이므로 1을 반환합니다.

19. ❶ ROWS(A2:B6) : [A2:B6] 영역의 행의 수인 5를 반환합니다.
❷ =CHOOSE(5, "건조기", "김치냉장고", "냉장고", "세탁기", "식기세척기") : 다섯 번째에 있는 "식기세척기"를 반환합니다.

기출체크 정답
12. 3　13. 3　14. 70　15. 70　16. 동
17. 20　18. 1　19. 식기세척기

SECTION 083

데이터베이스 함수

508601

24.2, 21.1, 20.상시, 19.상시, 19.1, 18.상시, 17.2, 16.1, 15.3, 15.2, 13.2, 12.3, 11.2, 10.3, 09.4, 09.1, 08.3, 07.1, …

데이터베이스 함수

함수	설명
21.1, 19.1, 17.2, 16.1, 15.3, 15.2, 09.4, 06.3 **DSUM(데이터 범위, 필드 번호, 조건)**	해당 데이터 범위에서 조건에 맞는 자료를 대상으로 지정된 필드 번호에서 합계값을 반환한다. 예 **=DSUM(A1:C10, 3, B2:B3)** : [A1:C10] 영역에서 [B2:B3] 영역의 조건에 맞는 값들을 3열에서 찾은 후 그 값들의 합계값을 반환한다.
07.1 **DAVERAGE(데이터 범위, 필드 번호, 조건)**	해당 데이터 범위에서 조건에 맞는 자료를 대상으로 지정된 필드 번호에서 평균값을 반환한다. 예 **=DAVERAGE(A1:C10, 3, B2:B3)** : [A1:C10] 영역에서 [B2:B3] 영역의 조건에 맞는 값들을 3열에서 찾은 후 그 값들의 평균값을 반환한다.
10.3 **DCOUNT(데이터 범위, 필드 번호, 조건)**	해당 데이터 범위에서 조건에 맞는 자료를 대상으로 지정된 필드 번호에서 숫자가 있는 셀의 개수를 반환한다. 예 **=DCOUNT(A1:C10, 3, B2:B3)** : [A1:C10] 영역에서 [B2:B3] 영역의 조건에 맞는 값들을 3열에서 찾은 후 그 중 숫자의 개수를 반환한다.
08.3, 04.3, 04.2 **DCOUNTA(데이터 범위, 필드 번호, 조건)**	해당 데이터 범위에서 조건에 맞는 자료를 대상으로 지정된 필드 번호에서 자료가 있는 셀의 개수를 반환한다. 예 **=DCOUNTA(A1:C10, 3, B2:B3)** : [A1:C10] 영역에서 [B2:B3] 영역의 조건에 맞는 값들을 3열에서 찾은 후 그 개수를 반환한다.
DMAX(데이터 범위, 필드 번호, 조건)	해당 데이터 범위에서 조건에 맞는 자료를 대상으로 지정된 필드 번호에서 가장 큰 값을 반환한다. 예 **=DMAX(A1:C10, 3, B2:B3)** : [A1:C10] 영역에서 [B2:B3] 영역의 조건에 맞는 값들을 3열에서 찾은 후 그 값들 중 가장 큰 값을 반환한다.
13.2 **DMIN(데이터 범위, 필드 번호, 조건)**	해당 데이터 범위에서 조건에 맞는 자료를 대상으로 지정된 필드 번호에서 가장 작은 값을 반환한다. 예 **=DMIN(A1:C10, 3, B2:B3)** : [A1:C10] 영역에서 [B2:B3] 영역의 조건에 맞는 값들을 3열에서 찾은 후 그 값들 중 가장 작은 값을 반환한다.
DPRODUCT(데이터 범위, 필드 번호, 조건)	해당 데이터 범위에서 조건에 맞는 자료를 대상으로 지정된 필드 번호에서 값들의 곱을 반환한다. 예 **=DPRODUCT(A1:C10, 3, B2:B3)** : [A1:C10] 영역에서 [B2:B3] 영역의 조건에 맞는 값들을 3열에서 찾은 후 그 값들의 곱을 반환한다.
DVAR(데이터 범위, 필드 번호, 조건)	해당 데이터 범위에서 조건에 맞는 자료를 대상으로 지정된 필드 번호에서 분산값을 반환한다. 예 **=DVAR(A1:C10, 3, B2:B3)** : [A1:C10] 영역에서 [B2:B3] 영역의 조건에 맞는 값들을 3열에서 찾은 후 그 값들의 분산값을 반환한다.

전문가의 조언

중요해요! 함수식에 대한 결과값이나 특정 문제를 풀기 위한 함수식을 묻는 문제가 출제됩니다.

[기출 포인트]

데이터베이스 함수의 인수 순서는 **데필조**(**데**이터베이스 범위 **필**드 번호 **조**건)이다.

19.상시, 06.1 **DSTDEV(데이터 범위, 필드 번호, 조건)**	해당 데이터 범위에서 조건에 맞는 자료를 대상으로 지정된 필드 번호에서 표준편차값을 반환한다. 예 =DSTDEV(A1:C10, 3, B2:B3) : [A1:C10] 영역에서 [B2:B3] 영역의 조건에 맞는 값들을 3열에서 찾은 후 그 값들의 표준편차값을 반환한다.
24.2, 20.상시, 18.상시, 12.3, 09.1 **DGET(데이터 범위, 필드 번호, 조건)**	해당 데이터 범위에서 조건에 맞는 자료를 대상으로 지정된 필드 번호에서 일치하는 값을 반환한다. 예 =DGET(A1:C10, 3, B2:B3) : [A1:C10] 영역에서 [B2:B3] 영역의 조건에 맞는 값들을 3열에서 찾은 후 그 값을 반환한다.

준비하세요

'C:\길벗컴활1급필기QnE\2과목\2과목.xlsm' 파일을 불러와 '섹션083' 시트에서 실습하세요.

예제 다음 표에 표시된 부분의 값을 함수를 이용하여 계산하시오.

	A	B	C	D	E	F
1	상품별 판매수					
2	이름	컴퓨터	노트북	태블릿		컴퓨터
3	홍길동	246	258	152		<200
4	이석경	144	213	57		노트북
5	양숙희	92	274	269		>=250
6	한지민	112	88	105		태블릿
7	김용숙	244	140	297		<=100
8	컴퓨터 판매수가 200 미만인 사람들의 합			❶ 348		이름
9	노트북 판매수가 250 이상인 사람들의 평균			❷ 266		이석경
10	태블릿 판매수가 100 이하인 사람들의 수			❸ 1		
11	컴퓨터 판매수가 200 미만인 사람 중 최대 판매수			❹ 144		
12	노트북 판매수가 250 이상인 사람 중 최소 판매수			❺ 258		
13	노트북 판매수가 250 이상인 사람들의 분산			❻ 128		
14	컴퓨터 판매수가 200 미만인 사람들의 표준편차			❼ 26.2297541		
15	'이석경'의 태블릿 수량			❽ 57		

❶ 컴퓨터 판매수가 200 미만인 사람들의 합(D8) : =DSUM(A2:D7, 2, F2:F3)
❷ 노트북 판매수가 250 이상인 사람들의 평균(D9) : =DAVERAGE(A2:D7, 3, F4:F5)*
❸ 태블릿 판매수가 100 이하인 사람의 수(D10) : =DCOUNT(A2:D7, 4, F6:F7)
❹ 컴퓨터 판매수가 200 미만인 사람 중 최대 판매수(D11) : =DMAX(A2:D7, 2, F2:F3)
❺ 노트북 판매수가 250 이상인 사람 중 최소 판매수(D12) : =DMIN(A2:D7, 3, F4:F5)
❻ 노트북 판매수가 250 이상인 사람들의 분산(D13) : =DVAR(A2:D7, 3, F4:F5)
❼ 컴퓨터 판매수가 200 미만인 사람들의 표준편차(D14) : =DSTDEV(A2:D7, 2, F2:F3)
❽ '이석경'의 태블릿 수량(D15) : =DGET(A2:D7, 4, F8:F9)

궁금해요 **시나공 Q&A 베스트**

Q 노트북 판매수가 250 이상인 사람들의 평균을 '=DAVERAGE(B3:D7, 2, F4:F5)'로 계산하면 왜 안 되죠?

A DAVERAGE(범위, 열 번호, 조건) 함수에서 '범위'의 첫 번째 행에는 반드시 필드명이 있어야 합니다. 2행에 필드명이 있으므로 반드시 **=DAVERAGE(B2:D7, 2, F4:F5)**와 같이 작성해야 합니다.

기출체크 ☑

24.2, 20.상시, 12.3, 09.1

1. 아래 시트에서 [표1]과 [표2]를 이용하여 [표3]의 [B15:D15] 영역에 최대실적품명을 표시하려고 한다. [B15] 셀에 들어갈 수식을 작성하시오. (   )

	A	B	C	D
1	[표1]			
2	상품명	강서지점	강남지점	강북지점
3	건강보험	406,000	418,000	407,000
4	변액보험	391,000	735,000	404,000
5	신용대출	393,500	192,000	477,400
6	적금담보대출	272,000	482,000	269,000
7	주택예금	354,000	298,300	495,000
8				
9	[표2]			
10		강서지점	강남지점	강북지점
11	최대실적액	406,000	735,000	495,000
12				
13	[표3]			
14		강서지점	강남지점	강북지점
15	최대실적품명	건강보험	변액보험	주택예금

기출체크 정답
1. =DGET($A$2:$D$7, 1, B10:B11)

※ 아래의 워크시트에 대해 다음 수식의 결과를 쓰시오(2~6).

	A	B	C	D	E	F	G
1	성명	부서	1분기	2분기		부서	2분기
2	김남이	영업1부	10	16		영업2부	
3	이지영	영업2부	20	25			<=15
4	하나미	영업1부	15	20			
5	임진태	영업2부	10	10			
6	현민대	영업2부	20	15			
7	한민국	영업3부	15	20			

21.1, 19.1, 17.2, 16.1, 15.3, 15.2, 09.4, 06.3

2. =DSUM(A1:D7, D1, B1:B2) → (　　)

07.1

3. =DAVERAGE(A1:D7, D1, B1:B2) → (　　)

13.2

4. =DMIN(A1:D7, 3, B1:B2) → (　　)

08.3, 04.3, 04.2

5. =DCOUNTA(A1:D7, 3, B1:B2) → (　　)

10.3

6. =DCOUNTA(A1:D7, 1, F1:G3) → (　　)

해설

1. =DGET($A$2:$D$7, 1, B10:B11)
   - $A$2:$D$7
     - 데이터베이스 함수는 데이터 영역을 입력할 때 반드시 필드명이 있는 부분(여기서는 2행)을 범위에 포함시켜야 합니다.
     - [A2:D7] 영역은 결과가 표시될 모든 셀에서 동일하게 사용되므로 절대 참조로 지정해야 합니다.
   - 1 : '상품명'이 있는 열 번호 1을 입력하거나 '상품명' 필드명이 있는 셀 주소 [A2]를 입력합니다.
   - B10:B11 : 조건, 즉 '강서지점'의 최대실적액이 있는 영역을 입력합니다.
2. =DSUM(A1:D7, D1, B1:B2) : [A1:D7] 영역에서 부서가 "영업1부"인 데이터의 '2분기'의 합계인 36을 반환합니다.
3. =DAVERAGE(A1:D7, D1, B1:B2) : [A1:D7] 영역에서 부서가 "영업1부"인 데이터의 '2분기'의 평균인 18을 반환합니다.
4. =DMIN(A1:D7, 3, B1:B2) : [A1:D7] 영역에서 부서가 "영업1부"인 데이터의 '1분기'의 최소값인 10을 반환합니다.
5. =DCOUNTA(A1:D7, 3, B1:B2) : [A1:D7] 영역에서 부서가 "영업1부"인 데이터의 '1분기'에서 비어 있지 않은 셀의 개수인 2를 반환합니다.
6. =DCOUNT(A1:D7, 1, F1:G3) : [A1:D7] 영역에서 부서가 "영업2부"이거나 2분기가 15 이하인 데이터의 개수인 3을 반환합니다.

기출체크 정답

2. 36　3. 18　4. 10　5. 2　6. 3

SECTION 084

재무 함수

전문가의 조언

중요해요! 함수식에 대한 결과값이나 특정 문제를 풀기 위한 함수식을 묻는 문제가 출제됩니다.

[기출 포인트]
- 재무 함수의 이자와 기간은 월 단위로 지정한다.
- 납입시점은 기말이면 1 또는 생략, 기초면 1로 지정한다.

재무 함수

엑셀 프로그램에서는 재무 함수를 이용하여 금액을 구할 때 사용자를 중심으로 지불할 금액이냐, 받을 금액이냐에 따라 양수와 음수를 지정합니다. 하지만 컴활 시험에서는 단순히 금액을 묻는 문제가 출제되니 결과값이 모두 양수로 출력되도록 수식을 작성해야 합니다.

이율과 기간

이율과 기간은 함수에 적용할 단위를 일치시켜야 합니다. 6% 연이율로 2년 만기 대출금에 대한 월 상환액을 계산하려면 이율로 6%/12, 기간으로 2*12를 사용합니다. 동일한 대출금에 대한 연 상환액을 계산하려면 이율로 6%, 기간으로 2를 입력합니다.

잔존가치

수명이 끝난 시설이나 물건에 남아 있는 가치

정액법

- 감가총액을 수명년수로 균등하게 나누는 방법
- 수명년수 : 고정자산이 기업의 생산활동에 지속적으로 사용되는 기간

감가상각액

시간이 흐르면서 감소되는 고정 자산 가치의 감소를 각 연도에 할당해 그 자산 가격을 감소해 가는 일을 감가상각이라 하고, 각 연도에 할당되는 금액을 감가상각액이라고 합니다.

508701 ▶

24.2, 21.2, 21.1, 18.상시, 15.2, 15.1, 14.2, 13.1, 11.3, 11.2, 11.1, 09.3, 09.2, 07.4, 07.3, 05.4, 05.3, 03.1

1 재무 함수*

함수	설명
15.2, 11.3, 11.1, 05.4, 03.1 **FV(이자*, 기간*, 금액, 현재가치, 납입시점)**	• 미래가치 반환, 매월 일정한 금액을 불입했을 때 만기일에 받을 원금과 이자를 반환한다. • **납입시점** : 0 또는 생략하면 기말, 1은 기초 예 =FV(6%/12, 12, −400000) – 매월 400,000원씩 1년을 저축할 경우 이자를 포함하여 만기일에 받을 금액을 반환한다. – **6%/12** : 년이율 6%를 12로 나눠 월이율로 적용한다.
15.1, 11.1 **PV(이자, 기간, 금액, 미래가치, 납입시점)**	• 현재가치를 반환한다. 예 1년 뒤에 받을 1000원의 현재가치를 구한다. • 미래가치는 생략할 수 있다. • **납입시점** : 0 또는 생략하면 기말, 1은 기초 예 =PV(6%/12, 12, −400000) – 매월 400,000원씩 1년을 저축할 경우 이자를 포함하여 만기일에 받을 금액의 현재가치를 반환한다. – **6%/12** : 년이율 6%를 12로 나눠 월이율로 적용한다.
NPV(할인율, 금액1, 금액2, …)	할인율과 앞으로의 지출과 수입을 사용하여 투자의 현재가치를 반환한다. 예 =NPV(5%, −5000000, 100000, 200000, 300000) – 연 할인율 5%로 5,000,000을 투자하고, 3년 동안 100,000, 200,000, 300,000의 연간 수입을 얻을 때의 순 현재 가치를 반환한다.
24.2, 21.2, 18.상시, 14.2, 13.1, 11.2, 09.3, 09.2, … **PMT(이자, 기간, 현재가치, 미래가치, 납입시점)**	정기적으로 지급(상환)할 금액 반환, 일정 금액을 대출받았을 경우 이자를 포함하여 매월 상환해야 하는 금액을 반환한다. • **납입시점** : 0 또는 생략하면 기말, 1은 기초 • **현재가치(PV)** : 대출금 • **미래가치(FV)** : 최종 불입 후 잔금, 생략하면 0 예 =PMT(6%/12, 12, −10000000) – 10,000,000원을 대출받았을 경우 이자를 포함하여 매월 상환해야 하는 금액을 반환한다. – **6%/12** : 년이율 6%를 12로 나눠 월이율로 적용한다.
SLN(취득액, 잔존가치*, 수명년수)	단위 기간 동안 정액법*에 의한 자산의 감가상각액*을 반환한다. 예 =SLN(1000000, 200000, 3) – 구입한 금액이 1,000,000원이고, 잔존가치가 200,000이고, 수명년수가 3년인 제품의 감가상각액을 반환한다.

DB(취득액, 잔존가치, 수명년수, 기간, 월수)	정율법※을 사용하여 특정 기간 동안 자산의 감가상각액을 반환한다. 예 =DB(1000000, 200000, 3, 2, 3) – 구입한 금액이 1,000,000원이고, 잔존가치가 200,000이고, 수명년수가 3년인 제품의 2년차 3개월이 될 때의 감가상각액을 반환한다.

정율법
일정한 비율로 공제하는 방법

예제 다음에 제시된 문제를 재무 함수를 이용하여 계산하시오.

① 연이율 6%로 2년 만기 저축을 매월 말 40,000원씩 저축, 복리 이자율로 계산하여 만기에 찾을 수 있는 금액은 얼마인가?

② 10년간 매달 말에 100,000원을 지급하는 연금 보험의 보험 가격이 8,000,000원이고, 연이율이 7%일 경우 이 연금 보험을 구입하는 것은 유리한 투자로 볼 수 있는가?

③ 자동차 구입금액 중 잔금 2,000,000원을 4년간 매월 초 50,000원씩 갚아 나가는 것과 일시불 현금으로 지불하는 것 중 어떤 방법이 유리하다고 볼 수 있나? 단, 은행의 연이율은 6%이다.

④ 오늘부터 1년 후 ₩1,000,000을 투자하고, 앞으로 3년 동안 ₩300,000, ₩420,000, ₩680,000의 연간 수입을 얻고, 연 할인율이 10%라고 가정할 때, 이 투자의 순 현재 가치는 얼마인가?

⑤ 1,000,000원을 1년간 대출할 때 연 7%의 이자율이 적용된다면 매월 말 상환해야 할 불입액은 얼마인가?

⑥ 작년 5월에 2,500,000원을 주고 구입한 냉장고의 수명년수는 5년이고 잔존가치는 100,000원이다. 정액법과 정율법을 이용할 때 냉장고에 대한 올해의 감각상각액은 각각 얼마인가?

풀이

① =FV(6%/12, 2*12, −40000) → 1,017,278

② =PV(7%/12, 10*12, −100000) → 8,612,635

지불한 금액은 8,000,000원이지만 현재가치는 8,612,635가 되므로 연금 보험을 사는 것은 유리한 투자이다.

③ =PV(6%/12, 4*12, -50000, , 1) → 2,139,661

매월 50,000원씩 지불할 경우 2,000,000원에 대한 현재가치가 2,139,661원, 즉 지불해야 할 금액보다 커지므로 일시불로 구입하는 것이 유리하다.

만약 은행의 연 이율이 12%가 되면 =PV(12%/12, 4*12, −50000, , 1) → 1,917,685원이 된다. 즉 할부로 구입하면 현재가치가 지불해야 할 금액 2백만 원보다 작으므로 할부로 구입하는 것이 유리하다.

전문가의 조언
은행의 연 이율이 6%일 때는 은행에 입금했다가 4년 뒤에 갚는 것 보다 일시불로 2,000,000원을 갚는 것이 유리하고, 은행의 연 이율이 12%일 때는 일시불로 갚는 것 보다 은행에 입금했다가 4년 뒤에 갚는 것이 유리합니다.

④ =NPV(10%, −1000000, 300000, 420000, 680000) → ₩118,844

⑤ =PMT(7%/12, 1*12, −1000000) → 86,527

⑥ **정액법** : =SLN(2500000, 100000, 5) → 480,000

정률법 : =DB(2500000, 100000, 5, 2, 8) → 811,458

정률법에서 네 번째 인수 2는 2년차임을 나타내고, 다섯 번째 인수 8은 5월에 구입했으므로 5~12월까지의 기간을 의미한다.

기출체크 ☑

24.2, 21.1, 14.2, 11.2, 05.4, 03.1

1. 매달 일정 금액을 저축하여 15년 동안 1,500,000,000을 모으려 한다. 저축금액에 연리 6%의 이자가 붙는다고 가정할 때 PMT를 사용하여 매월 말에 저축해야 할 금액을 계산하는 함수식을 작성하시오(단, 현재가치는 0임).

( )

13.1, 09.2, 07.4, 07.3

2. 대출 원금 3천만원을 연 이자율 6.5%로 3년 동안 매월 말에 상환하는 경우 불입 금액을 계산하는 함수식을 작성하시오.

( )

15.2, 11.3, 11.1, 05.4, 03.1

3. 연이율 5%로 3년 동안 매월 초 50,000원씩 저축, 복리 이자율로 계산하여 만기에 찾을 수 있는 금액을 계산하는 함수식을 작성하시오.

( )

해설

1. =PMT(6%/12, 15*12, 0, -1500000000)
   - 6%/12 : 연이율을 12로 나눠 월이율로 맞춥니다.
   - 15*12 : 기간이 년 단위이므로 12를 곱해 월 단위로 맞춥니다.
   - 0 : 현재가치를 입력합니다.
   - -1500000000 : 만기일에 받을 금액이므로 미래가치이고, 결과값이 양수로 나오도록 음수로 입력합니다.
   - 매월 말 납입하므로 납입시점을 0 또는 생략합니다.
2. =PMT(6.5%/12, 3*12, -30000000)
   - 6.5%/12 : 연이율을 12로 나눠 월이율로 맞춥니다.
   - 3*12 : 기간이 년 단위이므로 12를 곱해 월 단위로 맞춥니다.
   - -30000000 : 대출금을 미리 받았으므로 현재가치이고, 결과값이 양수로 나오도록 음수로 입력합니다.
   - 매월 말 납입하므로 납입시점을 0 또는 생략합니다.
3. =FV(5%/12, 3*12, -50000, , 1)
   - 5%/12 : 연이율을 12로 나눠 월이율로 맞춥니다.
   - 3*12 : 기간이 년 단위이므로 12를 곱해 월 단위로 맞춥니다.
   - -50000 : 매월 불입할 금액입니다. 결과값이 양수로 나오도록 음수로 입력합니다.
   - 현재가치는 주어지지 않았으므로 생략합니다.
   - 1 : 매월 초 납입하므로 납입시점을 1로 지정합니다.

기출체크 정답

1. =PMT(6%/12, 15*12, 0, -1500000000)
2. =PMT(6.5%/12, 3*12, -30000000)
3. =FV(5%/12 ,3*12, -50000, ,1)

SECTION 085 배열 수식

508801 ▶

15.2, 15.1, 13.3, 12.2, 11.1, 09.3, 08.4, 08.1, 07.4, 07.3, 07.1, 06.3, 05.4, 05.2, 04.4, 04.3, 03.2, 03.1

1 배열 수식

배열 수식은 피연산자나 함수의 인수로 배열을 사용하여 여러 가지 계산을 하고 한 개의 결과나 여러 개의 결과를 동시에 반환하는 수식이다.

- 배열(Array)은 동일한 특성을 갖는 데이터들을 일정한 형식에 맞게 나열한 데이터의 집합이다.
- 배열 수식은 배열 인수에 대해 여러 가지 계산을 수행하고 하나 또는 여러 개의 결과를 반환한다.
- 배열 수식에 사용되는 배열 인수 각각은 동일한 개수의 행과 열을 가져야 한다.
- 배열 수식은 수식을 입력할 때 Ctrl + Shift + Enter를 누르는 것 외에는 다른 수식을 만들 때와 같다.
- Ctrl + Shift + Enter를 누르면 수식의 앞뒤에 중괄호({ })가 자동으로 입력된다.
- 수식 입력줄이 활성화*되면 배열 수식의 { }는 나타나지 않는다.

기출체크 ☑

15.2, 15.1, 13.3, 12.2, 11.1, 08.4, 08.1, 07.4, 07.3, 05.4, 04.4, 04.3, 03.2, 03.1

1. 배열 수식을 입력하려면 셀에 수식을 입력한 후 (   )를 누른다.

508802 ▶

24.5, 22.3, 22.2, 21.2, 21.1, 20.상시, 20.2, 19.1, 16.3, 16.2, 16.1, 15.3, 15.2, 15.1, 13.3, 12.2, 11.1, 10.2, 09.3, 08.4, …

2 배열 상수

- 배열 수식에 사용되는 배열 인수를 배열 상수라고 한다.
- **배열 상수의 종류** : 숫자, 텍스트, TRUE나 FALSE 등의 논리 값, #N/A 등의 오류 값 등
- 배열 상수에 정수, 실수, 5E+3 같은 지수형 숫자를 사용할 수 있다.
- 다른 종류의 값을 같은 배열의 상수로 사용할 수 있다.
- **배열 상수로 사용할 수 없는 값** : $, 괄호, %, 길이가 다른 행이나 열, 셀 참조 등
- 배열 상수 값은 수식이 아닌 상수이어야 한다.
- 배열 상수로 사용할 범위에서 빈 칸은 0으로 취급된다.
- 배열 상수를 입력할 때 열의 구분은 쉼표(,)로, 행의 구분은 세미콜론(;)으로 한다.
- 배열 상수를 입력할 때는 상수들을 중괄호 { }로 묶어야 한다.

전문가의 조언

배열 수식의 특징을 묻는 문제가 출제되고 있습니다.

[기출 포인트]

- 배열 수식을 입력할 때는 Ctrl+Shift+Enter를 누른다.
- 배열 수식을 입력하면 중괄호({ })가 자동으로 표시된다.

수식 입력줄 활성화

수식 입력줄을 마우스로 클릭하면 배열 수식의 { }가 사라집니다.

fx {=SUM(($B$2:$B$9=G3)*1)}

딸깍

G	H	I	J
부서	인원수	기본급 합계	기본급 평균
판매1부	4	3,000,000	950,000
판매2부	2	950,000	950,000
판매3부	2	850,000	850,000

↓

fx =SUM(($B$2:$B$9=G3)*1)

SUM(**number1**, [number2], ...)

G			J
부서	인원수	기본급 합계	기본급 평균
판매1부	$B$9=G3)	3,000,000	950,000
판매2부	2	950,000	950,000
판매3부	2	850,000	850,000

배열 상수의 특징을 묻는 문제가 출제됩니다.

[기출 포인트]

- $, 괄호, %, 길이가 다른 행이나 열, 셀 참조는 배열 상수로 사용할 수 없다.
- 배열 수식에서 열의 구분은 쉼표(,)로, 행의 구분은 세미콜론(;)으로 한다.

기출체크 정답

1. Ctrl + Shift + Enter

예제1 1행 4열에 {1, 2, 3, 4} 입력하기

[A1:D1] 영역을 블록 설정하고, **={1,2,3,4}**를 입력한 후 Ctrl+Shift+Enter를 누른다.

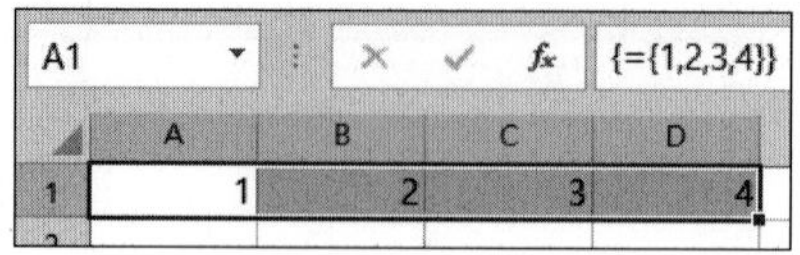

Ctrl+Shift+Enter → 모든 셀에 동일한 수식이 입력된다.

예제2 2행 4열에 {1,2,3,4;5,6,7,8} 입력하기

[A1:D2] 영역을 블록 설정하고, **={1,2,3,4;5,6,7,8}**을 입력한 후 Ctrl+Shift+Enter를 누른다.

A1 | {={1, 2, 3, 4;5,6,7,8}}

	A	B	C	D	E
1	1	2	3	4	
2	5	6	7	8	

기출체크 ☑

22.3, 22.2, 21.1, 20.2, 19.1, 16.2, 16.1, 15.2, 13.3, 11.1, 10.2, 09.3, 08.2, 08.1, 05.1, 02.3

2. 배열 상수로 숫자나 텍스트 외에 TRUE, FALSE 등의 논리값 또는 #N/A와 같은 오류 값도 사용할 수 있다. (○, ×)

22.3, 20.상시, 16.3, 15.3, 15.1

3. 워크시트에서 [A1:D2] 영역을 블록 설정하고, '={1, 2, 3, 4; 6, 7, 8, 9}'를 입력한 후 Ctrl+Shift+Enter를 눌렀을 경우 [B2] 셀에 입력되는 값은? ( )

해설

3. 배열 수식에서 열은 쉼표(,)로 구분되고 행은 세미콜론(;)으로 구분되므로 [A1:D2] 영역을 선택한 상태에서 ={1, 2, 3, 4; 6, 7, 8, 9}를 입력한 후 Ctrl+Shift+Enter를 누르면 다음과 같이 입력됩니다.

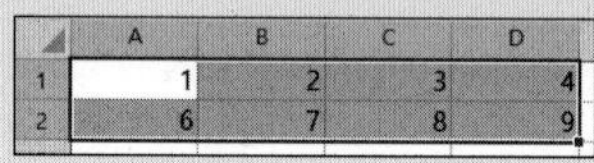

508803

22.7, 21.7, 21.6, 21.3, 21.1, 20.상시, 19.1, 18.상시, 18.2, 18.1, 16.2, 15.1, 14.2, 14.1, 12.3, 12.2, 11.1, 08.1, 05.4, 04.3, …

3 배열 수식 작성

- 배열 수식은 일반 수식과 동일하게 작성하지만 마지막에 Ctrl+Shift+Enter를 눌러 완성하는 것이 다르다.
- 여러 셀을 범위로 지정하고 배열 수식을 입력하면 지정된 범위에 모두 같은 수식이 입력되며, 이렇게 입력된 배열 수식은 전체를 이동하거나 삭제할 수는 있어도 일부를 수정하거나 이동, 삭제할 수는 없다.
- 배열 수식을 변경한 후 변경 내용을 적용하려면 반드시 Ctrl+Shift+Enter를 눌러야 한다.

전문가의 조언

- 두 배열의 더하기나 곱하기 등을 실행하는 방법을 묻는 문제가 출제됩니다.
- 직접 실습을 해보면 훨씬 쉽게 이해되고 오래 기억됩니다. 꼭 실습해 보세요.

[기출 포인트]

동시에 여러 셀에 입력된 배열 수식은 일부만 수정할 수 없다.

기출체크 정답

2. ○ 3. 7

예제 여러 셀에 결과 입력 — 각 반별 성적의 합계를 배열 수식을 이용하여 구하되 결과 값이 계산될 셀 영역에 동시에 계산되도록 작성하시오.

	A	B	C	D	E	F
1	번호	이름	반명	국어	수학	합계
2	1	김원중	1반	98	85	183
3	2	양미라	2반	95	100	195
4	3	조신경	2반	80	75	155
5	4	남인성	1반	85	90	175
6	5	마동윤	1반	100	100	200

① [F2:F6] 영역을 범위로 지정한다.

	A	B	C	D	E	F
1	번호	이름	반명	국어	수학	합계
2	1	김원중	1반	98	85	
3	2	양미라	2반	95	100	
4	3	조신경	2반	80	75	
5	4	남인성	1반	85	90	
6	5	마동윤	1반	100	100	

드래그한다.

② 범위를 지정한 상태에서 **=D2:D6+E2:E6***을 입력한 후 Ctrl + Shift + Enter를 누른다.

	A	B	C	D	E	F	G
1	번호	이름	반명	국어	수학	합계	
2	1	김원중	1반	98	85	=D2:D6+E2:E6	
3	2	양미라	2반	95	100		
4	3	조신경	2반	80	75		
5	4	남인성	1반	85	90		
6	5	마동윤	1반	100	100		

↓

F2 | {=D2:D6+E2:E6}

	A	B	C	D	E	F	G
1	번호	이름	반명	국어	수학	합계	
2	1	김원중	1반	98	85	183	
3	2	양미라	2반	95	100	195	
4	3	조신경	2반	80	75	155	
5	4	남인성	1반	85	90	175	
6	5	마동윤	1반	100	100	200	

기출체크 ☑

08.1, 05.4, 04.3, 03.2, 03.1

4. 배열 수식의 결과는 단일 셀 또는 여러 셀에 입력할 수 있고, 여러 셀에 결과를 입력할 때는 입력될 셀을 범위로 설정한 후 수식을 입력한다. (○, ×)

12.2, 11.1

5. 여러 개의 셀을 범위로 설정하고 배열 수식을 입력한 경우에는 배열 수식의 일부만을 수정할 수 없다. (○, ×)

22.7, 18.2, 14.2, 12.3, 03.3

6. 아래 시트에서 [D2:D5] 영역을 선택한 후 배열 수식으로 한 번에 금액을 구하려고 할 때, [D2:D5] 영역에 입력할 배열 수식을 작성하시오(금액 = 수량 * 단가). (   )

	A	B	C	D
1	제품명	수량	단가	금액
2	디지털카메라	10	350,000	
3	전자사전	15	205,000	
4	모니터	20	155,000	
5	태블릿	5	550,000	

준비하세요

'C:\길벗컴활1급필기QnE\2과목\2과목.xlsm' 파일을 불러와 '섹션085-1' 시트에서 실습하세요.

=D2:D6+E2:E6

[F2:F6] 영역을 범위로 지정한 상태에서 **=D2:D6+E2:E6**을 배열 수식으로 입력하면 다음과 같이 계산됩니다.

[F2] : D2+E2=98+85=183

[F3] : D3+E3=95+100=195

[F4] : D4+E4=80+75=155

⋮

기출체크 정답

4. ○ 5. ○ 6. {=B2:B5*C2:C5}

해설

6. 같은 위치에 대응하는 수량과 단가를 곱하여 동시에 결과를 계산하려면 결과가 입력될 [D2:D5] 영역을 블록으로 지정하고 **=B2:B5*C2:C5**를 입력한 후 Ctrl+Shift+Enter를 누르면 됩니다.
   - Ctrl+Shift+Enter를 눌러 배열 수식으로 입력하면 수식 앞뒤에 중괄호({ })가 자동으로 입력되어 **{=B2:B5*C2:C5}**와 같이 표시됩니다.

508804

24.5, 24.4, 24.3, 24.2, 23.5, 23.4, 23.3, 23.2, 23.1,22.6, 22.4, 22.2, 22.1, 21.8, 21.5, 21.4, 21.3, 21.1, 20.상시, …

4 배열 수식의 활용

전문가의 조언

- **중요해요!** 배열 수식을 이용하여 수식을 만드는 문제가 자주 출제됩니다.
- 필기뿐만 아니라 실기 시험에 매회 두 문제씩 꼭 출제됩니다. [예제]를 통해 개수, 합계, 평균에 대한 배열 수식 작성을 확실히 숙지하고 넘어가세요.

준비하세요

'C:\길벗컴활1급필기QnE\2과목\2과목.xlsm' 파일을 불러와 '섹션085-2' 시트에서 실습하세요.

예제 한 개의 셀에 결과 입력 – 다음과 같은 소속 부서별 통계 값을 계산하시오.

❶ 부서별 인원수(H3:H5)를 계산하시오.

❷ 직책이 대리인 직원의 부서별 본봉의 합계(I3:I5)를 계산하시오.

❸ 직책이 대리이고 본봉이 80,000 이상인 직원의 부서별 본봉의 평균(J3:J5)을 계산하시오.

▶ [A1:E9] 영역을 참조하여 계산

	A	B	C	D	E	F	G	H	I	J
1	사원번호	부서	이름	직책	본봉			❶	❷	❸
2	3115	영업1부	노지심	대리	₩ 75,533		부서	인원수	본봉 합계	본봉 평균
3	3320	영업3부	박유비	과장	₩ 82,560		영업1부	2	171,153	95,620
4	3425	영업3부	송치윤	대리	₩ 54,000		영업2부	2	85,110	85,110
5	3217	영업2부	송혜영	부장	₩ 102,500		영업3부	4	147,200	93,200
6	3321	영업3부	이관우	사원	₩ 84,250					
7	3424	영업2부	이충렬	대리	₩ 85,110					
8	3112	영업1부	제갈량	대리	₩ 95,620					
9	3323	영업3부	조자룡	대리	₩ 93,200					

24.5, 24.4, 24.2, 23.5, 22.6, 22.2, 22.1, 21.5, 21.1, 20.1, 16.3, 16.1, 13.3, 13.2, 08.1, 07.3, 04.2, 03.2

❶ 인원수(개수) 구하기

① [H3] 셀에 다음의 수식을 입력하고 Ctrl+Shift+Enter를 누른다. 수식 표시줄에는 {=SUM((B2:B9=G3)*1)}과 같이 표시된다.

=SUM((B2:B9=G3)*1)

H3 | {=SUM((B2:B9=G3)*1)}

	A	B	C	D	E	F	G	H	I	J
1	사원번호	부서	이름	직책	본봉					
2	3115	영업1부	노지심	대리	₩ 75,533		부서	인원수	본봉 합계	본봉 평균
3	3320	영업3부	박유비	과장	₩ 82,560		영업1부	2		
4	3425	영업3부	송치윤	대리	₩ 54,000		영업2부			
5	3217	영업2부	송혜영	부장	₩ 102,500		영업3부			
6	3321	영업3부	이관우	사원	₩ 84,250					
7	3424	영업2부	이충렬	대리	₩ 85,110					
8	3112	영업1부	제갈량	대리	₩ 95,620					
9	3323	영업3부	조자룡	대리	₩ 93,200					

잠깐만요 수식 만들기 / 배열식의 이해

508831

수식 만들기

개수를 구하는 배열 수식은 다음의 세 가지 식이 있으며, 조건의 개수에 따라 조건을 지정하는 부분만 늘어납니다. 이 문제는 조건이 하나이므로 조건이 하나일 때의 조건 지정 방법은 다음과 같습니다.

- **방법 1** : {=SUM((조건) * 1)}
- **방법 2** : {=SUM(IF(조건, 1))}
- **방법 3** : {=COUNT(IF(조건, 1))}

1. **조건** : '부서별'이란 조건은, 비교 대상이 될 부서가 있는 범위(B2:B9)와 비교할 기준이 되는 G3(영업1부) 셀을 "="으로 연결하여 적어주면 다음과 같습니다.
   B2:B9=G3
2. 위의 조건을 개수 구하기 배열 수식의 조건 부분에 대입하면 다음과 같습니다.

- **방법 1** : =SUM((B2:B9=G3) * 1)
- **방법 2** : =SUM(IF(B2:B9=G3, 1))
- **방법 3** : =COUNT(IF(B2:B9=G3, 1))

배열식의 이해

=SUM((B2:B9=G3)*1)

위의 배열 수식이 어렵게 느껴지는 이유는 관계 연산에 대해 생소하기 때문입니다. 그럼 관계 연산부터 살펴봐야겠네요. 관계 연산이란 관계 연산자를 이용하여 피연산자의 대소 관계를 비교하는 연산으로, 결과는 'TRUE'나 'FALSE'입니다. 다음 그림의 [표1]과 같이 입력해 보세요. [표2]와 같이 결과가 나왔나요? 관계 연산자가 〉, 〈, =, 〈 〉, 〉=, 〈=를 의미한다는 것은 알고 있죠?

	A	B	C	D
1	1	2	=A1=B1	=C1*1
2	2	2	=A2=B2	=C2*1

[표1]

→

	A	B	C	D
1	1	2	FALSE	0
2	2	2	TRUE	1

[표2]

- [C1] 셀의 '=A1=B1'의 수식, 즉 '1과 2는 같다'는 거짓이므로 결과는 'FALSE'입니다. [C2] 셀은 참이므로 'TRUE'가 나옵니다. 컴퓨터는 수치를 논리값으로 표현할 때 0이 아닌 값은 모두 'TRUE'로 인식하여 표현하고, 0은 'FALSE'로 표현합니다. 다음 그림의 왼쪽과 같이 입력해 보세요. 오른쪽과 같은 결과가 나왔나요?

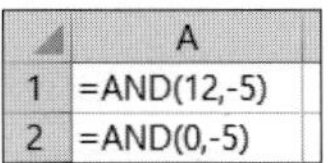

	A
1	=AND(12,-5)
2	=AND(0,-5)

→

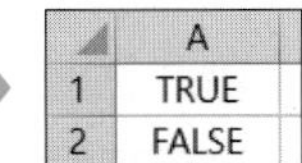

	A
1	TRUE
2	FALSE

- AND( ) 함수는 모든 인수가 참일 때만 'TRUE'를 반환하는 함수입니다. [A1] 셀의 12, -5는 모두 0이 아니므로, 즉 참과 참의 연산이므로 'TRUE'가 반환되었습니다. [A2] 셀은 0인 인수가 한 개 있으므로 'FALSE'가 반환되었고요. 그런데 논리값을 수치로 표현하면 'TRUE'는 1, 'FALSE'는 0으로 표현됩니다. 위 [표1]의 [D1] 셀처럼 'FALSE*1'은 '0*1'이므로 0이 되었고, [D2] 셀의 'TRUE*1'은 '1*1'이므로 1이 출력되었습니다.
- 관계 연산자를 이용하여 0과 1을 만드는 요령을 익혔으면 이제 본격적으로 배열 수식을 이해해 볼까요? 배열 수식을 어렵게 생각하지 말고 여러 개의 수식이 압축된 것이라고 생각해 보세요. 이해를 쉽게 하려면 압축된 수식을 풀어서 써보면 되겠네요. 배열 수식인 =SUM((B2:B9=G3)*1)을 풀어서 표시해 보겠습니다. 배열 수식을 일반 수식으로 풀어 쓰면 배열 수식에 사용된 배열의 요소만큼 수식이 확장됩니다. 여기서는 [B2:B9]가 해당됩니다.

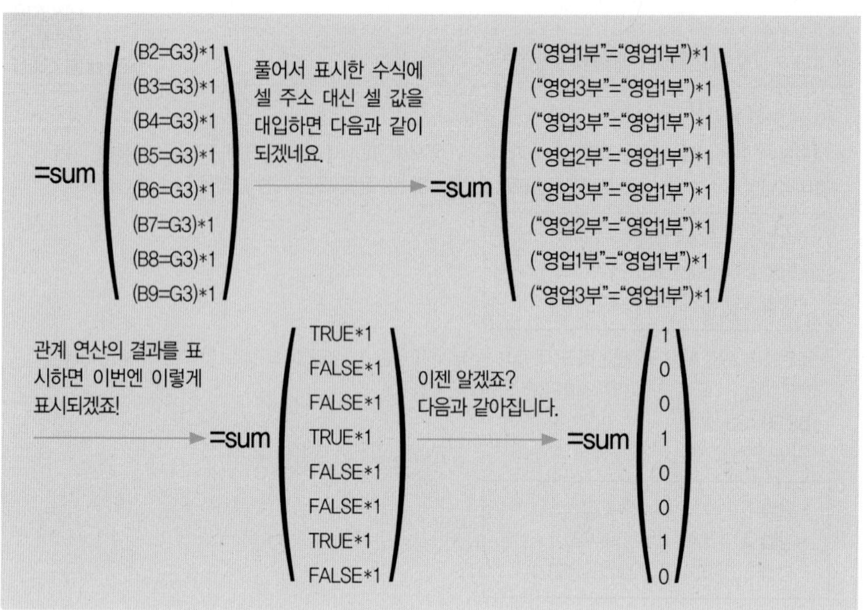

② [H3] 셀에 입력된 수식을 [H5] 셀까지 채우기 전에 배열 수식의 배열 부분을 범위로 설정한 후 F4를 눌러 절대 주소로 변경한다. 배열 수식은 수식을 변경한 다음에도 Ctrl + Shift + Enter를 눌러야 한다.

LOWER | =SUM(($B$2:$B$9=G3)*1)

드래그+F4

	A	B	C	D	E	F	G	H	I	J
1	사원번호	부서	이름	직책						
2	3115	영업1부	노지심	대리	₩ 75,533		부서	인원수	본봉 합계	본봉 평균
3	3320	영업3부	박유비	과장	₩ 82,560		영업1부	$2:$B$9=G		
4	3425	영업3부	송치윤	대리	₩ 54,000		영업2부			
5	3217	영업2부	송혜영	부장	₩ 102,500		영업3부			
6	3321	영업3부	이관우	사원	₩ 84,250					
7	3424	영업2부	이충렬	대리	₩ 85,110					
8	3112	영업1부	제갈량	대리	₩ 95,620					
9	3323	영업3부	조자룡	대리	₩ 93,200					

③ [H3] 셀의 채우기 핸들을 드래그하여 [H5] 셀까지 배열 수식을 채운다.

	A	B	C	D	E	F	G	H	I	J
1	사원번호	부서	이름	직책	본봉					
2	3115	영업1부	노지심	대리	₩ 75,533		부서	인원수	본봉 합계	본봉 평균
3	3320	영업3부	박유비	과장	₩ 82,560		영업1부	2		
4	3425	영업3부	송치윤	대리	₩ 54,000		영업2부	2		
5	3217	영업2부	송혜영	부장	₩ 102,500		영업3부	4		
6	3321	영업3부	이관우	사원	₩ 84,250					
7	3424	영업2부	이충렬	대리	₩ 85,110					
8	3112	영업1부	제갈량	대리	₩ 95,620					
9	3323	영업3부	조자룡	대리	₩ 93,200					

23.2, 23.1, 21.8, 21.4, 21.3, 20.2, 15.2, 14.3, 13.2, 08.3, 07.1, 04.3, 03.4

❷ 본봉 합계 구하기

① [I3] 셀에 다음의 수식을 입력하고 Ctrl + Shift + Enter를 누른다.

=SUM((B2:B9=G3)*(D2:D9="대리")*E2:E9)

23.2, 23.1, 21.8, 21.4, 21.3, 20.2, 15.2, 14.3, 13.2, 08.3, 07.1, 04.3, 03.4

잠깐만요 수식 만들기

508832

합계를 구하는 배열 수식은 다음의 두 가지 식이 있으며, 조건의 개수에 따라 조건을 지정하는 부분만 늘어납니다. 이 문제는 조건이 두 개이므로 조건이 두 개일 때의 조건 지정 방법은 다음과 같습니다.

- 방법 1 : {=SUM((조건1) * (조건2) * 합계를_구할_범위) }
- 방법 2 : {=SUM(IF((조건1) * (조건2), 합계를_구할_범위))}

1. **조건1** : '부서별'이란 조건은, 비교 대상이 될 부서가 있는 범위(B2:B9)와 비교할 기준이 되는 G3(영업1부) 셀을 "="으로 연결하여 적어주면 다음과 같습니다.
   B2:B9=G3
2. **조건2** : '직책이 대리'란 조건은 비교 대상이 될 직책이 있는 범위(D2:D9)와 비교할 기준이 되는 '대리'를 "="으로 연결하여 적어주면 다음과 같습니다.
   D2:D9="대리"
3. **합계를_구할_범위** : 본봉이므로 [E2:E9]가 됩니다.
4. 위의 조건과 범위를 합계 구하기 배열 수식 조건과 범위 부분에 대입하면 다음과 같습니다.

- 방법 1 : =SUM((B2:B9=G3) * (D2:D9="대리") * E2:E9)
- 방법 2 : =SUM(IF((B2:B9=G3) * (D2:D9="대리"), E2:E9))

② 다음과 같이 배열 수식의 배열을 절대 주소로 변경한다. 배열 수식은 수식을 변경한 다음에도 Ctrl + Shift + Enter를 눌러서 완료해야 한다.

```
=SUM(($B$2:$B$9=G3)*($D$2:$D$9="대리")*$E$2:$E$9)
```

③ [I3] 셀의 채우기 핸들을 드래그하여 [I5] 셀까지 배열 수식을 채운다.

20.상시, 16.2, 14.1, 12.3, 12.1, 10.2, 09.4, 09.1, 08.2, 06.2, 06.1, 04.1, 03.4, 03.1, 02.3

❸ 본봉 평균 구하기

① [J3] 셀에 다음의 수식을 입력하고 Ctrl + Shift + Enter를 누른다.

```
=AVERAGE(IF((B2:B9=G3)*(D2:D9="대리")*(E2:E9>=80000),E2:E9))
```

20.상시, 16.2, 14.1, 12.3, 12.1, 10.2, 09.4, 09.1, 08.2, 06.2, 06.1, 04.1, 03.4, 03.1, 02.3

잠깐만요 수식 만들기

508833

평균을 구하는 배열 수식은 다음의 한 가지 식이 있으며, 조건의 개수에 따라 조건을 지정하는 부분만 늘어납니다. 이 문제는 조건이 세 개이므로 조건이 세 개일 때의 조건 지정 방법은 다음과 같습니다.

방법 : {=AVERAGE(IF((조건1) * (조건2) * (조건3), 평균을_구할_범위))}

1. **조건1** : '부서별'이란 조건은, 비교 대상이 될 부서가 있는 범위(B2:B9)와 비교할 기준이 되는 G3(영업1부) 셀을 "="으로 연결하여 적어주면 다음과 같습니다.
   B2:B9=G3
2. **조건2** : '직책이 대리'란 조건은 비교 대상이 될 직책이 있는 범위(D2:D9)와 비교할 기준이 되는 '대리'를 "="로 연결하여 적어주면 다음과 같습니다.
   D2:D9="대리"
3. **조건 3** : '본봉이 80,000 이상'이란 조건은 비교 대상이 될 본봉이 있는 범위(E2:E9)와 비교할 기준이 되는 80000을 ">="로 연결하여 적어주면 다음과 같습니다.
   E2:E9>=80000
4. **평균을_구할_범위** : 본봉이므로 [E2:E9]가 됩니다.
5. 위의 조건과 범위를 평균 구하기 배열 수식 조건과 범위 부분에 대입하면 다음과 같습니다.

=AVERAGE(IF((B2:B9=G3) * (D2:D9="대리") * (E2:E9>=80000), E2:E9))

궁금해요 시나공 Q&A 베스트

Q 배열 수식 만들기에서 방법1은 이해가 가는데, 방법2를 잘 모르겠네요. IF 함수는 조건, 값1, 값2 이렇게 인수를 지정해야 하는 것 아닌가요? '값2'를 지정하지 않았어요.

A '값2'는 생략한 것입니다. IF 함수에서는 조건이 거짓일 때 넣을 값을 생략할 수 있습니다. 조건에 맞는 합을 구할 때는 '=SUM(IF((B2:B9=G3)*(C2:C9="남"), E2:E9, 0))'과 같이 거짓일 때 실행할 값으로 0을 넣어도 결과에는 변함이 없지만, 평균을 구할 때는 아무것도 넣지 않아야 합니다. 0을 넣으면 0이 들어갈 때마다 평균 계산에 참여하는 개수가 늘어나기 때문에 평균이 훨씬 적게 나옵니다.

② 다음과 같이 배열 수식의 배열을 절대 주소로 변경한다. 배열 수식은 수식을 변경한 다음에도 Ctrl + Shift + Enter를 눌러서 완료해야 한다.

=AVERAGE(IF(($B$2:$B$9=G3)*($D$2:$D$9="대리")*($E$2:$E$9>=80000),$E$2:$E$9))

③ [J3] 셀의 채우기 핸들을 드래그하여 [J5] 셀까지 배열 수식을 채운다.

기출체크 ☑

22.6, 22.1, 21.5, 19.1, 13.3

7. 아래 워크시트에서 부서별 인원수를 구하기 위하여 [H3] 셀에 입력되는 배열 수식으로 옳지 않은 것을 고르시오. (   )

	A	B	C	D	E	F	G	H
1								
2		사원명	부서명	직위	급여		부서별 인원수	
3		홍길동	개발1부	부장	3500000		개발1부	3
4		이대한	영업2부	과장	2800000		개발2부	1
5		한민국	영업1부	대리	2500000		영업1부	1
6		이겨레	개발1부	과장	3000000		영업2부	2
7		김국수	개발1부	부장	3700000			
8		박미나	개발2부	대리	2800000			
9		최신호	영업2부	부장	3300000			
10								

ⓐ {=SUM(($C$3:$C$9=G3)*1)}
ⓑ {=COUNT(($C$3:$C$9=G3)*1)}
ⓒ {=SUM(IF($C$3:$C$9=G3, 1))}
ⓓ {=COUNT(IF($C$3:$C$9=G3, 1))}

해설

7. 1. 조건이 하나일 때 배열 수식을 이용하여 개수를 구하는 방법은 다음의 3가지 방법이 있습니다.

- **방법 1** : {=SUM((조건) * 1)}
- **방법 2** : {=SUM(IF(조건, 1))}
- **방법 3** : {=COUNT(IF(조건, 1))}

- **조건** : 부서별이란 조건은, 비교 대상이 될 부서명이 있는 범위(C3:C9)와 비교할 기준이 되는 [G3] 셀을 "="으로 연결하여 적어주면 됩니다(C3:C9=G3).

2. 위의 조건을 개수 구하기 배열 수식에 대입하면 다음과 같습니다.

- **방법 1** : {=SUM((C3:C9=G3) * 1)}
- **방법 2** : {=SUM(IF(C3:C9=G3, 1))}
- **방법 3** : {=COUNT(IF(C3:C9=G3, 1))}

여러 셀에 결과를 구해야 하므로 범위는 절대 참조로 지정해야 하고, 수식을 입력한 후 Ctrl + Shift + Enter를 누르면 중괄호 { }가 표시됩니다.

기출체크 정답
7. ⓑ

기출문제 은행

해설은 266쪽에 있습니다.

22년 3회, 21년 2회, 20년 2회, 19년 1회, 16년 1회

01 다음 중 셀에 수식을 입력하는 방법에 대한 설명으로 옳지 않은 것은?

① 통합 문서의 여러 워크시트에 있는 동일한 셀 범위 데이터를 이용하려면 수식에서 3차원 참조를 사용한다.

② 계산할 셀 범위를 선택하여 수식을 입력한 후 Ctrl + Enter를 누르면 선택한 영역에 수식을 한 번에 채울 수 있다.

③ 수식을 입력한 후 결과 값이 상수로 입력되게 하려면 수식을 입력한 후 바로 Alt + F9를 누른다.

④ 배열 상수에는 숫자나 텍스트 외에 'TRUE', 'FALSE' 등의 논리값 또는 '#N/A'와 같은 오류 값도 포함될 수 있다.

24년 5회, 23년 5회, 22년 6회, 2회, 1회, 21년 5회

02 아래의 워크시트에서 [A8] 셀에 =INDEX(A1:C6, MATCH(LARGE(C2:C6, 3), C1:C6, 0), 2) 수식을 입력했을 때의 계산 결과로 올바른 것은?

	A	B	C
1	코너	담당	판매금액
2	잡화	김남희	5,122,000
3	식료품	남궁민	450,000
4	잡화	이수진	5,328,000
5	식료품	서수남	6,544,000
6	식료품	김정미	6,024,500

① 남궁민　　② 이수진
③ 서수남　　④ 김정미

21년 4회, 11년 2회, 08년 4회, 3회, 06년 4회, 05년 1회, 04년 2회

03 다음 중 수식과 그 실행 결과 값의 연결이 옳지 않은 것은?

① =DAYS("2020-11-1", "2020-10-1") → 31
② =ROUNDDOWN(45.6789, 2) → 45.67
③ =SUMPRODUCT({1,2,3}, {5,6,7}) → 32
④ =SQRT(4) * (INT(-2) + POWER(2, 3)) → 12

24년 5회

04 다음 중 아래와 같이 워크시트에 데이터가 입력되어 있는 경우, 보기의 수식과 그 결과 값으로 옳지 않은 것은?

	A
1	메
2	아름다운 강산
3	봄 여름
4	여름
5	희망의 메시지
6	

① =REPLACE(A3, SEARCH(A4, A3), 2, "여행") → 봄 여름여행
② =REPLACE(A5, SEARCH("아", A2), 4, " ") → 메시지
③ =MID(A5, SEARCH(A1, A5), 1) → 메
④ =MID(A2, SEARCH(A4, A3), 2) → 다운

22년 1회, 21년 5회

05 다음 중 아래 시트에서 〈변경 전〉 내용을 〈변경 후〉와 같이 변경하는 수식으로 옳은 것은?

	A
1	<변경 전>
2	서울시 도봉구 459 남위 36 북위 36
3	<변경 후>
4	서울시 도봉구 459 남위 136 북위 36

① =SUBSTITUTE(A2, "136", "36", 1)
② =SUBSTITUTE(A2, "136", "36", 2)
③ =SUBSTITUTE(A2, "36", "136", 1)
④ =SUBSTITUTE(A2, "36", "136", 2)

21년 2회, 17년 1회, 12년 2회

06 다음 중 아래 시트에서 각 수식을 실행했을 때의 결과 값으로 옳지 않은 것은?

	A
1	2021년 3월 5일 금요일
2	2021년 3월 20일 토요일
3	2021년 4월 10일 토요일

① =EOMONTH(A1, -3) → 2020-12-31
② =DAYS(A1, A3) → 36
③ =NETWORKDAYS(A1, A2) → 11
④ =WORKDAY(A1, 10) → 2021-03-19

▶ 정답 : 1. ③ 2. ② 3. ③ 4. ① 5. ③ 6. ②

24년 2회, 1회, 21년 7회

07 아래의 시트에서 횟수에 따른 택배비를 계산하려고 한다. 횟수가 5 이하면 2000, 5 초과 9 이하면 3000, 9 초과면 무료로 표시하기 위해 [C2] 셀에 입력해야 할 수식으로 옳지 않은 것은?

	A	B	C
1	이름	횟수	택배비
2	홍길동	3	2000
3	이숙희	8	3000
4	양종국	10	무료
5	김호명	7	3000

① =IF(B2<=5, 2000, IF(B2<=9, 3000, “무료”))
② =IF(B2>9, “무료”, IF(B2>5, 3000, 2000))
③ =IF(B2<=5, 2000, IF(OR(B2>5, B2<=9), 3000, “무료”))
④ =IF(B2<=5, 2000, IF(AND(B2>5, B2<=9), 3000, “무료”))

22년 3회, 21년 6회, 1회, 20년 2회, 16년 2회

08 다음 중 수식의 결과가 나머지 셋과 다른 것은?

	A	B
1	제품명	개수
2	건조기	1
3	김치냉장고	#N/A
4	냉장고	3
5	세탁기	TRUE
6	식기세척기	5

① =CHOOSE(ROWS(A2:B6), A2, A3, A4, A5, A6)
② =CHOOSE(N(B5), A2, A3, A4, A5, A6)
③ =CHOOSE(CELL(“contents”, B2), A2, A3, A4, A5, A6)
④ =CHOOSE(TYPE(B4), A2, A3, A4, A5, A6)

24년 3회, 21년 8회, 4회, 10년 1회

09 다음과 같은 시트에서 [A8] 셀에 아래의 수식을 입력했을 때 계산 결과로 올바른 것은?

=COUNT(OFFSET(D6, −5, −3, 2, 2))

	A	B	C	D
1	성명	중간	기말	합계
2	김나희	100	80	180
3	김근석	90	95	185
4	배정희	80	63	143
5	탁지연	95	74	169
6	한정희	55	65	120

① 4　② 1　③ 120　④ 74

24년 4회

10 다음 워크시트에서 [C3:C6] 영역에 입력된 ‘e메일’에서 ‘@’ 앞에 글자만을 모두 대문자로 변환하여 [B3:B6] 영역에 ‘닉네임’으로 표시하려고 한다. [B3] 셀에 입력할 수식으로 옳은 것은?

	A	B	C
1			
2	이름	닉네임	e메일
3	이의리		khvip@nate.com
4	조규성		rvgold@naver.com
5	조성은		snsilver@gilbut.com
6	황중희		bronzebg@google.com
7			

① =UPPER(LEFT(C3, SEARCH(“@”, C3)−1))
② =UPPER(MID(C3, SEARCH(“@”, C3)−1))
③ =UPPER(LEFT(C3, SEARCH(C3, “@”)−1))
④ =UPPER(MID(C3, SEARCH(C3, “@”)−1))

23년 2회, 21년 7회, 3회

11 다음 중 아래의 워크시트를 이용한 수식에 대해서 그 결과가 옳은 것은?

	A	B	C	D
1	이름	국어	영어	수학
2	김원	87	97	72
3	정영희	74	98	100
4	남궁정훈	85	91	70
5	이수	80	80	88
6	김용훈	81	87	70
7	김근태	84	82	80

수식	결과
① =INDEX(A1:D7, 3, 2)	97
② =AREAS(A1:D7)	28
③ =OFFSET(B2, 3, 2)	88
④ =HLOOKUP(“영어”, B1:D7, 2)	98

22년 3회, 17년 1회

12 아래 그림과 같이 워크시트에 배열 상수 형태로 배열 수식이 입력되어 있을 때, [A5] 셀에서 수식 ‘=SUM(A1, B2)’를 실행하였다. 다음 중 그 결과로 옳은 것은?

	A	B	C
1	={1,3,5;2,4,6}	={1,3,5;2,4,6}	={1,3,5;2,4,6}
2	={1,3,5;2,4,6}	={1,3,5;2,4,6}	={1,3,5;2,4,6}

① 3　② 5
③ 6　④ 7

정답 해설
해설은 266쪽에 있습니다.

23년 2회, 1회, 21년 8회, 4회, 20년 2회, 15년 2회, 13년 2회, 08년 3회, 03년 4회

13 아래 시트에서 각 부서마다 직위별로 총점점수의 합계를 구하려고 한다. 다음 중 [B17] 셀에 입력된 수식으로 옳은 것은?

	A	B	C	D	E
1	부서명	직위	업무평가	구술평가	총점점수
2	영업부	사원	35	30	65
3	총무부	대리	38	33	71
4	총무부	과장	45	36	81
5	총무부	대리	35	40	75
6	영업부	과장	46	39	85
7	홍보부	과장	30	37	67
8	홍보부	부장	41	38	79
9	총무부	사원	33	29	62
10	영업부	대리	36	34	70
11	홍보부	대리	27	36	63
12	영업부	과장	42	39	81
13	영업부	부장	40	39	79
14					
15					
16	부서명	부장	과장	대리	
17	영업부				
18	총무부				
19	홍보부				

① {=SUMIFS($E$2:$E$13, $A$2:$A$13, $A$17, $B$2:$B$13, $B$16)}

② {=SUM(($A$2:$A$13=A17)*($B$2:$B$13=B16)*$E$2:$E$13)}

③ {=SUM(($A$2:$A$13=$A17)*($B$2:$B$13=B$16)*$E$2:$E$13)}

④ {=SUM(($A$2:$A$13=A$17)*($B$2:$B$13=$B16)*$E$2:$E$13)}

23년 4회, 22년 4회, 08년 1회

14 다음과 같이 [A1:A6]의 이름이 SCORES일 때 [A7] 셀에 아래의 함수를 입력하였다. 그 결과 값으로 옳지 않은 것은?

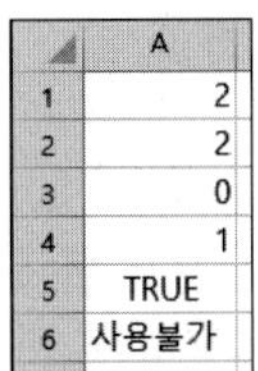

	A
1	2
2	2
3	0
4	1
5	TRUE
6	사용불가

① =ROUNDUP(AVERAGE(SCORES), 0) → 2

② =TRUNC(SUM(SCORES)/COUNT(SCORES), 0) → 2

③ =ROUND(SUM(SCORES)/COUNTA(SCORES), 0) → 1

④ =AVERAGEA(A1:A6) → 1

24년 5회, 20년 1회

15 아래 시트에서 국적별 영화 장르의 편수를 계산하기 위해 [B12] 셀에 작성해야 할 배열 수식으로 옳지 않은 것은?

	A	B	C	D	E
1					
2	NO.	영화명	관객수	국적	장르
3	1	럭키	66,962	한국	코미디
4	2	허드슨강의 기적	33,317	미국	드라마
5	3	그물	9,103	한국	드라마
6	4	프리즘☆투어즈	2,778	한국	애니메이션
7	5	드림 쏭	1,723	미국	애니메이션
8	6	춘몽	382	한국	드라마
9	7	파수꾼	106	한국	드라마
10					
11		코미디	드라마	애니메이션	
12	한국	1	3	1	
13	미국	0	1	1	
14					

① {=SUM(($D$3:$D$9=$A12)*($E$3:$E$9=B$11))}

② {=SUM(IF($D$3:$D$9=$A12, IF($E$3:$E$9=B$11, 1)))}

③ {=COUNT(($D$3:$D$9=$A12)*($E$3:$E$9=B$11))}

④ {=COUNT(IF(($D$3:$D$9=$A12)*($E$3:$E$9=B$11), 1))}

24년 5회, 22년 2회, 05년 4회

16 다음 중 배열 상수의 특징에 대한 설명으로 잘못된 것은?

① 배열 상수로 텍스트를 입력하려면 큰따옴표(")로 묶어서 입력한다.

② 배열 상수에는 숫자나 텍스트 외에 'TRUE', 'FALSE' 등의 논리값 또는 '#N/A'와 같은 오류 값도 포함될 수 있다.

③ 배열 상수 값은 수식이 아닌 상수이어야 한다.

④ $, 괄호, %, 길이가 다른 행이나 열, 셀 참조는 배열 상수로 사용될 수 있다.

▶ 정답 : 7. ③ 8. ① 9. ② 10. ① 11. ③ 12. ② 13. ③ 14. ② 15. ③ 16. ④

기출문제 해설

[문제 01] Section 072

수식을 상수로 입력하려면 F9를 눌러야 한다.

[문제 02] Section 082

❶ LARGE(C2:C6, 3) : [C2:C6] 영역에서 3번째로 큰 값인 5,328,000을 반환한다.

❷ MATCH(5328000, C1:C6, 0) : [C1:C6] 영역에서 5,328,000와 정확히 일치하는 값을 찾은 후 그 위치의 일련번호인 4를 반환한다.

❸ INDEX(A1:C6, 4, 2) : [A1:C6] 영역에서 4행 2열, 즉 [B4] 셀의 값인 "이수진"을 반환한다.

[문제 03] Section 077

① =DAYS("2020-11-1", "2020-10-1") : 2020-11-1에서 2020-10-1을 뺀 일수인 31을 반환한다.

② =ROUNDDOWN(45.6789, 2) : 45.6789를 소수점 이하 둘째 자리로 자리 내림한 45.67을 반환한다.

③ =SUMPRODUCT({1,2,3}, {5,6,7}) : 배열에서 대응하는 요소를 모두 곱하고 그 곱의 합을 구한 (1×5) + (2×6) + (3×7) = 38을 반환한다.

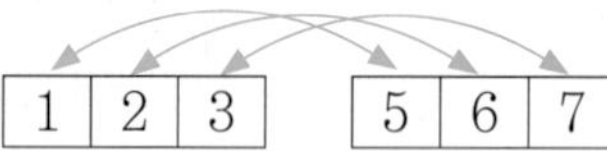

④ ❶ SQRT(4) : 4의 양의 제곱근인 2를 반환한다.

❷ INT(-2) : -2보다 크지 않은 정수인 -2를 반환한다.

❸ POWER(2, 3) : 2를 3번 곱한 8을 반환한다.

∴ = ❶*(❷+❸) = 2*(-2+8) = 12

[문제 04] Section 078

① ❶ SEARCH(A4, A3) : [A3] 셀에 입력된 "봄 여름"에서 [A4] 셀에 입력된 "여름"를 찾아 위치인 3을 반환한다.

❷ =REPLACE(A3, 3, 2, "여행") : [A3] 셀에 입력된 "봄 여름"에서 3번째 글자부터 2글자를 "여행"으로 변경한 "봄 여행"을 반환한다.

② ❶ SEARCH("아", A2) : [A2] 셀에 입력된 "아름다운 강산"에서 "아"를 찾아 위치인 1을 반환한다.

❷ =REPLACE(A5, 1, 4, " ") : [A5] 셀에 입력된 "희망의 메시지"에서 1번째 글자부터 4글자를 공백(" ")으로 변경한 "메시지"를 반환한다.

③ ❶ SEARCH(A1, A5) : [A5] 셀에 입력된 "희망의 메시지"에서 [A1] 셀에 입력된 "메"를 찾아 위치인 5를 반환한다.

❷ =MID(A5, 5, 1) : [A5] 셀에 입력된 "희망의 메시지"의 5번째 자리에서부터 1자리를 추출한 "메"를 반환한다.

④ ❶ SEARCH(A4, A3) : [A3] 셀에 입력된 "봄 여름"에서 [A4] 셀에 입력된 "여름"를 찾아 위치인 3을 반환한다.

❷ =MID(A2, 3, 2) : [A2] 셀에 입력된 "아름다운 강산"의 3번째 자리에서부터 2자리를 추출한 "다운"을 반환한다.

[문제 05] Section 078

[A2] 셀에 입력된 텍스트 중 첫 번째에 있는 "36"이 "136"으로 변경되었으므로 **=SUBSTITUTE(A2, "36", "136", 1)**로 지정하면 된다.

[문제 06] Section 079

① =EOMONTH(A1, -3) : 2021-03-05를 기준으로 3개월 이전 달의 마지막 날짜인 2020-12-31을 반환한다.

② =DAYS(A1, A3) : 앞의 인수가 마지막 날짜이므로 2021-04-10에서 2021-03-05까지의 일수인 -36을 반환한다.

③ =NETWORKDAYS(A1, A2) : 두 날짜 사이의 일수는 16이고, 휴일 날짜는 생략되었으므로 주말 날짜만 뺀 11을 반환한다.

- 주말 날짜는 2021-03-06(토요일), 2021-03-07(일요일), 2021-03-13(토요일), 2021-03-14(일요일), 2021-03-20(토요일)로 총 5일이다.

④ =WORKDAY(A1, 10) : 2021-03-05에 주말 날짜를 제외하고 10일을 더한 2021-03-19를 반환한다.

[문제 07] Section 080

① =IF(B2<=5, 2000, IF(B2<=9, 3000, "무료")) : [B2] 셀이 5 이하면 2000, [B2] 셀이 9 이하면 3000, 그 외는 "무료"를 반환한다.

② =IF(B2>9, "무료", IF(B2>5, 3000, 2000)) : [B2] 셀이 9 초과면 "무료", [B2] 셀이 5 초과면 3000, 그 외는 2000을 반환한다.

③ =IF(B2<=5, 2000, IF(OR(B2>5, B2<=9), 3000, "무료")) : [B2] 셀이 5 이하면 2000, [B2] 셀이 5를 초과하거나 9 이하면 3000, 그 외는 "무료"를 반환한다.

즉 [B2] 셀이 5 이하면 2000, 그 외는 모두 3000이 반환된다.

④ =IF(B2<=5, 2000, IF(AND(B2>5, B2<=9), 3000, "무료")) : [B2] 셀이 5 이하면 2000, [B2] 셀이 5 초과 9 이하면 3000, 그 외는 "무료"를 반환한다.

[문제 08] Section 081, 082

① ❶ ROWS(A2:B6) : [A2:B6] 영역의 행의 수인 5를 반환한다.

❷ =CHOOSE(❶, A2, A3, A4, A5, A6) → =CHOOSE(5, A2, A3, A4, A5, A6) : 다섯 번째에 있는 [A6] 셀의 값인 "식기세척기"를 반환한다.

② ❶ N(B5) : [B5] 셀의 값 'TRUE'의 숫자값 1을 반환한다.

❷ =CHOOSE(1, A2, A3, A4, A5, A6) : 첫 번째에 있는 [A2] 셀의 값인 "건조기"를 반환한다.

③ ❶ CELL("contents", B2) : 'contents'는 셀의 값을 의미하므로 [B2] 셀의 값인 1을 반환한다.

❷ =CHOOSE(1, A2, A3, A4, A5, A6) : 첫 번째에 있는 [A2] 셀의 값인 "건조기"를 반환한다.

④ ❶ TYPE(B4) : [B4] 셀에 입력된 값이 숫자이므로 1을 반환한다.

❷ =CHOOSE(1, A2, A3, A4, A5, A6) : 첫 번째에 있는 [A2] 셀의 값인 "건조기"를 반환한다.

[문제 09] Section 082

❶ OFFSET(D6, -5, -3, 2, 2) : [D6] 셀을 기준으로 -5행, -3열 떨어진 셀 주소(A1)를 찾고 이 주소를 기준으로 2행, 2열의 범위(A1:B2)를 지정한다.

❷ =COUNT(A1:B2) : [A1:B2] 영역에서 수치 데이터(B2)의 개수인 1을 반환한다.

[문제 10] Section 078

❶ SEARCH("@", C3) : [C3] 셀에 입력된 "khvip@nate.com"에서 "@"를 찾아 위치인 6을 반환한다.

❷ LEFT(C3, 6-1) : "khvip@nate.com"의 왼쪽에서 5글자를 추출한 "khvip"를 반환한다.

❸ =UPPER("khvip") : "khvip"를 모두 대문자로 변환한 "KHVIP"를 반환한다.

[문제 11] Section 082

① =INDEX(A1:D7, 3, 2) : [A1:D7] 영역에서 3행 2열, 즉 [B3] 셀의 값인 74를 반환한다.

② =AREAS(A1:D7) : AREAS(범위)는 인수로 지정된 범위 안에 있는 영역의 수를 계산하는 함수이다. [A1:D7]은 영역이 하나이므로 1을 반환한다.

③ =OFFSET(B2, 3, 2) : [B2] 셀을 기준으로 3행 2열이 떨어진 [D5] 셀의 값인 88을 반환한다.

④ =HLOOKUP("영어", B1:D7, 2) : [B1:D7] 영역의 첫 번째 행에서 "영어"를 찾은 후 이 값이 있는 열의 2행에 있는 값인 97을 반환한다.

[문제 12] Section 085

- 배열 상수를 입력할 때 열의 구분은 쉼표(,)로, 행의 구분은 세미콜론(;)으로 한다.
- [A1:C2] 영역을 블록으로 지정한 후 ={1,2,3;4,5,6}을 입력하고 Ctrl + Shift + Enter를 누르면 다음과 같이 입력된다.

	A	B	C
1	1	3	5
2	2	4	6

※ 문제에 제시된 그림은 이 상태에서 Ctrl + ~를 눌러 값이 아닌 수식을 화면에 표시한 것이다.

[문제 13] Section 085

조건이 두 개일 때 배열 수식을 이용하여 합계를 구하는 방법은 다음의 두 가지 방법이 있다.

- **방법 1** : {=SUM((조건1) * (조건2) * 합계를_구할_범위) }
- **방법 2** : {=SUM(IF((조건1) * (조건2), 합계를_구할_범위))}

1. 조건과 범위 찾기
   - **조건1** : 부서마다란 조건은, 비교 대상이 될 부서명 범위 [A2:A13]과 비교할 기준이 되는 "영업부"가 들어있는 [A17] 셀을 "="으로 연결하여 적어주면 된다(A2:A13=A17).
   - **조건2** : 직위별이란 조건은, 비교 대상이 될 직위 범위 [B2:B13]과 비교할 기준이 되는 "부장"이 들어있는 [B16] 셀을 "="으로 연결하여 적어주면 된다(B2:B13=B16).
   - **합계를_구할_범위** : 총점점수이므로 [E2:E13]이 된다.

2. 위의 조건과 범위를 합계 구하기 배열 수식에 대입하면 다음과 같다.

- 방법 1 : =SUM((A2:A13=A17) * (B2:B13=B16) * E2:E13)
- 방법 2 : =SUM(IF((A2:A13=A17) * (B2:B13=B16), E2:E13))

이 문제는 여러 셀에 결과값을 구하는 수식으로, 범위는 절대 참조로 지정해야 하지만, A17 셀의 경우는 A18, A19와 같이 열은 고정되고 행만 변경되어야 하므로 $A17로 지정하고, B16 셀의 경우는 C16, D16과 같이 행은 고정되고 열만 변경되어야 하므로 B$16으로 지정해야 한다. **=SUM(($A$2:$A$13=$A17) * ($B$2:$B$13=B$16) * $E$2:$E$13)**으로 입력한 후 Ctrl + Shift + Enter를 누르면 중괄호 { }가 자동으로 표시되어 {=SUM(($A$2:$A$13=$A17) * ($B$2:$B$13=B$16) * $E$2:$E$13)}으로 표시된다.

[문제 14] Section 076, 077

① ❶ AVERAGE(SCORES) : SCORES로 이름 정의된 영역(A1:A6)의 평균인 5/4 = 1.25를 반환한다.

※ 논리값 TRUE가 숫자로 처리되지 않아 계산 시 제외된다.

❷ =ROUNDUP(❶, 0) → =ROUNDUP(1.25, 0) : 1.25를 올림하여 정수인 2를 반환한다.

② ❶ SUM(SCORES) : SCORES로 이름 정의된 영역(A1:A6)의 합계인 5를 반환한다.

❷ COUNT(SCORES) : SCORES로 이름 정의된 영역(A1:A6)에서 숫자가 들어 있는 셀의 개수인 4를 반환한다.

❸ =TRUNC(5/4, 0) : 5를 4로 나눈 후 소수점 이하를 버린 1을 반환한다.

③ ❶ SUM(SCORES) : 5이다.

❷ COUNTA(SCORES) : SCORES로 이름 정의된 영역(A1:A6)에서 데이터가 들어 있는 셀의 개수인 6을 반환한다.

❸ =ROUND(5/6, 0) : 5를 6으로 나눈 후 반올림하여 정수인 1을 반환한다.

④ =AVERAGEA(A1:A6) : AVERAGEA(인수1, 인수2, …)는 수치가 아닌 셀을 포함하는 인수의 평균인 6/6 = 1을 반환한다.

※ 논리값 TRUE가 숫자 1로 처리되어 계산 시 포함된다.

[문제 15] Section 085

조건이 두 개일 때 배열 수식을 이용하여 개수를 구하는 방법은 다음의 세 가지 방법이 있다.

- 방법 1 : {=SUM((조건1)*(조건2))}
- 방법2 : {=SUM(IF(조건1, IF(조건2, 1)))}
- 방법3 : {=COUNT(IF((조건1)*(조건2), 1))}

1. 조건 찾기
   - 조건1 : 국적별이란 조건은, 비교 대상이 될 국적이 있는 범위(D3:D9)와 비교할 기준이 되는 [A12] 셀을 "="으로 연결하여 적어주면 된다(D3:D9=A12).
   - 조건2 : 장르라는 조건은, 비교 대상이 될 장르가 있는 범위(E3:E9)와 비교할 기준이 되는 [B11] 셀을 "="으로 연결하여 적어주면 된다(E3:E9=B11).
2. 위의 조건을 개수 구하기 배열 수식의 '조건' 부분에 대입하면 다음과 같다.

- 방법 1 : =SUM((D3:D9=A12)*(E3:E9=B11))
- 방법2 : =SUM(IF(D3:D9=A12, IF(E3:E9=B11, 1)))
- 방법3 : =COUNT(IF((D3:D9=A12)*(E3:E9=B11), 1))

이 문제는 여러 셀에 결과값을 구하는 수식으로, 범위는 절대 참조로 지정해야 하지만, A12 셀의 경우는 A13과 같이 열은 고정되고 행만 변경되어야 하므로 $A12로 지정하고, B11 셀의 경우는 C11, D11과 같이 행은 고정되고 열만 변경되어야 하므로 B$11로 지정해야 한다. 이렇게 식을 완성한 후 Ctrl + Shift + Enter를 누르면 중괄호 { }가 자동으로 표시된다.

[문제 16] Section 085

$, 괄호, %, 길이가 다른 행이나 열, 셀 참조는 배열 상수로 사용될 수 없다.

3장

차트 작성

SECTION 086

차트 작성의 기초

전문가의 조언

중요해요! 차트의 특징이나 완성된 차트에 설정되지 않은 구성 요소를 찾는 문제가 자주 출제됩니다.

[기출 포인트]

- 데이터가 있는 시트에 차트를 작성하려면 Alt+F1을 누른다.
- 별도의 시트에 차트를 작성하려면 F11을 누른다.
- 방사형, 트리맵, 히스토그램 차트는 3차원 차트로 작성할 수 없다.

차트를 사용하는 목적

- 데이터의 경향이나 추세를 쉽게 분석하기 위해
- 특정 항목의 구성 비율을 살펴보기 위해
- 데이터의 상호 관계를 살펴보기 위해

3차원 차트로 작성할 수 없는 차트

도넛형, 분산형, 주식형, 방사형, 트리맵, 선버스트, 히스토그램 차트 등은 3차원 차트로 작성할 수 없습니다.

교점

가로(항목) 축과 세로(값) 축이 만나는 부분을 교점이라고 합니다. 이 차트의 경우는 교점이 0입니다.

508901

1 차트의 개요

24.5, 23.5, 22.6, 22.1, 21.8, 21.5, 21.4, 21.1, 20.2, 19.상시, 18.1, 15.3, 15.2, 14.2, 13.3, 13.2, 12.3, 12.1, 10.3, 10.2, …

차트*는 워크시트의 데이터를 막대나 선, 도형, 그림 등을 사용하여 시각적으로 표현한 것이다.

- 차트를 이용하면 데이터의 추세나 유형 등을 쉽게 이해할 수 있을 뿐만 아니라, 많은 양의 데이터를 간결하게 요약할 수도 있다.
- 차트를 작성하기 위해서는 반드시 원본 데이터가 있어야 한다.
- 원본 데이터가 바뀌면 차트의 모양도 바뀐다.
- 데이터가 입력된 셀 중 하나를 선택한 상태에서 차트를 만들면 해당 셀을 둘러싼 모든 셀의 데이터가 차트에 표시된다.
- 차트는 2차원과 3차원 차트*로 구분된다.
- 차트만 별도로 표시하는 차트(Chart) 시트를 만들 수 있다.
- 기본적으로 만들어지는 차트는 묶은 세로 막대형이지만 다른 차트로 변경할 수 있다.
- 데이터 범위를 지정한 후 F11을 누르면 별도의 차트 시트에 기본 차트가 작성되고, Alt+F1을 누르면 데이터가 있는 워크시트에 기본 차트가 작성된다.
- **차트의 구성 요소**

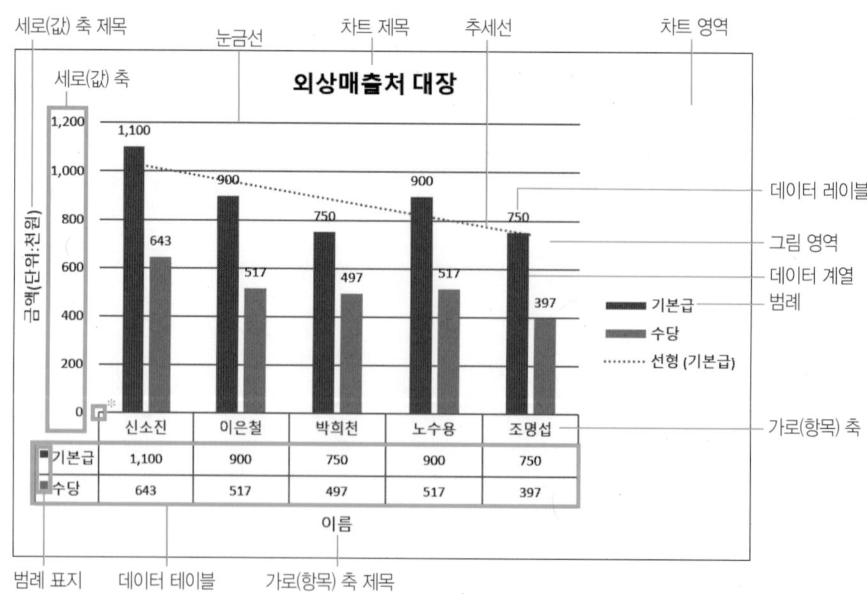

기출체크 ☑

22.6, 22.1, 21.5, 18.1, 14.2, 10.3

1. 차트로 만들 데이터를 선택하고(   )을 누르면 현재 시트에 기본 차트가 만들어진다.

기출체크 정답

1. Alt+F1

5508602 ▶

24.5, 23.5, 22.6, 22.1, 21.5, 14.1

2 차트 작성

예제 퇴직금 현황을 이용하여 묶은 세로 막대형 차트를 [A9:F25] 영역에 완성하시오.

	A	B	C	D	E	F
1	퇴직금 현황				(단위 : 천)	
2	성명	기본급	퇴직금	수당	상여금	
3	홍길동	4,800	18,340	140	11,200	
4	장길산	3,000	19,040	40	8,000	
5	양미경	2,800	25,140	140	11,200	
6	임순진	3,200	23,040	125	8,000	
7	최양국	2,800	13,436	36	7,200	

퇴직금 현황
금액(단위:천원)
30,000
25,000
20,000
15,000
10,000
5,000
0
4,800 18,340 3,000 19,040 2,800 25,140 3,200 23,040 2,800 13,436
홍길동 장길산 양미경 임순진 최양국
이름
■기본급 ■퇴직금

① 차트에 사용될 데이터 범위(A2:C7)*를 블록으로 지정한 후 [삽입] → [차트] → [세로 또는 가로 막대형 차트 삽입] → [묶은 세로 막대형]을 선택한다.

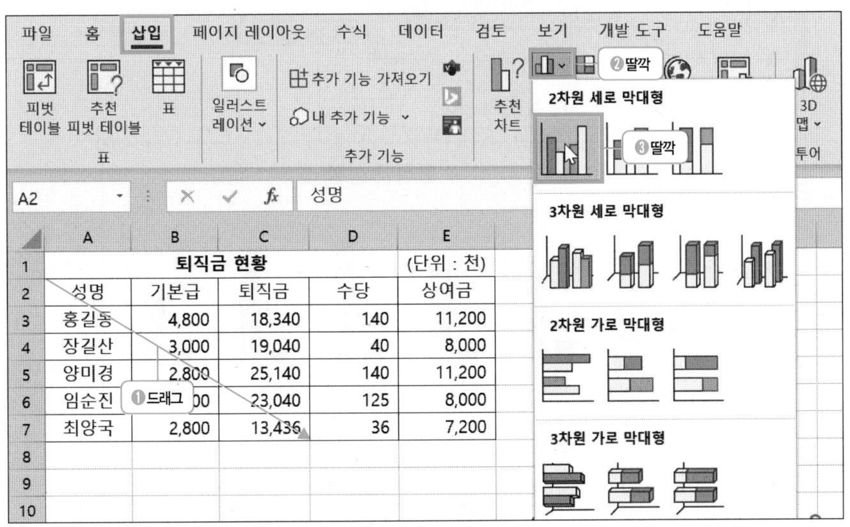

전문가의 조언

예제를 따라하면서 차트 작성 과정을 숙지하세요.

[기출 포인트]

차트 제목을 Sheet1 시트의 [A1] 셀에 연결하면 수식 입력줄에는 =Sheet1!$A$1로 표시된다.

준비하세요

'C:\길벗컴활1급필기QnE\2과목\2과목.xlsm' 파일을 불러와 '섹션086' 시트에서 실습하세요.

데이터 범위(A2:C7)

- 데이터 범위(A2:C7) 안에 셀 포인터가 놓여있는 상태에서 차트를 만들면 해당 셀과 연결되어 데이터가 입력된 모든 셀의 데이터(A1:E7)가 사용된 차트가 만들어집니다. [A2:C7] 영역만 이용하여 차트를 만들려면 [A2:C7] 영역을 선택한 상태에서 차트를 만들어야 합니다.
- 범위를 설정하지 않고 차트를 선택하면 데이터가 없는 빈 차트가 삽입되는데, 이때는 삽입된 차트의 바로 가기 메뉴에서 [데이터 선택]을 선택한 다음 '데이터 원본 선택' 대화상자에서 범위를 지정하면 됩니다.
- 워크시트에서 차트에 사용될 데이터의 범위를 지정한 후 Alt + F1을 누르면 기본 차트(묶은 세로 막대형)가 바로 작성됩니다.

특정 셀의 텍스트를 차트 제목으로 연결하는 방법

- 차트 제목을 클릭한 후 수식 입력줄에 등호(=)를 입력하고 해당 셀을 클릭한 다음 Enter를 누릅니다.

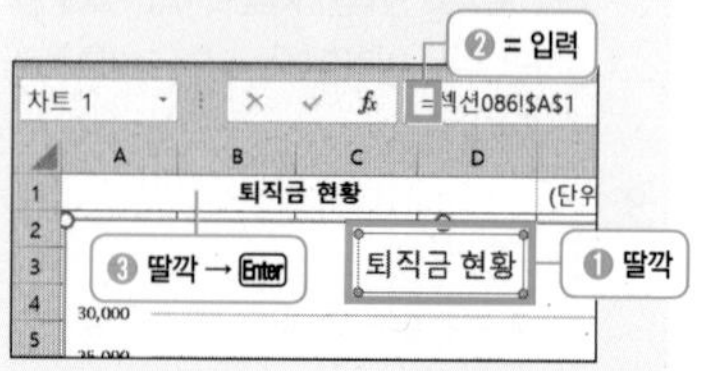

- 수식 입력줄에는 =시트이름!셀주소가 표시됩니다.

② 작성된 차트에 표시되어 있는 '차트 제목'을 선택한 후 수식 입력줄에 **퇴직금 현황**을 입력하고 Enter를 누르면 '차트 제목'이 "퇴직금 현황"으로 변경된다.*

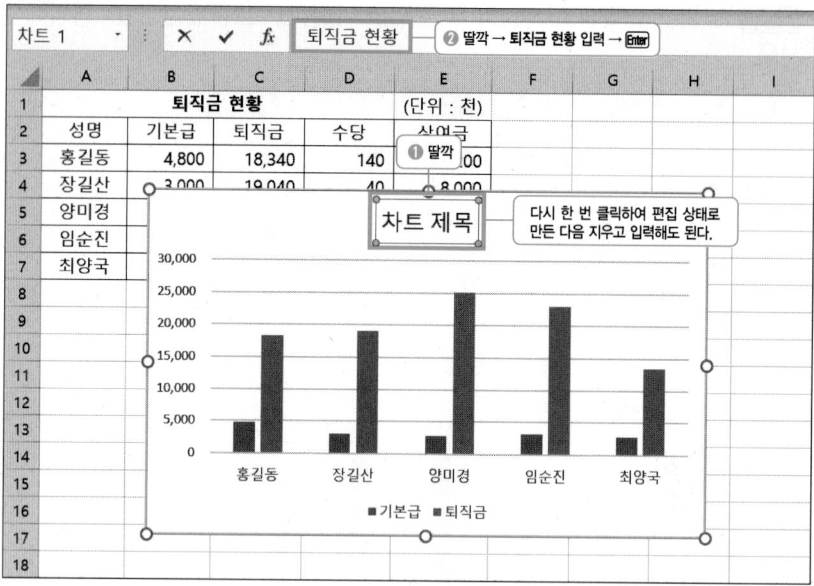

③ 가로(항목) 축 제목을 삽입하기 위해 [차트 디자인]* → [차트 레이아웃] → [차트 요소 추가] → [축 제목] → [기본 가로]를 선택한다.

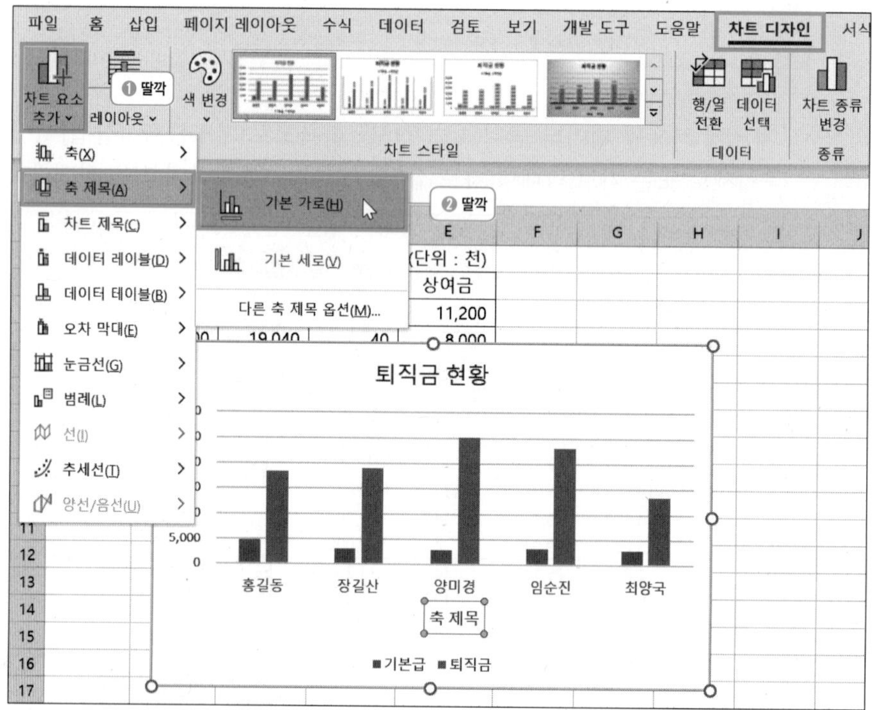

④ '축 제목'이 표시된다. '축 제목'이 선택된 상태에서 수식 입력줄에 **이름**을 입력하고 Enter를 누르면 '축 제목'이 "이름"으로 변경된다.

궁금해요 시나공 Q&A 베스트

Q 제 컴퓨터에는 '개발 도구, 차트 디자인, 서식' 메뉴가 없어요. 어떻게 해야 표시되나요?

A '개발 도구, 차트 디자인, 서식' 탭은 기본적으로 화면에 표시되어 있지 않습니다. '개발 도구' 탭을 화면에 표시하려면 [파일] → [옵션] → [리본 사용자 지정] 탭의 '리본 메뉴 사용자 지정' 항목에서 '개발 도구'에 체크 표시한 후 〈확인〉을 클릭하세요. 그리고 '차트 디자인'과 '서식' 탭은 워크시트에 삽입된 차트를 선택하면 저절로 표시됩니다.

⑤ 세로(값) 축 제목을 삽입하기 위해 [차트 디자인] → [차트 레이아웃] → [차트 요소 추가] → [축 제목] → [기본 세로]를 선택한다.

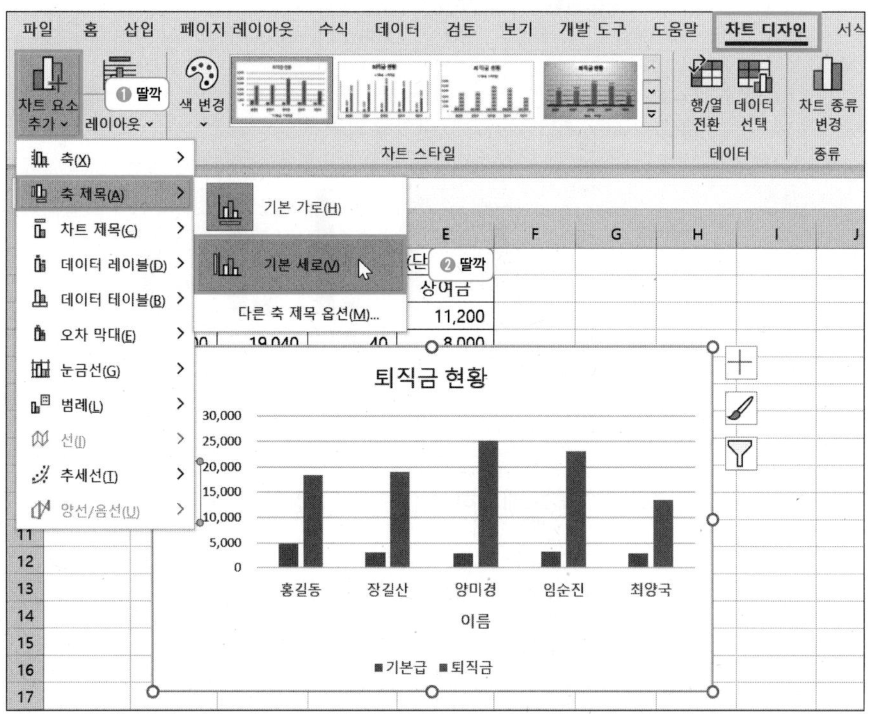

⑥ '축 제목'이 표시된다. '축 제목'이 선택된 상태에서 수식 입력줄에 **금액(단위:천원)**을 입력하고 Enter를 누르면 '축 제목'이 "금액(단위:천원)"으로 변경된다.

⑦ 데이터 레이블*을 표시하기 위해 [차트 디자인] → [차트 레이아웃] → [차트 요소 추가] → [데이터 레이블] → [바깥쪽 끝에]를 선택한다.

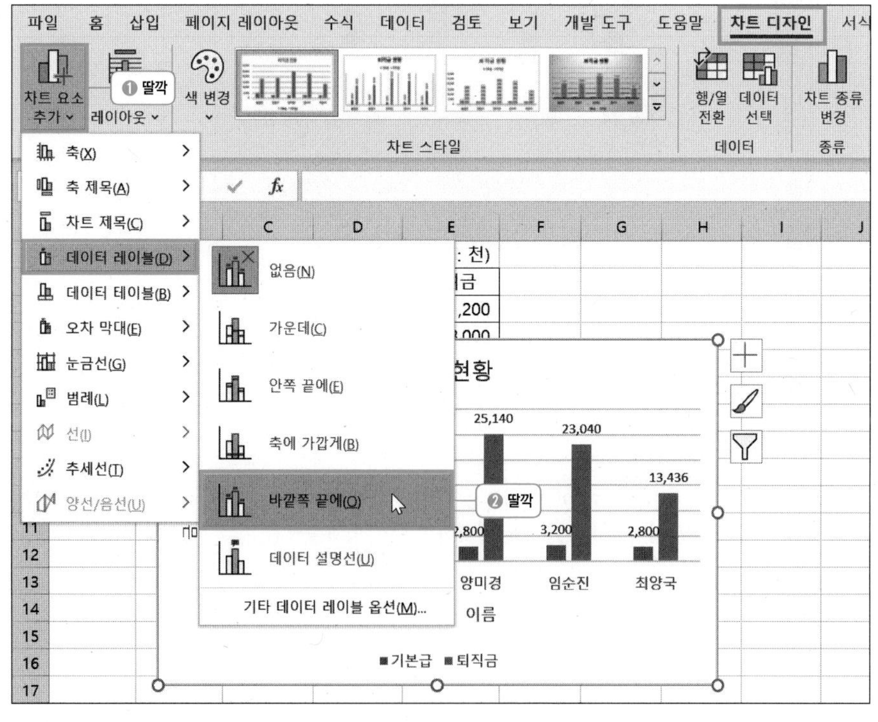

데이터 레이블

- 가운데
- 안쪽 끝에
- 축에 가깝게
- 바깥쪽 끝에

⑧ 완성된 차트의 왼쪽 모서리가 [A9] 셀에 놓이도록 차트를 드래그하여 이동한다.

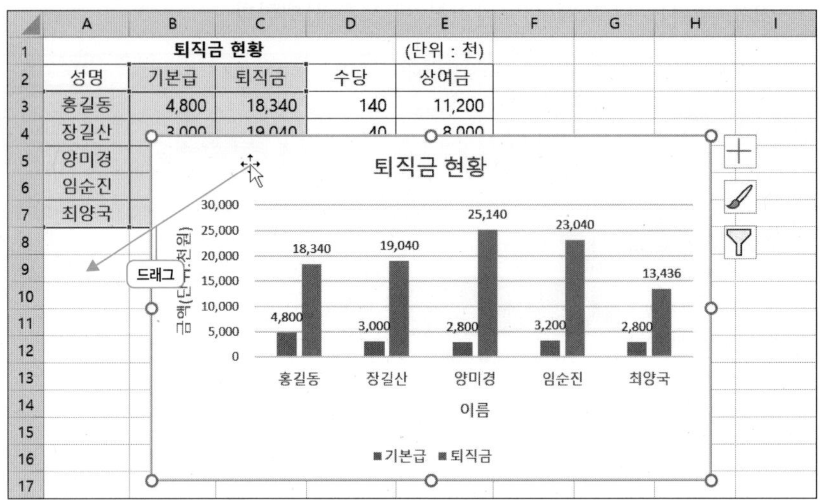

⑨ 마우스로 조절점*을 드래그하여 [A9:F25] 영역에 맞게 차트의 크기를 조절* 한다.

	A	B	C	D	E
1		퇴직금 현황			(단위 : 천)
2	성명	기본급	퇴직금	수당	상여금
3	홍길동	4,800	18,340	140	11,200
4	장길산	3,000	19,040	40	8,000
5	양미경	2,800	25,140	140	11,200
6	임순진	3,200	23,040	125	8,000
7	최양국	2,800	13,436	36	7,200

퇴직금 현황

30,000 25,000 20,000 15,000 10,000 5,000 0

금액(단위:천원)

4,800 18,340 3,000 19,040 2,800 25,140 3,200 23,040 2,800 13,436

홍길동 장길산 양미경 임순진 최양국

이름

■기본급 ■퇴직금

드래그

조절점

- 차트 영역을 클릭하면 8개의 점이 나타나는데, 이 점을 드래그하여 차트의 크기를 조절할 수 있습니다.
- 개수는 다르지만 차트 영역에 있는 다른 요소도 클릭하면 조절점이 표시됩니다.
- 조절점이 표시된 요소가 작업 대상입니다.

셀에 맞춰 차트 크기 조절

Alt를 누른 채 차트 영역을 마우스로 드래그하여 크기를 변경합니다.

기출체크 ☑

23.5, 22.6, 22.1, 21.5, 14.1

2. 'Sheet1'의 [B1] 셀과 차트 제목을 연결하기 위해 차트 제목을 선택한 후 수식 입력줄에 (   )를 입력하고 [B1] 셀을 클릭하면 수식 입력줄에 (   )로 표시된다.

기출체크 정답

2. 등호(=), =Sheet1!$B$1

SECTION 087

차트 편집

예제 차트 편집하기

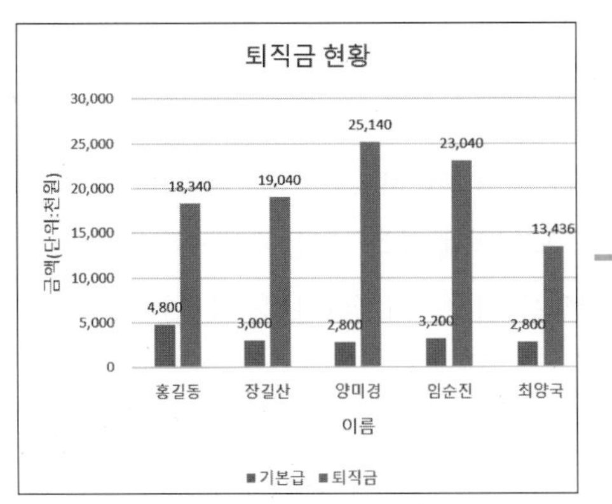

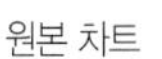
원본 차트

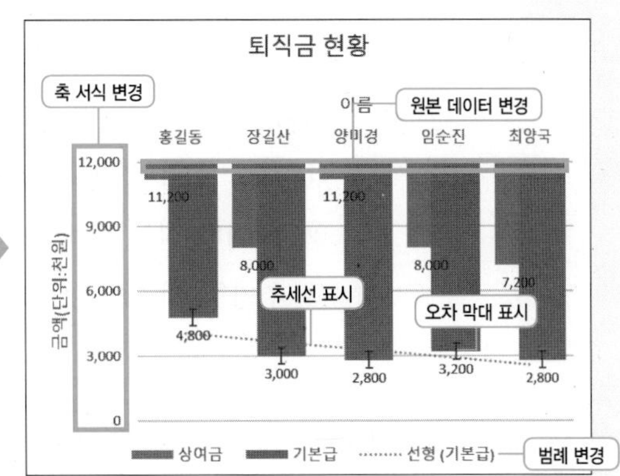

변경된 차트

준비하세요

'C:\길벗컴활1급필기QnE\2과목\2과목.xlsm' 파일을 불러와 '섹션087' 시트에서 실습하세요.

5508701

24.4, 20.상시, 20.2, 20.1, 19.상시, 17.2, 11.1, 05.4, 03.2

1 원본 데이터 및 계열 순서 변경

24.4, 20.상시, 20.1, 19.상시, 17.2, 05.4, 03.2

❶ 원본 데이터 변경하기

데이터 범위를 변경하거나, 데이터 계열의 추가·제거 및 계열의 방향을 변경할 때 사용한다.

① 차트를 클릭하여 선택한 후 [차트 디자인] → [데이터] → [데이터 선택]을 클릭하거나, 차트 영역의 바로 가기 메뉴에서 [데이터 선택]을 선택한다.

② '데이터 원본 선택' 대화상자에서 '차트 데이터 범위' 항목의 범위 지정 단추(⬆)를 클릭하여 변경될 범위(A2:B7)를 선택한 후 〈확인〉을 클릭한다.

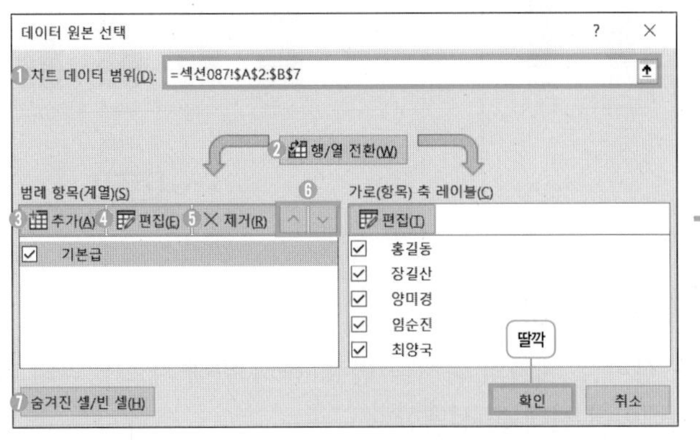

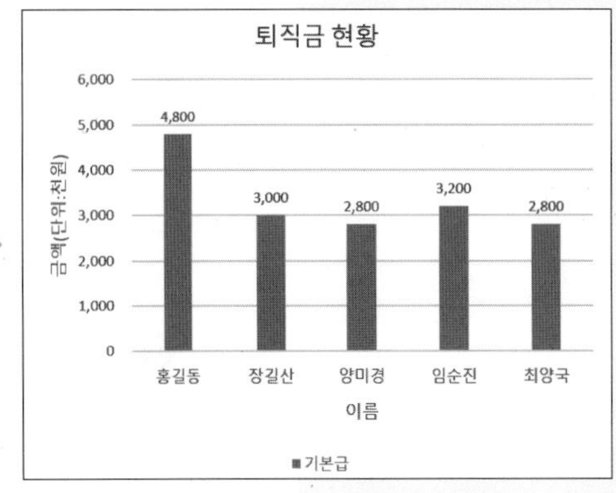

전문가의 조언

'데이터 원본 선택' 대화상자에서 지정할 수 있는 항목을 묻는 문제가 출제되고 있습니다.

[기출 포인트]

- 원본 데이터를 변경하려면 [데이터 선택]을 선택한다.
- '데이터 원본 선택' 대화상자에서 계열 순서를 변경하거나 행/열을 전환할 수 있다.
- 빈 셀을 0으로 표시하려면 '빈 셀 표시 형식'을 '0으로 처리'로 지정한다.

❶ **차트 데이터 범위** : 차트에 사용할 데이터의 범위를 지정함

❷ **행/열 전환** : '범례 항목(계열)'과 '가로(항목) 축 레이블'을 바꿈

❸ **추가** : 새로운 데이터 계열을 추가함

❹ **편집** : 선택한 계열의 이름 및 값을 수정함

❺ **제거** : 선택한 계열의 이름을 삭제함

❻ **위로 이동(⌃)/아래로 이동(⌄)** : 범례에 표시된 데이터 계열의 순서를 변경함

❼ **숨겨진 셀/빈 셀** : 숨겨진 행/열에 데이터 표시 및 빈 셀의 표시 형식*을 지정함

빈 셀 표시 형식

• 간격

• 0으로 처리

• 선으로 데이터 요소 연결

❷ 데이터 추가하기

차트에 새로운 데이터 계열을 추가한다.

• **방법 1**

① 차트 영역의 바로 가기 메뉴에서 [데이터 선택]을 선택한다.

② '데이터 원본 선택' 대화상자의 '범례 항목(계열)'에서 〈추가〉를 클릭한다.

③ 추가할 계열의 이름과 범위를 지정하고 〈확인〉을 클릭한다.

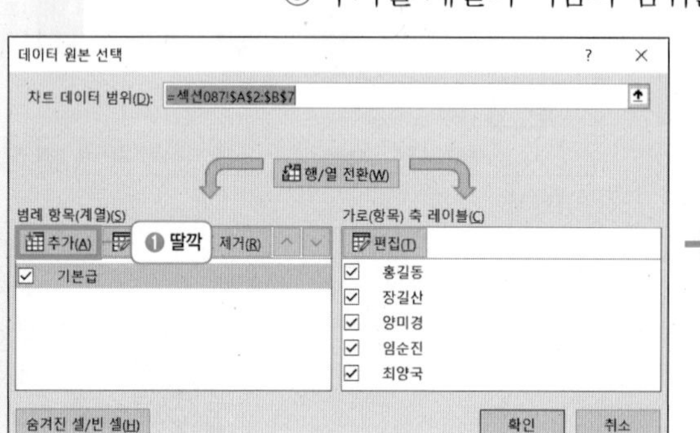

	A	B	C	D	E
1		퇴직금 현황			(단위 : 천)
2	성명	기본급	퇴직금	수당	상여금
3	홍길동	4,800	18,340	140	11,200
4	장길산	3,000	19,040		8,000
5	양미경	2,800	25,140		11,200
6	임순진	3,200	23,040	125	8,000
7	최양국	2,800	13,436	36	7,200

• **방법 2** : 추가할 데이터(E2:E7)를 복사(Ctrl+C)한 후 차트 영역을 클릭하고 붙여넣기(Ctrl+V)한다.

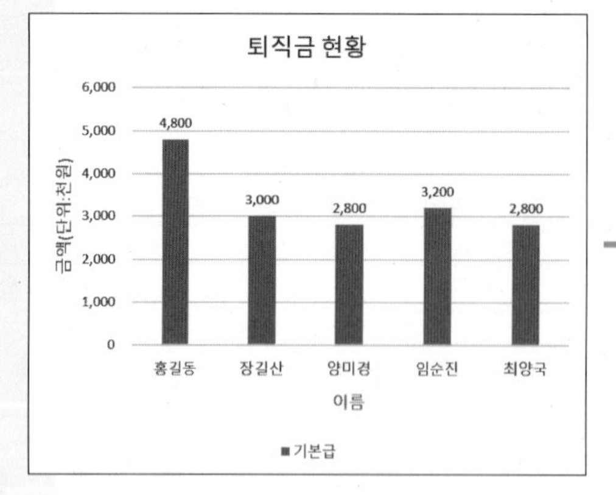

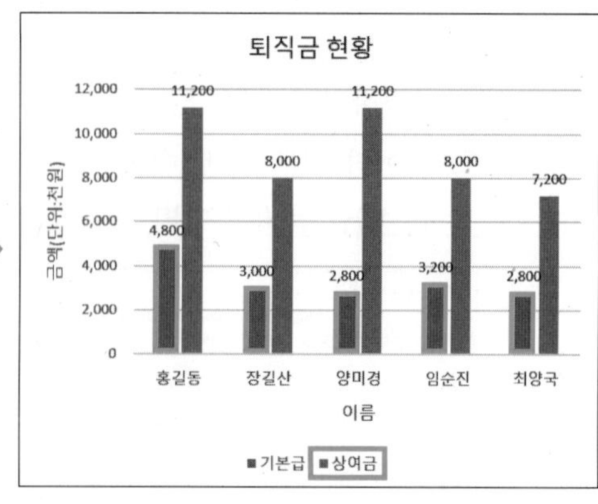

20.상시, 20.1, 19.상시, 17.2, 11.1

❸ 데이터 계열 순서 변경하기

① '기본급'과 '상여금' 계열의 순서를 변경*하기 위해 차트 영역의 바로 가기 메뉴에서 [데이터 선택]을 선택한다.

계열 순서 변경

데이터 계열의 순서가 변경되면 범례의 순서도 자동으로 변경됩니다.

② '데이터 원본 선택' 대화상자에서 '기본급'이 선택되었는지 확인하고, '[아래로 이동 아이콘](아래로 이동)'을 클릭하여 계열 순서를 변경한 후 〈확인〉을 클릭한다.

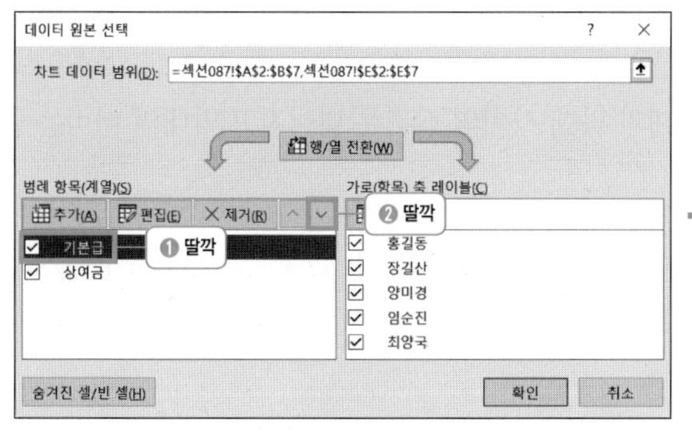

→

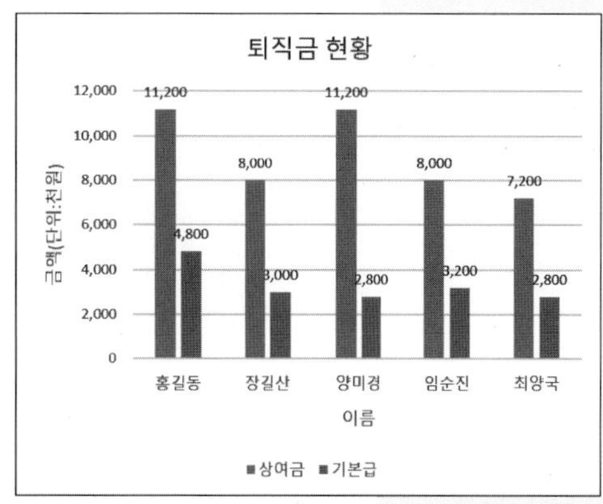

기출체크 ☑

23.3, 20.상시, 20.2, 20.1, 17.2, 05.4, 03.2

1. 차트를 작성한 후 데이터 범위를 변경하려면 차트 영역의 바로 가기 메뉴에서 (   )을 선택한다.

5508702 ▶

23.3, 21.7, 21.6, 21.3, 20.2, 19.1, 18.2, 16.3, 10.2, 09.2

2 데이터 표식 항목의 계열 겹치기 및 간격 너비

① 데이터 표식 항목의 간격 너비 및 계열 겹치기를 지정하기 위해 '기본급' 계열의 바로 가기 메뉴에서 [데이터 계열 서식]을 선택한다.

② '데이터 계열 서식' 창의 [계열 옵션] → [(계열 옵션)] → [계열 옵션]에서 '계열 겹치기'를 **50%**, '간격 너비'를 **30%**로 지정하고 닫기(×) 단추를 클릭한다.

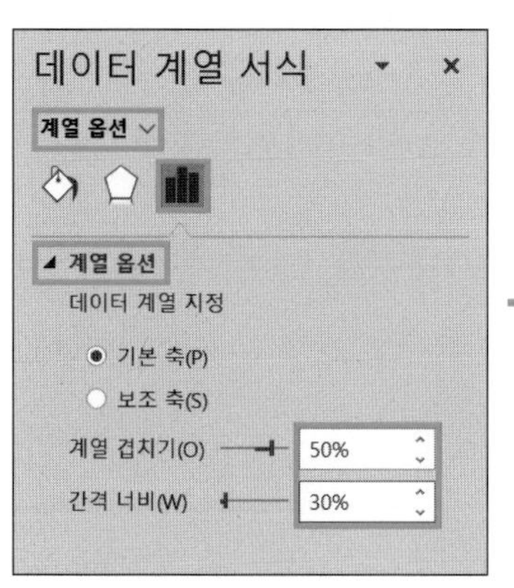

→

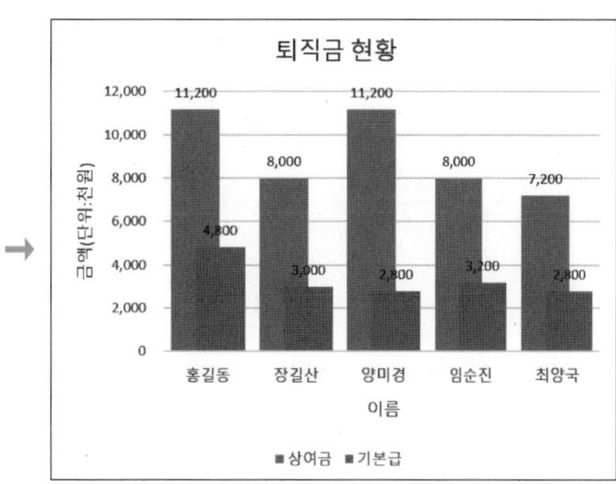

21.7, 21.6, 21.3, 19.1, 18.2, 16.3

❶ 계열 겹치기

- 데이터 계열의 항목들이 겹치도록 지정하는 것으로, −100% ~ 100% 사이의 값을 지정한다.
- 양수로 지정하면 데이터 계열이 겹쳐져 표시되고, 음수로 지정하면 데이터 계열 사이가 벌어져 표시된다.

전문가의 조언

계열 겹치기와 간격 너비는 차트의 특징이나 제시된 차트를 분석하는 문제에서 선택지로 자주 등장합니다.

[기출 포인트]

- 계열 겹치기를 양수로 지정하면 데이터 계열이 겹쳐진다.
- 음수로 지정하면 데이터 계열 사이가 벌어진다.
- 간격 너비는 수치가 클수록 막대와 막대 사이의 간격이 넓어진다.

계열 겹치기 및 간격 너비

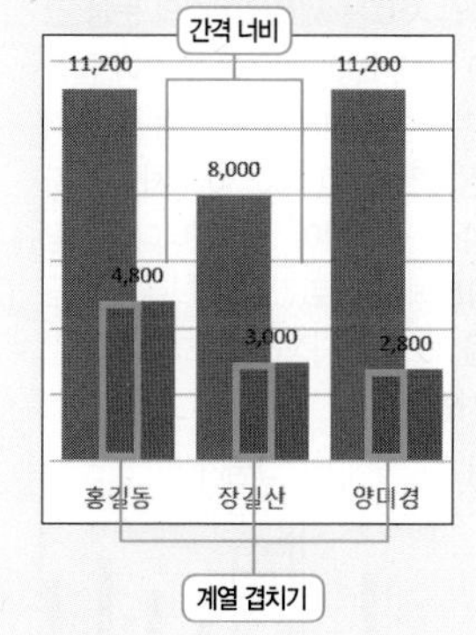

기출체크 정답

1. 데이터 선택

23.3, 20.2, 19.1, 16.3, 10.2, 09.2
❷ 간격 너비 지정하기

- 막대와 막대 사이의 간격을 말하는 것으로, 0% ~ 500% 사이의 값을 지정한다.
- 수치가 클수록 막대와 막대 사이의 간격은 넓어지고 막대의 너비는 줄어든다.

기출체크 ☑

19.1, 18.2, 16.3, 10.2, 09.2
2. 데이터 표식 항목 사이에 공백이 있도록 하려면 (　　　) 옵션을 0보다 큰 값으로 설정하고, 데이터 계열 표식이 겹쳐 보이도록 하려면 (　　　) 옵션을 양수 값으로 설정한다.

5508703 ▶

22.7, 21.2, 19.2, 18.1, 15.1, 14.3, 12.2
3 축 서식 변경

① 세로(값) 축의 단위를 변경하기 위해 세로(값) 축의 바로 가기 메뉴에서 [축 서식]을 선택한다.

② '축 서식' 창의 [축 옵션] → [(축 옵션)] → [축 옵션]에서 '기본' 단위를 **3000**, '가로 축 교차'를 **'축의 최대값'**으로 지정하고 닫기(✕) 단추를 클릭한다.

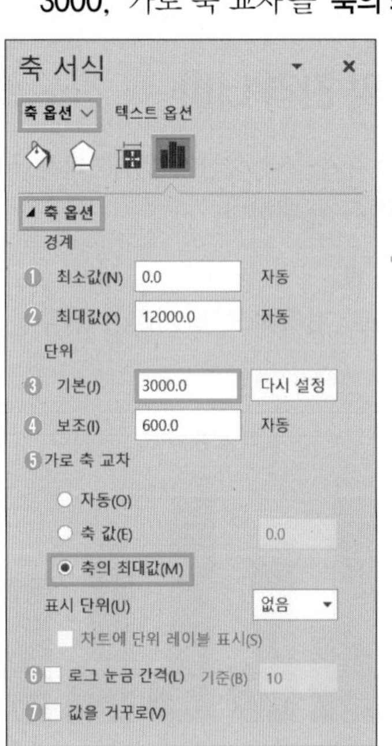

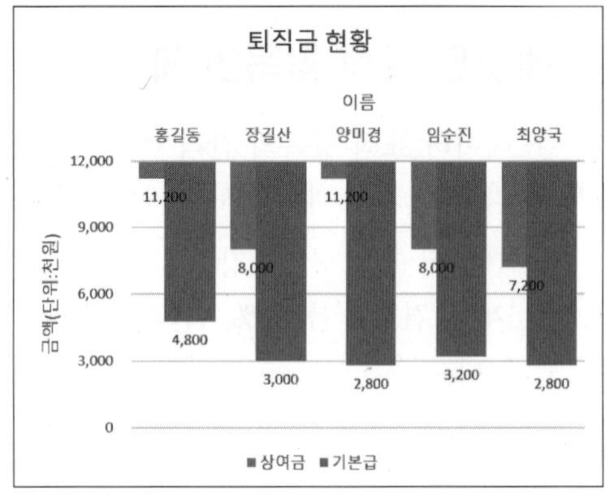

❶ **최소** : 세로(값) 축에 표시되는 가장 작은 값
❷ **최대** : 세로(값) 축에 표시되는 가장 큰 값
❸ **기본** : 세로(값) 축 주 눈금선의 간격
❹ **보조** : 세로(값) 축 보조 눈금선의 간격
❺ **가로 축 교차*** : 가로(항목) 축과 세로(값) 축이 교차되는 위치
❻ **로그 눈금 간격*** : 세로(값) 축의 눈금 간격을 로그 값으로 표시하는 것으로, 차트에 표시할 데이터 값의 차이가 큰 경우에 사용됨
❼ **값을 거꾸로** : 세로(값) 축 값의 순서를 거꾸로 표시함

기출체크 ☑

22.7, 21.2, 18.1, 14.3
3. 가로(값) 축을 위쪽에 표시하려면 세로(값) 축의 '가로 축 교차'를 (　　　)으로 지정한다.

전문가의 조언

가로(값) 축을 위쪽에 표시하는 방법과 눈금 간격을 10배씩 증가시키는 방법에 대한 문제가 출제되고 있습니다.

[기출 포인트]
- 가로(값) 축을 위쪽에 표시하려면 세로(값) 축의 '가로 축 교차'를 '축의 최대값'으로 지정한다.
- 눈금 간격을 10배씩 증가시키려면 세로(값) 축의 '로그 눈금 간격'을 10으로 지정한다.

가로 축 교차

- 자동 : Excel의 기본 설정

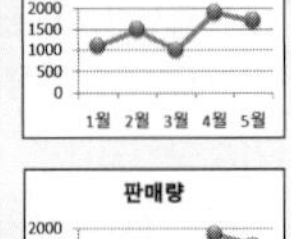

- 축 값 : 축이 교차할 축 값을 지정 (예 1000)
- 축의 최대값 : 축의 가장 높은 값에서 교차

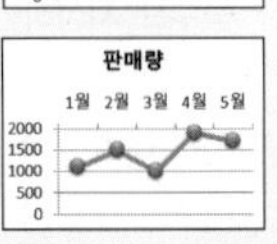

로그 눈금 간격

일반적인 차트는 세로(값) 축의 눈금 간격이 0, 100, 200, 300 등과 같이 일정한 크기로 증가하지만 로그 눈금 간격을 지정하면 0, 10, 100, 1000처럼 숫자가 지수로 증가하여 표시됩니다. [그림1]의 차트에서 세로(값) 축에 '로그 눈금 간격'을 10으로 지정하면 [그림2]와 같이 표시됩니다.

[그림1]　[그림2]

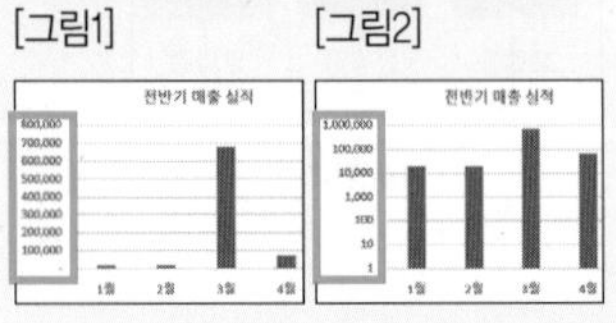

기출체크 정답
2. 간격 너비, 계열 겹치기 3. 축의 최대값

23.5, 22.6, 22.1, 21.6, 21.5, 19.1, 17.1, 16.2, 14.1, 11.3, 10.1, 08.2, 07.1, 05.2, 04.2, 03.4, 03.2, 03.1

4 추세선 표시

5508704

추세선은 특정한 데이터 계열의 변화 추이를 파악하기 위해 표시하는 선이다.

- 3차원, 방사형, 원형, 도넛형, 표면형 차트에는 추세선을 추가할 수 없다.
- 추세선이 추가된 계열의 차트를 3차원으로 변경하면 추세선이 제거된다.
- 추세선의 종류에는 선형, 로그, 다항식, 거듭제곱, 지수, 이동 평균으로 총 6가지가 있다.
- 하나의 데이터 계열에 두 개 이상의 추세선을 표시할 수 있다.
- **추세선 표시**
  - 방법 1 : 추세선을 표시할 데이터 계열을 선택한 후 [차트 디자인] → [차트 레이아웃] → [차트 요소 추가] → [추세선]에서 적용할 추세선 선택
  - 방법 2 : [차트 디자인] → [차트 레이아웃] → [차트 요소 추가] → [추세선] → [기타 추세선 옵션]을 선택한 후 '추세선 서식' 창에서 적용할 추세선 선택

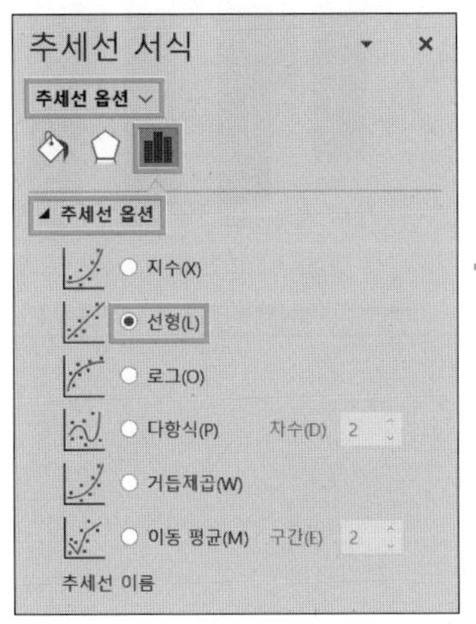

→

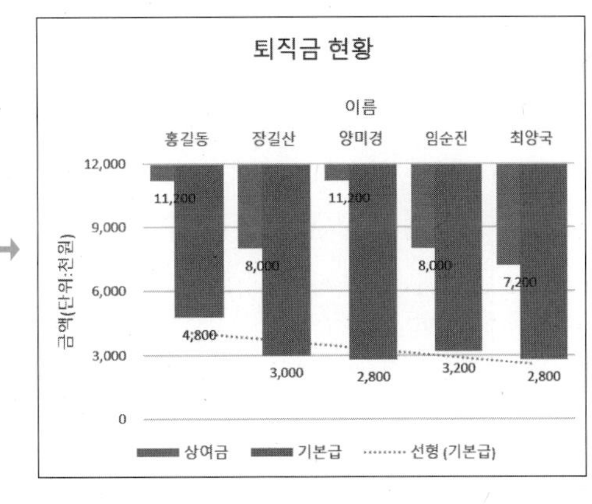

  - 방법 3 : 추세선을 표시할 데이터 계열의 바로 가기 메뉴에서 [추세선 추가]* 선택
- **추세선 삭제**
  - 방법 1 : 추세선을 선택한 후 Delete 누름
  - 방법 2 : 추세선의 바로 가기 메뉴에서 [삭제] 선택

기출체크 ☑

21.6, 16.2, 14.1, 11.3, 08.2

4. 추세선이 추가된 계열의 차트를 3차원 차트로 바꾸어도 추세선은 그대로 표시된다. (○, ×)

전문가의 조언

추세선의 특징을 묻는 문제가 출제됩니다.

[기출 포인트]

- 3차원, 방사형, 원형, 도넛형, 표면형에는 추세선을 추가할 수 없다.
- 차트 종류를 3차원 차트로 변경하면 추세선이 제거된다.
- 하나의 계열에 두 개 이상의 추세선을 표시할 수 있다.

추세선 추가

데이터 계열의 바로 가기 메뉴에서 [추세선 추가]를 선택하면 기본적으로 '선형' 추세선으로 표시되고, 사용자가 다른 추세선으로 변경할 수 있습니다.

기출체크 4번

3차원 차트에는 추세선을 표시할 수 없으므로 차트 종류를 3차원 차트로 변경하면 추세선이 제거됩니다.

기출체크 정답

4. ×

5508705 ▶

5 오차 막대 표시

23.5, 23.2, 23.1, 22.5, 16.3, 16.1, 13.3, 11.1

오차 막대는 데이터 계열의 오차량을 그림으로 나타낸 것이다.

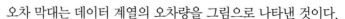

- 고정 값, 백분율, 표준 편차, 표준 및 오차 등으로 표시할 수 있다.
- 3차원 차트에는 오차 막대를 표시할 수 없다.
- **세로 오차 막대 적용 가능 차트** : 영역형, 세로 막대형, 꺾은선형, 분산형, 거품형 차트 등
- **세로 오차 막대, 가로 오차 막대 적용 가능 차트** : 분산형, 거품형 차트
- 실행 [차트 디자인] → [차트 레이아웃] → [차트 요소 추가] → [오차 막대]에서 적용할 오차 막대 선택

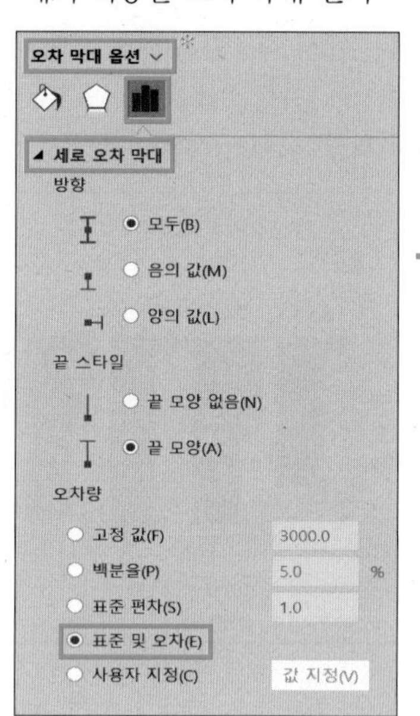

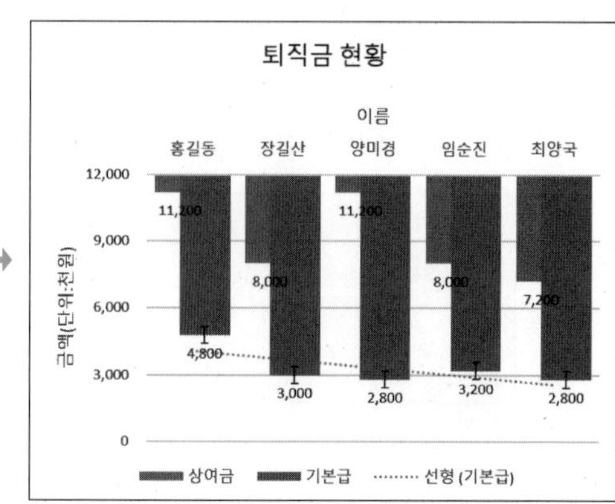

전문가의 조언

오차 막대의 특징을 묻는 문제가 출제되고 있습니다.

[기출 포인트]

3차원 차트에는 오차 막대를 표시할 수 없다.

'오차 막대 서식' 창

'오차 막대 서식' 창은 오차 막대의 바로 가기 메뉴에서 [오차 막대 서식]을 선택하면 표시됩니다.

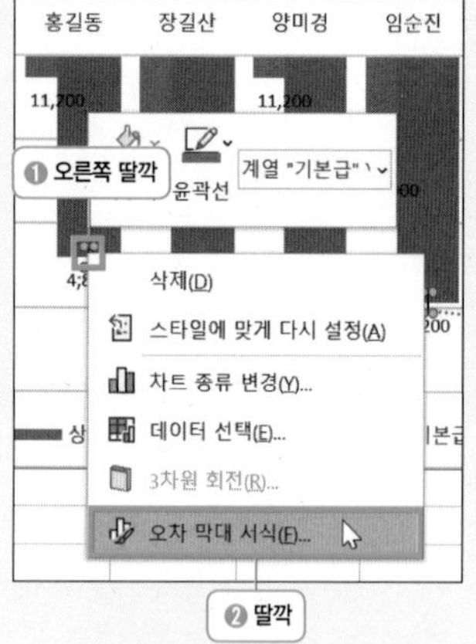

기출체크 ☑

23.5, 23.2, 23.1, 16.3, 16.1, 13.3, 11.1

5. 3차원 세로 막대형 차트에 오차 막대를 표시할 수 있다. (○, ×)

기출체크 5번

3차원 차트에는 오차 막대를 표시할 수 없습니다.

기출체크 정답

5. ×

SECTION 088 용도별 차트의 종류

4310101 ▶

24.3, 24.2, 24.1, 23.5, 23.4, 23.3, 23.2, 23.1, 22.7, 22.4, 22.3, 22.2, 21.7, 21.6, 21.4, 21.3, 21.2, 21.1, 20.1, 19.2, …

표준 차트

종류	그림	특징
16.3, 11.3 **세로 막대형 차트**		• 각 항목 간의 값을 막대의 길이로 비교 · 분석하는 데 적합하다. • 가로(항목) 축은 수평으로 나타내고, 세로(값) 축은 수직으로 나타낸다.
08.4 **가로 막대형 차트**		• 각 항목 간의 값을 막대의 길이로 비교 · 분석하는 데 적합하다. • 가로(항목) 축은 수직으로 나타내고, 세로(값) 축은 수평으로 나타낸다.
11.3, 08.4, 06.3 **꺾은선형 차트**		• 일정 기간의 데이터 변화 추이를 확인하는 데 적합하다. • 연속적인 값의 변화를 표현하는 것으로, 변화율에 중점을 둔다.
24.3, 23.4, 23.3, 22.4, 22.3, 22.2, … **원형 차트**		• 전체 항목의 합에 대한 각 항목의 비율을 나타내는 차트로, 중요한 요소를 강조할 때 사용한다. • 항상 한 개의 데이터 계열만 사용하므로 축이 없다. • 차트의 각 조각을 분리할 수 있고 첫 번째 조각의 각※을 0~360도로 회전할 수 있다.
24.1, 23.5, 22.7, 22.2, 21.7, 21.4, … **분산형 차트**		• X · Y 좌표로 이루어진 한 개의 계열로 두 개의 숫자 그룹을 나타낸다. • 데이터의 불규칙한 간격이나 묶음을 보여 주며, 주로 과학 · 공학용 데이터 분석에 사용된다. • 데이터 요소 수가 많아 데이터 요소 간의 차이점보다는 큰 데이터 집합 간의 유사점을 표시하기 위해 사용된다.
22.7, 19.2, 18.2 **영역형 차트**		• 시간에 따른 각 값의 변화량을 비교할 때 사용된다. • 전체 영역과 특정 값의 영역을 비교해 전체와 부분 간의 관계를 나타낼 수 있다.
22.7, 19.2, 13.2, 13.1, 09.1 **도넛형 차트**		• 전체에 대한 각 부분의 관계를 비율로 나타내어 각 부분을 비교할 때 사용된다. • 원형 차트와는 달리 여러 개의 데이터 계열을 가진다. • 도넛 구멍의 크기※를 0%~90% 사이의 값으로 조정하거나 첫째 조각의 각을 0~360도로 회전할 수 있다.
23.4, 22.4, 11.3 **방사형 차트**		• 많은 데이터 계열의 집합적인 값을 나타낼 때 사용된다. • 각 계열은 가운데서 뻗어 나오는 값 축을 가진다.
24.2, 22.7, 21.4, 18.2, 10.2 **표면형 차트**		두 개의 데이터 집합에서 최적의 조합을 찾을 때 사용한다.

전문가의 조언

중요해요! 각 차트들의 용도와 특징을 알면 풀 수 있는 문제가 자주 출제됩니다.

[기출 포인트]

- 원형은 항상 계열이 하나다.
- 분산형은 과학 및 공학 데이터 분석에 사용된다.
- 표면형은 두 개의 데이터 집합에서 최적의 조합을 찾을 때 사용한다.
- 히스토그램은 데이터를 분포 내의 빈도에 따라 표시한다.
- 선버스트는 고리 또는 원으로 계층 구조를 표시한다.

원형/도넛형 차트의 첫 번째 조각의 각 회전 방법

데이터 계열을 선택한 후 바로 가기 메뉴에서 [데이터 계열 서식] 선택 → '데이터 계열 서식' 창의 [계열 옵션] → [(계열 옵션)] → [계열 옵션]에서 첫째 조각의 각을 조정합니다.

도넛 구멍 크기 변경 방법

데이터 계열을 선택한 후 바로 가기 메뉴에서 [데이터 계열 서식] 선택 → 데이터 계열 서식' 창의 [계열 옵션] → [(계열 옵션)] → [계열 옵션]에서 도넛 구멍의 크기를 조정합니다.

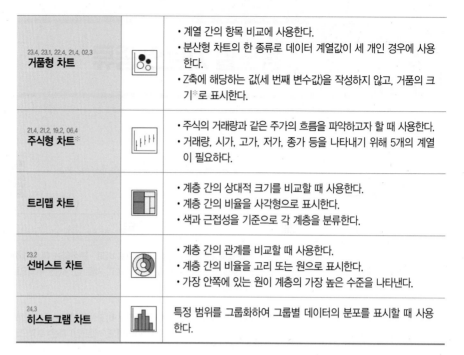

23.4, 23.1, 22.4, 21.4, 02.3 **거품형 차트**		• 계열 간의 항목 비교에 사용한다. • 분산형 차트의 한 종류로 데이터 계열값이 세 개인 경우에 사용한다. • Z축에 해당하는 값(세 번째 변수값)을 작성하지 않고, 거품의 크기*로 표시한다.
21.4, 21.2, 19.2, 06.4 **주식형 차트***		• 주식의 거래량과 같은 주가의 흐름을 파악하고자 할 때 사용한다. • 거래량, 시가, 고가, 저가, 종가 등을 나타내기 위해 5개의 계열이 필요하다.
트리맵 차트		• 계층 간의 상대적 크기를 비교할 때 사용한다. • 계층 간의 비율을 사각형으로 표시한다. • 색과 근접성을 기준으로 각 계층을 분류한다.
23.2 **선버스트 차트**		• 계층 간의 관계를 비교할 때 사용한다. • 계층 간의 비율을 고리 또는 원으로 표시한다. • 가장 안쪽에 있는 원이 계층의 가장 높은 수준을 나타낸다.
24.3 **히스토그램 차트**		특정 범위를 그룹화하여 그룹별 데이터의 분포를 표시할 때 사용한다.

거품의 크기

품목의 번호	판매	시장점유율(%)
14	11,200	13
20	60,000	23
18	14,400	5
X 값	Y 값	거품 크기

주식형 차트

피벗 테이블에 차트를 추가하여 피벗 차트 보고서를 작성할 수 있는데, 주식형, 분산형, 거품형, 트리맵, 선버스트, 히스토그램 차트로는 작성할 수 없습니다.

기출체크 ☑

23.5, 22.7, 22.5, 22.2, 21.4, 18.2, 17.2

1. 여러 데이터 계열에 있는 숫자 값 사이의 관계를 보여 주거나 두 개의 숫자 그룹을 xy 좌표로 이루어진 하나의 계열로 표시할 때 사용하는 것은 (   ) 차트이다.

23.4, 22.4, 22.3, 12.2

2. 항목의 값들이 항목 합계의 비율로 표시되어 중요한 요소를 강조할 때 주로 사용하는 것으로, 항상 한 개의 데이터 계열만을 가지고 있는 것은 (   ) 차트이다.

3508402

21.6, 15.2, 15.1, 12.3, 09.4, 09.3, 09.2, 09.1

2 이중 축 차트

이중 축 차트는 2개 이상의 데이터 계열을 가진 차트에서 또 하나의 값 축을 추가하여 이중으로 값을 표시하는 차트이다.

- 특정 데이터 계열의 값이 다른 데이터 계열의 값과 현저하게 차이가 나거나, 종류가 다른 2개 이상의 데이터 계열을 가진 차트에 효율적으로 사용된다.
- 왼쪽에 표시되는 세로(값) 축의 맞은편(오른쪽)에 보조 축이 표시된다.

예제 다음과 같이 이중 축 차트로 변경하시오.

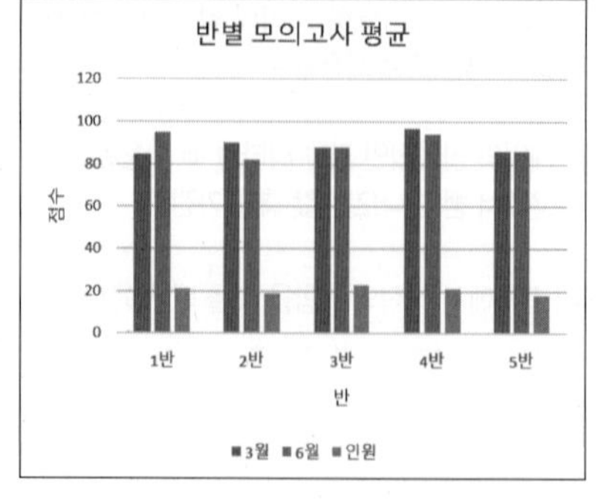

→

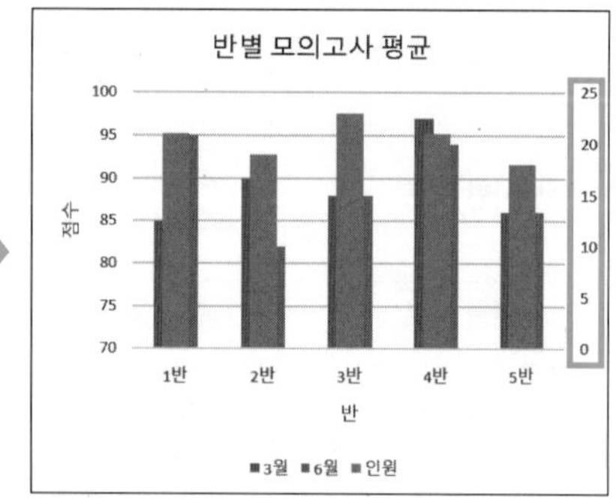

전문가의 조언

이중 축 차트의 용도를 묻는 문제가 출제되고 있습니다.

[기출 포인트]

- 두 계열의 값이 크게 차이 날 때 이중 축 차트로 작성한다.
- 이중 축 차트는 왼쪽에 기본 축, 오른쪽에 보조 축이 표시된다.

준비하세요

'C:\길벗컴활1급필기QnE\2과목\2과목.xlsm' 파일을 불러와 '섹션088' 시트에서 실습하세요.

기출체크 정답

1. 분산형 2. 원형

① 이중 축으로 변환할 데이터 계열을 선택한 후 바로 가기 메뉴의 [데이터 계열 서식]을 선택하거나 리본 메뉴의 [서식] → [현재 선택 영역] → [선택 영역 서식]을 클릭한다.

② '데이터 계열 서식' 창의 [계열 옵션] → [(계열 옵션)] → [계열 옵션]에서 '보조 축'을 선택하고 닫기(×) 단추를 클릭하면 이중 축 차트가 완성된다.

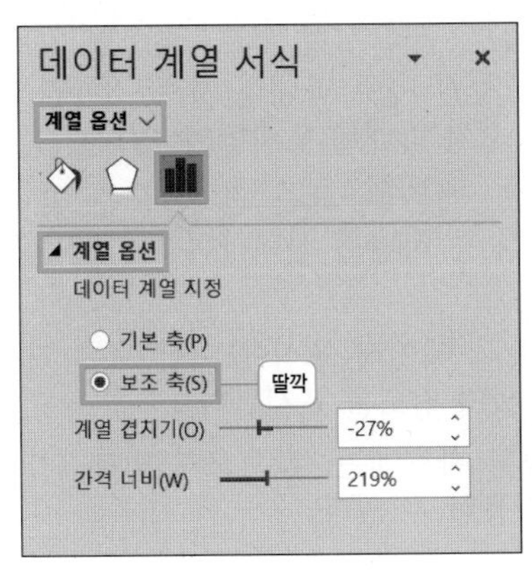

→

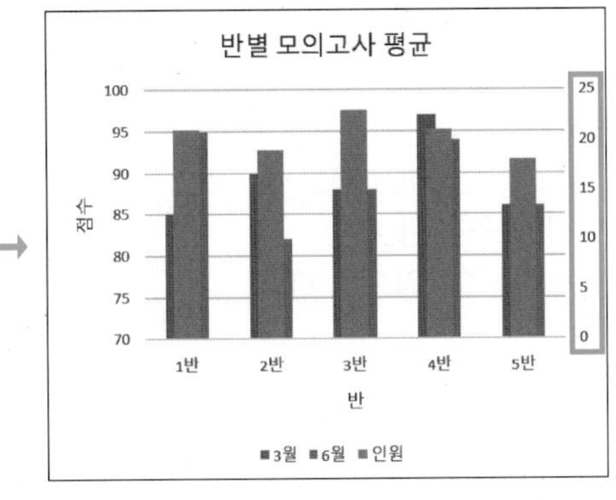

기출체크 ☑

21.6, 09.6

3. 이중 차트에서 오른쪽에 나타나는 눈금이 기본 축이고, 왼쪽에 나타나는 눈금이 보조 축이다. (○, ×)

기출체크 3번

이중(축) 차트에서는 왼쪽에 나타나는 눈금이 기본 축이고, 오른쪽에 나타나는 눈금이 보조 축입니다.

5508803

24.2, 09.3, 09.2

3 혼합형(콤보) 차트

혼합형(콤보) 차트는 두 개 이상의 데이터 계열을 갖는 차트에서 특정 데이터 계열을 강조하고자 할 경우 해당 데이터 계열을 다른 차트로 표시하는 것이다.

- 3차원 차트는 혼합형 차트로 구현할 수 없다.

전문가의 조언

혼합형 차트의 특징을 묻는 문제가 출제되고 있습니다.

[기출 포인트]

3차원 차트는 혼합형 차트로 구현할 수 없다.

기출체크 ☑

24.2

4. '3차원 묶은 세로 막대형'과 '표식이 있는 꺾은선형' 차트를 혼합하여 차트를 만들수 있다. (○, ×)

기출체크 4번

3차원 차트는 혼합형 차트로 구현할 수 없습니다.

기출체크 정답

3. × 4. ×

기출문제 은행

24년 4회, 23년 5회, 22년 6회, 1회, 21년 5회

01 다음 중 차트에 대한 설명으로 옳은 것은?

① 워크시트에서 차트에 사용될 데이터를 범위로 지정한 후 Ctrl+F1을 누르면 별도의 차트 시트에 기본 차트가 작성된다.
② 원형 차트에 축을 표시할 수 있다.
③ 추세선은 기본적으로 '선형' 추세선으로 표시되고, 사용자가 다른 추세선으로 변경할 수 없다.
④ 방사형, 트리맵, 히스토그램 차트는 3차원으로 만들 수 없다.

23년 5회, 22년 6회, 1회, 21년 5회

02 다음 워크시트에서 차트 제목을 [A1] 셀의 텍스트와 연결하여 표시하고자 할 때, 차트 제목이 선택된 상태에서 수식 입력줄에 입력할 내용은?

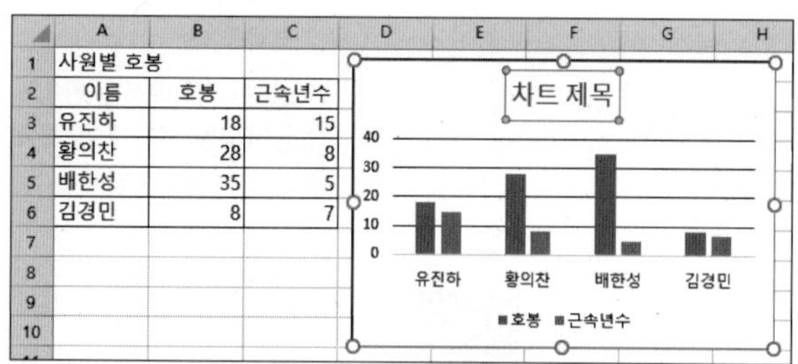

① ='Sheet1'!$A$1　　② =Sheet1!$A$1
③ ='$A$1'　　④ =$A$1

24년 3회, 21년 8회, 4회

03 다음 중 아래 차트에 대한 설명으로 옳지 않은 것은?

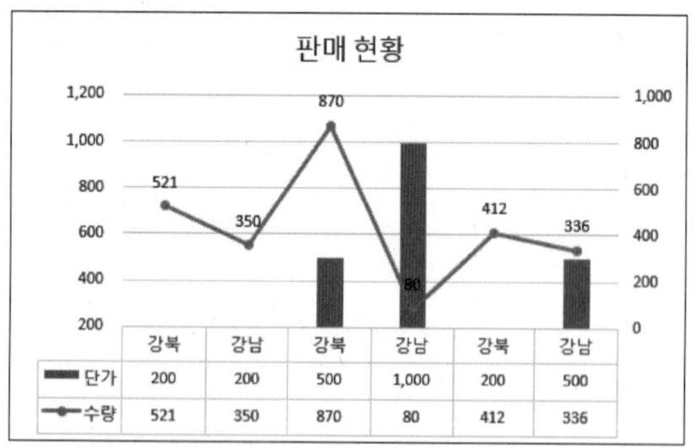

① '판매 현황'이라는 차트 제목이 표시되어 있다.
② '수량' 계열을 보조 축으로 지정하였다.
③ 데이터 테이블에 범례 표지가 표시되어 있다.
④ '수량' 계열에 데이터 레이블이 '가운데'로 표시되어 있다.

23년 5회, 2회, 1회, 13년 3회, 11년 1회

04 다음 중 엑셀의 오차 막대에 대한 설명으로 옳지 않은 것은?

① 세로 막대형 차트, 꺾은선형 차트, 분산형 차트, 거품형 차트, 3차원 세로 막대형 차트, 3차원 꺾은선형 차트에 오차 막대를 표시할 수 있다.
② 차트에 고정 값, 백분율, 표준 편차, 표준 오차, 사용자 지정 중 하나를 선택하여 오차량을 표시할 수 있다.
③ 데이터 계열의 각 데이터 표식에 대한 오류 가능성이나 불확실성의 정도를 표시한다.
④ 분산형과 거품형 차트에는 세로 오차 막대, 가로 오차 막대를 적용할 수 있다.

21년 7회, 3회, 18년 2회

05 다음 중 아래 차트에 대한 설명으로 옳지 않은 것은?

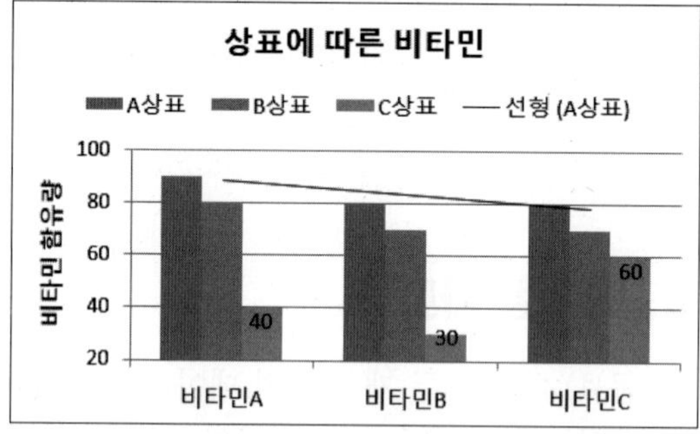

① [데이터 계열 서식] 대화상자에서 '계열 겹치기' 값이 0보다 작게 설정되었다.
② 'A상표' 계열에 선형 추세선이 추가되었고, 'C상표' 계열에는 데이터 레이블이 추가되었다.
③ 세로(값) 축의 주 단위는 20이고, 최소값과 최대값은 각각 20과 100으로 설정되었다.
④ 기본 세로 축 제목은 '모든 텍스트 270도 회전'으로 "비타민 함유량"이 입력되었다.

24년 1회, 23년 5회, 22년 5회, 21년 7회, 3회, 1회, 16년 2회, 14년 2회

06 다음 중 아래 설명에 해당하는 차트 종류는?

- 항목의 값을 점으로 표시하여 여러 데이터 값들의 관계를 보여주며, 주로 과학 데이터의 차트 작성에 사용된다.
- 가로 축의 값이 일정한 간격이 아닌 경우나 데이터 요소의 수가 많은 경우 사용된다.
- 기본적으로 5개의 하위 차트 종류가 제공되며, 3차원 차트로 작성할 수 없다.

① 분산형 차트　② 도넛형 차트
③ 방사형 차트　④ 혼합형 차트

22년 7회, 18년 2회

07 다음 중 각 차트 종류에 대한 설명으로 적절하지 않은 것은?

① 영역형 차트 : 워크시트의 여러 열이나 행에 있는 데이터에서 시간에 따른 변동의 크기를 강조하여 합계 값을 추세와 함께 살펴볼 때 사용된다.
② 표면형 차트 : 일반적인 척도를 기준으로 연속적인 데이터를 표시할 수 있으므로 일정 간격에 따른 데이터의 추세를 표시할 때 사용된다.
③ 도넛형 차트 : 여러 열이나 행에 있는 데이터에서 전체에 대한 각 부분의 관계를 비율로 나타내어 각 부분을 비교할 때 사용된다.
④ 분산형 차트 : 여러 데이터 계열에 있는 숫자 값 사이의 관계를 보여 주거나 두 개의 숫자 그룹을 xy 좌표로 이루어진 하나의 계열로 표시할 때 사용된다.

24년 5회, 22년 2회

08 다음 중 원형 차트에 대한 설명으로 옳은 것은?

① 원형 차트는 하나의 축을 가진다.
② 원형 차트에 데이터 테이블을 표시할 수 있다.
③ 원형 차트는 쪼개진 원형으로 표시할 수 있다.
④ 원형 대 꺾은선형 차트에서는 비교적 작은 값을 원형 차트로 결합하여 표시한다.

21년 6회, 19년 1회, 16년 2회, 11년 3회, 08년 2회

09 다음 중 엑셀 차트의 추세선에 관한 설명으로 옳지 않은 것은?

① 추세선은 지수, 선형, 로그, 다항식, 거듭제곱, 이동 평균 등 6가지의 종류가 있다.
② 하나의 데이터 계열에 두 개 이상의 추세선을 동시에 표시할 수는 없다.
③ 방사형, 원형, 도넛형 차트에는 추세선을 사용할 수 없다.
④ 추세선이 추가된 데이터 계열의 차트 종류를 3차원으로 바꾸면 추세선이 사라진다.

23년 3회, 22년 3회, 20년 2회

10 다음 중 아래 차트에 대한 설명으로 옳지 않은 것은?

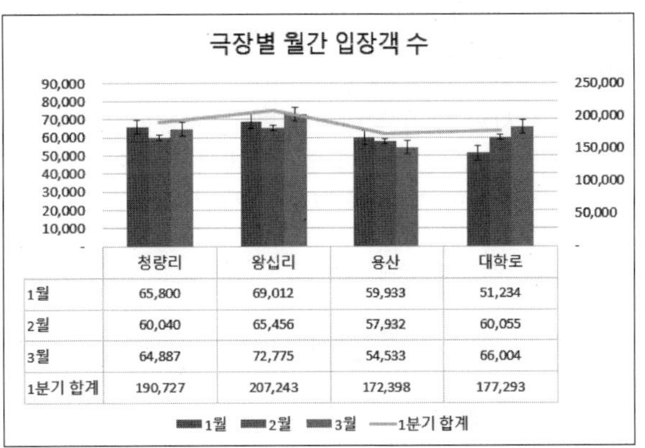

① 계열 옵션에서 '간격 너비'가 0%로 설정되어 있다.
② 범례 표지 없이 데이터 테이블이 표시되어 있다.
③ '1월', '2월', '3월' 계열에 오차 막대가 표시되어 있다.
④ '1분기 합계' 계열은 '보조 축'으로 지정되어 있다.

23년 3회, 22년 3회, 06년 4회, 1회, 03년 3회

11 다음 중 아래의 데이터를 이용하여 각 데이터 간 값을 비교하는 차트를 작성하려고 할 때 가장 적절하지 않은 차트는?

A	B	C	D	E
성명	1사분기	2사분기	3사분기	4사분기
홍길동	83	90	95	70
성춘향	91	70	70	88
이몽룡	93	98	91	93

① 세로 막대형　② 꺾은선형
③ 원형　④ 방사형

▶ 정답 : 1. ④ 2. ② 3. ④ 4. ① 5. ① 6. ① 7. ② 8. ③ 9. ② 10. ① 11. ③

기출문제 해설

[문제 01] Section 086

① 워크시트에서 차트에 사용될 데이터를 범위로 지정한 후 F11을 눌러야 별도의 차트 시트에 기본 차트가 작성된다.

② 원형 차트는 항상 한 개의 데이터 계열만 가질 수 있으므로 축이 없다.

③ 차트에 추세선을 추가하면 기본적으로 '선형' 추세선이 표시되지만 사용자가 추세선의 종류를 변경할 수 있다.

[문제 02] Section 086

차트 제목을 선택한 상태에서 수식 입력줄에 = 을 입력하고 [A1] 셀을 클릭하면 수식 입력줄에 =Sheet1!$A$1로 표시된다.

[문제 03] Section 086

문제에 제시된 그림은 데이터 레이블이 '가운데'가 아니라 '위쪽'으로 설정되어 있다. 데이터 레이블을 '가운데'로 설정하면 다음과 같이 표시된다.

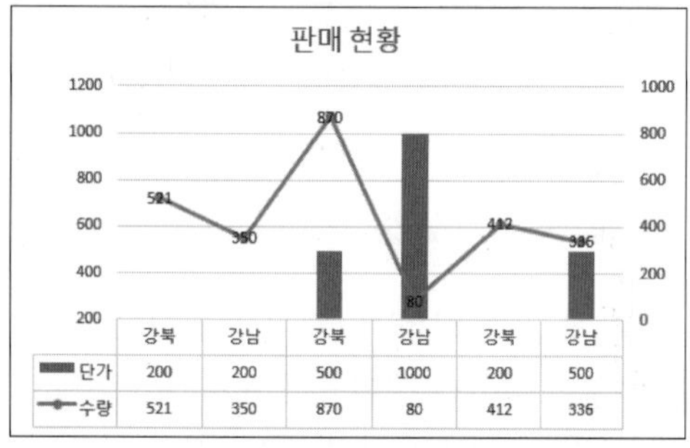

[문제 04] Section 087

3차원 차트에는 오차 막대를 표시할 수 없다.

[문제 05] Section 087

'계열 겹치기' 값이 0보다 작으면 다음과 같이 계열간 간격이 떨어져서 표시된다.

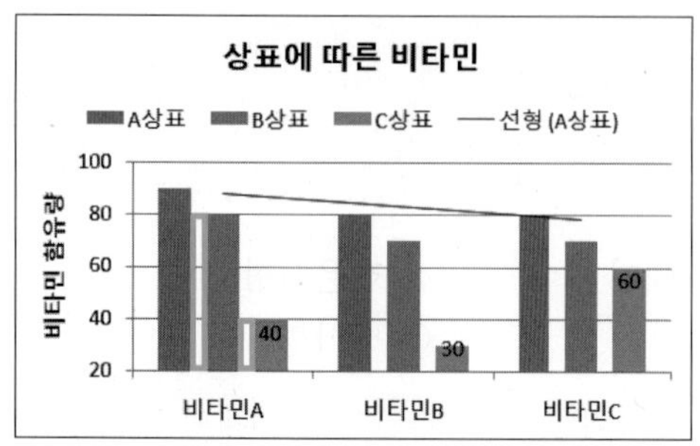

[계열 겹치기 : –50%]

[문제 06] Section 088

항목의 값을 점으로 표시하여 여러 데이터 값들의 관계를 보여주는 것은 분산형 차트이다.

[문제 07] Section 088

- 표면형 차트는 두 개의 데이터 집합에서 최적의 조합을 찾을 때 사용한다.
- ②번은 꺾은선형 차트에 대한 설명이다.

[문제 08] Section 088

① 원형 차트는 축이 없다.

② 원형 차트에는 데이터 테이블을 표시할 수 없다.

④ 원형 차트의 종류에는 '원형 대 꺾은선형'이라는 차트는 없다.

[문제 09] Section 087

하나의 데이터 계열에 두 개 이상의 추세선을 동시에 사용할 수도 있다.

[문제 10] Section 087

문제에 제시된 그림은 '간격 너비'가 아니라 '계열 겹치기'가 0%로 설정되어 있다. '간격 너비'를 0%로 설정하면 다음과 같이 표시된다.

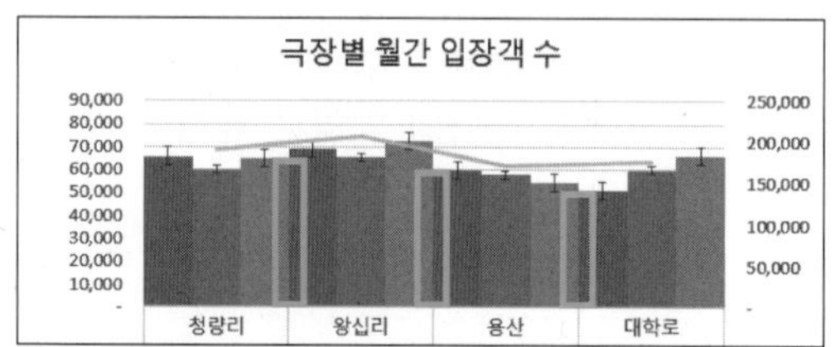

[문제 11] Section 088

한 개의 데이터 계열만 표시할 수 있는 원형 차트로는 4개의 계열로 구성된 표의 데이터를 표시할 수 없다.

4장

출력

SECTION 089

워크시트의 화면 설정

전문가의 조언

워크시트의 화면 [확대/축소]에 대한 내용으로 잘못된 것을 찾는 문제가 출제되고 있습니다.

[기출 포인트]

- 화면을 10~400%까지 확대하거나 축소할 수 있다.
- 화면의 확대/축소는 인쇄 시 적용되지 않는다.
- 화면의 확대/축소는 해당 시트에만 적용된다.

509201

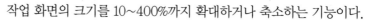

23.2, 23.1, 22.7, 20.1, 18.2, 16.2, 15.3, 13.3, 11.1, 10.3

1 확대/축소

작업 화면의 크기를 10~400%까지 확대하거나 축소하는 기능이다.

- 실행 다음과 같이 수행한 후 확대/축소 배율을 지정한다.
  - 방법 1 : [보기] → [확대/축소] → [확대/축소] 클릭
  - 방법 2 : 상태 표시줄의 '확대/축소 비율(100 %)' 클릭
- 영역을 선택한 후 [보기] → [확대/축소] → [선택 영역 확대/축소]를 클릭하면 선택된 영역이 전체 화면에 맞춰 확대 또는 축소된다.
- 확대/축소 배율은 지정한 시트에만 적용된다.
- '확대/축소' 대화상자의 사용자 지정 입력 상자에 직접 배율을 입력할 수 있다.
- Ctrl을 누른 채 마우스의 휠 버튼을 위로 굴리면 화면이 확대되고, 아래로 굴리면 화면이 축소*된다.
- 화면의 확대/축소는 인쇄 시 적용되지 않는다.

마우스를 이용한 화면 확대/축소

[파일] → [옵션] → [고급] 탭의 '편집 옵션' 항목에서 'IntelliMouse로 화면 확대/축소' 옵션을 체크하면 Ctrl을 누르지 않은 상태에서 마우스의 스크롤 버튼만으로 화면의 축소 및 확대가 가능합니다.

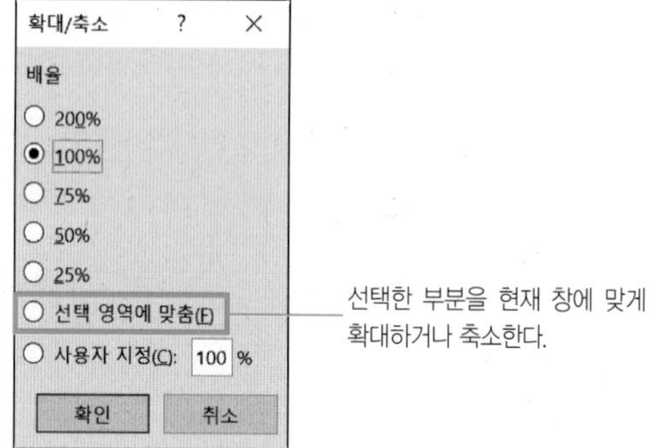

기출체크 ☑

22.7, 20.1, 16.2, 15.3, 13.3, 10.3

1. 워크시트의 확대/축소 배율은 최소 (　　)%에서 최대 (　　)%까지 설정할 수 있다.

22.7, 20.1

2. 시트에 설정한 확대/축소 배율은 통합 문서의 모든 시트에 자동으로 적용된다. (○, ×)

기출체크 2번

화면의 확대/축소는 해당 시트에만 적용됩니다.

기출체크 정답

1. 10, 400 2. ×

509202 ▶

24.5, 23.4, 23.3, 23.2, 23.1, 22.4, 22.3, 22.2, 21.3, 21.1, 20.상시, 19.1, 18.상시, 18.2, 17.2, 16.2, 16.1, 15.2, 14.3, …

2 틀 고정

데이터의 양이 많은 경우, 열이나 행을 고정시켜 셀 포인터의 이동과 상관없이 특정 영역을 항상 표시하기 위해 사용한다.

- 화면에 표시되는 틀 고정 형태는 인쇄 시 적용되지 않는다.
- 틀 고정을 수행하면 셀 포인터의 왼쪽과 위쪽으로 고정선이 표시된다.
- 틀 고정선의 위치를 마우스로 조정할 수 없다.

예제 [C3] 셀을 기준으로 틀 고정을 실행하시오.

① 틀을 고정할 행의 아래쪽, 열의 오른쪽 셀(C3)을 선택한다.

② [보기] → [창] → [틀 고정] → [틀 고정]을 선택한다.

	A	B	C	D	E	F	G	H
1								
2		성명	직위	기본급	상여금	급여계	공제계	실수령액
3		이지형	부장	3,400,000	2,720,000	6,120,000	734,400	5,386,000
4		나현희	대리	2,000,000	1,600,000	3,600,000	432,000	3,168,000
5		오지명	부장	3,290,000	2,632,000	5,922,000	710,640	5,211,000
6		차이슬	과장	2,640,000	2,112,000	4,752,000	570,240	4,182,000
7								

2행의 아래쪽과 B열의 오른쪽, 즉 [C3] 셀에서 틀 고정을 수행하면 1, 2행과 A, B열이 고정된다.

↓

	A	B	C	D	E	F	G	H
1								
2		성명	직위	기본급	상여금	급여계	공제계	실수령액
3		이지형	부장	3,400,000	2,720,000	6,120,000	734,400	5,386,000
4		나현희	대리	2,000,000	1,600,000	3,600,000	432,000	3,168,000
5		오지명	부장	3,290,000	2,632,000	5,922,000	710,640	5,211,000
6		차이슬	과장	2,640,000	2,112,000	4,752,000	570,240	4,182,000
7								

↓

	A	B	E	F	G	H	I	J
1								
2		성명	상여금	급여계	공제계	실수령액		
5		오지명	2,632,000	5,922,000	710,640	5,211,000		
6		차이슬	2,112,000	4,752,000	570,240	4,182,000		
7								
8								
9								

셀 포인터를 오른쪽으로 이동하면 B열을 기준으로, 아래쪽으로 이동하면 2행을 기준으로 고정되어 표시된다.

③ 틀 고정을 취소하려면 [보기] → [창] → [틀 고정] → [틀 고정 취소]를 선택한다.

기출체크 ☑

23.4, 22.4, 21.3, 21.1, 20.상시, 17.2, 16.2, 16.1, 14.3, 14.1, 11.3, 08.4, 07.2, 04.3

3. 데이터 양이 많은 경우, 특정한 범위의 열 또는 행을 고정시켜 셀 포인터의 이동과 상관없이 화면에 항상 표시할 수 있도록 하는 기능은 (   )이다.

23.4, 23.3, 22.4, 21.3, 21.1, 16.1, 14.1

4. 틀 고정 구분선을 마우스로 잡아끌어 이동시킬 수 있다. (○, ×)

전문가의 조언

중요해요! 틀 고정의 특징을 묻는 문제가 자주 출제됩니다.

[기출 포인트]

- 틀 고정 형태는 인쇄 시 적용되지 않는다.
- 틀 고정선을 마우스로 이동할 수 없다.

준비하세요

'C:\길벗컴활1급필기QnE\2과목\2과목.xlsm' 파일을 불러와 '섹션089-1' 시트에서 실습하세요.

기출체크 4번

창 나누기 구분선은 마우스로 위치를 조정할 수 있으나 틀 고정 구분선은 마우스로 위치를 조정할 수 없습니다.

기출체크 정답

3. 틀 고정 4. ×

3 창 나누기

24.4, 24.3, 23.3, 22.3, 20.2, 19.1, 18.2, 16.1, 09.3, 07.4, 03.3

509203

데이터의 양이 많아 데이터를 한 화면으로 모두 보기 어려운 경우, 창 나누기를 이용하면 서로 떨어져 있는 데이터를 한 화면에 표시*할 수 있다.

- 창 나누기를 수행하면 셀 포인터의 왼쪽과 위쪽으로 창 구분선이 표시된다.
- 하나의 시트를 2개 혹은 4개의 영역으로 나눈다.
- 창 나누기 구분선의 위치를 마우스로 이동시킬 수 있다.
- 마우스로 더블클릭하면 창 나누기 구분선이 제거된다.

예제 [E4] 셀을 기준으로 창 나누기를 실행하시오.

① 창을 나눌 행의 아래쪽, 열의 오른쪽 셀(E4)을 선택한다.

② [보기] → [창] → [나누기]를 클릭한다.

	A	B	C	D	E	F	G	H
1								
2		성명	직위	기본급	상여금	급여계	공제계	실수령액
3		이지형	부장	3,400,000	2,720,000	6,120,000	734,400	5,386,000
4		나현희	대리	2,000,000	1,600,000	3,600,000	432,000	3,168,000
5		오지명	부장	3,290,000	2,632,000	5,922,000	710,640	5,211,000
6		차이슬	과장	2,640,000	2,112,000	4,752,000	570,240	4,182,000
7								

↓

	A	B	C	D	E	F	G	H
1								
2		성명	직위	기본급	상여금	급여계	공제계	실수령액
3		이지형	부장	3,400,000	2,720,000	6,120,000	734,400	5,386,000
4		나현희	대리	2,000,000	1,600,000	3,600,000	432,000	3,168,000
5		오지명	부장	3,290,000	2,632,000	5,922,000	710,640	5,211,000
6		차이슬	과장	2,640,000	2,112,000	4,752,000	570,240	4,182,000
7								

작업 창이 4개로 나누어졌으며, 현재 셀 포인터가 있는 창 부분을 기준으로 이동된다.

※ 창 구분선을 드래그하여 창의 크기를 조절할 수 있다.

	A	B	C	D	G	H	I	J
1								
2		성명	직위	기본급	공제계	실수령액		
3		이지형	부장	3,400,000	734,400	5,386,000		
4		나현희	대리	2,000,000	432,000	3,168,000		
5		오지명	부장	3,290,000	710,640	5,211,000		
6		차이슬	과장	2,640,000	570,240	4,182,000		
7								

③ 창 나누기를 해제*하려면 리본 메뉴의 [보기] → [창] → [나누기]를 다시 클릭하거나 창 나누기 기준선을 마우스로 더블클릭한다.

기출체크 ☑

24.3, 22.3, 20.2, 19.1, 16.1, 07.4, 03.3

5. 하나의 시트를 4개의 영역으로 나누어 볼 수 있는 기능은 (   )이다.

전문가의 조언

창 나누기와 틀 고정을 비교하는 문제가 출제되고 있습니다.

[기출 포인트]

- 하나의 시트를 4개의 영역으로 나눌 수 있다.
- 창 구분선을 마우스로 이동할 수 있다.
- 마우스로 창 구분선을 더블클릭하면 창 구분선이 제거된다.
- 창 나누기 상태에서 [보기] → [창] → [나누기]를 클릭하면 창 나누기가 해제된다.

준비하세요

'C:\길벗컴활1급필기QnE\2과목\2과목.xlsm' 파일을 불러와 '섹션089-2' 시트에서 실습하세요.

창의 모양과 인쇄

창 나누기, 틀 고정 및 화면 배율을 조절한 결과는 화면에만 영향을 줄 뿐 인쇄 시에는 적용되지 않습니다.

창 나누기 해제

창 구분선을 열 머리글이나 행 머리글로 드래그해도 창 구분선이 삭제되면서 창 나누기가 해제됩니다.

기출체크 정답

5. 창 나누기

SECTION 090

페이지 설정

509301

24.5, 24.3, 24.2, 24.1, 23.4, 23.3, 22.4, 22.3, 21.7, 21.4, 21.3, 20.상시, 19.상시, 19.1, 18.상시, 17.2, 17.1, 15.2, …

1 페이지 설정*

용지 방향, 확대/축소 배율, 자동 맞춤, 용지 크기, 인쇄 품질, 시작 페이지 번호 등을 설정한다.

실행 [페이지 레이아웃] → [페이지 설정]의 '⧉' 클릭

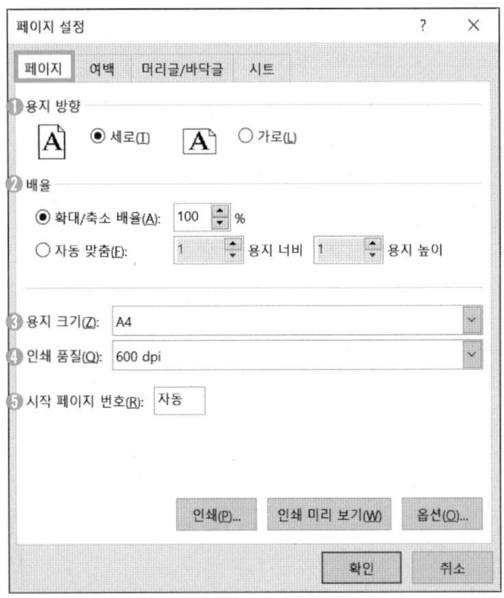

24.5, 24.3, 21.4, 14.3, 11.2, … ① **용지 방향**	인쇄할 페이지의 용지 방향을 세로 또는 가로로 설정한다.
24.2, 24.1, 23.4, 23.3, 22.4, … ② **배율**	• **확대/축소 배율** : 워크시트 표준 크기의 10~400%까지 확대/축소하여 인쇄한다. • **자동 맞춤*** : 데이터 양에 관계없이 지정된 페이지 수에 맞게 인쇄되도록 자동으로 축소/확대 배율이 조정된다. • 배율을 설정하면 사용자가 삽입한 페이지 구분선은 효력을 잃는다.
③ **용지 크기**	인쇄 용지의 크기를 지정한다.
④ **인쇄 품질**	• 인쇄 해상도를 지정한다. • 해상도가 높을수록 출력물이 선명하다.
19.1, 15.2 ⑤ **시작 페이지 번호**	• 인쇄 시작 페이지의 페이지 번호를 지정한다. • 기본값은 1페이지부터이다.

기출체크 ☑

22.4, 17.1, 14.1, 11.2

1. '페이지 설정' 대화상자의 '페이지' 탭에서는 축소/확대 배율을 (　　)%에서 최대 (　　)%까지 설정할 수 있다.

전문가의 조언

• **중요해요!** '페이지 설정' 대화상자의 탭별 기능을 묻는 문제가 자주 출제됩니다.

• '페이지 설정' 대화상자에서 수행할 수 있는 기능을 탭별로 구분하여 정확히 알아두세요.

[기출 포인트]

• 여러 페이지의 내용을 한 페이지에 출력하려면 '자동 맞춤'을 선택한 후 용지 너비와 높이를 1로 지정한다.

• 10~400%까지 확대하거나 축소하여 인쇄할 수 있다.

페이지 설정

인쇄할 문서에 페이지, 여백, 머리글/바닥글 등 시트에 관한 여러 사항을 설정할 수 있습니다.

'자동 맞춤'을 이용하여 여러 페이지를 한 페이지로 출력하는 방법

'페이지 설정' 대화상자의 '페이지' 탭에서 [자동 맞춤]의 용지 너비와 용지 높이를 1로 지정하면 여러 페이지가 한 페이지에 출력됩니다.

기출체크 정답

1. 10, 400

509302

24.1, 23.3, 22.3, 21.7, 21.4, 21.3, 21.2, 20.2, 19.상시, 14.3, 11.2

2 여백 설정

인쇄 용지의 상 · 하 · 좌 · 우 여백 및 머리글/바닥글의 여백을 설정한다.

- 여백의 기본 단위는 센티미터이며, 인치나 밀리미터로 변경*이 가능하다.

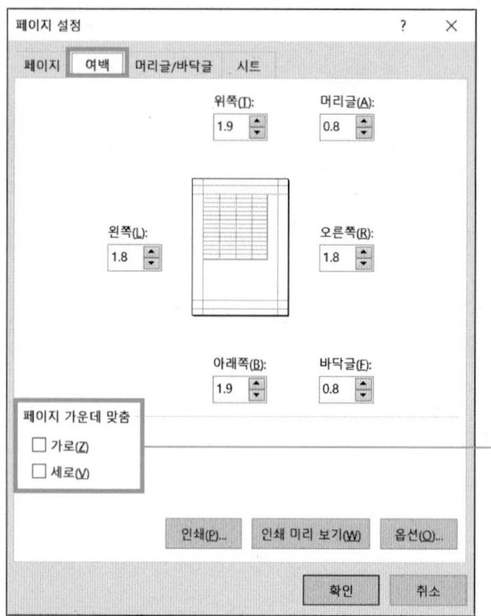

페이지의 가로와 세로를 기준으로 데이터가 가운데에 출력되도록 정렬한다.

기출체크 ☑

24.1, 23.3, 22.3, 21.7, 21.3

2. '머리글'과 '바닥글'의 여백은 '페이지 설정' 대화상자의 (   ) 탭에서 지정할 수 있다.

[기출 포인트]

- [여백] 탭에서 '페이지 가운데 맞춤'을 지정할 수 있다.
- [여백] 탭에서 '머리글'과 '바닥글'의 여백을 지정할 수 있다.

여백 단위 변경

여백의 단위는 [파일] → [옵션] → 'Excel 옵션' 대화상자의 '고급' 탭에서 '표시'의 '눈금자 단위'를 이용하여 변경할 수 있습니다.

509303

24.5, 24.4, 24.3, 24.1, 23.2, 23.1, 22.3, 22.2, 21.7, 21.4, 21.3, 19.상시, 18.1, 17.2, 15.3, 14.3, 14.2, 12.1, 11.2, 11.1, …

3 머리글/바닥글 설정

문서 제목, 페이지 번호, 사용자 이름, 작성 날짜 등 출력물의 매 페이지에 고정적으로 표시되는 머리글이나 바닥글을 설정한다.

- **머리글/바닥글 편집** : 파일 이름, 페이지 번호, 날짜 등의 도구 모음을 이용해 적당한 위치에 원하는 모양으로 내용을 편집*할 수 있음

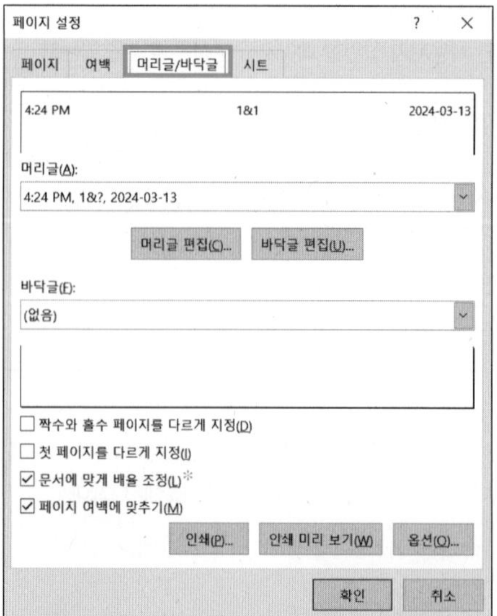

[기출 포인트]

- 머리글/바닥글에 날짜를 표시하려면 &[날짜]로 지정한다.
- 머리글/바닥글을 입력하는 여백의 크기는 '여백' 탭에서 지정한다.
- '문서에 맞게 배율 조정'은 머리글/바닥글의 인쇄 배율을 워크시트의 인쇄 배율과 동일하게 적용한다.
- 머리글/바닥글 편집 도구의 [파일 아이콘]를 클릭하면 '&[파일]'이 표시된다.

머리글/바닥글 직접 입력

머리글/바닥글 편집 도구 모음을 이용하지 않고 직접 입력할 때는 위 그림과 같이 & 뒤에 입력할 항목을 대괄호 [ ]로 묶어주면 됩니다.

예 &[페이지 번호]
&[날짜]

문서에 맞게 배율 조정

머리글/바닥글 내용을 출력되는 워크시트의 실제 크기의 백분율에 따라 확대 · 축소합니다.

기출체크 정답
2. 여백

↓

머리글

머리글

텍스트 서식을 지정하려면 텍스트를 선택한 후 [텍스트 서식] 단추를 누릅니다.
페이지 번호, 날짜, 시간, 파일 경로, 파일 이름 또는 탭 이름을 삽입하려면 삽입 지점을 편집 상자로 이동한 다음 적절한 단추를 선택합니다.
커서를 입력란에 놓고 해당하는 단추를 누릅니다.
그림을 삽입하려면 [그림 삽입] 단추를 누릅니다. 그림에 서식을 지정하려면 커서를 편집 상자로 이동하고 [그림 서식] 단추를 누릅니다.
커서를 입력란에 놓고 [그림 서식] 단추를 누릅니다.

가 — 머리글/바닥글 편집 도구 모음*

왼쪽 구역(L): &[시간]
가운데 구역(C): &[페이지 번호]&&&[전체 페이지 수]
오른쪽 구역(R): &[날짜]

확인 취소

머리글/바닥글 편집 도구 모음

- 가 : 텍스트 서식
- : 페이지 번호 삽입
- : 전체 페이지 수 삽입
- : 날짜 삽입
- : 시간 삽입
- : 파일 경로 삽입
- : 파일 이름 삽입
- : 시트 이름 삽입
- : 그림 삽입
- : 그림 서식

기출체크 ☑

24.4, 22.2

3. 머리글과 바닥글의 글꼴과 인쇄 배율을 워크시트의 글꼴과 인쇄 배율에 맞추려면 '문서에 맞게 배율 조정'을 선택한다. (○, ×)

기출체크 3번

'문서에 맞게 배율 조정'을 선택하면 머리글과 바닥글의 글꼴이 아닌 인쇄 배율만 워크시트의 인쇄 배율과 동일하게 적용됩니다.

509304

24.5, 24.2, 24.1, 23.4, 23.3, 22.7, 22.5, 22.4, 21.7, 21.6, 21.5, 21.4, 21.3, 21.2, 20.상시, 20.2, 20.1, 19.상시, …

4 시트 설정

인쇄 영역, 인쇄 제목, 눈금선 · 메모, 노트 등의 인쇄 여부, 페이지 순서 등을 설정한다.

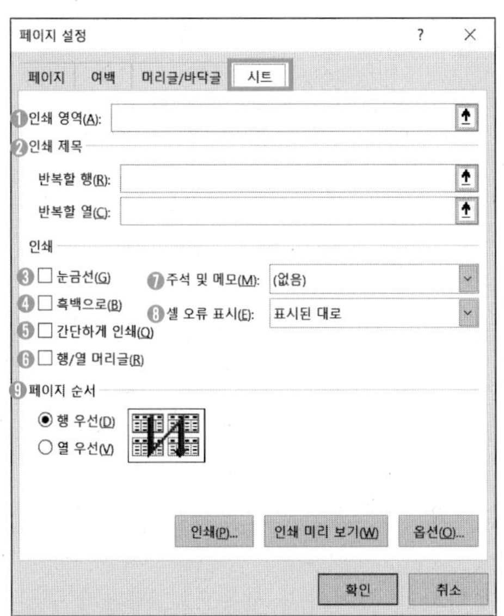

전문가의 조언

중요해요! [페이지 설정] 대화상자의 [시트] 탭에서 설정할 수 없는 기능을 고르는 문제가 자주 출제됩니다.

[기출 포인트]

- [시트] 탭에서는 인쇄 영역이나 반복할 행, 반복할 열을 지정할 수 있다.
- '간단하게 인쇄'를 선택하면 그래픽 요소는 제외하고 텍스트만 인쇄된다.
- 차트를 선택한 상태에서는 인쇄 영역을 설정할 수 없다.
- 행/열 머리글의 인쇄 여부를 지정한다.

17.2, 04.4, 04.3 **❶ 인쇄 영역**	특정 부분만 인쇄할 경우 범위를 지정한다.
20.상시, 20.2, 15.3, 15.1, … **❷ 인쇄 제목**	모든 페이지에 제목으로 반복 인쇄할 행이나 열을 지정한다. 예 **1~3행 반복** : 인쇄 제목의 반복할 행을 $1:$3으로 지정 **A~B열 반복** : 인쇄 제목의 반복할 열을 $A:$B로 지정
24.1, 23.4, 23.3, 21.7, 21.3, 20.1, … **❸ 눈금선**	시트에 표시된 셀 눈금선의 인쇄 여부를 지정한다.

기출체크 정답

3. ×

13.3 **❹ 흑백으로**	컬러 서식이 지정된 데이터를 흑백으로 출력한다.
24.2, 20.1, 13.3, 12.3, 10.1 **❺ 간단하게 인쇄**	워크시트에 입력된 차트, 도형, 그림, 워드아트, 괘선 등 모든 그래픽 요소를 제외하고 텍스트만 빠르게 인쇄한다.
23.4, 22.4, 17.1, 15.3, 14.1, 11.2, 04.2 **❻ 행/열 머리글**	행/열 머리글의 인쇄 여부를 지정한다.
23.4, 22.7, 22.5, 22.4, 17.1, 15.3, … **❼ 주석 및 메모**	• 시트에 포함된 메모와 노트의 인쇄 여부 및 인쇄 위치*를 지정한다. • **시트 끝** : 메모와 노트의 화면 표시 방법과는 상관없이 가장 마지막 시트의 끝에 모아서 인쇄한다. • **시트에 표시된 대로(메모 전용)** : 노트가 화면에 항상 표시되게 지정된 상태에서만 노트가 삽입된 위치에 그대로 인쇄한다.
21.2, 20.2, 15.3 **❽ 셀 오류 표시**	오류의 표시 방법*을 지정한다.
19.상시, 15.1, 14.3, 07.2 **❾ 페이지 순서**	• 데이터를 한 페이지에 인쇄할 수 없을 때 인쇄될 방향(행/열)의 우선순위를 지정한다. • **행 우선** : 행(아래) 방향으로 인쇄를 마친 후에 열 방향으로 진행 • **열 우선** : 열(오른쪽) 방향으로 인쇄를 마친 후에 행 방향으로 진행

메모와 노트의 인쇄 위치

오류 표시 방법

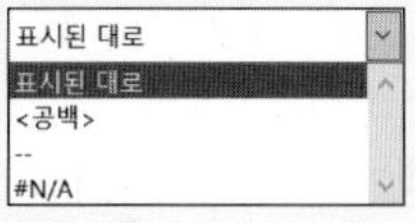

24.5, 24.3, 24.2, 22.6, 22.1, 21.6, 21.5, 21.4, 11.2, 09.2, 06.4, 05.1

잠깐만요 차트의 '페이지 설정'

509331 ▶

- 차트를 선택한 상태에서 페이지 설정을 선택하면 '페이지 설정' 대화상자에 '시트' 탭 대신 '차트' 탭이 표시됩니다.
- '차트' 탭에서는 인쇄 품질(초안, 흑백으로 인쇄)을 지정할 수 있습니다.
- 일반 시트의 인쇄 방법과 동일하게 머리글 및 바닥글을 지정할 수 있습니다.
- 차트를 선택한 상태에서는 인쇄 영역이나 확대/축소 배율을 지정할 수 없습니다.

기출체크 ☑

24.2

4. 차트의 '페이지 설정' 대화상자의 '차트' 탭에서 '간단하게 인쇄'를 선택하면 차트를 제외한 시트를 인쇄할 수 있다. (○, ×)

기출체크 4번

차트의 '페이지 설정' 대화상자의 '차트' 탭에서는 '초안'과 '흑백으로 인쇄'만 지정할 수 있습니다. 차트를 제외한 시트를 인쇄하는 '간단하게 인쇄'는 시트의 '페이지 설정' 대화상자의 '시트' 탭에서 지정할 수 있습니다.

509305 ▶

20.상시, 17.1, 16.2, 14.2, 12.1, 05.2, 03.4, 03.1

5 페이지 나누기

작성한 문서를 페이지 단위로 나누어 인쇄하기 위해 페이지를 나누는 것이다.

21.2, 21.1, 17.1, 16.2, 14.2, 12.1

❶ 자동 페이지 나누기

- 인쇄할 데이터가 많아 한 페이지가 넘어가면 자동으로 페이지 구분선*이 삽입된다.
- 페이지 구분선은 용지 크기, 여백 설정, 설정한 배율 옵션을 기준으로 설정된다.
- 행 높이와 열 너비를 변경하면 '자동 페이지 나누기'의 위치도 변경된다.

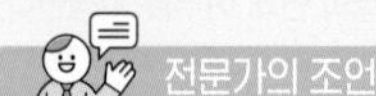

페이지를 나누는 방법과 페이지 나누기의 특징을 묻는 문제가 출제된 적이 있습니다.

[기출 포인트]

- 행 높이나 열 너비가 변경되면 자동 페이지 구분선의 위치도 변경된다.
- 행 높이나 열 너비가 변경돼도 수동 페이지 구분선은 그대로 유지된다.

페이지 구분선 표시 여부

[파일] → [옵션] → [고급] 탭의 '이 워크시트의 표시 옵션' 항목에서 '페이지 나누기 표시'를 이용하여 페이지 구분선의 표시 여부를 설정할 수 있습니다.

기출체크 정답

4. ×

21.2, 21.1, 20.상시, 17.1, 05.2, 03.4, 03.1

❷ 수동 페이지 나누기

- [페이지 레이아웃] → [페이지 설정] → [나누기] → [페이지 나누기 삽입]을 선택한다.
- 사용자가 강제로 페이지를 나누는 것으로, 셀 포인터의 위치를 기준으로 왼쪽과 위쪽에 페이지 구분선이 삽입된다.
- 페이지 나누기가 설정된 셀을 선택하고, [페이지 레이아웃] → [페이지 설정] → [나누기] → [페이지 나누기 제거]를 선택하면 삽입된 페이지 구분선이 제거된다.

기출체크 ☑

21.2, 21.1, 17.1, 16.2, 14.2, 12.1

5. 행 높이와 열 너비를 변경하더라도 자동 페이지 나누기의 위치는 변하지 않는다. (○, ×)

509306

24.1, 23.2, 23.1, 21.8, 21.2, 21.1, 18.1, 17.1, 16.2, 14.2, 13.1, 12.1, 10.1, 09.3, 09.1, 08.1, 05.3

6 페이지 나누기 미리 보기

작성한 문서가 출력될 때의 페이지 경계선을 한눈에 볼 수 있는 기능으로, 페이지 구분선, 인쇄 영역, 페이지 번호 등이 표시된다.

- 실행 [보기] → [통합 문서 보기] → [페이지 나누기 미리 보기] 클릭
- 페이지 구분선을 마우스로 드래그하여 구분선의 위치를 변경하거나 삭제할 수 있다.
- '페이지 나누기 미리 보기' 상태에서도 데이터 입력 및 편집을 할 수 있다.
- '페이지 나누기 미리 보기' 상태에서 '기본' 보기로 전환하여도 페이지 구분선을 표시할 수 있다.
- **'페이지 나누기 미리 보기' 상태 해제** : [보기] → [통합 문서 보기] → [기본] 클릭
- **설정된 모든 페이지 해제** : 바로 가기 메뉴의 [페이지 나누기 모두 원래대로] 선택
- '페이지 나누기 미리 보기' 상태에서 자동으로 표시된 페이지 구분선은 점선, 수동으로 삽입한 페이지 구분선은 실선으로 표시된다.

	A	B	C	D	E	F	G	H	I	J	K	L
1	[표1]		사원관리현황					[표2]		도서대여현황		
2	사원코드	사원명	소속부서	전년도 매출	매출계획			도서코드	대여일	반납일	1일대여료	총대여료
3	A-1011	박정숙	개발	700	600			K-1-432	09월 01일	09월 04일	800	2,400
4	A-2123	박정현	홍보	650	900			G-6-366	09월 01일	09월 03일	850	1,700
5	C-3012	신민정	무역	560	550			C-9-212	09월 04일	09월 09일	750	3,750
6	B-3103	오정아	무역	430	600			G-2-107	09월 04일	09월 10일	850	5,100
7	C-2012	윤선화	홍보	1,260	1,250			K-5-960	09월 07일	[illegible]	[illegible]	[illegible]
8	A-1023	윤지은	개발	980	1,000			C-4-104	09월 09일	[illegible]	[illegible]	[illegible]
9	B-2311	나기림	홍보	850	550			C-7-667	09월 09일	09월 14일	750	3,750
10	B-1585	윤지민	개발	800	1,000			G-9-439	09월 11일	09월 16일	850	4,250
11	C-3368	김유정	무역	600	800			G-1-204	09월 14일	09월 17일	850	2,550
12	A-1857	한정민	개발	700	900			K-3-345	09월 16일	09월 21일	800	4,000
13												
14	[표3]		회원관리현황					[표4]		신입생정보		
15	성명	성별	닉네임	가입일자	회원코드			학생코드	성명	성별	[illegible]	
16	최정욱	남	GLORIA	2011-03-25	Glo2011			20-E-935	김은소	여	[illegible]	
17	유승희	여	BELITA	2018-09-10	Bel2018			20-C-601	김동준	남	토목과	
18	강민주	여	ANDREA	2016-06-21	And2016			20-P-723	최시아	여	물리과	
19	김선영	여	CHRISTINE	2017-05-04	Chr2017			20-C-418	고강민	남	토목과	
20	정영진	남	WHITNEY	2013-08-08	Whi2013			20-E-127	김단	여	전자과	
21	이상민	남	SHADOW	2014-12-01	Sha2014			20-P-406	유명식	남	물리과	
22	전지현	여	CAMILLA	2015-07-24	Cam2015			20-E-384	이향기	여	전자과	
23	김상욱	남	DORIS	2013-11-17	Dor2013			20-C-245	조관우	남	토목과	
24												

1 페이지
2 페이지
5 페이지
자동 페이지 나누기 구분선
수동 페이지 나누기 구분선

기출체크 5번

행 높이와 열 너비를 변경하면 자동 페이지 나누기의 위치도 변합니다.

전문가의 조언

'페이지 나누기 미리 보기'에 대한 설명으로 잘못된 내용을 고르는 문제가 출제되고 있습니다.

[기출 포인트]

- 자동으로 표시된 페이지 구분선은 점선으로 표시된다.
- 수동으로 삽입한 페이지 구분선은 실선으로 표시된다.
- '페이지 나누기 미리 보기'에서는 마우스로 페이지 구분선의 위치를 변경할 수 있다.
- '페이지 나누기 미리 보기'에서는 머리글/바닥글을 추가할 수 없다.

기출체크 정답

5. ×

기출체크 ☑

24.1, 21.2, 21.1, 16.2, 14.2, 12.1

6. '페이지 나누기 미리 보기' 상태에서는 자동으로 표시된 페이지 구분선은 (   )으로 표시되고, 수동으로 삽입한 페이지 구분선은 (   )으로 표시된다.

509307 ▶

23.5, 22.5, 18.2, 18.1, 17.2

7 페이지 레이아웃 보기

전문가의 조언

'페이지 레이아웃' 보기 상태에서 설정 가능한 작업을 묻는 문제가 출제되고 있습니다.

[기출 포인트]

'페이지 레이아웃 보기'에서는 마우스로 페이지 구분선을 조절할 수 없다.

작성한 문서가 종이로 출력될 때는 모습을 페이지 단위로 볼 수 있는 기능이다.

- 실행 [보기] → [통합 문서 보기] → [페이지 레이아웃] 클릭
- '페이지 레이아웃 보기' 상태에서는 기본 보기와 같이 데이터 입력은 물론 셀 서식이나 레이아웃 등을 변경할 수 있다.
- 워크시트에 머리글과 바닥글 영역이 표시되므로 머리글/바닥글을 바로 입력하거나 수정할 수 있다.
- 행 높이, 열 너비, 페이지 여백, 머리글/바닥글 여백 등은 마우스를 드래그하여 조절할 수 있지만 페이지 구분선은 조절할 수 없다.
- 가로, 세로 눈금자*가 화면에 표시되므로 출력물의 크기를 가늠할 수 있다.

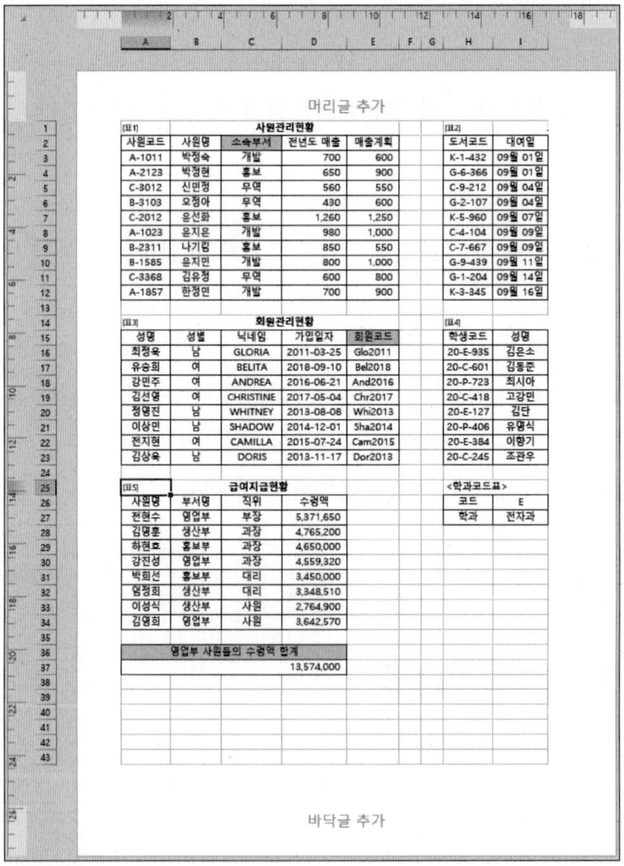

눈금자

화면에 표시된 눈금자의 단위는 [파일] → [옵션]을 선택하면 표시되는 'Excel 옵션' 대화상자의 '고급' 탭에서 인치, 센티미터, 밀리미터 등으로 변경할 수 있습니다.

머리글 추가

[표1] 사원관리현황

사원코드	사원명	소속부서	전년도 매출	매출계획
A-1011	박정숙	개발	700	600
A-2123	박정현	홍보	650	900
C-3012	신민정	무역	560	550
B-3103	오정아	무역	430	600
C-2012	윤선화	홍보	1,260	1,250
A-1023	윤지은	개발	980	1,000
B-2311	나기림	홍보	850	550
B-1585	윤지민	개발	800	1,000
C-3368	김유정	무역	600	800
A-1857	한정민	개발	700	900

[표2]

도서코드	대여일
K-1-432	09월 01일
G-6-366	09월 01일
C-9-212	09월 04일
G-2-107	09월 04일
K-5-960	09월 07일
C-4-104	09월 09일
C-7-667	09월 09일
G-9-439	09월 11일
G-1-204	09월 14일
K-3-345	09월 16일

[표3] 회원관리현황

성명	성별	닉네임	가입일자	회원코드
최정욱	남	GLORIA	2011-03-25	Glo2011
유승희	여	BELITA	2018-09-10	Bel2018
강민주	여	ANDREA	2016-06-21	And2016
김선영	여	CHRISTINE	2017-05-04	Chr2017
정명진	남	WHITNEY	2013-08-08	Whi2013
이상민	남	SHADOW	2014-12-01	Sha2014
전지현	여	CAMILLA	2015-07-24	Cam2015
김상욱	남	DORIS	2013-11-17	Dor2013

[표4]

학생코드	성명
20-E-935	김은소
20-C-601	김동준
20-P-723	최시아
20-C-418	고강민
20-E-127	김단
20-P-406	유명식
20-E-384	이향기
20-C-245	조관우

[표5] 급여지급현황

사원명	부서명	직위	수령액
전현수	영업부	부장	5,371,650
김명훈	생산부	과장	4,765,200
하현호	홍보부	과장	4,650,000
강진성	영업부	과장	4,559,320
박희선	홍보부	대리	3,450,000
엄정희	생산부	대리	3,348,510
이성식	생산부	사원	2,764,900
김영희	영업부	사원	3,642,570

영업부 사원들의 수령액 합계
13,574,000

<학과코드표>

코드	E
학과	전자과

바닥글 추가

기출체크 ☑

22.5, 18.2, 18.1

7. '페이지 레이아웃 보기' 상태에서는 페이지 나누기를 조정하는 페이지 구분선을 마우스로 드래그하여 페이지 나누기를 빠르게 조정할 수 있다. (○, ×)

기출체크 7번

'페이지 레이아웃 보기' 상태에서는 페이지 나누기를 조정하는 페이지 구분선을 마우스로 드래그 할 수 없습니다.

기출체크 정답

6. 점선, 실선 7. ×

SECTION 091

인쇄

509401

24.5, 23.4, 22.2, 21.6, 20.1, 19.2, 19.1, 17.2, 16.3, 11.3, 10.3, 09.3, 09.2, 08.2, 07.3, 06.3, 06.1, 05.4, 05.2, …

1 인쇄 미리 보기 및 인쇄

인쇄하기 전 인쇄될 모양을 미리 화면으로 확인하고, 프린터 종류, 인쇄 범위, 인쇄 대상, 인쇄 매수 등을 설정할 수 있다.

- 실행
  - 방법 1 : [파일] → [인쇄] 선택
  - 방법 2 : Ctrl + F2 누름
- 종료 Esc 누름

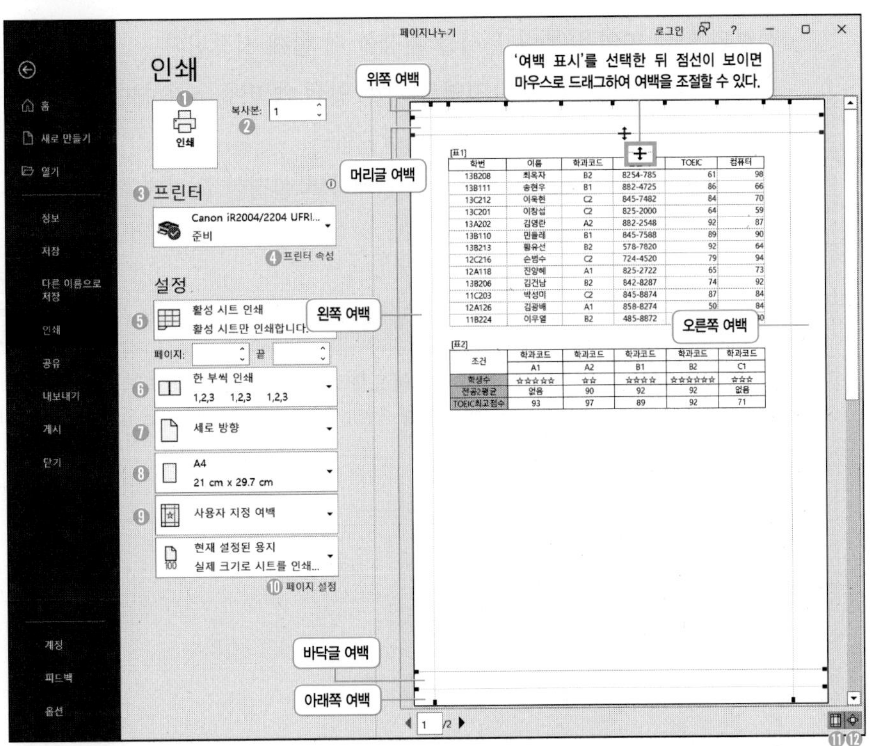

❶ **인쇄** : 인쇄를 실행한다.
❷ **복사본** : 인쇄 부수를 지정한다.
❸ **프린터** : 시스템에 설치된 프린터 중 인쇄 작업을 수행할 프린터를 선택한다.
❹ **프린터 속성** : 선택한 프린터에 관한 사항을 설정하는 '프린터 속성' 창이 실행된다.
❺ 인쇄 대상을 '활성 시트 인쇄, 전체 통합 문서 인쇄, 선택 영역 인쇄' 중 하나로 지정한다.
❻ 인쇄할 페이지를 지정한다.
❼ 인쇄 방향을 가로 또는 세로로 지정한다.
❽ 인쇄 용지의 종류를 지정한다.
❾ 인쇄 여백을 '기본, 좁게, 넓게'로 지정한다.
❿ **페이지 설정**※ : '페이지 설정' 대화상자를 이용해 머리글, 바닥글, 여백, 용지, 배율 등을 설정한다.

전문가의 조언

'인쇄 미리 보기 및 인쇄' 창에 대한 설명으로 잘못된 내용을 찾는 문제가 출제됩니다.

[기출 포인트]

- Ctrl + F2를 누르면 '인쇄 미리 보기 및 인쇄' 창이 실행된다.
- '인쇄 미리 보기 및 인쇄' 창에서 여백과 열 너비를 마우스로 변경할 수 있다.
- '인쇄 미리 보기 및 인쇄' 창의 '페이지 설정'에서는 인쇄 영역을 설정할 수 없다.

시트에 있는 차트만 인쇄하기

인쇄할 차트를 클릭한 후 [파일] → [인쇄]를 선택하면 설정의 인쇄 대상에 '선택한 차트 인쇄'가 선택됩니다. 이어서 [인쇄]를 다시 한 번 클릭하면 됩니다.

[파일] → [인쇄] → 페이지 설정

[파일] → [인쇄]를 선택한 후 '페이지 설정'을 클릭하면 '페이지 설정' 대화상자가 표시되지만 '시트' 탭의 인쇄 영역, 반복할 행, 반복할 열이 모두 비활성화되어 변경할 수 없습니다. '페이지 설정' 대화상자를 이용하여 인쇄 영역, 반복할 행 등을 변경하려면 [페이지 레이아웃] → [페이지 설정]의 '⧉'를 이용하여 '페이지 설정' 대화상자를 호출해야 합니다.

⑪ (여백 표시) : 마우스를 이용하여 여백의 크기나 열 너비를 조정할 수 있다.
⑫ (페이지 확대/축소) : 전체 페이지가 고정된 비율로 확대/축소된다.

기출체크 ☑

21.6, 20.1, 16.3, 09.2, 08.2, 07.3, 06.3, 05.2
1. 워크시트를 인쇄하기 전에 (　　　　　)를 누르면 시트를 인쇄했을 때의 모양을 미리 볼 수 있는 [인쇄 미리 보기 및 인쇄] 창이 실행된다.

509402 ▶

24.4, 22.6, 22.1, 21.8, 21.7, 21.5, 19.2, 19.1, 16.3, 09.4, 06.2, 03.4

2 인쇄 영역

워크시트의 내용 중 특정 부분만을 인쇄 영역으로 설정하여 인쇄할 수 있다.

- 실행 인쇄할 영역을 범위로 지정한 후 [페이지 레이아웃] → [페이지 설정] → [인쇄 영역] → [인쇄 영역 설정]* 선택
- 해제 [페이지 레이아웃] → [페이지 설정] → [인쇄 영역] → [인쇄 영역 해제] 선택
- 설정된 인쇄 영역은 통합 문서를 저장할 때 함께 저장된다.
- 하나의 시트에서는 원하는 영역을 기존 인쇄 영역에 추가하여 인쇄 영역을 확대할 수 있지만 여러 시트에서는 불가능하다.
- 여러 개의 인쇄 영역을 설정*한 후 인쇄하면 설정한 순서대로 각기 다른 페이지에 인쇄된다.

22.7, 22.5, 22.2, 21.8, 21.7, 09.4, 06.2, 03.4

잠깐만요 도형 인쇄

509431 ▶

인쇄 영역에 포함된 도형을 제외하고 인쇄하려면 도형의 바로 가기 메뉴에서 [크기 및 속성]을 선택한 후 [도형 서식] 창의 [도형 옵션] → [(크기 및 속성)] → [속성]에서 '개체 인쇄' 옵션의 선택을 해제해야 합니다.

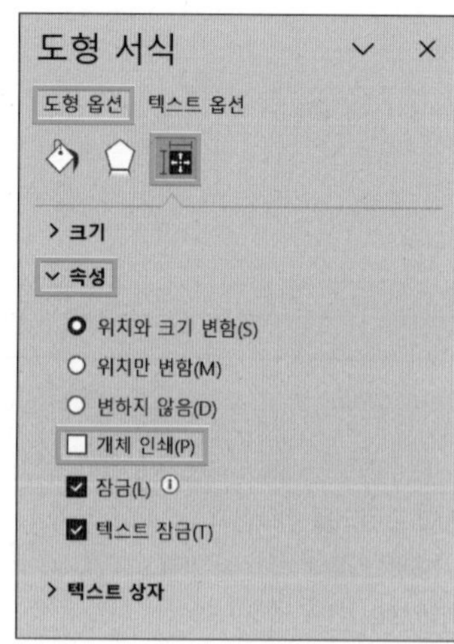

전문가의 조언

인쇄 영역 설정의 특징과 도형의 인쇄 여부를 지정하는 방법을 묻는 문제가 출제되고 있습니다.

[기출 포인트]

- 여러 시트의 영역을 기존 인쇄 영역에 추가할 수 없다.
- 도형이 인쇄되지 않게 하려면 [도형 서식] 창에서 '개체 인쇄' 옵션을 해제해야 한다.
- '페이지 나누기 미리 보기'에서 인쇄 영역으로 설정되지 않은 부분은 회색으로 표시된다.

인쇄 영역 설정

[페이지 레이아웃] → [페이지 설정의]를 클릭하여 '시트' 탭의 인쇄 영역 항목에서 지정할 수도 있습니다.

여러 개의 인쇄 영역 설정

서로 떨어져 있는 여러 개의 영역을 인쇄 영역으로 지정하려면 Ctrl을 누른 상태에서 범위를 지정합니다.

기출체크 정답

1. Ctrl + F2

예제 [A2:D7] 영역을 인쇄 영역으로 지정하시오.

① [A2:D7] 영역을 범위로 지정한 후 [페이지 레이아웃] → [페이지 설정] → [인쇄 영역] → [인쇄 영역 설정]을 선택한다.

② [보기] → [통합 문서 보기] → [페이지 나누기 미리 보기]를 클릭하여 표시 형태를 확인한다.

③ [파일] → [인쇄]를 선택하여 출력물의 형태를 확인한다.

	A	B	C	D	E	F	G
1	[표1]						
2	성명	전공학과	결석회수	출석점수	중간고사	기말고사	평점
3	이미영	컴퓨터	1	98	90	88	92
4	구기자	국문	3	94	100	90	94
5	한명구	경영	2	96	87	95	92
6	사옹정	국문	8	84	78	80	80
7	오동추	컴퓨터	5	90	46	75	70
8	윤수아	경영	6	88	66	90	81
9	김기자	컴퓨터	4	92	89	88	89
10	우주태	경영	2	96	90	95	93
11							

↓

	A	B	C	D	E	F	G
1	[표1]						
2	성명	전공학과	결석회수	출석점수	중간고사	기말고사	평점
3	이미영	컴퓨터	1	98	90	88	92
4	구기자	국문	3	94	100	90	94
5	한명구	경영	2	96	87	95	92
6	사옹정	국문	8	84	78	80	80
7	오동추	컴퓨터	5	90	46	75	70
8	윤수아	경영	6	88	66	90	81
9	김기자	컴퓨터	4	92	89	88	89
10	우주태	경영	2	96	90	95	93
11							

1 페이지

인쇄 영역 설정 후 [페이지 나누기 미리 보기]를 선택한 화면

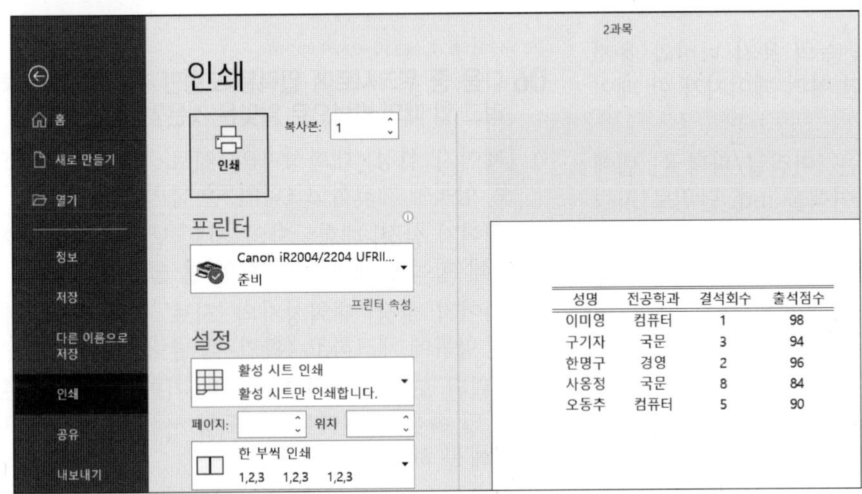

인쇄 영역 설정 후 [인쇄]를 선택한 화면

기출체크 ☑

22.6, 22.1, 21.5, 19.2

2. 여러 시트에서 원하는 영역을 추가하여 인쇄 영역을 확대할 수 있다. (○, ×)

준비하세요

'C:\길벗컴활1급필기QnE\2과목\2과목.xlsm' 파일을 불러와 '섹션091' 시트에서 실습하세요.

기출체크 2번

하나의 시트에서는 원하는 영역을 기존 인쇄 영역에 추가하여 인쇄 영역을 확대할 수 있지만 여러 시트에서는 불가능합니다.

기출체크 정답

2. ×

기출문제 은행

23년 4회, 22년 4회, 21년 3회, 1회, 16년 1회, 14년 1회

01 다음 중 엑셀의 틀 고정에 대한 기능 설명으로 옳지 않은 것은?

① 틀 고정은 특정 행 또는 열을 고정할 때 사용하는 기능으로, 주로 표의 제목 행 또는 제목 열을 고정한 후 작업할 때 유용하다.

② 선택된 셀의 왼쪽 열과 바로 위의 행이 고정된다.

③ 틀 고정 구분선을 마우스로 잡아끌어 틀 고정 구분선을 이동시킬 수 있다.

④ 틀 고정 방법으로 첫 행 고정을 실행하면 선택된 셀의 위치와 상관없이 첫 행이 고정된다.

23년 3회, 22년 3회, 19년 1회, 18년 2회

02 다음 중 화면 제어에 관한 설명으로 옳은 것은?

① 창 나누기는 [실행 취소] 명령으로 나누기를 해제할 수 있다.

② 창 나누기는 항상 4개로 분할되며 분할된 창의 크기는 마우스를 드래그하여 변경 가능하다.

③ 틀 고정 기준은 마우스로 위치를 조정할 수 있다.

④ 틀 고정은 행 또는 열, 열과 행으로 모두 고정이 가능하다.

24년 1회, 23년 3회, 22년 3회, 21년 7회, 3회

03 다음 중 [페이지 설정] 대화상자에 대한 설명으로 옳지 않은 것은?

① [페이지] 탭에서 '자동 맞춤'의 용지 너비와 용지 높이를 각각 1로 지정하면 여러 페이지가 한 페이지에 인쇄된다.

② [머리글/바닥글]의 여백은 [머리글/바닥글] 탭에서 '머리글'과 '바닥글'의 여백을 mm 단위로 지정할 수 있다.

③ [여백] 탭에서 '페이지 가운데 맞춤'의 가로 및 세로를 체크하면 인쇄 내용이 용지의 가운데에 맞춰 인쇄된다.

④ [시트] 탭에서 '눈금선'의 표시 여부를 지정할 수 있다.

22년 6회, 1회, 21년 6회, 5회, 09년 2회, 06년 4회, 05년 1회

04 다음 중 선택된 차트의 페이지 설정에 관한 설명으로 옳지 않은 것은?

① 차트를 선택한 상태에서 페이지 설정을 하면 '페이지 설정' 대화상자에서 '시트' 탭 대신 '차트' 탭이 나타난다.

② 차트의 일부분을 인쇄하기 위해서는 '차트' 탭에서 인쇄 영역을 지정하여 준다.

③ 머리글/바닥글을 이용하여 일반 시트의 인쇄 방법과 동일하게 머리글 및 바닥글을 인쇄할 수 있다.

④ 인쇄 품질을 '간단하게 인쇄' 또는 '흑백으로 인쇄'를 선택하여 출력할 수 있다.

22년 7회, 5회

05 다음 중 인쇄에 관한 설명으로 옳지 않은 것은?

① 차트만 인쇄하려면 차트가 선택된 상태에서 인쇄한다.

② 도형만 제외하고 인쇄하려면 입력된 도형을 선택하고 바로 가기 메뉴에서 [크기 및 속성]을 선택한 후 [도형 서식] 창에서 '개체 인쇄'를 해제한다.

③ 서로 떨어져 있는 영역을 인쇄 영역으로 지정하려면 Alt를 이용하여 지정한다.

④ 메모 인쇄 방법을 '시트 끝'으로 지정하면 인쇄물의 가장 마지막 페이지에 모아 인쇄한다.

22년 4회, 21년 8회, 7회, 09년 4회, 06년 2회, 03년 4회

06 다음 중 워크시트에 입력된 도형만 제외하고 인쇄하려고 할 때의 방법으로 알맞은 것은?

① [페이지 설정] 대화상자의 '시트' 탭에서 '흑백으로' 항목에 체크하고 〈확인〉을 클릭한다.

② [페이지 설정] 대화상자의 '시트' 탭에서 '간단하게 인쇄' 항목에 체크하고 〈확인〉을 클릭한다.

③ [페이지 설정] 대화상자의 '시트' 탭에서 '시험출력' 항목에 체크하고 〈확인〉을 클릭한다.

④ 입력된 도형을 선택하고 바로 가기 메뉴에서 [크기 및 속성]을 선택한 후 [도형 서식] 창에서 '개체 인쇄'를 해제한다.

22년 6회, 1회, 21년 5회, 19년 2회

07 다음 중 워크시트의 인쇄 영역 설정에 대한 설명으로 옳지 않은 것은?

① 인쇄 영역은 리본 메뉴 [페이지 레이아웃] 탭이나 [페이지 설정] 대화상자의 [시트] 탭에서 설정할 수 있다.
② 인쇄 영역을 설정했더라도 인쇄 시 활성 시트 전체가 인쇄되도록 설정할 수 있다.
③ 여러 시트에서 원하는 영역을 추가하여 인쇄 영역을 확대할 수 있다.
④ 여러 영역이 인쇄 영역으로 설정된 경우 설정한 순서대로 각기 다른 페이지에 인쇄된다.

23년 4회, 22년 4회, 2회, 17년 2회

08 다음 중 [파일] → [인쇄]를 선택하면 표시되는 미리 보기 화면과 인쇄 옵션에서 설정할 수 있는 것으로 틀린 것은?

① [머리글/바닥글]로 설정한 내용은 매 페이지 상단이나 하단의 별도 영역에, 인쇄 제목의 반복할 행/열은 매 페이지의 본문 영역에 반복 출력된다.
② [페이지 설정]에서 '인쇄 영역'을 변경하여 인쇄할 수 있다.
③ [페이지 설정]에서 확대/축소 배율을 10%에서 최대 400%까지 설정하여 인쇄할 수 있다.
④ '여백 표시'를 표시하여 워크시트의 열 너비를 조정할 수 있다.

23년 5회, 22년 5회, 18년 2회, 1회

09 다음 중 [페이지 레이아웃] 보기 상태에 대한 설명으로 옳지 않은 것은?

① 페이지 레이아웃 보기에서도 기본 보기와 같이 데이터 형식과 레이아웃을 변경할 수 있다.
② 페이지 레이아웃 보기에서 표시되는 눈금자의 단위는 [Excel 옵션]의 '고급' 범주에서 변경할 수 있다.
③ 마우스를 이용하여 페이지 여백과 머리글과 바닥글 여백을 조정할 수 있다.
④ 페이지 나누기를 조정하는 페이지 구분선을 마우스로 드래그하여 페이지 나누기를 빠르게 조정할 수 있다.

23년 4회, 22년 4회, 17년 1회, 14년 1회

10 다음 중 [페이지 설정] 대화상자에 대한 설명으로 옳지 않은 것은?

① 인쇄 배율을 수동으로 설정할 수 있으며, 배율은 워크시트 표준 크기의 10%에서 400%까지 가능하다.
② 셀에 설정된 메모는 시트에 표시된 대로 인쇄하거나 시트 끝에 인쇄할 수 있다.
③ 사용자가 페이지 구분선을 추가한 경우 [페이지 설정] 대화상자의 [페이지] 탭에서 [자동 맞춤]을 지정해도 확대/축소 배율이 자동으로 조정되지 않는다.
④ 눈금선이나 행/열 머리글의 인쇄 여부를 설정할 수 있다.

24년 1회, 21년 2회, 1회, 16년 2회, 14년 2회

11 다음 중 [보기] 탭의 [페이지 나누기 미리 보기]에 대한 설명으로 옳지 않은 것은?

① 페이지 나누기는 구분선을 이용하여 인쇄를 위한 페이지 나누기를 빠르게 조정하는 기능이다.
② 행 높이와 열 너비를 변경하면 자동 페이지 나누기의 위치도 변경된다.
③ [페이지 나누기 미리 보기]에서 수동으로 삽입된 페이지 나누기는 파선으로 표시되고, 자동으로 추가된 페이지 나누기는 실선으로 표시된다.
④ 용지 크기, 여백 설정, 배율 옵션 등에 따라 자동 페이지 나누기가 삽입된다.

24년 5회, 22년 2회, 17년 2회, 16년 2회, 14년 3회

12 다음 중 [틀 고정]에 대한 설명으로 옳지 않은 것은?

① 워크시트를 스크롤할 때 특정 행이나 열이 계속 표시되도록 하는 기능이다.
② 워크시트의 화면상 첫 행이나 첫 열을 고정할 수 있으며, 선택한 셀의 위쪽 행과 왼쪽 열을 고정할 수도 있다.
③ 표시되어 있는 틀 고정선을 더블클릭하여 틀 고정을 취소할 수 있다.
④ 인쇄 시 화면에 표시되는 틀 고정의 형태는 적용되지 않는다.

▶ 정답 : 1. ③ 2. ④ 3. ② 4. ② 5. ③ 6. ④ 7. ③ 8. ② 9. ④ 10. ③ 11. ③ 12. ③

기출문제 해설

[문제 01] Section 089

창 나누기 구분선은 마우스를 통해 위치를 변경할 수 있으나 틀 고정선은 마우스를 이용하여 위치를 변경할 수 없다.

[문제 02] Section 089

① 창 나누기는 [실행 취소] 명령으로 나누기를 해제할 수 없다.

② 창 나누기는 셀 포인터의 위치에 따라 4개 또는 2개로 분할할 수 있다.

③ 창 나누기 구분선은 마우스로 드래그하여 위치를 변경할 수 있지만 틀 고정 구분선은 마우스로 드래그하여 변경할 수 없다.

[문제 03] Section 090

'머리글'과 '바닥글'의 여백은 '페이지 설정' 대화상자의 '여백' 탭에서 지정할 수 있다.

[문제 04] Section 090

- 차트를 선택한 상태에서는 인쇄 영역을 지정할 수 없으므로 차트의 일부분만을 선택하여 인쇄할 수 없다.
- 워크시트에 삽입된 차트의 일부분만을 인쇄하려면 셀 주소를 이용하여 인쇄할 부분을 인쇄 영역으로 지정한 후 인쇄하면 된다.

[문제 05] Section 091

서로 떨어져 있는 영역을 인쇄 영역으로 지정하려면 Ctrl을 누른 상태에서 범위를 지정한 후 [페이지 레이아웃] → [페이지 설정] → [인쇄 영역] → [인쇄 영역 설정]을 선택하면 된다.

[문제 06] Section 091

인쇄 영역에 포함된 도형을 인쇄되지 않게 하려면 [도형 서식] 창에서 '개체 인쇄' 옵션의 선택을 해제하면 된다.

[문제 07] Section 091

하나의 시트에서는 원하는 영역을 기존 인쇄 영역에 추가하여 인쇄 영역을 확대할 수 있지만 여러 시트에 대해서는 불가능하다.

[문제 08] Section 091

- [파일] → [인쇄]를 선택한 후 '페이지 설정'을 클릭하면 '페이지 설정' 대화상자가 표시되지만 '시트' 탭의 인쇄 영역, 반복할 행, 반복할 열이 모두 비활성화 되어 있으므로 '인쇄 영역'을 변경할 수 없다.
- '페이지 설정' 대화상자를 이용하여 '인쇄 영역'을 변경하려면 [페이지 레이아웃] → [페이지 설정]의 '⧉'를 이용하여 '페이지 설정' 대화상자를 호출해야 한다.

[문제 09] Section 090

페이지 레이아웃 보기 상태에서는 페이지 나누기를 조정하는 페이지 구분선을 마우스로 드래그 할 수 없다.

[문제 10] Section 090

사용자가 페이지 구분선을 추가한 경우에도 '페이지 설정' 대화상자의 [페이지] 탭에서 '자동 맞춤'을 지정하면 확대/축소 배율이 자동으로 조정된다.

[문제 11] Section 090

[페이지 나누기 미리 보기]에서 수동으로 삽입된 페이지 나누기는 실선으로 표시되고, 자동으로 추가된 페이지 나누기는 파선(점선)으로 표시된다.

[문제 12] Section 089

- 창 나누기 기준선은 마우스로 더블클릭하면 창 나누기가 취소되지만 틀 고정선은 취소되지 않는다.
- 틀 고정을 취소하려면 [보기] → [창] → [틀 고정] → [틀 고정 취소]를 선택해야 한다.

5장

데이터 관리

SECTION 092

정렬

전문가의 조언

정렬의 특징 및 정렬 순서에 대한 문제가 출제됩니다.

[기출 포인트]

- 숨겨진 행이나 열은 정렬에 포함되지 않는다.
- 정렬 순서는 **숫문논오빈**이다.
- 빈 셀은 항상 가장 마지막에 정렬된다.

오름차순과 내림차순

- **오름차순** : 입력된 데이터를 '1, 2, … 10 … 100 …', '가, 나 … 하' 순으로 정렬합니다.
- **내림차순** : 입력된 데이터를 '하, 파 … 가, 100 … 10 … 2, 1' 순으로 정렬합니다.

준비하세요

'C:\길벗컴활1급필기QnE\2과목\2과목.xlsm' 파일을 불러와 '섹션092' 시트에서 실습하세요.

509501

24.5, 24.3, 23.5, 23.3, 23.1, 22.6, 22.2, 22.1, 21.4, 20.1, 18.상시, 18.1, 16.1, 15.3, 14.3, 14.2, 13.1, 10.2, 09.3, …

1 정렬

정렬(Sort)은 불규칙하게 입력된 데이터 목록을 특정 기준에 따라 재배열하는 기능이다.

- 정렬 기준은 최대 64개까지 지정할 수 있으며, 기본적으로 행 단위로 정렬된다.
- 원칙적으로 숨겨진 행/열에 있는 데이터는 정렬에 포함되지 않는다.
- 영문 대/소문자를 구분하여 정렬할 수 있는 기능을 제공하며, 오름차순 시 소문자가 우선순위를 갖는다.
- **정렬 순서**
  - 오름차순*은 숫자 → 문자 → 논리값 → 오류값 → 빈 셀 순으로 정렬된다.
  - 내림차순*은 오류값 → 논리값 → 문자 → 숫자 → 빈 셀 순으로 정렬된다.
  - 문자는 오름차순 정렬 시 특수 문자, 영문자(소문자, 대문자), 한글 순으로 정렬된다.
  - 논리 값은 오름차순 정렬 시 거짓값(False), 참값(True) 순으로 정렬된다.

예제 다음 데이터 목록을 첫째는 '팀명', 둘째는 '근무년수'를 기준으로 오름차순 정렬하여 완성하시오.

	A	B	C	D	E	F	G
1	보수 지급 현황						
2							
3	성명	팀명	직위	근무년수	연봉	성과급	지급액
4	강구철	1팀	부장	20	4,600	200	4,800
5	김인철	1팀	사원	2	400	20	420
6	도지연	3팀	과장	17	3,400	170	3,570
7	서도연	3팀	사원	2	400	20	420
8	안수영	2팀	사원	4	800	40	840
9	유창혁	1팀	사원	4	800	40	840
10	이세돌	2팀	과장	17	3,400	170	3,570
11	장인철	2팀	사원	5	1,000	50	1,050
12	한석봉	3팀	부장	20	4,000	200	4,200

→

	A	B	C	D	E	F	G
1	보수 지급 현황						
2							
3	성명	팀명	직위	근무년수	연봉	성과급	지급액
4	김인철	1팀	사원	2	400	20	420
5	유창혁	1팀	사원	4	800	40	840
6	강구철	1팀	부장	20	4,600	200	4,800
7	안수영	2팀	사원	4	800	40	840
8	장인철	2팀	사원	5	1,000	50	1,050
9	이세돌	2팀	과장	17	3,400	170	3,570
10	서도연	3팀	사원	2	400	20	420
11	도지연	3팀	과장	17	3,400	170	3,570
12	한석봉	3팀	부장	20	4,000	200	4,200

① 데이터 목록 중 임의의 셀을 클릭한 후 [데이터] → [정렬 및 필터] → [정렬]을 클릭한다.

② '정렬' 대화상자에서 첫째 정렬 기준의 열을 '팀명', 정렬을 '오름차순'으로 선택한다.

③ 〈기준 추가〉를 클릭한 후 둘째 정렬 기준의 열을 '근무년수', 정렬을 '오름차순'으로 선택하고 〈확인〉을 클릭한다.

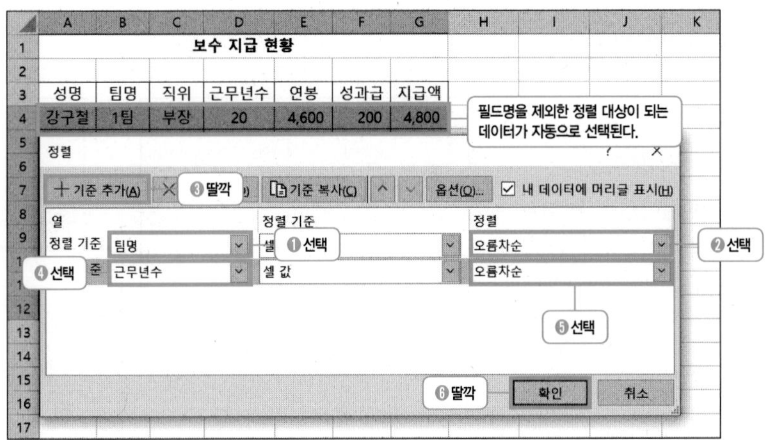

23.1, 13.1, 05.1

잠깐만요 '정렬 경고' 대화상자

509531

데이터 목록 중 한 행이나 한 열만 정렬 범위로 지정한 경우 '정렬 경고' 대화상자가 표시됩니다.

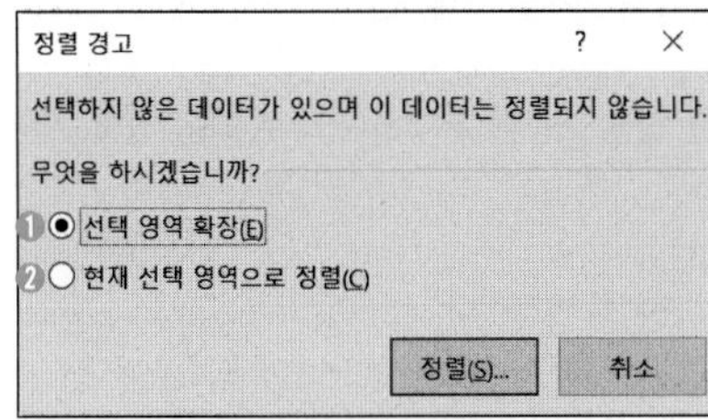

❶ **선택 영역 확장** : 현재 셀 포인터와 인접한 영역에 있는 데이터 목록 전체가 정렬 범위로 확장되어 정렬이 수행됩니다.

❷ **현재 선택 영역으로 정렬** : 현재 선택된 영역만을 기준으로 정렬이 수행됩니다.

기출체크 ☑

24.5, 24.3, 21.4

1. 숨겨진 행이나 열도 정렬에 포함되어 정렬된다. (○, ×)

기출체크 1번

숨겨진 행이나 열에 있는 데이터는 정렬에 포함되지 않습니다.

기출체크 정답

1. ×

509502

2 '정렬' 대화상자

24.5, 24.3, 23.5, 23.3, 22.6, 22.3, 22.2, 22.1, 21.5, 21.4, 20.1, 18.1, 17.1, 16.1, 15.3, 14.3, 14.2, 13.2, 13.1, …

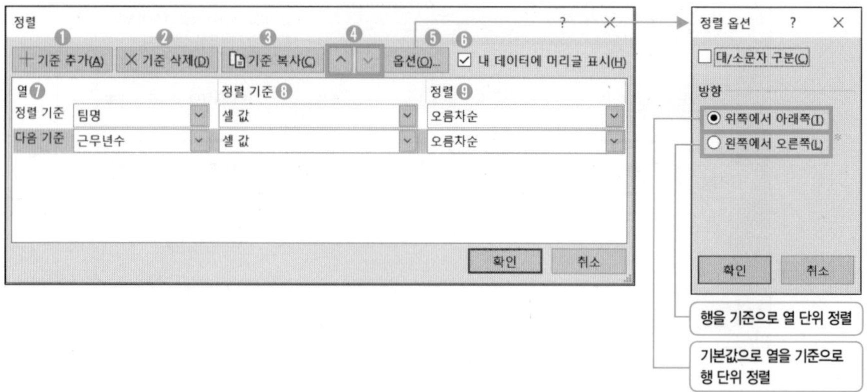

❶ **기준 추가**	현재 선택한 정렬 기준 아래쪽에 새로운 정렬 기준을 추가한다.
❷ **기준 삭제**	현재 선택한 정렬 기준을 삭제한다.
❸ **기준 복사**	현재 선택한 정렬 기준을 복사하여 바로 다음 정렬 기준에 표시한다.
❹ **위로 이동/아래로 이동**	정렬 기준의 순서를 변경한다.
24.5, 23.5, 23.3, 21.5, 20.1, 17.1, 16.1, 14.3, 14.2, … ❺ **정렬 옵션**	• 대/소문자를 구분※하여 정렬할 것인지를 지정할 수 있다. • 정렬할 방향을 지정할 수 있다.
❻ **내 데이터에 머리글 표시**	선택한 데이터 목록의 첫 번째 행이 필드명일 경우 '내 데이터에 머리글 표시'를 선택하여 정렬 대상에서 제외시키고, 첫 번째 행이 필드명이 아닌 경우에는 '내 데이터에 머리글 표시'를 해제하여 첫 행을 정렬 대상에 포함시켜야 한다.
❼ **열**	첫 번째 열을 기준으로 정렬했을 때 동일한 레코드가 나올 경우, 동일한 레코드들은 두 번째 열을 기준으로 다시 정렬한다. 두 번째 열에 의해서도 동일한 레코드가 나올 경우, 세 번째 열을 기준으로 다시 정렬한다.
24.3, 22.6, 22.2, 22.1, 21.4, 20.1, 18.1, 15.3, … ❽ **정렬 기준**※	• **셀 값** : 셀에 입력된 데이터를 기준으로 정렬한다. • **셀 색** : 셀에 지정된 셀 색(채우기 색)을 기준으로 정렬한다. • **글꼴 색** : 글꼴에 지정된 색을 기준으로 정렬한다. • **조건부 서식 아이콘** : 셀에 표시된 아이콘을 기준으로 정렬한다.
❾ **정렬**	정렬 방식을 오름차순, 내림차순, 사용자 지정 목록으로 지정한다.

기출체크 ☑

23.5, 22.6, 22.3, 22.2, 22.1, 21.5, 20.1

2. 행을 기준으로 정렬하려면 '정렬' 대화상자의 '옵션'에서 정렬 옵션의 방향을 '위쪽에서 아래쪽'으로 선택한다. (○, ×)

전문가의 조언

'정렬' 대화상자에서 지정하는 항목의 의미를 정확히 알아야 맞힐 수 있는 문제가 출제됩니다.

[기출 포인트]

- 대/소문자를 구분하여 오름차순으로 정렬하면 소문자가 높은 우선순위를 갖는다.
- 행을 기준으로 정렬하려면 [정렬 옵션] 창에서 '왼쪽에서 오른쪽'을 선택한다.

왼쪽에서 오른쪽!

행을 기준으로 열을 정렬하는 것으로, 필드명을 인식하지 못합니다. 그러므로 필드명이 있을 경우 반드시 범위를 지정한 후 수행해야 합니다.

대/소문자 구분

대/소문자를 구분하여 오름차순으로 정렬하면 소문자가 대문자보다 높은 우선순위를 갖습니다.

정렬 기준

정렬 기준을 '셀 값'으로 지정하면 오름차순이나 내림차순으로 정렬하지만 '셀 색' / '글꼴 색' / '조건부 서식 아이콘'을 선택하여 지정하면 선택한 색이나 아이콘 순서대로 목록의 위나 아래에 표시합니다.

기출체크 2번

행을 기준으로 정렬하려면 '정렬' 대화상자의 '옵션'에서 정렬 옵션의 방향을 '왼쪽에서 오른쪽'으로 선택해야 합니다. '위쪽에서 아래쪽'으로 선택하면 열을 기준으로 정렬됩니다.

기출체크 정답
2. ×

509503

3 사용자 지정 정렬

24.3, 21.4, 18.1, 15.3, 14.2, 13.1, 10.3, 10.2, 05.1

- 사용자가 '사용자 지정 목록'에 등록한 목록을 기준으로 정렬하는 기능이다.
- 사용자 지정 목록은 일정한 연관성을 가진 문자열을 정해진 순서대로 만들어 놓은 것으로, 자동 채우기나 정렬 등에서 사용된다.
- 사용자 지정 목록(정렬 순서)을 추가하거나 삭제할 수 있으나 엑셀에서 기본적으로 제공하는 목록은 수정하거나 제거할 수 없다.
- '정렬 기준'을 '셀 값'으로 지정한 모든 기준에서 사용자 지정 목록을 사용할 수 있다.
- **사용자 지정 목록 추가 및 삭제하는 방법**
  - 방법 1 : '정렬' 대화상자의 '정렬'에서 '사용자 지정 목록' 선택
  - 방법 2 : [파일] → [옵션] → [고급] → 〈사용자 지정 목록 편집〉 클릭

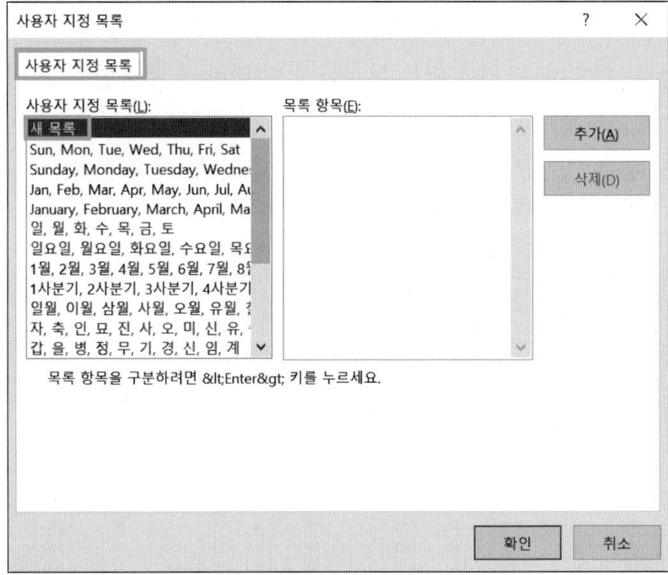

기출체크 ☑

21.4, 18.1, 15.3, 10.2

3. 사용자 지정 목록은 정렬의 첫째 기준뿐만 아니라 모든 정렬 기준에서 사용할 수 있다. (○, ×)

[기출 포인트]

- 사용자가 지정한 순서대로 정렬할 수 있다.
- 모든 정렬 기준에서 사용자 지정 목록을 사용할 수 있다.

기출체크 정답

3. ○

SECTION 093

고급 필터

509701

1 고급 필터의 개요

20.1, 19.1, 08.4, 03.3

고급 필터는 자동 필터*에 비해 복잡한 조건을 사용하거나 여러 필드를 결합하여 조건을 지정할 때 사용하는 기능이다.

- 실행 [데이터] → [정렬 및 필터] → [고급] 클릭
- 고급 필터는 다양한 조건을 사용자가 직접 설정하여 추출할 수 있다.
- 고급 필터는 추출된 결과를 원본 데이터 위치에 표시할 수도 있고 다른 위치에 표시할 수 있으며, 조건에 맞는 특정한 필드(열)만을 추출할 수도 있다.
- 자동 필터에서는 한 필드에 두 개까지만 조건을 지정할 수 있지만, 고급 필터는 한 필드에 두 개 이상의 조건을 지정할 수 있고, 두 개 이상의 필드를 AND나 OR로 결합하여 추출할 수 있다.

예제 1 다음과 같은 데이터 목록 중 '지급액'이 1000 이상인 레코드만을 추출하여 [A17] 셀에서부터 표시하시오.

	A	B	C	D	E	F	G
1	보수 지급 현황						
2							
3	성명	팀명	직위	근무년수	연봉	성과급	지급액
4	강구철	1팀	부장	20	4,600	200	4,800
5	김인철	1팀	사원	2	400	20	420
6	도지연	3팀	과장	17	3,400	170	3,570
7	서도연	3팀	사원	2	400	20	420
8	안수영	2팀	사원	4	800	40	840
9	유창혁	1팀	사원	4	800	40	840
10	이세돌	2팀	과장	17	3,400	170	3,570
11	장인철	2팀	사원	5	1,000	50	1,050
12	한석봉	3팀	부장	20	4,000	200	4,200

→

	A	B	C	D	E	F	G
11	장인철	2팀	사원	5	1,000	50	1,050
12	한석봉	3팀	부장	20	4,000	200	4,200
13							
14		지급액					
15		>=1000					
16							
17	성명	팀명	직위	근무년수	연봉	성과급	지급액
18	강구철	1팀	부장	20	4,600	200	4,800
19	도지연	3팀	과장	17	3,400	170	3,570
20	이세돌	2팀	과장	17	3,400	170	3,570
21	장인철	2팀	사원	5	1,000	50	1,050
22	한석봉	3팀	부장	20	4,000	200	4,200

① [B14] 셀에 **지급액**, [B15] 셀에 **>=1000**을 입력한다.

	A	B
13		
14		지급액
15		>=1000

② 데이터 범위의 임의의 셀을 선택한 후 [데이터] → [정렬 및 필터] → [고급]을 클릭한다.

③ 다음 그림과 같이 '고급 필터' 대화상자를 설정한 후 〈확인〉을 클릭한다. 범위를 지정할 때는 키보드로 직접 입력해도 되고, 범위 지정 단추(⬆)*를 클릭하여 마우스로 드래그해도 된다.

전문가의 조언

고급 필터와 자동 필터의 기능을 비교하는 문제가 출제된 적이 있습니다.

[기출 포인트]

- 고급 필터는 다른 필드와도 AND와 OR를 모두 사용하여 조건을 지정할 수 있다.
- 자동 필터는 AND로만 결합할 수 있다.
- 고급 필터는 결과를 다른 위치에 표시할 수 있다.
- 자동 필터는 원본 데이터 위치에만 표시할 수 있다.

자동 필터

- 단순한 비교 조건을 사용하여 간단한 데이터 추출 작업에 사용되는 필터이다.
- 두 개 이상의 필드(열)에 조건이 설정된 경우 AND 조건으로 결합된다.

준비하세요

'C:\길벗컴활1급필기QnE\2과목\2과목.xlsm' 파일을 불러와 '섹션093-1' 시트에서 실습하세요.

고급 필터 작성 순서

❶ 조건을 입력합니다.
❷ [데이터] → [정렬 및 필터] → [고급]을 클릭합니다.
❸ '고급 필터' 대화상자에서 각각의 범위를 설정합니다.

셀 주소가 절대 주소로!

범위 지정 단추(⬆)를 이용하여 위치를 지정하면 셀 주소가 절대 주소로 표시됩니다.

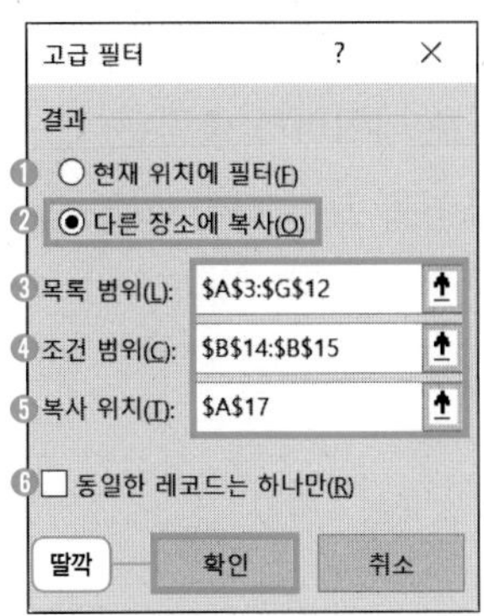

❶ 원본 데이터 목록이 있는 곳에 추출된 결과를 표시한다.
❷ 원본 데이터와 다른 위치에 추출된 결과를 표시*한다.
❸ 추출할 원본 데이터 목록의 범위를 지정한다.
❹ 찾을 조건이 입력된 범위를 지정한다.
❺ '다른 장소에 복사'를 선택한 경우 추출된 데이터가 표시될 위치를 지정한다.
❻ 추출된 결과 중 동일한 레코드가 있을 경우 하나만 표시한다.

기출체크 ☑

20.1, 19.1, 08.4

1. 자동 필터는 추출한 결과를 다른 셀이나 워크시트에 표시할 수 있으나, 고급 필터는 원본 데이터 위치에만 표시할 수 있다. (○, ×)

509702 ▶

24.3, 24.1, 23.4, 22.6, 22.4, 22.1, 21.6, 21.5, 21.4, 21.3, 20.2, 19.상시, 15.3, 11.2, 10.1, 09.4, 09.3, 08.1, 07.4, …

2 기본 조건 지정 방법

- 조건을 지정할 범위의 첫 행에는 원본 데이터 목록의 필드명을 입력하고, 그 아래 행에 조건을 입력한다.
- 조건을 지정할 때 '?, *' 등의 만능 문자(와일드 카드)도 사용할 수 있다.
- 고급 필터의 조건으로 일반적인 수식이 아닌 값에 대한 비교 연산자로 등호(=)를 사용할 때는 **="=항목" 형식***으로 입력한다.

AND 조건

- 지정한 모든 조건을 만족하는 데이터만 출력된다.
- 2개 이상의 조건을 AND 조건으로 지정하려면 조건을 모두 같은 행에 입력해야 한다.

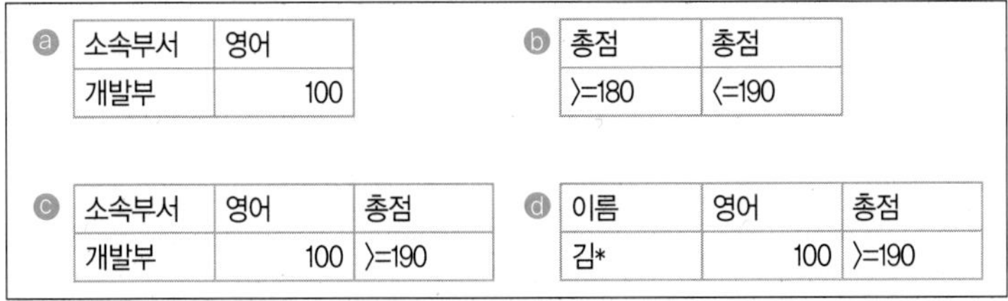

ⓐ

소속부서	영어
개발부	100

ⓑ

총점	총점
>=180	<=190

ⓒ

소속부서	영어	총점
개발부	100	>=190

ⓓ

이름	영어	총점
김*	100	>=190

ⓐ 소속부서가 "개발부"이고, 영어가 100인 사원

ⓑ 총점이 180 이상 190 이하인 사원

ⓒ 소속부서가 "개발부"이고, 영어가 100이고, 총점이 190 이상인 사원

ⓓ 이름이 "김"으로 시작하고, 영어가 100이고, 총점이 190 이상인 사원

다른 워크시트에 추출된 데이터 표시하기

원본 데이터가 있는 워크시트와 다른 워크시트에 추출된 데이터를 표시하려면, 데이터를 표시하려는 워크시트에서 작업을 시작해야 합니다. 즉 결과를 표시하고자 하는 워크시트에서 [고급 필터]를 실행하고, '다른 장소에 복사'를 지정한 후 작업을 진행합니다.

기출체크 1번

고급 필터는 추출한 결과를 다른 셀이나 워크시트에 표시할 수 있으나, 자동 필터는 원본 데이터가 있는 위치에만 표시할 수 있습니다.

전문가의 조언

중요해요! 고급 필터의 조건 지정 방법에 대한 문제가 자주 출제됩니다.

[기출 포인트]

- AND 조건은 조건들을 같은 행에 입력한다.
- OR 조건은 조건들을 서로 다른 행에 입력한다.

="=항목" 형식

예 두 번째 글자가 "영"으로 끝나는 두 글자짜리 데이터를 찾으려면 조건을 **="=?영"**으로 작성해야 합니다. **?영**으로 작성하면 글자 수에 상관없이 두 번째 글자가 '영'인 모든 데이터를 찾습니다.

- **="=?영"** : 김영, 박영
- **?영** : 김영, 김영민, 박영, 이영수

기출체크 정답

1. ×

OR 조건

- 지정한 조건 중 하나의 조건이라도 만족하는 경우 데이터가 출력된다.
- 2개 이상의 조건을 OR 조건으로 지정하려면 조건을 모두 다른 행에 입력해야 한다.

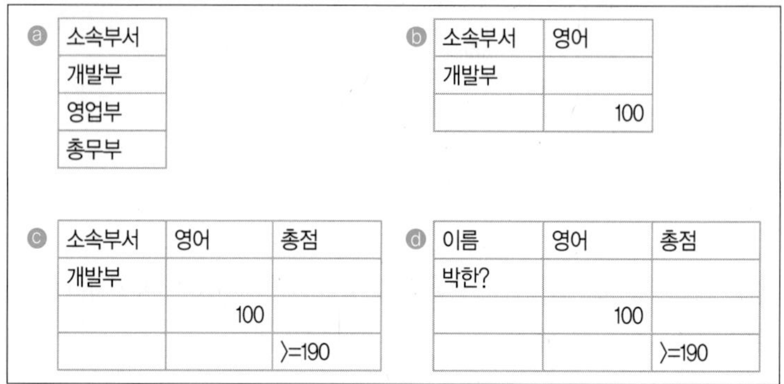

ⓐ

소속부서
개발부
영업부
총무부

ⓑ

소속부서	영어
개발부	
	100

ⓒ

소속부서	영어	총점
개발부		
	100	
		>=190

ⓓ

이름	영어	총점
박한?		
	100	
		>=190

ⓐ 소속부서가 "개발부"이거나 "영업부"이거나 "총무부"인 사원

ⓑ 소속부서가 "개발부"이거나 영어가 100인 사원

ⓒ 소속부서가 "개발부"이거나 영어가 100이거나 총점이 190 이상인 사원

ⓓ 이름이 "박한"으로 시작하는 세 글자 이상*이거나 영어가 100이거나 총점이 190 이상인 사원

만능 문자(와일드 카드) ?

?는 일반적으로 문자의 한 자리를 대신하여 글자 수를 제한하는 곳에 사용하지만 ? 뒤에 다른 문자가 없을 경우에는 ?로 지정한 글자 수 이상인 것을 모두 찾습니다.

- **??a** : 세 글자이면서, 세 번째 글자가 a인 것
- **a?** : a로 시작하는 두 글자 이상인 것
- **a??** : a로 시작하는 세 글자 이상인 것

AND와 OR의 결합 조건

AND와 OR 조건이 결합된 형태의 조건 지정 방식이다.

ⓐ

소속부서	총점
개발부	>=190
영업부	>=180

ⓑ

소속부서	총점	컴퓨터
개발부	>=190	
		>=90

ⓐ 소속부서가 "개발부"이고 총점이 190 이상이거나, 소속부서가 "영업부"이고 총점이 180 이상인 사원

ⓑ 소속부서가 "개발부"이고 총점이 190 이상이거나, 컴퓨터가 90 이상인 사원

기출체크 ☑

24.3, 24.1, 23.4, 22.6, 22.4, 22.1, 21.5, 21.4, 15.3, 11.2, 08.1, 07.1, 06.3, 03.4

2. 고급 필터에서 조건을 다음과 같이 설정했을 때 검색 기준의 의미는?

상품명	금액
오디오	>=40000
비디오	>=40000

(　　　　　　　　　　　　　　　　　)

기출체크 2번

상품명이 "오디오"이고 금액이 40000 이상이거나 상품명이 "비디오"이고, 금액이 40000 이상인 데이터, 즉 상품명이 '오디오' 또는 '비디오'이고, 금액이 40000 이상인 데이터가 표시됩니다.

기출체크 정답

2. 상품명이 '오디오' 또는 '비디오'이고, 금액이 40000 이상인 경우

24.5, 24.2, 23.1, 22.7, 22.2, 21.7, 21.3, 21.2, 20.2, 20.1, 18.상시, 18.2, 17.2, 16.3, 14.1, 12.2, 09.2, 06.1, 05.1, 03.1

509703 ▶

3 고급 조건 지정 방법

함수나 식의 계산값을 고급 필터의 찾을 조건으로 지정하는 방식이다.

- 조건 지정 범위의 첫 행에 입력하는 조건 필드명은 원본 데이터의 필드명과 다른 필드명을 입력하거나 생략해야 한다.
- 함수나 식을 사용하여 조건을 입력하면 셀에는 비교되는 현재 대상의 값에 따라 TRUE나 FALSE가 표시된다.
- 함수와 식을 혼합하여 조건을 지정할 수 있다.
- 함수나 식을 사용해도 AND나 OR 조건을 입력하는 방법은 동일하다.

예제 2 다음과 같은 데이터 목록 중 '근무년수'가 전체 '근무년수'의 평균 이상인 레코드만을 추출하여 [A17] 셀에서부터 표시하시오.

	A	B	C	D	E	F	G
1	보수 지급 현황						
2							
3	성명	팀명	직위	근무년수	연봉	성과급	지급액
4	강구철	1팀	부장	20	4,600	200	4,800
5	김인철	1팀	사원	2	400	20	420
6	도지연	3팀	과장	17	3,400	170	3,570
7	서도연	3팀	사원	2	400	20	420
8	안수영	2팀	사원	4	800	40	840
9	유창혁	1팀	사원	4	800	40	840
10	이세돌	2팀	과장	17	3,400	170	3,570
11	장인철	2팀	사원	5	1,000	50	1,050
12	한석봉	3팀	부장	20	4,000	200	4,200

→

	A	B	C	D	E	F	G
10	이세돌	2팀	과장	17	3,400	170	3,570
11	장인철	2팀	사원	5	1,000	50	1,050
12	한석봉	3팀	부장	20	4,000	200	4,200
13							
14		조건					
15		TRUE					
16							
17	성명	팀명	직위	근무년수	연봉	성과급	지급액
18	강구철	1팀	부장	20	4,600	200	4,800
19	도지연	3팀	과장	17	3,400	170	3,570
20	이세돌	2팀	과장	17	3,400	170	3,570
21	한석봉	3팀	부장	20	4,000	200	4,200

- 원본 필드명과 다른 필드명 사용
- =D4>=AVERAGE($D$4:$D$9) : 근무년수가 평균근무년수보다 크거나 같은 데이터 추출

① [B14] 셀에 **조건***, [B15] 셀에 **=D4>=AVERAGE($D$4:$D$12)**라고 입력한다.

B15 =D4>=AVERAGE($D$4:$D$12)

	A	B	C	D	E	F	G	H
11	장인철	2팀	사원	5	1,000	50	1,050	
12	한석봉	3팀	부장	20	4,000	200	4,200	
13								
14		조건						
15		TRUE						
16								

② 데이터 범위의 임의의 셀을 선택한 후 [데이터] → [정렬 및 필터] → [고급]을 클릭한다.

③ 다음 그림과 같이 '고급 필터' 대화상자를 설정한 후 〈확인〉을 클릭한다.

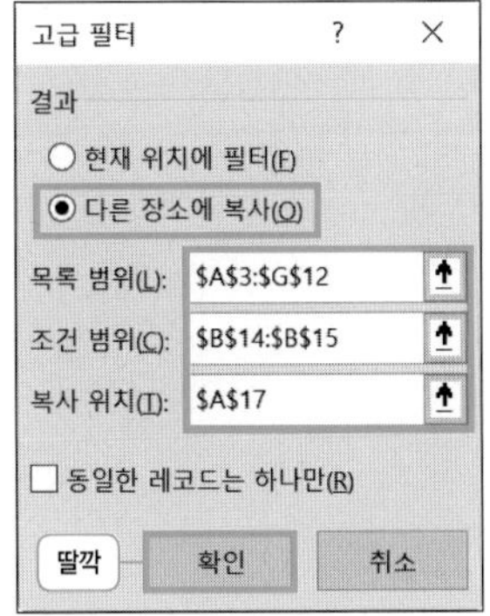

전문가의 조언

중요해요! 식을 사용하여 조건을 지정하는 방법에 대한 문제가 자주 출제됩니다.

[기출 포인트]

식을 사용하여 조건을 지정할 때는 원본 데이터의 필드명을 사용하지 않는다.

준비하세요

'C:\길벗컴활1급필기QnE\2과목\2과목.xlsm' 파일을 불러와 '섹션093-2' 시트에서 실습하세요.

[B14] 셀에 조건

함수나 식의 계산값을 고급 필터의 찾을 조건으로 지정하는 경우, 조건 지정 범위의 첫 행에 입력될 조건 필드명은 원본 데이터의 필드명과 다른 이름을 입력하거나 생략해야 합니다.

기출체크 3번

'=C2>=AVERAGE($C$2:$C$6)'에서 판매수량 중 첫 번째 셀인 [C2] 셀은 C3, C4 등으로 변경되면서 전체 판매수량의 평균과 비교해야 하므로 상대 참조로 지정해야 하고, 전체 판매수량의 평균을 구하는 범위(C2:C6)는 항상 고정적으로 사용되어야 하므로 절대 참조로 지정해야 합니다.

기출체크 ☑

24.5, 23.1, 22.2, 21.7, 21.3, 21.2, 20.2, 20.1, 18.상시, 17.2, 16.3, 14.1, 12.2, 09.2, 06.1, 05.1, 03.1

3. 아래 시트에서 "판매수량"에서 "판매수량"의 평균값 이상인 데이터만을 추출하려고 한다. 고급 필터의 조건을 지정할 경우 ①에 들어갈 조건을 쓰시오.

	A	B	C	D
1	상품명	지점명	판매수량	매출액
2	선풍기	동부지점	10	120000
3	세탁기	서부지점	20	36000
4	에어컨	동부지점	60	250000
5	오디오	서부지점	50	78000
6	청소기	서부지점	40	92000

평균수량
① (　　　　　　　　)

기출체크 정답

3. =C2>=AVERAGE($C$2:$C$6)

SECTION 094

외부 데이터베이스 이용

509901

23.4, 22.5, 20.2, 19.상시, 18.2, 18.1, 17.2, 16.2, 16.1, 15.3, 15.1, 13.2, 11.2, 11.1, 10.3, 09.4, 07.4, 07.3, 06.4, …

1 외부 데이터 가져오기 개념

외부 데이터 가져오기는 SQL, dBASE, Access 등에서 사용하는 데이터베이스 파일과 텍스트 파일 등을 워크시트로 가져오거나 데이터베이스 파일을 쿼리* 형태로 변경하여 워크시트에서 사용할 수 있도록 하는 기능이다.

- **가져올 수 있는 외부 데이터 파일** : 데이터베이스 파일(SQL, Access, dBase), 웹(*.htm), XML, JSON, PDF, 텍스트 파일(txt, prn), 엑셀 파일(xlsx, xlsm), 쿼리*(*.dqy), OLAP 큐브 파일(*.oqy) 등
- 실행 [데이터] → [데이터 가져오기 및 변환] 그룹에서 불러올 파일 형식 클릭
- Microsoft Query, VBA, 웹 쿼리 등을 이용하여 외부 데이터를 가져오거나 쿼리를 작성할 수 있다.
- 외부 데이터 가져오기를 사용하여 가져온 데이터는 기본적으로 새 워크시트에 표시되지만 사용자가 위치를 지정할 수 있다.
- 외부 데이터 가져오기를 사용하여 가져온 데이터는 원본 데이터가 변경될 경우 가져온 데이터에도 반영되도록 설정할 수 있다.
- 원본 데이터 변경 시 가져온 데이터에 반영되도록 설정하려면 [데이터] → [쿼리 및 연결] → [(모두 새로 고침)]에서 해당 메뉴를 선택하면 된다.

기출체크 ☑

23.4, 20.2, 18.2, 10.3, 05.2, 03.3

1. 외부 데이터 가져오기를 사용하여 가져온 데이터는 원본 데이터가 변경될 경우 가져온 데이터에도 반영되도록 설정할 수 있다. (○, ×)

전문가의 조언

외부 데이터를 가져오는 방법이나 가져올 수 있는 데이터 종류를 묻는 문제가 출제됩니다.

[기출 포인트]

- Access(*.mdb), 웹(*.htm), XML 데이터(*.xml) 등의 파일을 엑셀로 가져올 수 있다.
- 원본 데이터 변경 시 가져온 데이터에 반영되도록 설정할 수 있다.

쿼리

Microsoft Query나 Microsoft Access에서 원본 데이터에 특정 조건을 지정하여 해당 데이터가 포함된 레코드를 찾는 방법입니다. 데이터베이스 쿼리 파일의 확장자는 .dqy이고, 웹 쿼리 파일의 확장자는 .iqy입니다.

509902

24.4, 23.4, 22.4, 21.8, 21.6, 20.2, 19.상시, 18.1, 15.3, 11.3, 11.2, 10.3, 09.2, 09.1, 05.4, 04.4, 04.2, 04.1

2 Microsoft Query

외부 데이터베이스에서 가져올 데이터의 추출 조건을 쿼리로 만들어 가져오거나 쿼리를 저장하여 반복 사용할 수 있다.

- 실행 [데이터] → [데이터 가져오기 및 변환] → [데이터 가져오기] → [기타 원본에서] → [Microsoft Query에서] 선택
- 데이터베이스 파일(SQL, Access, dBASE), 쿼리(*.dqy), OLAP 큐브 파일(*.oqy)을 가져오거나 쿼리 파일로 만들 수 있다.
- 새 쿼리는 하나의 통합 문서에 대해서만 만들 수 있다.

전문가의 조언

'기타 원본에서'의 메뉴가 아닌 것을 찾거나 쿼리 마법사에서 수행할 수 있는 작업에 대한 문제가 출제됩니다.

[기출 포인트]

- 새 쿼리는 하나의 통합 문서에 대해서만 만들 수 있다.
- '기타 원본에서'의 메뉴에는 'Active Directory에서, OData 피드에서, Microsoft Query에서' 등이 있다.

기출체크 정답

1. ○

준비하세요

'C:\길벗컴활1급필기QnE\2과목\성적.accdb' 파일을 '2과목.xlsm' 파일의 '섹션094' 시트로 가져오기 하세요.

예제 다음과 같은 데이터베이스 파일에 조건을 지정하여 쿼리를 작성하고, 쿼리에 맞는 데이터를 가져오시오.

사원평가정보

사원번호	이름	부서코드	부서명	직위	점수	평가
200127	배우리	T-002	영업부	사원	85.2	상
200124	최민영	T-001	기술부	사원	69.2	하
200116	우희진	T-002	영업부	대리	72.4	중
200122	이나라	G-002	총무부	대리	76.4	중
200115	김민호	T-001	기술부	대리	54	하
200135	유강현	T-002	영업부	사원	90.4	최상
200136	홍난수	G-002	총무부	사원	89.6	상
200114	김윤선	G-001	기획부	대리	79.6	중
200123	김나비	G-002	총무부	대리	80	중
200106	최민정	T-001	기술부	대리	41.6	하
200129	배기성	G-001	기획부	사원	92	최상
200120	아유라	G-001	기획부	대리	78	중
200131	마소희	T-001	기술부	사원	87.6	상
200132	조용히	T-002	영업부	사원	88.4	상
200137	김정식	G-001	기획부	사원	91.2	최상

레코드: 1/15 필터 없음 검색

	A	B	C	D
1	이름	부서명	점수	평가
2	김정식	기획부	91.2	최상
3	마소희	기술부	87.6	상
4	배기성	기획부	92	최상
5	배우리	영업부	85.2	상
6	유강현	영업부	90.4	최상
7	조용히	영업부	88.4	상
8	홍난수	총무부	89.6	상
9				

<조건>

- '이름', '부서명', '점수', '평가' 필드만 표시할 것
- '점수'가 85 이상인 데이터만 추출할 것
- '이름'을 기준으로 오름차순 정렬할 것

① [데이터] → [데이터 가져오기 및 변환] → [데이터 가져오기] → [기타 원본에서]* → [Microsoft Query에서]를 선택한다.

② '데이터 원본 선택' 대화상자의 '데이터베이스' 탭에서 'MS Access Database*'를 선택한 후 〈확인〉을 클릭한다.

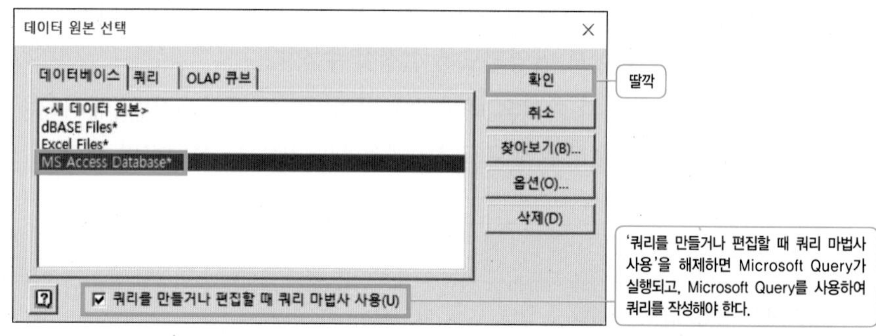

③ 데이터베이스 파일의 위치를 지정하고, 파일을 선택한 후 〈확인〉을 클릭한다.

④ '쿼리 마법사 – 열 선택' 대화상자에서 '이름', '부서명', '점수', '평가'를 각각 더블클릭하여 그림과 같이 설정한 후 〈다음〉을 클릭한다.

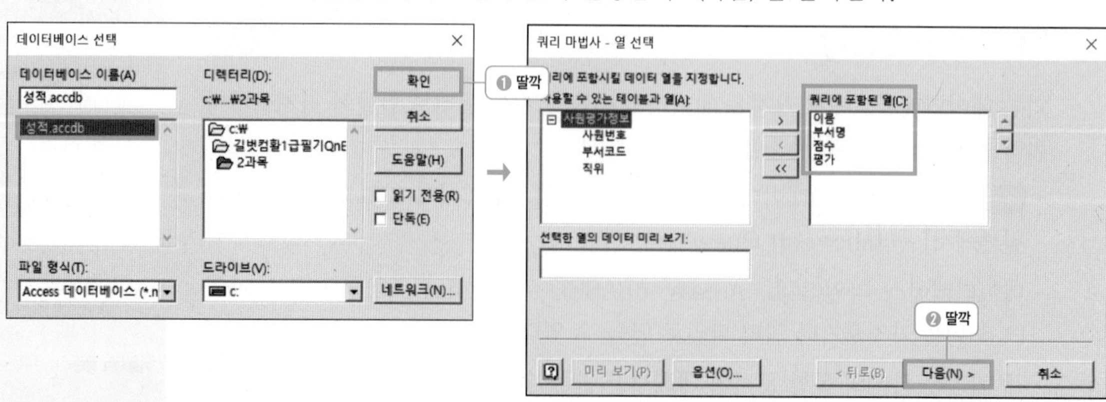

'기타 원본에서'의 메뉴

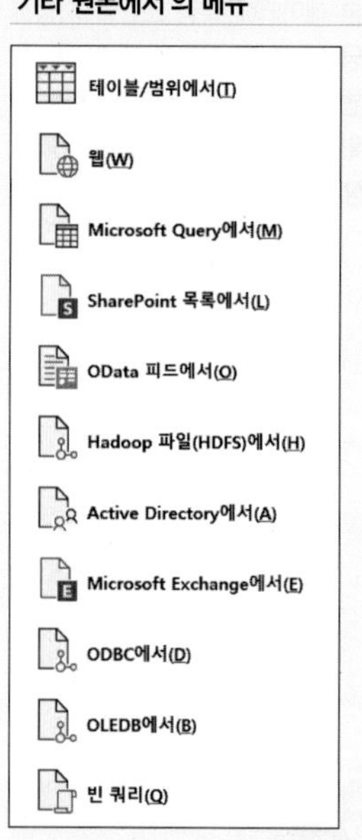

⑤ '쿼리 마법사 – 데이터 필터' 대화상자에서 '점수'가 85 이상인 데이터를 필터*하기 위해 그림과 같이 지정한 후 〈다음〉을 클릭한다.

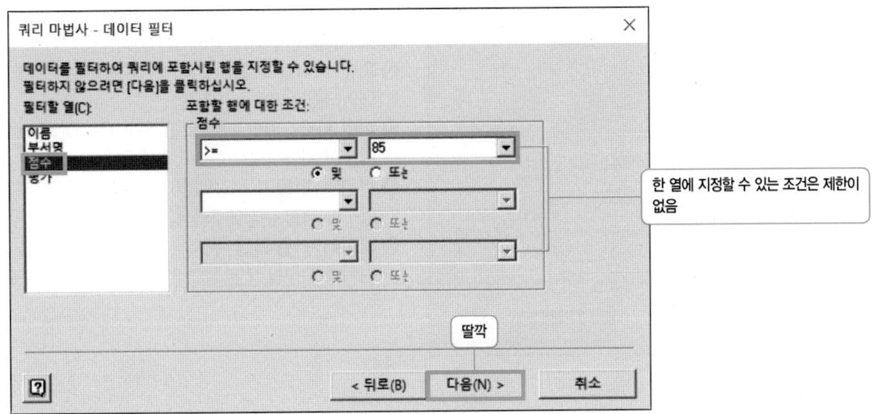

⑥ '쿼리 마법사 – 정렬 순서' 대화상자에서 첫째 기준을 '이름'으로, 정렬 방식을 오름차순으로 지정한 후 〈다음〉을 클릭한다.

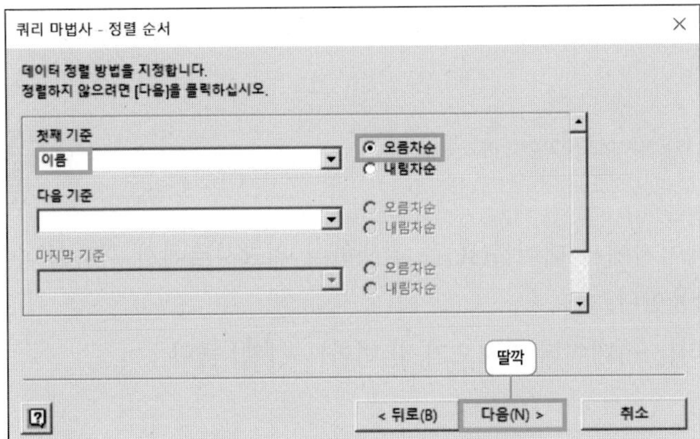

⑦ '쿼리 마법사 – 마침' 대화상자에서 'Microsoft Excel로 데이터 되돌리기'를 선택한 후 〈마침〉을 클릭한다.

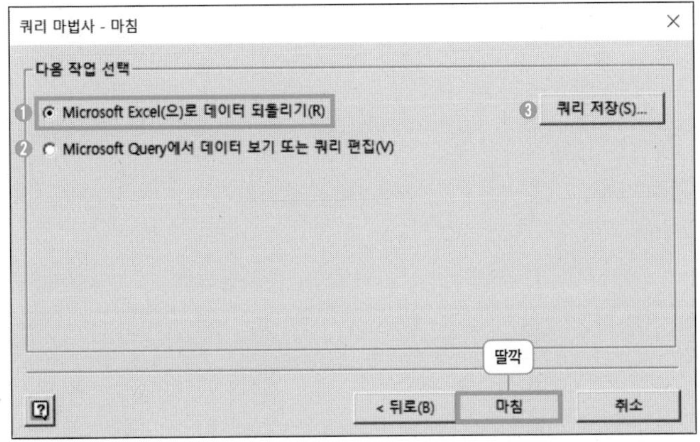

❶ **Microsoft Excel(으)로 데이터 되돌리기** : 작성한 쿼리 데이터를 워크시트로 가져옴
❷ **Microsoft Query에서 데이터 보기 또는 쿼리 편집** : Microsoft Query가 실행되면서 작성한 쿼리 데이터를 불러와 확인하거나 편집할 수 있음
❸ **쿼리 저장** : 외부 데이터베이스를 쿼리 형식으로 바로 저장함

데이터 필터

선택한 테이블에서 필요한 레코드(행)만을 추출하기 위한 것으로, 하나의 열(필드)에 대해서 AND 및 OR 조건으로 필터링하거나 여러 필드를 AND 조건으로 필터링할 수 있습니다.

⑧ 가져올 위치를 '기존 워크시트'의 [A1]로 지정하고, 〈확인〉을 클릭한다.

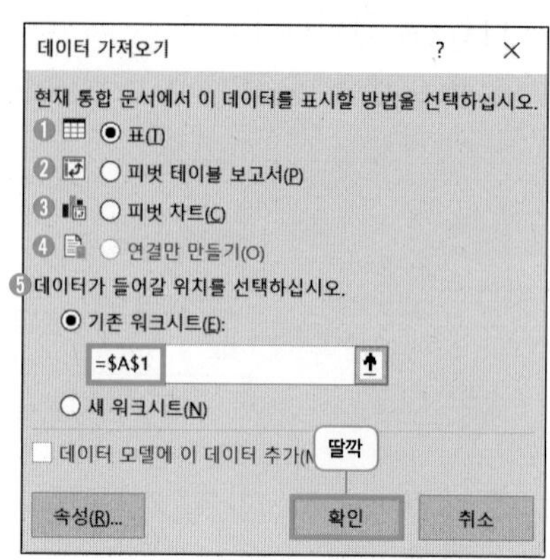

❶ **표** : 표를 만들어 정렬하거나 필터링함
❷ **피벗 테이블 보고서** : 피벗 테이블 보고서를 만들어 데이터를 집계하고 요약함
❸ **피벗 차트** : 피벗 차트 보고서와 피벗 테이블 보고서를 만들어 시각적으로 데이터를 요약함
❹ **연결만 만들기** : 선택한 연결을 나중에 사용할 수 있도록 통합 문서에 저장함
❺ **데이터가 들어갈 위치** : 가져온 데이터가 들어갈 위치를 지정함. 기본적으로 '기존 워크시트'가 표시됨

기출체크 ☑

20.2, 18.1, 11.3, 11.2, 10.3, 05.4

2. (　　　　)를 이용하면 Access로 저장된 테이블 내의 필드를 골라서 가져오거나 조건을 지정한 후 조건에 맞는 레코드만을 가져올 수 있다.

509903

23.4, 22.4, 20.2, 19.상시, 18.1, 15.3, 12.2, 10.3, 07.2, 04.2, 03.4

3 웹 쿼리

웹 쿼리는 웹 페이지에서 테이블(표)을 검색하여 워크시트에서 사용할 수 있도록 가져올 때 사용한다.

- 실행 [데이터] → [데이터 가져오기 및 변환] → [웹] 클릭

기출체크 ☑

23.4, 18.1, 15.3, 12.2, 10.3, 04.2, 03.4

3. [데이터] → [데이터 가져오기 및 변환] → [웹]을 이용하면 웹 페이지의 모든 데이터들을 그대로 가져올 수 있다. (○, ×)

전문가의 조언

웹 쿼리를 이용해서는 웹 페이지에 포함된 테이블(표)만 가져 올 수 있다는 것을 기억해 두세요.

[기출 포인트]

[웹]을 이용하면 웹 페이지에 포함된 테이블만 가져 올 수 있다.

기출체크 3번

[웹]을 이용하면 웹 페이지에서 테이블만 가져올 수 있습니다.

기출체크 정답

2. Microsoft Query 3. ×

기출문제 은행

해설은 320쪽에 있습니다.

23년 5회, 22년 6회, 2회, 1회, 21년 5회, 20년 1회

01 다음 중 데이터 정렬에 관한 설명으로 옳지 않은 것은?

① 대/소문자를 구분하여 정렬할 수 있다.
② 표 안에서 다른 열에는 영향을 주지 않고 선택한 한 열 내에서만 정렬하도록 할 수 있다.
③ 정렬 기준으로 '조건부 서식 아이콘'을 선택한 경우 기본 정렬 순서는 '위에 표시'이다.
④ 행을 기준으로 정렬하려면 [정렬] 대화상자의 [옵션]에서 정렬 옵션의 방향을 '위쪽에서 아래쪽'으로 선택한다.

22년 3회, 17년 1회

02 다음 중 아래 워크시트 (가)를 (나)와 같이 정렬하기 위한 방법으로 옳은 것은?

(가)

	A	B	C	D
1	이름	사번	부서	직위
2	윤여송	a-001	기획실	과장
3	이기상	a-002	기획실	대리
4	이원평	a-003	기획실	사원
5	강문상	a-004	관리과	사원

(나)

	A	B	C	D
1	부서	사번	이름	직위
2	기획실	a-001	윤여송	과장
3	기획실	a-002	이기상	대리
4	기획실	a-003	이원평	사원
5	관리과	a-004	강문상	사원

① 정렬 기준을 '셀 색', 정렬을 '위에 표시'로 설정
② 정렬 옵션을 '위쪽에서 아래쪽'으로 설정
③ 정렬 기준을 '셀 색', 정렬을 '아래쪽에 표시'로 설정
④ 정렬 옵션을 '왼쪽에서 오른쪽'으로 설정

24년 3회, 21년 4회

03 다음 중 정렬에 대한 설명으로 옳지 않은 것은?

① 표 스타일이 적용된 데이터 영역을 왼쪽에서 오른쪽 방향으로 정렬하려면 정렬하기 전에 '범위로 변환'을 실행해야 한다.
② 숨겨진 행이나 열도 정렬에 포함되어 정렬되나 머리글 행은 정렬되지 않는다.
③ 숫자, 날짜 등과 같이 셀에 입력된 값으로 정렬할 때는 정렬 기준을 '셀 값'으로 지정하고, 셀에 지정된 서식으로 정렬하려면 정렬 기준을 '셀 색'이나 '글꼴 색', '조건부 서식 아이콘'으로 지정해야 한다.
④ 사용자 지정 목록을 사용하여 사용자가 정의한 순서대로 정렬할 수 있다.

23년 4회, 22년 4회, 21년 6회, 5회

04 아래 시트와 같이 고급 필터를 실행했을 경우 추출되지 않는 이름은?

	A	B	C
1	이름	직급	근무년수
2	김소리	과장	15
3	박진정	대리	20
4	이향진	부장	25
5	김민정	대리	23
6	이인호	차장	21
7			
8	이름	근무년수	
9	김*	<=20	
10	이*	>=20	

① 김소리　　② 이향진
③ 김민정　　④ 이인호

24년 5회, 22년 2회, 21년 4회, 20년 2회, 03년 4회

05 다음 중 아래 시트에서 사원명이 두 글자이면서 실적이 전체 실적의 평균을 초과하는 데이터를 검색할 때, 고급 필터의 조건으로 옳은 것은?

	A	B
1	사원명	실적
2	유민	15,030,000
3	오성준	35,000,000
4	김근태	18,000,000
5	김원	9,800,000
6	정영희	12,000,000
7	남궁정훈	25,000,000
8	이수	30,500,000
9	김용훈	8,000,000

①

사원명	실적조건
="=??"	=$B2>AVERAGE($B$2:$B$9)

②

사원명	실적
="=??"	=$B2&">AVERAGE($B$2:$B$9)"

③

사원명	실적
=LEN($A2)=2	=$B2>AVERAGE($B$2:$B$9)

④

사원명	실적조건
="=**"	=$B2>AVERAGE($B$2:$B$9)

▶ 정답 : 1. ④ 2. ④ 3. ② 4. ③ 5. ①

기출문제 은행

21년 7회, 3회, 17년 2회, 14년 1회, 12년 2회, 09년 2회, 06년 1회, 05년 1회, 03년 1회

06 다음 중 고급 필터의 조건 범위를 [E1:F3] 영역으로 지정한 후 고급 필터를 실행했을 때 결과로 옳은 것은?

F3 | =C2>=AVERAGE($C$2:$C$5)

	A	B	C	D	E	F
1	코너	담당	판매금액		코너	식
2	잡화	김남희	5,122,000		잡화	
3	식료품	남궁민	450,000		식료품	TRUE
4	잡화	이수남	5,328,000			
5	식료품	서수남	6,544,000			

① 코너가 "잡화"이거나, 코너가 "식료품"이거나 판매금액이 판매금액의 평균 이상인 데이터
② 코너가 "잡화"이거나, 코너가 "식료품"이고 판매금액이 판매금액의 평균 이상인 데이터
③ 코너가 "잡화"이고, 코너가 "식료품"이거나 판매금액이 판매금액의 평균 이상인 데이터
④ 코너가 "잡화"이고, 코너가 "식료품"이고 판매금액이 판매금액의 평균 이상인 데이터

22년 7회, 10년 1회

07 다음 워크시트에서 종료기간이 3월인 레코드를 검색하려고 할 때 고급 필터의 조건으로 올바르게 표현된 것은?

	A	B
1	일수	종료기간
2	13	2022-03-19
3	20	2022-04-28
4	12	2022-03-30
5	10	2022-02-15

①
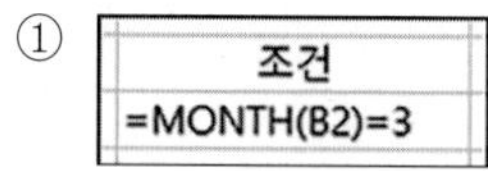

조건
=MONTH(B2)=3

②
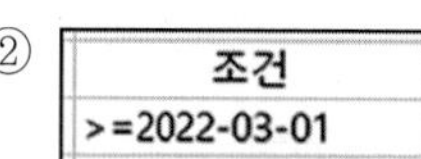

조건
>=2022-03-01

③
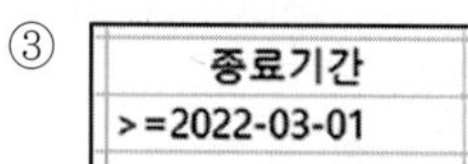

종료기간
>=2022-03-01

④
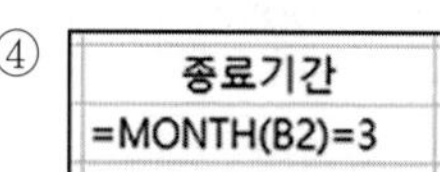

종료기간
=MONTH(B2)=3

23년 3회, 16년 1회

08 다음 중 엑셀의 정렬 기능에 대한 설명으로 옳지 않은 것은?

① 오름차순 정렬과 내림차순 정렬 모두 빈 셀은 항상 마지막으로 정렬된다.
② 영숫자 텍스트는 왼쪽에서 오른쪽 방향으로 문자 단위로 정렬된다.
③ 사용자가 [정렬 옵션] 대화상자에서 대/소문자를 구분하도록 변경하여, 오름차순으로 정렬하면 대문자가 소문자보다 우선순위를 갖는다.
④ 공백으로 시작하는 문자열은 오름차순 정렬일 때 숫자 바로 다음에 정렬되고, 내림차순 정렬일 때는 숫자 바로 앞에 정렬된다.

23년 4회, 22년 4회, 19년 상시, 18년 1회, 15년 3회

09 다음 중 [데이터] 탭 [데이터 가져오기 및 변환] 그룹의 각 명령에 대한 설명으로 옳지 않은 것은?

① [데이터 가져오기] → [기타 원본에서] → [Microsoft Query에서]를 이용하면 여러 테이블을 조인(Join)한 결과를 워크시트로 가져올 수 있다.
② [기존 연결]을 이용하면 Microsoft Query에서 작성한 쿼리 파일(*.dqy)의 실행 결과를 워크시트로 가져올 수 있다.
③ [웹]을 이용하면 웹 페이지의 모든 데이터를 원본 그대로 가져올 수 있다.
④ [데이터 가져오기] → [데이터베이스에서] → [Microsoft Access 데이터베이스에서]를 이용하면 원본 데이터의 변경 사항이 워크시트에 반영되도록 설정할 수 있다.

22년 5회

10 [데이터] → [쿼리 및 연결] 그룹에 있는 아이콘 중 다음 아이콘의 기능은 어느 것인가?

① 새로 고침
② 모두 새로 고침
③ 새로 고침 상태
④ 새로 고침 취소

해설은 320쪽에 있습니다.

24년 4회

11 다음 중 외부 데이터를 불러오기 위해 [데이터] → [데이터 가져오기 및 변환] → [데이터 가져오기] → [기타 원본에서] 메뉴에서 선택할 수 없는 메뉴는?

① Active Directory에서
② OData 피드에서
③ Microsoft Query에서
④ Microsoft Word에서

21년 6회, 09년 1회

12 다음 중 외부 데이터베이스의 데이터를 가져오기 위한 쿼리 마법사의 설명으로 옳지 않은 것은?

① 원본 데이터에서 쿼리에 포함시킬 데이터 열을 선택할 수 있다.
② 데이터를 필터할 때 포함할 행의 조건을 지정하여 필터할 수 있다.
③ 데이터의 정렬 방법도 기준을 지정하여 정렬할 수 있다.
④ 새 쿼리를 만들 때 통합 문서를 동시에 여러 개 선택하여 만들 수 있다.

22년 6회, 1회, 21년 5회

13 다음 중 상품명이 '오디오' 또는 '비디오'이고, 금액이 40000원 이상인 데이터를 추출하기 위한 고급 필터의 조건식으로 올바른 것은?

①

상품명	금액
오디오	>=40000
비디오	

②

상품명	금액
오디오	>=40000
비디오	>=40000

③

상품명	상품명	금액
오디오	오디오	
		>=40000

④

상품명	상품명	금액
오디오		
	오디오	>=40000

24년 2회, 18년 2회

14 다음 중 고급 필터 실행을 위한 조건 지정 방법에 대한 설명으로 옳지 않은 것은?

① 함수나 식을 사용하여 조건을 입력하면 셀에는 비교되는 현재 대상의 값에 따라 TRUE나 FALSE가 표시된다.
② 함수를 사용하여 조건을 입력하는 경우 원본 필드명과 동일한 필드명을 조건 레이블로 사용해야 한다.
③ 다양한 함수와 식을 혼합하여 조건을 지정할 수 있다.
④ 텍스트 데이터를 필터링할 때 대/소문자는 구분되지 않으나 수식으로 대/소문자를 구분하여 검색할 수 있다.

23년 1회

15 엑셀에서 데이터를 정렬하려는데 다음과 같은 정렬 경고 대화상자가 표시되었다. 다음 중 옳지 않은 것은?

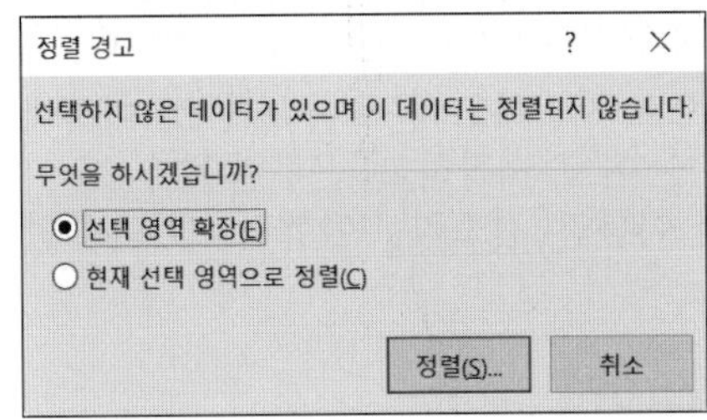

① 이 정렬 경고 대화상자는 표 범위에서 하나의 열만 범위로 선택한 경우에 발생한다.
② 인접한 데이터를 포함하기 위해 선택 영역을 늘리려면 '선택 영역 확장'을 선택한다.
③ 이 정렬 경고 대화상자는 셀 포인터가 표 범위 내에 있지 않기 때문에 발생한다.
④ '현재 선택 영역으로 정렬'을 선택하면 현재 설정한 열만을 정렬 대상으로 선택한다.

▶ 정답 : 6. ② 7. ① 8. ③ 9. ③ 10. ② 11. ④ 12. ④ 13. ② 14. ② 15. ③

기출문제 해설

[문제 01] Section 092

'정렬' 대화상자의 [옵션]에서 행을 기준으로 정렬하려면 '왼쪽에서 오른쪽', 열을 기준으로 정렬하려면 '위쪽에서 아래쪽'을 선택해야 한다.

[문제 02] Section 092

정렬은 기본적으로 위쪽에서 아래쪽으로 행 단위로 정렬되는데, 이 문제처럼 왼쪽에서 오른쪽으로 열 단위로 정렬하려면 '정렬 옵션' 대화상자의 '옵션'에서 '왼쪽에서 오른쪽'을 지정해야 한다.

[문제 03] Section 092

숨겨진 행이나 열에 있는 데이터는 정렬에 포함되지 않는다.

[문제 04] Section 093

- 고급 필터의 조건을 같은 행에 입력하면 AND 조건, 다른 행에 입력하면 OR 조건으로 연결된다.
- '이름'이 '김'으로 시작하고 '근무년수'가 20 이하이거나, '이름'이 '이'로 시작하고 '근무년수'가 20 이상인 사원의 이름인 '김소리', '이향진', '이인호'만 표시된다.

[문제 05] Section 093

- 고급 필터의 조건으로 값에 대한 비교 연산자로 등호(=)를 사용할 때는 **="항목"** 형식으로 입력하고, 조건으로 지정될 범위의 첫 행에는 원본 데이터 목록의 필드명을 입력해야 한다(사원명).
- 만능 문자(와일드 카드) *는 문자의 모든 자리를, ?는 문자의 한 자리만을 대신하는 문자이다. 두 글자인 데이터를 찾는 조건은 **="=??"**로 작성해야 한다.
- 고급 필터의 조건으로 수식을 입력할 경우, 조건으로 지정될 범위의 첫 행에는 아무것도 입력하지 않거나 원본 데이터의 필드명과 다른 글자를 입력해야 한다. "실적조건" 처럼 필드명인 "실적"만 아니면 된다.

[문제 06] Section 093

고급 필터의 조건을 같은 행에 입력하면 AND 조건, 다른 행에 입력하면 OR 조건으로 연결된다.

[문제 07] Section 093

날짜 데이터에서 월만을 추출하는 함수는 MONTH이고, 고급 필터의 조건으로 수식을 입력할 경우에는 조건을 지정할 범위의 첫 행에 입력될 조건 필드명은 원본 데이터의 필드명과 다른 필드명을 입력하거나 생략해야 한다.

[문제 08] Section 092

대/소문자를 구분하여 오름차순으로 정렬하면 소문자가 대문자보다 우선순위를 갖는다.

[문제 09] Section 094

[웹]을 이용하면 웹 페이지에서 테이블만 가져올 수 있다.

[문제 10] Section 094

'(모두 새로 고침)'은 원본 데이터 변경 시 가져온 데이터에 반영되도록 설정하는 아이콘이다.

[문제 11] Section 094

[기타 원본에서] 메뉴에는 'Active Directory에서, OData 피드에서, Microsoft Query에서, 테이블/범위에서' 등이 있다.

[문제 12] Section 094

새 쿼리는 하나의 통합 문서에 대해서만 만들 수 있다.

[문제 13] Section 093

고급 필터의 조건을 같은 행에 입력하면 AND 조건, 다른 행에 입력하면 OR 조건으로 연결된다.

[문제 14] Section 093

고급 필터에서 함수나 식을 사용하여 조건을 입력하려면, 조건으로 지정될 범위의 첫 행에 입력하는 조건 레이블은 원본 필드명과 다른 필드명을 입력하거나 생략해야 한다.

[문제 15] Section 092

셀 포인터가 표 범위 내에 있지 않을 때는 아래와 같은 대화상자가 표시된다.

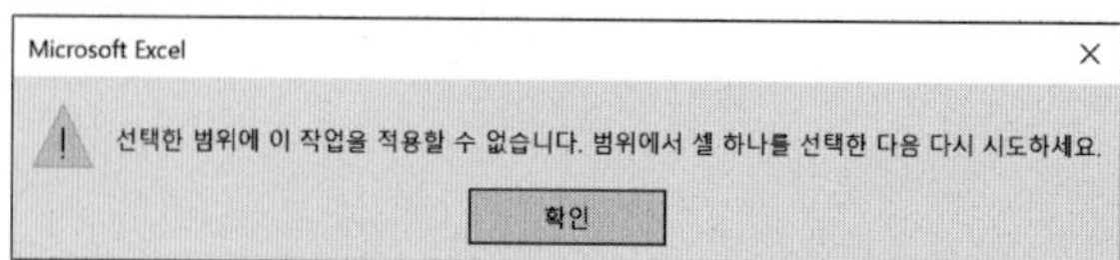

6 장

데이터 분석

SECTION 095

부분합

510001

23.3, 23.2, 23.1, 21.2, 21.1, 19.2, 18.상시, 15.3, 14.3, 14.2, 13.2, 12.3, 12.2, 09.3, 09.2, 08.3, 08.1, 07.4, 05.3, …

1 부분합

부분합은 많은 양의 데이터 목록을 그룹별로 분류하고, 그룹별로 계산을 수행하는 데이터 분석 도구이다.

- 실행 [데이터] → [개요] → [부분합] 클릭
- 부분합을 작성하려면 첫 행에는 열 이름표가 있어야 하며, 반드시 기준이 되는 필드를 기준으로 오름차순이나 내림차순으로 정렬되어 있어야 한다.
- SUBTOTAL 함수*를 사용하여 합계나 평균 등의 요약 함수를 계산한다.
- 같은 열에 있는 자료에 대하여 여러 개의 함수를 사용하여 다중 함수 부분합을 작성할 수 있다.
- **사용할 수 있는 함수** : 합계, 개수, 평균, 최대, 최소, 곱, 숫자 개수, 표준 편차, 표본 표준 편차, 표본 분산, 분산
- 부분합을 제거하면 부분합과 함께 표에 삽입된 개요 및 페이지 나누기도 모두 제거된다.
- 부분합의 결과로 차트를 작성하면 화면에 보이는 데이터에 대해서만 차트가 작성된다.

예제 다음 데이터 목록을 사용하여 팀별 지급액의 합계를 구하시오.

	A	B	C	D	E	F	G
1	보수 지급 현황						
2							
3	성명	팀명	직위	근무년수	연봉	성과급	지급액
4	강구철	1팀	부장	20	4,600	200	4,800
5	김인철	1팀	사원	2	400	20	420
6	도지연	3팀	과장	17	3,400	170	3,570
7	서도연	3팀	사원	2	400	20	420
8	안수영	2팀	사원	4	800	40	840
9	유창혁	1팀	사원	4	800	40	840
10	이세돌	2팀	과장	17	3,400	170	3,570
11	장인철	2팀	사원	5	1,000	50	1,050
12	한석봉	3팀	부장	20	4,000	200	4,200
13							

↓

전문가의 조언

부분합의 특징을 묻는 문제가 출제되고 있습니다.

[기출 포인트]

- 먼저 기준이 되는 필드로 정렬한 후 부분합을 실행해야 한다.
- 작성된 부분합을 유지하면서 계산 항목을 추가하려면 '새로운 값으로 대치'의 선택을 해제해야 한다.

SUBTOTAL 함수

목록이나 데이터베이스에서 부분합을 구하는 함수입니다.

준비하세요

'C:\길벗컴활1급필기QnE\2과목\2과목.xlsm' 파일을 불러와 '섹션095' 시트에서 실습하세요.

부분합 작성 순서

❶ 기준이 되는 필드로 정렬합니다. 정렬 방식을 꼭 확인해야 합니다.

❷ [데이터] → [개요] → [부분합]을 클릭합니다.

❸ '부분합' 대화상자에서 설정합니다.

	A	B	C	D	E	F	G
1	보수 지급 현황						
2							
3	성명	팀명	직위	근무년수	연봉	성과급	지급액
4	강구철	1팀	부장	20	4,600	200	4,800
5	김인철	1팀	사원	2	400	20	420
6	유창혁	1팀	사원	4	800	40	840
7		1팀 요약					6,060
8	안수영	2팀	사원	4	800	40	840
9	이세돌	2팀	과장	17	3,400	170	3,570
10	장인철	2팀	사원	5	1,000	50	1,050
11		2팀 요약					5,460
12	도지연	3팀	과장	17	3,400	170	3,570
13	서도연	3팀	사원	2	400	20	420
14	한석봉	3팀	부장	20	4,000	200	4,200
15		3팀 요약					8,190
16		총합계					19,710
17							

① '팀명' 필드의 임의의 영역(B3:B12)에 셀 포인터를 놓은 후 [데이터] → [정렬 및 필터] → [(텍스트 오름차순 정렬)] 아이콘을 눌러 '팀명'을 기준으로 오름차순 정렬한다.

② 데이터 목록(A3:G12) 내에 셀 포인터*를 놓은 후 [데이터] → [개요] → [부분합]을 클릭한다.

③ '부분합' 대화상자에서 지급액 합계의 기준이 되는 '팀명'을 선택하고, 사용할 함수에 '합계'를, 부분합 계산 항목에 '지급액'을 지정한 후 〈확인〉을 클릭한다.

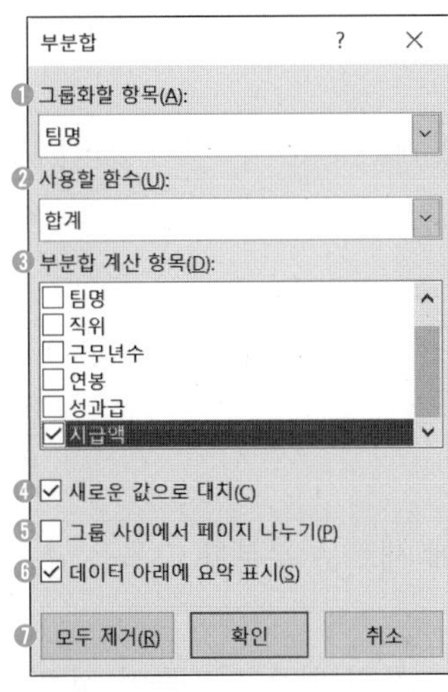

❶ **그룹화할 항목** : 값을 구하는 기준이 되는 항목을 선택한다. 정렬된 항목이다.
❷ **사용할 함수** : 사용할 함수를 선택한다.
❸ **부분합 계산 항목** : 함수를 적용할 필드를 선택한다.
❹ **새로운 값으로 대치*** : 이미 작성된 부분합을 지우고, 새 부분합으로 변경할 경우 선택한다.
❺ **그룹 사이에서 페이지 나누기** : 부분합을 구한 뒤 각 그룹 다음에 페이지 나누기를 자동으로 삽입한다.
❻ **데이터 아래에 요약 표시** : 선택하면 각 그룹의 아래쪽에 부분합 결과를 표시하고, 선택하지 않으면 그룹의 위쪽에 부분합 결과를 표시한다.
❼ **모두 제거** : 부분합을 해제하고, 원래 데이터 목록을 표시한다.

기출체크 ☑

23.2, 23.1, 21.2, 21.1, 14.3, 13.2, 12.3, 12.2, 09.2

1. 부분합을 작성하려면 반드시 그룹화할 항목을 기준으로 정렬해야 제대로 된 결과를 얻을 수 있다. (○, ×)

21.1, 19.2, 15.3, 14.3, 12.3, 12.2

2. 여러 함수를 이용하여 부분합을 작성하려면 두 번째부터 실행하는 [부분합] 대화상자에서 '새로운 값으로 대치'가 반드시 선택되어 있어야 한다. (○, ×)

셀 포인터의 위치

- 셀 포인터가 데이터 목록 내에 놓이지 않은 상태에서 [데이터] → [개요] → [부분합]을 클릭하면 '선택한 범위에 이 작업을 적용할 수 없습니다.'라는 안내문이 표시됩니다.
- 사용할 데이터 목록에 셀 포인터를 놓은 후 [데이터] → [개요] → [부분합]을 클릭해야 합니다.

새로운 값으로 대치

여러 함수를 이용하여 부분합을 작성하려면 두 번째 실행하는 '부분합' 대화상자부터는 '새로운 값으로 대치'를 반드시 해제해야 합니다. 두 번째 실행하는 '부분합' 대화상자에서 '새로운 값으로 대치'를 해제하지 않고 부분합을 실행하면 첫 번째 작성한 부분합은 삭제되고 두 번째에 작성한 부분합만이 표시됩니다.

기출체크 2번

여러 함수를 이용하여 부분합을 작성하려면 두 번째 실행하는 [부분합] 대화상자부터는 '새로운 값으로 대치'가 반드시 해제되어 있어야 합니다.

기출체크 정답
1. ○ 2. ×

510002

2 개요 기호

22.5, 22.3, 19.1, 16.3, 15.3, 14.3

개요 기호*는 부분합 작업 후 개요가 설정된 워크시트의 표시 형태를 바꿀 때 사용하는 기호로, [1][2][3], [+], [-]가 있다.

- 개요 기호의 숫자가 클수록 화면에 표시되는 데이터가 많아진다.
- 부분합을 작성하면 부분합의 계층 구조에 맞게 그룹 단위로 개요가 설정되고, 워크시트 왼쪽에 개요 기호가 표시된다.
- 개요 기호를 삭제할 수 있으며, 개요 기호를 삭제해도 요약 정보는 그대로 남아 있다.
- 개요 기호를 이용하여 워크시트에서 하위 수준(그룹)을 숨기거나 표시할 수 있다.
- 개요 수준은 부분합의 중첩 여부에 따라 8단계까지 포함된다.

잠깐만요 개요 기호

- [1] : 전체 결과(총합계)만 표시
- [2] : 전체 결과(총합계)와 부분합(요약) 결과만 표시
- [3] : 전체 결과(총합계), 부분합(요약), 해당 데이터까지 모두 표시
- [-] : 클릭하면 개요 기호가 [+]로 바뀌고, 하위 수준(그룹)의 데이터는 숨기며, 부분합 결과(요약)만 표시
- [+] : 클릭하면 개요 기호가 [-]로 바뀌고, 하위 수준(그룹)의 데이터와 부분합의 결과 표시

기출체크 ☑

22.3, 19.1, 16.3, 14.3

3. 그룹별로 요약된 데이터에 설정된 개요를 제거하면 개요 기호와 함께 요약 정보가 표시된 원본 데이터도 삭제된다. (○, ×)

5509503

3 중첩 부분합

24.4, 21.1, 19.2, 15.3, 14.3, 12.3

중첩 부분합은 이미 작성된 부분합 그룹 내에 새로운 부분합 그룹을 추가하는 것이다.

- 중첩 부분합을 작성하려면 중첩할 부분합 그룹의 기준 필드들이 정렬되어야 하고, '부분합' 대화상자에서 반드시 '새로운 값으로 대치'를 해제*해야 한다.
- 중첩 부분합을 수행하면 먼저 작성한 부분합의 결과가 아래쪽에 표시된다.

기출체크 ☑

24.4

4. 중첩 부분합을 수행하면 먼저 작성한 부분합의 결과가 ( )에 표시된다.

전문가의 조언

그룹 및 개요 설정의 특징을 묻는 문제가 출제되고 있습니다.

[기출 포인트]

- 개요 기호를 삭제해도 요약 정보는 그대로 남아 있다.
- 개요 기호의 숫자가 클수록 화면에 표시되는 데이터가 많다.

개요 기호 표시 여부 지정

[파일] → [옵션] → '고급' 탭의 '이 워크시트의 표시 옵션'에서 '개요을 설정한 경우 개요 기호 표시' 옵션을 이용하여 개요 기호의 표시 여부를 지정합니다.

기출체크 3번

개요를 숨기거나 제거해도 데이터는 삭제되지 않습니다.

전문가의 조언

중첩 부분합의 실행 결과에 대한 문제가 출제되고 있습니다.

[기출 포인트]

중첩 부분합을 수행하면 먼저 작성한 부분합의 결과가 아래쪽에 표시된다.

궁금해요 시나공 Q&A 베스트

Q 두 번째 '부분합' 대화상자에서 '새로운 값으로 대치'를 해제하지 않으면 어떻게 되나요?

A 두 번째 '부분합' 대화상자에서 '새로운 값으로 대치'를 해제하지 않고 부분합을 실행하면 첫 번째 작성한 부분합은 삭제되고 두 번째에 작성한 부분합만이 표시됩니다.

기출체크 정답

3. × 4. 아래쪽

SECTION 096

피벗 테이블

510101

24.3, 23.5, 23.2, 22.7, 22.6, 22.5, 22.1, 21.5, 21.4, 20.2, 20.1, 18.2, 16.2, 14.1, 13.1, 11.2, 09.2, 07.4, 06.3, …

1 피벗 테이블의 개요

피벗 테이블은 많은 양의 데이터를 한눈에 쉽게 파악할 수 있도록 요약·분석하여 보여주는 도구이다.

- 실행 [삽입] → [표] → [피벗 테이블] 클릭
- 피벗 테이블은 엑셀, 데이터베이스, 외부 데이터, 다른 피벗 테이블 등의 데이터를 사용할 수 있다.
- 필드별로 다양한 조건을 지정할 수 있으며, 그룹별로 데이터 집계가 가능하다.
- 원본 데이터가 변경되면 [피벗 테이블 분석] → [데이터] → [새로 고침( )]을 이용하여 피벗 테이블의 데이터를 변경할 수 있다.
- 피벗 테이블 작성 시 피벗 테이블의 작성 위치를 지정하지 않으면 새 워크시트에 작성된다.
- 작성한 피벗 테이블의 필드 단추를 다른 열이나 행으로 드래그하여 변경할 수 있으며, 필드 단추의 위치를 변경하면 데이터 표시 형식이 변경된다.
- 사용자가 피벗 테이블에 새로운 필드를 추가할 수 있다.

예제 1 다음과 같은 데이터 목록을 이용하여 제시한 피벗 테이블을 완성하시오.

	A	B	C	D	E	F	G
1	보수 지급 현황						
2							
3	성명	팀명	직위	근무년수	연봉	성과급	지급액
4	강구철	1팀	부장	20	4,600	200	4,800
5	김인철	1팀	사원	2	400	20	420
6	도지연	3팀	과장	17	3,400	170	3,570
7	서도연	3팀	사원	2	400	20	420
8	안수영	2팀	사원	4	800	40	840
9	유창혁	1팀	사원	4	800	40	840
10	이세돌	2팀	과장	17	3,400	170	3,570
11	장인철	2팀	사원	5	1,000	50	1,050
12	한석봉	3팀	부장	20	4,000	200	4,200
13							

→

	A	B	C	D	E
1	성명	(모두)			
2					
3	합계 : 지급액	직위			
4	근무년수	과장	부장	사원	총합계
5	2			840	840
6	4			1680	1680
7	5			1050	1050
8	17	7140			7140
9	20		9000		9000
10	총합계	7140	9000	3570	19710
11					

전문가의 조언

피벗 테이블의 특징에 대한 문제가 출제됩니다.

[기출 포인트]

원본 데이터의 변경사항을 피벗 테이블에 반영하려면 [새로 고침( )]을 클릭한다.

준비하세요

'C:\길벗컴활1급필기QnE\2과목\2과목.xlsm' 파일을 불러와 '섹션096-1' 시트에서 실습하세요.

피벗 테이블

[삽입] → [차트] → [피벗 차트]를 이용하면 피벗 테이블과 피벗 차트를 한 번에 작성할 수 있습니다. 여기서는 피벗 테이블을 먼저 작성한 후 작성된 피벗 테이블을 이용하여 피벗 차트를 작성하겠습니다.

① 피벗 테이블을 작성하려는 데이터 목록(A3:G12)을 블록으로 지정한 후 [삽입] → [표] → [피벗 테이블]*을 클릭한다.

② '피벗 테이블 만들기' 대화상자에서 '새 워크시트'를 선택하고 〈확인〉을 클릭한다.

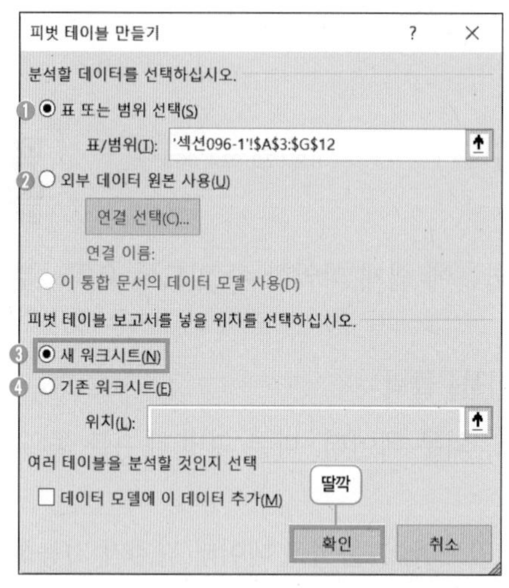

❶ **표 또는 범위 선택** : 엑셀 워크시트의 데이터를 사용한다.
❷ **외부 데이터 원본 사용** : 외부에 있는 데이터베이스 파일, 엑셀 파일, 텍스트 파일 등을 사용한다.
❸ **새 워크시트** : 같은 통합 문서 내의 새로운 워크시트에 피벗 테이블을 작성한다.
❹ **기존 워크시트** : 현재 작업중인 워크시트에 피벗 테이블을 넣을 위치를 지정한다.
※ 피벗 테이블을 넣을 위치를 지정하지 않으면 '새 워크시트'에 작성된다.

③ 화면의 오른쪽에 '피벗 테이블 필드' 창이 표시된다. '피벗 테이블 필드' 창의 각 필드를 드래그하여 그림과 같이 위치시킨다.

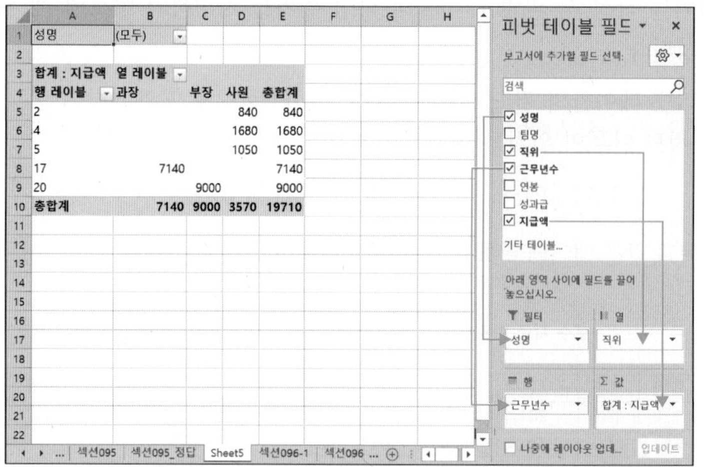

	A	B	C	D	E
1	성명	(모두)			
2					
3	합계 : 지급액	열 레이블			
4	행 레이블	과장	부장	사원	총합계
5	2			840	840
6	4			1680	1680
7	5			1050	1050
8	17	7140			7140
9	20		9000		9000
10	총합계	7140	9000	3570	19710

개요 형식으로 표시

보고서 레이아웃을 개요 형식으로 변경하지 않고 '행 레이블'이라고 표시된 [A4] 셀을 클릭한 후 **근무년수**를, '열 레이블'이라고 표시된 [B3] 셀을 클릭한 후 **직위**를 직접 입력해도 완성된 피벗 테이블은 동일합니다.

④ 작성된 피벗 테이블에서 임의의 셀을 클릭한 후 [디자인] → [레이아웃] → [보고서 레이아웃] → [개요 형식으로 표시]*를 선택한다.

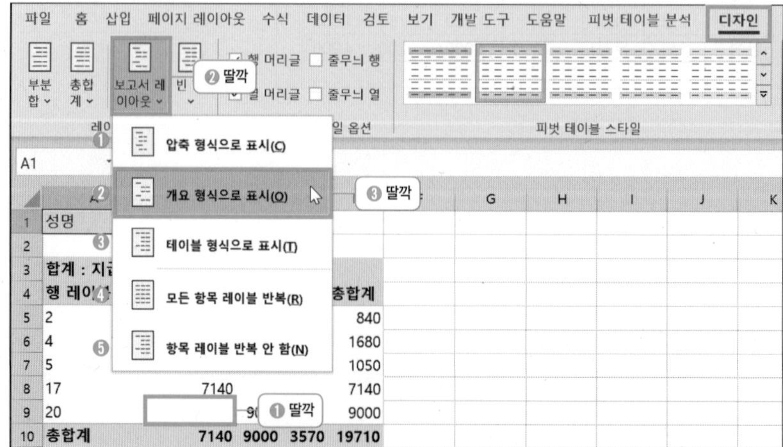

❶ **압축 형식으로 표시** : 행 레이블에 여러 개의 필드를 지정하면 하나의 열에 모든 필드를 표시하되, 각 필드의 단계는 들여쓰기로 구분하여 표시한다.
❷ **개요 형식으로 표시** : 압축 형식과 동일하게 필드를 단계별로 표시하지만 하나의 열이 아닌 각각의 열에 필드를 표시한다.
❸ **테이블 형식으로 표시** : 필드를 각 열에 표시하되, 단계마다 새로운 행이 아닌 같은 행에서부터 데이터를 표시한다.
❹ **모든 항목 레이블 반복** : 항목 레이블을 반복하여 표시한다.
❺ **항목 레이블 반복 안 함** : 항목 레이블을 처음 한 번만 표시한다.

기출체크 ☑

23.5, 22.5, 20.2, 14.1, 11.2, 06.2, 05.4
1. 원본 자료가 변경되면 피벗 테이블의 결과는 자동으로 변경된다. (○, ×)

510102 ▶

24.1, 22.6, 22.1, 21.8, 21.7, 21.5, 21.3, 21.2, 20.1, 18.2, 17.1, 16.2, 13.3, 13.1, 11.2, 10.2, 09.2, 07.4, 04.3

2 피벗 차트

피벗 테이블의 데이터를 이용하여 작성한 차트로, 피벗 테이블에서 항목이나 필드에 변화를 주면 피벗 차트도 변경되고, 반대로 피벗 차트에서 변화를 주면 피벗 테이블도 변경된다.

- 피벗 차트는 피벗 테이블을 작성할 때 함께 작성하거나, 이미 작성된 피벗 테이블을 이용하여 작성한다.
- 피벗 차트는 피벗 테이블을 사용하므로 피벗 테이블을 만들지 않고 피벗 차트를 작성할 수 없다.
- 피벗 차트를 추가하면 피벗 테이블이 있는 워크시트에 삽입된다.
- 피벗 테이블을 삭제하면 피벗 차트가 일반 차트로 변경되지만, 피벗 차트를 삭제해도 피벗 테이블에는 아무 변화가 없다.
- 표준 차트의 항목, 계열, 데이터가 피벗 차트에서는 축 필드(항목), 범례 필드(계열), 값 필드에 해당한다.
- 분산형, 거품형, 주식형 차트는 피벗 차트로 만들 수 없다.

예제 2 다음과 같은 피벗 테이블을 이용하여 제시한 피벗 차트를 완성하시오.

	A	B	C	D	E
1	성명	(모두) ▾			
2					
3	**합계 : 지급액**	**직위** ▾			
4	**근무년수** ▾	**과장**	**부장**	**사원**	**총합계**
5	2			840	840
6	4			1680	1680
7	5			1050	1050
8	17	7140			7140
9	20		9000		9000
10	**총합계**	**7140**	**9000**	**3570**	**19710**
11					

→

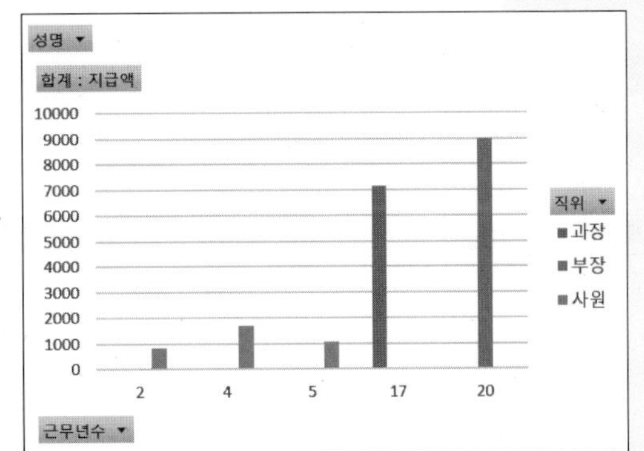

① 작성된 피벗 테이블에서 임의의 셀을 클릭한 후 [피벗 테이블 분석] → [도구] → [피벗 차트]를 클릭한다.

기출체크 1번

원본 자료가 변경된 경우 피벗 테이블에도 적용하려면 [피벗 테이블 분석] → [데이터] → [새로 고침( )]을 클릭해야 합니다.

피벗 차트는 피벗 테이블의 특징을 묻는 문제에 선택지 중 하나로 출제되고 있습니다.

[기출 포인트]
- 피벗 테이블을 삭제하면 피벗 차트는 일반 차트로 변경된다.
- 분산형, 거품형, 주식형은 피벗 차트로 작성할 수 없다.
- 피벗 차트를 추가하면 피벗 테이블이 있는 워크시트에 삽입된다.

준비하세요

'C:\길벗컴활1급필기QnE\2과목\2과목.xlsm' 파일을 불러와 '섹션096-2' 시트에서 실습하세요.

기출체크 정답
1. ×

② '차트 삽입' 대화상자에서 사용할 차트 종류를 선택한 후 〈확인〉을 클릭한다.

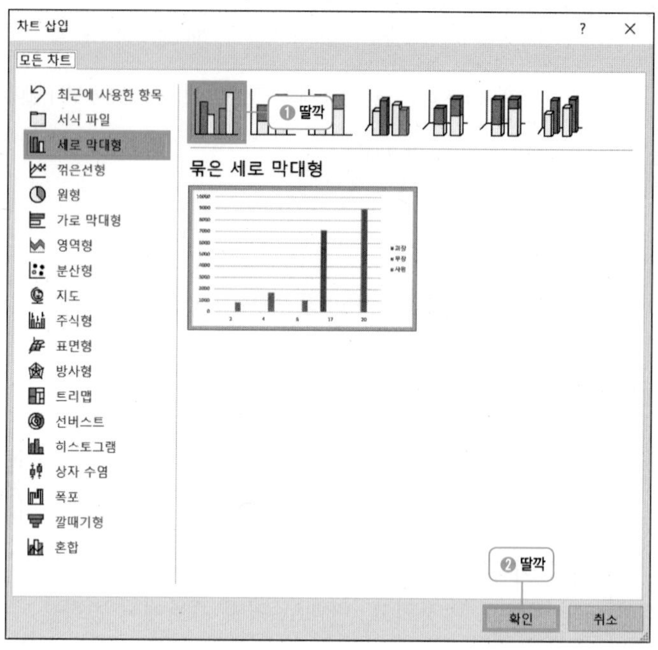

③ 작성된 피벗 차트를 [A12:F24] 영역에 위치시킨다.

기출체크 ☑

22.6, 22.1, 21.5, 18.2

2. 피벗 차트 보고서는 분산형, 주식형, 거품형 등 다양한 차트 종류로 변경할 수 있다. (○, ×)

기출체크 2번

분산형, 주식형, 거품형 차트는 피벗 차트로 만들 수 없습니다.

전문가의 조언

완성된 피벗 테이블에 대해 잘못된 설명을 고르는 문제가 출제됩니다.

[기출 포인트]

- 값 영역에 표시된 데이터는 삭제하거나 수정할 수 없다.
- 값 영역에 두 개 이상의 필드를 지정하면 열 영역이나 행 영역에 값(Σ) 필드가 생성된다.

510103

24.4, 24.2, 24.1, 23.3, 23.2, 22.3, 21.8, 21.7, 21.6, 21.5, 21.3, 20.상시, 20.2, 19.상시, 19.2, 19.1, 18.2, 14.1, …

3 피벗 테이블의 구성 요소

피벗 테이블은 필터 필드, 값 필드, 열 레이블, 행 레이블, 값 영역 등으로 구성된다.

❶ 필터 필드

❷ 값 필드

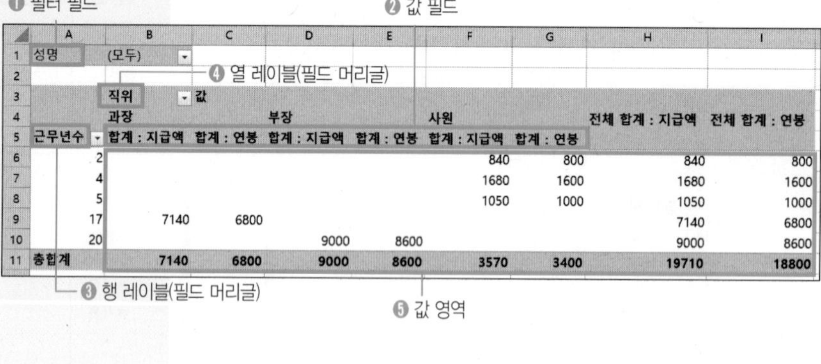

	A	B	C	D	E	F	G	H	I
1	성명	(모두)							
2									
3		직위	값						
4		과장		부장		사원		전체 합계 : 지급액	전체 합계 : 연봉
5	근무년수	합계 : 지급액	합계 : 연봉	합계 : 지급액	합계 : 연봉	합계 : 지급액	합계 : 연봉		
6	2					840	800	840	800
7	4					1680	1600	1680	1600
8	5					1050	1000	1050	1000
9	17	7140	6800					7140	6800
10	20			9000	8600			9000	8600
11	총합계	7140	6800	9000	8600	3570	3400	19710	18800

❹ 열 레이블(필드 머리글)

❸ 행 레이블(필드 머리글)

❺ 값 영역

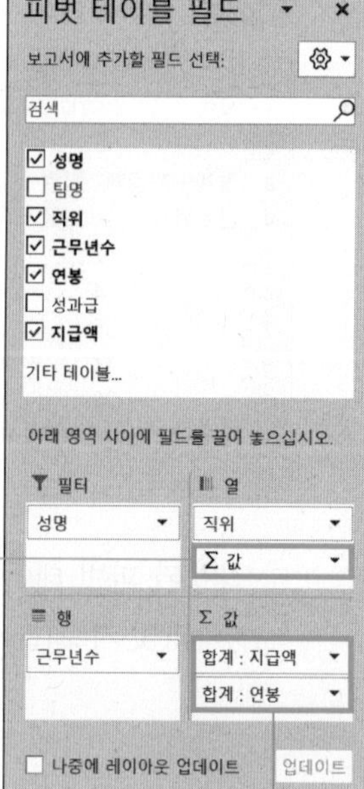

❷ 값(Σ) 필드(값 영역에 두 개 이상의 필드를 지정하여 자동으로 표시된 필드)

❷ 값 필드

기출체크 정답

2. ×

❶ **필터 필드** : 필터 영역에는 값 영역에 페이지별로 구분하여 나타낼 필드들이 들어 있으며, 모두 나타내거나 특정 필드만 나타낼 수 있다.

❷ **값 필드**

- 데이터가 들어 있는 원본 목록으로, 분석할 대상을 나타낸다.
- 값 영역에 두 개 이상의 필드를 지정하면 열 영역이나 행 영역에 값(Σ) 필드가 생성되는데, 이 필드가 열 영역과 행 영역 중 놓이는 위치에 따라 값 영역에 추가된 필드의 표시 방향이 달라진다.*

❸ **행 레이블(필드 머리글)** / ❹ **열 레이블(필드 머리글)**

- 피벗 테이블에서 열 영역/행 영역에 지정된 필드 이름이다.
- 열 레이블/행 레이블 단추를 클릭하여 표시할 필드를 선택할 수 있다.

❺ **값 영역**

- 분석 · 요약한 데이터가 표시되는 곳이다.
- 행 영역에 지정한 필드는 하나의 열에 모두 표시되고, 열 영역에 지정한 필드는 하나의 행에 모두 표시된다.
- 행 영역이나 열 영역에 표시된 데이터는 수정할 수 있으나 값 영역에 표시된 데이터는 수정할 수 없다.

기출체크 ☑

21.5, 18.2, 11.2

3. 값 영역에 표시된 데이터의 일부를 삭제하거나 필요한 데이터를 추가할 수 있다. (○, ×)

510104 ▶

23.2, 22.2, 19.2, 18.상시, 09.4, 08.2, 07.3, 06.2, 04.1

4 피벗 테이블의 그룹화

그룹화는 특정 필드를 일정한 단위로 묶어 표현할 때 사용하는 기능으로, 문자, 숫자, 날짜, 시간 등 모든 필드에서 사용할 수 있다.

- **숫자, 날짜, 시간 데이터 그룹 지정하기*** : 그룹을 지정할 필드의 바로 가기 메뉴에서 [그룹]을 선택하고, '그룹화' 대화상자에서 시작, 끝, 단위를 지정한다.

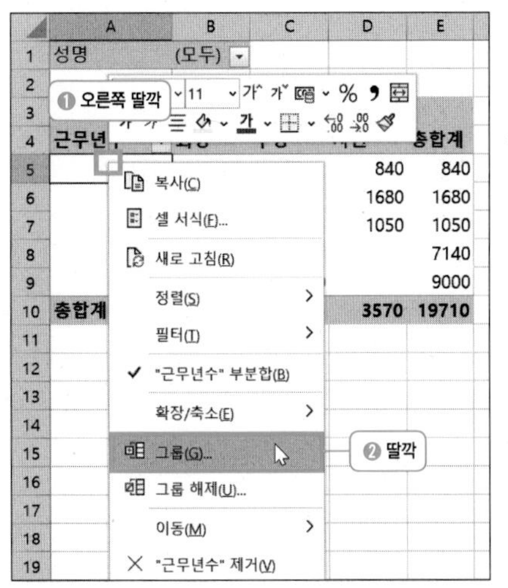

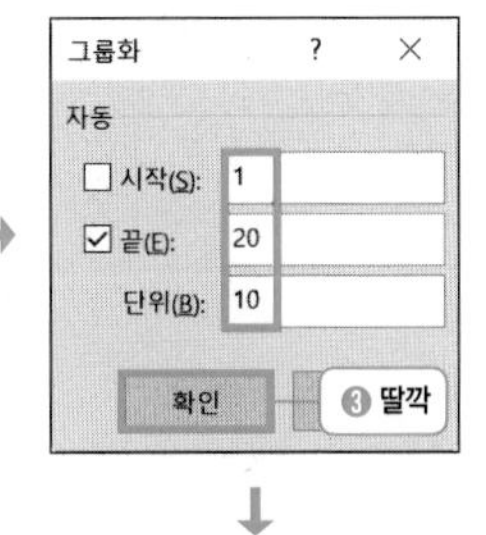

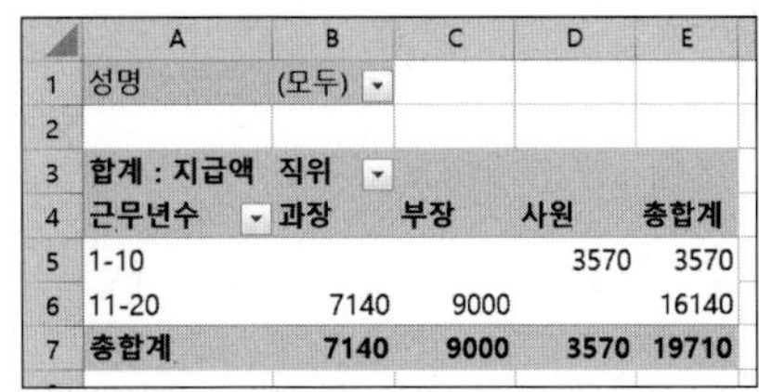

	A	B	C	D	E
1	성명	(모두)			
2					
3	합계 : 지급액	직위			
4	근무년수	과장	부장	사원	총합계
5	1-10			3570	3570
6	11-20	7140	9000		16140
7	총합계	7140	9000	3570	19710

값(Σ) 필드가 열 영역에 있을 경우

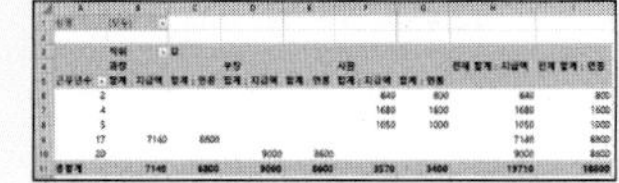

값(Σ) 필드가 행 영역에 있을 경우

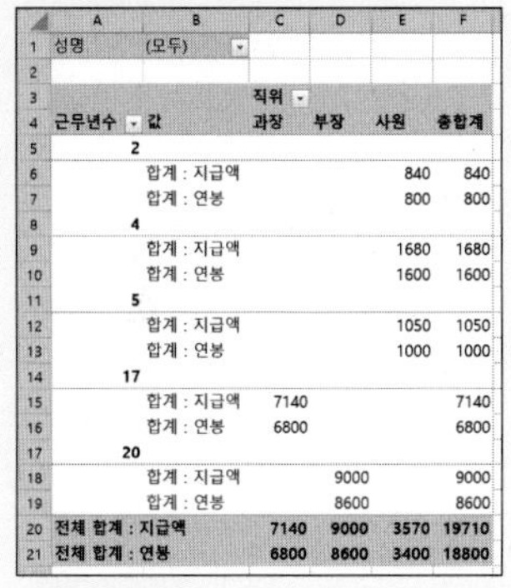

	A	B	C	D	E	F
1	성명	(모두)				
2						
3			직위			
4	근무년수	값	과장	부장	사원	총합계
5	2					
6		합계 : 지급액			840	840
7		합계 : 연봉			800	800
8	4					
9		합계 : 지급액			1680	1680
10		합계 : 연봉			1600	1600
11	5					
12		합계 : 지급액			1050	1050
13		합계 : 연봉			1000	1000
14	17					
15		합계 : 지급액	7140			7140
16		합계 : 연봉	6800			6800
17	20					
18		합계 : 지급액		9000		9000
19		합계 : 연봉		8600		8600
20	전체 합계 : 지급액		7140	9000	3570	19710
21	전체 합계 : 연봉		6800	8600	3400	18800

기출체크 3번

피벗 테이블에서는 값 영역에 표시된 데이터의 일부를 삭제하거나 추가할 수 없습니다. 값 영역에 표시된 데이터는 원본 데이터와 연결되어 있으므로, 값 영역의 값을 변경하려면 원본 데이터의 값을 변경해야 합니다.

전문가의 조언

데이터 형식에 따른 그룹 지정 방법을 알아야 맞힐 수 있는 문제가 출제됩니다.

[기출 포인트]

- 숫자 필드를 그룹화할 때는 '그룹화' 대화상자에서 시작, 끝, 단위를 지정한다.
- 문자 필드를 그룹으로 지정하면 '그룹1', '그룹2'와 같은 그룹명이 자동으로 부여된다.

그룹을 설정하는 다른 방법

그룹을 설정할 영역에 셀 포인터를 놓은 후 [피벗 테이블 분석] → [그룹] → [선택항목 그룹화]를 클릭하여 설정해도 됩니다.

기출체크 정답

3. ×

- **문자 데이터 그룹 지정하기** : 그룹을 지정할 영역(A5:A7)을 블록으로 설정한 후 바로 가기 메뉴에서 [그룹]을 선택하고, 그룹명을 변경한다.

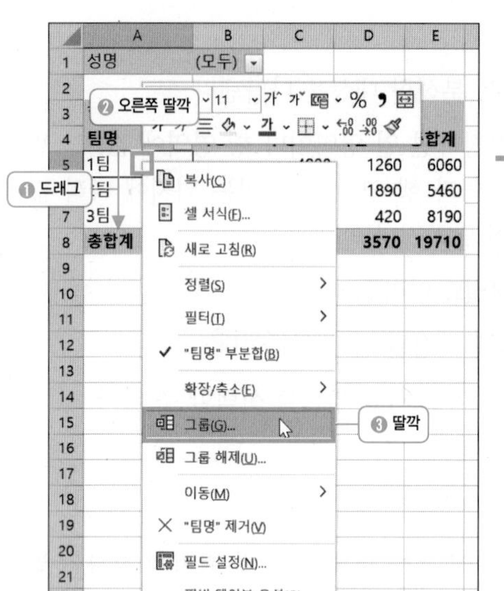

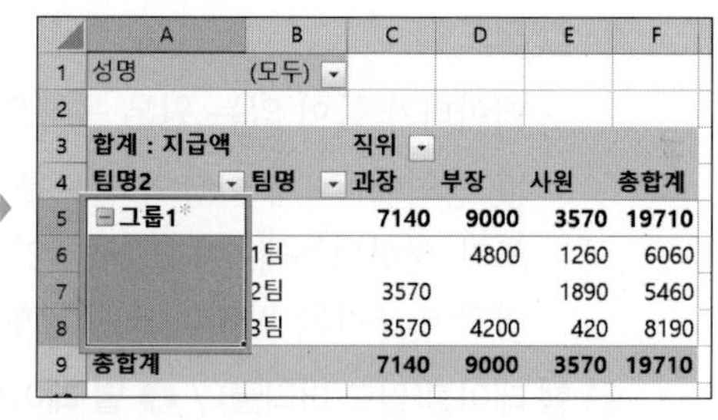

	A	B	C	D	E	F
1	성명	(모두)				
2						
3	합계 : 지급액		직위			
4	팀명2	팀명	과장	부장	사원	총합계
5	영업부		7140	9000	3570	19710
6		1팀		4800	1260	6060
7		2팀	3570		1890	5460
8		3팀	3570	4200	420	8190
9	총합계		7140	9000	3570	19710

직접 지우고 입력하면 변경된다.

- **그룹 해제하기** : 그룹으로 설정된 필드의 바로 가기 메뉴에서 [그룹 해제]를 선택한다.

기출체크 ☑

22.2, 09.4, 07.3

4. 문자 필드에 그룹을 지정하려면 '그룹 만들기' 대화상자에서 그룹 이름을 반드시 지정해야 한다. (○, ×)

그룹1

문자 필드에 그룹 만들기를 실행하면 자동으로 그룹1, 그룹2, …와 같은 그룹 이름이 자동으로 부여됩니다.

기출체크 4번

피벗 테이블에서 문자 필드에 그룹을 지정할 때 그룹 이름은 '그룹 만들기' 대화상자에서 지정하는 것이 아니라 피벗 테이블 화면에 있는 해당 그룹 이름을 직접 선택한 후 변경해야 합니다.

기출체크 정답

4. ×

SECTION 097

시나리오

510201

23.4, 23.3, 22.7, 22.4, 22.3, 22.2, 21.8, 21.6, 21.2, 21.1, 20.2, 20.1, 19.상시, 19.1, 17.1, 16.3, 14.3, 14.2, 13.1, …

1 시나리오의 개요

시나리오는 다양한 상황과 변수에 따른 여러 가지 결과값의 변화를 가상의 상황을 통해 예측하여 분석하는 도구이다.

- 실행 [데이터] → [예측] → [가상 분석] → [시나리오 관리자] 선택
- 이자율, 손익 분기점, 주가 분석 등에 많이 사용된다.
- 시나리오를 작성하면 현재 작업하는 워크시트의 왼쪽에 새 워크시트를 삽입하고 그 시트에 시나리오 보고서를 표시한다.
- 여러 시나리오를 서로 비교하기 위해 시나리오를 피벗 테이블로 요약할 수 있다.
- 시나리오 병합을 통하여 다른 통합 문서나 다른 워크시트에 저장된 시나리오를 가져올 수 있다.
- '시나리오 관리자' 대화상자에서 시나리오를 삭제해도 이미 작성된 시나리오 요약 보고서는 삭제되지 않고, 반대로 시나리오 요약 보고서를 삭제해도 시나리오는 삭제되지 않는다.
- 시나리오가 작성된 원본 데이터를 변경해도 이미 작성된 시나리오 보고서에는 반영되지 않는다.
- '변경 셀'과 '결과 셀'에 이름을 지정한 후 시나리오 요약 보고서를 작성하면 셀 주소 대신 지정한 이름이 표시된다.

기출체크 ☑

23.3, 22.4, 22.3, 21.8, 20.2

1. 시나리오가 작성된 원본 데이터를 수정하면 시나리오 요약 보고서가 자동으로 업데이트된다. (○, ×)

21.2, 21.1, 20.1, 16.3, 14.2, 13.1

2. '변경 셀'과 '결과 셀'에 이름을 지정한 후 시나리오 요약 보고서를 작성하면 결과에 셀 주소 대신 지정한 이름이 표시된다. (○, ×)

전문가의 조언

- 시나리오는 말 그대로 시나리오를 만들어 보는 것입니다. '국어 점수가 100점이라면 평균이 얼마가 될까? 영어 점수도 100점을 맞았다면 평균이 얼마가 됐을까?' 하는 것처럼 말입니다.
- **중요해요!** 시나리오의 특징과 '시나리오 관리자' 대화상자의 각 버튼의 기능에 대한 문제가 자주 출제됩니다.

[기출 포인트]

- 시나리오의 값을 변경해도 이미 작성된 시나리오 보고서에는 반영되지 않는다.
- 시나리오 보고서는 항상 새 워크시트에 작성된다.
- '시나리오 관리자' 대화상자의 〈병합〉은 다른 통합 문서나 워크시트에 저장된 시나리오를 병합하는 기능이다.

기출체크 1번

원본 데이터가 변경되어도 시나리오 요약 보고서는 자동으로 업데이트 되지 않으므로 시나리오 요약 보고서를 다시 작성해야 합니다.

기출체크 정답

1. × 2. ○

[기출 포인트]

- 시나리오 보고서를 만들 때는 보고서의 종류에 상관없이 반드시 '결과 셀'은 지정해야 한다.
- '결과 셀'에는 반드시 변경 셀을 참조하는 수식이 입력되어 있어야 한다.
- '변경 금지'는 시나리오를 변경할 수 없도록 보호하는 것이다.

준비하세요

'C:\길벗컴활1급필기QnE\2과목\2과목.xlsm' 파일을 불러와 '섹션097' 시트에서 실습하세요.

평균

'평균' 필드의 데이터는 '국어', '영어', '수학'을 참조하는 수식으로 입력되어야 합니다.

510202

24.5, 23.4, 23.3, 22.2, 19.1, 17.1, 15.1, 14.3, 12.1, 10.1, 07.3, 06.3, 04.4, 04.2, 03.4

2 시나리오 만들기

예제 다음과 같은 데이터 목록 중 강현준의 수학 점수가 80으로 감소할 때와 100으로 증가할 때 변화하는 평균*을 계산하는 시나리오를 작성하시오.

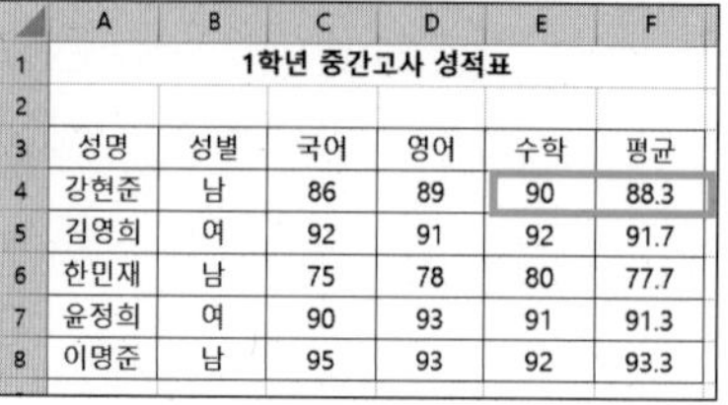

	A	B	C	D	E	F
1	1학년 중간고사 성적표					
2						
3	성명	성별	국어	영어	수학	평균
4	강현준	남	86	89	90	88.3
5	김영희	여	92	91	92	91.7
6	한민재	남	75	78	80	77.7
7	윤정희	여	90	93	91	91.3
8	이명준	남	95	93	92	93.3

→

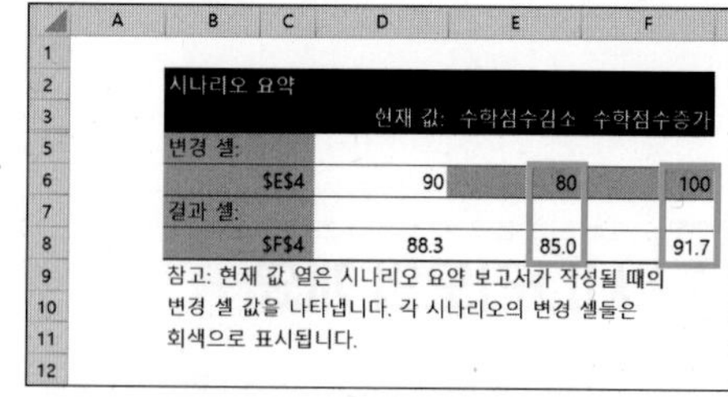

시나리오 요약		현재 값:	수학점수감소	수학점수증가
변경 셀:				
	$E$4	90	80	100
결과 셀:				
	$F$4	88.3	85.0	91.7

참고: 현재 값 열은 시나리오 요약 보고서가 작성될 때의 변경 셀 값을 나타냅니다. 각 시나리오의 변경 셀들은 회색으로 표시됩니다.

① [데이터] → [예측] → [가상 분석] → [시나리오 관리자]를 선택한다.

② '시나리오 관리자' 대화상자에서 〈추가〉를 클릭한다.

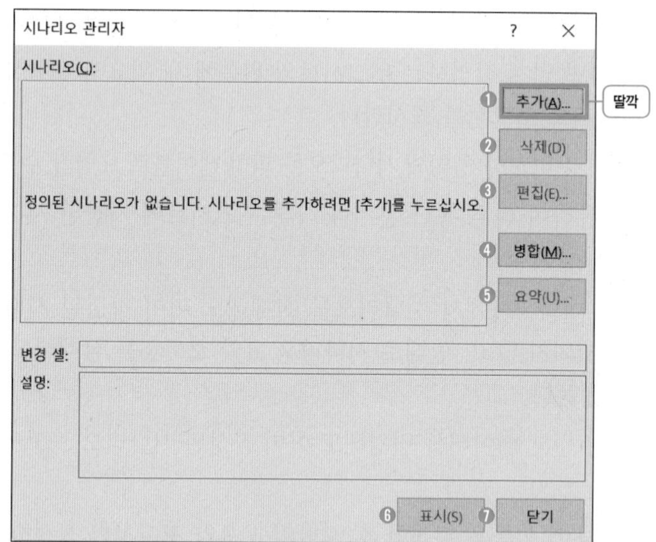

❶ **추가** : 시나리오 이름과 변경 셀을 입력할 수 있는 대화상자를 표시한다.
  - 변경 셀에는 데이터를 변경할 셀의 범위를 지정한다.
  - 하나의 시나리오에 최대 32개까지의 변경 셀을 지정할 수 있다.

❷ **삭제** : 선택한 시나리오를 삭제한다.

❸ **편집** : 선택한 시나리오를 변경할 수 있는 대화상자를 표시한다.

❹ **병합** : 다른 통합 문서나 워크시트에 저장된 시나리오를 가져와 병합한다.

❺ **요약** : 시나리오를 보고서로 작성한다.
  - 보고서의 종류와 결과 셀을 지정한다.
  - 보고서의 종류에는 시나리오 요약과 시나리오 피벗 테이블 보고서가 있다.
  - 결과 셀에는 변경 셀을 참조하는 수식으로 입력되어 있는 셀을 반드시 지정해야 한다.

❻ **표시** : 선택한 시나리오 값을 워크시트에 표시한다.

❼ **닫기** : 대화상자를 닫는다.

③ '시나리오 추가' 대화상자에서 시나리오 이름에 **수학점수감소**를 입력하고, 변경 셀에 [E4] 셀을 지정한 후 〈확인〉을 클릭한다.

④ '시나리오 값' 대화상자에 **80**을 입력한 후 〈확인〉을 클릭한다.

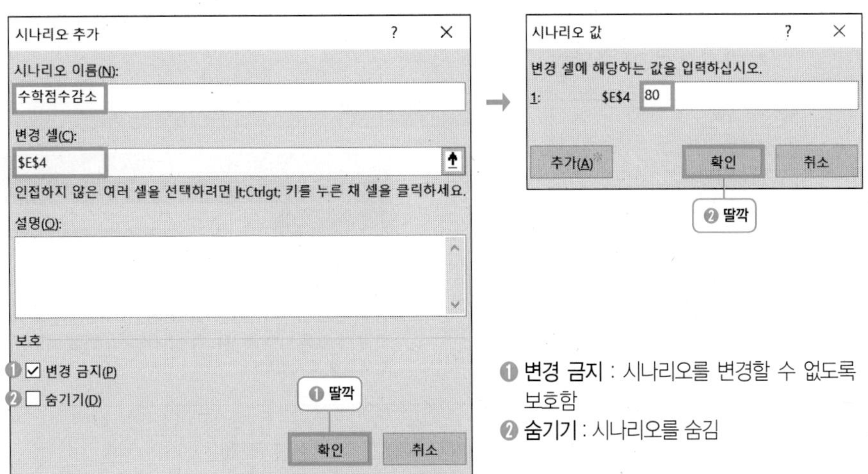

❶ **변경 금지** : 시나리오를 변경할 수 없도록 보호함
❷ **숨기기** : 시나리오를 숨김

시나리오 바로 추가하기

'시나리오 값' 대화상자에서 〈추가〉를 클릭하면 시나리오가 입력되고, 새로운 시나리오를 바로 추가할 수 있도록 '시나리오 추가' 대화상자가 표시됩니다.

⑤ 시나리오에 '수학점수감소'가 추가된다. 〈추가〉를 클릭한 후 '시나리오 추가' 대화상자의 시나리오 이름에 **수학점수증가**, 변경 셀에 [E4] 셀을 지정하고 〈확인〉을 클릭한다.

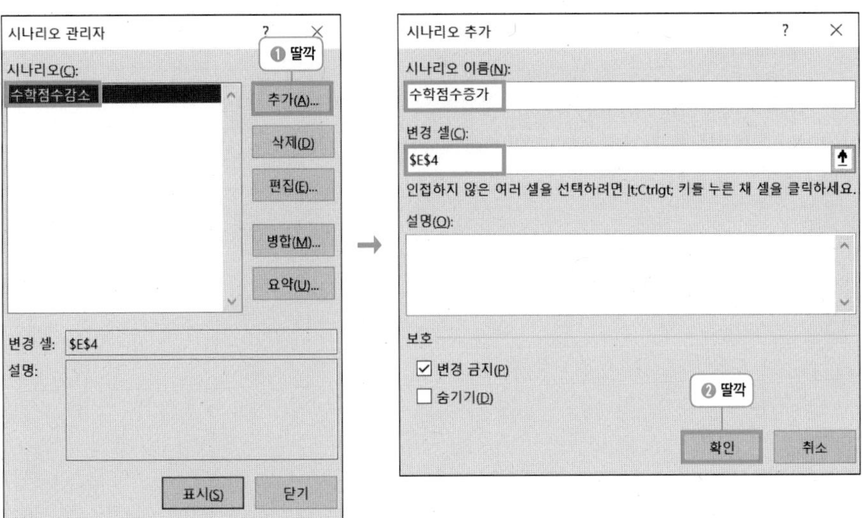

⑥ '시나리오 값' 대화상자에 **100**을 입력한 후 〈확인〉을 클릭한다.

⑦ '시나리오 관리자' 대화상자에서 〈요약〉을 클릭한다.

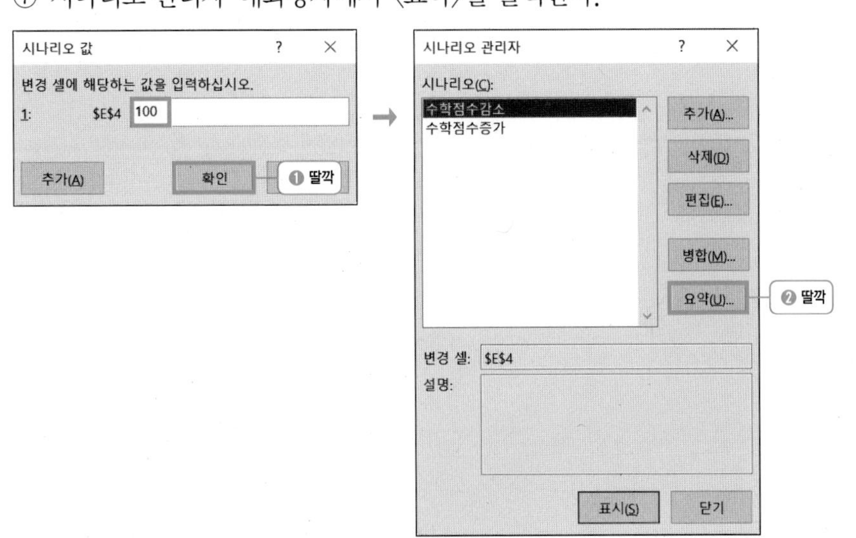

⑧ '시나리오 요약'을 선택하고 결과 셀에는 평균이 표시되어 있는 [F4] 셀을 지정한 후 〈확인〉을 클릭한다. 새로운 워크시트가 자동으로 만들어지며 작성된 시나리오가 표시된다.

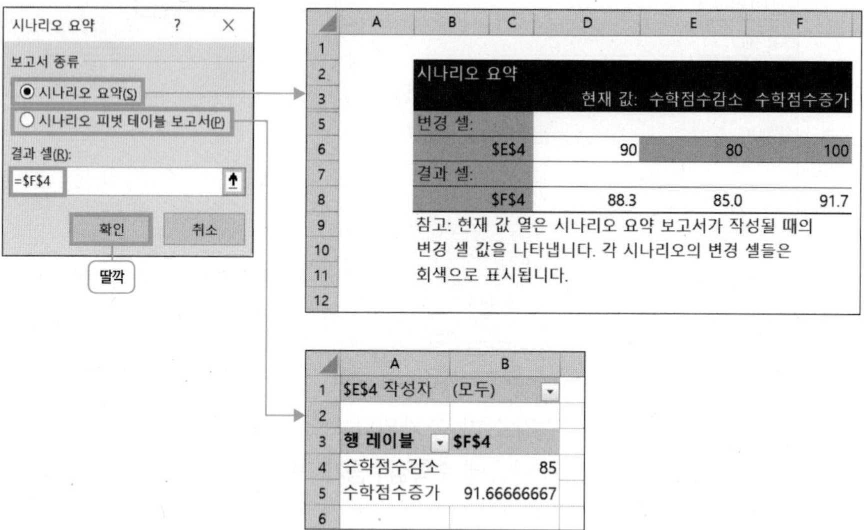

기출체크 ☑

24.5, 22.2

3. 보호된 시트에 시나리오가 추가되지 않도록 하려면 '시나리오 추가' 대화상자에서 '변경 금지'를 선택한다. (○, ×)

기출체크 3번

'시나리오 추가' 대화상자의 '변경 금지'는 시나리오를 변경할 수 없도록 보호하는 것입니다.

기출체크 정답
3. ×

SECTION
098 목표값 찾기

510301 ▶

18.상시, 17.2, 15.1, 12.2, 08.4, 08.2, 07.1, 06.4

1 목표값 찾기의 개요

목표값 찾기는 수식에서 원하는 결과(목표)값은 알고 있지만 그 결과값을 계산하기 위해 필요한 입력값을 모를 경우에 사용하는 도구이다.

- 실행 [데이터] → [예측] → [가상 분석] → [목표값 찾기] 선택
- 목표값 찾기는 주어진 결과값에 대해 하나의 입력값만 변경할 수 있다.
- 결과값은 입력값을 참조하는 수식으로 작성되어야 한다.
- 목표값은 사용자가 원하는 데이터를 직접 입력해야 한다.

기출체크 ☑

08.2, 06.4

1. 목표값 찾기는 특정한 결과를 얻기 위해 데이터가 어떻게 변하는지 알아보는 기능으로 변하는 데이터를 여러 개 지정할 수 있다. (○, ×)

510302 ▶

24.1, 21.7, 21.3, 17.2, 16.1, 15.1, 11.3, 09.2, 08.3, 05.1, 04.1, 03.4, 03.2, 02.3

2 목표값 찾기

예제 다음 데이터 목록에서 '한민재' 학생의 평균이 80이 되기 위한 국어 점수의 값을 목표값 찾기를 이용하여 계산하시오.

	A	B	C	D	E	F
1	1학년 중간고사 성적표					
2						
3	성명	성별	국어	영어	수학	평균
4	강현준	남	86	89	90	88.3
5	김영희	여	92	91	92	91.7
6	한민재	남	75	78	80	77.7
7	윤정희	여	90	93	91	91.3
8	이명준	남	95	93	92	93.3

→

	A	B	C	D	E	F
1	1학년 중간고사 성적표					
2						
3	성명	성별	국어	영어	수학	평균
4	강현준	남	86	89	90	88.3
5	김영희	여	92	91	92	91.7
6	한민재	남	82	78	80	80.0
7	윤정희	여	90	93	91	91.3
8	이명준	남	95	93	92	93.3

① [데이터] → [예측] → [가상 분석] → [목표값 찾기]를 선택한다.

② '목표값 찾기' 대화상자의 수식 셀에 F6, 찾는 값에 80, 값을 바꿀 셀에 C6을 지정한 후 〈확인〉을 클릭한다.

전문가의 조언

- 목표값 찾기는 시나리오와 반대 개념입니다. 시나리오는 '국어 점수를 100점 맞았다면 평균이 얼마일까?'를 계산하는 반면, 목표값 찾기는 '평균이 90점이 되려면 국어 점수는 몇 점을 맞아야 하나?'를 계산하는 도구입니다.
- '목표값 찾기' 대화상자에 있는 입력 상자들의 기능만 알면 맞힐 수 있는 문제가 출제되고 있습니다.

[기출 포인트]

- 목표값 찾기는 하나의 입력값만을 변경할 수 있다.
- 목표로 하는 값(찾는 값)은 사용자가 원하는 값을 직접 입력해야 한다.

기출체크 1번

목표값 찾기에서는 변하는 데이터를 하나만 지정할 수 있습니다.

[기출 포인트]

목표값 찾기는 '수식 셀(평균)'이 '찾는 값(80)'이 되려면 '값을 바꿀 셀(국어)'이 얼마가 되어야 하는지를 찾는 것이다.

준비하세요

'C:\길벗컴활1급필기QnE\2과목\2과목.xlsm' 파일을 불러와 '섹션098' 시트에서 실습하세요.

기출체크 정답

1. ×

	A	B	C	D	E	F
1	1학년 중간고사 성적표					
2						
3	성명	성별	국어	영어	수학	평균
4	강현준	남	86	89	90	88.3
5	김영희	여	92	91	92	91.7
6	한민재	남	75	78	80	77.7
7	윤정희	여	90	93	91	91.3
8	이명준	남	95	93	92	93.3

❶ 수식 셀
- 결과값이 표시되는 셀 주소로, 해당 셀에는 반드시 수식이 있어야 한다.
- 여기서는 평균이 있는 주소(F6)이다.

❷ 찾는 값
- 목표로 하는 값을 직접 입력한다.
- 여기서는 평균 점수 80이 목표 값이다.

❸ 값을 바꿀 셀
- 목표값을 만들기 위해 변경될 값이 들어 있는 셀 주소이다.
- 여기서는 국어 점수가 있는 주소(C6)이다.

③ 목표값이 표시된 '목표값 찾기 상태' 대화상자가 나타나면 〈확인〉을 클릭한다.

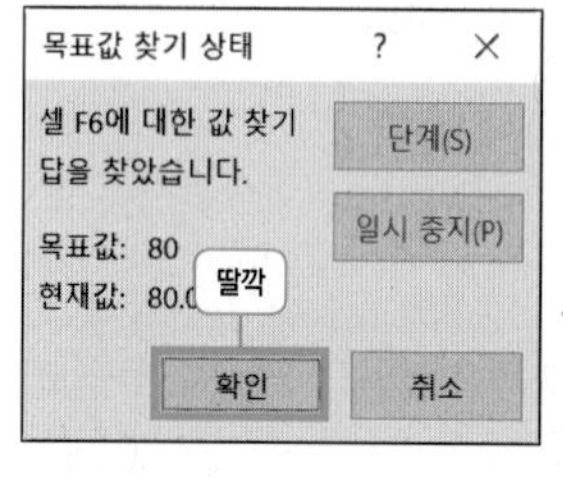

→

	A	B	C	D	E	F
1	1학년 중간고사 성적표					
2						
3	성명	성별	국어	영어	수학	평균
4	강현준	남	86	89	90	88.3
5	김영희	여	92	91	92	91.7
6	한민재	남	82	78	80	80.0
7	윤정희	여	90	93	91	91.3
8	이명준	남	95	93	92	93.3

기출체크 ☑

24.1, 21.7, 21.3, 16.1, 05.1, 03.2, 02.3

2. 목표값 찾기를 다음과 같이 지정하였을 경우 이에 대한 올바른 의미로 괄호 안을 채우시오.

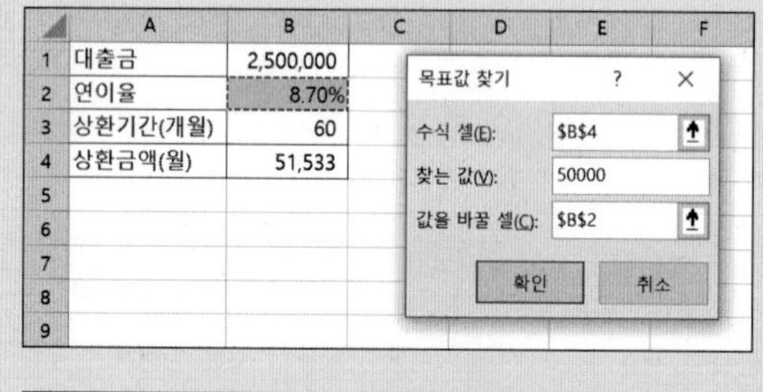

	A	B
1	대출금	2,500,000
2	연이율	8.70%
3	상환기간(개월)	60
4	상환금액(월)	51,533

( )이 ( )이 되려면 ( )은 얼마가 되어야 하는가?

기출체크 정답
2. 상환금액(월), 50000, 연이율

SECTION 099

데이터 표

510401

24.2, 22.6, 22.1, 21.7, 21.5, 21.4, 21.3, 21.2, 18.상시, 18.2, 15.2, 15.1, 13.3, 13.2, 11.3, 11.2, 10.3, 10.2, 07.1, 06.2, …

1 데이터 표의 개요

데이터 표는 특정 값의 변화에 따른 결과값의 변화 과정을 표의 형태로 표시해 주는 도구이다.

- 실행 [데이터] → [예측] → [가상 분석] → [데이터 표] 선택
- 데이터 표는 지정하는 값의 수에 따라 단일 표와 이중 표로 구분한다.
- 데이터 표의 결과값은 반드시 변화하는 특정 값을 포함한 수식으로 작성되어야 한다.
- 변화하는 값과 수식이 입력된 부분을 모두 포함되도록 범위를 설정한 후 데이터 표를 실행한다.
- 데이터 표 기능을 이용하여 계산된 결과는 참조하고 있는 셀의 데이터가 수정되면 자동으로 갱신된다.
- 데이터 표의 결과는 일부분만을 수정할 수 없다.

기출체크 ☑

24.2

1. 김철수의 성적표에서 과목들의 점수 변경에 따른 평균 점수의 변화를 한 번의 연산으로 빠르게 계산할 수 있는 도구는 (   )이다.

전문가의 조언

데이터 표의 용도와 특징, 그리고 데이터 표를 이용한 작업 방법에 대한 문제가 출제되고 있습니다.

[기출 포인트]

- 데이터 표는 특정 값의 변화에 따른 결과값의 변화를 표 형태로 표시하는 기능이다.
- 데이터 표의 결과는 일부만 수정할 수 없다.

510402

24.4, 24.3, 24.1, 23.5, 22.6, 22.5, 22.1, 21.7, 21.5, 21.4, 21.3, 21.2, 18.상시, 13.2, 12.1, 11.3, 11.2, 10.2, 10.1, …

2 데이터 표 만들기

예제 다음 데이터 목록을 이용하여 국어와 영어 점수의 변화에 따른 총점의 변화를 구하시오.

	A	B	C	D	E	F	G	H
1	중간고사 성적표			국어와 영어점수 변동에 따른 총점표				
2	국어	90						
3	영어	80				국어		
4	수학	70				80	90	100
5	총점	240		영어	80			
6					90			
7					100			

→

	A	B	C	D	E	F	G	H
1	중간고사 성적표			국어와 영어점수 변동에 따른 총점표				
2	국어	90						
3	영어	80				국어		
4	수학	70			240	80	90	100
5	총점	240		영어	80	230	240	250
6					90	240	250	260
7					100	250	260	270

[기출 포인트]

- 열에 변경되는 값이 입력되어 있으면 '열 입력 셀'에 변화되는 값의 셀 주소를 지정한다.
- 행에 변경되는 값이 입력되어 있으면 '행 입력 셀'에 변화되는 값의 셀 주소를 지정한다.

준비하세요

'C:\길벗컴활1급필기QnE\2과목\2과목.xlsm' 파일을 불러와 '섹션099' 시트에서 실습하세요.

기출체크 정답

1. 데이터 표

① 총점 변화 값을 구하는 데이터 표이므로 총점(B5)의 수식을 그대로 [E4] 셀에 입력*한다.

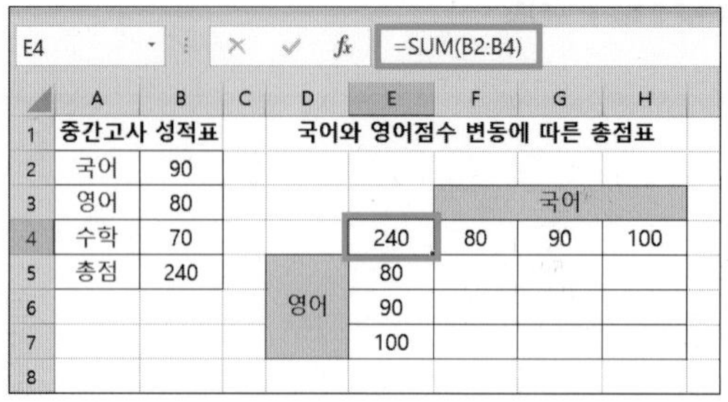

	A	B	C	D	E	F	G	H
1	중간고사 성적표			국어와 영어점수 변동에 따른 총점표				
2	국어	90						
3	영어	80				국어		
4	수학	70			240	80	90	100
5	총점	240		영어	80			
6					90			
7					100			
8								

② [E4:H7] 영역을 블록으로 지정*한 후 [데이터] → [예측] → [가상 분석] → [데이터 표]를 선택한다.

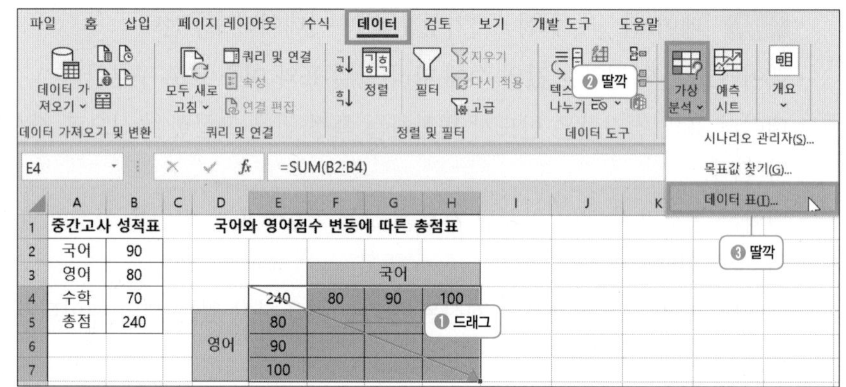

③ '데이터 테이블' 대화상자*의 '행 입력 셀'에 국어 점수가 입력된 B2를, '열 입력 셀'에 영어 점수가 입력된 B3을 입력한 후 〈확인〉을 클릭한다.

	A	B	C	D	E	F	G	H
1	중간고사 성적표			국어와 영어점수 변동에 따른 총점표				
2	국어	90						
3	영어	80				국어		
4	수학	70			240	80	90	100
5	총점	240		영어	80	230	240	250
6					90	240	250	260
7					100	250	260	270

❶ **행 입력 셀**
- 행에 있는 변화되는 값을 사용할 주소를 지정한다.
- 국어 점수들이 4행에 있으므로 '행 입력 셀'에는 총점 계산식의 국어 점수 주소인 [B2] 셀을 입력한다.

❷ **열 입력 셀**
- 열에 있는 변화되는 값을 사용할 주소를 지정한다.
- 영어 점수들이 E열에 있으므로 '열 입력 셀'에는 총점 계산식의 영어 점수 주소인 [B3] 셀을 입력한다.

기출체크 ☑

24.4, 23.5, 22.6, 22.5, 22.1, 21.5

2. 아래 그림과 같이 기간과 이율의 변화에 따른 월불입액을 계산하려고 한다. 이때 적용한 데이터 표의 내용을 쓰시오. (월불입액 계산 수식은 '=PMT(B3/12, B2*12, -B4)'임)

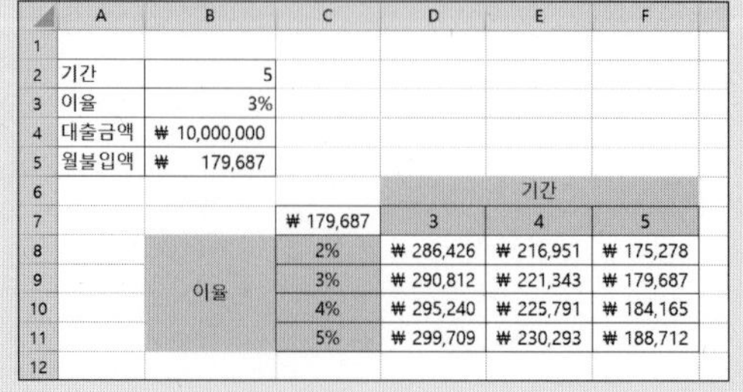

	A	B	C	D	E	F
1						
2	기간	5				
3	이율	3%				
4	대출금액	₩ 10,000,000				
5	월불입액	₩ 179,687				
6					기간	
7			₩ 179,687	3	4	5
8		이율	2%	₩ 286,426	₩ 216,951	₩ 175,278
9			3%	₩ 290,812	₩ 221,343	₩ 179,687
10			4%	₩ 295,240	₩ 225,791	₩ 184,165
11			5%	₩ 299,709	₩ 230,293	₩ 188,712
12						

• 행 입력 셀 : (　　　)

• 열 입력 셀 : (　　　)

궁금해요 **시나공 Q&A 베스트**

Q 복사하지 않고 직접 입력하는 이유는 뭔가요?

A [B5] 셀의 총점이 상대 주소를 참조하기 때문에 복사할 경우 **=SUM(B2:B4)**가 입력되지 않고, **=SUM(E1:E3)**이 입력되어 원하는 결과가 나오지 않습니다. F2를 눌러 셀 편집 상태에서 수식을 복사하거나 수식 입력줄의 수식을 복사하여 붙여넣으면 수식의 셀 주소가 변경되지 않습니다.

범위 지정

수식이 입력된 [E4] 셀과, 변화하는 값인 국어(F4:H4)와 영어(E5:E7) 점수가 모두 포함되도록 범위를 지정한 후 데이터 표를 실행해야 합니다.

'데이터 테이블' 대화상자

단일 데이터 표에서는 [행 입력 셀]이나 [열 입력 셀] 중 하나만 사용하고 이중 데이터 표에서는 2개 모두 사용합니다.

기출체크 2번

변화되는 값은 기간과 이율이고, 기간의 변경 값이 한 행(7)에 입력되어 있으므로 '데이터 테이블' 대화상자의 '행 입력 셀'에 기간(B2)을 지정하고, 이율의 변경 값이 한 열(C)에 입력되어 있으므로 '데이터 테이블' 대화상자의 '열 입력 셀'에 이율(B3)을 지정하면 됩니다.

기출체크 정답
2. B2, B3

SECTION
100 통합

510501

23.2, 23.1, 22.4, 18.상시, 18.2, 15.1, 11.1, 10.3, 08.4, 07.2, 04.1

1 통합의 개요

통합은 비슷한 형식의 여러 데이터를 하나의 표로 통합·요약하여 표시해주는 도구이다.

- 실행 [데이터] → [데이터 도구] → [통합] 클릭
- 사용할 데이터의 형태가 다르더라도 같은 이름표를 사용하면 항목을 기준으로 통합할 수 있다.
- **통합 함수의 종류** : 합계, 개수, 평균, 최대, 최소, 곱, 숫자 개수, 표본 표준 편차, 표준 편차, 표본 분산, 분산 등
- 다른 워크시트나 통합 문서의 데이터를 사용할 수 있다.
- 지정한 항목이나 위치를 기준으로 통합한다.

기출체크 ☑

18.2, 15.1, 10.3

1. 비슷한 형식의 여러 데이터의 결과를 하나의 표로 통합하여 요약해 주는 도구는 (   )이다.

510502

24.2, 23.4, 23.2, 23.1, 22.4, 11.1, 09.1, 07.2, 04.1

2 통합하기

예제 [표1]과 [표2]를 통합하여 [표3]에 각 구분별 세대수와 분양가의 합계를 구하시오.

	A	B	C	D	E	F	G	H	I
1	[표1] 서울 아파트 분양 현황					[표2] 경기 아파트 분양 현황			
2	구분	아파트명	세대수	분양가		구분	아파트명	세대수	분양가
3	국민 무주택	한대	213	17,358		국민 무주택	한대	369	12,098
4	민영 일반	오산	511	25,338		국민 일반	안성	843	16,492
5	민영 무주택	오산	458	19,158		국민 일반	사성	579	17,081
6	국민 무주택	한대	325	25,956		민영 일반	현대	117	13,150
7	민영 무주택	오산	1,021	20,615					
8									
9	[표3] 아파트 분양 현황								
10	구분	세대수	분양가						
11									
12									
13									
14									

→

	A	B	C	D	E	F	G	H	I
1	[표1] 서울 아파트 분양 현황					[표2] 경기 아파트 분양 현황			
2	구분	아파트명	세대수	분양가		구분	아파트명	세대수	분양가
3	국민 무주택	한대	213	17,358		국민 무주택	한대	369	12,098
4	민영 일반	오산	511	25,338		국민 일반	안성	843	16,492
5	민영 무주택	오산	458	19,158		국민 일반	사성	579	17,081
6	국민 무주택	한대	325	25,956		민영 일반	현대	117	13,150
7	민영 무주택	오산	1,021	20,615					
8									
9	[표3] 아파트 분양 현황								
10	구분	세대수	분양가						
11	국민 무주택	907	55,412						
12	국민 일반	1,422	33,573						
13	민영 일반	628	38,488						
14	민영 무주택	1,479	39,773						

전문가의 조언

통합의 특징을 묻는 문제가 출제되고 있습니다.

[기출 포인트]

- 통합은 여러 개의 데이터 결과물을 하나의 표로 통합하는 기능이다.
- 항목이나 위치를 기준으로 통합한다.

[기출 포인트]

- '원본 데이터에 연결'을 선택하면 원본 데이터가 변경될 때 통합된 데이터에도 반영된다.
- '원본 데이터에 연결'은 통합할 데이터가 있는 워크시트와 통합 결과가 작성될 워크시트가 서로 다를 경우에만 적용할 수 있다.

준비하세요

'C:\길벗컴활1급필기QnE\2과목\2과목.xlsm' 파일을 불러와 '섹션100' 시트에서 실습하세요.

기출체크 정답

1. 통합

① [A10:C10] 영역을 블록으로 지정한 후 [데이터] → [데이터 도구] → [통합]을 클릭한다.

② '통합' 대화상자의 함수에서 '합계'를 선택하고, 참조의 범위 지정 단추를 이용하여 [A2:D7] 영역을 블록으로 지정한 후 〈추가〉를 클릭한다.

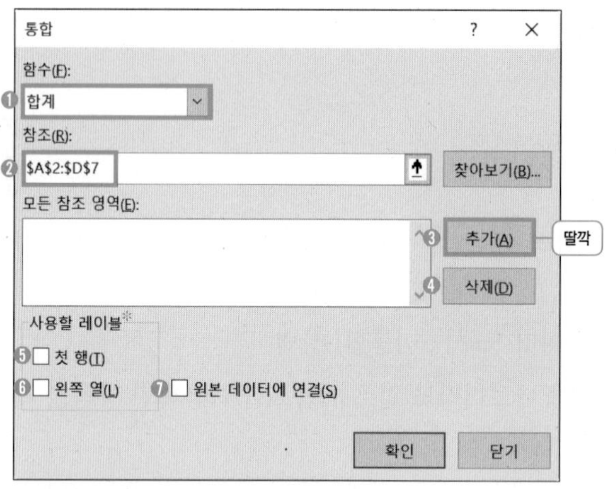

❶ **함수** : 사용할 함수를 선택한다.
❷ **참조** : 통합할 데이터 범위를 지정한다.
❸ **추가** : 참조에서 지정한 데이터 범위를 추가한다.
❹ **삭제** : '모든 참조 영역'에 추가된 범위 중 선택하여 삭제한다.
❺ **첫 행** : 참조된 데이터 범위의 첫 행을 통합된 데이터의 첫 행(열 이름)으로 사용한다.
❻ **왼쪽 열** : 참조된 데이터 범위의 왼쪽 열을 통합된 데이터의 첫 열(행 이름)로 사용한다.
❼ **원본 데이터에 연결※** : 원본 데이터가 변경될 경우 통합된 데이터에도 반영한다.

③ 참조의 범위 지정 단추를 다시 클릭한 후 [F2:I6] 영역을 블록으로 지정하고, 〈추가〉를 클릭한다.

④ 사용할 레이블에서 '첫 행'과 '왼쪽 열'을 선택한 후 〈확인〉을 클릭하여 '통합' 대화상자를 닫는다.

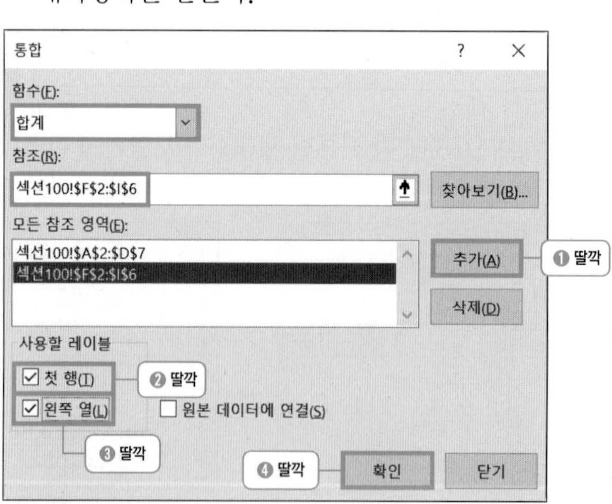

기출체크 ☑

24.2, 23.2, 23.1, 11.1, 07.2

2. 통합 영역의 데이터 변경 시 원본 영역의 데이터도 자동으로 변경되도록 하려면 '원본 데이터에 연결'을 선택한다. (○, ×)

사용할 레이블

통합할 데이터 영역의 행이나 열 제목이 원본 영역과 다르게 배열되어 있을 때만 '첫 행'이나 '왼쪽 열'을 사용합니다.

원본 데이터 연결

- 통합할 데이터가 있는 워크시트와 통합 결과가 작성될 워크시트가 서로 다를 경우에만 '원본 데이터에 연결'을 적용할 수 있으며, 한번 연결되면 새 데이터를 추가하거나 통합된 데이터 영역을 변경할 수 없습니다.
- '원본에 데이터 연결'을 지정한 후 통합을 실행하면 개요 기호가 자동으로 표시됩니다.

기출체크 2번

'원본 데이터에 연결'은 원본 데이터가 변경될 경우 통합된 데이터에도 반영되는 것을 의미합니다.

기출체크 정답
2. ×

기출문제 은행

해설은 344쪽에 있습니다.

24년 4회

01 다음 중 부분합 실행 결과에 대한 설명으로 옳지 않은 것은?

	A	B	C	D
1				
2	도서코드	도서명	분류	금액
8			소설 최대	34,200
9			소설 개수	5
14			시/에세이 최대	32,800
15			시/에세이 개수	4
23			인문 최대	35,000
24			인문 개수	7
31			정치/경제 최대	35,400
32			정치/경제 개수	6
33			전체 최대값	35400
34			전체 개수	22

① 개요 기호 '3'을 클릭하여 3수준 상태로 표시되었다.
② 분류별 금액의 최대를 구한 후 개수를 구했다.
③ 데이터 아래에 요약이 표시되었다.
④ 분류를 기준으로 오름차순 정렬하였다.

23년 2회, 1회, 21년 2회, 09년 2회

02 다음 중 부분합에 대한 설명 중 옳지 않은 것은?

① 그룹화할 항목으로 선택된 필드는 자동으로 오름차순 정렬하여 부분합이 계산된다.
② 부분합에서는 합계, 평균, 개수 등의 함수 이외에도 다양한 함수를 선택할 수 있다.
③ 부분합에서 데이터 아래에 요약을 표시할 수 있다.
④ 부분합에서 그룹 사이에 페이지를 나눌 수 있다.

22년 5회, 3회, 19년 1회, 16년 3회, 14년 3회

03 다음 중 개요에 대한 설명으로 옳지 않은 것은?

① 하위 수준 데이터를 표시하려면, 표시하려는 데이터 그룹에 대한 + 단추를 누른다.
② 개요 기호를 설정하면 그룹의 요약 정보만 또는 필요한 그룹의 데이터만 확인할 수 있어 편리하다.
③ 개요 기호가 표시되지 않는 경우 'Excel 옵션'의 '고급' 탭에서 '개요을 설정한 경우 개요 기호 표시'를 선택한다.
④ 개요 기호의 숫자가 클수록 숨겨진 데이터가 많다.

22년 7회, 21년 4회

04 아래 워크시트에서 [B13:D14] 영역에는 함수를 이용하여 직책별 부서별 목표액의 합계를 계산하였다. 함수가 아닌 분석 도구를 이용하여 계산할 경우 가장 알맞은 도구는?

	A	B	C	D
1	이름	직책	부서	목표액
2	김사원	사원	영업부	35,200
3	김흥부	사원	인사부	12,500
4	노지심	부장	영업부	101,200
5	송치윤	부장	인사부	62,533
6	이관우	사원	총무부	32,560
7	이봉주	부장	영업부	64,250
8	이수진	부장	총무부	45,850
9	이양양	사원	인사부	90,400
10	이인상	부장	영업부	54000
11				
12		영업부	인사부	총무부
13	부장	219,450	62,533	45,850
14	사원	35,200	102,900	32,560

① 목표값 찾기 ② 통합
③ 피벗 테이블 ④ 시나리오

24년 4회

05 다음은 [A1:F29] 영역에 입력된 데이터의 일부다. [A1:F29] 영역의 데이터를 이용하여 작성한 다음 피벗 테이블에 대한 설명으로 옳지 않은 것은?

	A	B	C	D	E	F
1	고객	담당	수량	단가	할인율	금액
2	제일 백화점	김승진	18	200	13%	3,132
3	제일 백화점	이소라	49	530	7%	24,152
4	제일 백화점	최승엽	30	530	13%	13,833
5	제일 백화점	이유리	95	760	3%	70,034

	A	B	C
1	고객	(다중 항목)	
2			
3	행 레이블	합계 : 금액	합계 : 부가세
4	강민석	52,452	5,245
5	김영식	80,966	8,097
6	박동수	10,814	1,081
7	박상민	45,192	4,519
8	이철호	70,157	7,016
9	총합계	259,581	25,958

① 필터 영역에 '고객'을 지정하고, 모든 데이터가 표시되도록 지정했다.
② 행 레이블에 '담당'을 지정하고 열 레이블에는 아무것도 지정하지 않았다.
③ '부가세' 필드는 금액의 10%인 계산 필드이다.
④ 피벗 테이블은 '새 워크시트'에 작성하였다.

▶ 정답 : 1. ② 2. ① 3. ④ 4. ③ 5. ①

기출문제 은행

22년 6회, 1회, 21년 5회, 18년 2회

06 다음 중 피벗 테이블 보고서와 피벗 차트 보고서에 대한 설명으로 옳지 않은 것은?

① 피벗 테이블 보고서에서는 값 영역에 표시된 데이터 일부를 삭제하거나 추가할 수 없다.

② 피벗 차트 보고서를 만들 때마다 동일한 데이터로 관련된 피벗 테이블 보고서가 자동으로 생성된다.

③ 피벗 차트 보고서는 분산형, 주식형, 거품형 등 다양한 차트 종류로 변경할 수 있다.

④ 행 또는 열 레이블에서의 데이터 정렬은 수동(항목을 끌어 다시 정렬), 오름차순, 내림차순 중 선택할 수 있다.

22년 2회, 09년 4회, 07년 3회

07 다음 중 피벗 테이블 필드의 그룹 설정에 대한 설명으로 옳지 않은 것은?

① 그룹 만들기는 특정 필드를 일정한 단위로 묶어 표현할 때 사용하는 것으로 문자, 숫자, 날짜, 시간으로 된 필드에서 사용할 수 있다.

② 숫자 필드일 경우에는 '그룹화' 대화상자에서 시작, 끝, 단위를 지정해야 한다.

③ 문자 필드일 경우에는 '그룹화' 대화상자에서 그룹 이름을 반드시 지정해 주어야 한다.

④ 그룹을 해제하려면 그룹으로 설정된 영역의 바로 가기 메뉴에서 [그룹 해제]를 선택하여 실행할 수 있다.

23년 4회, 22년 4회, 21년 2회, 20년 1회

08 다음 중 시나리오에 대한 설명으로 옳지 않은 것은?

① 시나리오 요약 보고서를 만들 때는 결과 셀을 반드시 지정해야 하지만, 시나리오 피벗 테이블 보고서를 만들 때는 결과 셀을 지정하지 않아도 된다.

② 여러 시나리오를 비교하여 하나의 테이블로 요약하는 보고서를 만들 수 있다.

③ 시나리오 요약 보고서를 생성하기 전에 변경 셀과 결과 셀에 이름을 정의하면 셀 참조 주소 대신 정의된 이름이 보고서에 표시된다.

④ 시나리오 요약 보고서는 자동으로 다시 갱신되지 않으므로 변경된 값을 요약 보고서에 표시하려면 새 요약 보고서를 만들어야 한다.

23년 3회, 22년 3회, 21년 8회, 20년 2회

09 다음 중 아래 그림과 같은 시나리오 요약 보고서에 대한 설명으로 옳지 않은 것은?

시나리오 요약	현재 값:	호황	불황
변경 셀:			
냉장고판매	2%	4%	-2%
세탁기판매	3%	6%	-3%
$C$5	5%	10%	-5%
결과 셀:			
예상판매금액	516,600,000	533,200,000	483,400,000

① '호황'과 '불황' 두 개의 시나리오로 작성한 시나리오 요약 보고서는 새 워크시트에 표시된다.

② 원본 데이터에 '냉장고판매', '세탁기판매', '예상판매금액'으로 이름을 정의한 셀이 있다.

③ 원본 데이터에서 변경 셀의 현재 값을 수정하면 시나리오 요약 보고서가 자동으로 업데이트된다.

④ 시나리오 요약 보고서 내의 모든 내용은 수정 가능하며, 자동으로 설정된 윤곽도 지울 수 있다.

24년 1회, 21년 7회, 3회, 16년 1회, 05년 1회, 03년 2회, 02년 3회

10 다음 중 아래 그림과 같이 목표값 찾기를 지정했을 때의 설명으로 옳은 것은?

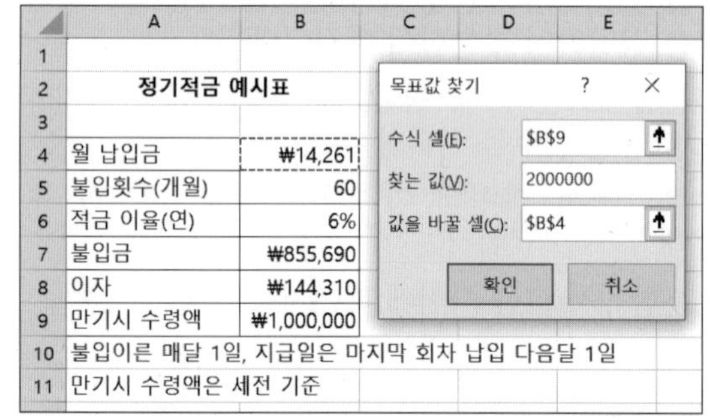

	A	B
1		
2	정기적금 예시표	
3		
4	월 납입금	₩14,261
5	불입횟수(개월)	60
6	적금 이율(연)	6%
7	불입금	₩855,690
8	이자	₩144,310
9	만기시 수령액	₩1,000,000
10	불입이른 매달 1일, 지급일은 마지막 회차 납입 다음달 1일	
11	만기시 수령액은 세전 기준	

① 만기시 수령액이 2,000,000원이 되려면 월 납입금은 얼마가 되어야 하는가?

② 만기시 수령액이 2,000,000원이 되려면 적금 이율(연)이 얼마가 되어야 하는가?

③ 불입금이 2,000,000원이 되려면 만기시 수령액은 얼마가 되어야 하는가?

④ 월 납입금이 2,000,000원이 되려면 만기시 수령액은 얼마가 되어야 하는가?

해설은 344쪽에 있습니다.

22년 6회, 1회, 21년 7회, 5회, 4회, 3회, 2회, 13년 2회, 12년 1회, 10년 2회, 1회

11 다음 중 아래 그림과 같이 기간과 이율의 변화에 따른 월불입액의 변화를 표의 형태로 표시하기 위한 데이터 표 작업에 대한 설명으로 옳지 않은 것은? (월불입액 계산 수식은 '=PMT(B3/12, B2*12, -B4)'임)

	A	B	C	D	E	F
1						
2	기간	5				
3	이율	3%				
4	대출금액	₩10,000,000				
5	월불입액	₩179,687				
6				기간		
7			₩179,687	3	4	5
8		이율	2%	₩ 286,426	₩ 216,951	₩ 175,278
9			3%	₩ 290,812	₩ 221,343	₩ 179,687
10			4%	₩ 295,240	₩ 225,791	₩ 184,165
11			5%	₩ 299,709	₩ 230,293	₩ 188,712

① [C7:F11] 영역을 선택하고, [데이터] → [예측] → [가상 분석] → [데이터 표]를 선택하여 실행한다.

② [데이터 테이블] 대화상자에서 '행 입력 셀'에 [B2], '열 입력 셀'에 [B3]을 입력한다.

③ [C7] 셀에 '=B5'를 입력한다.

④ 대출금액(B4)이 변경되면 수동 계산으로 F9를 눌러야 [D8:F11] 영역의 월불입액도 변경된다.

22년 4회, 08년 4회

12 다음 중 [데이터] → [데이터 도구]의 [통합]에 관한 설명으로 옳지 않은 것은?

① 여러 시트에 있는 데이터나 다른 통합 문서에 입력되어 있는 데이터를 통합할 수 있다.

② 데이터 통합은 위치를 기준으로 통합할 수도 있고, 영역의 이름을 정의하여 통합할 수도 있다.

③ '모든 참조 영역'에 지정된 영역을 삭제할 수 있다.

④ 통합할 데이터가 있는 워크시트와 통합 결과가 작성될 워크시트가 같은 경우에만 '원본 데이터에 연결'을 적용할 수 있다.

23년 5회, 22년 5회, 20년 2회, 14년 1회

13 다음 중 피벗 테이블에 대한 설명으로 옳지 않은 것은?

① 원본 데이터가 변경되면 피벗 테이블의 데이터도 자동으로 변경된다.

② 외부 데이터를 대상으로 피벗 테이블을 작성할 수 있다.

③ 피벗 테이블을 작성한 후에 사용자가 새로운 수식을 추가하여 표시할 수 있다.

④ 많의 양의 자료를 분석하여 다양한 형태로 요약하여 보여주는 기능이다.

24년 3회, 1회, 21년 7회, 4회, 3회, 2회

14 다음 그림과 같이 "표" 기능을 사용하여 단가(C7:E7)와 판매량(B8:B11)에 따른 판매금액(C8:E11)을 계산하려고 한다. 이때 실행하여야 할 작업 내용에 대한 설명으로 옳지 않은 것은?

	A	B	C	D	E
1	제품명	연필			
2	판매량	35			
3	단가	1,200			
4	판매금액	42,000			
5					
6				단가	
7		42,000	1,000	1,200	1,400
8	판매량	10	10,000	12,000	14,000
9		30	30,000	36,000	42,000
10		50	50,000	60,000	70,000
11		70	70,000	84,000	98,000

① '데이터 테이블' 대화상자가 표시되면 "행 입력 셀"은 [B3] 셀과, "열 입력 셀"은 [B2] 셀을 지정한 후 〈확인〉을 선택한다.

② [C8:E11] 영역을 블록으로 설정한 후 [데이터] → [예측] → [가상 분석] → [데이터 표]를 선택한다.

③ 수식이 입력되어야 하는 [B7] 셀을 선택하고 수식 "=B2*B3"을 입력한다.

④ 자동으로 결과가 구해진 셀을 하나 선택해서 살펴보면 "{=TABLE(B3,B2)}"와 같은 배열 수식이 들어 있다.

24년 2회, 23년 2회, 1회, 11년 1회, 07년 2회

15 다음 중 통합에 관한 설명으로 옳지 않은 것은?

① 여러 시트에 있는 데이터나 다른 통합 문서에 입력되어 있는 데이터를 통합할 수 있다.

② 데이터 통합은 위치를 기준으로 통합할 수도 있고, 영역의 이름을 정의하여 통합할 수도 있다.

③ 통합 영역의 데이터 변경 시 원본 영역의 데이터도 자동으로 변경되도록 하려면 '원본 데이터에 연결'을 선택한다.

④ 통합할 데이터를 변경하려면 '모든 참조 영역'에 지정된 참조 영역을 삭제한 후 새로 지정한다.

▶ 정답 : 6. ③ 7. ③ 8. ① 9. ③ 10. ① 11. ④ 12. ④ 13. ① 14. ② 15. ③

기출문제 해설

[문제 01] Section 095

중첩 부분합을 수행하면 먼저 작성한 부분합의 결과가 아래쪽에 표시되므로 문제의 부분합은 분류별 금액의 개수를 구한 후 금액의 최대를 구한 것이다.

[문제 02] Section 095

부분합을 작성하려면 먼저 그룹화할 항목을 기준으로 반드시 오름차순이나 내림차순으로 정렬한 후 부분합을 실행해야 한다.

[문제 03] Section 095

개요 기호의 숫자가 클수록 화면에 표시되는 데이터가 많아진다.

[문제 04] Section 096

피벗 테이블을 이용하여 직책별 부서별 목표액의 합계를 작성하면 다음과 같다.

합계 : 목표액	부서 ▾		
직책 ▾	영업부	인사부	총무부
부장	219,450	62,533	45,850
사원	35,200	102,900	32,560

[문제 05] Section 096

- [A1] 셀에는 '고객', [B1] 셀에는 '(다중 항목)'이 표시된 것으로 보아 필터 영역에 '고객'을 지정하고, 일부 데이터만 표시되도록 지정하였다.
- 필터 영역에 모든 데이터가 표시되도록 지정하면 다음과 같이 표시된다.

	A	B	C
1	고객	(모두) ▾	
2			
3	행 레이블 ▾	합계 : 금액	합계 : 부가세
4	강민석	52,452	5,245

[문제 06] Section 096

분산형, 거품형, 주식형의 차트 모양으로 피벗 차트 보고서를 만들 수 없다.

[문제 07] Section 096

피벗 테이블에서 문자 필드일 경우 그룹 이름은 '그룹화' 대화상자에서 지정하는 것이 아니라 피벗 테이블 화면에서 해당 그룹 이름을 직접 선택한 후 변경해야 한다.

[문제 08] Section 097

시나리오 요약 보고서나 시나리오 피벗 테이블 보고서를 만들 때는 반드시 결과 셀을 지정해야 한다.

[문제 09] Section 097

원본 데이터가 변경되어도 시나리오 요약 보고서는 자동으로 업데이트 되지 않으므로 시나리오 요약 보고서를 다시 작성해야 한다.

[문제 10] Section 098

그림은 만기시 수령액(B9)이 2,000,000원이 되려면 월 납입금(B4)이 얼마가 되어야 하는지를 구하는 목표값 찾기이다.

[문제 11] Section 099

대출금액(B4)이 변경되면 자동으로 [D8:F11] 영역의 월불입액도 변경된다.

[문제 12] Section 100

통합할 데이터가 있는 워크시트와 통합 결과가 작성될 워크시트가 서로 다를 경우에만 '원본 데이터에 연결'을 적용할 수 있다.

[문제 13] Section 096

피벗 테이블의 원본 데이터를 수정해도 피벗 테이블에 자동으로 반영되지 않는다. 원본 데이터의 수정사항을 피벗 테이블에 반영하려면 [피벗 테이블 분석] → [데이터] → [새로 고침]을 실행해야 한다.

[문제 14] Section 099

[C8:E11] 영역이 아니라 [B7:E11] 영역을 블록으로 설정한 후 [데이터] → [예측] → [가상 분석] → [데이터 표]를 선택해야 한다.

[문제 15] Section 100

'통합' 대화상자의 '원본 데이터에 연결'은 원본 데이터가 변경될 경우 통합된 데이터에도 반영되는 것을 의미한다.

7장

매크로 작성과 VBA 프로그래밍

SECTION 101

매크로 생성

전문가의 조언

중요해요! 매크로에 대한 설명으로 잘못된 것을 고르는 문제가 자주 출제됩니다.

[기출 포인트]

- 매크로는 기본적으로 절대 참조로 기록된다.
- '상대 참조로 기록'을 선택하여 상대 참조로 기록할 수 있다.

VBA(Visual Basic for Applications)

엑셀, 액세스, 파워포인트 등 MS사의 오피스 제품을 지원하기 위한 Visual Basic 언어입니다.

VBE(Visual Basic Editor)

VBA 언어를 이용하여 작성된 매크로를 수정하거나 다양한 개체의 속성을 편집할 때, 또는 직접 매크로를 작성할 때 사용하는 일종의 편집기입니다.

510601

24.3, 24.2, 24.1, 23.4, 23.3, 23.2, 23.1, 22.5, 22.3, 21.7, 21.4, 21.3, 21.1, 20.1, 19.상시, 19.2, 19.1, 17.1, 16.1, 13.2, …

1 매크로의 개요

매크로는 엑셀에서 사용되는 다양한 명령들을 일련의 순서대로 기록해 두었다가 필요할 때 실행하면 기록해 둔 처리 과정이 순서대로 수행되도록 하는 기능이다.

- 키보드나 마우스로 매크로를 기록했더라도 VBA* 언어로 된 코드가 자동으로 생성되며, VBA문을 이용하여 직접 코드를 작성할 수도 있다.
- 매크로 기록에 사용된 명령과 함수는 Visual Basic 모듈에 저장되므로 Visual Basic Editor*를 사용하여 내용을 추가, 삭제, 변경할 수 있다.
  - **Visual Basic Editor 실행 방법**

    방법 1 : [개발 도구] → [코드] → [Visual Basic] 클릭

    방법 2 : Alt + F11 누름
  - Visual Basic Editor에서 매크로 전체를 복사하려면 Sub부터 End Sub까지를 복사하면 된다.
- 매크로 기록 중에 선택된 셀 주소는 기본적으로 절대 참조로 기록되지만 [개발 도구] → [코드] → [상대 참조로 기록]을 선택하여 상대 참조로 변경하여 기록할 수 있다.
- 매크로를 절대 참조로 기록하면 매크로를 실행할 때 선택한 셀의 위치를 무시하고 매크로가 셀을 선택한다.

기출체크 ☑

23.3, 22.5, 22.3, 21.4, 19.1, 13.2, 10.1, 09.1, 04.2

1. 매크로를 기록하면 기본적으로 상대 참조로 기록되므로, 절대 참조로 기록하려면 '절대 참조로 기록'을 클릭해야 한다. (○, ×)

기출체크 1번

매크로를 기록하면 기본적으로 절대 참조로 기록됩니다. 상대 참조로 기록하려면 [개발 도구] → [코드] → [상대 참조로 기록]을 클릭하면 됩니다.

510602

2 매크로 생성

준비하세요

'C:\길벗컴활1급필기QnE\2과목\2과목.xlsm' 파일을 불러와 '섹션101' 시트에서 실습하세요.

예제 학생별 합계와 평균을 구하는 과정을 매크로로 작성하시오.

	A	B	C	D	E	F
1	성명	국어	영어	수학	합계	평균
2	김수정	75	73	80		
3	박정호	79	71	70		
4	최아름	71	68	64		
5	박진수	85	90	98		

→

	A	B	C	D	E	F
1	성명	국어	영어	수학	합계	평균
2	김수정	75	73	80	228	76
3	박정호	79	71	70	220	73.3333
4	최아름	71	68	64	203	67.6667
5	박진수	85	90	98	273	91

기출체크 정답

1. ×

① [개발 도구]* → [코드] → [매크로 기록]을 클릭한다.

② '매크로 기록' 대화상자에 매크로 이름, 바로 가기 키, 매크로 저장 위치를 차례대로 지정한 후 〈확인〉을 클릭하면 [개발 도구] 탭의 [매크로 기록]이 [기록 중지]로 변경되어 표시된다.

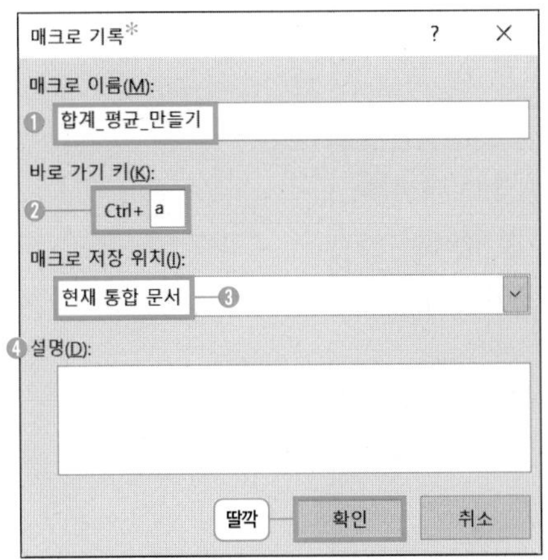

❶ 매크로 이름을 지정한다.
❷ 매크로를 실행시킬 바로 가기 키를 지정한다(선택 사항).
❸ 작성된 매크로가 저장될 위치를 지정한다.
❹ 매크로에 대한 간략한 설명을 기록한다(선택 사항).

③ [E2] 셀에 김수정의 합계를 구하는 수식을 직접 입력하거나(❶), 'Σ(자동 합계)' 아이콘을 이용하여 입력(❷)한다.

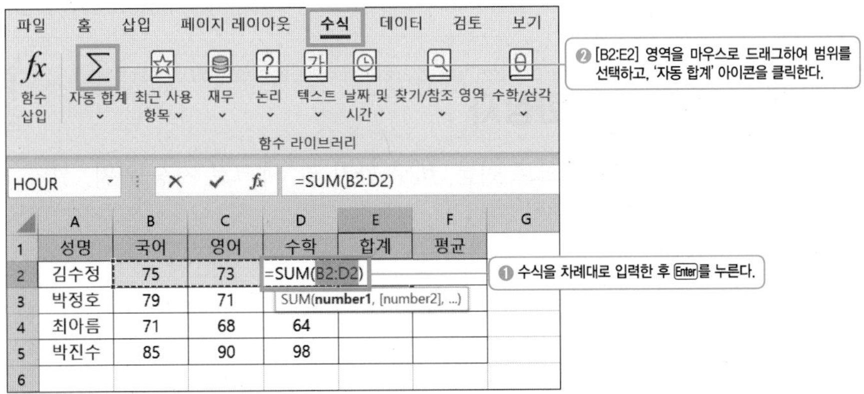

④ [E2] 셀의 채우기 핸들을 [E5] 셀까지 드래그한다.

	A	B	C	D	E	F
1	성명	국어	영어	수학	합계	평균
2	김수정	75	73	80	228	
3	박정호	79	71	70		
4	최아름	71	68	64		
5	박진수	85	90	98		
6						

드래그

⑤ [F2] 셀에 평균을 구하는 식을 입력한 후 채우기 핸들을 [F5] 셀까지 드래그한다.

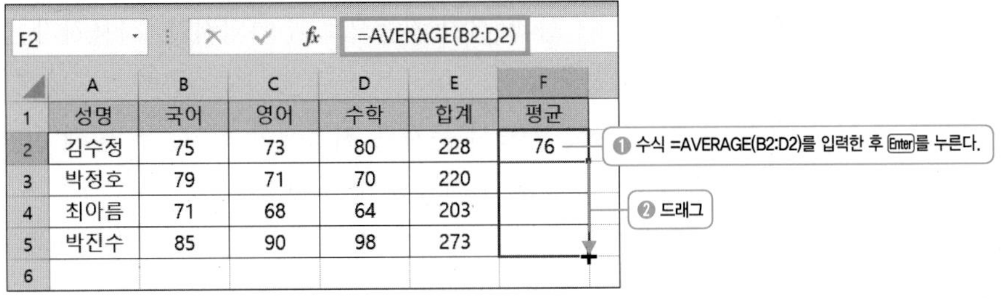

F2
=AVERAGE(B2:D2)
A B C D E F
1 성명 국어 영어 수학 합계 평균
2 김수정 75 73 80 228 76
3 박정호 79 71 70 220
4 최아름 71 68 64 203
5 박진수 85 90 98 273
❶ 수식 =AVERAGE(B2:D2)를 입력한 후 Enter를 누른다.
❷ 드래그

궁금해요 **시나공 Q&A 베스트**

Q 개발 도구가 없어요!

A [개발 도구] 탭은 기본적으로 화면에 표시되어 있지 않습니다. 화면에 표시하려면 [파일] → [옵션] → [리본 사용자 지정] 탭에서 '개발 도구'를 체크한 후 〈확인〉을 클릭하세요.

매크로 기록을 실행하는 다른 방법

[보기] → [매크로] → [매크로] → [매크로 기록]을 선택합니다.

⑥ [개발 도구] → [코드] → [기록 중지]를 눌러 매크로 작성을 종료한다.

⑦ 워크시트에서 합계, 평균 데이터를 지운 다음, [개발 도구]→ [코드] → [매크로]*를 클릭하여 작성된 매크로를 확인하고, 〈실행〉을 눌러 매크로를 실행한다. 지정한 바로 가기 키 Ctrl + a를 눌러도 실행된다.

매크로를 실행하는 다른 방법

[보기] → [매크로] → [(매크로 보기)]를 클릭합니다.

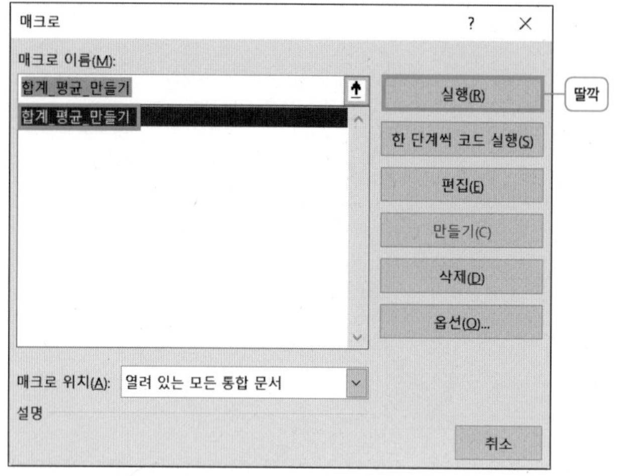

510603

24.5, 24.4, 24.3, 24.2, 24.1, 23.4, 23.3, 22.7, 22.5, 22.4, 22.3, 22.2, 21.4, 21.1, 20.2, 19.2, 19.1, 18.2, 14.2, 14.1, …

3 '매크로 기록' 대화상자

중요해요! 매크로 이름 지정 방법, 바로 가기 키 지정 방법, 매크로가 저장되는 위치 등 '매크로 기록' 대화상자에서 설정하는 내용에 대한 문제가 자주 출제됩니다.

[기출 포인트]

- 매크로 이름 지정 시 첫 글자는 반드시 문자로 지정해야 한다.
- 매크로 이름에는 공백을 사용할 수 없다.
- 매크로의 바로 가기 키는 Ctrl과 조합하여 사용하고, 대문자로 지정하면 Shift가 덧붙여진다.
- '매크로 기록' 대화상자에서 매크로 보안을 설정할 수는 없다.
- 매크로에 지정된 바로 가기 키가 엑셀의 바로 가기 키보다 우선한다.

매크로를 기록할 때 매크로 이름, 바로 가기 키, 매크로 저장 위치, 설명을 입력하는 대화상자이다.

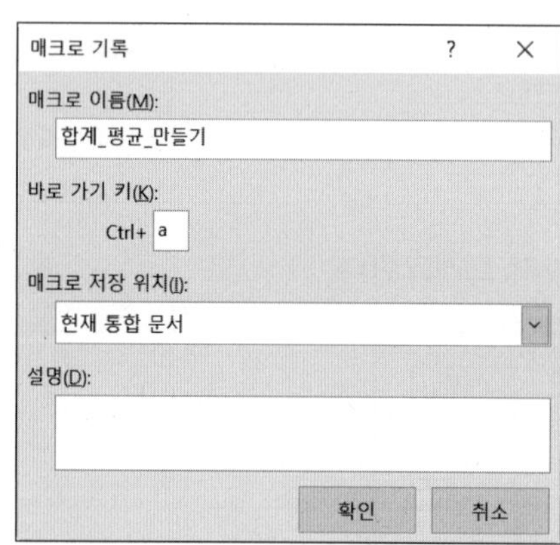

22.7, 22.2, 19.2, 14.2, 12.3, 12.1, 10.3, 10.2, 09.1, 08.4, 08.1, 06.2, 06.1, 05.2, 05.1, 04.3, 04.2, 03.3

❶ 매크로 이름 지정하기

- '매크로1, 매크로2 , …' 등과 같이 자동으로 부여되지만, 사용자가 원하는 이름을 임의로 지정할 수 있다.
- 이름 지정 시 첫 글자는 반드시 문자로 지정해야 하고, 두 번째 글자부터 문자, 숫자, 밑줄 문자(_) 등을 사용할 수 있다.
- / ? ' ' . − ※ 등과 같은 문자와 공백은 매크로의 이름으로 사용할 수 없다.
- 하나의 통합 문서에는 이름이 동일한 매크로가 존재할 수 없다.

- 매크로 이름을 'Auto_Open'으로 지정하면 해당 통합 문서를 열 때마다 기록된 매크로가 자동으로 실행된다.

24.5, 24.4, 24.3, 24.2, 24.1, 23.4, 23.3, 22.7, 22.5, 22.3, 22.2, 21.4, 21.1, 19.1, 14.2, 14.1, 12.3, 12.2, 12.1, 10.2, 04.4, 04.3, …

❷ 바로 가기 키 지정하기

- 바로 가기 키에는 영문자만 사용할 수 있으며, 지정하지 않아도 매크로를 기록할 수 있다.
- 기본적으로 Ctrl과 조합하여 사용하고, 대문자로 지정하면 Shift가 자동으로 덧붙여 지정된다.
- 지정된 바로 가기 키를 다른 문자로 수정하여 지정할 수 있다.
- 매크로에 지정된 바로 가기 키가 엑셀의 바로 가기 키보다 우선한다.

24.5, 24.4, 24.2, 24.1, 23.4, 23.3, 22.7, 22.4, 22.3, 22.2, 21.1, 20.2, 19.1, 18.2, 14.2, 13.3, 13.1, 12.2, 12.1, 11.1, 10.3, 10.2, …

❸ 매크로가 저장되는 위치 지정하기

- **개인용 매크로 통합 문서**
  - PERSONAL.XLSB는 개인용 매크로 통합 문서로, 이 문서에 저장된 매크로는 모든 통합 문서에서 실행할 수 있다.
  - 엑셀이 시작될 때 XLSTART 폴더*에 있는 모든 문서가 한꺼번에 열리는데, 개인용 매크로 통합 문서는 이 XLSTART 폴더에 있다.
- **새 통합 문서** : 새 통합 문서를 열어 매크로를 기록하고 적용한다.
- **현재 통합 문서** : 현재 작업중인 통합 문서에 매크로를 기록하고 적용한다.

14.2, 10.3, 08.1, 06.1, 03.3

❹ 설명

해당 매크로에 대한 간략한 설명으로, 사용자가 임의로 지정할 수 있다.

24.3, 22.5, 21.4, 20.1, 16.3

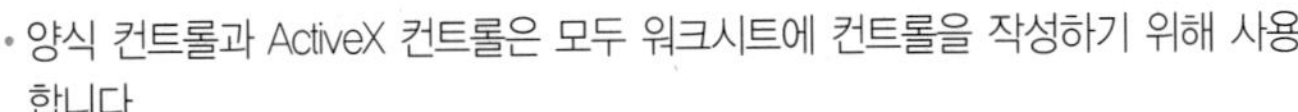

1210432

- 양식 컨트롤과 ActiveX 컨트롤은 모두 워크시트에 컨트롤을 작성하기 위해 사용합니다.
- [개발 도구] → [컨트롤] → [삽입] → [양식 컨트롤]/[Active 컨트롤]을 이용합니다.
- 양식 컨트롤이나 ActiveX 건트롤을 이용하여 매크로를 실행할 수 있지만, ActiveX 컨트롤은 주로 이벤트 프로시저를 이용하여 작업을 수행할 때 사용하고, 매크로는 주로 양식 컨트롤에 지정하여 사용합니다.
- 양식 컨트롤은 [디자인 모드]에서도 해당 컨트롤에 지정된 기능을 실행할 수 있지만 ActiveX 컨트롤은 실행할 수 없습니다.

기출체크 ☑

24.5, 22.7, 22.2

2. '매크로 기록' 대화상자에서 매크로 보안을 설정할 수 있다. (○, ×)

24.1, 23.3, 22.3, 21.4, 19.1, 14.1, 12.3, 10.1, 08.4, 07.3, 04.4, 03.3

3. 매크로에 지정된 바로 가기 키가 엑셀 고유의 바로 가기 키와 중복될 경우 매크로 실행의 바로 가기 키가 우선한다. (○, ×)

XLSTART 폴더의 위치

Windows 10의 경우 Windows가 C 드라이브에 설치되어 있다면 'C:\사용자\사용자 계정\AppData\Roaming\Microsoft\Excel\XLSTART' 폴더에 있습니다.

전문가의 조언

양식 컨트롤과 ActiveX 컨트롤의 차이점을 알고 있어야 풀 수 있는 문제가 출제되고 있습니다.

[기출 포인트]

- 양식 컨트롤의 단추를 추가하면 '매크로 지정' 대화상자가 자동으로 표시된다.
- 양식 컨트롤은 '디자인 모드' 상태에서도 매크로를 실행할 수 있다.

'단추(□)' 컨트롤

양식 컨트롤의 '단추(□)'을 워크시트에 추가하면 [매크로 지정] 대화상자가 자동으로 표시됩니다.

기출체크 2번

'매크로 기록' 대화상자에서 매크로 보안은 설정할 수 없습니다. 매크로 보안은 [개발 도구] → [코드] → [매크로 보안]을 클릭하면 실행되는 '보안 센터' 대화상자에서 설정할 수 있습니다.

기출체크 정답

2. × 3. ○

SECTION 102

매크로 실행

매크로 실행 방법을 묻는 문제가 출제되고 있습니다.

[기출 포인트]

- Alt+F8을 누르면 '매크로' 대화상자가 실행된다.
- Alt+F11을 누르면 Visual Basic Editor가 실행된다.
- Visual Basic Editor에서 F5를 누르면 매크로가 실행된다.
- Visual Basic Editor에서 매크로를 단계별로 실행할 수 있다.

510701

24.1, 21.7, 21.3, 20.2, 19.2, 17.1, 16.1, 13.1, 12.3, 11.1, 08.3, 07.3, 07.1, 06.3, 06.1, 04.3, 04.1, 03.4

1 매크로 실행

20.2, 13.1, 12.3, 08.3, 06.1, 04.3, 03.4

❶ '매크로' 대화상자 이용

다음과 같이 수행한 후 '매크로' 대화상자에서 매크로 이름을 선택하여 실행한다.

- 방법 1 [보기] → [매크로] → [(매크로)] 클릭
- 방법 2 [개발 도구] → [코드] → [매크로] 클릭
- 방법 3 Alt+F8 누름

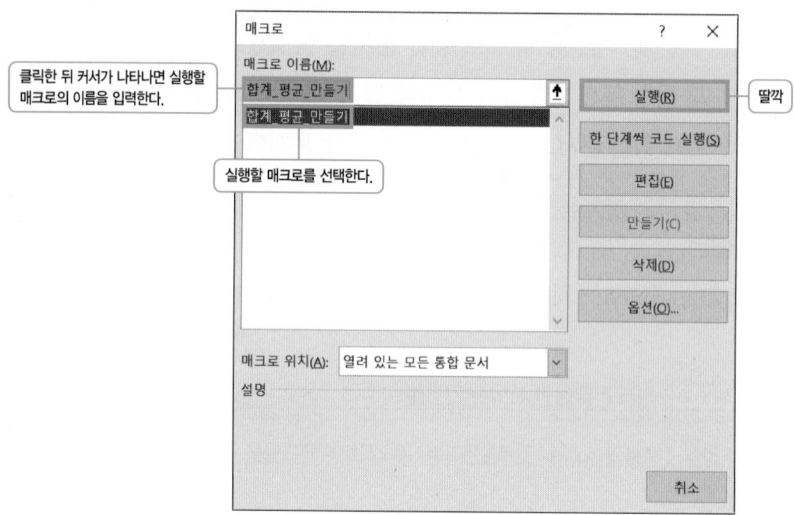

13.1, 06.1, 03.4

❷ 바로 가기 키 이용

매크로를 기록할 때 지정한 바로 가기 키를 누른다.

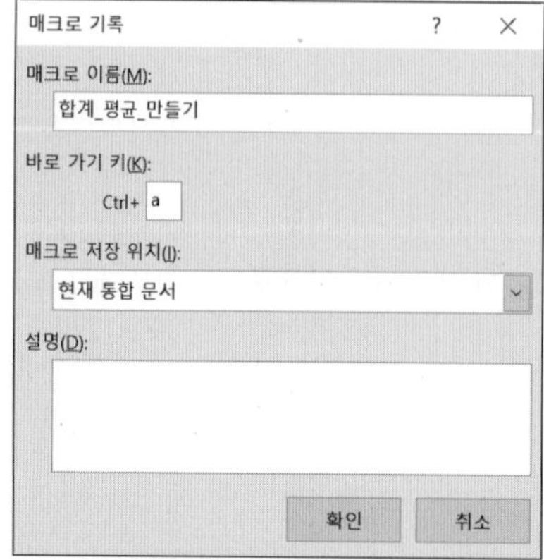

13.1, 07.1, 06.1, 03.4

❸ 개체나 도형 이용

워크시트에 삽입된 도형, 그림, 차트, 명령 단추 컨트롤 등에 매크로를 지정하여 실행한다.

- 도형을 삽입한 후 바로 가기 메뉴에서 [매크로 지정]을 선택하고 원하는 매크로와 연결하여 사용한다.

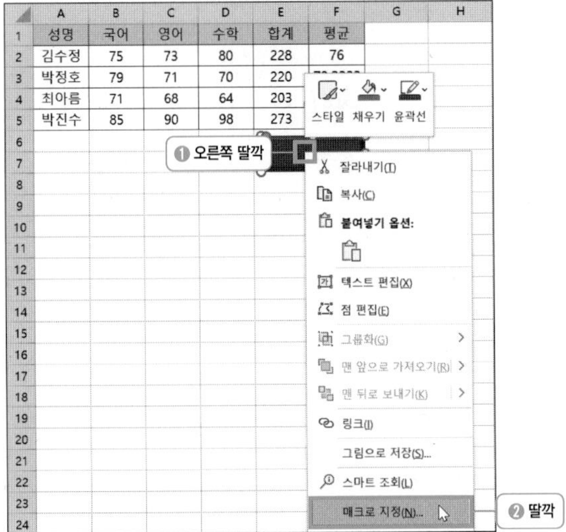

24.1, 21.3, 17.1, 16.1, 11.1, 07.1, 06.1, 04.3

❹ Visual Basic Editor* 이용

방법 1 F5 : 일반적인 실행

방법 2 F8 : 한 단계씩 코드 실행

방법 3 Ctrl + F8 : 모듈 창의 커서 위치까지 실행

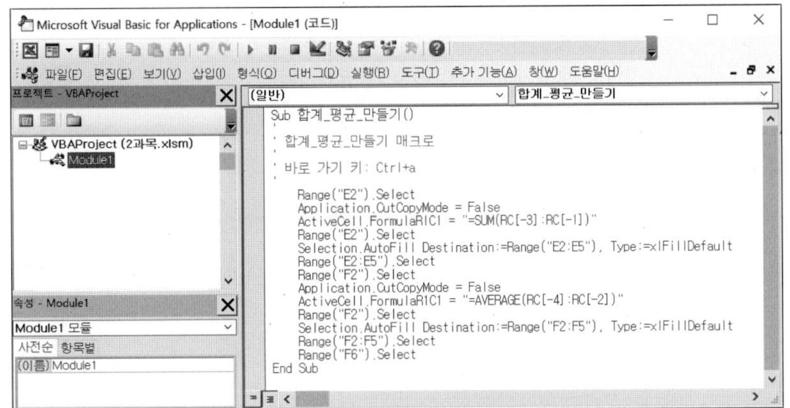

Visual Basic Editor 실행 방법

- 방법 1 : [개발 도구] → [코드] → [Visual Basic] 클릭
- 방법 2 : Alt+F11 누름

12.3

❺ 매크로 중지

매크로 실행 중에 Esc를 누르면 매크로가 중지된다.

기출체크 ☑

24.1, 21.7, 21.3

1. Visual Basic Editor에서 매크로를 단계별로 실행할 수는 없으나 중간에 중단할 수 있다. (○, ×)

21.7, 21.3, 07.1, 06.1

2. Visual Basic Editor에서 매크로를 실행하기 위해 사용되는 바로 가기 키는 (   )이다.

기출체크 1번

Visual Basic Editor에서 매크로를 단계별로 실행할 수 있습니다.

기출체크 정답

1. × 2. F5

510702

전문가의 조언

'매크로' 대화상자에 대한 설명으로 틀린 것을 묻는 문제가 출제되고 있습니다.

[기출 포인트]

- 매크로 이름이나 명령 내용 편집은 〈편집〉 단추를 이용한다.
- 바로 가기 키와 설명 변경은 〈옵션〉 단추를 이용한다.

21.7, 21.6, 21.3, 20.2, 18.1, 11.1, 05.1, 04.3

2 '매크로' 대화상자

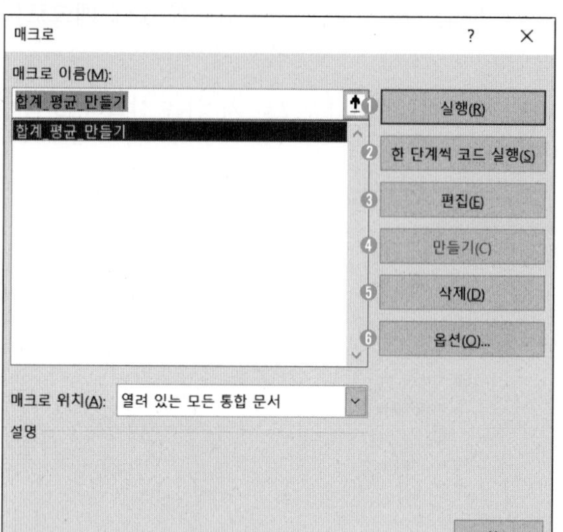

❶ **실행** : 선택한 매크로를 실행한다.
❷ **한 단계씩 코드 실행** : 선택한 매크로를 한 줄씩 실행한다(디버깅* 용도).
❸ **편집** : Visual Basic Editor를 이용해 선택한 매크로의 이름이나 명령들을 편집한다.
❹ **만들기** : Visual Basic Editor를 이용해 매크로를 작성한다.
❺ **삭제** : 선택한 매크로를 삭제한다.
❻ **옵션** : 선택한 매크로의 바로 가기 키나 설명을 변경한다.

디버깅(Debugging)

매크로 작성 혹은 실행하는 과정에서 오류가 발생할 경우 오류를 수정하기 위한 작업 과정을 말합니다.

기출체크 ☑

21.6, 20.2, 18.1, 11.1

3. 다음 보기에서 [매크로] 대화상자에 대한 설명으로 옳지 않은 것을 고르시오. (   )

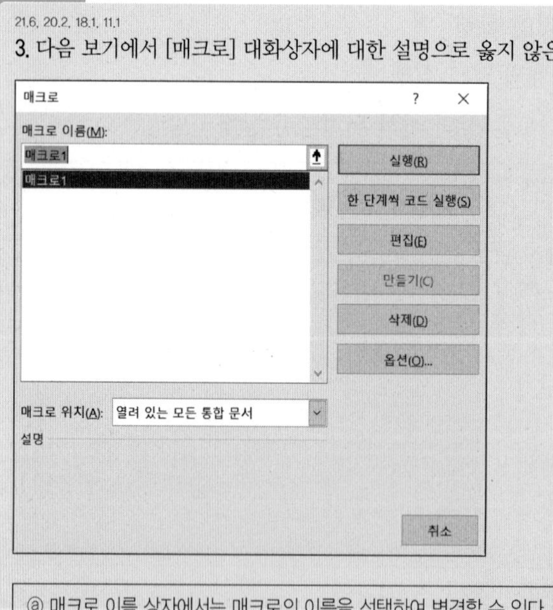

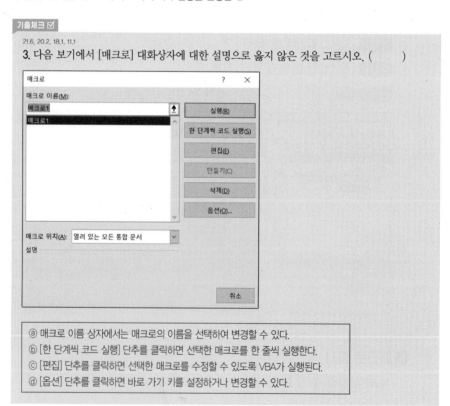

ⓐ 매크로 이름 상자에서는 매크로의 이름을 선택하여 변경할 수 있다.
ⓑ [한 단계씩 코드 실행] 단추를 클릭하면 선택한 매크로를 한 줄씩 실행한다.
ⓒ [편집] 단추를 클릭하면 선택한 매크로를 수정할 수 있도록 VBA가 실행된다.
ⓓ [옵션] 단추를 클릭하면 바로 가기 키를 설정하거나 변경할 수 있다.

기출체크 3번

ⓐ 매크로 이름 상자에서 매크로의 이름을 선택하여 변경할 수 없습니다. 매크로 이름은 '매크로' 대화상자의 〈편집〉 단추를 클릭하면 실행되는 VBA 편집기에서 수정할 수 있습니다.

기출체크 정답
3. ⓐ

SECTION 103

VBA의 기본

510801

1 VBA의 개요

VBA(Visual Basic for Application)는 MS-오피스 사에서 사용되는 매크로 작업용 언어로, Visual Basic 언어와 유사한 문법 구조를 갖는다. 특히 엑셀에서 사용하는 비주얼 베이직 코드를 '엑셀 VBA'라고 하며, 비주얼 베이직 편집기(VBE)를 이용하여 기록한다.

- VBE(Visual Basic Editor)는 VBA 언어를 이용하여 작성된 매크로를 수정하거나 개체의 속성을 편집할 때, 또는 직접 매크로를 작성할 때 사용하는 일종의 편집기이다.
- 초기 엑셀에서는 단순한 매크로 관련 기능만을 제공하였으나, Office-97 이후 VBA가 내장되면서 사용자가 원하는 응용 프로그램을 작성할 수 있게 되었다.

510802

21.2, 17.2, 16.3, 16.1, 14.1, 10.3, 07.3, 05.4, 04.2

2 모듈

모듈(Module)은 프로시저의 집합이며, 프로젝트*를 구성하는 기본 단위이다.

- **표준 모듈** : 워크시트 모듈(Sheet로 표시되는 모듈)과 ThisWorkbook 모듈, 공용 모듈(일반적으로 사용하는 모듈)이 있음
- **클래스 모듈** : 개체를 새롭게 정의해서 사용할 수 있도록 작성하는 모듈로, 개체의 속성, 메서드, 이벤트를 정의하는 모듈
  - 클래스 모듈의 종류로는 폼 모듈, 보고서 모듈 등이 있다.
  - **폼 모듈** : 사용자 정의 폼을 디자인하고 사용자 정의 폼의 컨트롤에 이벤트 프로시저를 작성하는 모듈
  - **보고서 모듈** : 보고서에 연결되어 있는 모듈로, 이벤트 프로시저를 포함함

기출체크 ☑

16.3, 14.1, 05.4

1. 클래스 모듈은 새로운 개체에 대한 정의를 포함할 수 있는 모듈이다. (○, ×)

전문가의 조언

- VBA의 기본 및 기본 문법은 3과목 액세스에서도 동일하기 때문에 3과목에는 따로 수록하지 않았습니다.
- 실제 시험에서도 엑셀과 액세스를 가리지 않고 출제되고 있으니 VBA의 기본 및 문법은 2과목에서 숙지하고 가세요.

[기출 포인트]

- 모듈은 표준 모듈과 클래스 모듈로 구분된다.
- 사용자 정의 개체는 클래스 모듈을 사용하여 만든다.

프로젝트

- 프로젝트(Project)는 하나의 프로그램을 구성하는 모듈, 폼, 클래스 모듈 등 모든 구성 요소의 집합을 의미합니다.
- 하나의 엑셀 통합 문서에서 작성되는 모든 VBA 코드 내용을 하나의 프로젝트라고 보면 됩니다.

기출체크 정답

1. ○

프로시저의 특징에 대한 문제가 출제되고 있습니다.

[기출 포인트]

Sub 프로시저는 결과값을 반환하지 않는다.

24.2, 21.7, 21.2, 17.2, 15.2, 11.3, 11.2, 10.3, 07.3, 05.4, 04.2, 02.3

3 프로시저

프로시저(Procedure)는 연산을 수행하거나 값을 계산하는 일련의 명령문과 메서드의 모임으로, 모듈(Module) 안에 작성된다.

- 사용자가 기록한 매크로도 하나의 프로시저이다.
- 프로시저는 코드가 작성되는 공간으로 사용 방법에 따라 Sub, Function, Property로 구분된다.

종류	특징
21.2, 17.2, 10.3, … Sub ~ End Sub	• 프로시저 내에 작성된 코드를 실행하는 가장 일반적인 형태로, 결과값을 반환하지 않는다. • 작성된 Sub 프로시저는 워크시트에서 매크로처럼 연결하여 사용할 수 있다.
15.2, 11.3, 07.3, … Function ~ End Function	• 프로시저 내에 작성된 코드를 실행하고 실행된 결과값을 반환한다. • Function 프로시저는 워크시트에서 일반 내장 함수와 같은 방법으로 사용한다.
11.2 Property ~ End Property	• 개체의 속성을 새로 정의할 때 사용되는 프로시저로, 결과값을 반환한다. • 종류에는 개체 할당(Property Let( )), 개체 읽기(Property Get( )), 개체 참조(Propety Set( )) 등이 있다.

기출체크 ☑

24.2, 21.2, 17.2, 10.3, 07.3, 05.4, 04.2

2. Sub 프로시저와 Function 프로시저는 모두 결과 값을 반환한다. (○, ×)

기출체크 2번

Function 프로시저는 결과값을 반환하지만 Sub 프로시저는 결과값을 반환하지 않습니다.

15.2, 14.1, 11.3, 11.2, 10.1, 07.3

4 이벤트

이벤트(Event)란 프로그램 사용중에 일어나는 사건(마우스 클릭, 셀 이동 등)을 의미하고, 이벤트가 일어났을 때 실행되도록 작성된 프로시저를 이벤트 프로시저라고 한다.

- 이벤트는 사용자가 마우스나 키보드를 움직이는 동작이나 프로그램의 실행 결과로 인해 발생한다.
- 다른 프로시저에서 이벤트 프로시저를 호출하여 실행할 수 있다.
- 개체에 따라 발생하는 이벤트의 종류가 다르다.
- 일반적으로 이벤트 프로시저는 '개체명_이벤트명'과 같은 형식으로 구분하여 입력한다.

  예 Private Sub UserForm_Click( ) : "UserForm"을 클릭할 때 실행되는 이벤트 프로시저

[기출 포인트]

- 개체에 따라서 발생하는 이벤트의 종류가 다르다.
- 이벤트가 일어났을 때 실행되는 프로시저가 이벤트 프로시저이다.

기출체크 ☑

15.2, 11.3

3. (   ) 프로시저는 특정 객체에 해당 이벤트가 발생하면 자동적으로 실행되며, 다른 프로시저에서도 이를 호출하여 실행할 수 있다.

기출체크 정답

2. × 3. 이벤트

SECTION 104

VBA 문법 - 변수 / 배열

510902 ▶

21.2, 17.2, 15.1, 12.3, 07.2, 06.2, 05.3, 05.2, 05.1

1 변수

변수(Variable)는 컴퓨터가 명령을 처리하는 도중 발생하는 값을 저장하기 위한 공간으로, 변할 수 있는 값을 의미한다.

- 변수 선언은 '키워드 + 변수 이름 + As 데이터 유형'으로 이뤄진다.

  예 Dim Y As String

- **변수 선언* 키워드의 종류**

키워드	의미
05.2 Dim	• 선언하는 위치에 따라 다르다. • 프로시저의 시작 부분에 선언하면 해당 프로시저 내에서만 사용 가능하다. • 모듈의 시작 부분에 선언하면 해당 모듈 내의 모든 프로시저에서 사용이 가능하다.
05.2 Static	• 프로시저의 시작 부분에 선언한다. • 해당 프로시저에서만 사용 가능하다. • 프로시저 종료 후에도 값이 유지된다.
05.2 Private	• 모듈의 시작 부분에 선언한다. • 해당 모듈 내의 모든 프로시저에서 사용 가능하다.
Public	• 모듈의 시작 부분에 선언한다. • 모든 모듈에서 사용 가능하다.

- **프로시저와 변수의 이름 작성 규칙**
  - 문장 부호나 공백을 사용할 수 없다.
  - 255자까지 가능하다.
  - 문자, 숫자, 밑줄(_)을 사용할 수 있다.
  - Visual Basic 키워드를 사용할 수 없다.
- **데이터 유형**
  - 변수에 담길 자료의 크기나 유형을 고려하여 지정한다.
  - 생략하면 Variant*형으로 지정된다.
- **주요 데이터 형식**

데이터 유형	크기	범위
Byte	1바이트	0 ~ 255
05.3 Boolean	2바이트	True, False
Integer	2바이트	-32,768 ~ 32,767

전문가의 조언

변수 선언 키워드와 변수 이름 작성 규칙에 대한 문제가 출제되고 있습니다.

[기출 포인트]
- 변수 선언 시 데이터 형식을 생략한 변수는 VARIANT 형식으로 할당된다.
- 변수 선언에 사용되는 키워드는 Dim, Static, Private, Public이다.
- Visual Basic의 키워드를 변수명으로 사용할 수 없다.

변수 선언의 종류
- 변수의 선언에는 사용하기 전에 변수를 사용하겠다고 선언하는 명시적(Explicit) 선언과 변수를 선언하지 않고 명령문 안에서 사용하는 묵시적(Implicit) 선언으로 구분됩니다.
- 묵시적 선언으로 사용되는 변수는 데이터 유형이 Variant 형태로 자동 할당됩니다.

Variant
- 상수, 변수, 인수를 선언할 때 데이터 유형을 따로 지정하지 않으면 자동으로 Variant로 지정됩니다.
- Variant로 선언된 변수는 문자열, 날짜, 시간 등 데이터 유형에 상관없이 자료를 저장할 수 있습니다.

05.3 Long	4바이트	-2,147,483,648 ~ 2,147,483,647
05.3 Currency	8바이트	-922,337,203,685,477.5808 ~ 922,337,203,685,477.5807
05.3 Date	8바이트	100년 1월 1일 ~ 9999년 10월 31일
String(가변 길이)	10바이트 + 문자열 길이	0 ~ 약 20억
String(고정 길이)	문자열 길이	1 ~ 약 65,400
Variant(숫자)	16바이트	Double형 범위 내의 모든 숫자
Variant(문자)	22바이트 + 문자열 길이	가변 길이 String과 같은 범위

기출체크 ☑

21.2, 17.2

1. 선언문에서 변수에 데이터 형식을 생략하면 변수는 (   ) 형식을 가진다.

510903 ▶

23.5, 22.6, 22.1, 21.5, 12.1

2 배열

배열*(Array)은 동일한 데이터 유형을 여러 개 사용하는 경우, 모든 데이터를 하나의 변수 이름으로 정의해 사용하는 것을 말한다.

- 배열은 선언할 때 변수 이름 다음에 괄호를 만들어 배열의 크기를 지정한다.
- 배열의 위치(첨자)는 0부터 시작하지만 프로시저를 시작하기 전에 모듈의 처음에 'Option Base 1'을 선언하면 배열의 위치(첨자)는 1부터 시작한다.
- 1차원 배열은 행만으로, 2차원 배열은 행과 열로, 3차원 배열은 면, 행, 열로 이루어진 배열이다.

예제 1 6개의 요소를 가진 1차원 배열 선언*하기

```
Dim No(5) As Integer
```

No(0)	No(1)	No(2)	No(3)	No(4)	No(5)

※ 6개의 첨자를 갖는 1차원 배열이 만들어진다.

예제 2 2행 5열의 2차원 배열 선언하기(첨자는 1부터 사용)

```
Option Base 1
Dim No(3, 5) As Integer
```

No(1,1)	No(1,2)	No(1,3)	No(1,4)	No(1,5)
No(2,1)	No(2,2)	No(2,3)	No(2,4)	No(2,5)
No(3,1)	No(3,2)	No(3,3)	No(3,4)	No(3,5)

※ 15개 요소를 갖는 '3행×5열'의 2차원 배열이 만들어진다.

기출체크 ☑

23.5, 22.6, 22.1, 21.5

2. 배열의 위치는 기본적으로 (   )부터 시작한다.

전문가의 조언

배열에 대한 설명으로 옳지 않은 것을 고르는 문제가 출제되고 있습니다.

[기출 포인트]

- 배열의 위치는 0부터 시작한다.
- 1차원 배열은 행만, 2차원 배열은 행과 열, 3차원 배열은 면, 행, 열로 이루어진 배열이다.

정적 배열과 동적 배열

정적 배열은 배열을 선언할 때 배열의 크기를 지정하는 것이고, 동적 배열은 배열을 선언할 때 배열의 크기를 지정하지 않고 배열 이름 뒤에 빈 괄호만 표시하는 것으로, 실행중에 크기가 결정됩니다.

- 정적 배열 선언
  예 Dim myArray(5) As Integer
- 동적 배열 선언
  예 Dim myArray( ) As Integer

배열의 선언

배열은 일반 변수와 마찬가지로 Dim, Public, Private, Static 명령문으로 선언합니다.

기출체크 정답
1. Variant 2. 0

SECTION 105

VBA 문법 - 제어문

511003

21.8, 21.6, 20.상시, 15.3, 15.2, 13.1, 12.3, 12.2, 11.3, 09.3, 08.4, 08.3, 07.3, 06.4, 06.3, 06.2, 05.4, 04.4, 04.3, …

1 For ~ Next

For문으로 지정된 횟수만큼 For문 안에 입력된 명령코드를 반복 실행한다.

- 증가값을 생략하면 증가값은 1이다.
- Exit For를 이용하여 반복문이 최종값에 이르기 전에 For ~ Next문을 빠져나올 수 있다.
- **형식**

```
For 반복변수 = 시작값 To 최종값 [Step 증가값]
    실행문        시작값에서 최종값이 될 때까지 증가값만큼씩 증가하면서 실행문을 반복 실행한다.
Next 반복변수
```

예제 메시지 출력 대화상자 5번 실행하기

```
Sub 예제( )
    Dim A As Integer
❶   For A = 1 To 5 Step 1
❷       MsgBox A
❸   Next A
End Sub
```

❶ 반복문의 시작. 변수 A의 값을 1에서 5까지 1씩 증가시키면서 매번 ❷번 문장을 수행한다.
❷ 변수 A에 저장되어 있는 값을 MsgBox로 출력한다.
❸ 반복문의 끝

기출체크 ☑

15.2, 13.1, 12.2, 11.3

1. 다음 프로시저를 실행했을 때 Total 값은 얼마인가? (   )

```
Sub PTotal( )
    For j = 1 To 10 Step 3
        Total = Total + j
    Next j
    MsgBox "총 " & Total & "입니다."
End Sub
```

해설

1. 문제에 제시된 코드를 살펴보면 다음과 같습니다.

```
Sub PTotal( )
❶ For j = 1 To 10 Step 3
❷     Total = Total + j
❸ Next j
❹ MsgBox "총 " & Total & "입니다."
End Sub
```

❶ j가 1에서 10이 될 때까지 3씩 증가하면서 ❷번을 반복하여 수행합니다.
❷ Total과 j를 더한 값을 Total에 치환합니다.

전문가의 조언

For문의 수행 결과를 묻는 문제가 출제됩니다.

[기출 포인트]

For문은 지정된 횟수만큼 실행문을 반복 실행한다.

기출체크 정답

1. 22

❸ 반복문이 끝날 때까지 ❶번으로 이동합니다.
반복문 실행에 따른 변수의 변화는 아래와 같습니다.

반복 횟수	j	Total
1	1	1
2	4	5
3	7	12
4	10	22
실행종료	13	

j가 13이 되었을 때 10보다 크므로 반복문을 벗어납니다.
❹ "총 22입니다."를 메시지 박스로 출력합니다.

511004 ▶

21.8, 15.3, 15.2, 12.2, 10.1, 09.1, 08.4, 08.1, 07.2, 06.4, 06.3, 06.2, 04.4, 04.3

2 Do ~ Loop

- 조건을 만족하는 동안 실행문을 반복 실행한다.
- 조건을 먼저 검사하는 Do While ~ Loop와 조건을 나중에 검사하는 Do ~ Loop While이 있다.
- **형식**

Do While 조건식 / 실행문 / Loop	Do / 실행문 / Loop While 조건식
Do While 조건식 — 조건식을 검사한다 실행문 — 조건식의 결과가 참인 동안 실행문을 반복 실행한다. Loop	Do 실행문 — 일단 한번 실행 후 조건식이 참인 동안 실행문을 반복 실행한다. Loop While 조건식 — 조건식을 검사한다.

※ 조건식을 만족하지 않으면 한 번도 실행되지 않는다. ※ 조건식을 만족하지 않아도 무조건 한 번은 실행된다.

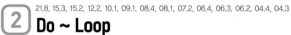

전문가의 조언

Do While ~ Loop나 Do ~ Loop While의 실행 결과를 묻는 문제가 출제됩니다.

[기출 포인트]

- Do While ~ Loop는 조건을 먼저 검사한 후 조건을 만족하는 동안 반복 실행한다.
- Do ~ Loop While은 먼저 실행한 후 조건을 검사하여 조건을 만족하는 동안 반복 실행한다.
- Do ~ Loop While은 무조건 한 번은 실행한다.

예제 Do ~ Loop의 수행 예

```
Sub 예제( )
    A = 0
❶  Do While A < 10
❷      A = A + 1
❸  Loop
End Sub
```

❶ A의 값이 10보다 작으면 ❷번을 수행한다. 아니면 반복문을 벗어난다.
❷ A+1의 결과를 A에 저장한다. 즉 A의 값이 1 증가한다.
❸ 반복문의 끝. ❶번으로 제어가 이동한다.

→ 반복문을 10번 반복하고 A는 10을 갖는다.

```
Sub 예제( )
    A = 0
❶  Do
❷      A = A + 1
❸  Loop While A < 10
End Sub
```

❶ 일단 ❷번 문장을 수행한다.
❷ A+1의 결과를 A에 저장한다. 즉 A의 값이 1 증가한다.
❸ A의 값이 10보다 작으면 ❶번을 수행한다. 아니면 반복문을 벗어난다.

→ 반복문을 10번 반복하고 A는 10을 갖는다.

기출체크 ☑

15.2, 12.2

2. 다음 프로시저를 실행하였을 때 LoopN의 값은 얼마인가? (　　　)

```
Sub Chk( )
  LoopN = 0
  Num = 10
  Do
    Num = Num – 2
    LoopN = LoopN + 1
  Loop While Num > 5
  MsgBox "루프를 " & LoopN & "번 반복."
End Sub
```

해설

2. 문제에 제시된 코드를 살펴보면 다음과 같습니다.

```
Sub Chk( )
❶ LoopN = 0
❷ Num = 10
❸ Do
❹   Num = Num – 2
❺   LoopN = LoopN + 1
❻ Loop While Num > 5
❼ MsgBox "루프를 " & LoopN & "번 반복."
End Sub
```

❶ LoopN에 0을 치환합니다.
❷ Num에 10을 치환합니다.
❸ ❻번에 지정한 조건식을 만족할 때까지 ❹~❺번을 수행합니다.
❹ Num Num의 값을 2 감소시킵니다.
❺ LoopN 값을 1 증가시킵니다.
❻ Num이 5보다 크면 ❹번을 수행하고, 아니면 반복문을 벗어납니다
※ Do ~ Loop While은 조건식이 참인 동안 반복 실행합니다.

- 반복문 실행에 따른 변수의 변화는 아래와 같습니다.

횟수	Num	LoopN
초기값	10	0
1	8	1
2	6	2
3	4	3

- Num이 4가 되었을 때, 5보다 큰 동안 반복하라는 조건에 거짓이 되므로 반복문을 벗어납니다.

❼ "루프를 3번 반복."을 메시지 박스로 출력합니다.

기출체크 정답
2. 3

SECTION 106

엑셀 개체의 이용

전문가의 조언

Worksheet 개체의 주요 속성과 메서드의 기능을 묻는 문제가 출제됩니다.

[기출 포인트]

- Range는 워크시트의 셀이나 셀 범위를 지정한다.
- Columns는 워크시트의 모든 열을 의미한다.
- Visible은 워크시트의 표시 여부를 지정한다.

511103

23.4, 23.3, 21.2, 21.1, 17.2, 16.2, 15.1, 14.3, 13.3, 13.2, 13.1, 11.2, 11.1, 10.2, 09.4, 09.3, 08.3, 07.4, 07.3, 07.2, …

1 Worksheet(Worksheets) 개체

- Worksheet 개체는 워크시트를 나타내며, Worksheets 컬렉션의 구성원이다.
- Worksheets 컬렉션에는 통합 문서에 있는 Worksheet 개체가 모두 들어 있다.

23.4, 21.1, 17.2, 16.2, 15.1, 13.3, 13.1, 11.2, 09.3, 08.3, 07.3, 06.2, 05.3, 05.2, 03.4

❶ Worksheet의 주요 속성

속성	기능	속성	기능
13.3, 13.1, 11.2, 08.3 Cells	워크시트의 모든 셀	23.4, 21.1, 17.2, 16.2, … Range	워크시트의 셀이나 셀 범위
17.2, 15.1, 11.2, 08.3 Columns	워크시트의 모든 열	11.2, 08.3 Rows	워크시트의 모든 행
Entirecolumn	지정된 범위 내의 모든 열	08.3, 06.2, 03.4 Entirerow	지정된 범위 내의 모든 행
Name	워크시트의 이름	09.3, 07.3, 05.3, 05.2 Visible	워크시트의 표시 여부 지정

예제 1 Worksheet 개체의 속성 이용하기

Worksheets("Sheet1").**Cells**(5, 3)※.Font.Size = 14
'Sheet1' WorkSheet에 있는 [C5] 셀의 글꼴 크기를 14포인트로 설정한다.

ActiveCell.**EntireColumn**.Cells(1, 1).Value = 5
현재 셀이 있는 범위의 열에서 첫 번째 셀 값을 5로 설정한다.

Worksheets("Sheet1").**Range**("A1").Value = 3.14159
'Sheet1' WorkSheet 셀 [A1]의 값을 3.4159로 설정한다.

Worksheets("Sheet1").**Rows**(3).Delete 'Sheet1'에서 3행을 삭제한다.

Worksheets("Sheet1").**Visible** = False 'Sheet1'을 숨긴다.

※ Cells(5,3)
5는 행, 3은 열을 나타냅니다.

10.2, 08.3, 07.3, 07.2, 06.2, 05.2

❷ Worksheet의 주요 메서드

메서드	기능	메서드	기능
08.3, 07.3, 06.2, … Activate	해당 워크시트를 활성화시킨다.	05.2 Select	워크시트를 선택한다.
10.2, 07.2 Copy	워크시트를 복사한다.	Unprotect	워크시트 보호를 해제함
08.3, 06.2 Protect	워크시트를 보호한다.		

예제 2 Worksheet 개체의 메서드 이용하기

Worksheets("Sheet1").Activate	'Sheet1'을 활성화한다.
Worksheets("Sheet1").Copy after : = Worksheets("Sheet3")	'Sheet1'을 'Sheet3' 다음으로 복사한다.
Range("A1:B3").Select	영역 범위[A1:B3]을 선택한다.

기출체크 ☑

09.3, 07.3, 05.3

1. 'Worksheets(1).Visible = False'는 현재 통합 문서에서 워크시트1을 삭제한다. (○, ×)

511104 ▶

24.5, 24.3, 24.1, 23.5, 23.4, 22.7, 22.5, 22.3, 20.상시, 18.상시, 18.2, 17.1, 16.3, 16.2, 16.1, 15.3, 14.2, 13.3, 13.2, …

2 Range 개체

셀, 행, 열, 연속 셀 블록이 하나 이상 들어 있는 셀 선택 영역을 나타낸다.

24.3, 24.1, 23.4, 20.상시, 18.상시, 18.2, 16.2, 16.1, 15.3, 13.2, 12.1, 09.4, 08.2, 06.2, 04.2, 03.4

❶ Range의 주요 속성

속성	기능	속성	기능
Address	참조하는 셀 주소	24.3, 24.1, 23.4 FormulaR1C1	R1C1 스타일의 수식
15.3 Cells	지정된 범위의 모든 셀	Item	지정된 범위에 대한 오프셋 범위 지정
Count	지정된 범위의 셀 수	Next	다음 시트나 셀
22.7, 18.상시, 16.2, 11.1, 03.4 Currentregion	데이터가 있는 인접 영역의 범위	24.1, 18.2, 08.2, 04.2 Offset	지정된 범위에서 떨어진 범위
End	지정된 범위의 마지막 셀	20.상시, 18.상시, … Range	셀이나 영역 범위
16.1, 09.4, 06.2 Formula	A1 스타일의 수식	16.2, 13.2, 12.1, 09.4 Value	지정된 셀의 값

예제 1 Range 개체의 속성 이용하기

Worksheets("Sheet1").Range("A1").Formula = "=$A$4+$A$10"	셀에 수식을 설정한다.
Worksheets("Sheet1").Range.("A1").Item(2).FillDown	[A1] 내용을 기준으로 2번째 행인[A2] 셀을 채우기한다.
ActiveCell.Offset(rowOffset:=3, columnOffset:=3).Activate	오른쪽으로 3열, 아래로 3행을 활성화한다.
Workbooks("Book1").Worksheets("Sheet1").Range("A1").Select	Book1 통합문서의 Sheet1에 있는 [A1] 셀을 선택한다.

23.5, 22.5, 22.4, 22.3, 20.상시, 18.상시, 17.1, 16.3, 15.3, 14.2, 13.3, 12.3, 11.3, 10.2, 09.4, 07.2, 06.2, 04.3, 03.4

❷ Range의 주요 메서드

메서드	기능	메서드	기능
AdvancedFilter	고급 필터	22.4 Delete	지우기
AutoFill	자동 채우기	Find	찾기

기출체크 1번

- Visible은 워크시트의 표시 여부를 지정하는 것으로 Worksheets(1).Visible = False로 지정하면 첫 번째 워크시트가 숨겨집니다.
- 현재 통합 문서의 첫 번째 워크시트를 삭제하려면 Worksheets(1).Delete로 지정해야 합니다.

전문가의 조언

중요해요! Range 개체의 속성은 필기 시험뿐만 아니라 실기 시험에서도 출제율이 높은 부분입니다.

[기출 포인트]

- CurrentRegion.Select는 데이터가 있는 인접 영역의 범위를 선택한다.
- Select는 지정된 영역을 선택한다.
- ClearFormats는 지정된 영역의 서식만을, ClearContents는 내용만을 삭제한다.

기출체크 정답

1. ×

AutoFilter	자동 필터	FindNext	다음 찾기
Clear	삭제	FindPrevious	이전 찾기
23.5, 22.5 ClearContents	내용만 삭제	16.3, 15.3, 14.2, 13.3, 11.3, 09.4, … Select	선택
22.3, 20.상시, 18.상시, 17.1, 11.3, 04.3 ClearFormats	서식만 삭제	Sort	정렬
10.2, 07.2 Copy	복사	Subtotal	부분합

예제 2 Range 개체의 메서드 이용하기

Worksheets("Sheet1").Range("A1:G37").ClearFormats 적용된 서식 지우기

Set c = Worksheets(1).Range("a1:a500").Find(2, lookin:=xlValues)

[a1:a500] 영역에서 값 2가 들어 있는 모든 셀을 찾아서 개체 변수 'c'에 저장시키기

기출체크 ☑

22.7, 16.2, 11.1, 03.4

2. 아래의 워크시트에서 'Range("B3").CurrentRegion.Select'를 실행하면 (   ) 영역이 선택된다.

	A	B	C
1	데이터1	데이터2	데이터3
2	사과	레몬	
3	바나나	배	
4			귤
5		배	
6	바나나		
7		2	

23.5, 22.5, 22.3, 17.1

3. Selection.(   )는 선택한 영역에 지정된 서식만을 삭제하고, Selection.(   )는 내용만을 삭제한다.

기출체크 2번

[B3] 셀을 기준으로 데이터가 입력된 셀들이 서로 인접하게 연결되어 있으므로 이 셀들을 모두 포함하는 영역인 [A1:C7] 영역이 모두 선택됩니다.

기출체크 정답

2. A1:C7
3. ClearFormats, ClearContents

기출문제 은행

해설은 366쪽에 있습니다.

24년 1회, 23년 3회, 22년 3회, 21년 1회, 19년 1회

01 다음 중 매크로를 작성하고 사용하는 방법에 대한 설명으로 옳지 않은 것은?

① 매크로를 기록하는 경우 기본적으로 셀은 절대 참조로 기록되며, 상대 참조로 기록하고자 할 경우 '상대 참조로 기록'을 선택한 다음 매크로 기록을 실행한다.

② 매크로에 지정된 바로 가기 키가 엑셀 고유의 바로 가기 키와 중복될 경우 엑셀 고유의 바로 가기 키가 우선한다.

③ 매크로를 기록하는 경우 실행하려는 작업을 완료하는 데 필요한 모든 단계가 매크로 레코더에 기록되며, 리본 메뉴에서의 탐색은 기록에 포함되지 않는다.

④ 개인용 매크로 통합 문서에 저장한 매크로는 엑셀을 시작할 때마다 자동으로 로드되므로 다른 통합 문서에서도 실행할 수 있다.

24년 3회, 22년 5회, 21년 4회, 10년 1회

02 다음 중 매크로를 작성하고 사용하는 방법에 대한 설명으로 옳지 않은 것은?

① 매크로 기록 도중에 선택한 셀은 절대 참조로 기록할 수도 있고 상대 참조로 기록할 수도 있다.

② 매크로에 지정된 바로 가기 키가 엑셀 고유의 바로 가기 키와 중복될 경우 매크로 실행의 바로 가기 키가 우선한다.

③ ActiveX 컨트롤의 '명령 단추'를 추가하면 [매크로 지정] 대화상자가 자동으로 표시되어 실행할 매크로를 바로 지정할 수 있다.

④ VBA에서 코드 편집을 통해 매크로의 이름이나 내용을 바꿀 수 있다.

24년 5회, 22년 7회, 2회

03 다음 중 [매크로 기록] 대화상자에서 설정할 수 있는 요소가 아닌 것은?

① 매크로 이름

② 바로 가기 키

③ 매크로 보안

④ 매크로 저장 위치

24년 4회, 23년 4회, 22년 4회

04 다음 중 매크로 기록과 실행에 관련된 항목들의 설명으로 옳지 않은 것은?

① 엑셀을 사용할 때마다 매크로를 사용할 수 있게 하려면 매크로 저장 위치를 '개인용 매크로 통합 문서'를 선택한다.

② Alt 와 영문 문자를 조합하여 해당 매크로의 바로 가기 키를 지정할 수 있다.

③ 매크로 기록 기능을 통해 작성된 매크로는 'VBA 편집기'에서 실행할 수 있다.

④ 매크로 기록 기능을 이용할 때 기본 저장 위치는 '현재 통합 문서'가 된다.

24년 4회

05 다음 '매크로' 대화상자에 대한 설명으로 옳지 않은 것은?

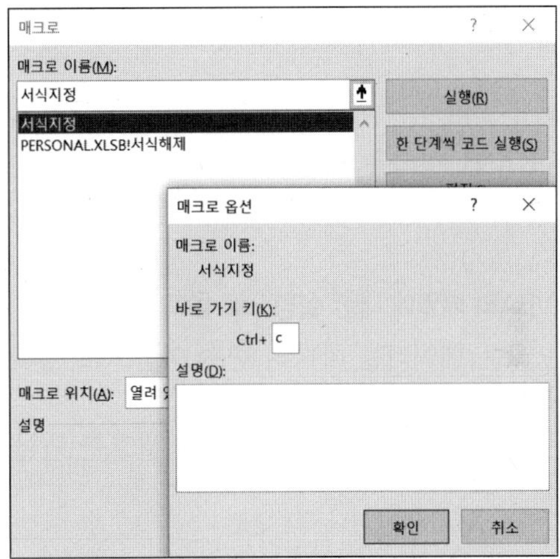

① '서식지정' 매크로는 열려 있는 모든 통합 문서에서 사용할 수 있다.

② '서식지정' 매크로는 바로 가기 키를, 데이터를 복사하는 Ctrl + c 로 지정하였기 때문에 바로 가기 키로 사용할 수 없다.

③ '서식해제' 매크로는 '개인용 매크로 통합 문서'로 저장하였다.

④ '서식해제' 매크로는 엑셀을 실행할 때마다 사용할 수 있다.

▶ 정답 : 1. ② 2. ③ 3. ③ 4. ② 5. ②

기출문제 은행

24년 1회, 21년 7회, 3회

06 다음 중 Visual Basic Editor에 대한 설명으로 틀린 것은?

① Alt + F11을 누르면 실행된다.

② Visual Basic Editor에서 F5를 눌러 매크로를 실행할 수 있다.

③ 매크로를 단계별로 실행할 수는 없으나 중간에 중단할 수 있다.

④ 기록된 매크로의 내용을 수정할 수 있다.

21년 2회, 17년 2회

07 다음 중 VBA의 모듈에 대한 설명으로 적절하지 않은 것은?

① 모듈은 여러 개의 프로시저로 구성할 수 있다.

② 전역 변수 선언을 위해서는 PUBLIC으로 변수명 앞에 지정해 주어야 한다.

③ SUB는 결과 값을 SUB를 호출한 곳으로 반환한다.

④ 선언문에서 변수에 데이터 형식을 생략하면 변수는 VARIANT 형식을 가진다.

23년 5회, 22년 6회, 1회, 21년 5회

08 다음 VBA의 배열에 대한 설명으로 옳지 않은 것은?

① 배열은 모든 데이터를 하나의 변수 이름으로 정의해 사용하는 것이다.

② 배열은 선언할 때 변수 이름 다음에 괄호를 만들어 배열의 크기를 지정한다.

③ 배열의 위치는 1부터 시작한다.

④ 1차원 배열은 행, 2차원 배열은 행과 열로, 3차원 배열은 면, 행, 열로 이루어진 배열이다.

21년 8회, 15년 2회

09 다음 중 1부터 10까지의 합을 구하는 VBA 모듈로 옳지 않은 것은?

①
```
no = 0
sum = 0
Do While no <= 10
   sum = sum + no
   no = no + 1
Loop
MsgBox sum
```

②
```
no = 0
sum = 0
Do
   sum = sum + no
   no = no + 1
Loop While no <= 10
MsgBox sum
```

③
```
no = 0
sum = 0
Do While no < 10
   sum = sum + no
   no = no + 1
Loop
MsgBox sum
```

④
```
sum = 0
For no = 1 To 10
   sum = sum + no
Next
MsgBox sum
```

22년 7회, 16년 2회

10 다음 중 아래의 워크시트에서 〈보기〉의 프로시저 실행 결과로 옳은 것은?

	A	B	C
1	데이터1	데이터2	데이터3
2	사과	레몬	
3	바나나	배	
4			귤
5		배	
6	바나나		
7		2	

〈보기〉

```
Sub B3선택( )
   Range("B3").CurrentRegion.Select
End Sub
```

① [B3] 셀이 선택된다. ② [A1:B3] 셀이 선택된다.
③ [A1:C3] 셀이 선택된다. ④ [A1:C7] 셀이 선택된다.

24년 3회, 23년 4회

11 다음 매크로를 [F9] 셀을 선택한 상태에서 실행했을 경우 실행 결과에 대한 설명으로 틀린 것은?

```
Sub 매크로1( )
   ActiveCell.FormulaR1C1 = "=SUM(RC[-4]:RC[-2])"
   Range("F2").Select
   Selection.AutoFill Destination:=Range("F2:F5"),_
   Type:=xlFillDefault
   Range("F2:F5").Select
End Sub
```

① [F9] 셀에 합계를 구합니다.

② [F9] 셀에 입력된 수식은 '=SUM(F5:F8)'과 같은 의미이다.

③ [F2:F5] 영역은 자동 채우기로 입력된다.

④ [F2:F5] 영역이 선택된 상태로 매크로가 종료된다.

해설은 366쪽에 있습니다.

22년 5회, 3회, 17년 1회

12 아래의 프로시저를 이용하여 [A1:C3] 영역의 서식만 지우려고 한다. 다음 중 괄호 안에 들어갈 코드로 옳은 것은?

```
Sub Procedure( )
  Range("A1:C3").Select
  Selection.(          )
End Sub
```

① DeleteFormats ② FreeFormats
③ ClearFormats ④ DeactivateFormats

22년 4회

13 다음과 같은 이벤트를 실행시켰을 때 나타나는 결과로 옳은 것은?

```
Private Sub
  Range("B2:C3").Select
  Selection.Delete Shift:=xlToLeft
End Sub
```

① [B2:C3] 영역을 셀의 왼쪽에 복사한다.
② [B2:C3] 영역을 삭제한 후 왼쪽에 있는 셀을 오른쪽으로 이동한다.
③ [B2:C3] 영역을 삭제한 후 오른쪽에 있는 셀을 왼쪽으로 이동한다.
④ [B2:C3] 영역을 셀의 오른쪽에 복사한다.

23년 3회, 22년 3회, 19년 1회

14 다음 중 아래의 VBA 코드에 대한 설명으로 옳지 않은 것은?

```
Private Sub Worksheet_Change(ByVal Target As Range)
  If Target.Address = Range("a1").Address Then
    Target.Font.ColorIndex = 5
    MsgBox Range("a1").Value & "입니다."
  End If
End Sub
```

① 일반 모듈이 아닌 워크시트 이벤트를 사용한 코드이다.
② [A1] 셀을 선택하면 [A1] 셀의 값이 메시지 박스에 표시된다.
③ VBA 코드가 작성된 워크시트에서만 동작한다.
④ [A1] 셀이 변경되면 [A1] 셀의 글꼴 색이 ColorIndex가 5인 색으로 변경된다.

23년 2회, 1회, 20년 2회

15 아래 그림과 같이 설정한 상태에서 [매크로 기록] 대화상자의 [확인] 단추를 눌렀다. 이어서 [A2:A6] 범위를 선택한 후 글꼴 스타일을 '굵게'를 지정하고 [기록 중지]를 눌러 '서식' 매크로를 작성했다. 다음 중 매크로 작성 후 [C1] 셀을 선택하고 '서식' 매크로를 실행한 결과로 옳은 것은?

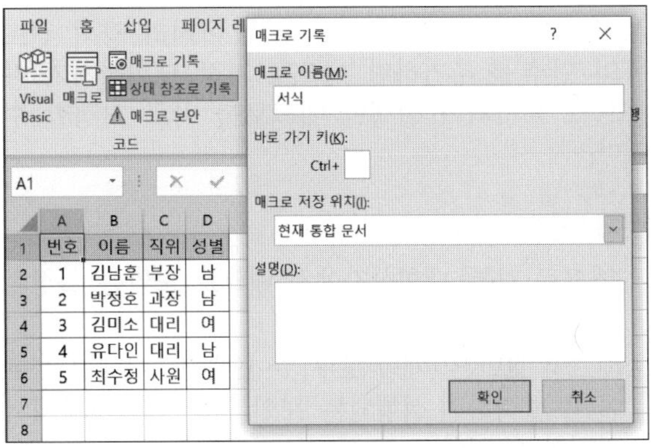

	A	B	C	D
1	번호	이름	직위	성별
2	1	김남훈	부장	남
3	2	박정호	과장	남
4	3	김미소	대리	여
5	4	유다인	대리	남
6	5	최수정	사원	여
7				
8				

① [A2:A6] 영역의 글꼴 스타일이 굵게 지정된다.
② [A1] 셀만 글꼴 스타일이 굵게 지정된다.
③ [C2:C6] 영역의 글꼴 스타일이 굵게 지정된다.
④ [C1] 셀만 글꼴 스타일이 굵게 지정된다.

24년 5회, 22년 2회, 21년 8회

16 다음과 같은 이벤트를 실행시켰을 때 나타나는 결과로 옳은 것은?

```
Private Sub Worksheet_Activate( )
  Range("A1").Select
  Selection.Sort Key1:=Range("A2"), _
  Order1:=xlAscending, Header:=xlGuess, _
  OrderCustom:=1, MatchCase:=False, _
  Orientation:=xlTopToBottom
End Sub
```

① 워크시트가 활성화될 때 [A2] 셀을 기준으로 오름차순 정렬한다.
② 이벤트가 실행된 후에는 [A2] 셀이 선택되어 있다.
③ 다른 프로시저에서 Worksheet_Activate( )를 불러와 실행할 수 있다.
④ 워크시트의 데이터가 변경되면 재정렬된다.

▶ 정답 : 6. ③ 7. ③ 8. ③ 9. ③ 10. ④ 11. ② 12. ③ 13. ③ 14. ② 15. ③ 16. ①

기출문제 해설

[문제 01] Section 101

매크로에 지정된 바로 가기 키가 엑셀 고유의 바로 가기 키와 중복될 경우 매크로에 지정된 바로 가기 키가 우선한다.

[문제 02] Section 101

ActiveX 컨트롤의 '명령 단추'가 아니라 양식 컨트롤의 '단추'를 추가하면 '매크로 지정' 대화상자가 자동으로 표시되어 실행할 매크로를 바로 지정할 수 있다.

[문제 03] Section 101

- '매크로 기록' 대화상자에서 매크로 보안은 설정할 수 없다.
- 매크로 보안은 [개발 도구] → [코드] → [매크로 보안]을 클릭하면 실행되는 '보안 센터' 대화상자에서 설정할 수 있다.

[문제 04] Section 101

매크로의 바로 가기 키는 기본적으로 Ctrl과 영문자를 조합하여 지정된다.

[문제 05] Section 102

매크로에 지정된 바로 가기 키는 엑셀의 바로 가기 키보다 우선 시 되므로 Ctrl + c를 누르면 '서식 지정' 매크로가 실행된다.

[문제 06] Section 102

'매크로' 대화상자에서는 〈한 단계씩 코드 실행〉 단추를, Visual Basic Editor에서는 F8을 이용하여 매크로를 단계별로 실행할 수 있다.

[문제 07] Section 103

- Sub 프로시저는 결과값을 반환하지 않는다.
- 결과값을 반환하는 프로시저는 Function 프로시저이다.

[문제 08] Section 104

배열의 위치는 0부터 시작한다.

[문제 09] Section 105

③번은 1에서 9까지 합을 구한다.

①

```
  no = 0
  sum = 0
❶ Do While no <= 10
❷   sum = sum + no
❸   no = no + 1
❹ Loop
❺ MsgBox sum
```

❶ no의 값이 10보다 작거나 같으면 ❷~❸번을 수행하고 아니면 반복문을 벗어난다.
❷ sum에 no의 값을 누적시킨다.
❸ no 값을 1 증가시킨다.
❹ ❶번으로 제어가 이동된다.
❺ sum의 값을 표시한 메시지 박스를 실행한다.

②

```
  no = 0
  sum = 0
❶ Do
❷   sum = sum + no
❸   no = no + 1
❹ Loop While no <= 10
  MsgBox sum
```

❶ ❹번에서 지정한 조건식이 만족할 때까지 ❷~❸번을 실행한다.
❹ no의 값이 10보다 작거나 같으면 ❶번으로 이동하고 아니면 반복문을 벗어난다.

③

```
  no = 0
  sum = 0
❶ Do While no < 10
❷   sum = sum + no
❸   no = no + 1
❹ Loop
  MsgBox sum
```

❶ no의 값이 10보다 작으면 ❷~❸번을 수행하고 아니면 반복문을 벗어난다.
※ no의 값이 10보다 작은동안 ❷~❸번을 수행하므로 1~9까지의 합계를 구한다.

④

```
  sum = 0
❶ For no = 1 To 10
❷   sum = sum + no
❸ Next
  MsgBox sum
```

❶ no를 1에서부터 10이 될 때까지 1씩 증가하면서 ❷번을 반복 수행한다.

[문제 10] Section 106

```
Sub B3선택( )
❶ Range("B3").CurrentRegion.Select
End Sub
```

❶ [B3] 셀이 포함된 데이터 범위를 모두 선택한다.
- Range : 워크시트의 셀이나 셀 범위
- CurrentRegion : 데이터가 있는 인접 영역의 범위
- Select : 선택

∴ [B3] 셀을 기준으로 데이터가 입력된 셀들이 서로 인접하게 연결되어 있으므로 이 셀들을 모두 포함하는 영역인 [A1:C7] 영역이 모두 선택된다.

기출문제 해설

[문제 11] Section 106

ActiveCell.FormulaR1C1 = "=SUM(RC[-4]:RC[-2])"은 현재 셀, 즉 [F9] 셀에서 4열 왼쪽(B9)과 2열 왼쪽(D9)의 합계를 의미하므로 **"=SUM(B9:D9)"**와 같은 의미이다.

[문제 12] Section 106

선택한 영역에 지정된 서식만을 삭제하는 메서드는 ClearFormats, 내용만 삭제하는 메서드는 ClearContents다.

[문제 13] Section 106

```
Private Sub
❶ Range("B2:C3").Select
❷ Selection.Delete Shift:=xlToLeft
End Sub
```

❶ [B2:C3] 영역을 선택한다.

❷ 선택한 영역을 삭제한 후 오른쪽에 있는 셀을 왼쪽으로 이동한다.

[문제 14] Section 106

```
❶Private Sub Worksheet_Change(ByVal Target As Range)
❷   If Target.Address = Range("a1").Address Then
❸      Target.Font.ColorIndex = 5
❹      MsgBox Range("a1").Value & "입니다."
    End If
End Sub
```

❶ 'Worksheet_Change' 프로시저에 입력된 코드는 셀의 값이 변경되거나 셀이 이동하는 등 워크시트에 변화가 있을 때 작동한다.

❷ 현재 작업하고 있는 셀의 주소가 [A1] 셀이면 ❸~❹번을 수행한다.

❸ 현재 작업하고 있는 셀의 글꼴색을 파랑색(5)으로 지정한다.

❹ [A1] 셀의 값과 "입니다."를 연결한 메시지가 표시된 메시지 박스를 실행한다.

[문제 15] Section 101

- '상대 참조로 기록'이 선택된 상태에서 매크로를 기록했으므로 셀 포인터의 위치에 따라 매크로가 적용되는 위치가 달라진다.
- [A1] 셀이 선택된 상태에서 [A2:A6] 영역에 '굵게'를 지정하는 매크로를 작성했으므로 [C1] 셀을 선택하고 매크로를 실행하면 [A1] 셀에서 [C1] 셀, 즉 오른쪽으로 두 칸 이동한 [C2:C6] 영역에 '굵게'가 지정된다.

[문제 16] Section 106

② 이벤트가 실행된 후에는 [A1] 셀이 선택되어 있다.

③ 다른 프로시저에서 불러와 실행할 수 없다.

④ 워크시트가 활성화될 때 실행되는 프로시저이다.

```
❶Private Sub Worksheet_Activate( )
❷   Range("A1").Select
❸   Selection.Sort Key1:=Range("A2"),_
    Order1:=xlAscending, Header:=xlGuess,_
    OrderCustom:=1, MatchCase:=False,_
    Orientation:=xlTopToBottom
End Sub
```

❶ 워크시트가 활성화될 때 실행되는 프로시저이다.

❷ [A1] 셀을 선택한다.

※ [A1] 셀을 선택한 상태에서 정렬을 실행하면 [A1] 셀과 연결된 데이터 목록이 자동으로 선택된다.

❸ [A2] 셀을 기준으로 오름차순 정렬을 수행한다.

- Key1 : 1차 정렬 기준
- Order1 : = xlAscending(1차 정렬 기준은 오름차순)
- Orientation:=xlTopToBottom : 위쪽에서 아래쪽, 즉 열을 기준으로 정렬함

3 과목

데이터베이스 일반

1 장

데이터베이스 개요

SECTION 107

데이터베이스의 개념

데이터베이스의 정의나 데이터가 중복 저장되었을 때의 문제점이 출제된 적이 있습니다.

[기출 포인트]

- 데이터베이스는 **통**합·**저**장·**운**영·**공**용 데이터이다.
- 데이터베이스는 중복을 배제한 데이터의 모임이다.
- 데이터가 중복되면 동일성, 무결성(정확성), 보안 유지가 어렵다.

기출체크 1번

데이터베이스는 자료의 중복을 배제한 데이터의 모임입니다.

기출체크 정답

1. ×

511201

24.4, 21.1, 19.2, 11.1, 08.3, 06.1

1 데이터베이스의 정의

데이터베이스는 특정 조직의 기능을 수행하는 데 필요한 상호 관련된 데이터들의 모임이다.

- **통합된 데이터(Integrated Data)** : 자료의 중복을 배제한 데이터의 모임이다.
- **저장된 데이터(Stored Data)** : 컴퓨터가 접근할 수 있는 저장 매체에 저장된 자료이다.
- **운영 데이터(Operational Data)** : 조직의 고유한 업무를 수행하는 데 존재 가치가 확실하고 없어서는 안 될 반드시 필요한 자료이다.
- **공용 데이터(Shared Data)** : 여러 응용 시스템들이 공동으로 소유하고 유지하는 자료이다.

19.2, 11.1, 08.3

잠깐만요 데이터 중복의 문제점

동일한 데이터가 여러 곳에 중복 저장되면 데이터의 동일성, 무결성(정확성), 동일한 보안 수준 등을 유지하기 어렵습니다.

기출체크 ☑

24.4

1. 데이터베이스는 자료가 최소한으로 중복된 데이터의 모임이다. (○, ×)

24.5, 24.3, 23.1, 22.7, 21.8, 21.6, 21.2, 21.1, 19.2, 17.2, 15.2, 14.1, 13.3, 11.3, 10.2, 09.3, 08.2, 06.4, 06.1, 05.2, …

511202 ▶

2 데이터베이스의 장·단점

장점	단점
• 데이터의 중복성 최소화 • 데이터의 공유 • 데이터의 일관성 유지 • 데이터의 무결성※ 유지 • 데이터의 보안성 유지 • 데이터의 논리적 · 물리적 독립성 유지 • 애플리케이션 개발 및 유지보수 용이	• 데이터베이스 전문가의 부족 • 전산화 비용 증가 • 데이터 유실 시 파일 회복이 어려움 • 시스템의 복잡화 • 처리 속도가 느림

기출체크 ☑

24.5, 24.3, 23.1, 22.7, 21.6, 17.2, 14.1, 11.3, 10.2, 09.3, 08.2, 06.4, 04.4, 04.3, 03.4, 03.2

2. 다음은 데이터베이스를 이용하는 경우의 장점에 대한 설명이다. 틀린 것을 모두 고르시오. (　　)

ⓐ 데이터 간의 종속성을 유지할 수 있다.
ⓑ 데이터를 효율적으로 관리하여 시스템에 문제가 발생하면 복구가 쉽다.
ⓒ 데이터 관리 비용 및 공간을 절감할 수 있다.
ⓓ 응용 프로그램에 가장 적합하고 효율적으로 데이터를 관리할 수 있다.
ⓔ 데이터 유실 시 파일 회복이 쉽다.
ⓕ 데이터를 여러 사람이나 응용 프로그램이 공유할 수 있다.
ⓖ 데이터의 중복을 최소화할 수 있다.
ⓗ 데이터의 일관성 및 무결성을 유지할 수 있다.

전문가의 조언

중요해요! 데이터베이스의 장점과 단점을 구분하는 문제가 자주 출제됩니다.

[기출 포인트]

- 데이터의 중복을 최소화할 수 있다.
- 데이터의 무결성을 유지할 수 있다.
- 파일 회복이 어렵다.
- 전산화 비용이 증가한다.

무결성

데이터의 무결성(Integrity)이란 데이터의 중복이나 훼손 없이 정확성이 보장된 상태, 즉 정확성을 의미한다고 보면 됩니다.

기출체크 2번

ⓐ 데이터베이스는 데이터 간의 종속성이 아닌 독립성을 유지합니다.
ⓑ 데이터베이스를 이용하는 경우 시스템에 문제가 발생하면 복구가 어렵습니다.
ⓒ 중복을 제거하여 데이터를 저장하기 때문에 공간은 절약되지만 관리 비용은 증가합니다.
ⓓ 데이터베이스는 응용 프로그램이 아니라 특정 조직의 기능을 수행하는 데 가장 적합하고 효율적으로 데이터를 관리하기 위해 사용합니다.
ⓔ 데이터베이스는 데이터 유실 시 파일 회복이 어렵습니다.

기출체크 정답

2. ⓐ, ⓑ, ⓒ, ⓓ, ⓔ

SECTION 108

데이터베이스 시스템의 구성 요소

3510501 ▶

1 데이터베이스 시스템의 구성 요소

데이터베이스 시스템은 데이터베이스뿐만 아니라 데이터베이스를 둘러싼 모든 요소를 말한다.

- 데이터베이스 시스템은 다음과 같은 요소로 구성되어 있다.
  - 데이터베이스
  - DBMS(데이터베이스 관리 시스템)
  - 데이터베이스 컴퓨터
  - 데이터베이스 관리자
  - 스키마
  - 데이터베이스 언어
  - 데이터베이스 사용자

3510502 ▶

22.7, 22.3, 18.2, 13.3

2 스키마

스키마(Schema)는 데이터베이스의 구조와 제약 조건에 관한 전반적인 명세(Specification)를 기술(Description)한 메타데이터(Meta-Data)의 집합이다.

- **스키마의 종류**

22.7 **외부 스키마**	• 사용자나 응용 프로그래머가 각 개인의 입장에서 필요로 하는 데이터베이스의 논리적 구조를 정의한 것이다. • 하나의 데이터베이스 시스템에는 여러 개의 외부 스키마가 존재할 수 있다.
18.2 **개념 스키마**	• 데이터베이스의 전체적인 논리적 구조이다. • 모든 응용 프로그램이나 사용자들이 필요로 하는 데이터를 종합한 조직 전체의 데이터베이스로, 하나만 존재한다.
내부 스키마	• 물리적 저장장치의 입장에서 본 데이터베이스의 물리적 구조이다. • 실제로 저장될 레코드의 형식, 저장 데이터 항목의 표현 방법, 내부 레코드의 물리적 순서 등을 나타낸다.

전문가의 조언

스키마나 데이터 사전의 개념을 묻는 문제가 출제되고 있습니다.

[기출 포인트]

- 외부 스키마는 각 개인의 입장에서 데이터베이스의 논리적 구조를 정의한 것이다.
- 데이터 사전은 데이터베이스의 모든 개체들에 대한 정보를 유지 · 관리하는 시스템이다.

22.3, 13.3

잠깐만요 **데이터 사전(Data Dictionary) / 메타 데이터(Metadata)**

3510531 ▶ 

데이터 사전(Data Dictionary)

- 데이터베이스에 저장되어 있는 모든 데이터 개체들에 대한 정보를 유지 · 관리하는 시스템으로, 시스템 카탈로그(System Catalog)라고도 합니다.
- 데이터 사전은 시스템 데이터베이스(System Database)에 해당합니다.

메타 데이터(Metadata)

데이터 사전은 시스템에 저장되어 있는 '데이터에 관한 데이터(Data About Data)' 라는 의미로 메타 데이터라고도 합니다.

기출체크 ☑

22.7

1. (   )는 각 개인의 입장에서 필요로 하는 데이터베이스 전체의 논리적인 구조를 보여주는 스키마로 서브 스키마라고도 불린다.

22.3

2. 데이터베이스에 저장되어 있는 모든 데이터 개체들에 대한 정보를 유지, 관리하는 시스템으로 이곳에 저장된 데이터를 데이터에 대한 데이터라는 의미로 '메타 데이터'라고 하며, '시스템 카탈로그'라고도 불리는 것은 (   )이다.

3510503 ▶ 

21.3, 08.3

3 데이터베이스 관리자

데이터베이스 관리자(DBA; Database Administrator)란 데이터베이스 시스템을 관리하고 운영에 관한 모든 것을 책임지는 사람이나 그룹이다.

- 데이터 정의어(DDL)를 사용하여 데이터베이스를 기술하고, 데이터 제어어(DCL)를 사용하여 저장된 데이터를 제어한다.
- **데이터베이스 관리자의 기능**
  - 데이터베이스의 구성 요소를 결정한다.
  - 데이터베이스의 스키마를 정의한다.
  - 데이터베이스의 저장 구조와 접근 방법을 정의한다.
  - 데이터베이스의 보안 및 권한 부여 정책, 데이터의 유효성 검사 방법을 수립한다.
  - 데이터베이스의 무결성을 유지하기 위한 대책을 수립한다.
  - 사용자의 요구와 불평을 청취하고 해결한다.
  - 데이터 사전을 유지 · 관리한다.
  - 시스템의 성능 분석 및 감시를 한다.

기출체크 ☑

21.3

3. 데이터베이스 관리자는 COBOL, PASCAL, C와 같은 호스트 프로그래밍 언어와 DCL(Data Control Language)을 이용하여 데이터를 조작한다. (○, ×)

전문가의 조언

데이터베이스 관리자의 역할을 묻는 문제가 출제되고 있습니다.

[기출 포인트]

데이터베이스 관리자는 데이터베이스 스키마 정의, 구성 요소 결정, 시스템의 성능 분석 및 감시를 담당합니다.

기출체크 3번

호스트 프로그램에 데이터 조작어(DML)를 삽입하여 데이터베이스에 접근하는 사람은 응용 프로그래머입니다.

기출체크 정답

1. 외부 스키마 2. 데이터 사전 3. ×

SECTION 109

관계형 데이터베이스

전문가의 조언

관계형 데이터베이스의 개념을 묻는 문제가 출제되고 있습니다.

[기출 포인트]

테이블 형태로 데이터를 관리한다.

511501

21.3, 09.3

1 관계형 데이터베이스의 개요

관계형 데이터베이스는 계층 모델과 망 모델의 복잡한 구조를 단순화시킨 모델이다.

- 관계형 데이터베이스를 구성하는 개체(Entity)나 관계(Relationship)를 모두 릴레이션(Relation)이라는 표(Table)로 표현한다.
- 계층 구조가 아닌 단순한 표(Table)를 이용하여 데이터의 상호관계를 정의하는 DB 구조를 말한다.
- 1:1, 1:N, M:N 관계를 자유롭게 표현할 수 있다.

기출체크 ☑

21.3, 09.3

1. 관계 데이터베이스는 일종의 그래프 형태로, 계층 데이터베이스 모델이 확장된 형태이다. (○, ×)

기출체크 1번

관계 데이터베이스는 그래프 형태가 아니라 테이블 형태로 표현된 모델입니다. 일종의 그래프 형태로, 계층 데이터베이스 모델이 확장된 형태는 망(네트워크)형 데이터베이스입니다.

전문가의 조언

중요해요! 릴레이션, 튜플, 속성, 도메인 등 관계형 데이터베이스에서 사용하는 용어의 의미를 묻는 문제가 자주 출제됩니다.

[기출 포인트]

- 도메인은 같은 타입의 원자값들의 집합이다.
- 튜플의 수 = 카디널리티 = 기수
- 속성의 수 = 디그리 = 차수

511502

23.5, 23.1, 22.6, 22.5, 21.7, 21.3, 21.2, 21.1, 19.상시, 19.2, 18.상시, 16.3, 16.1, 13.1, 12.2, 11.2, 05.4, 04.3

2 관계형 데이터베이스의 Relation 구조

릴레이션은 데이터들을 표(Table)의 형태로 표현한 것으로 구조를 나타내는 릴레이션 스키마와 실제 값들인 릴레이션 인스턴스로 구성된다.

〈학생〉 릴레이션
속성
학번
이름
학년
신장
학과
89001
홍길동
2
170
CD
89002
이순신
1
169
CD
87012
임꺽정
2
180
ID
86032
장보고
4
174
ED
튜플
릴레이션 스키마
릴레이션 인스턴스
릴레이션
학년의 도메인

- **테이블(Table)** : 데이터들을 행과 열로 표현한 것으로, 튜플(레코드)의 집합(릴레이션)
- **튜플(Tuple)***
  - 테이블의 행을 구성하는 개체(레코드)이다.
  - 여러 속성들의 묶음이다.
  - 튜플의 수를 카디널리티(Cardinality) 또는 기수, 대응수라고 한다.

튜플

〈학생〉 릴레이션에서 카디널리티는 4입니다.

기출체크 정답

1. ×

• **속성(Attribute)**✻
  - 테이블의 열을 구성하는 항목(필드)으로, 데이터베이스의 가장 작은 논리적 단위이다.
  - 개체의 특성이나 상태를 기술한다.
  - 속성의 수를 디그리(Degree) 또는 차수라고 한다.
• **도메인(Domain)**✻ : 하나의 속성에서 취할 수 있는 값의 범위(예를 들어 성별의 도메인은 '남', '여'임)
• **릴레이션 인스턴스(Relation Instance)** : 데이터 개체를 구성하고 있는 속성들에 데이터 타입이 정의되어 구체적인 데이터 값을 갖고 있는 것

속성
〈학생〉 릴레이션에서 디그리는 5입니다.

도메인
〈학생〉 릴레이션에서 '학년'의 도메인은 1~4입니다.

기출체크 ☑

23.5, 23.1, 22.6, 22.5, 21.2, 13.1, 12.2, 11.2
2. 도메인은 하나의 튜플이 가질 수 있는 모든 값의 범위를 말한다. (○, ×)

16.1, 13.1, 04.3
3. 속성의 개수를 차수(Degree), 튜플의 개수를 카디널리티(Cardinality)라고 한다. (○, ×)

기출체크 2번
도메인은 튜플이 아니라 속성이 가질 수 있는 값의 범위입니다.

511503 ▶

21.1, 20.2, 19.2, 09.2, 07.2
3 릴레이션의 특징

• 한 릴레이션에 포함된 튜플들은 모두 상이하다.
  예 〈학생〉 릴레이션을 구성하는 홍길동 레코드는 홍길동에 대한 학적 사항을 나타내는 것으로, 〈학생〉 릴레이션 내에서는 유일하다.
• 한 릴레이션에 포함된 튜플 사이에는 순서가 없다.
  예 〈학생〉 릴레이션에서 홍길동 레코드와 임꺽정 레코드의 위치가 바뀌어도 상관없다.
• 튜플들의 삽입, 삭제 등의 작업으로 인해 릴레이션은 시간에 따라 변한다.
  예 〈학생〉 릴레이션에 새로운 학생의 레코드를 삽입하거나 기존 학생에 대한 레코드를 삭제함으로써 테이블은 내용 면에서나 크기 면에서 변하게 된다.
• 릴레이션 스키마를 구성하는 속성들 간의 순서는 중요하지 않다.
  예 학번, 이름 등의 속성을 나열하는 순서가 이름, 학번 순으로 바뀌어도 데이터 처리에는 아무런 영향을 미치지 않는다.
• 속성의 유일한 식별을 위해 속성의 명칭은 유일해야 하지만, 속성을 구성하는 값은 동일한 값이 있을 수 있다.
  예 각 학생의 학년을 기술하는 속성인 '학년'은 다른 속성명들과 구분되어 유일해야 하지만 '학년' 속성에는 2, 1, 2, 4 등이 입력된 것처럼 동일한 값이 있을 수 있다.
• 릴레이션을 구성하는 튜플을 유일하게 식별하기 위해 속성들의 부분집합을 키(Key)로 설정한다.
  예 〈학생〉 릴레이션에서는 '학번'이나 '이름'이 튜플들을 구분하는 유일한 값인 키가 될 수 있다.

전문가의 조언
• 릴레이션의 특징을 이해해야 풀 수 있는 문제가 출제되고 있습니다.
• 릴레이션의 특징을 무조건 암기하지 말고 주어진 예를 374쪽의 〈학생〉 릴레이션에 적용시켜 보세요. 쉽게 이해됩니다.

[기출 포인트]
• 튜플 사이에는 순서가 없다.
• 속성들 간의 순서는 중요하지 않다.

기출체크 정답
2. × 3. ○

• 속성의 값은 논리적으로 더 이상 쪼갤 수 없는 원자값만을 저장한다.

예 '학년'에 저장된 1, 2, 4 등은 더 이상 세분화할 수 없다.

기출체크 ☑

21.1, 19.2, 09.2, 07.2

4. 관계형 데이터베이스의 테이블에서는 속성들 간의 순서를 유지하는 것이 중요하다. (○, ×)

기출체크 4번

관계형 데이터베이스의 테이블에서 속성들 간의 순서는 중요하지 않습니다.

기출체크 정답

4. ×

SECTION 110

키(KEY)

1 키의 개념

키(Key)는 데이터베이스에서 조건에 만족하는 레코드를 찾거나 순서대로 정렬할 때 기준이 되는 속성(Attribute)을 말한다.

23.5, 23.4, 21.7, 21.5, 21.4, 21.2, 21.1, 19.1, 17.2, 16.3, 14.1, 13.2, 13.1, 12.2, 12.1, 11.1, 10.3, 10.1, 09.2, 08.2, 07.1, …

2 키의 종류

511602

전문가의 조언

중요해요! 주로 기본키와 외래키에 대한 문제가 많이 출제됩니다.

〈학생〉 테이블

학번	주민번호	성명
1001	800429-1******	김덕영
1002	800504-2******	임옥빈
1003	811215-1******	조성진
1004	800909-1******	이동규
1005	791025-1******	박찬일

〈수강〉 테이블

학번	과목명
1001	영어
1002	수학
1002	영어
1003	수학
1003	전산

※ 〈학생〉 테이블과 〈수강〉 테이블은 학번으로 일 대 다(1:m)의 관계를 맺고 있다.

12.2

❶ 후보키

후보키는 테이블을 구성하는 속성들 중에서 튜플을 유일하게 식별하기 위해 사용하는 속성들의 부분집합, 즉 기본키로 사용할 수 있는 속성들을 말한다.

- 릴레이션에 있는 모든 튜플에 대해서 유일성과 최소성을 만족해야 한다.
  - **유일성(Unique)** : 하나의 키로 하나의 레코드만을 유일하게 식별할 수 있어야 하는 것
  - **최소성(Minimality)** : 모든 레코드들을 유일하게 식별하는 데 꼭 필요한 속성으로만 구성되어야 하는 것

  예 〈학생〉 테이블에서 '학번'이나 '주민번호'는 다른 레코드를 유일하게 구별할 수 있는 기본키로 사용할 수 있으므로 후보키이다.

[기출 포인트]

유일성과 최소성을 만족한다.

21.5, 21.1, 19.1, 16.3, 14.1, 13.2, 10.1, 08.2, 04.2, 03.3

❷ 기본키

기본키는 후보키 중에서 선택한 주키를 말한다.

- 한 릴레이션에서 특정 레코드를 유일하게 구별할 수 있는 속성이다.
- Null 값*으로 둘 수 없다.
- 기본키로 정의된 필드(속성)에는 동일한 값이 중복되어 저장될 수 없다.
- 두 개 이상의 필드를 묶어서 기본키로 설정할 수 있다.

예 〈학생〉 테이블에서는 '학번'이나 '주민번호'가 기본키가 될 수 있고, 〈수강〉 테이블에서는 '학번'+'과목명'으로 조합해야 기본키가 만들어진다. 이렇게 속성을 조합해서 기본키를 만들 수 있다.

[기출 포인트]
- 중복값을 입력할 수 없다.
- 두 개 이상의 필드를 묶어서 지정할 수 있다.

널 값(Null Value)

데이터베이스에서 널 값이란 아직 알려지지 않거나 모르는 값으로서, 해당 없음 등의 이유로 정보 부재를 나타내기 위해 사용하는, 이론적으로 아무것도 없는 값을 의미합니다.

23.5, 23.4, 21.7, 21.4, 21.2, 17.2, 13.1, 12.1, 11.1, 10.3, 10.1, 09.2, 07.1, 05.2, 05.1, 04.4, 04.2

❸ 외래키(외부키)

외래키는 관계를 맺고 있는 테이블 R1, R2에서 테이블 R1이 참조하고 있는 테이블 R2의 기본키와 같은 R1 테이블의 속성을 외래키라고 한다.

- 하나의 테이블에는 여러 개의 외래키가 존재할 수 있다.
- 외래키로 지정된 필드에는 널(Null) 값이나 중복된 값을 입력할 수 있다.

예 〈수강〉 테이블의 '학번' 속성(필드)이 외래키이다.

[기출 포인트]
- 참조하고 있는 테이블의 기본키와 같은 속성이다.
- 한 테이블에 기본키와 외래키가 함께 있을 수 있다.
- 한 테이블에 여러 개의 외래키가 있을 수 있다.

12.2

❹ 대체키

대체키는 후보키 중 기본키를 제외한 나머지 속성을 말한다.

예 〈학생〉 테이블에서 '학번'을 기본키로 정의하면 '주민번호'는 대체키가 된다.

[기출 포인트]

기본키로 정의되지 않은 나머지 후보키이다.

12.2

❺ 슈퍼키(Super Key)

슈퍼키는 한 릴레이션 내에 있는 속성들의 집합으로 구성된 키이다.

- 릴레이션을 구성하는 모든 튜플들 중 슈퍼키로 구성된 속성의 집합과 동일한 값은 나타나지 않는다.
- 릴레이션을 구성하는 모든 튜플에 대해 유일성은 만족시키지만, 최소성은 만족시키지 못한다.

예 〈수강〉 테이블에서 '학번'+'과목명', 〈학생〉 테이블에서 '학번'+'주민번호', '주민번호'+'성명', '학번'+'주민번호'+'성명' 등으로 슈퍼키를 만들 수 있다.

[기출 포인트]

유일성은 만족시키지만 최소성은 만족시키지 못한다.

기출체크 ☑

13.1, 10.3, 05.1, 04.4, 04.3

1. 서로 관계를 맺고 있는 릴레이션 R1, R2에서 릴레이션 R2에 의한 속성이나 속성의 조합이 릴레이션 R1의 기본키인 것을 (　　　　)라고 한다.

10.1, 04.2, 03.3

2. 기본키와 외래키는 동일한 테이블에 동시에 존재할 수 없다. (○, ×)

23.5, 21.4, 11.1, 09.2, 07.1

3. 하나의 테이블에는 여러 개의 외부키가 존재할 수 있다. (○, ×)

기출체크 2번

기본키와 외래키는 동일한 테이블에 동시에 존재할 수 있습니다.

기출체크 정답
1. 외래키 2. × 3. ○

18.1, 15.1, 10.3, 10.1, 04.4, 04.2, 03.3

3 무결성

무결성이란 관계형 데이터베이스에서 데이터의 정확성과 일관성을 보장하기 위한 제약 조건이다.

10.3, 04.4, 04.2, 03.3

❶ 개체 무결성

릴레이션에서 기본키를 구성하는 속성은 널(NULL) 값이나 중복값을 가질 수 없다.

예 〈학생〉 릴레이션에서 '학번'이 기본키로 정의되면 튜플을 추가할 때 '주민번호'나 '성명' 필드에는 값을 입력하지 않아도 되지만 '학번' 속성에는 반드시 값을 입력해야 한다. 또한 '학번' 속성에는 이미 입력한 속성값을 중복하여 입력할 수 없다.

10.3, 10.1, 04.4, 04.2, 03.3

❷ 참조 무결성

외래키 값은 NULL이거나 참조 릴레이션의 기본키 값과 동일해야 한다. 즉 릴레이션은 참조할 수 없는 외래키 값을 가질 수 없다.

예 〈수강〉 릴레이션의 '학번' 속성에는 〈학생〉 릴레이션의 '학번' 속성에 없는 값은 입력할 수 없다.

기출체크 ☑

10.3, 10.1, 04.4, 04.2, 03.3

4. 기본키는 개체 무결성의 제약 조건을, 외래키는 참조 무결성의 제약 조건을 가진다. (○, ×)

전문가의 조언

- 무결성의 의미, 그리고 개체 무결성과 참조 무결성의 차이점을 알고 있으면 풀 수 있는 문제들이 출제된 적이 있습니다.
- 참조 무결성은 Section 120에서 자세하게 학습합니다. 여기서는 개념 정도만 기억해 두세요.

[기출 포인트]

- 정확성과 일관성 보장을 위한 제약 조건이다.
- 기본키는 개체 무결성과 관계있다.
- 외래키는 참조 무결성과 관계있다.

기출체크 정답

4. ○

SECTION 111

정규화

전문가의 조언

정규화의 개념을 묻는 문제가 출제된 적이 있습니다.

[기출 포인트]

정규화는 이상(Anomaly) 현상을 방지하는 기술이다.

511701

20.2, 19.상시, 18.상시

1 정규화의 개념

테이블 조작 시 애트리뷰트들 간의 종속성 및 중복성으로 인해 예기치 못한 곤란한 현상이 발생하는데, 이를 이상(Anomaly)이라고 한다. 정규화란 이상 현상이 발생하지 않도록 중복성 및 종속성을 배제하는 원칙을 공식화한 이론이다.

- 정규화란 잘못 설계된 관계형 스키마를 더 작은 속성의 세트로 쪼개어 바람직한 스키마로 만들어 가는 과정이다.

기출체크 ☑

20.2

1. (   )는 데이터의 이상(Anomaly) 현상이 일어나지 않도록 데이터베이스를 설계하기 위한 기술이다.

전문가의 조언

중요해요! 정규화의 특징을 묻는 문제는 다양하게 자주 출제됩니다.

[기출 포인트]

- 논리적 설계 단계에서 수행한다.
- 테이블 간의 종속성을 제거하는 과정이다.
- 중복을 완전히 제거할 수는 없다.
- 데이터의 공간을 최소화는 기술은 아닙니다.

511702

24.2, 23.4, 23.3, 23.2, 22.4, 22.2, 21.1, 19.상시, 19.1, 18.상시, 18.2, 17.1, 14.2, 13.2, 11.2, 09.4, 08.4, 07.2, …

2 정규화의 특징

- 정규화는 중복되는 값을 일정한 규칙에 의해 보다 단순한 형태를 가지는 다수의 테이블로 분리한다.
- 데이터베이스의 논리적 설계 단계에서 수행한다.
- 속성(Attribute) 수가 적은 릴레이션(테이블)으로 분할하는 과정이다.
- 릴레이션(테이블) 속성들 사이의 종속성 개념에 기반을 두고 이들 종속성을 제거하는 과정이라고 할 수 있다.
- 정규화를 수행해도 데이터의 중복을 완전히 제거할 수는 없다.
- 이해하기 쉽고 확장하기 쉽도록 테이블을 구성하며, 무결성 제약 조건의 구현을 용이하게 한다.
- 정규형에는 제1정규형에서부터 제5정규형까지 있으며, 단계가 높아질수록 만족시켜야 할 제약조건이 늘어나 높은 수준으로 간주된다.

기출체크 ☑

23.4, 23.2, 22.4, 22.2, 21.1, 18.2

2. 정규화를 수행하면 모든 테이블의 필드 수가 동일해진다. (○, ×)

24.2, 23.3, 19.1

3. 정규화를 통해 테이블 간의 종속성을 높일 수 있다. (○, ×)

기출체크 2번

정규화를 수행하면 테이블이 늘어나고 필드 수가 줄어들 수는 있지만 모든 테이블의 필드 수가 동일해지지는 않습니다.

기출체크 3번

정규화는 릴레이션(테이블)의 속성들 사이의 종속성 개념에 기반을 두고 이들 종속성을 제거하는 과정이라고 할 수 있습니다.

기출체크 정답

1. 정규화 2. × 3. ×

511703 ▶

24.3, 21.6, 05.3, 05.1

3 정규화 과정

- **1NF(제1정규형)** : 릴레이션에 속한 모든 도메인이 원자값(Atomic Value)만으로 되어 있는 릴레이션
- **2NF(제2정규형)** : 릴레이션 R이 1NF이고, 키가 아닌 모든 속성이 기본키에 대하여 완전 함수적 종속 관계를 만족하는 릴레이션
- **3NF(제3정규형)** : 릴레이션 R이 2NF이고, 키가 아닌 모든 속성이 기본키에 대해 이행적 종속 관계를 이루지 않도록 제한한 릴레이션
- **BCNF(Boyce-Codd 정규형)** : 릴레이션 R에서 결정자가 모두 후보키인 릴레이션

기출체크 ☑

24.3, 21.6

4. 정규화 과정 중 릴레이션에 속한 모든 도메인이 원자값(Atomic Value)만으로 되어 있는 릴레이션은 ( )의 릴레이션이다.

전문가의 조언

제1정규형과 제2정규형에 대한 문제가 출제되고 있습니다.

[기출 포인트]

1NF : 도메인이 원자값

⬇

2NF : 부분 함수 종속 제거

⬇

3NF : 이행적 함수 종속 제거

⬇

BCNF : 결정자이면 후보키가 아닌 것 제거

기출체크 정답

4. 제1정규형

SECTION 112

개체 관계도(ERD)

전문가의 조언

개체 관계 모델의 개념이나 특징을 묻는 문제가 출제된 적이 있습니다.

[기출 포인트]

- 개체 간의 관계를 개념적으로 표시하는 방법이다.
- 개념적 설계 단계에서 작성한다.
- 특정 DBMS를 고려하지 않는다.

511801 ▶

22.6, 15.2, 15.1, 12.3, 11.1, 09.1, 03.1

1 개체 관계도(ERD)의 개요

개체 관계도(ERD; Entity-Relationship Diagram)는 가장 대표적인 개념적 데이터 모델로, 1976년 피터 첸(Peter Chen)에 의해 제안되었다.

- 개체와 개체 간의 관계를 개념적으로 표시하는 방식으로, 특정 데이터베이스 관리 시스템(DBMS)을 고려한 것은 아니다.
- 개체-관계 모델은 개체와 개체 간의 관계를 기본 요소로 하여 현실 세계를 개념적인 논리 데이터로 표현하는 방법으로 개념적 설계 단계에서 작성한다.

기출체크 ☑

15.2

1. 다양한 사용자의 요구 사항을 분석하여 정보 구조를 표현한 개체 관계도(ERD)는 (　　　　) 설계 단계에서 작성한다.

전문가의 조언

개체, 속성의 개념이나 관계의 종류를 알아야 풀 수 있는 문제가 출제되고 있습니다.

[기출 포인트]

개체는 현실 세계에 존재하는 객체나 개념이다.

객체(Object)

객체(Object)는 차량, 교수, 학생처럼 현실 세계에서 인간이 인식할 수 있는 실체를 말합니다.

[기출 포인트]

개체의 성질이나 상태를 나타낸다.

[기출 포인트]

관계의 종류

- 일대일(1:1)
- 일대다(1:N)
- 다대다(N:M)

기출체크 정답

1. 개념적

511802 ▶

22.6, 22.3, 15.1, 11.1, 07.4

2 구성 요소

개체 관계도(ERD)는 개체(Entity), 속성(Attribute), 관계(Relationship) 등으로 구성된다.

22.6, 22.3, 11.1

❶ 개체(Entity)

개체는 현실세계에 존재하는 객체*에 대해 사람이 생각하는 개념이나 정보 단위로서, 파일 구성 측면에서 보면 레코드(Record)에 해당된다.

- 개체는 1개 이상의 속성(Attribute)으로 구성된다.

07.4

❷ 속성(Attribute)

속성은 개체(Entity)를 구성하는 요소로, 파일 구성 측면에서 보면 필드(Field)에 해당되며, 개체의 성질이나 상태를 나타낸다.

07.4

❸ 관계(Relationship)

관계는 개체(Entity) 간의 관계 또는 속성(Attribute) 간의 관계를 말하며, 관계의 형태로 1:1, 1:N, N:M이 있다.

- **일 대 일(1:1)** : 테이블 A의 각 레코드는 테이블 B의 레코드 한 개와 관련되어 있는 관계

- **일 대 다(1:N)** : 테이블 A의 각 레코드는 테이블 B의 레코드 여러 개와 관련되어 있지만, 테이블 B의 각 레코드는 테이블 A의 레코드 한 개와 관련되어 있는 관계
- **다 대 다(N:M)** : 테이블 A의 각 레코드는 테이블 B의 레코드 여러 개와 관련되어 있고, 테이블 B의 각 레코드도 테이블 A의 레코드 여러 개와 관련되어 있는 관계

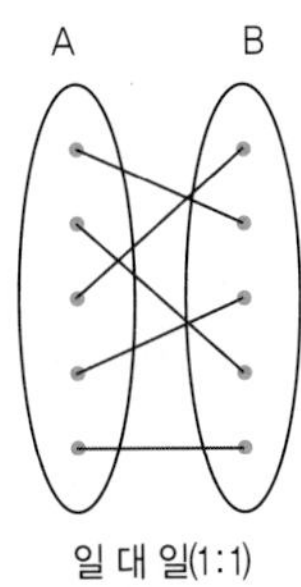

일 대 일(1:1)

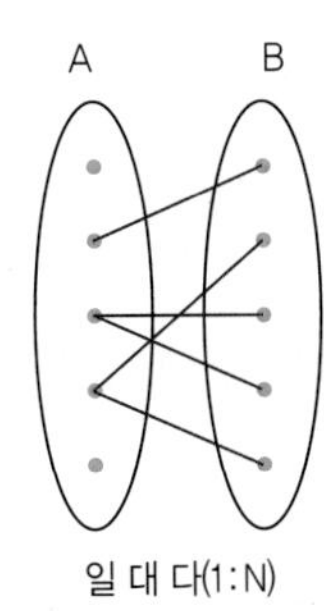

일 대 다(1:N)

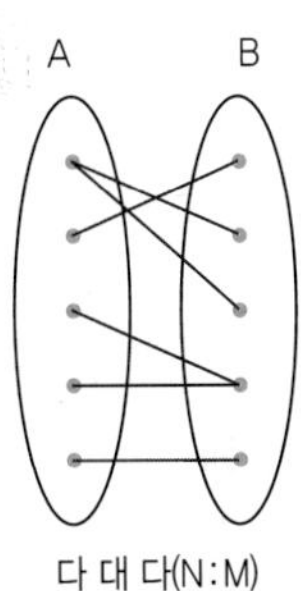

다 대 다(N:M)

기출체크 ☑

22.6, 22.3

2. 속성은 사람, 교수, 학생, 차량처럼 현실세계에서 인간이 인식할 수 있는 실체를 말한다. (○, ×)

기출체크 2번

현실세계에서 인간이 인식할 수 있는 실체는 개체(Entity)입니다. 속성은 개체의 성질이나 상태를 나타냅니다.

511803

22.6, 21.1, 18.1, 14.3, 12.3, 11.1, 09.1, 07.3, 05.2

3 E-R 다이어그램

E-R 다이어그램은 E-R 모델을 시각적으로 표현하기 위한 도구로, 다음과 같은 기호를 이용하여 그래프 방식으로 표현한다.

기호	기호 이름	의미
22.6, 21.1, 18.1, 14.3, 12.3, 09.1	사각형	개체(Entity) 타입
22.6, 21.1, 18.1, 14.3	다이아몬드	관계(Relationship) 타입
22.6, 21.1, 18.1, 14.3, 12.3, 09.1, 07.3, 05.2	타원	속성(Attribute) 타입
	밑줄 타원	기본키 속성
	복수 타원	복합 속성 예 날짜는 년, 월, 일로 구성된다.
n n	관계	1:1, 1:N, N:M 등의 개체 관계를 표시한다.

전문가의 조언

E-R 다이어그램 기호들의 의미를 묻는 문제가 출제되고 있습니다.

[기출 포인트]

- 사각형 = 개체
- 다이아몬드 = 관계
- 타원 = 속성
- 밑줄 타원 = 기본키

기출체크 ☑

22.6, 21.1, 18.1, 14.3, 09.1, 07.3, 05.2

3. E-R 다이어그램에서 사용되는 기호와 의미를 알맞게 연결하시오.

ⓐ 사각형 •	• ㉠ 관계 타입
ⓑ 다이아몬드 •	• ㉡ 속성 타입
ⓒ 타원 •	• ㉢ 개체 타입

기출체크 정답

2. × 3. ⓐ－㉢, ⓑ－㉠, ⓒ－㉡

기출문제 은행

22년 7회, 21년 2회, 1회, 17년 2회, 09년 3회

01 다음 중 데이터베이스 관리 시스템(DBMS)의 장점에 해당하지 않는 것은?

① 데이터의 일관성 유지
② 데이터의 무결성 유지
③ 데이터의 중복성 최소화
④ 전산화 비용의 감소

22년 7회, 18년 2회

02 다음 중 데이터베이스의 3단계 구조 중 하나로 각 개인의 입장에서 필요로 하는 데이터베이스 전체의 논리적인 구조를 보여주는 스키마로 서브 스키마라고도 불리는 것은?

① 외부 스키마 ② 개념 스키마
③ 내부 스키마 ④ 논리 스키마

22년 3회, 13년 3회

03 다음 중 데이터베이스에 저장되어 있는 모든 데이터 개체들에 대한 정보를 유지, 관리하는 시스템으로 이곳에 저장된 데이터를 데이터에 대한 데이터라는 의미로 '메타 데이터'라고 하며, '시스템 카탈로그'라고도 불리는 것은?

① 데이터 사전(Data Dictionary)
② 데이터베이스 관리자(DBA, Database Administrator)
③ 데이터베이스 관리 시스템(DBMS, Database Management System)
④ 데이터 조작어(DML, Data Manipulation Language)

23년 5회, 21년 3회, 1회, 19년 2회

04 다음 중 관계 데이터 모델에 대한 설명으로 옳지 않은 것은?

① 애트리뷰트가 취할 수 있는 같은 타입의 모든 원자 값들의 집합을 도메인이라 한다.
② 관계형 데이터베이스에서 릴레이션은 데이터들을 표(Table) 형태로 표현한 것이다.
③ 속성들로 구성된 튜플들 사이에는 순서가 없다.
④ 애트리뷰트는 널(null) 값을 가질 수 없다.

23년 1회, 22년 6회, 5회, 13년 1회, 11년 2회

05 다음 중 관계형 데이터베이스에 대한 설명으로 옳지 않은 것은?

① 튜플은 릴레이션에서 하나의 레코드를 의미한다.
② 도메인은 하나의 튜플이 가질 수 있는 모든 값의 범위를 말한다.
③ 한 릴레이션(Relation)에 포함된 튜플이나 속성 사이에는 순서가 없다.
④ 속성은 릴레이션에서 하나의 필드를 의미한다.

22년 1회, 2회, 21년 5회

06 기본키(Primary Key)에 대한 설명으로 틀린 것은?

① 전화번호와 같이 시간이 지나면 변할 수 있는 정보도 입력할 수 있다.
② Null 값을 입력할 수 없다.
③ 기본키를 지정하면 해당 필드의 인덱스 속성이 '예(중복 불가능)'로 자동 설정된다.
④ 기본키는 테이블 내 모든 레코드들을 고유하게 식별할 수 있는 필드에 지정한다.

21년 2회, 17년 2회, 12년 1회

07 다음 중 아래 두 개의 테이블 사이에서 외래키(Foreign Key)에 해당하는 필드는? (단, 밑줄은 각 테이블의 기본키를 표시함)

직원(<u>사번</u>, 성명, 부서명, 주소, 전화, 이메일)
부서(<u>부서명</u>, 팀장, 팀원수)

① 직원 테이블의 사번 ② 부서 테이블의 팀원수
③ 부서 테이블의 팀장 ④ 직원 테이블의 부서명

22년 6회, 21년 4회, 19년 1회, 07년 1회

08 다음 중 참조 무결성에 대한 설명으로 옳지 않은 것은?

① 참조 무결성은 참조하고 참조되는 테이블 간의 참조 관계에 아무런 문제가 없는 상태를 의미한다.
② 다른 테이블을 참조하는 테이블 즉, 외래키 값이 있는 테이블의 레코드 삭제 시에는 참조 무결성이 위배될 수 있다.
③ 다른 테이블을 참조하는 테이블의 레코드 추가 시 외래키 값이 널(Null)인 경우에는 참조 무결성이 유지된다.
④ 다른 테이블에 의해 참조되는 테이블에서 레코드를 추가하는 경우에는 참조 무결성이 유지된다.

해설은 386쪽에 있습니다.

22년 4회, 2회, 21년 1회, 18년 2회

09 다음 중 정규화에 대한 설명으로 옳지 않은 것은?

① 한 테이블에 너무 많은 정보를 포함해서 발생하는 이상 현상을 제거한다.

② 정규화를 실행하면 모든 테이블의 필드 수가 동일해진다.

③ 정규화를 실행하면 테이블이 나누어져 최종적으로는 일관성을 유지하게 된다.

④ 정규화를 실행하는 목적 중 하나는 데이터 중복의 최소화이다.

24년 2회, 21년 4회, 19년 1회

10 다음 중 정규화에 대한 설명으로 옳지 않은 것은?

① 정규화를 통해 테이블 간의 종속성을 높이기 위한 것이다.

② 대체로 더 작은 필드를 갖는 테이블로 분해하는 과정이다.

③ 데이터 중복을 최소화하기 위한 작업이다.

④ 추가, 갱신, 삭제 등 작업 시의 이상(Anomaly) 현상이 발생하지 않도록 하기 위한 것이다.

22년 6회, 3회, 11년 1회

11 다음 중 개체 관계(Entity Relationship) 모델링에 관한 것으로 옳지 않은 것은?

① 기본적으로 개체 타입(Entity Type)과 이들 간의 관계 타입(Relationship Type)을 이용해서 현실 세계를 개념적으로 표현하는 방법이다.

② 속성은 사람, 교수, 학생, 차량처럼 현실세계에서 인간이 인식할 수 있는 실체를 말한다.

③ 개체와 개체 간의 관계를 기본 요소로 하여 현실 세계를 개념적인 논리 데이터로 표현하는 방법이다.

④ E-R 다이어그램의 개체 타입은 사각형, 관계 타입은 다이아몬드, 속성은 타원, 그리고 이들을 연결하는 링크로 구성된다.

21년 7회, 11년 1회, 09년 2회, 07년 1회

12 다른 테이블을 참조하는 외래키(FK)에 대한 다음 설명 중 가장 옳은 것은?

① 외래키 필드의 값은 유일해야 하므로 중복된 값이 입력될 수 없다.

② 외래키 필드의 값은 널 값일 수 없으므로, 값이 반드시 입력되어야 한다.

③ 하나의 테이블에는 여러 개의 외래키가 존재할 수 있다.

④ 한 테이블에서 특정 레코드를 유일하게 구별할 수 있는 속성이다.

24년 3회, 21년 6회, 05년 3회

13 정규화 과정 중 릴레이션에 속한 모든 도메인이 원자값(Atomic Value)만으로 되어 있는 릴레이션은 어떤 정규형의 릴레이션인가?

① 제1정규형

② BCNF 정규형

③ 제2정규형

④ 제3정규형

▶ 정답 : 1. ④ 2. ① 3. ① 4. ④ 5. ② 6. ① 7. ④ 8. ② 9. ② 10. ① 11. ② 12. ③ 13. ①

기출문제 해설

[문제 01] Section 107

데이터베이스 관리 시스템(DBMS) 사용 시 전산화 비용이 증가한다.

[문제 02] Section 108

- **개념 스키마** : 데이터베이스의 전체적인 논리적 구조로, 모든 응용 프로그램이나 사용자들이 필요로 하는 데이터를 종합한 조직 전체의 데이터베이스로, 하나만 존재함
- **내부 스키마** : 물리적 저장장치의 입장에서 본 데이터베이스의 물리적 구조로, 실제로 저장될 레코드의 형식, 저장 데이터 항목의 표현 방법, 내부 레코드의 물리적 순서 등을 나타냄

[문제 03] Section 108

데이터 사전은 데이터베이스에 저장되어 있는 모든 데이터 개체들에 대한 정보를 유지, 관리하는 시스템이다.

[문제 04] Section 109

애트리뷰트가 Null 값을 가질 수 없는 경우는 기본키로 지정되었을 경우이다.

[문제 05] Section 109

도메인은 하나의 튜플이 아니라 하나의 속성이 가질 수 있는 모든 값의 범위를 말한다.

[문제 06] Section 110

기본키로 설정된 필드가 다른 테이블에서 참조될 때 값이 변경되면 참조하는 테이블에도 영향을 주므로 변경 가능성이 있는 필드는 기본키로 지정하면 안 된다.

[문제 07] Section 110

외래키란 관계를 맺고 있는 테이블 R1, R2에서 테이블 R1이 참조하고 있는 테이블 R2의 기본키와 같은 R1 테이블의 속성을 말한다. 지문에 제시된 〈직원〉 테이블의 기본키는 '사번'이고 〈부서〉 테이블의 기본키는 '부서명'이다. 외래키는 관계를 맺고 있는 테이블의 기본키를 참조하므로 관계된 테이블의 기본키와 같은 필드명을 찾으면 된다.

[문제 08] Section 110

레코드 삭제 시 참조 무결성이 깨질 수 있는 경우는 다른 테이블에 의해 참조되는 테이블의 레코드를 삭제할 때이다. 다른 테이블을 참조하는 테이블의 레코드를 삭제하는 것은 참조 무결성에 영향을 주지 못한다.

[문제 09] Section 111

정규화는 속성(필드)의 수가 적은 릴레이션(테이블)으로 분할하는 과정으로, 정규화를 실행하면 테이블이 늘어나고 필드 수가 줄어들 수는 있지만 모든 테이블의 필드 수가 동일해지지는 않는다.

[문제 10] Section 111

정규화는 릴레이션(테이블)의 속성들 사이의 종속성 개념에 기반을 두고 이들 종속성을 제거하는 과정이라고 할 수 있다.

[문제 11] Section 112

②번은 개체(Entity)에 대한 설명이다. 속성은 개체(Entity)를 구성하는 요소로, 파일 구성 측면에서 보면 필드(Field)에 해당되며, 개체의 성질이나 상태를 나타낸다.

[문제 12] Section 110

① 외래키 필드의 값에는 중복된 값이 입력될 수 있다.

② 외래키 필드의 값은 널 값일 수 있다.

④ 한 테이블에서 특정 레코드를 유일하게 구별할 수 있는 것은 외래키가 아니라 기본키이다.

[문제 13] Section 111

정규화 과정

- **1NF(제1정규형)** : 릴레이션에 속한 모든 도메인이 원자값(Atomic Value)만으로 되어 있는 릴레이션
- **2NF(제2정규형)** : 릴레이션 R이 1NF이고, 키가 아닌 모든 속성이 기본키에 대하여 완전 함수적 종속 관계를 만족함
- **3NF(제3정규형)** : 릴레이션 R이 2NF이고, 키가 아닌 모든 속성이 기본키에 대해 이행적 종속 관계를 이루지 않도록 제한한 릴레이션
- **BCNF(Boyce-Codd 정규형)** : 릴레이션 R에서 결정자가 모두 후보키인 릴레이션

2장

테이블(Table) 작성

SECTION 113

테이블 만들기

5511301 ▶

22.7, 22.6, 22.1, 07.2, 06.4, 06.3, 06.2, 05.1, 04.4, 04.3

1 테이블 작성

테이블 작성은 데이터를 입력할 수 있도록 테이블의 구조를 설계하는 것이다.

- 필드의 이름과 필드에 입력될 데이터의 형식 및 속성 등을 지정한다.
- 디자인 보기, 데이터시트 보기, 테이블 서식 파일, 테이블 가져오기, 테이블 연결 등을 이용하여 작성한다.

❶ 디자인 보기에서 테이블 작성하기

- 테이블 구조를 먼저 설계한 후 데이터를 입력하는 것으로, 가장 일반적인 방법이다.
- [만들기] → [테이블] → [테이블 디자인]을 클릭하여 수행한다.
- 테이블의 구조를 설계한 후 데이터를 입력하려면 [테이블 디자인] → [보기] → [(데이터시트 보기)]를 클릭하여 데이터시트 보기 형식으로 전환해야 한다.

22.1

❷ 데이터시트 보기에서 테이블 작성하기

- 데이터를 입력하면서 필드의 형식을 지정하는 방법이다.
- [만들기] → [테이블] → [테이블]을 클릭하여 수행한다.
- 비어 있는 '데이터시트 보기' 상태에서 데이터를 입력하면 입력한 데이터에 맞게 필드의 개수 및 데이터 형식이 자동*으로 지정된다.
- 필드 이름을 더블클릭하여 필드 이름을 변경할 수 있고, 변경할 이름을 입력한 후 Enter를 누르면 데이터 형식을 선택할 수 있는 바로 가기 메뉴*가 표시된다.
- 데이터 형식을 세밀하게 지정하려면 '디자인 보기' 상태로 전환하여 작업한다.

기출체크 ☑

22.7, 22.6

1. [테이블 마법사]를 이용하면 데이터 구조가 이미 정의된 테이블에 데이터를 입력하면서 테이블을 만들 수 있다. (○, ×)

22.1

2. '데이터시트 보기'에서 마지막 열에 데이터를 입력하면 '짧은 텍스트'로 데이터 형식이 자동으로 지정된다. (○, ×)

전문가의 조언

테이블 작성 방법과 테이블 작성 시 고려사항 등에 대한 문제가 출제되고 있습니다.

[기출 포인트]

- 테이블은 [만들기] 탭의 [테이블 디자인]이나 [테이블]을 클릭하여 만들 수 있다.
- '데이터시트 보기'에서 데이터를 입력하면 입력 데이터에 맞게 데이터 형식이 자동으로 지정된다.

'데이터시트 보기'의 데이터 형식

필드에 숫자를 입력하면 '숫자' 형식, 문자를 입력하면 '짧은 텍스트' 형식으로 데이터 형식이 자동으로 지정됩니다.

필드 이름 변경 시 표시되는 바로 가기 메뉴

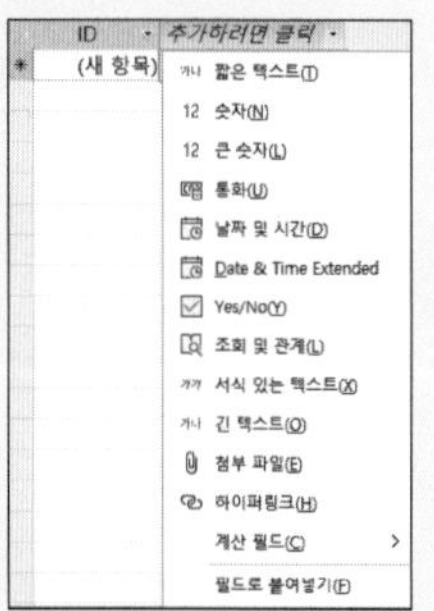

기출체크 1번

테이블을 만드는 방법 중에 [테이블 마법사]를 이용하는 방법은 없습니다.

기출체크 2번

'데이터시트 보기'에서 숫자를 입력하면 '숫자' 형식으로, 문자를 입력하면 '짧은 텍스트' 형식으로, 즉 데이터 형식이 입력한 데이터에 맞게 자동으로 지정됩니다.

기출체크 정답

1. × 2. ×

511902 ▶

24.3, 24.1, 22.5, 21.6, 19.상시, 15.3, 12.1, 04.4, 04.1

2 테이블과 필드의 이름 작성 규칙

- 최대 64자까지 입력할 수 있다.
- . ! [ ]를 제외한 특수 기호, 공백, 숫자, 문자를 조합한 모든 기호를 사용할 수 있으나 공백을 이름의 첫 문자로 사용할 수 없다.
- 테이블 이름과 필드 이름이 같을 수는 있지만 하나의 테이블 내에서 필드 이름이 중복될 수는 없다.
- 테이블 이름과 쿼리 이름은 동일하게 설정할 수 없다.

기출체크 ☑

24.3, 24.1, 22.5, 21.6, 15.3, 12.1, 04.4, 04.1

3. 테이블에서 필드 이름을 지정하는 다음의 규칙 중 틀린 것을 모두 고르시오. (   )

ⓐ 필드 이름의 첫 글자는 숫자로 시작할 수 없다.
ⓑ 테이블 이름과 동일한 이름을 필드 이름으로 지정할 수 없다.
ⓒ 한 테이블 내에 동일한 이름의 필드를 2개 이상 지정할 수 없다.
ⓓ 필드 이름에 문자, 숫자, 공백, 특수문자를 조합한 모든 기호를 포함할 수 있다.

전문가의 조언

테이블과 필드의 이름 작성 규칙에 대한 문제가 출제되고 있습니다.

[기출 포인트]

- 이름에 공백을 사용할 수 있다.
- 이름에 . ! [ ]를 사용할 수 없다.
- 테이블과 필드 이름은 같을 수 있다.
- 필드 이름은 중복될 수 없다.

기출체크 3번

ⓐ 필드 이름의 첫 글자는 숫자로 시작할 수 있습니다.
ⓑ 테이블 이름과 동일한 이름을 필드 이름으로 지정할 수 있습니다. 테이블 내에서는 동일한 필드 이름을 중복해서 사용할 수 없습니다.
ⓓ 필드 이름에 특수문자 중 . ! [ ]은 사용할 수 없습니다.

기출체크 정답

3. ⓐ, ⓑ, ⓓ

SECTION 114

데이터 형식

전문가의 조언

중요해요! 데이터 형식별로 크기를 비교하는 문제를 중심으로 다양한 문제들이 출제되고 있습니다.

4313501

1 데이터 형식의 개요

데이터 형식은 필드에 입력할 수 있는 데이터의 종류와 크기 등을 나타낸다.

- 데이터 형식에 따라 필드가 갖는 속성이 달라진다.
- 테이블 '디자인 보기' 상태에서 데이터의 형식을 지정하거나 확인할 수 있다.

512002

23.3, 14.2, 12.2, 09.4, 07.3

2 짧은 텍스트 형식

[기출 포인트]

- 최대 255자까지 저장할 수 있다.
- 주민번호나 전화번호 형식에 적합하다.

짧은 텍스트 형식은 텍스트나 텍스트와 숫자가 들어 있는 데이터를 입력할 수 있는 형식이다.

- 최대 255자까지 저장할 수 있다.
- 주민등록번호나 전화번호를 입력할 때 설정할 데이터 형식으로 적합하다.

기출체크 ☑

14.2, 12.2

1. 짧은 텍스트 형식은 문자를 최대 255자까지 저장할 수 있다. (○, ×)

기출체크 정답

1. ○

512003

22.2, 21.1, 18.1, 17.2, 15.2, 15.1, 11.1, 03.3

3 긴 텍스트 형식

긴 텍스트 형식은 짧은 텍스트 형식과 비슷한 기능을 제공하며, 최대 64,000자까지 입력할 수 있는 형식이다.

기출체크 ☑

22.2
2. 긴 텍스트 형식은 텍스트 및 숫자 데이터가 최대 255자 까지 저장된다. (○, ×)

[기출 포인트]
최대 64,000자까지 저장할 수 있다.

기출체크 2번
긴 텍스트 형식은 최대 64,000자까지 저장 됩니다. 최대 255자까지 저장되는 형식은 짧은 텍스트 형식입니다.

512004

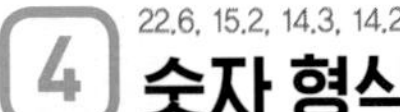

22.6, 15.2, 14.3, 14.2, 13.3, 12.3, 12.2, 11.3, 11.1, 09.3, 08.1, 05.3

4 숫자 형식

숫자 형식은 산술 계산에 사용되는 각종 크기의 숫자를 입력할 수 있는 형식이다.

- 숫자 형식을 선택하면 기본적으로 정수형(Long)이 지정된다.
- **숫자의 여러 형태**※

형태	소수점	저장 크기(바이트)	범위
14.3, 12.2 바이트(Byte)	없음	1	0 ~ 255
12.2, 08.1 정수(Integer)	없음	2	-32,768 ~ 32,767
13.3, 12.3, 09.3, 05.3 정수(Long)	없음	4	-2,147,483,648 ~ 2,147,483,647
12.2 실수(Single)	7	4	• 음수 : -3.402823e38 ~ -1.401298e-45 • 양수 : 1.401298e-45 ~ 3.402823e38
실수(Double)	15	8	• 음수 : -1.79769313486231e308 ~ -4.94065645841247e-324 • 양수 : 1.79769313486231e308 ~ 4.94065645841247e-324

기출체크 ☑

22.6
3. 다음 중 나이를 저장하기에 알맞은 데이터 형식과 크기로 올바른 것을 고르시오. (　　)

ⓐ 데이터 형식 : 짧은 텍스트　크기 : 2
ⓑ 데이터 형식 : 짧은 텍스트　크기 : 100
ⓒ 데이터 형식 : 숫자　크기 : 바이트
ⓓ 데이터 형식 : 숫자　크기 : 정수(Long)

[기출 포인트]
- 기본 형식은 정수형(Long)이다.
- 정수형(Long)은 4Byte이다.
- 숫자 형식의 종류는 바이트, 정수, 실수다.

형태 지정
'필드 크기' 속성에서 정의되어 있는 형태를 선택할 수 있습니다.

기출체크 정답
2. × 3. ⓒ

512005

[기출 포인트]
- 기본 크기는 8Byte이다.
- 소수 이하 4자리까지 표현할 수 있다.

22.2, 18.1, 15.2, 15.1, 11.1, 03.3

5 통화 형식

통화 형식은 화폐 계산에 사용될 자료를 저장할 때 사용하는 형식이다.

- 기본 필드 크기는 8바이트이며, 소수점 이하 4자리까지 표현할 수 있다.

기출체크 ☑

18.1, 15.2, 15.1, 11.1, 03.3

4. 통화 형식은 8비트 크기로 소수점 왼쪽으로 7자리, 오른쪽으로 4자리까지 표시할 수 있는 형식이다. (○, ×)

기출체크 4번

통화 형식의 기본 필드 크기는 8바이트입니다.

512006

[기출 포인트]
- 기본 크기는 8Byte이다.
- '2015-11-12'는 간단한 날짜 형식이다.

20.상시, 16.1, 15.3, 13.3, 12.2, 06.4, 05.1

6 날짜/시간 형식

날짜/시간 형식은 날짜/시간을 입력할 수 있는 형식이다.

- 기본 필드 크기는 8바이트이다.
- 미리 정의된 형식이나 사용자 지정 형식을 사용할 수 있다.
- **주요 날짜 형식**

설정	형식
기본 날짜	2015-11-12 오후 5:34:23
06.4, 05.1 자세한 날짜	2015년 11월 12일 목요일
20.상시, 16.1, 15.3 간단한 날짜	2015-11-12

기출체크 ☑

16.1

5. 테이블에 입력된 날짜 필드의 값을 '2015-11-12'와 같은 형식으로 표시하려면 테이블의 디자인 보기에서 날짜 형식을 (   )로 지정해야 한다.

512007

[기출 포인트]
- 레코드 추가 시 자동으로 값이 입력된다.
- 복제ID 크기는 16Byte이다.
- 이미 데이터가 입력된 경우 일련 번호 형식으로 변경할 수 없다.

24.4, 23.3, 22.2, 19.2, 18.1, 15.1, 14.2, 13.3, 13.1, 11.1

7 일련 번호 형식

일련 번호 형식은 레코드가 추가될 때마다 번호를 하나씩 증가시켜 주는 형식이다.

- 한번 부여된 번호는 다시 부여되지 않으며, 업데이트나 수정이 불가능하다.
- 이미 데이터가 입력된 필드의 데이터 형식을 일련 번호 형식으로 변경할 수 없다.
- 필드의 크기는 기본적으로 정수(4바이트)로 지정되지만, 복제ID(16바이트)로 변경할 수 있다.

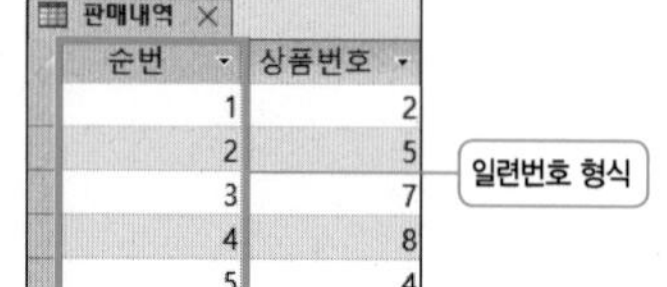

기출체크 정답
4. × 5. 간단한 날짜

기출체크 ☑

24.4
6. 정수가 입력된 필드를 일련 번호 형식으로 변경할 수 있다. (○, ×)

기출체크 6번

이미 데이터가 입력된 필드의 데이터 형식을 일련 번호 형식으로 변경할 수는 없습니다.

512008 ▶

24.4, 23.3, 22.7, 22.2, 19.1, 18.1, 15.2, 15.1, 14.3, 14.2, 09.3, 03.3

8 Yes/No 형식

Yes/No 형식은 Yes/No, True/False, On/Off 등 두 값 중 하나만 입력하는 경우에 사용하는 형식이다.

- 필드 크기는 1비트이다.
- '예' 값에는 −1이, '아니요' 값에는 0이 저장된다.

[기출 포인트]
- 기본 크기는 1Bit이다.
- 두 값 중 하나만 입력할 때 유용하다.

기출체크 ☑

22.7
7. 사원들이 부모님과 함께 살고 있는 지 여부를 입력받고자 할 때는 (　　　) 형식이 가장 적합하다.

512009 ▶

04.3, 04.2

9 OLE 개체 형식

OLE 개체 형식은 Microsoft Word 문서나 Microsoft Excel 스프레드시트, 사진 이미지, 사운드, 기타 이진 데이터 등 다른 프로그램에서 만들어진 개체를 입력할 수 있는 형식이다.

- 필드 크기는 1GB이다.

[기출 포인트]
- 기본 크기는 1GB이다.
- 사진 저장 형식에 적합하다.

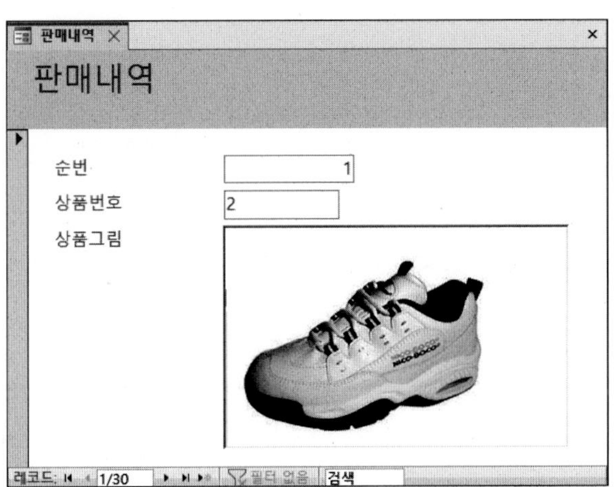

기출체크 ☑

04.2
8. 회원(회원번호, 이름, 나이, 주소, 사진) 테이블에서 사진 필드에 회원의 사진을 넣고자 한다. 사진 필드는 (　　　　) 형식이 적합하다.

기출체크 정답
6. × 7. Yes/No 8. OLE 개체

512010

10 하이퍼링크 형식

하이퍼링크 형식은 웹 사이트나 파일의 특정 위치로 바로 이동하는 하이퍼링크를 입력할 수 있는 형식이다.

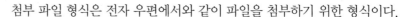

판매내역

거래처명	담당자메일
아이캔21	mailto:ksaiuemn@netian.com
가남	mailto:kyj986544@hanmail.ne
시네마	mailto:cinema@lycos.co.kr
리치	mailto:kook81@empas.com
멀티클럽	mailto:loveyou@netian.com

레코드: 10/30 필터 없음 검색

512011

24.5, 24.2, 24.1, 23.3, 22.1, 21.1

11 첨부 파일 형식

[기출 포인트]
첨부되는 파일 형식을 지정할 수는 없다.

첨부 파일 형식은 전자 우편에서와 같이 파일을 첨부하기 위한 형식이다.

- 이미지, 스프레드시트 파일, 텍스트 파일 등 다양한 형식의 파일을 첨부할 수 있다.
- 첨부되는 파일 형식은 지정할 수 없다.

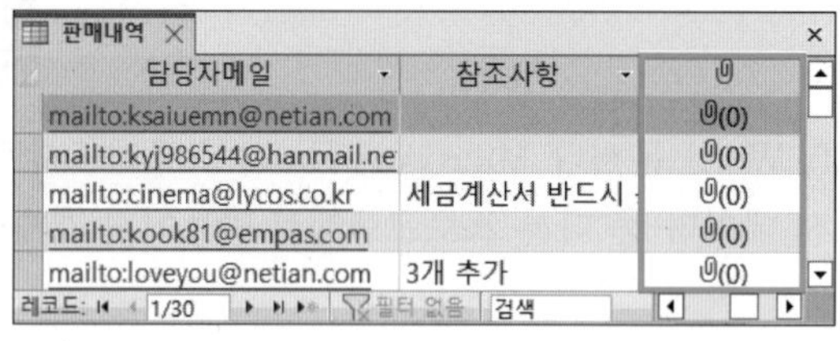

판매내역

담당자메일	참조사항	📎
mailto:ksaiuemn@netian.com		(0)
mailto:kyj986544@hanmail.ne		(0)
mailto:cinema@lycos.co.kr	세금계산서 반드시	(0)
mailto:kook81@empas.com		(0)
mailto:loveyou@netian.com	3개 추가	(0)

레코드: 1/30 필터 없음 검색

기출체크 ☑

22.1, 21.1

9. 다음 중 회원(회원코드, 성명, 전화번호, 비고) 테이블에서 비고 필드에 회원 사진을 저장하려고 할 때 가장 적합한 데이터 형식을 고르시오. (　　)

ⓐ 긴 텍스트	ⓑ 하이퍼링크	ⓒ 일련 번호	ⓓ 첨부 파일

24.5, 24.2, 23.3

10. '첨부 파일'은 jpg, xlsx 등 원하는 파일 형식으로 첨부되도록 할 수 있다. (○, ×)

기출체크 10번
첨부되는 파일 형식을 지정할 수는 없습니다.

512012

12 계산 형식

계산 형식은 필드에 입력된 수식의 결과를 표시하기 위한 형식이다.

- 계산 형식을 선택하면 '식 작성기'가 표시된다.
- 식 앞에 등호(=)는 생략한다.

기출체크 정답
9. ⓓ 10. ×

SECTION 115

필드 속성 - 입력 마스크

512101

1 필드 속성의 개요

필드 속성은 필드가 가지고 있는 고유의 성격으로, 사용자가 데이터를 입력할 때 지켜야 하는 여러 제약 조건을 설정할 수 있다.

- 필드 속성을 지정하여 잘못된 데이터의 입력을 막을 수 있으며, 사용자가 보다 쉽게 데이터를 입력할 수 있다.
- 필드 속성은 테이블 '디자인 보기' 상태에서 하단의 '일반' 탭과 '조회' 탭에서 설정한다.

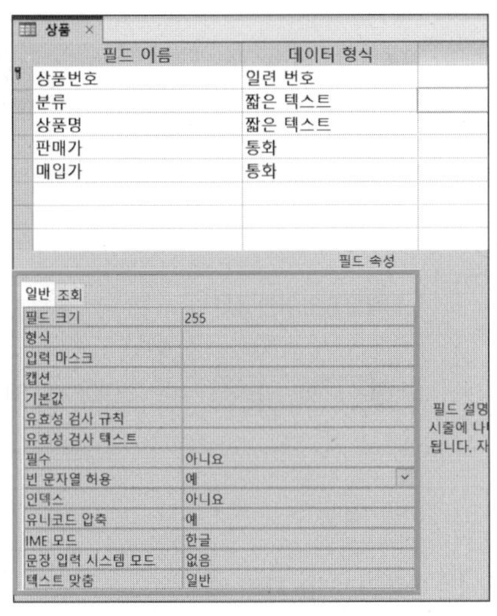

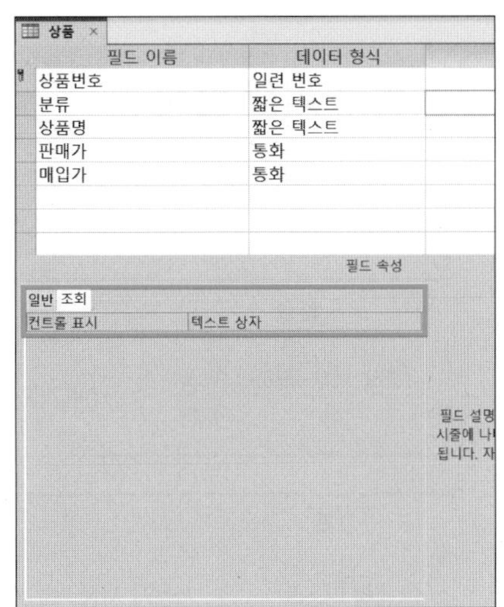

2 입력 마스크의 개요

입력 마스크*는 데이터 입력 시 데이터를 신속하고 정확하게 입력할 수 있도록 입력되는 데이터 형식에 맞게 입력틀을 만들어 주는 속성이다.

입력 마스크

입력 마스크와 형식 속성을 한 필드에 모두 지정할 경우 데이터를 입력하거나 추가할 때는 입력 마스크 속성이, 데이터를 저장하거나 인쇄할 때는 형식 속성이 적용됩니다.

512103

3 입력 마스크 마법사에서 제공하는 정의된 형식

정의된 형식에는 운전면허번호, 주민등록번호, 전화번호, 우편번호, 암호, 날짜 형식, 시간 형식이 있다.

- 필드 속성의 '일반' 탭에서 입력 마스크를 클릭한 후 '[...]'를 눌러 확인할 수 있다.

필드 이름	데이터 형식
판매일	날짜/시간
거래처명	짧은 텍스트
담당자메일	하이퍼링크
참조사항	긴 텍스트
첨부파일	첨부 파일

필드 속성

일반 조회

필드 크기	50
형식	
입력 마스크	
캡션	
기본값	
유효성 검사 규칙	
유효성 검사 텍스트	
필수	예
빈 문자열 허용	아니요
인덱스	아니요
유니코드 압축	예
IME 모드	한글
문장 입력 시스템 모드	없음
텍스트 맞춤	일반

딸깍

→

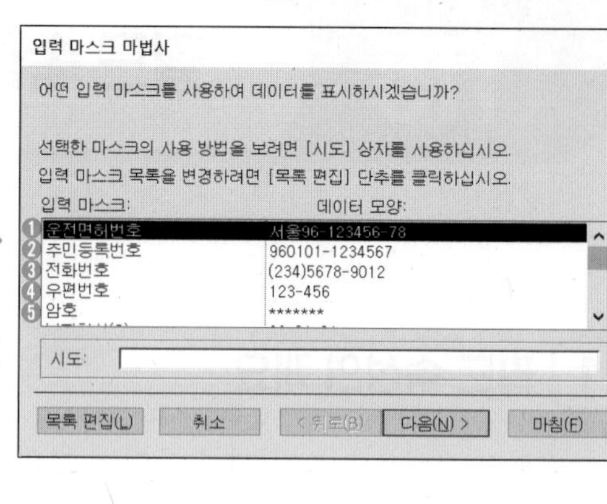

입력 마스크 마법사 사용 후 표시 형식

1. CC99₩-999999₩-99;;_
2. 000000₩-0000000;;_
3. ₩(999₩)9999₩-9999;;_
4. 999₩-999;;_
5. Password

전문가의 조언

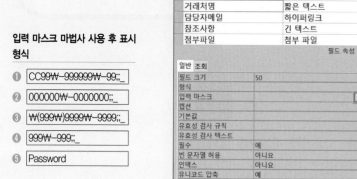

중요해요! 설정된 입력 마스크에 맞게 입력 가능한 데이터를 찾는 문제가 자주 출제됩니다.

[기출 포인트]

- 0 : 필수, 숫자 입력
- 9 : 선택, 숫자나 공백 입력
- # : 선택, 숫자나 공백 입력
- L : 필수, 영문자나 한글 입력
- A : 필수, 영문자, 숫자, 한글 입력

궁금해요 **시나공 Q&A 베스트**

Q1 입력 마스크에서 두 번째 구역을 0으로 설정하나 1로 설정하나 차이가 전혀 없던데요. 어떤 차이가 있는지 예를 들어서 설명해 주세요.

A1 입력 마스크의 첫 번째 영역을 '999-9999'로 지정하고 데이터로 '3320932'를 입력했을 때, 두 번째 영역의 값에 따라 다음과 같이 저장됩니다.

- 0인 경우 : 332-0932('-'도 같이 저장됨)
- 1인 경우 : 3320932('-'은 제외하고 입력한 값만 저장됨)

Q2 두 번째 구역을 지정하지 않으면 어떻게 되나요?

A2 두 번째 구역을 지정하지 않을 경우 입력한 값만 저장됩니다.

512104

23.5, 23.1, 22.7, 22.3, 22.2, 22.1, 21.7, 21.5, 21.3, 20.상시, 20.2, 20.1, 19.상시, 18.상시, 18.2, 17.1, 16.3, 15.2, …

4 사용자 지정 형식

- 다음과 같이 3개의 구역으로 나누어지며, 세미콜론(;)을 구분 문자로 사용한다.

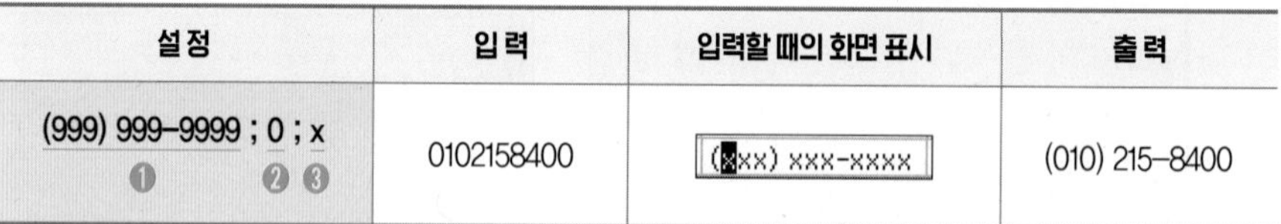

설정	입력	입력할 때의 화면 표시	출력
(999) 999-9999 ; 0 ; x ① ② ③	0102158400	(xxx) xxx-xxxx	(010) 215-8400

구역	설명
① 입력 마스크	사용자 지정 기호를 사용하여 입력 마스크를 지정한다.
② 서식 문자 저장	• 데이터를 입력할 때 '-, /, ='와 같은 서식 문자를 테이블에 저장할지의 여부를 지정한다. • '0'으로 지정하면 데이터에 입력 마스크 문자가 포함된 입력 형식 그대로 저장되고, '1'이나 공백으로 지정하면 입력된 값만 저장된다.
③ 입력 자리 표시	• 데이터를 입력할 때 데이터가 입력되어야 하는 자리에 표시되는 문자를 지정한다. • " "는 입력 자리가 공백으로 표시되며, 기본 문자는 '_'이다.

- **사용자 지정 기호**

기호	설명	입력 여부
22.7, 22.2, 22.1, 21.7, 21.5, 21.3, … 0	0~9까지의 숫자만 입력 가능하다. 더하기와 빼기 기호를 사용할 수 없다.	필수
23.5, 23.1, 22.7,22.1, 21.7, 21.3, … 9	숫자나 공백의 입력이 가능하다. 더하기와 빼기 기호를 사용할 수 없다.	선택

22.1, 21.7, 21.3, 16.3, 15.2, 14.1, … **#**	숫자나 공백의 입력이 가능하지만 공백은 저장되지 않는다. 더하기와 빼기 기호를 사용할 수 있다.	선택
23.5, 23.1, 22.7, 21.7, 21.3, … **L**	영문자*와 한글만 입력 가능하다.	필수
22.7, 20.상시, 20.1, 08.2, … **?**	영문자와 한글만 입력 가능하다.	선택
20.1, 19.상시, 16.3, … **A**	영문자, 숫자, 한글만 입력할 수 있다.	필수
a	영문자, 숫자, 한글만 입력할 수 있다.	선택
19.상시, 14.1, 13.3, … **&**	모든 문자나 공백을 입력할 수 있다.	필수
C	모든 문자나 공백을 입력할 수 있다.	선택
. , : ; - /	소수 자릿수와 1000 단위, 날짜, 시간 등의 구분 기호를 입력할 수 있다.	
23.5, 23.1, 22.7, 20.2, 07.4, … **〈**	모든 문자를 소문자로 변환한다.	
23.5, 23.1, 22.7, 20.상시, 20.2, … **〉**	모든 문자를 대문자로 변환한다.	
!	왼쪽을 기준으로 맞추며, 왼쪽부터 채워진다.	
****	뒤에 나오는 문자를 그대로 표시한다.	
Password	입력하는 문자를 *로 표시한다.	

예제

입력	입력 마스크	출력
1419422187	(000) 000-0000	(141) 942-2187
ABCD	!CCC-CCC	A-BCD
206555TELE	(000) AAA-AAAA	(206) 555-TELE
greengr339m3	〉L????L?000L0	GREENGR339M3
T2F 8M4	〈L0L 0L0	t2f 8m4
MARIA	〉L〈????	Maria

기출체크 ☑

22.7, 22.2, 21.3

1. 입력값 12345678에 대한 다음의 입력 마스크 설정에 따른 결과가 옳은 것을 고르시오. ( )

	입력 마스크	결과
ⓐ	(000)-000-0000	(001)-234-5678
ⓑ	#999	12345678
ⓒ	(999)-000-0000	(123)-456-7800
ⓓ	9999-0000	1234-5678

영문자

A~Z까지의 문자를 의미합니다.

궁금해요 **시나공 Q&A 베스트**

Q 입력 마스크에 (000) AAAAAAA를 입력했더니 ₩(000")"AAA-AAAA로 바뀝니다. 왜 이렇죠? 제 액세스에 문제가 있는 건가요?ㅠㅠ

A 아닙니다. 액세스 프로그램에서 사용 국가의 특성에 맞게 자동으로 변환하는 것입니다. 결과에는 영향을 주지 않으니 그대로 두면 됩니다.

기출체크 1번

ⓐ, ⓒ 사용자 지정 기호 0은 필수 입력 기호로, 0이 사용된 개수만큼 값이 입력되어야 하지만 입력값이 앞에서부터 채워지면 '(123)-456-78'이 되므로 뒤의 2자리가 입력되지 않아 오류 메시지가 표시됩니다.

ⓑ 사용자 지정 기호(#999)가 사용된 개수만큼만 값이 표시됩니다. → 1234

기출체크 정답

1. ⓓ

SECTION 116

필드 속성 - 유효성 검사 규칙

대부분 설정된 유효성 규칙에 설정된 수식을 이해하면 풀 수 있는 문제가 출제되고 있습니다.

[기출 포인트]

- 유효성 검사 규칙은 입력 범위를 지정하여 입력 데이터를 제한한다.
- Like "가*"은 "가"로 시작하는 값만 입력한다.
- Between 0 And 100은 0부터 100까지의 값만 입력한다.

512201

24.3, 22.2, 21.6, 18.상시, 18.1, 16.3, 15.2, 14.3, 12.3, 12.1, 11.2, 11.1, 10.2, 09.3, 09.2, 08.4, 07.4, 05.4, 03.3, 03.2

1 유효성 검사 규칙 속성

유효성 검사 규칙은 필드에 입력할 데이터의 종류나 범위를 지정하여 입력 데이터를 제한할 때 사용하는 속성으로, 잘못된 데이터의 입력을 방지하기 위한 도구다.

- 일련 번호와 OLE 개체, 첨부 파일, 계산 데이터 형식에는 사용할 수 없다.
- **유효성 검사 규칙 예**

<>0	0이 아닌 값을 입력한다.
0 Or >=100	0 또는 100 이상인 값을 입력한다.
>=1 And <=99	1 이상이고 99 이하, 즉 1부터 99까지의 숫자만 입력한다.
Like "*@*"	입력되는 자료 중에 반드시 "@" 문자가 포함되어 있어야 한다.
Like "A-???"	반드시 "A-"로 시작하는 5개의 문자를 입력한다.
In("상", "중", "하")	"상", "중", "하" 중에서 입력한다.
22.2, 03.3 Between 0 And 100	0부터 100까지의 숫자만 입력한다.
Len([고객코드])=6	고객코드는 반드시 6글자를 입력한다.

기출체크 ☑

24.3, 10.2, 09.2, 08.4, 07.4

1. 점검을 필요로 하는 필드에 요구 사항이나 조건 또는 입력이 가능한 데이터 등을 미리 지정한 후 데이터 입력 시 이를 점검하도록 하는 기능은 (   )이다.

22.2

2. [회원] 테이블에서 '등록일자' 필드에 2021년 1월 1일부터 2021년 12월 31일까지의 날짜만 입력되도록 하려면 (   ) 속성에 (   )라고 지정하면 된다.

기출체크 2번

'2021년 1월 1일부터 2021년 12월 31일까지의 날짜'라는 것은 날짜를 최소 2021년 1월 1일부터 최대 2021년 12월 31일까지만 입력받겠다는 것이므로 두 조건을 And로 연결하여 >=#2021/01/01# And <=#2021/12/31# 또는 Between #2021/01/01# And #2021/12/31#으로 설정하면 됩니다.

기출체크 정답

1. 유효성 검사 규칙 2. 유효성 검사 규칙, >=#2021/01/01# And <=#2021/12/31# 또는 Between #2021/01/01# And #2021/12/31#

SECTION 117 필드 속성 - 조회

512301

1 조회의 개요

22.5, 12.2, 08.3

조회는 콤보 상자나 목록 상자 컨트롤에 값을 미리 지정한 후 입력 시 지정한 값을 선택하여 신속하고 정확하게 입력할 수 있도록 설정하는 기능이다.

- 짧은 텍스트, 숫자, 큰 번호, Yes/No 형식에서 지정하여 사용할 수 있다.

기출체크 ☑

22.5, 12.2

1. 데이터 입력 시 목록 상자에서 원하는 값을 선택하려고 할 때 설정해야 하는 필드 속성은 (　　)이다.

전문가의 조언

조회 속성의 개념을 묻는 문제가 출제되고 있습니다.

[기출 포인트]

조회는 미리 지정해 놓은 값을 선택하여 입력하는 기능이다.

512302

2 조회 속성

24.5, 22.4, 21.8, 21.7, 21.1, 18.2, 16.2, 09.2, 09.1, 08.3, 07.1, 06.2, 05.3, 03.2, 02.3

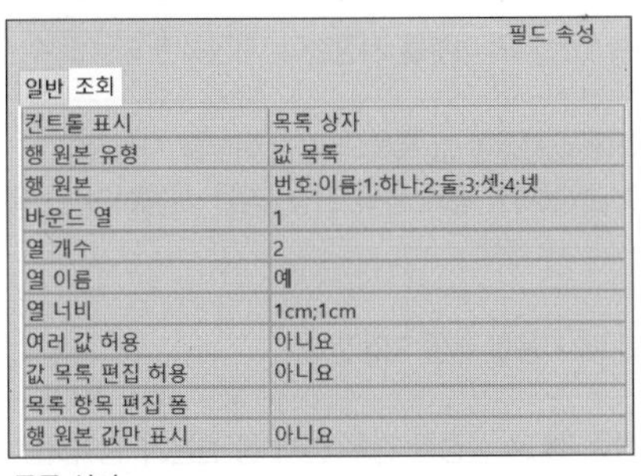

필드 속성

일반 조회

컨트롤 표시	목록 상자
행 원본 유형	값 목록
행 원본	번호;이름;1;하나;2;둘;3;셋;4;넷
바운드 열	1
열 개수	2
열 이름	예
열 너비	1cm;1cm
여러 값 허용	아니요
값 목록 편집 허용	아니요
목록 항목 편집 폼	
행 원본 값만 표시	아니요

목록 상자

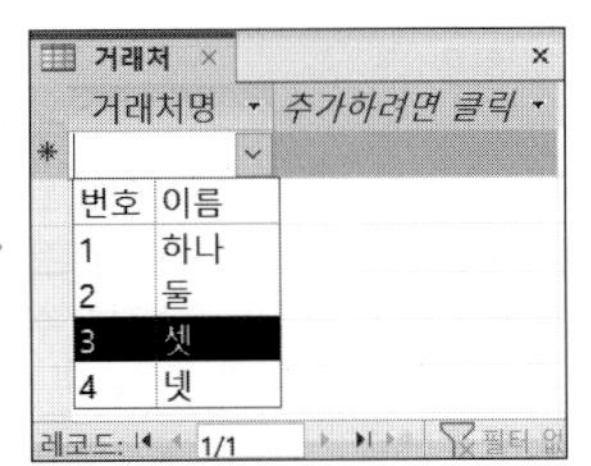

필드 속성

일반 조회

①	컨트롤 표시	콤보 상자
②	행 원본 유형	값 목록
③	행 원본	번호;이름;1;하나;2;둘;3;셋;4;넷
④	바운드 열	1
⑤	열 개수	2
⑥	열 이름	예
⑦	열 너비	1cm;1cm
⑧	행 수	16
⑨	목록 너비	자동
⑩	목록 값만 허용	아니요
⑪	여러 값 허용	아니요
⑫	값 목록 편집 허용	아니요
⑬	목록 항목 편집 폼	
⑭	행 원본 값만 표시	아니요

거래처

번호	이름
1	하나
2	둘
3	셋
4	넷

콤보 상자

전문가의 조언

행 원본 유형, 바운드 열, 열 개수, 열 너비, 목록 값만 허용 속성의 의미를 묻는 문제들이 출제되고 있습니다.

[기출 포인트]

- 열의 개수를 지정하려면 '열 개수'에 입력한다.
- 목록 값을 직접 입력하려면 '행 원본 유형'에서 '값 목록'을 선택한다.
- 목록 값만 입력하려면 '목록 값만 허용'을 "예"로 지정한다.
- 열 너비가 0이면 화면에 표시되지 않는다.

궁금해요 시나공 Q&A 베스트

Q 목록 상자와 콤보 상자의 조회 속성이 다른가요?

A 행 수, 목록 너비, 목록 값만 허용 속성은 콤보 상자에서만 설정할 수 있습니다.

기출체크 정답

1. 조회

컨트롤 표시

- '컨트롤 표시'의 기본값은 '텍스트 상자'입니다.
- 데이터 형식이 'Yes/No'일 경우에는 '확인란', '텍스트 상자', '콤보 상자' 중에서 선택할 수 있습니다.
- 데이터 형식이 숫자 형식이나 짧은 텍스트 형식일 경우에는 '텍스트 상자', '목록 상자', '콤보 상자' 중에서 선택할 수 있습니다.

22.4, 03.2 ❶ **컨트롤 표시**※	조회 속성을 설정하려면 콤보 상자나 목록 상자를 선택해야 한다.
21.8, 21.7, 16.2, 09.2, 08.3, 03.2 ❷ **행 원본 유형**	• 사용할 행 원본의 유형을 지정한다. • **테이블/쿼리** : 테이블이나 쿼리의 데이터를 원본으로 사용할 때 • **값 목록** : 직접 입력한 값을 원본으로 사용할 때 • **필드 목록** : 테이블이나 쿼리, SQL문 등의 필드 이름을 원본으로 사용할 때
22.4, 09.2, 07.1, 05.3, 02.3 ❸ **행 원본**	• 행 원본 유형에서 선택된 값에 따라 설정 사항이 달라진다. • **테이블/쿼리 선택** : 테이블 이름, 쿼리 이름, SQL문을 지정한다. • **값 목록 선택** : 사용할 데이터를 세미콜론(;)으로 구분하여 입력한다. • **필드 목록 선택** : 테이블 이름, 쿼리 이름을 지정한다.
24.5, 22.4, 16.2, 09.2, 09.1, 07.1, … ❹ **바운드 열**	선택한 목록의 여러 열 중 해당 컨트롤에 저장되는 열을 지정한다.
24.5, 22.4, 21.1, 18.2, 03.2 ❺ **열 개수**	표시되는 열의 개수를 지정한다.
❻ **열 이름**	열 이름의 표시 여부를 지정한다.
09.1, 06.2 ❼ **열 너비**	• 열의 너비를 지정하며, 열이 여러 개일 경우 세미콜론(;)으로 구분한다. • 0으로 지정하면 해당 열의 데이터가 표시되지 않는다.
16.2, 07.1, 06.2, 05.3, 02.3 ❽ **행 수**	행의 개수를 지정한다.
07.1, 05.3, 03.2, 02.3 ❾ **목록 너비**	상자의 목록 너비를 지정한다.
22.4, 09.2 ❿ **목록 값만 허용**	지정한 목록 값 이외의 데이터 입력 여부를 지정한다.
⓫ **여러 값 허용**	여러 값을 선택할 수 있는지의 여부를 지정한다. 지정하면 되돌릴 수 없다.
⓬ **값 목록 편집 허용**	• 테이블 보기 상태에서 지정한 값 목록의 편집 여부를 지정한다. • 이 항목을 '예'로 선택하면 '목록 항목 편집' 창을 사용하여 값 목록을 수정할 수 있다.
⓭ **목록 항목 편집 폼**	목록 항목을 편집할 때 사용할 폼을 지정한다.
⓮ **행 원본 값만 표시**	'여러 값 허용' 속성을 '예'로 설정한 경우 현재 행 원본과 일치하는 데이터만 화면에 표시할지의 여부를 지정한다.

기출체크 ☑

16.2
2. 콤보 상자의 조회 속성에서 행 원본 유형을 '값 목록'으로 설정하면 콤보 상자에 표시된 값만을 입력할 수 있다. (○, ×)

24.5, 22.4
3. 콤보 상자의 조회 속성 중 바운드 열은 바운드되는 필드의 개수를 지정한다. (○, ×)

기출체크 2번

행 원본 유형을 '값 목록'으로 설정해도 직접 값을 입력할 수 있습니다. 콤보 상자에 목록으로 정의된 값만 입력되게 하려면 '목록 값만 허용' 속성을 '예'로 설정해야 합니다.

기출체크 3번

- '바운드 열'은 선택한 목록의 여러 열 중 해당 컨트롤에 저장되는 열을 지정하는 속성입니다.
- 바운드되는 필드의 개수를 지정하는 속성은 '열 개수'입니다.

기출체크 정답
2. × 3. ×

SECTION 118

기본키와 색인(Index)

512401

24.5, 24.2, 23.3, 23.2, 23.1, 22.5, 22.4, 22.3, 22.2, 22.1, 21.8, 21.4, 20.상시, 19.상시, 19.2, 18.1, 17.1, 16.3, 14.3, …

1 기본키(주키, Primary Key)

기본키는 테이블에서 각 레코드를 고유하게 정의하는 필드나 필드의 집합을 의미한다.

- 기본키로 지정된 필드에는 중복된 값이나 Null 값을 입력할 수 없고, Null 값이나 중복된 값이 입력된 필드는 기본키로 지정할 수 없다.
- OLE 개체, 첨부 파일, 계산 형식의 필드에는 기본키를 설정할 수 없다.
- 특정 필드를 기본키로 지정하면 해당 필드의 인덱스 속성이 '예(중복 불가능)'로 설정된다.
- 기본키로 지정하면 자동으로 인덱스가 설정되어 신속하게 정보를 찾거나 정렬할 수 있다.
- 여러 개의 필드를 합쳐 기본키로 지정할 수 있지만 기본키는 한 개만 지정할 수 있다.
- 자동으로 설정된 기본키 필드의 인덱스 속성인 '예(중복 불가능)'를 변경하려면 먼저 설정된 기본키를 해제해야 한다.
- 기본키를 설정하지 않아도 다른 테이블과 관계를 설정할 수 있다.
- 관계가 설정된 테이블은 기본키를 해제할 수 없으므로 기본키를 해제하려면 먼저 설정된 관계를 제거해야 한다.
- 데이터가 이미 입력된 필드도 기본키로 지정할 수 있지만, 중복된 데이터가 입력된 경우에는 오류 메시지가 표시된다.
- 기본키로 지정하면 해당 필드 앞에 열쇠 모양의 아이콘이 붙여진 걸 디자인 모드에서 확인할 수 있다.
- 액세스에서 정의할 수 있는 기본키의 종류에는 일련 번호 기본키, 단일 필드 기본 키, 다중 필드 기본키가 있다.

전문가의 조언

중요해요! 기본키의 특징을 묻는 문제가 다양하게 자주 출제됩니다.

[기출 포인트]

- 기본키로 사용된 필드의 값을 변경할 수 있다.
- 값이 입력된 필드도 기본키로 지정할 수 있다.
- 여러 개의 필드를 합쳐 기본키로 지정할 수 있다.
- 기본키가 없어도 관계를 설정할 수 있다.

기출체크 ☑

24.2, 23.3, 23.2, 22.4, 22.3, 22.1

1. 다음 중 Access의 기본키(Primary Key)에 대한 설명으로 옳은 것을 고르시오. (　　)

ⓐ 모든 테이블에는 기본키를 반드시 설정해야 한다.
ⓑ 액세스에서는 단일 필드 기본키와 일련 번호 기본키만 정의 가능하다.
ⓒ 데이터가 이미 입력된 필드도 기본키로 지정할 수 있다.
ⓓ OLE 개체나 첨부 파일 형식의 필드에도 기본키를 지정할 수 있다.
ⓔ 관계가 설정되어 있는 테이블에서 기본키 설정을 해제하면 해당 테이블에 설정된 관계도 삭제된다.

기출체크 1번

ⓐ 테이블에 기본키를 설정하지 않을 수 있습니다.
ⓑ 액세스에서는 일련 번호 기본키, 단일 필드 기본키, 다중 필드 기본키를 정의할 수 있습니다.
ⓓ OLE 개체나 첨부 파일 형식의 필드에는 기본키를 설정할 수 없습니다.
ⓔ 관계가 설정된 테이블의 기본키는 설정을 해제할 수 없으므로 기본키 설정을 해제하려면 먼저 설정된 관계를 제거해야 합니다.

기출체크 정답

1. ⓒ

512402 ▶

24.4, 24.1, 22.7, 22.4, 22.1, 21.5, 21.3, 20.상시, 20.2, 19.상시, 18.상시, 16.2, 15.1, 14.3, 12.2, 11.3, 11.1, 10.3, 10.2, …

2 인덱스(색인)

전문가의 조언

중요해요! 인덱스의 특징을 묻는 문제가 자주 출제됩니다.

[기출 포인트]

- 색인을 설정하면 데이터 검색 속도가 향상된다.
- 데이터 업데이트 속도는 떨어진다.
- OLE 개체에는 색인을 설정할 수 없다.
- 여러 개의 필드에 색인을 설정할 수 있다.

인덱스는 데이터의 검색이나 그룹화 등의 작업 속도를 향상시키기 위해 데이터를 정렬되도록 설정하는 기능으로, 검색을 자주하는 필드에 대해 설정하는 것이 바람직하다.

- 인덱스는 기본적으로 오름차순으로 정렬된다.
- 중복되는 값이 적은 필드를 인덱스로 지정하면 검색 속도가 향상된다.
- 하나의 테이블에 32개까지 인덱스를 만들 수 있으며, 하나의 인덱스에는 최대 10개의 필드를 사용할 수 있다.
- 인덱스에서 설정할 수 있는 옵션에는 아니요, 예(중복 가능), 예(중복 불가능)가 있다.

설정	설명
21.3 **아니요**	기본값으로, 인덱스를 설정하지 않는다.
21.3, 08.4, 07.4, 07.3, 03.2 **예(중복 가능)**	인덱스를 설정하되, 중복 값을 허용한다.
24.1, 21.3, 19.상시, 08.4, 07.4, … **예(중복 불가능)**	인덱스를 설정하되, 중복 값을 허용하지 않는다.

- OLE 개체, 첨부 파일, 계산 형식의 필드에는 인덱스를 설정할 수 없다.
- 인덱스는 테이블을 저장할 때 만들어지고, 레코드를 변경하거나 추가할 때 자동으로 업데이트된다.
- 데이터 검색, 정렬 등의 작업 시간은 빨라지지만 데이터 추가나 변경 시 속도가 느려진다.
- 데이터의 양이 많아질수록 인덱스를 이용한 검색의 효과를 체감할 수 있다.
- 테이블 디자인 보기 상태에서 인덱스를 설정할 수 있다.
- 인덱스의 종류에는 단일 필드 인덱스와 다중 필드 인덱스가 있다.

단일 필드 인덱스	하나의 필드를 인덱스로 지정하는 것이다.
다중 필드 인덱스	• 여러 개의 필드를 하나의 인덱스로 지정하는 것으로, 인덱스 이름을 동일하게 지정하거나, 첫 번째 필드에만 인덱스 이름을 지정하면 된다. • 최대 10개의 필드를 포함할 수 있다.

궁금해요 시나공 Q&A 베스트

Q 하나의 테이블에는 하나의 인덱스만 가능한가요?

A 하나의 테이블에 여러 개의 인덱스를 지정할 수 있습니다. 이것을 다중 인덱스라고 합니다.

기출체크 ☑

23.2, 22.7, 22.1, 15.1, 11.3, 10.3, 09.2, 08.4, 08.3, 07.4, 07.3, 07.2, 06.2, 05.4, 02.3

2. 색인을 설정하면 자료의 갱신 속도가 빨라진다. (○, ×)

24.4, 14.3, 12.2, 11.1, 10.3, 08.3, 08.2, 08.1, 07.4, 07.3, 07.2, 06.4, 03.1

3. 보기에서 인덱스로 설정할 수 없는 데이터 형식을 고르시오. (   )

ⓐ OLE 개체	ⓑ 숫자	ⓒ 긴 텍스트	ⓓ 하이퍼링크

기출체크 2번

색인을 설정하면 데이터 검색, 정렬 등의 작업 시간은 빨라지지만 데이터 추가나 변경 시에는 속도가 느려집니다.

기출체크 정답

2. × 3. ⓐ

SECTION 119

관계 설정하기

512502

24.1, 22.5, 20.2, 19.상시, 18.상시, 17.1, 16.3, 16.2, 12.2, 12.1, 11.3, 10.1, 09.3, 09.1, 08.3, 07.3, 05.3, 05.2, 04.4, …

1 관계 설정하기

예제 '3과목2장-2.accdb' 파일의 테이블에 다음과 같은 관계를 설정하되, 항상 참조 무결성 유지를 설정하시오.

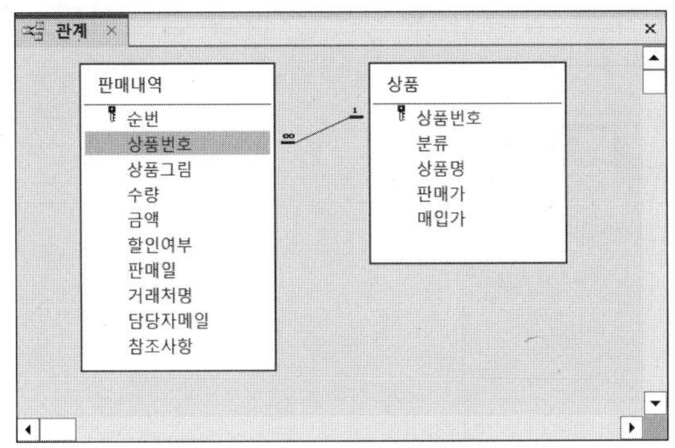

① '3과목2장-2.accdb' 파일을 불러온 후 [데이터베이스 도구] → [관계] → [관계]를 클릭한다.

② '테이블 추가' 창에서 사용할 테이블('판매내역', '상품')을 차례로 더블클릭하여 추가*한다.

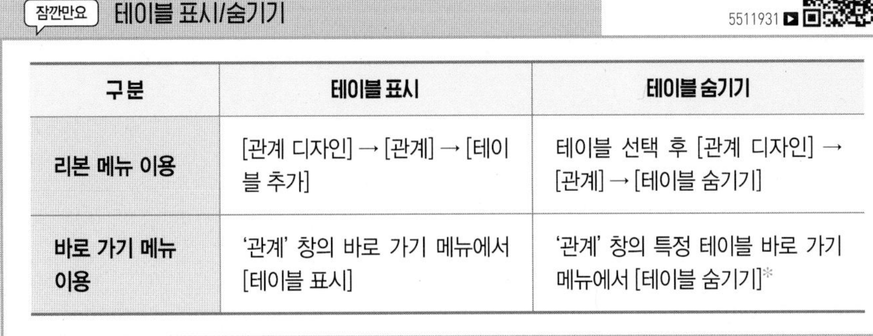

잠깐만요 테이블 표시/숨기기

5511931

구분	테이블 표시	테이블 숨기기
리본 메뉴 이용	[관계 디자인] → [관계] → [테이블 추가]	테이블 선택 후 [관계 디자인] → [관계] → [테이블 숨기기]
바로 가기 메뉴 이용	'관계' 창의 바로 가기 메뉴에서 [테이블 표시]	'관계' 창의 특정 테이블 바로 가기 메뉴에서 [테이블 숨기기]*

전문가의 조언

중요해요! '관계 편집' 대화상자의 옵션에 대한 문제가 자주 출제됩니다.

[기출 포인트]

- '관련 필드 모두 업데이트'를 체크하면 기본키 값이 바뀔 때 연결된 필드의 값이 자동으로 변경된다.
- '관련 레코드 모두 삭제'를 체크하면 레코드 삭제 시 연결된 레코드가 자동으로 삭제된다.
- '관계 편집' 대화상자에서 관계의 종류를 선택할 수 없다.

준비하세요

'C:\길벗컴활1급필기\QnE\3과목\3과목2장-2.accdb' 파일을 사용하세요. 실습할 예제 파일은 시나공 홈페이지(sinagong.co.kr)의 [자료실] → [실습예제]에서 다운받으면 됩니다.

테이블 추가

탐색 창에서 관계 창으로 해당 테이블을 끌어다 놓아도 추가됩니다.

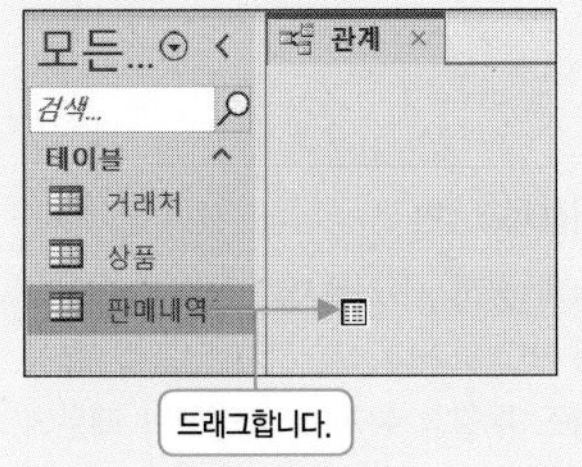

바로 가기 메뉴를 이용하여 테이블 숨기기

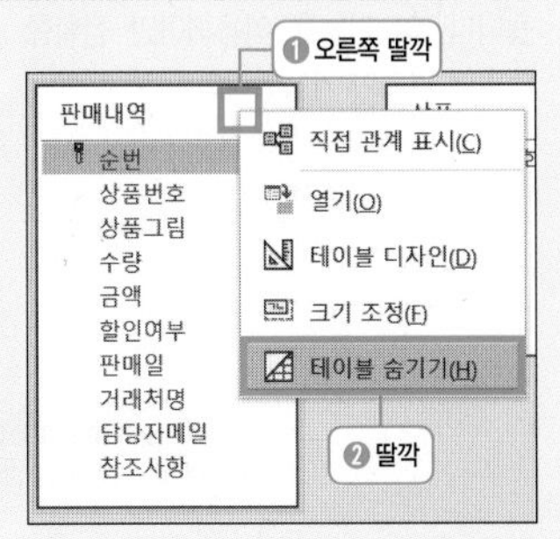

③ 테이블의 위치를 그림과 같이 배치한 후 '판매내역' 테이블의 '상품번호' 필드를 '상품' 테이블의 '상품번호' 필드로 드래그한다.*

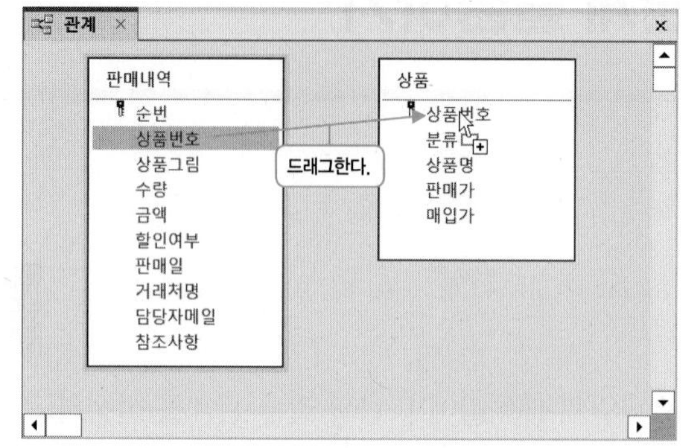

④ '항상 참조 무결성 유지'를 선택한 후 〈만들기〉를 클릭한다.

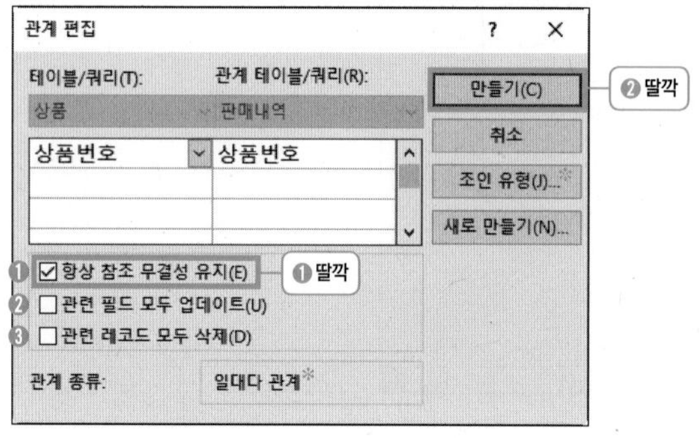

❶ 기본(상품) 테이블에 존재하지 않는 상품번호를 연결 테이블(판매내역)에 입력할 수 없도록 하고, 기본 테이블의 레코드를 실수로 삭제하거나 변경되지 않도록 설정한다.

❷ 기본 테이블에서 기본키 값이 바뀔 때마다 연결된 테이블의 해당 필드의 값이 자동으로 변경되도록 설정한다.

❸ 기본 테이블에서 레코드를 삭제할 때마다 연결된 테이블의 관련 레코드들이 자동으로 삭제되도록 설정한다.

※ '관계 편집' 대화상자에 표시된 관계의 종류는 자동으로 설정되는 것이며, 임의로 변경할 수 없습니다.

기출체크 ☑

24.1, 22.5

1. 아래의 [상황]에서 두 테이블에 변경된 내용을 적용하기 위해서는 관계 편집 창에서 (　　　　　　　　)를 체크한 후, 〈분류〉 테이블의 '분류코드' 필드 값을 수정해야 한다.

- 〈제품〉 테이블의 '분류코드'는 〈분류〉 테이블의 '분류코드'를 참조한다.
- '분류코드' 체계를 변경하기 위해 〈분류〉 테이블의 '분류코드' 필드 값을 변경하려 하였더니 '관련 레코드가 '제품' 테이블에 있으므로 레코드를 삭제하거나 변경할 수 없습니다.'라는 오류 메시지가 나타났다.

필드 드래그

관계 설정을 위해 필드를 드래그할 때는 기본 테이블의 필드를 연결 테이블 쪽으로 드래그해도 됩니다. 즉 '상품' 테이블의 '상품번호' 필드를 '판매내역' 테이블의 '상품번호' 필드로 드래그해도 됩니다.

조인 유형

조인은 두 개 이상의 테이블에 나누어져 저장된 정보를 한 개의 테이블처럼 합쳐 사용하기 위해 연결하는 방법을 정의하는 것으로, 쿼리(질의)에서 유용하게 사용됩니다.

일대다 관계에서의 기본키와 외래키

'상품' 테이블과 '판매내역' 테이블은 일대 다의 관계이기 때문에 '상품' 테이블의 '상품번호'는 기본키 혹은 유일한 필드이고, '판매내역' 테이블의 '상품번호'는 외래키입니다.

기출체크 1번

관계 설정 시 사용자가 실수로 데이터를 변경하거나 삭제하지 않도록 '항상 참조 무결성 유지'를 지정했기 때문에 문제의 메시지가 표시된 것입니다. 이럴 경우에는 참조되는 테이블(분류)의 변경 사항이 참조하는 테이블(제품)에 자동으로 반영되도록 '관계 편집' 창의 '관련 필드 모두 업데이트'를 선택하면 됩니다. 이 기능을 이용해야만 정확한 데이터 관리가 가능합니다.

기출체크 정답
1. 관련 필드 모두 업데이트

SECTION
120 참조 무결성

512601

21.8, 16.2

1 참조 무결성의 개념

참조 무결성은 관련된 테이블 간의 관계를 유지하고, 사용자가 실수로 관련 데이터를 삭제하거나 변경하지 않도록 Microsoft Access가 지원하는 규칙이다.

- 외래키 필드 값을 기본 테이블의 기본키 필드 값과 동일하게 유지해 주는 제약 조건이다.
- 참조 무결성을 지정하려면 관계를 설정할 때 '관계 편집' 창에서 '항상 참조 무결성 유지'를 선택한다.

참조 무결성의 개념을 묻는 문제가 출제된 적이 있습니다.

[기출 포인트]

참조 관계에 있는 외래키와 기본키의 값을 동일하게 유지해 주는 제약 조건이다.

기출체크 ☑

16.2

1. 외래키 값을 관련된 기본키 값과 동일하게 유지해 주는 제약 조건은 (   )이다.

512602

05.2, 02.3

2 참조 무결성 설정 조건

참조 무결성의 설정 조건이 아닌 것을 묻는 문제가 출제된 적이 있습니다.

[기출 포인트]

- 기본키가 아니어도 고유 인덱스가 설정되어 있으면 관계를 만들 수 있다.

- 기본 테이블에서 사용할 필드는 기본키이거나 고유 인덱스가 설정되어 있어야 한다.

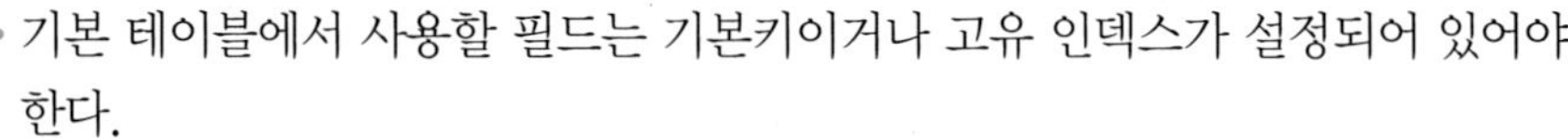

- 관계 설정에 사용되는 두 테이블의 필드는 데이터 형식이 같아야 한다.
- 기본 테이블과 관련 테이블 모두 Access 데이터베이스의 테이블이어야 한다.

기출체크 ☑

05.2, 02.3

2. 고유 인덱스가 설정되어 있더라도 기본키 필드가 아니면 참조 무결성 조건에 위배되어 관계를 설정할 수 없다. (○, ×)

기출체크 2번

기본키 필드를 이용하여 관계를 설정하도록 권장하기는 하지만 기본키 필드가 아니라도 관계를 설정할 수는 있습니다.

기출체크 정답

1. 참조 무결성 2. ×

512603

24.5, 24.4, 23.5, 23.3, 23.1, 21.4, 19.1, 22.6, 22.1, 21.8, 21.7, 21.5, 20.2, 20.1, 19.상시, 19.1, 18.2, 15.3, 10.1, …

3 참조 무결성의 강화 규칙

학생번호	성명
1	강건하
2	김숙
3	김용
4	김순애
5	어수선
6	김이경

〈학생〉 테이블

학생번호	교수번호
1	1
1	2
1	3
2	1
2	2
2	3
3	1
3	2
3	3

〈수강〉 테이블

- 기본 테이블의 기본키 필드에 존재하지 않는 데이터는 관계가 설정된 테이블의 외래키 필드 값으로 입력할 수 없다.
  - 예 〈수강〉 테이블의 '학생번호' 필드에는 〈학생〉 테이블의 '학생번호' 필드에 있는 값만을 입력할 수 있다.
- 기본 테이블과 관계가 설정된 테이블에 일치하는 레코드가 존재할 때는 기본 테이블에서 레코드를 삭제할 수 없다.
  - 예 〈학생〉 테이블의 '학생번호' 필드의 값이 1, 2, 3인 레코드는 〈수강〉 테이블의 '학생번호' 필드에서 참조하고 있기 때문에 삭제할 수 없다.
- 기본 테이블과 관계가 설정된 테이블에 일치하는 레코드가 존재할 때는 기본 테이블에서 기본키를 바꿀 수 없다.
  - 예 〈학생〉 테이블의 '학생번호' 필드의 값 중 1, 2, 3은 〈수강〉 테이블의 '학생번호' 필드에서 참조하고 있기 때문에 기본키를 다른 필드로 변경할 수 없다.
- 기본 테이블의 기본키 필드 값이 바뀌면 관계가 설정된 테이블의 관련 필드의 값이 자동으로 수정되도록 설정할 수 있다.
  - 예 〈학생〉 테이블의 '학생번호' 필드의 값 중 1을 7로 변경하면 〈수강〉 테이블의 '학생번호' 필드에 있는 1이 모두 7로 변경되게 설정할 수 있다.
- 기본 테이블에서 레코드를 삭제하면 관계가 설정된 테이블의 관련 레코드가 자동으로 삭제되도록 설정할 수 있다.
  - 예 〈학생〉 테이블의 '학생번호' 필드의 값이 1인 레코드를 삭제하면 〈수강〉 테이블에서 '학생번호' 필드의 값이 1인 레코드가 모두 삭제되도록 설정할 수 있다.

기출체크 ☑

24.2, 23.3, 23.1, 21.4, 19.1, 22.6

3. 다른 테이블을 참조하는 테이블 즉, 외래키 값이 있는 테이블의 레코드 삭제 시에는 참조 무결성이 위배될 수 있다. (○, ×)

전문가의 조언

- **중요해요!** 참조 무결성의 강화 규칙을 위반한 경우를 찾는 문제가 자주 출제됩니다.
- 무조건 암기하지 말고 주어진 예를 〈학생〉과 〈수강〉 테이블에 적용시켜 보면서 참조 무결성의 강화 규칙을 이해하세요.

[기출 포인트]

외래키 값이 있는 테이블의 레코드를 삭제해도 참조 무결성에 위배되지 않는다.

기출체크 3번

외래키 값이 있는 테이블의 레코드를 삭제해도 참조 무결성에 위배되지 않습니다.

기출체크 정답

3. ×

SECTION 121

외부 데이터 가져오기/연결하기

22.6, 20.1, 18.상시, 18.1, 16.1, 15.3, 15.1, 13.2, 13.1, 10.3, 08.3, 08.1, 07.4, 06.3, 06.1, 05.2, 04.1, 03.1

1 외부 데이터 가져오기

512701

외부 데이터 가져오기는 텍스트 파일이나 스프레드시트, 데이터베이스 등의 데이터를 Microsoft Access 테이블로 만드는 작업을 말한다.

- 가져온 데이터로 새 테이블을 만들 수 있으며, 데이터 구조가 일치할 경우 기존 테이블에 가져온 데이터를 추가할 수 있다.
- 데이터를 가져와도 원본 데이터는 변경되지 않으며, 가져온 데이터를 변경해도 원본 데이터에 영향을 미치지 않는다.
- 외부 데이터를 가져올 때 기존의 데이터를 수정하며 가져올 수는 없다.
- 외부 데이터를 가져올 때 일부 필드를 제외할 수 있다.
- 외부에서 가져온 데이터를 기존의 테이블에 추가할 수 있다.
- 가져올 엑셀 파일에 여러 개의 시트가 있는 경우 하나의 시트를 선택하여 가져올 수 있다.
- 가져올 데이터의 첫 행에 필드 이름으로 사용할 데이터가 없어도 가져올 수 있다.
- **가져올 수 있는 파일 형식**
  - 액세스로 만든 테이블, 쿼리, 폼, 보고서, 매크로
  - Excel 파일, 텍스트 파일, XML 파일, ODBC 데이터베이스, HTML 문서, dBASE 파일, Sharepoint 목록, Outlook 폴더 등
- Excel, 텍스트 파일, HTML 문서 등은 가져올 때 제외할 필드를 지정할 수 있다.
- 실행
  - 방법1 : [외부 데이터] → [가져오기 및 연결]에서 가져올 파일 형식 선택
  - 방법2 : '탐색' 창의 바로 가기 메뉴 중 [가져오기]에서 가져올 파일 형식 선택

기출체크 ☑

22.6

1. 외부 데이터를 테이블로 가져오는 작업에 대한 설명으로 옳은 것을 고르시오. (　　)

ⓐ 엑셀 시트가 여러 개인 경우 가져올 수 없다.
ⓑ 일부 필드를 제외하고 가져올 수 있다.
ⓒ 데이터가 이미 들어있는 테이블에는 가져올 수 없다.
ⓓ 가져올 데이터의 행 머리글에는 반드시 필드 이름이 있어야 한다.

전문가의 조언

중요해요! 외부 데이터 가져오기의 특징이나 가져올 수 있는 데이터 형식에 대한 문제가 자주 출제됩니다.

[기출 포인트]

- 외부 데이터의 값을 수정하면서 데이터를 가져올 수 없다.
- 파워포인트, 워드(word), 한글, ZIP 파일은 가져올 수 없다.
- 가져온 데이터를 변경해도 원본 데이터는 변경되지 않는다.
- 일부 필드를 제외하고 가져올 수 있다.

기출체크 1번

ⓐ 가져올 엑셀 파일에 여러 개의 시트가 있는 경우 하나의 시트를 선택하여 가져올 수 있습니다.
ⓒ 외부에서 가져온 데이터를 기존의 테이블에 추가할 수 있습니다.
ⓓ 가져올 데이터의 첫 행에 필드 이름으로 사용할 데이터가 없어도 가져올 수 있습니다.

기출체크 정답

1. ⓑ

512702 ▶

24.5, 23.5, 23.2, 23.1, 21.7, 21.3, 13.2, 12.1, 09.4, 07.1

2 테이블 연결

테이블 연결은 다른 응용 프로그램의 데이터를 Microsoft Access에 연결하는 것으로, 연결된 프로그램과 Microsoft Access 양쪽에서 데이터를 입력하거나 편집할 수 있다.

- 연결된 테이블의 데이터를 변경하면 원본 데이터도 자동으로 변경된다.
- 연결된 테이블을 삭제할 수 있으며, 연결된 테이블을 삭제하더라도 원본 데이터베이스의 테이블에는 아무런 영향을 주지 않는다.
- 원본 데이터베이스의 데이터(레코드)를 삭제하면 연결된 테이블의 데이터도 삭제된다.
- ODBC*를 이용하면 오라클이나 SQL 서버와 같은 외부 데이터베이스에 연결할 수 있다.
- **연결할 수 있는 파일 형식** : Access, dBASE, Excel, 텍스트, Outlook, Sharepoint, HTML, ODBC 데이터베이스 등
- 가져오거나 연결된 테이블을 원본으로 하여 폼이나 보고서를 생성할 수 있다.
- 실행 [외부 데이터] → [가져오기 및 연결] → [파일 형식 선택] → '외부 데이터 가져오기' 창에서 '연결 테이블을 만들어 데이터 원본에 연결' 옵션을 선택한다.

기출체크 ☑

24.5, 23.5, 23.2, 23.1, 21.7, 13.2, 12.1, 09.4, 07.1

2. 연결 테이블로 가져온 테이블을 삭제하면 연결되어 있는 원본 데이터베이스 테이블도 삭제된다. (○, ×)

전문가의 조언

연결 테이블의 특징을 묻는 문제가 출제되고 있습니다.

[기출 포인트]

연결된 테이블을 삭제해도 원본 데이터베이스의 테이블은 삭제되지 않는다.

궁금해요 시나공 Q&A 베스트

Q 테이블을 연결할 경우 연결된 테이블을 삭제하더라도 원본 데이터에는 아무런 영향을 주지 않는다고 했는데, 원본 데이터가 삭제되어도 연결된 테이블에는 영향을 안주나요?

A 영향을 줍니다. 원본 데이터를 삭제하면 연결된 테이블에서도 해당 데이터가 삭제됩니다.

ODBC

개방형 데이터베이스 접속 규격으로, 공통적인 인터페이스를 통해 서로 다른 데이터베이스 파일을 볼 수 있도록 지원하는 데이터베이스 표준 접속 규격

기출체크 2번

연결된 테이블을 삭제해도 원본 데이터베이스의 테이블은 삭제되지 않습니다.

기출체크 정답

2. ×

SECTION 122

데이터 내보내기

512801

24.5, 14.2, 14.1, 09.4, 08.2, 08.1, 03.4

1 데이터 내보내기의 개요

데이터 내보내기는 데이터베이스 개체를 다른 응용 프로그램에서 사용할 수 있도록 형식을 변경하여 출력하는 것을 말한다.

- 테이블의 데이터, 구조, 서식 등은 내보낼 수 있지만 제약조건, 관계, 인덱스 같은 속성은 내보낼 수 없다.
- 쿼리를 내보낼 경우 실행 결과가 저장된다.
- 폼이나 보고서를 서식 있는 텍스트 파일로 내보낼 경우 폼이나 보고서와 연결된 데이터가 저장된다.
- 실행 개체를 선택한 후 다음과 같이 수행한다.
  - 방법1 : [외부 데이터] → [내보내기]에서 내보낼 파일 형식 선택
  - 방법2 : '탐색' 창의 바로 가기 메뉴 중 [내보내기]에서 내보낼 파일 형식 선택

기출체크 ☑

24.5, 14.2, 09.4

1. 테이블을 내보내지 않고 보고서만 서식 있는 텍스트 파일(*.rtf)로 내보내는 경우, 원본 테이블이 없어서 보고서에 데이터가 표시되지 않는다. (○, ×)

14.1

2. 쿼리를 텍스트 파일로 내보낼 경우 텍스트 파일에는 쿼리의 SQL문이 저장된다. (○, ×)

512802

24.3, 22.5, 21.6, 17.2, 13.3, 13.1, 12.3, 11.1, 10.2, 07.1, 06.4, 06.2, 05.3, 04.4

2 내보내기 형식

24.3, 21.6, 17.2, 13.3, 13.1 **테이블/쿼리**	Excel, Access, 텍스트, XML, ODBC 데이터베이스, HTML, dBASE, Sharepoint, Word RTF, PDF/ XPS, Word 병합
22.5, 13.3, 13.1, 11.1, 10.2, 04.4 **폼***	Access, Excel, 텍스트, XML, HTML, Word RTF, PDF/ XPS
13.3, 13.1, 12.3, 11.1, … **보고서**	Excel, Access, 텍스트, XML, HTML, Word RTF, PDF/ XPS

기출체크 ☑

24.3

3. 다음 중 테이블에 대해 내보낼 수 없는 파일 형식에 해당하는 기호(ⓐ~ⓓ)를 쓰시오.
( )

ⓐ HTML	ⓑ Excel	ⓒ Outlook	ⓓ ODBC 데이터베이스

22.5, 17.2, 13.3, 11.1, 04.4

4. 폼을 [내보내기]를 통해 내보낼 때 선택할 수 있는 파일 형식에는 서식 있는 텍스트 형식, Microsoft Excel, Paradox, HTML, JPG, VBA 코드 형식 등이 있다. (○, ×)

전문가의 조언

내보내기의 특징이나 내보내기가 가능한 데이터 형식을 묻는 문제가 출제되고 있는데, 내보내기의 특징도 내보내기가 가능한 데이터 형식만 알면 풀 수 있는 문제가 대부분입니다.

[기출 포인트]

- 보고서를 내보내면 보고서에 연결된 데이터가 저장된다.
- 쿼리를 내보내면 실행 결과가 저장된다.

기출체크 1번

보고서를 서식 있는 텍스트 파일(*.rtf)로 내보내는 경우, 보고서에 연결된 개체의 데이터가 표시됩니다.

기출체크 2번

쿼리를 텍스트 파일로 내보낼 경우 텍스트 파일에는 쿼리의 실행 결과가 저장됩니다.

[기출 포인트]

- 테이블은 VBA 코드나 Outlook 형식으로 내보낼 수 없다.
- 폼은 그림 파일 형식이나 Paradox 형식으로 내보낼 수 없다.
- 보고서는 오라클 형식으로 내보낼 수 없다.

폼/보고서 내보내기

원본 데이터를 연결하여 사용하는 폼/보고서를 내보낼 경우에는 원본 데이터의 내보내기 여부와 상관없이 폼/보고서에 표시된 데이터가 해당 파일 형식에 맞게 저장됩니다.

기출체크 정답

1. × 2. × 3. ⓒ 4. ×

기출문제 은행

22년 7회, 6회

01 테이블을 만드는 방법으로 옳지 않은 것은?

① [만들기] 탭에서 [테이블 디자인]을 클릭하면 필드와 형식을 만들고 데이터시트 보기에서 데이터를 입력하면서 테이블을 만들 수 있다.

② [외부 데이터] 탭에서 다양한 형식의 데이터를 가져오거나 테이블에 연결하여 만들 수 있다.

③ [테이블 마법사]를 이용하면 데이터 구조가 이미 정의된 테이블에 데이터를 입력하면서 테이블을 만들 수 있다.

④ [만들기] 탭에서 [테이블]을 클릭하면 필드와 데이터를 입력하면서 테이블을 만들 수 있다.

22년 1회, 21년 5회

02 다음 중 테이블을 만드는 과정에 대한 설명으로 틀린 것은?

① 테이블 '디자인 보기'나 '데이터시트 보기'에서 새로운 필드를 추가할 수 있다.

② '디자인 보기'에서 행 선택기를 클릭한 후 바로 가기 메뉴에서 [행 삽입]을 선택하여 필드를 추가할 수 있다.

③ '데이터시트 보기'에서 마지막 열의 필드명 부분을 더블클릭 하여 이름을 변경하면 데이터 형식을 선택할 수 있는 바로 가기 메뉴가 표시된다.

④ '데이터시트 보기'에서 마지막 열에 데이터를 입력하면 '짧은 텍스트'로 데이터 형식이 자동으로 지정된다.

22년 5회, 15년 3회

03 다음 중 테이블에서의 필드 이름 지정 규칙에 대한 설명으로 옳은 것은?

① 필드 이름의 첫 글자는 숫자로 시작할 수 없다.

② 테이블 이름과 동일한 이름을 필드 이름으로 지정할 수 없다.

③ 한 테이블 내에 동일한 이름의 필드를 2개 이상 지정할 수 없다.

④ 필드 이름에 문자, 숫자, 공백, 특수문자를 조합한 모든 기호를 포함할 수 있다.

22년 2회, 21년 1회, 18년 1회, 17년 2회

04 다음 중 필드의 각 데이터 형식에 대한 설명으로 옳지 않은 것은?

① 통화 형식은 소수점 이하 4자리까지의 숫자를 저장할 수 있으며, 기본 필드 크기는 8바이트이다.

② Yes/No 형식은 Yes/No, True/False, On/Off 등과 같이 두 값 중 하나만 입력하는 경우에 사용하는 것으로 기본 필드 크기는 1비트이다.

③ 일련 번호 형식은 새 레코드를 만들 때 1부터 시작하는 정수가 자동 입력된다.

④ 긴 텍스트 형식은 텍스트 및 숫자 데이터가 최대 255자 까지 저장된다.

22년 1회, 21년 5회

05 회원(회원코드, 성명, 전화번호, 비고) 테이블에서 비고 필드에 회원 사진을 저장하려고 할 때 가장 적합한 데이터 형식은?

① 긴 텍스트 ② 하이퍼링크
③ 일련 번호 ④ 첨부 파일

24년 5회

06 다음 중 회사의 사원 정보를 데이터베이스로 구축할 때 가장 적합한 기본키에 대한 설명으로 올바른 것은?

① 대부분의 자료를 검색할 때 성명을 사용하므로 성명을 기본키로 사용한다.

② 대부분의 사원들이 핸드폰을 사용하므로 핸드폰 번호를 기본키로 사용한다.

③ 성명은 중복 가능성이 있으므로 성명과 부서명을 함께 기본키로 사용한다.

④ 회사에서 사원들에게 지급한 사원코드를 기본키로 사용한다.

23년 5회, 1회, 20년 2회

07 다음 중 입력 마스크 설정에 사용하는 사용자 정의 입력 마스크 기호에 대한 설명으로 옳은 것은?

① 9 : 소문자로 변환

② > : 숫자나 공백을 입력받도록 설정

③ < : 영문 대문자로 변환하여 입력받도록 설정

④ L : 영문자와 한글만 입력받도록 설정

해설은 412쪽에 있습니다.

23년 2회, 22년 4회, 07년 1회, 05년 3회, 02년 3회

08 테이블 디자인의 조회 표시에서 콤보 상자나 목록 상자를 선택하면 여러 가지 속성이 표시된다. 속성에 대한 설명 중 옳지 않은 것은?

① 행 원본 : 목록으로 제공할 데이터를 지정한다.
② 바운드 열 : 표시되는 열의 개수를 지정한다.
③ 컨트롤 표시 : 콤보 상자나 목록 상자를 선택한다.
④ 목록 값만 허용 : '예'로 설정하면 목록에 제공된 데이터 이외의 값을 추가할 수 없다.

23년 2회, 22년 4회, 19년 2회, 16년 3회

09 다음 중 Access의 기본키에 대한 설명으로 옳지 않은 것은?

① 기본키는 테이블의 [디자인 보기] 상태에서 설정할 수 있다.
② 기본키로 설정된 필드에는 널(NULL) 값이 허용되지 않는다.
③ 기본키로 설정된 필드에는 항상 고유한 값이 입력되도록 자동으로 확인된다.
④ 관계가 설정되어 있는 테이블에서 기본키 설정을 해제하면 해당 테이블에 설정된 관계도 삭제된다.

23년 2회, 22년 7회, 1회, 21년 5회, 11년 3회, 08년 4회, 07년 3회, 02년 3회

10 다음 중 인덱스(Index)에 대한 설명으로 옳지 않은 것은?

① 일반적으로 검색을 자주하는 필드에 대해 인덱스를 설정하는 것이 바람직하다.
② 인덱스를 설정하면 레코드의 조회는 물론 레코드의 갱신 속도가 빨라진다.
③ 설정하는 각 인덱스는 필드를 10개까지 사용할 수 있다.
④ 인덱스 속성은 아니요, 예(중복 불가능), 예(중복 가능) 중 한 개의 값을 갖는다.

22년 1회, 21년 5회, 10년 1회, 08년 2회

11 [부서] 테이블과 [사원] 테이블에는 아래 표와 같이 데이터가 들어 있다. [부서] 테이블의 '부서코드'는 기본키로 설정되어 있고 [사원] 테이블의 '소속부서' 필드는 [부서] 테이블의 '부서코드'를 참조하고 있는 외래키(Foreign Key)이다. 다음 설명으로 옳지 않은 것은?

〈부서〉

부서코드	부서명
1	회계부
2	관리부
3	총무부

〈사원〉

사번	사원명	소속부서
1	홍길동	1
2	김을섭	3
3	박부자	1
4	이원수	null

① 현재 참조 무결성(Referential Intergrity)이 유지되고 있다.
② [사원] 테이블에서 4번 사원의 '소속부서'를 4로 바꾸면 참조 무결성은 유지되지 않는다.
③ [사원] 테이블에서 2번 사원을 삭제해도 참조 무결성은 유지된다.
④ [부서] 테이블에서 2번 부서를 삭제하면 참조 무결성이 유지되지 않는다.

23년 5회, 2회, 1회, 21년 7회, 3회, 13년 2회, 12년 1회

12 다음 중 다른 데이터베이스의 원본 데이터를 연결 테이블로 가져온 테이블과 새 테이블로 가져온 테이블에 대한 설명으로 옳지 않은 것은?

① 새 테이블로 가져온 테이블을 삭제해도 원본 테이블은 삭제되지 않는다.
② 새 테이블로 가져온 테이블을 이용하여 폼이나 보고서를 생성할 수 있다.
③ 연결 테이블로 가져온 테이블을 삭제해도 원본 테이블은 삭제되지 않고 연결만 삭제된다.
④ 연결 테이블로 가져온 테이블을 삭제하면 연결되어 있는 원본 데이터베이스 테이블도 삭제된다.

▶ 정답 : 1. ③ 2. ④ 3. ③ 4. ④ 5. ④ 6. ④ 7. ④ 8. ② 9. ④ 10. ② 11. ④ 12. ④

기출문제 해설

[문제 01] Section 113

테이블을 만드는 방법 중에 [테이블 마법사]를 이용하는 방법은 없다.

[문제 02] Section 113

'데이터시트 보기'에서 데이터를 입력하면 '짧은 텍스트'로 데이터 형식이 자동으로 지정되는 것이 아니라 숫자를 입력하면 '숫자' 형식으로, 문자를 입력하면 '짧은 텍스트' 형식으로 데이터 형식이 입력한 데이터에 맞게 자동으로 지정된다.

[문제 03] Section 113

① 필드 이름의 첫 글자를 숫자로 시작할 수 있다.

② 테이블 이름과 동일한 이름을 필드 이름으로 지정할 수 있다.

④ 특수문자 중 . ! [ ]는 필드 이름에 포함할 수 없다.

[문제 04] Section 114

- 긴 텍스트 형식은 최대 64,000자까지 입력이 가능하다.
- 최대 255자까지 입력 가능한 형식은 짧은 데이터 형식이다.

[문제 05] Section 114

사진을 저장할 수 있는 데이터 형식은 OLE 개체나 첨부 파일이다.

[문제 06] Section 115

- 기본키는 테이블 내 모든 레코드들을 고유하게 식별할 수 있는 필드에 지정해야 한다.
- '사원코드'는 사원 개개인을 구분할 수 있도록 부여한 코드이므로 기본키로 사용하기에 가장 적합하다.

[문제 07] Section 115

9는 선택 요소로 숫자나 공백 입력, 〉는 영문 대문자, 〈는 영문 소문자로 변환하는 기호이다.

[문제 08] Section 117

- '바운드 열'은 선택한 목록의 여러 열 중 해당 컨트롤에 저장되는 열을 지정하는 속성이다.
- ②번은 '열 개수' 속성에 대한 설명이다.

[문제 09] Section 118

관계가 설정된 테이블의 기본키는 설정을 해제할 수 없으므로 기본키 설정을 해제하려면 먼저 설정된 관계를 제거해야 한다.

[문제 10] Section 118

인덱스를 설정하면 데이터 검색, 정렬 등의 작업 시간은 빨라지지만 데이터 추가나 변경 시 갱신 속도는 느려진다.

[문제 11] Section 120

기본(부서) 테이블의 '부서코드' 중 2번은 [사원] 테이블에서 사용하지 않았으므로 기본(부서) 테이블의 2번 부서를 삭제해도 참조 무결성은 유지된다.

[문제 12] Section 121

연결 테이블(Linked Table) 기능을 이용하여 연결한 테이블을 삭제하더라도 원본 데이터에는 아무런 영향을 주지 않는다.

3장

데이터베이스 질의(Query)

SECTION 123

단순 조회 질의 - 기본 구문

5512301

1 기본 구문

24.5, 21.2, 19.상시, 18.2, 16.2, 15.3, 15.2, 11.3, 10.2, 10.1, 08.4, 08.3, 07.4, 06.2, 05.2, 04.2, 03.3, 03.2

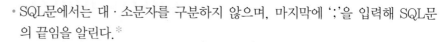

```
SELECT [DISTINCT]* 필드이름
FROM 테이블(또는 쿼리)이름
[WHERE 조건식];
```

- SQL문에서는 대 · 소문자를 구분하지 않으며, 마지막에 ';'을 입력해 SQL문의 끝임을 알린다.*
- SELECT문에 'DISTINCT'를 입력하면 검색의 결과가 중복되는 레코드는 검색 시 한 번만 표시된다.
- **필드이름** : 테이블의 모든 필드를 검색할 경우에는 필드 이름 대신 '*'를 입력하고, 특정 필드들만 검색할 경우 필드와 필드를 쉼표(,)로 구분하여 표시한다.
- **FROM 절** : 테이블이나 쿼리 이름을 지정한다.
- **WHERE 조건식** : 조건을 입력하여 특정 조건에 맞는 레코드만 검색할 때 사용한다.
- 두 개의 테이블을 지정하여 레코드를 검색하려면 두 테이블을 콤마(,)로 연결한다.

예제 1 〈상품〉 테이블에서 상품명, 판매가, 매입가를 검색하시오.

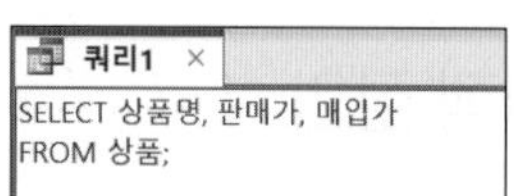

① [만들기] → [쿼리] → [쿼리 디자인]을 클릭한다.

② '테이블 추가' 창에서 닫기 단추(☒)를 클릭한다.

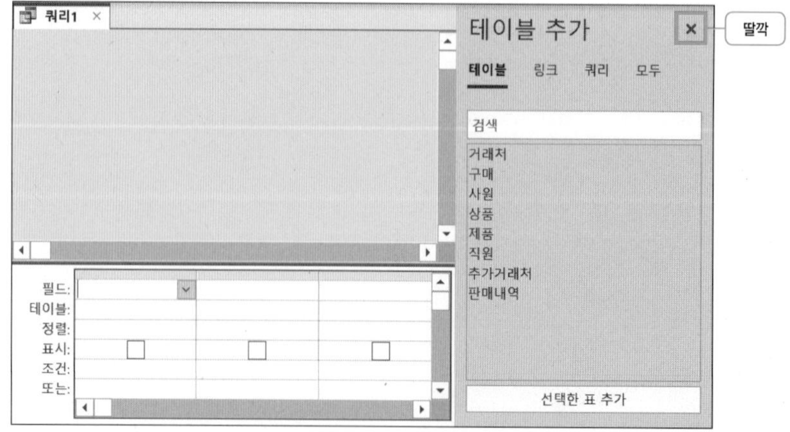

DISTINCT의 용도나 DISTINCT가 적용된 질의문의 결과를 묻는 문제가 출제되고 있습니다.

[기출 포인트]

- DISTINCT를 입력하면 중복 레코드가 제외된다.
- DISTINCT는 필드명 앞에 입력한다.
- FROM 절에 쿼리를 지정할 수 있다.
- SQL문 마지막에는 세미콜론(;)을 입력한다.

구문에서 대괄호([ ])의 의미

SQL문에서 [DISTINCT]처럼 대괄호로 묶여진 명령어들은 생략이 가능하다는 뜻입니다.

문의 끝(;)

문의 끝을 나타내는 ';'을 입력하지 않으면 자동으로 입력됩니다.

준비하세요

'C:\길벗컴활1급필기QnE\3과목\3과목 3장.accdb' 파일을 불러와 실습하세요. 이어지는 예제는 모두 [SQL 보기]를 이용하여 실습하고 결과를 확인하세요.

③ 테이블 표시 창의 바로 가기 메뉴에서 [SQL 보기]*를 선택한다.

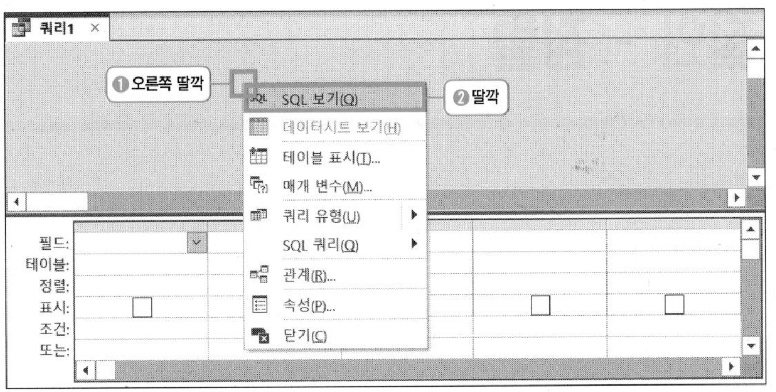

④ SQL 입력 창에 다음과 같이 입력한다.

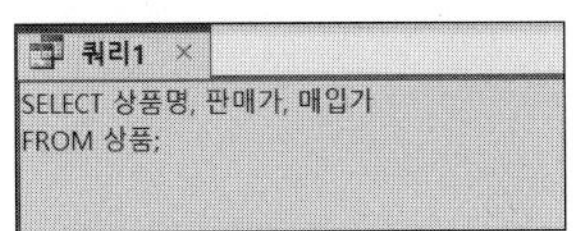

```
SELECT 상품명, 판매가, 매입가
FROM 상품;
```

⑤ [쿼리 디자인] → [결과] → [실행(!)]을 클릭하여 결과를 확인한다.

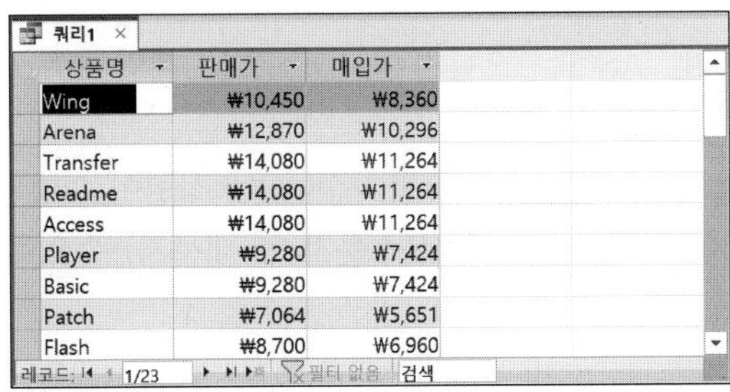

상품명	판매가	매입가
Wing	₩10,450	₩8,360
Arena	₩12,870	₩10,296
Transfer	₩14,080	₩11,264
Readme	₩14,080	₩11,264
Access	₩14,080	₩11,264
Player	₩9,280	₩7,424
Basic	₩9,280	₩7,424
Patch	₩7,064	₩5,651
Flash	₩8,700	₩6,960

레코드: 1/23 필터 없음 검색

예제 2 〈상품〉 테이블에서 분류를 검색하되 중복되는 레코드는 한 번만 표시하시오.

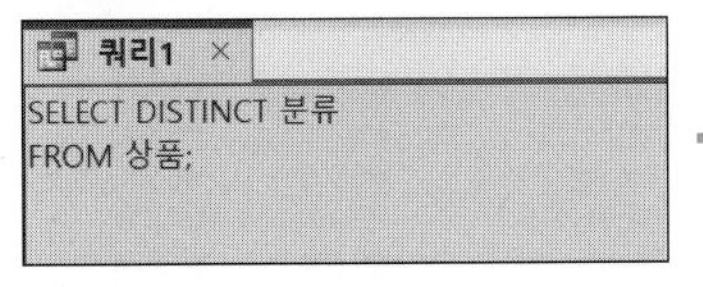

```
SELECT DISTINCT 분류
FROM 상품;
```

→

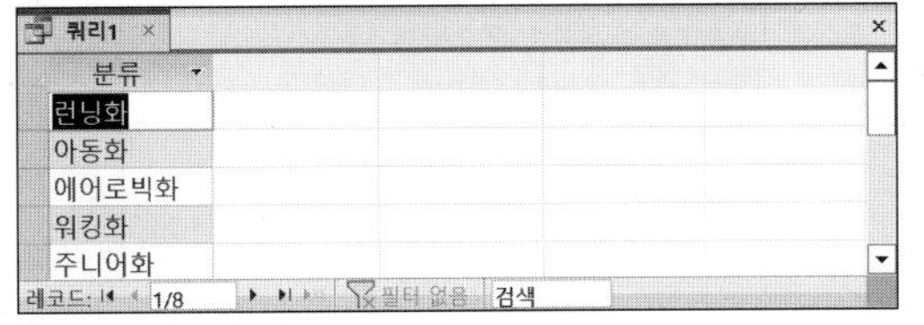

분류
런닝화
아동화
에어로빅화
워킹화
주니어화

레코드: 1/8 필터 없음 검색

예제 3 〈상품〉 테이블에서 분류가 "아동화"인 상품의 분류, 상품명, 판매가, 매입가를 검색하시오.

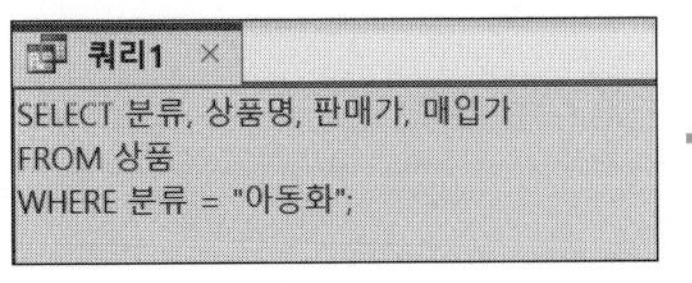

```
SELECT 분류, 상품명, 판매가, 매입가
FROM 상품
WHERE 분류 = "아동화";
```

→

분류	상품명	판매가	매입가
아동화	Patch	₩7,064	₩5,651
아동화	Flash	₩8,700	₩6,960
아동화	Tempo	₩8,700	₩6,960
아동화	Child-king	₩15,000	₩12,350

레코드: 1/4 필터 없음 검색

기출체크 ☑

19.상시, 16.2, 15.3, 15.2, 10.2, 06.2, 05.2, 04.2, 03.3

1. 'SELECT DISTINCT 학과 FROM 학생'에서 'DISTINCT'는 중복되는 학과는 한 번만 표시하라는 의미이다. (○, ×)

24.5

2. 'select * distinct from member where age=17;'는 올바른 문장이다. (○, ×)

SQL 보기

- [SQL 보기]는 쿼리를 실행시킨 상태나 쿼리 디자인 보기 창이 열린 상태에서만 보입니다.
- [쿼리 디자인] → [결과] → [보기] → [SQL 보기]를 선택해도 됩니다.
- 쿼리 마법사나 디자인 보기를 이용하여 만든 쿼리도 [SQL 보기]로 확인하고, 수정할 수 있습니다.

계속 실습하기

SQL문을 실행하여 결과를 확인한 후 저장하지 않고 다음 문제를 바로 실습하려면, [홈] → [보기] → [보기] → [SQL 보기]를 선택한 후 내용을 지우고 왼쪽 예제의 SQL문을 입력하면 됩니다.

문자열 묶어주기

where 분류="아동화"와 같이 문자값을 비교할 때는 문자열을 큰따옴표(" ")나 작은따옴표(' ')로 묶어줍니다. 큰따옴표나 작은따옴표 어느 것을 사용해도 상관없습니다.

기출체크 2번

모든 필드명을 의미하는 * 다음에 distinct가 입력되었으므로 잘못된 문장입니다. distinct는 필드명 앞에 입력해야 합니다.

기출체크 정답

1. ○ 2. ×

SECTION 124 단순 조회 질의 - 정렬

중요해요! ORDER BY 절의 용도와 사용법을 이해해야 풀 수 있는 문제가 자주 출제됩니다.

[기출 포인트]

- ORDER BY절은 정렬하여 검색할 때 사용한다.
- ASC를 입력하거나 생략하면 오름차순으로 정렬된다.
- DESC를 입력하면 내림차순으로 정렬된다.

준비하세요

'C:\길벗컴활1급필기QnE\3과목\3과목3장.accdb' 파일을 불러와 실습하세요. 이어지는 예제는 모두 [SQL 보기]를 이용하여 실습하고 결과를 확인하세요.

정렬 방식

정렬 방식이 생략되면 오름차순(ASC)으로 정렬됩니다.

513001

1 정렬

24.1, 23.5, 23.2, 22.6, 22.4, 22.3, 22.2, 21.4, 21.1, 20.1, 19.상시, 19.2, 19.1, 18.상시, 18.2, 17.1, 16.3, 14.3, 11.3, 11.1, …

```
SELECT [DISTINCT] 필드이름
FROM 테이블(또는 쿼리)이름
[WHERE 조건식]
[ORDER BY 필드이름 정렬방식, …];
```

- **ORDER BY문** : 특정 필드를 기준으로 레코드를 정렬하여 검색할 때 사용한다.
- **정렬 방식**
  - 'ASC'와 'DESC'가 있으며, 'ASC'는 오름차순, 'DESC'는 내림차순을 의미한다.
  - 정렬 방식을 지정하지 않으면 기본적으로 오름차순(ASC) 정렬이 수행된다.
  - 오름차순으로 정렬할 경우 숫자, 한글, 영문(소문자 → 대문자) 순으로 정렬된다.

예제 1 〈상품〉 테이블에서 분류, 상품명, 판매가, 매입가를 검색하되, 판매가를 기준으로 오름차순 정렬하시오.

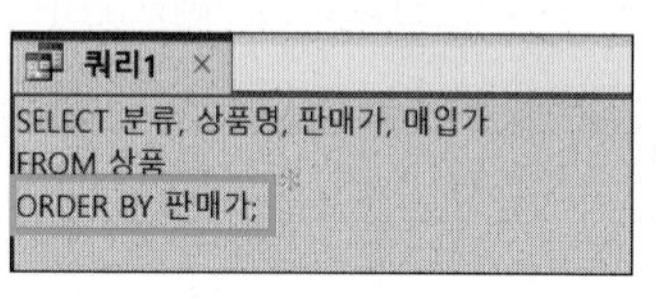

→

쿼리1

분류	상품명	판매가	매입가
아동화	Patch	₩7,064	₩5,651
아동화	Flash	₩8,700	₩6,960
아동화	Tempo	₩8,700	₩6,960
주니어화	Player	₩9,280	₩7,424
주니어화	Basic	₩9,280	₩7,424

레코드: 1/23 필터 없음 검색

예제 2 〈상품〉 테이블에서 분류를 검색하되, 중복되는 레코드는 한 번만 표시하고 분류를 기준으로 오름차순 정렬하시오.

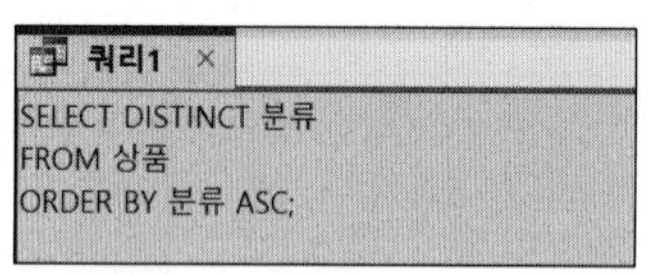

→

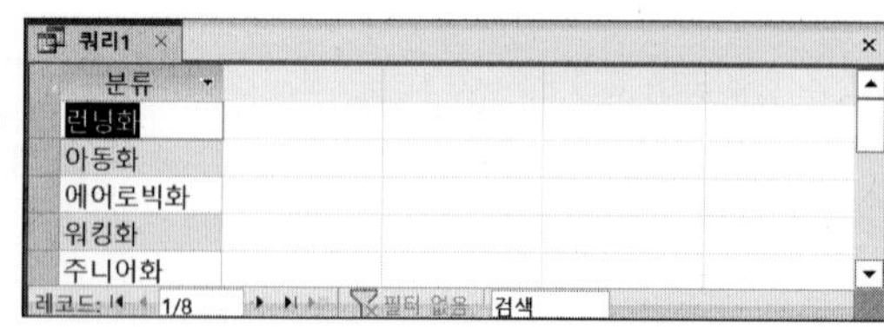

예제 3 〈상품〉 테이블에서 분류, 상품명, 판매가, 매입가를 검색하되, 분류를 기준으로 오름차순 정렬하고, 분류가 같을 경우에는 판매가를 기준으로 내림차순 정렬하시오.

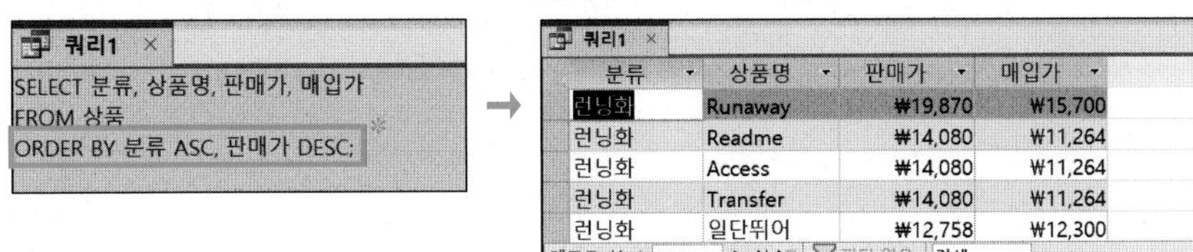

```
SELECT 분류, 상품명, 판매가, 매입가
FROM 상품
ORDER BY 분류 ASC, 판매가 DESC;
```

분류	상품명	판매가	매입가
런닝화	Runaway	₩19,870	₩15,700
런닝화	Readme	₩14,080	₩11,264
런닝화	Access	₩14,080	₩11,264
런닝화	Transfer	₩14,080	₩11,264
런닝화	일단뛰어	₩12,758	₩12,300

레코드: 1/23 필터 없음 검색

2차 정렬

2차 정렬을 할 경우 쉼표(,)로 구분합니다.

기출체크 ☑

24.1, 23.5, 23.2, 22.4, 22.3, 22.2

1. 도서(도서명, 저자, 정가, 출판사) 테이블에 대해 다음과 같은 결과를 표시하는 SQL문을 고르시오. (   )

쿼리1

도서명	저자	정가	출판사
월급쟁이대테크	우용표	₩17,500	길벗경영
차트분석	윤재수	₩25,000	길벗경영
워드프로세서	김종일	₩19,000	길벗수험
컴퓨터활용능력	김우경	₩28,000	길벗수험
코딩인공지능	강희숙	₩18,000	길벗IT
포토샵CC	김선길	₩20,000	길벗IT

ⓐ select * from 도서 order by 출판사 asc, 정가 asc;
ⓑ select * from 도서 order by 저자 asc, 출판사 desc;
ⓒ select * from 도서 order by 정가 desc, 저자 asc;
ⓓ select * from 도서 order by 도서명 asc, 정가 desc;

22.6, 19.2, 14.3, 08.1

2. [평균성적] 테이블에서 '평균' 필드 값이 90 이상인 학생들을 검색하여 '학년' 필드를 기준으로 내림차순, '반' 필드를 기준으로 오름차순 정렬하여 표시하는 질의문을 완성하시오.

```
SELECT 학년, 반, 이름
FROM 평균성적
WHERE 평균 >= 90
(              ) 학년 (     ) 반 (     );
```

기출체크 정답

1. ⓐ 2. ORDER BY, DESC, ASC

단순 조회 질의 - 그룹 지정

중요해요! HAVING의 기능, 그리고 WHERE와 HAVING의 차이를 알아야 풀 수 있는 문제가 자주 출제됩니다.

[기출 포인트]

- GROUP BY절은 그룹화하여 검색할 때 사용한다.
- 그룹에 대한 조건은 Having절에 입력한다.
- HAVING과 WHERE의 차이는 그룹화 여부이다.

그룹(집단) 함수

- SUM : 합계
- AVG : 평균
- MAX : 최대값
- MIN : 최소값
- COUNT : 개수

준비하세요

'C:\길벗컴활1급필기QnE\3과목\3과목 3장.accdb' 파일을 불러와 실습하세요. 이어지는 예제는 모두 [SQL 보기]를 이용하여 실습하고 결과를 확인하세요.

SUM(판매가) AS 판매합계

'판매가' 필드에 있는 값들의 합계를 표시하되 '판매합계'라는 필드 이름으로 표시합니다.

513101

1 그룹 지정

24.5, 24.2, 23.3, 23.1, 22.5, 22.1, 21.8, 21.7, 21.6, 21.5, 20.1, 19.상시, 18.상시, 18.2, 18.1, 15.3, 14.3, 13.2, 13.1, …

```
SELECT [DISTINCT] 필드이름
FROM 테이블(또는 쿼리)이름
[WHERE 조건식]
[GROUP BY 필드이름]
[HAVING 그룹조건식];
```

- **GROUP BY절**
  - 특정 필드를 기준으로 그룹화하여 검색할 때 사용한다.
  - 일반적으로 GROUP BY는 SUM, AVG, COUNT 같은 그룹 함수*와 함께 사용한다.
- **HAVING 절**
  - 그룹에 대한 조건을 지정할 때 사용한다.
  - 개개의 레코드에 조건을 지정할 때는 WHERE절을 사용한다.

예제 1 〈상품〉 테이블에서 판매합계라는 필드 이름으로 판매가의 합계, 매입평균이라는 필드 이름으로 매입가의 평균을 계산하여 검색하시오.

→

판매합계	매입평균
₩283,262	₩9,950

레코드: 1/1

예제 2 〈상품〉 테이블에서 분류별 상품 개수를 계산하시오.

→

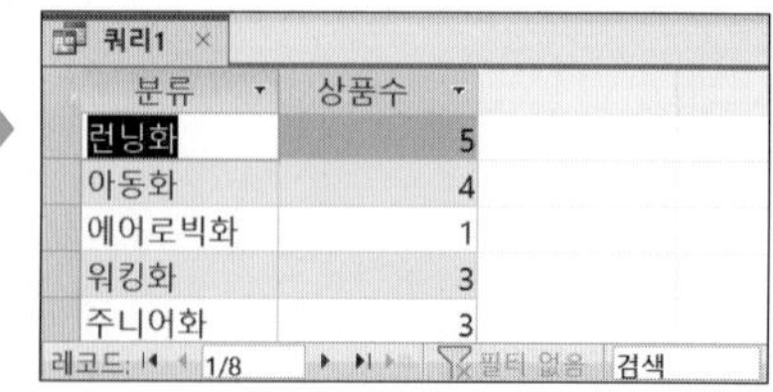

분류	상품수
런닝화	5
아동화	4
에어로빅화	1
워킹화	3
주니어화	3

레코드: 1/8

예제 3 〈상품〉 테이블에서 판매가가 '10,000'원 이상인 상품의 분류별 상품 개수가 3개 이상인 것만 검색하시오.

```
SELECT 분류, COUNT(분류) AS 상품수
FROM 상품
WHERE 판매가 >= 10000
GROUP BY 분류
HAVING COUNT(분류) >= 3;
```

→

분류	상품수
런닝화	5
워킹화	3
클래식화	3

레코드: 1/3

기출체크 ☑

22.5

1. 〈주문상세내역〉 테이블을 대상으로 SQL문을 실행한 결과로 표시되는 레코드의 개수는 (   )개이다.

주문상세내역

주문번호	제품코드	단가	수량
A130	RT8754	1500	20
A130	HI4875	1000	30
A130	GE2457	2800	10
A130	AB1455	2500	15
A234	BA8545	3000	18
A234	JD2456	1800	20
A278	HD5453	2000	24
A278	RE2456	1400	32
A350	GE7584	2500	27
A350	GE3585	2400	25

〈SQL문〉

```
Select 주문번호 From 주문상세내역
Group By 주문번호
Having Count(*) >= 3;
```

24.2, 23.3, 22.1, 21.8, 21.5, 21.3, 20.1

2. 〈학생〉 테이블에 대한 SQL문의 실행 결과는 (   )이다.

학생

학번	전공	학년	나이
1002	영문	SO	19
1004	통계	SN	23
1005	영문	SN	21
1008	수학	JR	20
1009	영문	FR	18
1010	통계	SN	25

```
SELECT AVG([나이]) FROM 학생
WHERE 학년="SN" GROUP BY 전공
HAVING COUNT(*) >= 2;
```

기출체크 1번

- **Select 주문번호 From 주문상세내역** : 〈주문상세내역〉 테이블에서 '주문번호' 필드를 검색합니다.
- **Group By 주문번호** : '주문번호' 필드를 기준으로 그룹을 지정합니다.

주문번호
A130
A130
A130
A130
A234
A278
A278
A278
A350
A350

- **Having Count(*)>=3** : 그룹별로 레코드의 개수가 3개 이상인 그룹만을 대상으로 검색합니다.

주문번호
A130
A278

※ 질의문의 수행 결과 표시되는 레코드의 개수는 2개입니다.

기출체크 2번

- **SELECT AVG([나이]) FROM 학생** : '학생' 테이블에서 '나이' 필드의 평균을 검색합니다.
- **WHERE 학년="SN"** : '학년' 필드의 값이 "SN"인 레코드만을 대상으로 검색합니다.

전공	학년	나이
통계	SN	23
영문	SN	21
통계	SN	25

- **GROUP BY 전공** : '전공' 필드를 기준으로 그룹을 지정합니다.

전공	학년	나이
통계	SN	23
통계	SN	25
영문	SN	21

- **HAVING COUNT(*)>=2** : 그룹별로 레코드의 개수가 2개 이상인 그룹만을 대상으로 검색합니다.

전공	학년	나이
통계	SN	23
통계	SN	25

※ 질의문의 수행 결과 나이의 평균은 (23+25)/2 = 24입니다.

기출체크 정답
1. 2 2. 24

SECTION 126 주요 함수

전문가의 조언

COUNT, SUM, AVG, MAX 함수의 기능과 사용법을 묻는 문제가 주로 출제되고 있습니다.

[기출 포인트]
- COUNT = 개수
- SUM = 합계
- AVG = 평균
- MAX = 최대값

준비하세요

'C:\길벗컴활1급필기QnE\3과목\3과목 3장.accdb' 파일을 불러와 실습하세요. 이어지는 예제는 모두 [SQL 보기]를 이용하여 실습하고 결과를 확인하세요.

예제 1 **설명**

'GROUP BY 거래처명'으로 '거래처명'을 기준으로 그룹을 지정한 후 AVG와 SUM 함수로 수량의 평균과 금액의 합계를 출력합니다.

513201

1 그룹 함수

23.2, 22.4, 22.1, 21.5, 21.3, 20.1, 19.1, 15.3, 13.3, 13.1, 12.3, 11.1, 10.3, 10.1, 09.4, 09.2, 091, 08.4, 06.4, 05.3, …

22.1, 21.5, 21.3, 20.1, 10.3, 08.4, 04.4 **AVG(필드명)**	필드의 평균을 구한다.
22.1, 13.1, 10.1, 09.4, 08.4, 05.3, 03.1 **SUM(필드명)**	필드의 합계를 구한다.
23.2, 22.1, 15.3, 12.3, 11.1, 10.1, 09.2, 06.4, 05.1, … **COUNT(필드명)**	해당 필드를 기준으로 비어있지 않은 레코드 수를 구한다.
MIN(필드명)	필드에서의 최소값을 구한다.
22.1, 13.3 **MAX(필드명)**	필드에서의 최대값을 구한다.

예제 1 〈판매내역〉 테이블에서 거래처명별로 수량의 평균과 금액의 합계를 '수량의 평균'과 '금액의합계' 라는 이름으로 검색하시오.

쿼리1

```
SELECT 거래처명, AVG(수량) AS 수량의평균, SUM(금액) AS 금액의합계
FROM 판매내역
GROUP BY 거래처명;
```

→

쿼리1

거래처명	수량의평균	금액의합계
가님	14.5	₩300,720
개성전자	34	₩652,800
동아후로킹	35	₩750,600
리치	10	₩315,820
멀티클럽	5.66666666666667	₩163,348

레코드: 1/15 필터 없음 검색

기출체크 ☑

23.2, 22.4, 19.1, 13.3, 09.1, 07.4, 04.1

1. 회원(회원번호, 이름, 나이, 주소) 테이블에서 회원수가 몇 명인가를 계산하려고 할 때 다음 질의문을 완성하시오.

Select (   ) As 회원수 From 회원;

전문가의 조언

- INSTR, MID, LEFT, RIGHT 함수의 적용 결과를 묻는 문제가 출제됩니다.
- 함수들의 기능과 사용법을 확실하게 암기하세요.

LEN 함수의 사용 예

LEN("시나공") → 3

기출체크 정답
1. Count(*)

513203

2 문자 처리 함수

24.5, 24.1, 23.4, 23.3, 21.4, 21.1, 18.상시, 18.1, 16.2, 16.1, 14.2, 13.3, 13.1, 12.3, 12.2, 12.1, 11.1, 09.4, 09.3, 09.2, …

24.5, 23.4, 08.1, 06.3 **LEN(필드 이름)***	필드에 저장된 문자열의 길이를 반환한다.
24.5, 23.4, 12.2, 12.1 **LEFT(문자열, 자릿수)**	문자열의 왼쪽에서 주어진 자릿수만큼 추출한다.
24.5, 23.4, 23.3, 21.4, 21.1, 18.1, 12.1 **MID(문자열, 시작값, 자릿수)**	문자열의 시작 위치에서 주어진 자릿수만큼 추출한다.
13.3, 12.2, 12.1 **RIGHT(문자열, 자릿수)**	문자열의 오른쪽에서 주어진 자릿수만큼 추출한다.
09.4 **LCASE(문자열)**	문자열을 모두 소문자로 변환한다.
UCASE(문자열)	문자열을 모두 대문자로 변환한다.

24.5, 24.1, 23.4, 14.2, 13.3, 13.1, 12.3, 12.1, … **INSTR(문자열, 찾는 문자)**	• 문자열에서 찾는 문자 또는 문자열의 위치를 구한다. • 문자열에서 찾는 문자나 문자열이 없는 경우에는 0을 반환한다.
13.1, 09.3 **VAL(문자열)**	문자열로 표시된 숫자를 숫자 값으로 변환한다.

예제 2 〈거래처〉 테이블에서 주소 필드의 앞 3글자가 '용산구'인 거래처의 개수를 계산하시오.

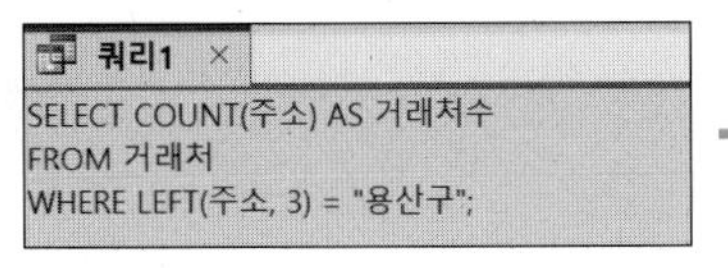

```
SELECT COUNT(주소) AS 거래처수
FROM 거래처
WHERE LEFT(주소, 3) = "용산구";
```

→

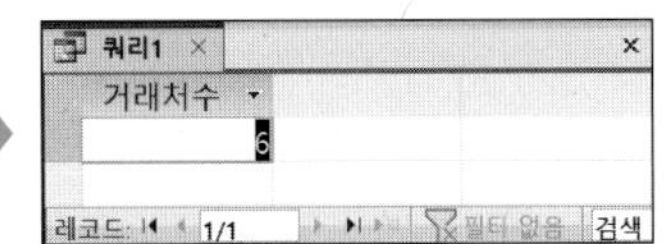

거래처수
6

예제 2 **설명**

'주소의 앞 3글자'라는 것은 '주소의 왼쪽에서 3글자'와 동일한 의미입니다.

예제 3 〈상품〉 테이블에서 영문 상품명을 모두 대문자로 변경한 후 상품명, 변경상품명을 검색하시오.

```
SELECT 상품명, UCASE(상품명) AS 변경상품명
FROM 상품;
```

→

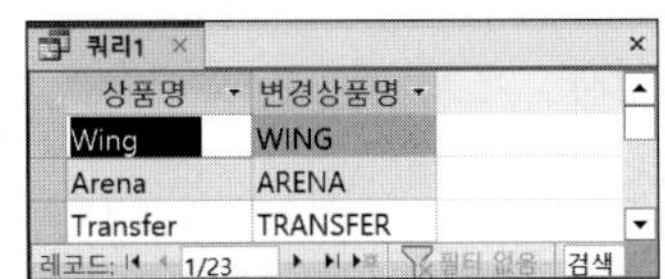

상품명	변경상품명
Wing	WING
Arena	ARENA
Transfer	TRANSFER

기출체크 ☑

24.5, 24.1, 23.4

2. 다음 문자열 함수에 대한 결과를 쓰시오.

① Len("Blossom") → (　　　　)　　② Mid("Blossom", 3, 2) → (　　　　)

③ Left("Blossom", 3) → (　　　　)　　④ Instr("Blossom", "son") → (　　　　)

513204

22.7, 21.1, 18.1, 13.1, 12.1, 09.3, 08.3, 08.1

3 기타 함수

22.7, 21.1, 18.1, 12.1, 08.3 **IIF(조건, 실행1, 실행2)**	조건이 참이면 실행1을, 거짓이면 실행2를 수행한다.
13.1, 09.3, 08.1 **ROUND(필드명, 자릿수)**	필드에 저장된 숫자를 지정한 자릿수로 반올림한다.
08.1 **ISNULL(필드명)**	필드의 값이 NULL인지를 확인한다.

전문가의 조언

• IIF 함수의 사용법, 그리고 ROUND와 ISNULL 함수의 기능을 묻는 문제가 출제되고 있습니다.

• 함수들의 기능과 사용법을 확실하게 암기하세요.

예제 4 〈판매내역〉 테이블에서 순번, 상품번호, 금액, 거래처명, 비고를 검색하되, 비고에는 금액이 ₩1,000,000 이상이면 "히트상품"을, ₩1,000,000 미만이면 "연구상품"을 표시하시오.

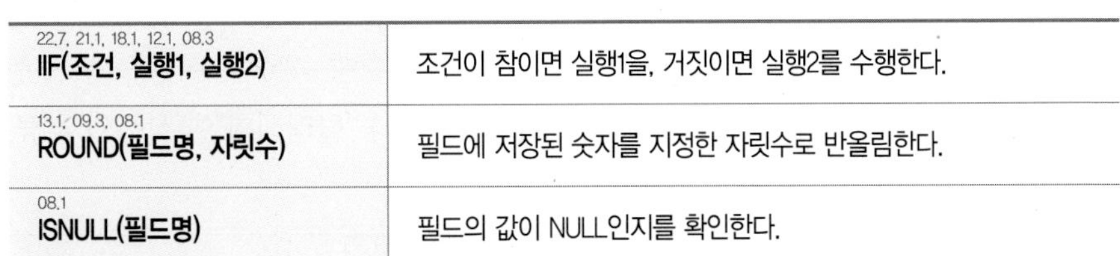

```
SELECT 순번, 상품번호, 금액, 거래처명, IIF(금액>=1000000, "히트상품", "연구상품") AS 비고
FROM 판매내역;
```

→

순번	상품번호	금액	거래처명	비고
1	2	₩193,050	아이캔21	연구상품
2	5	₩126,720	가남	연구상품
3	7	₩928,000	시네마	연구상품
4	8	₩35,320	리치	연구상품

기출체크 ☑

12.1, 08.3

3. 〈성적〉 테이블에서 평균이 90 이상이면 "합격", 그렇지 않을 경우 "불합격"을 '합격여부'로 표시하는 질의문을 완성하시오.

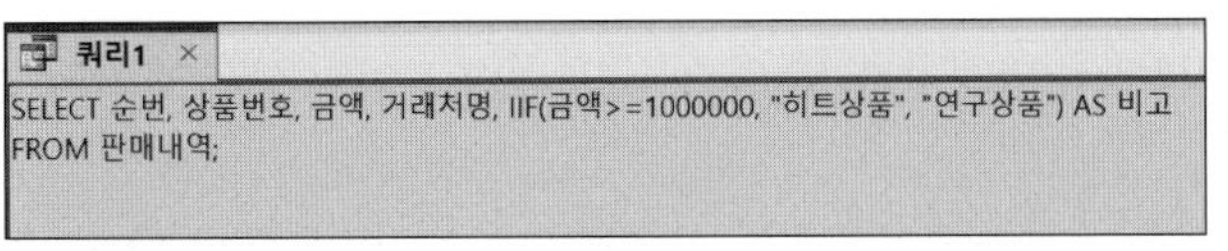

```
SELECT 평균, (                              ) AS 합격여부
FROM 성적;
```

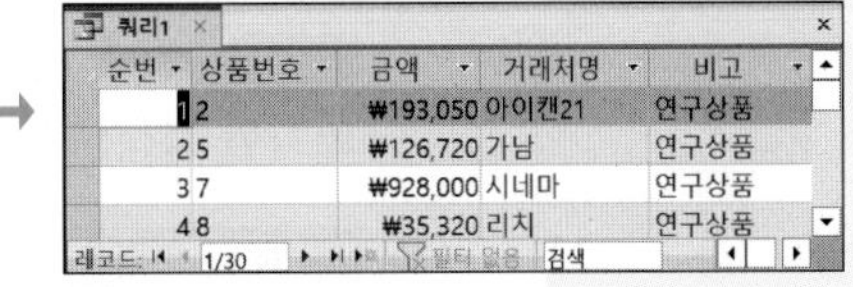

기출체크 정답

2. ① 7 ② os ③ Blo ④ 0

3. IIF(평균>=90, "합격", "불합격")

SECTION 127

특수 연산자를 이용한 질의

513301

1 연산자

24.5, 24.4, 24.3, 24.1, 22.3, 21.1, 19.2, 18.1, 16.1, 10.3, 06.2, 05.3, 03.4

&, MOD, AND, OR, \ 연산자의 기능이나 적용 결과를 묻는 문제가 출제되고 있습니다.

[기출 포인트]

- &는 문자열을 연결한다.
- MOD는 나머지를 구한다.
- \는 몫을 구한다.
- ^는 지수를 의미한다.

※ '\'는 키보드에서 '₩'를 누르면 입력됩니다.

준비하세요

'C:\길벗컴활1급필기QnE\3과목\3과목 3장.accdb' 파일을 불러와 실습하세요. 이어지는 예제는 모두 [SQL 보기]를 이용하여 실습하고 결과를 확인하세요.

예제 1 설명

'판매가' 필드 값에서 '매입가' 필드의 값을 뺀 결과를 '이윤'이라는 필드 이름으로 출력합니다.

예제 2 설명

'판매가' 필드 값에 0.1(10%)을 곱한 값을 '세금'이라는 필드 이름으로 출력합니다.

산술 연산자, 관계 연산자, 논리 연산자를 이용한 수식을 이용하여 다양한 질의문을 활용할 수 있다.

- **산술 연산자** : +, −, *, /, \, mod, &, ^
- **관계 연산자** : 〉, 〈, =, 〉=, 〈=, 〈〉
- **논리 연산자** : NOT, AND, OR

예제 1 〈상품〉 테이블에서 상품명별 이윤(판매가−매입가)을 계산하시오.

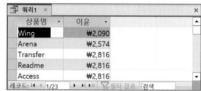

쿼리1
SELECT 상품명, 판매가-매입가 AS 이윤
FROM 상품;

→

상품명	이윤
Wing	₩2,090
Arena	₩2,574
Transfer	₩2,816
Readme	₩2,816
Access	₩2,816

레코드: 1/23 필터 없음 검색

예제 2 〈상품〉 테이블에서 상품명별 세금(판매가*0.1)을 계산하시오.

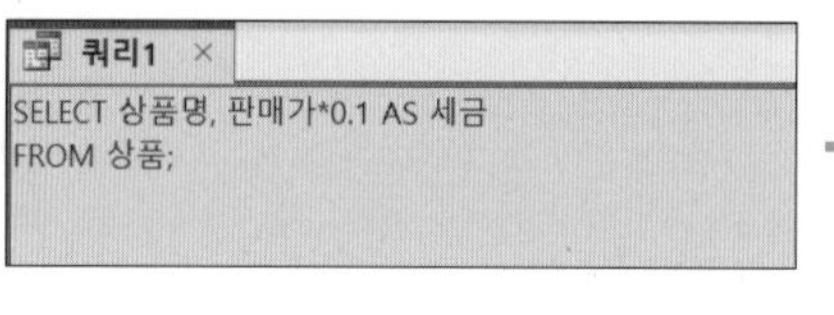

→

상품명	세금
Wing	1045
Arena	1287
Transfer	1408
Readme	1408
Access	1408

레코드: 1/23 필터 없음 검색

예제 3 〈상품〉 테이블에서 분류가 "아동화" 이거나 "클래식화"인 상품의 분류, 상품명, 판매가를 검색하시오.

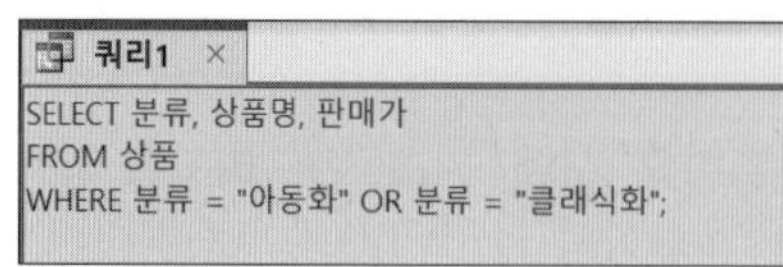

→

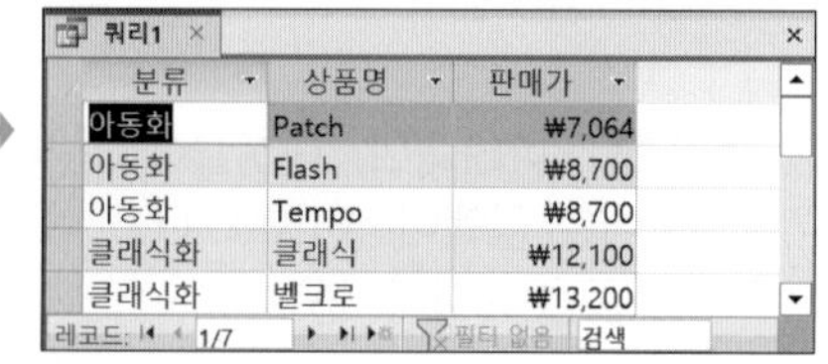

분류	상품명	판매가
아동화	Patch	₩7,064
아동화	Flash	₩8,700
아동화	Tempo	₩8,700
클래식화	클래식	₩12,100
클래식화	벨크로	₩13,200

레코드: 1/7 필터 없음 검색

예제 4 〈상품〉 테이블에서 판매가가 10,000 ~ 12,000 사이인 상품의 상품명과 판매가를 검색하시오.

→

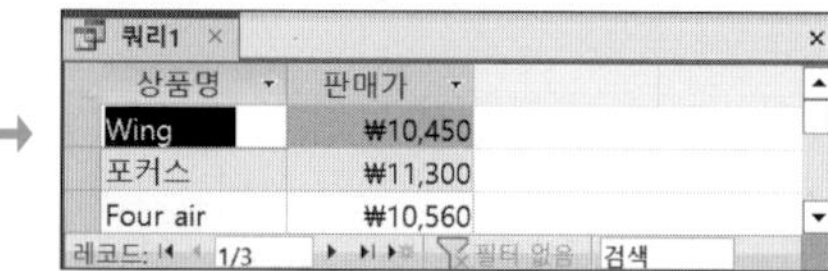

상품명	판매가
Wing	₩10,450
포커스	₩11,300
Four air	₩10,560

레코드: 1/3 필터 없음 검색

기출체크 ☑

21.1, 19.2, 18.1, 16.1
1. "A" & "B"의 결과 값은? (　　)

21.1, 18.1, 16.1, 10.3
2. 4 MOD 2의 결과 값은? (　　)

513302 ▶

24.4, 24.3, 23.4, 22.3, 21.3, 20.2, 19.상시, 18.상시, 18.2, 14.2, 11.3, 10.2, 08.4, 06.4, 04.4, 04.1

2 IN 연산자를 이용한 질의

필드의 값이 IN 연산자의 인수로 지정된 값이 하나라도 포함된 레코드만 검색하는 것으로, OR 연산자를 수행한 결과와 같다.

- **문법** : WHERE 필드 또는 필드를 나타내는 식 IN(값1, 값2, …)

예제 5 〈판매내역〉 테이블에서 거래처명이 "리치", "명승", "가남" 중 하나인 상품들의 상품번호, 금액, 판매일, 거래처명을 검색하시오.

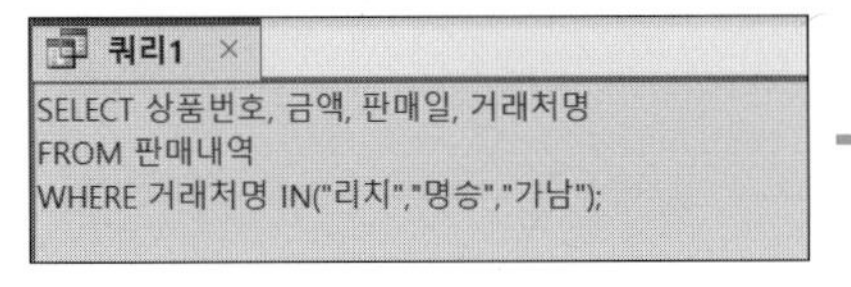

```
SELECT 상품번호, 금액, 판매일, 거래처명
FROM 판매내역
WHERE 거래처명 IN("리치","명승","가남");
```

→

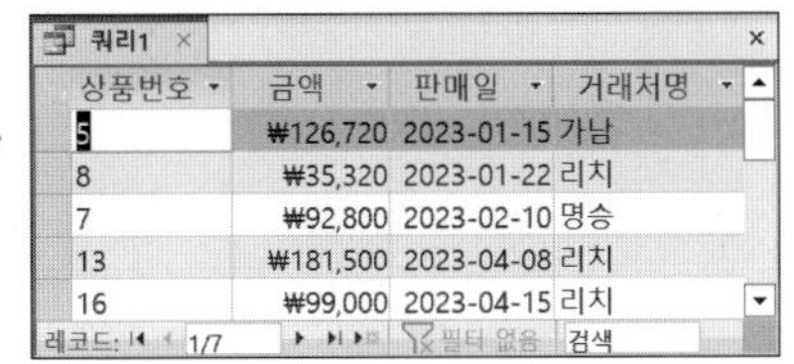

상품번호	금액	판매일	거래처명
5	₩126,720	2023-01-15	가남
8	₩35,320	2023-01-22	리치
7	₩92,800	2023-02-10	명승
13	₩181,500	2023-04-08	리치
16	₩99,000	2023-04-15	리치

레코드: 1/7

기출체크 ☑

23.4, 22.3, 14.2, 10.2, 08.4
3. 'SELECT 이름, 나이, 급여 FROM 사원 WHERE 부서="영업부" OR 부서="총무부" ORDER BY 나이 ASC;'에서 WHERE절을 'WHERE 부서 IN("영업부", "총무부")'와 같이 지정해도 동일한 결과가 표시된다. (○, ×)

513303 ▶

24.3, 24.1, 23.4, 22.7, 21.6, 21.2, 18.상시, 16.3, 15.1, 14.3, 11.3, 11.2, 10.2, 09.1, 07.3, 07.2, 06.4, 04.4, 04.2, …

3 BETWEEN 연산자를 이용한 질의

필드의 값이 BETWEEN 연산자의 범위로 지정된 값 이내에 포함되는 레코드만 검색하는 것으로, AND 연산자를 수행한 결과와 같다.

- **문법** : WHERE 필드 또는 필드를 나타내는 식 BETWEEN 값1 AND 값2

예제 6 〈판매내역〉 테이블에서 금액이 ₩200,000에서 ₩900,000 사이인 상품들의 상품번호, 금액, 판매일, 거래처명을 검색하시오.

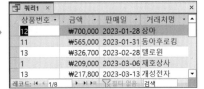

```
SELECT 상품번호, 금액, 판매일, 거래처명
FROM 판매내역
WHERE 금액 BETWEEN 200000 AND 900000;
```

→

상품번호	금액	판매일	거래처명
12	₩700,000	2023-01-28	상아
11	₩565,000	2023-01-31	동아후로킹
13	₩326,700	2023-02-28	텔로윈
1	₩209,000	2023-03-06	재호상사
13	₩217,800	2023-03-13	개성전자

레코드: 1/8

기출체크 ☑

23.4, 22.7, 15.1, 14.3, 09.1, 07.2, 04.4, 04.2, 03.3
4. 〈제품〉 테이블에서 '판매일자'라는 필드에 2015년 1월 1일부터 2015년 12월 31일까지의 날짜만 입력되도록 하려면 유효성 검사 규칙에 '(　　　　　　) #2015/01/01# AND #2015/12/31#'을 입력하면 된다.

전문가의 조언

IN 연산자가 사용된 질의문의 결과를 묻는 문제가 출제되고 있습니다.

[기출 포인트]

- IN은 인수로 지정된 값이 하나라도 포함된 레코드만 검색한다.
- 부서 IN("A","B")와 부서="A" OR 부서="B"는 같은 의미이다.

전문가의 조언

중요해요! BETWEEN 연산자가 올바르게 사용된 질의문을 찾는 문제가 자주 출제됩니다.

[기출 포인트]

- BETWEEN은 범위로 지정된 값에 포함된 레코드만 검색한다.
- 수량 BETWEEN 1 AND 10은 수량>=1 AND 수량<=10과 같은 의미이다.

기출체크 정답
1. AB 2. 0 3. ○ 4. BETWEEN

513304

4 LIKE 연산자를 이용한 질의

전문가의 조언

중요해요! LIKE 연산자는 대표문자를 이용해 조건식을 작성하는 문제가 자주 출제됩니다.

[기출 포인트]

- LIKE "서울*"은 서울로 시작하는 레코드를 검색한다.
- LIKE "*서울*"은 서울을 포함하는 레코드를 검색한다.

대표 문자

- *** 또는 %** : 모든 문자를 대표
- **? 또는 _** : 한 자리 문자를 대표
- **#** : 한 자리 숫자를 대표

대표 문자*를 이용해 필드의 값이 패턴과 일치하는 레코드만 검색한다.

- **문법 : WHERE 필드 또는 필드를 나타내는 식 LIKE '문자 패턴'**

예제 7 〈거래처〉 테이블에서 거래처 주소가 "용산구"로 시작하는 거래처의 모든 필드를 검색하시오.

```
SELECT *
FROM 거래처
WHERE 주소 LIKE "용산구*";
```

→

거래처명	사업자번호	주소
동이후로킹	105-01-43828	용산구 한강로10가 18-13
리치	102-01-58235	용산구 한강로11가 12-31
멀티클럽	108-25-83151	용산구 한강로11가 13-19
명승	108-01-53151	용산구 한강로13가 21-43
코닉스	105-08-32738	용산구 한강로11가 11-16

레코드: 1/6 필터 없음 검색

기출체크 ☑

24.5, 24.3, 24.1, 23.4, 22.6, 22.3, 22.2

5. 학과번호가 C로 시작하는 한 글자 이상의 학과번호에 대해 학과번호와 학과명을 표시하는 질의문을 완성하시오.

```
SELECT 학과번호, 학과명
FROM 학과
WHERE 학과번호 (                    );
```

513305

20.2, 09.2

5 NOT 연산자를 이용한 질의

전문가의 조언

NOT IN의 사용법과 기능을 묻는 문제가 출제된 적이 있습니다.

[기출 포인트]

거주지 NOT IN("서울","인천")은 거주지가 "서울" 또는 "인천"이 아닌 레코드를 검색한다.

필드의 값이 NOT 다음에 기술한 연산자의 결과에 포함되지 않는 레코드만 검색한다.

- **문법 : WHERE 필드 또는 필드를 나타내는 식 NOT 다른 연산**

예제 8 〈거래처〉 테이블에서 거래처 주소가 "용산구"로 시작하는 거래처가 아닌 레코드의 모든 필드를 검색하시오.

```
SELECT *
FROM 거래처
WHERE 주소 NOT LIKE "용산구*";
```

→

거래처명	사업자번호	주소
가남	102-35-38285	강남구 개포동 326-9호
개성전자	138-38-18215	서울시 강동구 천호3동 185-5호
상아	108-38-18583	광진구 면목동 삼성빌딩 201호
시공테크	363-15-18283	서울시 동작구 본동 283-1
시네마	130-31-10434	서울시 강남구 도곡동

레코드: 1/12 필터 없음 검색

기출체크 ☑

20.2, 09.2

6. 다음은 사원(사번, 성명, 거주지, 기본급, 부서명) 테이블에서 거주지가 '서울'이나 '인천'이 아닌 사원 중에 기본급의 최대값을 구하는 SQL 명령이다. 빈 곳을 채우시오.

```
SELECT MAX(기본급) AS [최대값] FROM 사원
WHERE 거주지 (                    );
```

기출체크 정답

5. LIKE "C*" 6. NOT IN("서울", "인천")

SECTION 128

하위 질의

513401

24.5, 24.3, 24.2, 23.4, 23.3, 23.1, 22.7, 22.6, 22.5, 22.2, 22.1, 21.5, 20.상시, 19.상시, 18.2, 16.1, 15.1, 14.2, …

1 하위 질의

하위 질의는 선택 질의(SELECT) 혹은 실행 질의(INSERT, UPDATE , DELETE) 안에 작성하는 SELECT문이다.

- 하위 질의 내에 또 다른 하위 질의를 만들 수 있다.
- 하위 질의를 기본 질의에 IN 연산자로 연결하면 하위 질의의 결과가 기본 질의의 조건으로 사용된다.
- SELECT문의 필드 목록이나 WHERE절 또는 HAVING절에서 식 대신에 하위 쿼리를 사용할 수 있다.

예제 1 〈판매내역〉 테이블에서 판매되지 않은 상품번호의 상품번호, 상품명, 판매가, 매입가를 〈상품〉 테이블에서 검색하시오.

쿼리1

```
SELECT 상품번호, 상품명, 판매가, 매입가
FROM 상품
WHERE 상품번호 NOT IN(SELECT 상품번호 FROM 판매내역);
```

→

쿼리1

상품번호	상품명	판매가	매입가
3	Transfer	₩14,080	₩11,264
6	Player	₩9,280	₩7,424
15	메사	₩13,200	₩10,560
21	Child-king	₩15,000	₩12,350
22	Runaway	₩19,870	₩15,700

레코드: 1/6 필터 없음 검색

기출체크 ☑

24.5, 24.3, 23.4, 22.5, 05.4, 03.4

1. 다음과 같은 테이블을 대상으로 SQL문을 실행했을 때 결과로 표시되는 상품번호는 (   )이다.

상품

상품번호	상품명
1	Wing
2	Arena
3	Transfer
4	ReadMe
5	Access

주문

주문번호	상품번호	거래처번호
1	1	10
2	2	10
3	1	20
4	3	30
5	4	30
6	2	40
7	4	50

```
Select 상품번호
From 상품
Where 상품번호 In (Select 상품번호
From 주문 Where 거래처번호 Between 30 And 50);
```

전문가의 조언

중요해요! 하위 질의문이 포함된 SQL을 정확하게 이해해야 풀 수 있는 문제가 자주 출제됩니다.

[기출 포인트]

기본 질의와 하위 질의는 IN으로 연결된다.

준비하세요

'C:\길벗컴활1급필기QnE\3과목\3과목3장.accdb' 파일을 불러와 실습하세요. 이어지는 예제는 모두 [SQL 보기]를 이용하여 실습하고 결과를 확인하세요.

기출체크 1번

하위 질의의 결과가 기본 질의의 조건으로 사용되므로 다음과 같은 순서로 질의문을 수행하면 됩니다.

❶ **Select 상품번호 From 주문 Where 거래처번호 Between 30 And 50** : 〈주문〉 테이블에서 '상품번호' 필드를 추출하되, '거래처번호'가 30에서 50 사이인 레코드만을 대상으로 합니다. 추출되는 '상품번호'는 3, 4, 2, 4입니다.

❷ **Select 상품번호 From 상품 Where 상품번호 In (❶)** : 〈상품〉 테이블에서 '상품번호'가 ❶에서 추출한 상품번호와 같은 레코드의 '상품번호'를 표시합니다. 질의문의 수행 결과 표시되는 '상품번호'는 2, 3, 4입니다.

기출체크 정답

1. 2, 3, 4

SECTION 129

다중 테이블 질의

513501

1 다중 테이블 질의의 개요

다중 테이블 질의란 두 개 이상의 테이블이나 질의를 사용하여 원하는 결과를 검색하는 질의이다.

- 다음은 테이블 질의에서 사용할 예제 테이블이다.

제품번호	제품명
1	Wing
2	Arena
3	Transfer
4	ReadMe
5	Access
6	Player
(새 항목)	

〈제품〉 테이블

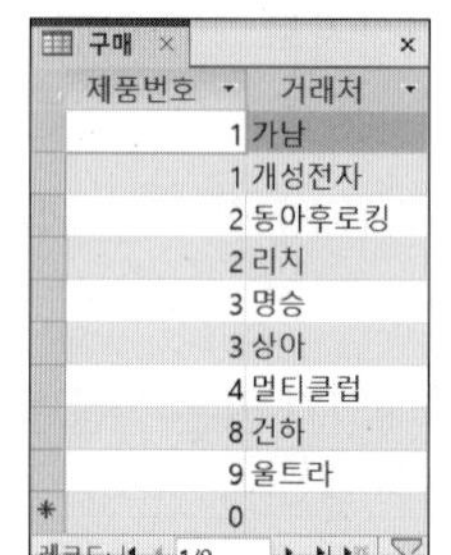

제품번호	거래처
1	가남
1	개성전자
2	동아후로킹
2	리치
3	명승
3	상아
4	멀티클럽
8	건하
9	울트라
0	

레코드: 1/9

〈구매〉 테이블

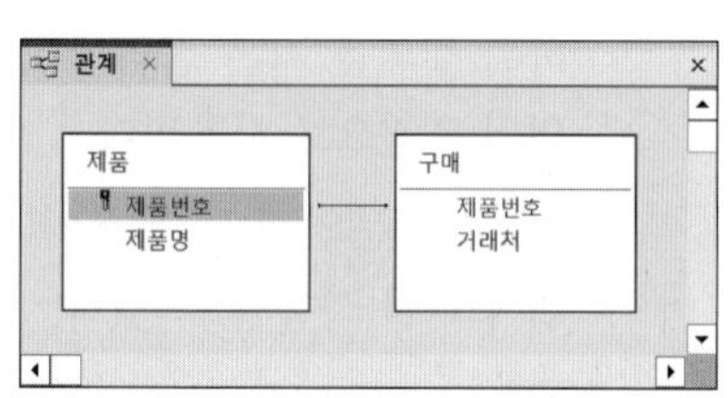

관계 설정

513502

20.1, 08.4, 04.3, 04.1, 03.1

2 조인의 개요

조인은 두 개 이상의 테이블에 나누어져 저장된 정보를 한 개의 테이블처럼 사용하기 위해 연결하는 방법을 정의하는 것이다.

- 조인에 사용되는 기준 필드의 데이터 형식은 동일하거나 호환되어야 한다.
- 여러 개의 테이블을 조인할 경우 접근 속도의 향상을 위해 필드 이름 앞에 테이블 이름을 마침표(.)로 구분하여 사용한다.
- 보통 연결될 양 테이블 간에 관계가 설정되어 있어야 하지만, 관계가 설정되지 않아도 조인을 수행할 수는 있다.

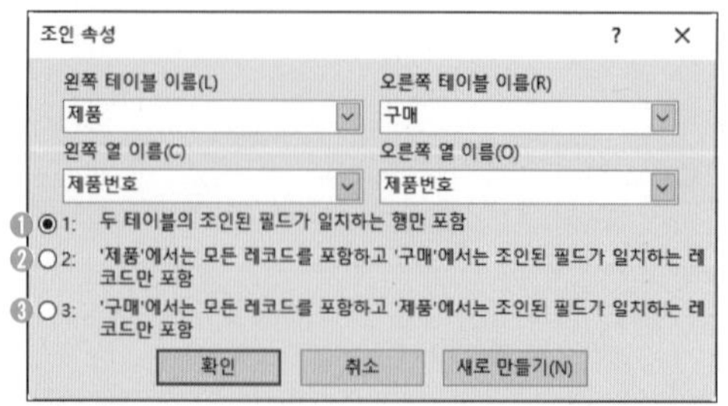

조인 속성

① 내부 조인(Inner Join)

② 왼쪽 외부 조인(Left Join)

③ 오른쪽 외부 조인(Right Join)

전문가의 조언

조인의 개념이나 특징을 묻는 문제가 출제된 적이 있습니다.

[기출 포인트]

- 조인은 두 개 이상의 테이블을 연결해서 사용하는 질의이다.
- 관계 설정 없이도 조인할 수 있다.
- 조인에 사용되는 필드의 데이터 형식은 같거나 호환되어야 한다.

조인 속성 창

쿼리 디자인 창에서 관계선을 더블클릭하면 조인 속성 창이 나타납니다.

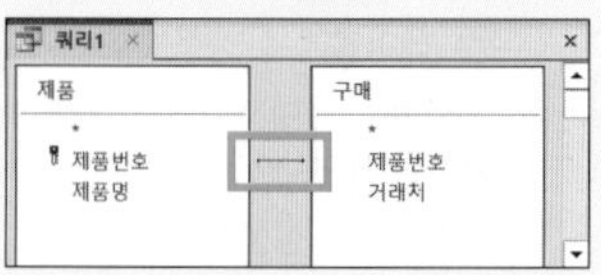

기출체크 1번

관계가 설정되지 않아도 조인을 수행할 수 있습니다.

기출체크 2번

조인에 사용되는 기준 필드의 데이터 형식은 동일하거나 호환되어야 합니다.

기출체크 정답

1. × 2. ×

기출체크 ☑

08.4, 04.3, 04.1

1. 관계가 설정되지 않은 두 테이블은 조인을 수행할 수 없다. (○, ×)

20.1

2. 조인에 사용되는 기준 필드의 데이터 형식은 다르거나 호환되지 않아도 가능하다. (○, ×)

513503

22.7, 22.3, 21.4, 21.2, 19.2, 17.2, 15.2, 14.1, 13.2, 11.2, 10.2, 09.1, 07.3, 05.4, 05.3, 03.4, 02.3

3 내부 조인(Inner Join)

```
SELECT 필드이름
FROM 테이블이름1 INNER JOIN 테이블이름2
ON 테이블이름1.필드이름=테이블이름2.필드이름
WHERE 조건;
```

내부 조인은 가장 일반적인 조인의 형태이다.

- 관계가 설정된 두 테이블에서 조인된 필드가 일치하는 행만 질의에 포함된다.

예제 1 〈제품〉과 〈구매〉 테이블의 내부 조인(Inner Join)

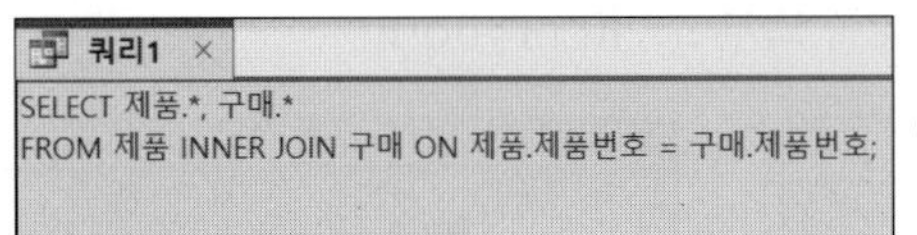
쿼리1

```
SELECT 제품.*, 구매.*
FROM 제품 INNER JOIN 구매 ON 제품.제품번호 = 구매.제품번호;
```

→

쿼리1

제품.제품번호	제품명	구매.제품번호	거래처
1	Wing	1	가남
1	Wing	1	개성전자
2	Arena	2	동아후로킹
2	Arena	2	리치
3	Transfer	3	명승
3	Transfer	3	상아
4	ReadMe	4	멀티클럽
(새 항목)			

레코드: 1/7

※ 〈제품〉 테이블의 '제품번호'와 〈구매〉 테이블의 '제품번호' 필드의 값이 같은 레코드만 조인된다. 〈제품〉 테이블의 제품번호 5, 6번과 〈구매〉 테이블의 제품번호 8, 9번은 검색되지 않았다.

기출체크 ☑

22.7

3. 〈주문〉과 〈주문상세내역〉 테이블을 대상으로 SQL문을 실행한 결과 표시되는 레코드의 개수는 (   )개이다.

주문

주문번호	회원ID	주문일
A130	kyk1234	2022-10-02
A234	kwk2345	2022-10-05
A278	kji3456	2022-10-08
A350	ksg4567	2022-10-15

주문상세내역

주문번호	제품코드	단가	수량
A130	RT8754	1500	20
A130	HI4875	1000	30
A130	GE2457	2800	10
A130	AB1455	2500	15
A234	BA8545	3000	18
A234	JD2456	1800	20
A278	HD5453	2000	24
A278	RE2456	1400	32
A350	GE7584	2500	27
A350	GE3585	2400	25

```
Select 주문.주문번호, 주문.회원ID
From 주문 Inner Join 주문상세내역
On 주문.주문번호 = 주문상세내역.주문번호
Where 주문상세내역.제품코드 Like "GE*";
```

전문가의 조언

내부 조인의 개념이나 질의문을 정확하게 이해해야 풀 수 있는 문제가 출제되고 있습니다.

[기출 포인트]

- 두 테이블의 조인된 필드가 일치하는 행만 검색한다.
- 내부 조인의 키워드는 INNER JOIN ~ ON이다.

준비하세요

'C:\길벗컴활1급필기QnE\3과목\3과목3장.accdb' 파일을 불러와 실습하세요. 이어지는 예제는 모두 [SQL 보기]를 이용하여 실습하고 결과를 확인하세요.

기출체크 3번

- **SELECT 주문.주문번호, 주문.회원ID** : '주문' 테이블에서 '주문번호'와 '회원ID'를 검색합니다.
- **FROM 주문 INNER JOIN 주문상세내역** : '주문' 테이블과 '주문상세내역' 테이블을 내부 조인합니다.
- **ON 주문.주문번호 = 주문상세내역.주문번호** : '주문' 테이블의 '주문번호'와 '주문상세내역' 테이블의 '주문번호'가 일치하는 행만 질의에 포함합니다.

주문번호	회원ID	제품코드
A130	kyk1234	RT8754
A130	kyk1234	HI4875
A130	kyk1234	GE2457
A130	kyk1234	AB1455
A234	kwk2345	BA8545
A234	kwk2345	JD2456
A278	kji3456	HD5453
A278	kji3456	RE2456
A350	ksg4567	GE7584
A350	ksg4567	GE3585

- **WHERE 주문상세내역.제품코드 Like "GE*";** : '주문상세내역' 테이블의 '제품코드'가 "GE"로 시작하는 레코드만 대상으로 검색합니다.

주문번호	회원ID	제품코드
A130	kyk1234	GE2457
A350	ksg4567	GE7584
A350	ksg4567	GE3585

※ 질의문의 수행 결과 표시되는 레코드의 개수는 3개입니다.

기출체크 정답

3. 3

23.2, 22.4

4 왼쪽 외부 조인(Left Join)

```
SELECT 필드이름
FROM 테이블이름1 LEFT JOIN 테이블이름2
ON 테이블이름1.필드이름=테이블이름2.필드이름
WHERE 조건;
```

왼쪽 외부 조인은 왼쪽 테이블에서는 모든 레코드를 포함하고, 오른쪽 테이블에서는 조인된 필드가 일치하는 레코드만 질의에 포함된다.

• 화살표의 방향이 왼쪽에서 오른쪽으로 이동되듯이 표현된다*.

왼쪽 외부 조인의 화살표 방향

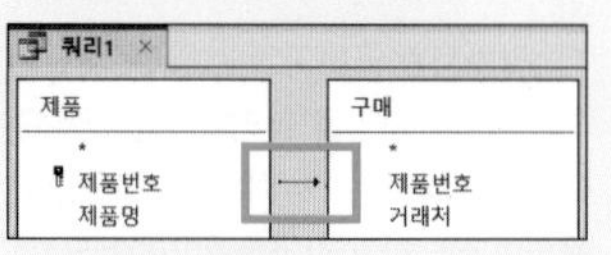

예제 2 〈제품〉과 〈구매〉 테이블의 왼쪽 외부 조인(Left Join)*

→

제품.제품번호	제품명	구매.제품번호	거래처
1	Wing	1	가남
1	Wing	1	개성전자
2	Arena	2	동아후로킹
2	Arena	2	리치
3	Transfer	3	명승
3	Transfer	3	상아
4	ReadMe	4	멀티클럽
5	Access		
6	Player		
(새 항목)			

레코드: 1/9 필터 없음 검색

※ 왼쪽에 있는 〈제품〉 테이블의 레코드는 모두 표시되고, 오른쪽에 있는 〈구매〉 테이블에서는 '제품.제품번호' 필드와 일치하는 레코드만 표시된다.

왼쪽과 오른쪽 외부 조인

조인에서 왼쪽과 오른쪽의 기준은 예약어인 'JOIN'입니다.

기출체크 ☑

22.4

4. 다음과 같이 '제품' 테이블의 레코드는 모두 표시되고, '구매' 테이블에서는 '제품번호' 필드가 일치하는 레코드만 표시하는 조인 형식은 (　　　　　　　　)이다.

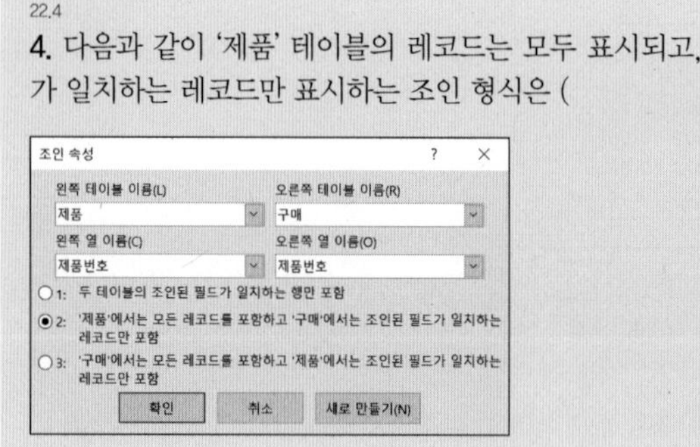

기출체크 4번

〈제품〉 테이블에서는 모든 레코드를 포함하라고 했는데, 모든 정보가 포함되는 〈제품〉 테이블이 '조인 속성' 대화상자의 왼쪽에 놓였으니 왼쪽 외부 조인에 해당됩니다.

기출체크 정답
4. 왼쪽 외부 조인(LEFT JOIN)

513505 ▶

24.1

5 오른쪽 외부 조인(Right Join)

```
SELECT 필드이름
FROM 테이블이름1 RIGHT JOIN 테이블이름2
ON 테이블이름1.필드이름=테이블이름2.필드이름
WHERE 조건;
```

오른쪽 외부 조인은 오른쪽 테이블에서는 모든 레코드를 포함하고, 왼쪽 테이블에서는 조인된 필드가 일치하는 레코드만 질의에 포함된다.

- 화살표의 방향이 오른쪽에서 왼쪽으로 이동되듯이 표현된다*.

기출체크 ☑

24.1

5. 〈제품〉 테이블의 데이터는 모두 표시되고 〈판매내역〉 테이블의 데이터는 '제품.제품코드' 필드와 일치하는 데이터만 표시되는 조인 형식은 (　　　　　　　　　　)이다.

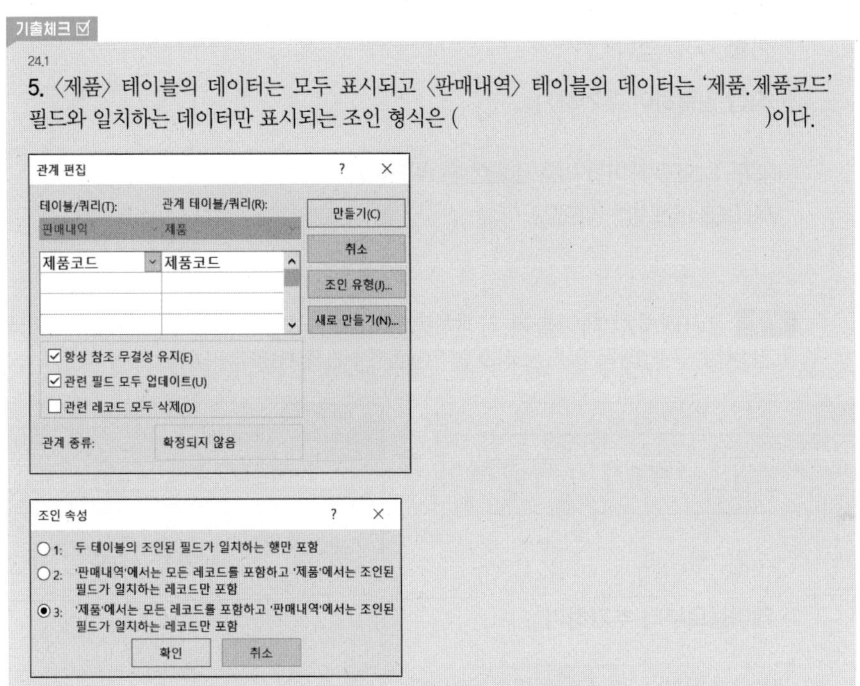

기출체크 5번

〈제품〉 테이블에서는 모든 레코드를 포함하라고 했는데, 모든 정보가 포함되는 〈제품〉 테이블이 '관계 편집' 대화상자의 오른쪽에 놓였으니 오른쪽 외부 조인에 해당됩니다.

기출체크 정답

5. 오른쪽 외부 조인(RIGHT JOIN)

SECTION 130

실행 질의

513601

1 삽입(INSERT)문

23.5, 22.6, 22.5, 22.1, 21.7, 21.5, 21.1, 20.상시, 19.1, 16.3, 16.1, 15.3, 14.3, 14.2, 13.2, 11.3, 11.1, 09.3, 08.2, 04.3, …

전문가의 조언

중요해요! 삽입문의 기능이나 기본 형식을 알아야 풀 수 있는 문제가 자주 출제됩니다.

[기출 포인트]

- 레코드를 추가할 때 사용한다.
- 한 번에 여러 개의 테이블에 추가할 수 없다.
- 형식은 INSERT INTO ~ VALUES ~ 이다.

삽입(INSERT)문은 테이블에 레코드를 추가할 때 사용한다.

- 값을 직접 지정하여 추가할 수도 있고, 다른 테이블의 레코드를 추출하여 추가할 수도 있다.
- **직접 입력하여 추가하기**

```
INSERT INTO 테이블 이름(필드이름1, 필드이름2, …)
VALUES (필드값1, 필드값2, …);
```

예제 1 〈거래처2〉 테이블에 거래처명이 '미륵', 사업자번호가 '469-10-12345', 주소가 '서초구 방배동 미륵오피스텔 708호'인 거래처를 추가하시오.

쿼리1

```
INSERT INTO 거래처2 (거래처명, 사업자번호, 주소)
VALUES ("미륵", "469-10-12345", "서초구 방배동 미륵오피스텔 708호");
```

→

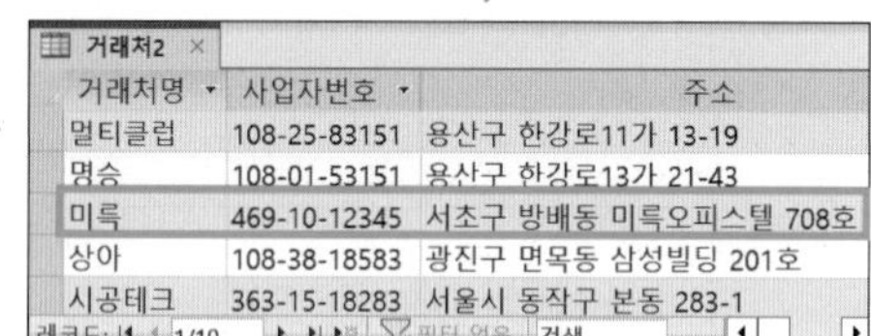

거래처2

거래처명	사업자번호	주소
멀티클럽	108-25-83151	용산구 한강로11가 13-19
명승	108-01-53151	용산구 한강로13가 21-43
미륵	469-10-12345	서초구 방배동 미륵오피스텔 708호
상아	108-38-18583	광진구 면목동 삼성빌딩 201호
시공테크	363-15-18283	서울시 동작구 본동 283-1

레코드: 1/19 필터 없음 검색

준비하세요

'C:\길벗컴활1급필기QnE\3과목\3과목3장.accdb' 파일을 불러와 실습하세요. 실행 질의를 수행하면 값이 변경되므로 테이블을 복사해서 실습하는 것이 좋습니다. 각각을 '거래처2', '상품2', '판매내역2'로 복사해서 실습에 활용하세요. Ctrl을 누른 채 테이블을 끌어서 복사한 후 이름을 변경하면 됩니다.

- **테이블로부터 추가하기**

```
INSERT INTO 테이블 이름(필드이름1, 필드이름2, …)
SELECT 필드 이름
FROM 테이블 이름
WHERE 조건;
```

- 한 번에 하나의 테이블에만 추가할 수 있다.
- 여러 개의 레코드를 동시에 추가할 수 있다.
- 레코드의 전체 필드를 추가할 경우에는 필드 이름을 생략할 수 있다.

예제 2 〈추가거래처〉 테이블의 모든 레코드를 〈거래처2〉 테이블에 추가하시오.

쿼리1

```
INSERT INTO 거래처2
SELECT *
FROM 추가거래처;
```

→

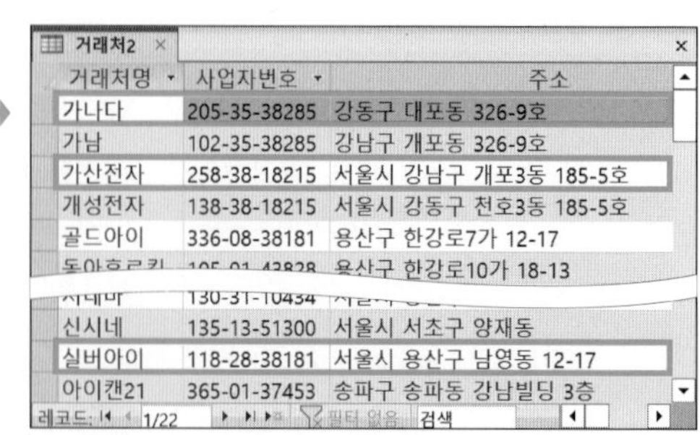

거래처2

거래처명	사업자번호	주소
가나다	205-35-38285	강동구 대포동 326-9호
가남	102-35-38285	강남구 개포동 326-9호
가산전자	258-38-18215	서울시 강남구 개포3동 185-5호
개성전자	138-38-18215	서울시 강동구 천호3동 185-5호
골드아이	336-08-38181	용산구 한강로7가 12-17
[illegible]	[illegible]	용산구 한강로10가 18-13
[illegible]	130-31-10434	[illegible]
신시네	135-13-51300	서울시 서초구 양재동
실버아이	118-28-38181	서울시 용산구 남영동 12-17
아이캔21	365-01-37453	송파구 송파동 강남빌딩 3층

레코드: 1/22 필터 없음 검색

예제 2 **설명**

특정 필드가 아닌 전체 필드를 삽입할 때는 필드 이름을 생략해도 됩니다.

기출체크 ☑

22.5, 11.3, 11.1, 08.2

1. 학생(학번, 이름, 학과) 테이블에 학과가 '경영학과', 학번이 300, 이름이 '김상공'인 학생의 정보를 추가하려고 한다. 다음 SQL문을 완성하시오.

```
Insert Into 학생(학번, 이름, 학과)
(              ) (300, '김상공', '경영학과');
```

22.1, 21.5, 19.1, 16.1, 14.2

2. 한 개의 INSERT문으로 여러 개의 레코드를 여러 개의 테이블에 동일하게 추가할 수 있다. (○, ×)

기출체크 2번

여러 개의 레코드를 하나의 테이블에 추가할 수는 있지만 여러 개의 테이블에 동시에 추가할 수는 없습니다.

513602

24.3, 24.2, 23.5, 23.3, 23.2, 22.4, 21.8, 21.7, 21.6, 20.상시, 19.상시, 19.2, 18.1, 17.1, 16.3, 15.3, 14.2, 14.1, 12.1, …

2 수정(UPDATE)문

```
UPDATE 테이블 이름
SET 필드이름1=값1, 필드이름2=값2, …
WHERE 조건;
```

수정(UPDATE)문은 테이블의 필드 값을 변경할 때 사용한다.

- 조건을 지정하여 한 번에 여러 레코드의 필드 값을 변경할 수 있다.
- 조건을 지정하지 않으면 테이블 내의 레코드 전체가 변경 대상이다.

전문가의 조언

중요해요! UPDATE로 작성된 질의문을 정확히 이해해야 풀 수 있는 문제가 자주 출제됩니다.

[기출 포인트]

- 필드의 값을 변경할 때 사용한다.
- 형식은 UPDATE ~ SET ~ 이다.

예제 3 〈판매내역2〉 테이블에서 판매일이 2023년 04월 25일 이후인 상품의 금액을 10% 할인하시오.

쿼리1

```
UPDATE 판매내역2
SET 금액 = 금액*0.9
WHERE 판매일 >= #2023-04-25#;
```

판매내역2 (변경 전)

수량	금액	할인여부	판매일
20	₩174,000	☐	2023-04-19
5	₩43,500	☐	2023-04-20
15	₩210,000	☐	2023-04-22
10	₩154,000	☐	2023-04-26
30	₩422,400	☑	2023-04-30

레코드: 1/30 필터 없음 검색

→

판매내역2 (변경 후)

수량	금액	할인여부	판매일
20	₩174,000	☐	2023-04-19
5	₩43,500	☐	2023-04-20
15	₩210,000	☐	2023-04-22
10	₩138,600	☐	2023-04-26
30	₩380,160	☑	2023-04-30

레코드: 18/30 필터 없음 검색

날짜를 조건으로 지정하기

날짜를 조건으로 지정할 때에는 날짜를 #으로 묶어줘야 합니다.

기출체크 ☑

24.2, 23.3, 22.4, 21.8, 21.7, 21.6, 17.1, 14.2, 14.1, 10.1, 08.3, 07.2, 06.3, 04.3, 03.2

3. 사원(사번, 성명, 근무점수, 부서명) 테이블에서 부서명이 '영업부'인 사원들의 근무점수를 15%씩 올리려고 한다. 다음 괄호를 채워 SQL문을 완성하시오.

```
(          ) 사원
(          ) 근무점수 = 근무점수 * 1.15
(          ) 부서명='영업부';
```

기출체크 정답

1. VALUES 2. × 3. UPDATE, SET, WHERE

513603

3 삭제(DELETE)문

15.3, 14.3, 11.1, 09.3, 07.3, 05.1, 04.4, 02.3

```
DELETE *
FROM 테이블 이름
WHERE 조건;
```

삭제(DELETE)문은 테이블의 레코드를 삭제할 때 사용한다.

- 조건을 지정하여 한 번에 여러 레코드를 삭제할 수 있다.
- 조건을 지정하지 않으면 테이블 내의 전체 레코드가 삭제된다.
- 삭제된 레코드는 복원할 수 없다.

예제 4 〈상품2〉 테이블에서 분류가 '런닝화'인 상품을 삭제하시오.

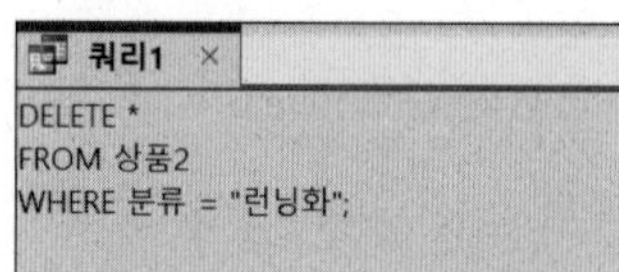

쿼리1
DELETE *
FROM 상품2
WHERE 분류 = "런닝화";

상품번호	분류	상품명	판매가
1	에어로빅화	Wing	₩10,450
2	테니스화	Arena	₩12,870
3	런닝화	Transfer	₩14,080
4	런닝화	Readme	₩14,080
5	런닝화	Access	₩14,080
6	주니어화	Player	₩9,280
20	워킹화	Fish	₩13,090
21	아동화	Child-king	₩15,000
22	런닝화	Runaway	₩19,870
23	런닝화	일단뛰어	₩12,758

→

상품번호	분류	상품명	판매가
1	에어로빅화	Wing	₩10,450
2	테니스화	Arena	₩12,870
6	주니어화	Player	₩9,280
7	주니어화	Basic	₩9,280
8	아동화	Patch	₩7,064
9	아동화	Flash	₩8,700
18	주니어화	Jaeho.su	₩14,300
19	워킹화	Four air	₩10,560
20	워킹화	Fish	₩13,090
21	아동화	Child-king	₩15,000

기출체크 ☑

11.1, 07.3, 05.1, 04.4, 02.3

4. "DELETE * FROM 회원 WHERE 회원번호=300;" SQL문에서 WHERE절 이하 부분이 없으면 아무 레코드도 삭제하지 않는다. (○, ×)

전문가의 조언

DELETE로 작성된 질의문을 정확히 이해해야 풀 수 있는 문제가 출제된 적이 있습니다.

[기출 포인트]

- 레코드를 삭제할 때 사용한다.
- WHERE절이 없으면 모든 레코드를 삭제한다.
- 형식은 DELETE ~ FROM ~ 이다.

기출체크 4번

WHERE절이 없으면 모든 레코드를 삭제합니다.

기출체크 정답

4. ×

SECTION 131

기타 질의

513701 ▶

23.1, 21.8, 21.6, 21.1, 20.상시, 19.2, 19.1, 18.상시, 18.1, 15.3, 12.3, 09.4, 08.2, 06.1, 05.1, 04.2, 03.1

1 크로스탭 질의

크로스탭 질의는 테이블의 특정 필드의 요약값(합계, 개수, 평균 등)을 표시하고 그 값들을 그룹별로 한 집합은 데이터시트의 왼쪽에, 다른 한 집합은 데이터 시트의 위쪽에 나열한다.

- 엑셀 프로그램의 피벗 테이블과 유사하다.
- 열과 행 방향의 표 형태로 숫자 데이터의 집계를 구한다.
- 행 머리글로 사용될 필드는 여러 개를 지정할 수 있지만 열 머리글로 사용될 필드는 하나만 지정할 수 있다.

> **전문가의 조언**
>
> 주로 크로스탭 질의의 특징을 묻는 문제가 출제되고 있습니다.
>
> [기출 포인트]
>
> - 요약 결과를 열과 행으로 그룹화하여 표시하는 질의이다.
> - 열 머리글 필드는 하나만 지정할 수 있다.
> - 특정 필드의 요약 값을 표시할 수 있다.

> 준비하세요
>
> 'C:\길벗컴활1급필기QnE\3과목\3과목 3장.accdb' 파일을 불러와 실습하세요.

예제 1 〈상품〉 테이블에서 상품명별 분류의 판매가 합계를 크로스탭 질의를 이용하여 나타내시오.

크로스탭 예제

상품명	합계 판매가	런닝화	아동화	에어로빅화	워킹화	주니어화	캠퍼스화	클래식화	테니스화
메사	₩13,200							₩13,200	
벨크로	₩13,200							₩13,200	
아쿠아	₩14,000						₩14,000		
일단뛰어	₩12,758	₩12,758							
클래식	₩12,100							₩12,100	
포커스	₩11,300				₩11,300				
Acadian	₩9,900								₩9,900
Access	₩14,080	₩14,080							
Arena	₩12,870								₩12,870
Basic	₩9,280					₩9,280			
Child-king	₩15,000		₩15,000						
Fish	₩13,090				₩13,090				
Flash	₩8,700		₩8,700						
Four air	₩10,560				₩10,560				
Jaeho.su	₩14,300					₩14,300			
Patch	₩7,064		₩7,064						
Player	₩9,280					₩9,280			
Readme	₩14,080	₩14,080							
Runaway	₩19,870	₩19,870							
Tempo	₩8,700		₩8,700						
Transfer	₩14,080	₩14,080							
White.can	₩15,400								₩15,400
Wing	₩10,450			₩10,450					

레코드: 1/23 필터 없음 검색

① [만들기] → [쿼리] → [쿼리 마법사]를 클릭한다.

② '새 쿼리' 대화상자에서 '크로스탭 쿼리 마법사'를 선택한 후 〈확인〉을 클릭한다.

③ '크로스탭 쿼리 마법사' 1단계 대화상자에서 사용될 〈상품〉 테이블을 선택한 후 〈다음〉을 클릭한다.

④ '크로스탭 쿼리 마법사' 2단계 대화상자에서 행 머리글로 사용할 필드(상품명)를 더블클릭하여 선택한 후 〈다음〉을 클릭한다.

> **전문가의 조언**
>
> Access 2021 프로그램의 버그로 인해 '크로스탭 쿼리 마법사' 대화상자의 내용이 정상적으로 표시되지 않을 수 있습니다. 교재의 따라하기는 이상 없이 실행된 것을 확인한 것이니 순서대로 따라한 후 결과를 확인하세요.

⑤ '크로스탭 쿼리 마법사' 3단계 대화상자에서 열 머리글로 사용할 필드(분류)를 선택한 후 〈다음〉을 클릭한다.

⑥ '크로스탭 쿼리 마법사' 4단계 대화상자에서 계산에 사용할 필드(판매가)와 함수(총계)를 지정한 후 〈다음〉을 클릭한다.

⑦ '크로스탭 쿼리 마법사' 5단계 대화상자에서 쿼리 이름을 **크로스탭 예제**로 입력한 후 〈마침〉을 클릭한다.

기출체크 ☑

08.2, 06.1, 05.1, 04.2, 03.1

1. 테이블에서 특정한 필드의 합계, 평균, 개수와 같은 요약값을 표시하고, 그 값들을 묶어 데이터시트의 행(왼쪽)과 열(위쪽)에 나열해주는 것은 (   ) 쿼리이다.

513702

23.5, 22.7, 22.3, 22.2, 21.8, 21.7, 20.상시, 20.2, 18.상시, 17.2, 16.3, 16.1, 15.2, 14.2, 13.2, 12.2, 06.1, 05.1, 04.2, …

2 매개 변수 질의*

매개 변수 질의는 쿼리를 실행하면 매개 변수를 입력받을 수 있는 대화상자가 나타나는 질의이다.

- 매개 변수 입력 대화상자에 검색 조건으로 사용할 값이나 필드에 삽입할 값을 입력받아 질의를 수행한다.
- 2가지 이상의 정보를 입력받는 매개 변수 질의문을 작성할 수 있다. 예를 들어, 두 개의 날짜를 묻는 쿼리를 만들어 두 날짜 사이에 있는 레코드를 모두 검색할 수 있다.
- 매개 변수 대화상자에 표시할 텍스트는 해당 필드의 조건 행에 대괄호([ ])로 묶어 입력한다.

전문가의 조언

매개 변수 질의의 개념이나 매개 변수 조건에 대한 문제가 출제되고 있습니다.

[기출 포인트]

- 실행하면 매개 변수 입력 대화상자가 표시되는 질의이다.
- 조건은 대괄호([ ])로 묶어 입력한다.

디자인 보기 상태에서 매개 변수 질의 작성

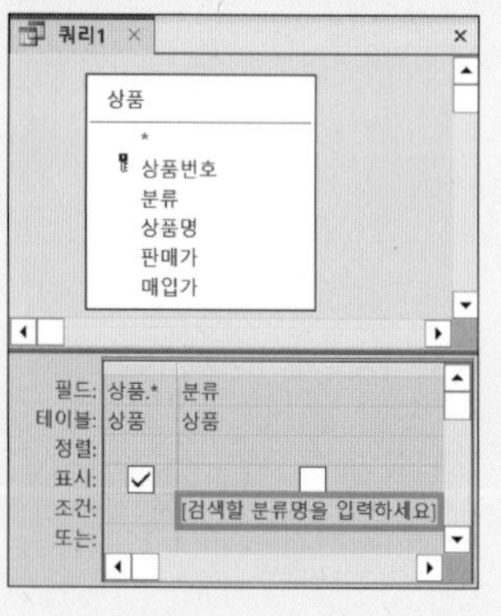

예제 2 사용자로부터 분류명을 입력받아 입력된 분류명에 해당하는 상품만을 검색하시오.

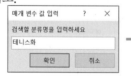

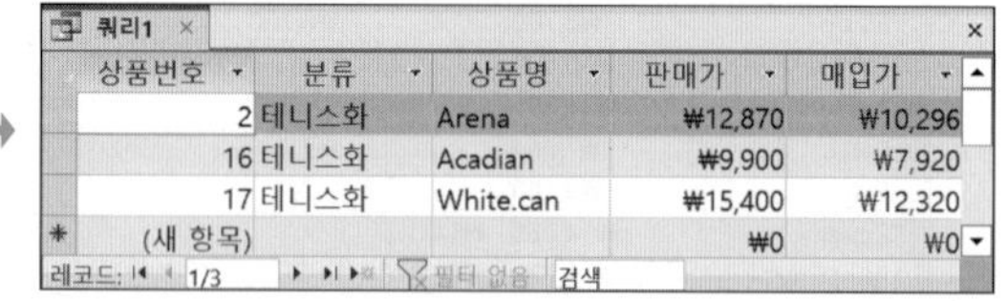

SQL문

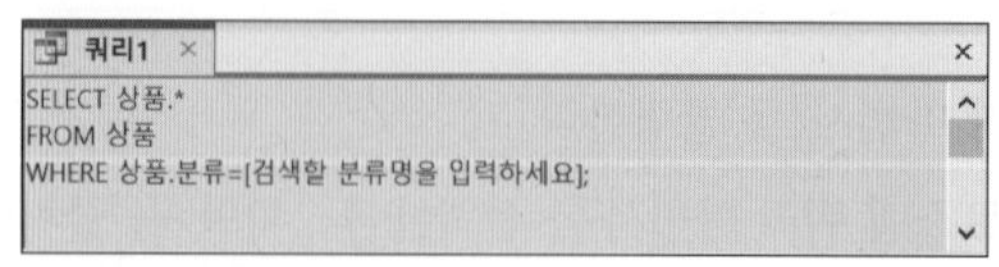

쿼리1
SELECT 상품.*
FROM 상품
WHERE 상품.분류=[검색할 분류명을 입력하세요];

기출체크 ☑

22.7, 22.3, 22.2, 16.3, 15.2, 05.1, 04.2, 03.1

2. 실행할 때 레코드 검색 조건이나 필드에 삽입할 값과 같은 정보를 입력할 수 있는 대화상자를 표시하는 것은 (   ) 쿼리이다.

기출체크 정답

1. 크로스탭 2. 매개 변수

513703 

3 통합(UNION) 질의

```
SELECT 필드이름
FROM 테이블 이름
UNION SELECT 필드이름
FROM 테이블 이름;
```

- 통합(UNION) 질의는 성격이 유사한 두 개의 테이블이나 질의의 내용을 합쳐서 하나의 테이블을 만들기 위한 질의이다.
- 같은 레코드는 한 번만 표시한다.
- 두 테이블의 열(필드)의 개수가 다르면 통합되지 않다.

예제 3 사원들의 명단이 <사원> 테이블과 <직원> 테이블에 저장되어 있다. 두 테이블을 통합하는 질의문을 작성하시오. 단, 같은 레코드가 두 번 나오지 않게 하시오.

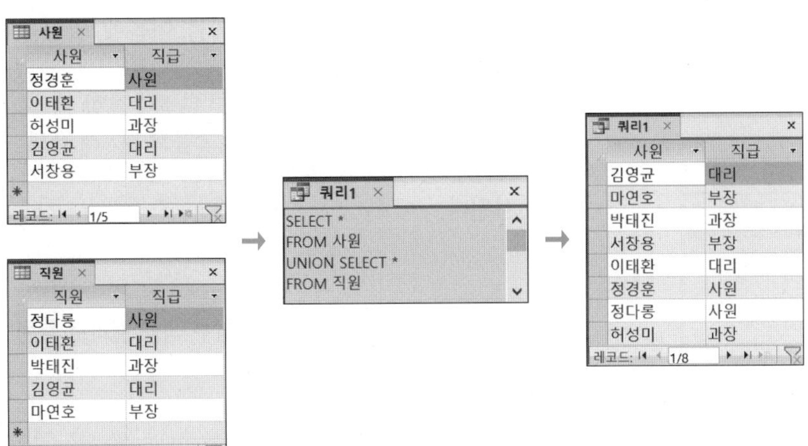

기출체크 ☑

24.2, 23.4, 23.3, 09.4, 08.3, 08.1

3. <영어반> 테이블과 <논술반> 테이블의 학번, 이름, 전화번호 데이터를 통합하기 위한 다음 질의문을 완성하시오.

```
SELECT 학번, 이름, 전화번호 FROM 영어반
(          ) SELECT 학번, 이름, 전화번호 FROM 논술반;
```

전문가의 조언

UNION이 사용된 질의문을 정확히 이해해야 풀 수 있는 문제가 출제되고 있습니다.

[기출 포인트]
- 두 테이블을 합쳐 하나의 테이블을 만드는 질의이다.
- 같은 레코드는 한 번만 표시한다.
- 통합 질의문의 키워드는 UNION이다.

예제 3 설명

'이태환'과 '김영균'은 두 테이블에 모두 있지만 한 번만 표시됩니다.

기출체크 정답

3. UNION

기출문제 은행

21년 2회, 15년 2회, 10년 2회, 06년 2회, 05년 2회, 04년 2회

01 다음 중 SELECT문의 선택된 필드에서 중복 데이터를 포함하는 레코드를 제외시키는 조건자로 옳은 것은?

① DISTINCT ② UNIQUE

③ ONLY ④ *

22년 4회, 3회, 2회

02 〈도서〉 테이블에 대해 다음과 같은 결과를 표시하는 SQL문은?

〈도서〉

도서명	저자	정가	출판사
컴퓨터활용능력	김우경	₩28,000	길벗수험
워드프로세서	김우경	₩19,000	길벗수험
포토샵CC	김선길	₩25,000	길벗IT
코딩인공지능	강희숙	₩28,000	길벗IT
차트분석	강희숙	₩25,000	길벗경영
월급쟁이재테크	우용표	₩17,500	길벗경영

〈결과〉

도서명	저자	정가	출판사
차트분석	강희숙	₩25,000	길벗경영
월급쟁이재테크	우용표	₩17,500	길벗경영
컴퓨터활용능력	김우경	₩28,000	길벗수험
워드프로세서	김우경	₩19,000	길벗수험
코딩인공지능	강희숙	₩28,000	길벗IT
포토샵CC	김선길	₩25,000	길벗IT

① select * from 도서 order by 출판사, 정가 desc;

② select * from 도서 order by 저자 asc, 출판사 desc;

③ select * from 도서 order by 출판사 desc, 정가 desc;

④ select * from 도서 order by 도서명 asc, 정가 desc;

23년 3회, 22년 1회, 21년 8회, 5회, 3회, 20년 1회

03 다음 중 아래 〈학생〉 테이블에 대한 SQL문의 실행 결과로 옳은 것은?

학번	전공	학년	나이
1002	영문	SO	19
1004	통계	SN	23
1005	영문	SN	21
1008	수학	JR	20
1009	영문	FR	18
1010	통계	SN	25

```
SELECT AVG([나이]) FROM 학생
WHERE 학년="SN" GROUP BY 전공
HAVING COUNT(*) >= 2;
```

① 21 ② 22

③ 23 ④ 24

21년 7회, 6회, 18년 2회

04 다음 중 SELECT문에 대한 설명으로 옳지 않은 것은?

① FROM절에는 SELECT문에 나열된 필드를 포함하는 테이블이나 쿼리를 지정한다.

② 검색 결과에 중복되는 레코드를 없애기 위해서는 'DISTINCT' 조건자를 사용한다.

③ AS문은 필드 이름이나 테이블 이름에 별명을 지정할 때 사용한다.

④ GROUP BY문으로 레코드를 결합한 후에 WHERE절을 사용하면 그룹화된 레코드 중 WHERE 절의 조건을 만족하는 모든 레코드가 표시된다.

22년 1회, 21년 5회

05 다음 〈매출〉 테이블에 대한 함수 적용 결과로 틀린 것은?

〈매출〉

순번	수량	금액
1	10	4000
2	20	5000
3	10	4500
4	Null	3500
5	10	4600

① =Count([금액]) → 5

② =Avg([수량]) → 10

③ =Max([금액]) → 5000

④ =Sum([수량]) → 50

22년 7회, 12년 1회

06 [매출 실적 관리] 폼의 'txt평가' 컨트롤에는 'txt매출수량' 컨트롤의 값이 1,000 이상이면 "우수", 500 이상이면 "보통", 그 미만이면 "저조"라고 표시하고자 한다. 다음 중 'txt평가'의 컨트롤 원본으로 옳지 않은 것은?

① =IIf([txt매출수량]〈500, "저조", IIf(txt매출수량〉=1000, "우수", "보통"))
② =IIf([txt매출수량]〈500, "저조", IIf(txt매출수량〉=500, "보통", "우수"))
③ =IIf([txt매출수량]〉=1000, "우수", IIf([txt매출수량]〉=500, "보통", "저조"))
④ =IIf([txt매출수량]〉=500, IIf([txt매출수량]〈1000, "보통", "우수"), "저조")

23년 4회, 22년 7회, 21년 2회

07 다음과 같이 지정된 쿼리 작성 조건을 올바르게 설명한 것은?

필드:	생년월일	성별
테이블:	사원	사원
정렬:		
표시:	☑	☑
조건:	Between "#1975-01-01#" And "#1985-12-31#"	"여"
또는:	Between "#1970-01-01#" And "#1980-12-31#"	

① 생년월일이 "1975년 1월 1일"에서 "1985년 12월 31일" 사이이거나 성별이 "여"이고 생년월일이 "1970년 1월 1일"에서 "1980년 12월 31일" 사이인 데이터를 표시
② 생년월일이 "1975년 1월 1일"에서 "1985년 12월 31일" 사이이고 성별이 "여"인 데이터를 표시
③ 생년월일이 "1975년 1월 1일"에서 "1985년 12월 31일" 사이이면서 성별이 "여"이거나 생년월일이 "1970년 1월 1일"에서 "1980년 12월 31일" 사이인 데이터를 표시
④ 생년월일이 "1975년 1월 1일"에서 "1985년 12월 31일" 사이이면서 성별이 "여"이고 생년월일이 "1970년 1월 1일"에서 "1980년 12월 31일" 사이인 데이터를 표시

23년 4회, 22년 3회, 2회

08 다음 질의문에 대한 설명으로 옳은 것은?

```
SELECT 학과번호, 학과명
FROM 학과
WHERE 학과번호 LIKE "C*";
```

① 학과번호가 C로 시작하는 학과번호 두 글자와 학과명을 표시한다.
② 학과번호가 C를 포함하는 학과번호와 학과명을 표시한다.
③ 학과번호가 C로 시작하는 한 글자 이상의 학과번호와 학과명을 표시한다.
④ 학과번호가 C로 끝나는 학과번호와 학과명을 표시한다.

22년 1회, 21년 5회, 20년 2회, 16년 1회

09 다음 중 주어진 [Customer] 테이블을 참조하여 아래의 SQL문을 실행한 결과로 옳은 것은?

```
SELECT Count(*)
FROM (SELECT Distinct City From Customer);
```

Customer

City	Age	Hobby
부산	30	축구
서울	26	영화감상
부산	45	낚시
서울	25	야구
대전	21	축구
서울	19	음악감상
광주	19	여행
서울	38	야구
인천	53	배구
*	0	

레코드: 1/9 필터 없음 검색

① 3　② 5
③ 7　④ 9

22년 7회, 2회, 16년 3회

10 다음 중 쿼리 실행 시 값이나 패턴을 묻는 메시지를 표시한 후 사용자에게 조건 값을 입력받아 사용하는 쿼리는?

① 선택 쿼리
② 요약 쿼리
③ 매개 변수 쿼리
④ 크로스탭 쿼리

▶ 정답 : 1. ① 2. ① 3. ④ 4. ④ 5. ② 6. ② 7. ③ 8. ③ 9. ② 10. ③

기출문제 은행

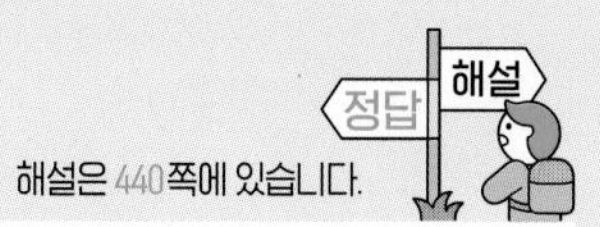

해설은 440쪽에 있습니다.

22년 3회, 21년 2회, 09년 1회, 02년 3회

11 다음의 [거래처]와 [매출] 테이블을 조인하여 질의를 수행한 결과에 대한 설명으로 가장 옳지 않은 것은?

거래처

거래처번호	거래채명
1	강릉
2	대한
3	민국

매출

매출번호	매출거래처	매출일
1	1	05-01
2	2	05-08
3	1	05-02
4	5	05-04

```
SELECT * FROM 매출
INNER JOIN 거래처 ON 매출.매출거래처=거래처.거래처번호;
```

① 조회 결과의 필드수는 5개이다.
② 조회 결과의 레코드수는 4개이다.
③ 거래처번호 3에 대한 매출 정보는 나타나지 않는다.
④ 매출번호 4에 대한 매출 정보는 나타나지 않는다.

22년 1회, 21년 5회, 19년 1회, 16년 1회

12 다음 중 실행 쿼리의 삽입(INSERT)문에 대한 설명으로 옳지 않은 것은?

① 한 개의 INSERT문으로 여러 개의 레코드를 여러 개의 테이블에 동일하게 추가할 수 있다.
② 필드 값을 직접 지정하거나 다른 테이블의 레코드를 추출하여 추가할 수 있다.
③ 레코드의 전체 필드를 추가할 경우 필드 이름을 생략할 수 있다.
④ 하나의 INSERT문을 이용해 여러 개의 레코드와 필드를 삽입할 수 있다.

22년 4회, 21년 6회, 3회, 14년 2회, 08년 3회, 07년 2회, 04년 3회, 02년 3회

13 다음 중 사원 테이블(사원번호, 이름, 직급, 급여, 부서명)에서 직급이 관리자인 사원의 급여를 20%씩 인상하는 SQL문으로 옳은 것은?

① Update From 사원 Set 급여=급여 * 1.2 Where 직급='관리자';
② Update 사원 Set 급여=급여 * 1.2 Where 직급='관리자';
③ Update 급여 Set 급여 * 1.2 From 사원 Where 직급='관리자';
④ Update 급여=급여 * 1.2 Set 사원 Where 직급='관리자';

23년 5회, 22년 6회, 21년 7회, 14년 3회

14 다음 중 각 쿼리 유형에 대한 설명으로 옳지 않은 것은?

① 매개 변수 쿼리 – 쿼리를 실행할 때마다 값이나 패턴을 묻는 메시지를 표시하여 조건에 맞는 필드만 반환한다.
② 크로스탭 쿼리 – 레코드의 합계나 평균 등의 요약을 계산한 다음, 데이터시트의 왼쪽 세로 방향과 위쪽 가로 방향 두 종류로 결과를 그룹화하는 쿼리로 데이터를 쉽게 분석할 수 있게 해준다.
③ 추가 쿼리 – 테이블의 데이터를 복사하거나 데이터를 보관해야 하는 경우에 사용되며, 새로운 테이블을 생성한다.
④ 선택 쿼리 – 하나 이상의 테이블, 기존 쿼리 또는 이 두 가지의 조합에서 데이터를 가져올 수 있다.

24년 4회, 22년 3회, 12년 3회, 2회, 07년 2회, 04년 1회

15 다음 중 학생(학번, 이름, 학과, 학년, 주소) 테이블에서 학과가 "경영학과"이고 학년이 2학년인 학생의 학번과 이름만 출력하는 SQL문으로 올바른 것은?

① Select 학번, 이름 From 학생 Where 학과 Like '경영학과' And 학년 In (2);
② Select 학번, * From 학생 Where 학과='경영학과' Or 학년 = 2;
③ Select 학번, * From 학생 Where 학과='경영학과' And 학년 = 2;
④ Select 학번, 이름 From 학생 Where '경영학과' And 2;

24년 4회, 23년 3회, 22년 2회, 21년 4회

16 다음 중 하위 쿼리(Sub Query)의 설명으로 옳지 않은 것은?

① 하위 폼이나 하위 보고서는 반드시 하위 쿼리를 사용해야 한다.
② 주 쿼리에서 IN 조건부를 사용하여 하위 쿼리의 일부 레코드에 동일한 값이 있는 레코드만 검색할 수 있다.
③ SELECT 문의 필드 목록이나 WHERE 또는 HAVING 절에서 식 대신에 하위 쿼리를 사용할 수 있다.
④ 주 쿼리에서 ALL 조건부를 사용하여 하위 쿼리에서 검색된 모든 레코드와 비교를 만족시키는 레코드만 검색할 수 있다.

▶ 정답 : 11. ② 12. ① 13. ② 14. ③ 15. ① 16. ①

기출문제 해설

[문제 01] Section 123

SELECT문의 선택된 필드에서 중복 데이터를 한 번만 표시하는 조건자는 DISTINCT이다.

[문제 02] Section 124

도서명	저자	정가	출판사
차트분석	강희숙	② ₩25,000	길벗경영 ①
월급쟁이재테크	우용표	₩17,500	길벗경영
컴퓨터활용능력	김우경	② ₩28,000	길벗수험
워드프로세서	김우경	₩19,000	길벗수험
코딩인공지능	강희숙	② ₩28,000	길벗IT
포토샵CC	김선길	₩25,000	길벗IT

먼저 '출판사' 필드를 기준으로 오름차순(❶) 정렬한 후 '출판사'가 같은 경우 '정가' 필드를 기준으로 내림차순(❷) 정렬되어 있다.

[문제 03] Section 125

질의문은 각 절을 분리하여 이해하면 쉽다.

- SELECT AVG([나이]) FROM 학생 : '학생' 테이블에서 '나이' 필드의 평균을 검색한다.
- WHERE 학년="SN" : '학년' 필드의 값이 "SN"인 레코드만을 대상으로 검색한다.

학번	전공	학년	나이
1002	영문	SO	19
1004	통계	SN	23
1005	영문	SN	21
1008	수학	JR	20
1009	영문	FR	18
1010	통계	SN	25

- GROUP BY 전공 : '전공' 필드를 기준으로 그룹을 지정한다.

학번	전공	학년	나이
1004	통계	SN	23
1010	통계	SN	25
1005	영문	SN	21

- HAVING COUNT(*)=2 : 그룹별로 레코드의 개수가 2개 이상인 그룹만을 대상으로 검색한다.

학번	전공	학년	나이
1004	통계	SN	23
1010	통계	SN	25

∴ 질의문의 수행 결과 나이의 평균은 (23+25)/2 = 24이다.

[문제 04] Section 125

GROUP BY절에 대한 조건식을 지정할 때 사용하는 예약어는 HAVING절이다.

[문제 05] Section 126

'=Avg([수량])'은 비어있지 않은 '수량' 필드의 평균을 계산하므로 (10+20+10+10)/4 = 12.5이다.

[문제 06] Section 126

②번 함수식은 [txt매출수량]이 500 미만이면 "저조", 500 이상이면 "보통", 나머지는 "우수"로 표시한다. 즉 [txt매출수량]이 1000 이상이어도 500 이상일 경우에 해당하므로 "우수"가 아닌 "보통"이 표시된다.

[문제 07] Section 127

같은 행의 조건은 AND로 연결되고 다른 행의 조건은 OR로 연결된다.

[문제 08] Section 127

질의문을 각 절별로 살펴보면 다음과 같다.

- SELECT 학과번호, 학과명 : '학과번호'와 '학과명' 속성을 표시한다.
- FROM 학과 : 〈학과〉 테이블에서 검색한다.
- WHERE 학과번호 LIKE "C*"; : '학과번호'가 "C"로 시작하는 레코드만을 대상으로 검색한다.

[문제 09] Section 128

FROM 절에 테이블이 아닌 하위 질의가 사용된 경우에는 하위 질의의 실행 결과를 본 질의문의 검색대상으로 삼아 질의문을 실행하면 된다.

❶ SELECT Distinct City From Customer : 〈Customer〉 테이블에서 'City' 필드를 추출하되, 중복되는 필드는 한 번만 표시한다.

City
부산
서울
대전
광주
인천

기출문제 해설

• ❷ SELECT Count(*) FROM ❶ : ❶에서 추출된 결과를 대상으로 레코드의 개수(Count)를 산출한다. 결과는 5이다.

[문제 10] Section 131

매개 변수 질의는 쿼리를 실행하면 매개 변수를 입력받을 수 있는 대화상자가 나타나는 질의로, 매개 변수 대화상자에 표시할 텍스트는 해당 필드의 조건 행에 대괄호([ ])로 묶어 입력한다.

[문제 11] Section 129

내부 조인(Inner Join)은 조인된 필드(거래처번호와 매출거래처)가 일치하는 행만 추출되는 것으로, 추출된 결과는 다음과 같다.

거래처번호	거래처명	매출번호	매출거래처	매출일
1	강릉	1	1	05-01
1	강릉	3	1	05-02
2	대한	2	2	05-08

그러므로 조회 결과의 레코드 수는 3개이다.

[문제 12] Section 130

여러 개의 레코드를 하나의 테이블에 추가할 수는 있지만 여러 개의 테이블에 동시에 추가할 수는 없다.

[문제 13] Section 130

각 절별로 질의문을 작성하면 다음과 같다.

- 〈사원〉 테이블에서 수정해야 하므로 **Update 사원**이다.
- 급여 필드의 값을 20%씩 인상해야 하므로 **Set 급여 = 급여 * 1.2**이다(급여 100%에 20%를 인상한 120%는 1.2로 표현할 수 있다.).
- 직급이 '관리자'인 레코드만을 대상으로 수정해야 하므로 **Where 직급 = '관리자'**이다.

[문제 14] Section 131

추가 쿼리, 즉 삽입 쿼리는 새로운 레코드를 기존 테이블에 추가하는 쿼리이다. ③번은 테이블 만들기 쿼리에 관한 설명이다.

[문제 15] Section 127

① "학과 Like '경영학과' and 학년 In (2)"는 학과가 '경영학과'를 포함하고 학년이 2인 레코드를 의미하므로 문제에서 요구하는 조건을 충족하는 문장이다.

② 조건을 Or로 연결했으므로 틀린 문장이다.

③ 검색되는 속성을 '학번, *'로 지정하여 모든 속성이 표시되므로 틀린 문장이다.

④ 조건이 형식에 맞지 않아 오류가 발생한다.

[문제 16] Section 128

하위 폼이나 하위 보고서는 테이블, 쿼리, 폼, 다른 보고서를 이용하여 작성할 수 있다.

4장

폼과 컨트롤

SECTION 132

폼의 개념

513801

24.1, 23.5, 22.7, 15.2, 12.3, 11.3, 10.3

1 폼(Form)의 개요

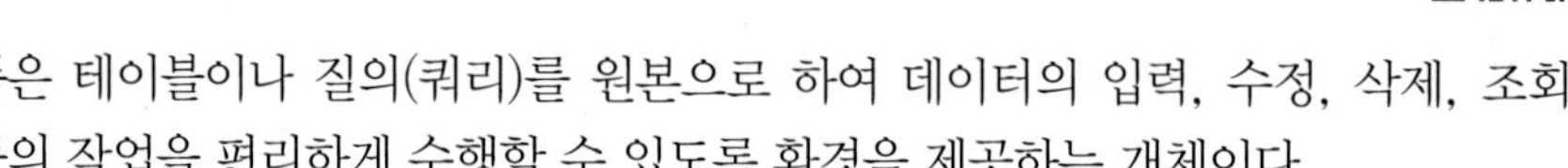

폼은 테이블이나 질의(쿼리)를 원본으로 하여 데이터의 입력, 수정, 삭제, 조회 등의 작업을 편리하게 수행할 수 있도록 환경을 제공하는 개체이다.

- '레코드 원본' 속성을 이용하여 테이블이나 쿼리를 폼의 원본 데이터로 지정한다.
- 폼의 '레코드 원본' 속성에 지정된 개체의 필드 내용을 폼에 표시하려면 반드시 컨트롤을 사용해야 한다.

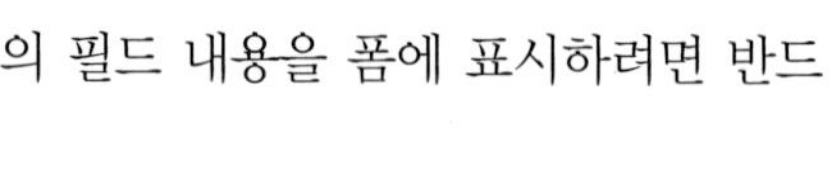

- Dlookup 함수를 이용하면 폼의 '레코드 원본'으로 설정되지 않은 테이블의 필드 값을 표시할 수 있다.
- 폼에서 데이터를 입력하거나 수정하면 연결된 원본 테이블이나 쿼리에 반영된다.
- 폼과 컨트롤의 여러 가지 이벤트 속성을 이용하여 원하는 작업을 자동화할 수 있다.
- 테이블의 특정 레코드만을 폼에 표시하려면 조건을 설정한 쿼리를 만든 후, 이 쿼리를 폼의 원본 데이터로 지정하면 된다.
- 폼에는 원하는 데이터만 표시할 수 있으므로 데이터베이스의 보안성을 높일 수 있다.
- 폼은 폼 머리글, 폼 바닥글, 세부 구역(본문), 페이지 머리글, 페이지 바닥글 구역과 컨트롤, 각 구역의 선택기 등으로 구성되지만 모든 구역을 구성할 필요는 없다.

기출체크 ☑

23.5, 22.7

1. 폼의 '레코드 원본'으로 설정된 테이블의 필드 값만 '컨트롤 원본'으로 설정하여 표시할 수 있다. (○, ×)

24.1

2. 폼의 '레코드 원본' 속성에 지정된 테이블의 필드는 컨트롤 없이도 폼 머리글의 배경에 표시할 수 있다. (○, ×)

전문가의 조언

폼의 특징을 묻는 문제가 출제된 적이 있습니다.

[기출 포인트]

- 폼의 레코드 원본으로 쿼리를 지정할 수도 있다.
- 쿼리에 조건을 지정하면 폼에 특정 레코드만 표시할 수 있다.
- 폼에 데이터를 표시하려면 반드시 컨트롤을 사용해야 한다.
- '레코드 원본'으로 설정되지 않은 테이블의 필드 값을 표시할 수 있다.

기출체크 1번

폼의 '레코드 원본'으로 설정되지 않은 테이블의 필드 값도 '컨트롤 원본'으로 설정하여 표시할 수 있습니다. 폼의 '레코드 원본'으로 설정되지 않은 테이블의 필드는 Dlookup 함수를 '컨트롤 원본'으로 설정하여 표시하면 됩니다.

기출체크 2번

폼의 '레코드 원본' 속성에 지정된 테이블의 필드 내용을 폼에 표시하려면 반드시 컨트롤을 사용해야 합니다.

기출체크 정답
1. × 2. ×

513802

24.5, 23.5, 23.4, 21.8, 21.7, 21.3, 21.2, 21.1, 19.2, 17.1, 15.3, 14.3, 11.1, 10.3, 10.1, 08.2, 07.4, 07.1, 04.4, 04.3, 04.1

2 폼의 형태

폼의 형태는 폼의 모양, 그리고 테이블이나 쿼리와의 연결 여부에 따라 다음과 같이 분류할 수 있다.

21.2, 21.1, 17.1, 15.3, 14.3

❶ 폼의 모양에 따른 분류

21.2, 21.1, 17.1, 14.3 **열 형식**	각 필드가 왼쪽의 레이블과 함께 각각의 행에 표시되고 레이아웃이 자동으로 설정된다.
테이블 형식	각 레코드의 필드들이 한 줄에 나타나며, 레이블은 폼의 맨 위에 한 번 표시된다.
데이터시트	레코드는 행으로, 필드는 열로 각각 나타나는 행/열 형식이다.
맞춤	필드 내용의 분량에 따라 각 필드를 균형 있게 배치하는 형식이다.

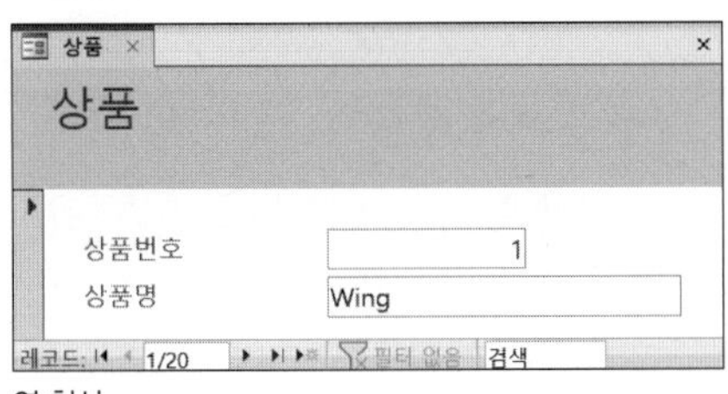

열 형식

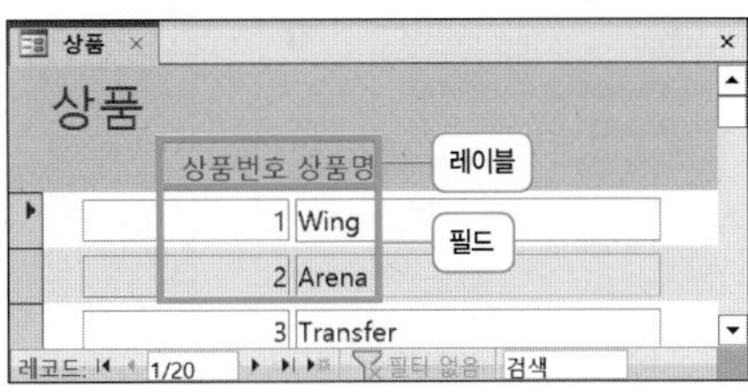

테이블 형식

데이터시트

맞춤

24.5, 23.5, 23.4, 21.8, 21.7, 21.3, 19.2, 11.1, 10.3, 08.2, 07.4, 07.1, 04.3, 04.1

❷ 테이블/쿼리와의 연결 여부에 따른 분류

23.5, 21.7, 21.3, 19.2, 11.1, 10.3, … **바운드(Bound) 폼**	• 테이블이나 쿼리의 레코드와 연결된 폼이다. • 테이블이나 쿼리의 데이터를 표시하거나 입력, 수정, 삭제 등의 편집 작업이 가능하다. • '레코드 원본' 속성을 이용하여 바운드시킨다.
23.4, 21.8, 07.4, 07.1, 04.1 **언바운드(Unbound) 폼**	• 테이블이나 쿼리의 레코드와 연결되지 않은 폼이다. • 폼을 작성하면 기본적으로 언바운드 폼이 작성된다. • 주로 프로그램의 초기 화면, 검색 화면, 확인 화면 등을 위한 명령 단추로 이루어진 화면에 많이 사용된다.

기출체크 ☑

24.5, 23.5, 21.8, 21.7, 08.2, 07.4, 07.1, 04.1

3. 테이블이나 쿼리를 원본으로 지정하여 데이터를 입력, 수정, 편집할 수 있는 폼을 언바운드 폼이라고 한다. (○, ×)

전문가의 조언

중요해요! 폼 모양의 종류, 열 형식의 개념, 바운드 폼과 언바운드 폼 등에 대한 문제가 주로 출제된다는 걸 염두에 두고 확실하게 정리하세요.

[기출 포인트]

- 폼의 종류에는 **열**형식, **테**이블형식, **맞춤**, **데**이터시트가 있다.
- 열 형식은 필드가 레이블과 함께 각 행에 표시된다.

[기출 포인트]

- 바운드 폼은 테이블이나 쿼리와 연결된 폼이다.
- 언바운드 폼은 테이블이나 쿼리와 연결되지 않은 폼이다.
- 폼을 작성하면 기본적으로 언바운드 폼이다.

기출체크 3번

테이블이나 쿼리를 원본으로 지정하여 데이터가 연결되어 있는 폼을 바운드 폼, 데이터가 연결되지 않은 폼을 언바운드 폼이라고 합니다.

기출체크 정답

3. ×

SECTION 133 폼의 구성 요소

전문가의 조언

각 구성 요소의 기능을 묻는 문제가 출제되고 있습니다.

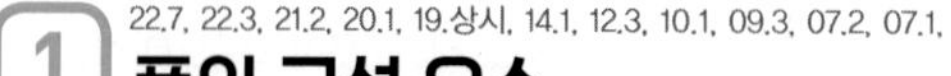
22.7, 22.3, 21.2, 20.1, 19.상시, 14.1, 12.3, 10.1, 09.3, 07.2, 07.1, 04.2

1 폼의 구성 요소

513901

- 폼은 폼 머리글, 폼 바닥글, 세부 구역(본문), 페이지 머리글, 페이지 바닥글 구역과 컨트롤, 각 구역의 선택기 등으로 구성된다.
- 폼에는 기본적으로 세부 구역(본문)이 표시되며, 폼 머리글/바닥글, 페이지 머리글/바닥글 구역을 표시하거나 숨길 수 있다.

상품

상품번호	분류	상품명	판매가	매입가
1	에어로빅화	Wing	₩10,450	₩8,360
2	테니스화	Arena	₩12,870	₩10,296
3	런닝화	Transfer	₩14,080	₩11,264
4	런닝화	Readme	₩14,080	₩11,264
5	런닝화	Access	₩14,080	₩11,264
6	주니어화	Player	₩9,280	₩7,424
7	주니어화	Basic	₩9,280	₩7,424
8	아동화	Patch	₩7,064	₩5,651
9	아동화	Flash	₩8,700	₩6,960
10	아동화	Tempo	₩8,700	₩6,960

레코드: 1/20 필터 없음 검색

판매내역

순번	상품번호	상품그림	수량	금액	할인여부
1	2	Bitmap Image	15	₩193,050	☐
2	5	Bitmap Image	9	₩126,720	☐
3	7	Bitmap Image	100	₩928,000	☑
4	8	Bitmap Image	5	₩35,320	☐
5	4	Bitmap Image	5	₩70,400	☑
6	12	Bitmap Image	50	₩700,000	☑
7	11	Bitmap Image	50	₩565,000	☑
8	7	Bitmap Image	10	₩92,800	☐
9	8	Bitmap Image	7	₩49,448	☐
10	9	Bitmap Image	8	₩69,600	☐
11	18	Bitmap Image	5	₩71,500	☐
12	7	Bitmap Image	20	₩185,600	☐

레코드: 1/30 필터 없음 검색

폼을 이용한 입 · 출력에 사용되는 [원본 테이블]

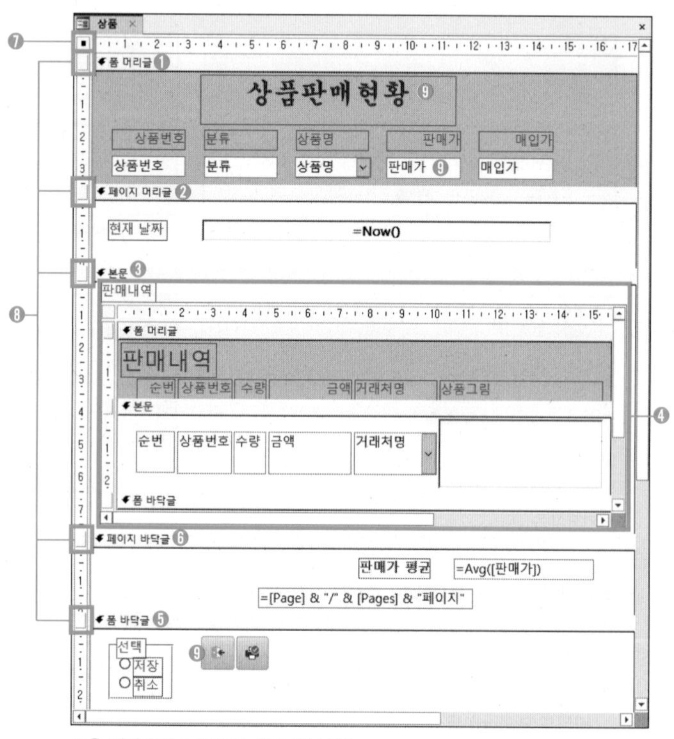

폼을 생성하거나 수정하는 [디자인 보기]

명령 단추(⑨)는 인쇄 미리 보기 상태나 인쇄 시 표시되지 않습니다.

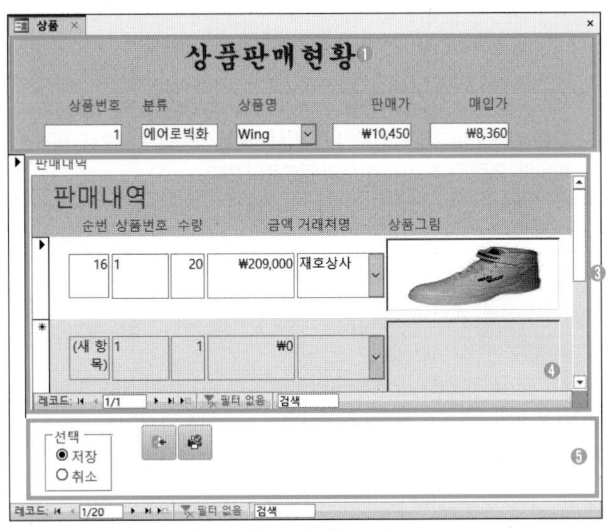

만든 폼을 실행하여 데이터를 입력할 수 있는 [폼 보기]

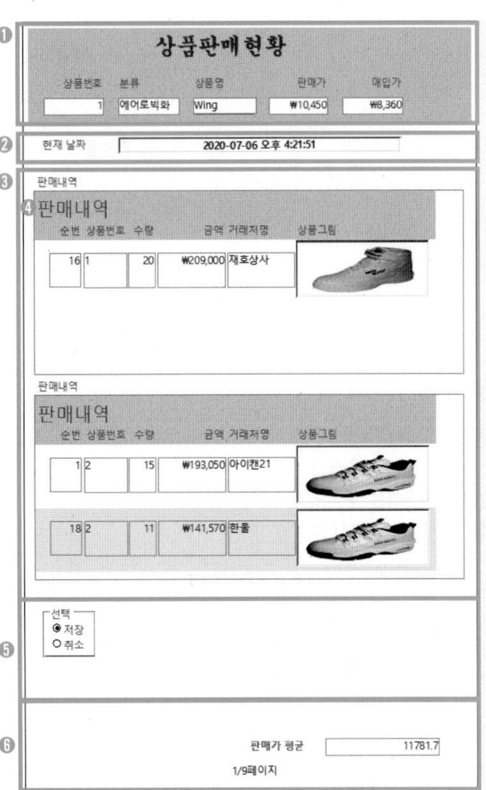

폼을 인쇄하기 전에 인쇄 형태를 확인하는 [인쇄 미리 보기]

구성 요소	의미
20.1, 19.상시, 14.1, 09.3, 04.2 ❶ **폼 머리글**	• 폼 제목 등과 같이 각 레코드에 동일하게 표시될 정보가 입력되는 구역이다. • 폼 보기(단일 폼)에서는 상단에 매번 표시되고, 인쇄 미리 보기에서는 첫 페이지의 상단에 한 번만 표시된다.
22.7, 22.3, 09.3, 04.2 ❷ **페이지 머리글**	• 모든 페이지의 상단에 동일하게 표시될 정보가 입력되는 구역으로, 제목이나 날짜 등을 입력한다. • 페이지마다 페이지 상단에 표시되며, 첫 페이지에는 폼 머리글 아래에 표시된다. • 인쇄 미리 보기 상태에서만 확인할 수 있다.
22.7, 22.3, 14.1, 09.3, 07.1, … ❸ **세부 구역(본문)**	• 사용할 실제 내용을 입력하는 구역이다. • 폼 보기 형식이 단일 폼이면 레코드를 하나만 표시하고 연속 폼이나 데이터시트이면 레코드를 여러 개 표시한다.
14.1, 04.2 ❹ **하위 폼**	폼 안에 있는 또 하나의 폼을 의미한다.
14.1, 04.2 ❺ **폼 바닥글**	• 폼 요약 정보 등과 같이 각 레코드에 동일하게 표시될 정보가 입력되는 구역이다. • 폼 보기(단일 폼)에서는 하단에 매번 표시되고, 인쇄 미리 보기에서는 마지막 페이지 세부 구역 다음에 한 번만 표시된다.
22.7, 22.3, 09.3 ❻ **페이지 바닥글**	• 모든 페이지의 하단에 동일하게 표시될 정보가 입력되는 구역으로, 날짜나 페이지 번호 등을 입력한다. • 매 페이지마다 페이지 하단에 표시된다. • 인쇄 미리 보기 상태에서만 확인할 수 있다.
❼ **폼 선택기**	폼을 선택하거나 폼의 속성을 지정할 때 사용한다.

[기출 포인트]

- 폼 머리글은 인쇄 시 첫 페이지에 한 번만 표시된다.
- 페이지 머리글은 인쇄할 때만 표시된다.
- 폼 바닥글은 인쇄 시 마지막 페이지에 한 번만 표시된다.
- 단일 폼은 본문 영역에 하나의 레코드만 표시된다.
- 연속 폼으로 설정하면 폼의 본문 영역이 반복되어 표시된다.

❽ 구역 선택하기	각 구역을 선택하거나 구역의 속성을 지정할 때 사용한다.
❾ 컨트롤	• 데이터를 표시하거나 작업을 수행하는 데 사용되는 그래픽 개체이다. • 주로 폼이나 보고서의 디자인 보기 상태에서 사용되는 것으로, 텍스트 상자, 확인란, 명령 단추, 사각형 등의 컨트롤이 있다.

기출체크 ☑

22.7, 22.3, 20.1, 14.1, 10.1, 09.3, 07.2, 07.1, 04.2

1. 다음 보기는 폼 영역에 대한 설명이다. 잘못된 것을 모두 고르시오. (　　　)

ⓐ 연속 폼으로 설정하면 폼의 모든 영역이 반복되어 표시된다.
ⓑ 폼 바닥글은 모든 인쇄된 페이지의 아래쪽에 날짜나 페이지 번호 등의 부가 정보를 표시한다.
ⓒ 페이지 머리글은 제목이나 열 머리글과 같은 정보를 폼 보기 상태 및 인쇄 시 표시한다.

기출체크 1번

ⓐ 연속 폼으로 설정하면 폼의 본문 영역이 반복되어 표시됩니다.
ⓑ 페이지 바닥글에 대한 설명입니다.
ⓒ 폼의 페이지 머리글은 폼을 인쇄할 때 표시할 정보를 지정하는 구역으로, 폼 보기 상태에서는 표시되지 않습니다.

기출체크 정답
1. ⓐ, ⓑ, ⓒ

SECTION 134

자동 폼 생성 도구

514001

23.4, 22.2, 12.1, 08.1

1 자동 폼 생성 도구 개요

자동 폼 생성 도구는 폼을 자동으로 만들어주는 것으로, 원본 테이블/쿼리의 필드와 레코드가 모두 표시된다.

- 기본적으로 한 개의 테이블이나 쿼리를 원본으로 하여 작성한다.
- 작성된 폼은 레이아웃 보기로 표시되어 데이터를 보면서 컨트롤 크기 및 위치를 변경할 수 있다.

실행 폼으로 만들 테이블이나 쿼리를 선택한 후 [만들기] → [폼] 그룹에서 사용할 기능을 클릭한다.

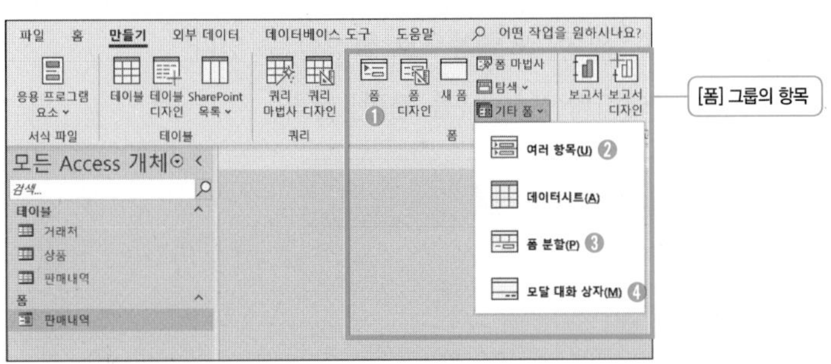

❶ 폼	열 형식의 폼이 작성되며, 관계가 설정된 테이블이 있을 경우 하단에 데이터시트 보기 형태로 표시된다.
❷ 여러 항목	테이블 형식의 폼이 작성된다.
❸ 폼 분할	하나의 원본 데이터를 이용하여 상단에는 열 형식으로, 하단에는 데이터시트 형식으로 2개의 폼이 한 화면에 작성된다.
23.4, 22.2 ❹ 모달 대화상자	• 사용자가 어떤 동작을 수행해야만 다음 작업이 가능한 대화상자로 모달 대화상자가 실행된 상태에서는 다른 폼이나 개체를 선택할 수 없다. • 모달 대화상자 도구를 사용하여 폼을 만들면 〈확인〉과 〈취소〉 버튼이 자동으로 생성된다.

기출체크 ☑

12.1, 08.1

1. 자동 폼 생성 도구에는 폼, 폼 분할, 폼 통합, 여러 항목 도구가 있다. (○, ×)

23.4, 22.2

2. 다음과 같은 폼을 만드는 폼 작성 도구는 (   )이다.

전문가의 조언

자동 폼 생성 도구의 종류를 묻는 문제가 출제되고 있습니다.

[기출 포인트]

- 종류에는 폼, 여러 항목, 폼 분할이 있다.
- 모달 대화상자 폼을 만들면 〈확인〉과 〈취소〉 버튼이 자동으로 생성된다.

기출체크 1번

자동 폼 생성 도구에 폼 통합 도구라는 것은 없습니다.

기출체크 2번

모달 대화상자 도구를 사용하여 폼을 만들면 〈확인〉과 〈취소〉 버튼이 자동으로 생성됩니다.

기출체크 정답

1. × 2. 모달 대화상자

전문가의 조언

폼 분할의 개념이나 특징을 묻는 문제가 출제되고 있습니다.

[기출 포인트]

- 폼의 위쪽은 폼 보기(열 형식), 아래쪽은 데이터시트 보기의 형태로 작성된다.
- 분할 표시 폼을 만든 후에는 컨트롤의 크기를 조정할 수 있다.
- 폼 보기나 데이터시트 보기에서 데이터를 변경할 수 있다.

514002

24.3, 23.1, 22.6, 21.7, 21.2, 20.2, 20.1, 18.2, 18.1, 17.2, 16.1, 15.3, 13.3

2 폼 분할(분할 표시 폼)

폼 분할은 하나의 원본 데이터를 하나의 폼에서 [폼 보기(열 형식)]와 [데이터시트 보기]로 볼 수 있도록 폼을 작성한다.

- 두 보기는 하나의 원본 데이터를 사용하므로 서로 연결되어 있어 항상 동기화되며, 두 보기 중 하나에서 필드를 선택하면 다른 보기에서도 동일한 필드가 선택된다.
- 폼 보기나 데이터시트 보기 상태 모두 데이터의 변경이 가능하다.
- 폼 분할 도구로 분할 표시 폼을 만든 직후에는 위쪽은 레이아웃 보기 형태로 표시되고 아래쪽은 데이터시트 보기 형태로 표시된다.
- 레이아웃 보기에서는 컨트롤의 크기 조정이나 이동이 가능하고 레코드 원본에 있는 필드를 추가할 수 있다.
- 폼 분할 도구로 분할 표시 폼을 만든 직후 표시되는 레이아웃 보기는 폼 보기 상태로 전환이 가능하다.
- [디자인 보기] 상태로 열면 열 형식의 형태로 컨트롤들이 표시된다.
- 폼 속성 창의 '분할 표시 폼 방향' 항목을 이용하여 데이터시트가 표시되는 위치를 폼의 위쪽, 아래쪽, 왼쪽, 오른쪽으로 설정할 수 있다.

실행 [만들기] → [폼] → [기타 폼] → [폼 분할] 클릭

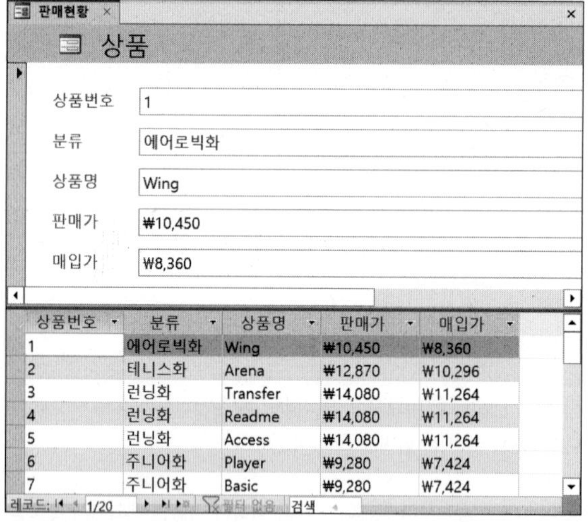

기출체크 ☑

23.1, 22.6, 20.1, 18.1, 17.2, 15.3, 13.3

3. 자동 폼 생성 도구 중 위쪽 구역에는 데이터시트를 표시하는 열 형식의 폼을 만들고, 아래쪽 구역에는 선택한 레코드에 대한 정보를 수정하거나 입력할 수 있는 데이터시트 형식의 폼을 자동으로 만들어 주는 도구는 (   )이다.

24.3

4. 분할 표시 폼은 상단의 단일 폼에서만 데이터의 변경이 가능하며, 하단의 데이터시트에서는 변경된 내용을 바로 확인할 수 있다. (○, ×)

기출체크 4번

분할 표시 폼은 상단의 단일 폼(폼 보기)이나 하단의 데이터시트 보기 상태 모두에서 데이터 변경이 가능합니다.

기출체크 정답
3. 폼 분할 4. ×

SECTION
135 폼의 속성 – '형식' 탭

514102

24.5, 24.3, 23.2, 22.7, 22.4, 22.3, 21.6, 21.2, 19.상시, 19.1, 16.2, 15.3, 15.2, 13.1, 12.2, 11.3, 11.1, 10.2, 10.1, 09.1, …

1 '형식' 탭의 주요 속성

'형식' 속성은 폼 화면 전체에 적용되는 속성을 설정하는 곳이다.

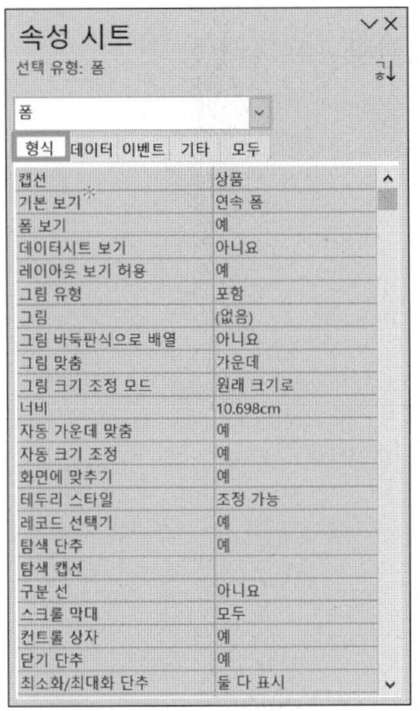

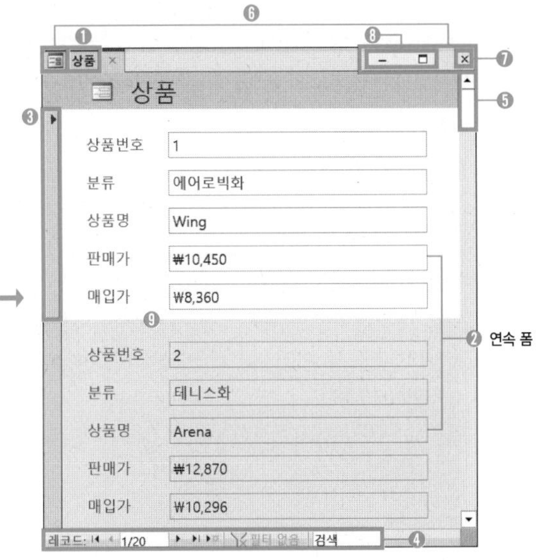

속성	설명
23.2, 22.7, 21.2, 15.3, 15.2, 13.1, 12.2, 08.3, … ❶ **캡션**	제목 표시줄에 표시될 텍스트를 지정한다.
24.5, 23.2, 22.7, 22.4, 22.3, 19.상시, 19.1, … ❷ **기본 보기**	폼 보기 형식을 지정하는 것으로, 단일 폼, 연속 폼, 데이터시트 형식 등이 제공된다. • 단일 폼 : 한 창에 한 개의 레코드만 표시한다. • 연속 폼 : 창의 크기에 맞게 여러 개의 레코드를 표시한다. • 데이터시트 : 행과 열로 구성된 표 형태로 레코드를 표시한다. • 분할 표시 폼 : 한 화면을 폼 보기와 데이터시트 보기의 두 형태로 분할하여 표시한다.
24.3, 23.1, 22.7, 21.6, 10.2, 08.1, 07.2 ❸ **레코드 선택기**	레코드 선택기의 표시 여부를 지정한다.
23.1, 22.7, 21.6, 10.2, 08.1, 07.2 ❹ **탐색 단추**	탐색 단추의 표시 여부를 지정한다.
21.6 ❺ **스크롤 막대**	스크롤 막대의 표시 여부를 지정한다.
❻ **컨트롤 상자**	조절 메뉴 상자와 제어 상자의 표시 여부를 지정한다.
❼ **닫기 단추**	닫기 단추의 표시 여부를 지정한다.

전문가의 조언

속성들의 기능이나 적용 결과를 알아야 풀 수 있는 문제가 출제되고 있습니다.

[기출 포인트]

- 캡션은 제목 표시줄에 표시될 텍스트이다.
- 기본 보기에는 단일 폼, 연속 폼, 데이터시트, 분할 표시 폼이 있다.
- 단일 폼은 한 창에 한 개의 레코드만 표시한다.
- 연속 폼은 한 창에 여러 개의 레코드를 표시한다.

기본 보기 속성

'폼 보기'와 '데이터시트 보기' 속성이 '아니요'로 지정되어 있으면 기본 보기 속성을 '단일/연속 폼', '데이터시트'로 지정해도 해당 형식으로 폼이 실행되지 않습니다.

기본 보기 형태

[단일 폼]

[데이터시트]

[연속 폼]

❽ **최소화/최대화 단추**	최소화/최대화 단추의 표시 여부를 지정한다.
21.6 ❾ **구분 선**	레코드 사이를 구분해 주는 구분 선의 표시 여부를 지정한다.
자동 가운데 맞춤	• 폼 실행 시 창이 액세스 창의 가운데에 위치할지의 여부를 지정한다. • '아니요'를 선택하면 마지막으로 저장된 폼 위치가 적용된다.
23.2, 22.4, 06.4 **자동 크기 조정**	• 레코드를 모두 표시할 수 있도록 폼 창의 크기를 자동으로 조정할지의 여부를 지정한다. • '아니요'를 선택하면 마지막으로 저장된 폼 창의 크기가 적용된다.

준비하세요

'C:\길벗컴활1급필기QnE\3과목\3과목 4장-2.accdb' 파일을 사용하세요.

속성을 지정할 때 속성의 제목이나 텍스트 상자를 더블클릭하면 해당 속성의 항목이 차례로 선택됩니다.

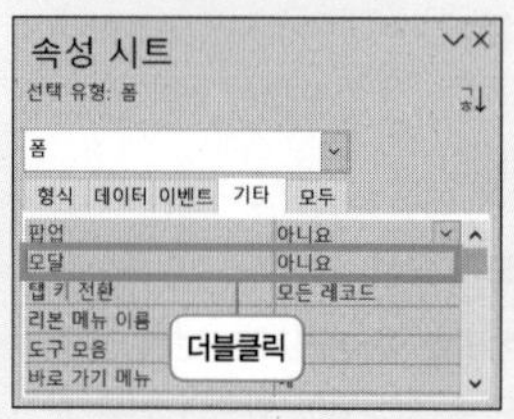

예제 '상품' 폼에 다음의 속성을 지정하시오.

• 폼 보기 형식을 '단일 폼', 캡션을 '상품판매현황'으로 설정할 것
• 레코드 선택기를 표시하지 않을 것

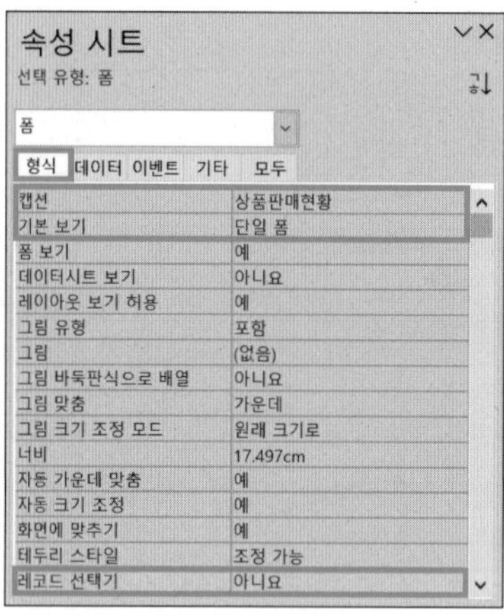

기출체크 ☑

23.2, 22.4
1. '자동 크기 조정' 속성을 사용하여 폼을 열 때 자동으로 폼을 중앙 정렬하여 표시할 수 있다. (○, ×)

21.2, 15.3, 12.2, 03.1
2. '캡션' 속성을 이용하여 폼의 이름을 변경할 수 있다. (○, ×)

24.3, 23.1, 22.7, 22.3, 21.6, 08.1, 07.2
3. 다음 화면에서 설정되어 있는 폼의 속성 값으로 옳지 않은 것을 고르시오. (　　)

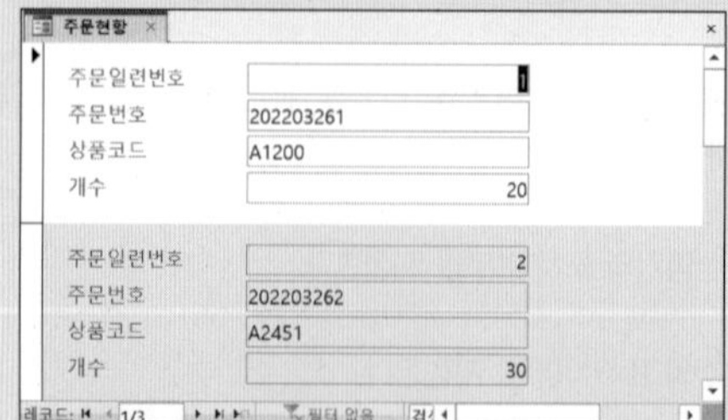

ⓐ 캡션 : 주문현황
ⓑ 탐색 단추 : 예
ⓒ 보기 형식 : 단일 폼
ⓓ 레코드 선택기 : 예

기출체크 1번

'자동 크기 조정'은 레코드를 모두 표시할 수 있도록 폼 창의 크기를 자동으로 조정할지의 여부를 지정하는 속성입니다. 문제는 '자동 가운데 맞춤' 속성에 대한 설명입니다.

기출체크 2번

'캡션' 속성은 폼의 제목 표시줄에 표시될 텍스트를 지정하는 속성입니다. 폼의 이름을 변경하려면 변경할 폼 개체를 선택하고 F2를 누른 후 변경해야 합니다.

기출체크 3번

단일 폼은 레코드를 한 화면에 하나만 표시하는 것입니다. 문제의 그림은 한 화면에 2개의 레코드가 표시되어 있으므로 기본 보기 속성은 '연속 폼'임을 알 수 있습니다.

기출체크 정답
1. × 2. × 3. ⓒ

SECTION 136

폼의 속성 - '데이터' 탭

514201 ▶

24.4, 23.4, 21.3, 18.2, 18.1, 15.3, 15.1, 13.3, 13.1, 12.1, 11.2, 06.4, 04.3, 03.2

'데이터' 탭의 주요 속성

'데이터' 탭은 폼에 연결된 테이블이나 쿼리 데이터에 대해 속성을 설정하는 곳이다.

속성 시트
선택 유형: 폼

폼

형식 | 데이터 | 이벤트 | 기타 | 모두

	속성	값
❶	레코드 원본	상품
	레코드 집합 종류	다이너셋
	기본값 반입	예
❷	필터	
❸	로드할 때 필터링	아니요
❹	정렬 기준	
	로드할 때 정렬	예
	이후 과정 대기 중	아니요
	데이터 입력	아니요
❺	추가 가능	예
❺	삭제 가능	예
❺	편집 가능	예
❻	필터 사용	예
❼	레코드 잠금	잠그지 않음

속성	설명
18.1, 15.3, 12.1, 11.2, 06.4, 04.3 ❶ **레코드 원본**	• 폼에서 사용할 원본 데이터를 지정한다. • 테이블이나 쿼리(질의), SQL문을 레코드 원본으로 지정한다.
❷ **필터**	특정 기준에 따른 필터를 설정한다.
❸ **로드할 때 필터링**	폼을 시작할 때 필터를 적용한다.
❹ **정렬 기준**	정렬할 기준을 설정한다.
24.4, 23.4, 21.3, 15.1, 13.1 ❺ **추가 · 삭제 · 편집 가능**	폼 내용의 추가, 삭제, 편집 가능 여부를 지정한다.
❻ **필터 사용**	지정된 필터의 사용 여부를 지정한다.
18.2, 15.1, 13.3, 03.2 ❼ **레코드 잠금**	• 두 명 이상의 사용자가 동시에 같은 레코드를 편집하려고 할 때 레코드를 잠그는 방법을 설정한다. • 잠그지 않음 : 기본 값이며 여러 사용자가 동시에 레코드를 편집할 수 있다. • 모든 레코드 : 모든 레코드를 다른 사용자가 편집할 수 없도록 잠근다. • 편집한 레코드 : 한 번에 한 사람만 레코드를 편집할 수 있다.

기출체크 ☑

24.4, 23.4, 21.3, 13.1

1. 폼에 새 레코드를 추가할 수 있도록 하려면 ( ) 속성을 예로 설정하면 된다.

전문가의 조언

'데이터' 탭의 속성들에 대한 문제가 출제되고 있습니다.

[기출 포인트]

• 레코드 원본에는 테이블이나 쿼리, SQL문을 지정한다.
• '레코드 잠금' 속성의 기본값은 "잠그지 않음"이다.
• '추가 가능'은 폼에 새 레코드를 추가할 수 있게 하는 속성이다.

기출체크 정답
1. 추가 가능

SECTION 137

컨트롤의 개요

중요해요! 바운드 컨트롤과 계산 컨트롤의 특징을 묻는 문제가 자주 출제됩니다.

[기출 포인트]
- 폼 안에서 컨트롤 이름은 중복될 수 없다.
- 바운드 컨트롤은 필드가 연결된 컨트롤이다.
- 한 필드를 여러 컨트롤에 바운드시킬 수 있다.
- 명령 단추는 언바운드 컨트롤이다.
- 계산 컨트롤을 만들 때는 컨트롤 원본 속성이 필요하다.

514301

24.4, 23.3, 22.5, 22.3, 21.4, 21.2, 21.1, 20.2, 19.2, 17.1, 15.1, 14.1, 12.2, 10.3, 10.1, 09.4, 09.3, 08.2, 08.1, 07.2

1 컨트롤의 개념

컨트롤은 폼이나 보고서에서 데이터를 표시하고, 매크로나 함수 등의 명령을 실행하는 데 사용되는 그래픽 개체이다.

- 폼이나 보고서 안에서 동일한 이름의 컨트롤을 사용할 수 없다.
- 컨트롤은 바운드 컨트롤, 언바운드 컨트롤, 계산 컨트롤로 분류할 수 있다.

23.3, 22.5, 21.4, 21.1, 19.2, 17.1, … ❶ **바운드 컨트롤**	• 테이블이나 쿼리의 필드가 컨트롤의 원본 데이터로 연결된 컨트롤이다. • 테이블의 데이터를 표시하고, 입력, 수정할 수 있다. • 바운드 컨트롤에는 텍스트 상자, 옵션 그룹, 토글 단추, 옵션 단추, 확인란, 콤보 상자, 목록 상자 등이 있다. • 하나의 필드를 여러 개의 컨트롤에 바운드 시킬 수 있다. • 폼 디자인 보기 상태에서 '필드 목록' 창에 표시된 필드를 폼으로 드래그하면 해당 필드가 바운드된 컨트롤이 생성된다.
19.2, 15.1, 08.1, 07.2 ❷ **언바운드 컨트롤**	• 테이블이나 쿼리의 필드가 컨트롤의 원본 데이터로 연결되지 않은 컨트롤이다. • 언바운드 컨트롤에는 레이블과 명령 단추가 있다. • 작성된 언바운드 컨트롤을 바운드 컨트롤로 변경할 수 있다.
24.4, 22.5, 22.3, 21.4, 15.1, 10.3, … ❸ **계산 컨트롤**	• 데이터의 원본 데이터로 식을 사용하는 컨트롤이다. • 계산 컨트롤을 작성하려면 컨트롤 원본 속성에 =을 입력한 후 식을 지정한다. • 값을 직접 입력할 수 없다.

기출체크 ☑

21.2, 20.2
1. 텍스트 상자 컨트롤을 지칭하는 이름은 중복 설정이 가능하다. (○, ×)

24.4, 23.3, 22.5, 21.4, 21.1, 17.1, 14.1, 12.2, 08.1
2. 테이블이나 쿼리의 필드가 컨트롤의 원본 데이터로 연결된 컨트롤로, 연결된 필드의 값을 보여주고 값을 수정할 수도 있는 컨트롤을 (　　　　) 컨트롤이라 한다.

22.3
3. 계산 컨트롤을 만들 때 반드시 필요한 속성은 (　　　　) 속성이다.

기출체크 1번

폼이나 보고서 안에서 동일한 이름의 컨트롤을 사용할 수 없습니다.

기출체크 정답
1. × 2. 바운드 3. 컨트롤 원본

5513702

24.4, 24.2, 24.1, 23.5, 23.3, 22.5, 22.2, 22.1, 21.8, 21.7, 21.5, 21.3, 20.상시, 19.상시, 19.2, 17.1, 16.3, 14.3, 14.1, …

2 컨트롤의 종류

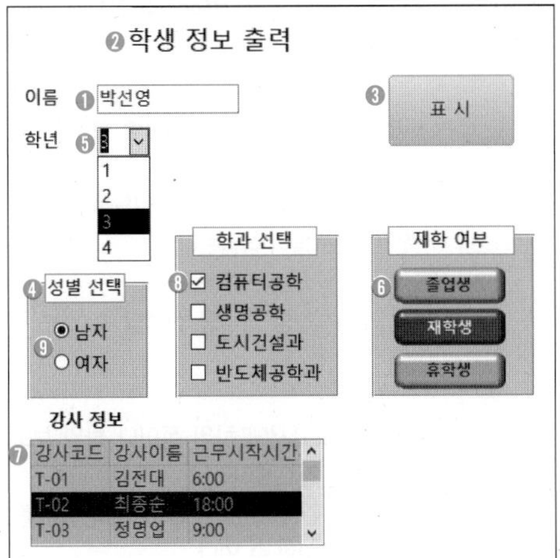

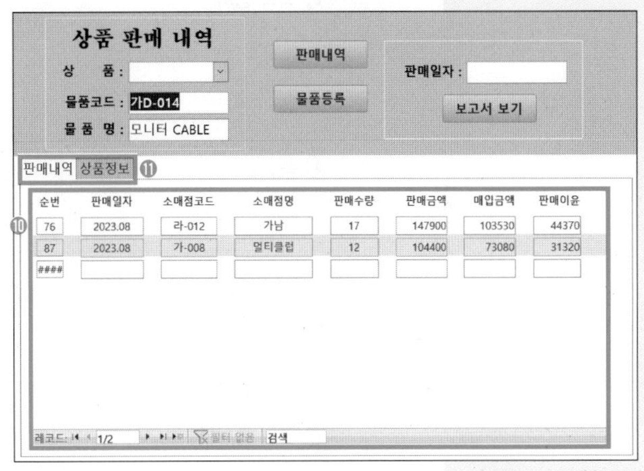

종류	모양	설명
21.5, 09.2, 08.2, 07.3, 03.3 **❶ 텍스트 상자**	박선영	• 폼이나 보고서의 데이터나 계산 결과를 표시하는 컨트롤이다. • 계산 결과를 표시하려면 컨트롤 원본에 =로 시작하는 수식을 입력한다. • 필드에 바운드되었을 경우 컨트롤의 값을 수정하면 필드의 값도 수정된다.
24.2, 24.1, 23.3, 22.5, 19.2, … **❷ 레이블**	학생 정보 출력	제목이나 캡션, 설명 등과 같은 텍스트를 표시하는 컨트롤로, 다른 컨트롤에 덧붙일 수 있다.
14.3, 04.1 **❸ 명령 단추**	표 시	• 레코드의 검색, 인쇄 등 특정 기능을 실행할 때 사용하는 컨트롤이다. • 실행할 기능은 매크로나 이벤트 프로시저로 작성한다.
14.1 **❹ 옵션 그룹**	성별 선택 남자 여자	• 그룹 틀, 확인란, 옵션 단추, 토글 단추를 하나의 그룹으로 묶어 표시할 때 사용하는 컨트롤이다. • 필드 크기가 정수인 숫자 데이터 형식이나 'Yes/No'로 설정된 필드에 설정한다. • 한 그룹에서는 한 번에 하나의 옵션만 선택할 수 있다.
23.5, 22.2, 22.1, 21.8, 21.7, … **❺ 콤보 상자**	1 2	• 텍스트 상자와 목록 상자가 결합된 형태로, 좁은 공간에서 유용하게 사용되는 컨트롤이다. • 데이터를 목록에서 선택하거나 직접 입력할 수 있다. • 테이블/쿼리, 값 목록, 필드 목록 등을 콤보 상자의 값으로 사용한다. • 여러 개의 값 중 하나만 선택할 수 있다.
❻ 토글 단추	졸업생	Yes나 No 중 하나를 선택할 수 있는 컨트롤이다.

[기출 포인트]

- 텍스트 상자는 데이터나 계산 결과를 표시한다.
- 콤보 상자는 좁은 공간에서 유용하게 사용된다.
- 목록 상자는 값을 직접 입력할 수 없다.
- 확인란과 목록 상자는 여러 개의 값을 선택할 수 있다.
- 레이블은 날짜나 시간을 표시하는 용도로 사용할 수 없다.

컨트롤	예시	설명
19.상시, 19.2, 17.1, 11.2, 07.3 **⑦ 목록 상자**	강사코드 강사이름 근무시작시간 T-01 김전대 6:00 T-02 최중순 18:00 T-03 정명업 9:00	• 콤보 상자와 비슷한 컨트롤인데, 목록의 데이터만 사용할 수 있다. • 하나 이상의 값을 선택할 수 있지만 값을 직접 입력할 수는 없다.
19.상시, 16.3, 11.2 **⑧ 확인란**	☑ 생명공학	• 여러 개의 값 중 하나 이상을 선택할 수 있는 컨트롤이다. • 폼이나 보고서에 'Yes/No' 필드를 추가하면 '확인란' 컨트롤이 삽입된다.
⑨ 옵션 단추	◉남자	여러 개의 값 중 하나를 선택할 수 있는 컨트롤이다.
03.1 **⑩ 하위 폼/하위 보고서**		• 폼이나 보고서에 하위 폼이나 하위 보고서를 생성하는 컨트롤이다. • 일 대 다 관계에 있는 테이블이나 쿼리를 효과적으로 표시할 수 있다.
24.4, 24.2, 24.1, 23.3, 22.1 **⑪ 탭 컨트롤**		• 탭 형식의 대화상자를 작성하는 컨트롤이다. • 다른 컨트롤을 탭 컨트롤로 복사하거나 추가할 수 있다. • 탭 컨트롤의 바로 가기 메뉴에서 [페이지 삽입], [페이지 삭제]를 선택하여 페이지를 추가하거나 삭제할 수 있다. • 탭 컨트롤 내의 페이지 표시 순서는 탭 컨트롤의 바로 가기 메뉴에서 [페이지 순서]를 선택하여 변경할 수 있다.

기출체크 ☑

23.5, 22.2, 22.1

4. 다음이 설명하는 컨트롤은 (　　　　)이다.

> • 좁은 공간에서 유용하게 사용하는 컨트롤이다.
> • 목록에서 선택하거나 직접 입력할 수 있다.
> • 목록에 있는 값만 입력할 수 있도록 설정할 수 있다.

24.2, 24.1, 23.3, 22.5

5. 레이블은 날짜나 시간을 표시하는 용도로 사용하는 컨트롤이다. (○, ×)

24.4

6. 탭 컨트롤의 바로 가기 메뉴에서 [탭 순서]를 선택하여 탭 컨트롤 내의 페이지 표시 순서를 설정할 수 있다. (○, ×)

기출체크 5번

날짜나 시간은 함수를 사용해서 표시하는데, 이와 같이 함수를 사용한 결과 값을 표시하려면 텍스트 상자를 사용해야 합니다. 레이블은 제목이나 캡션, 설명 등을 표시하는 용도로 사용됩니다.

기출체크 6번

탭 컨트롤의 바로 가기 메뉴에서 [탭 순서]를 선택하면, 폼 안에서 Tab이나 Enter를 눌렀을 경우 이동되는 컨트롤들의 순서를 설정할 수 있습니다. 탭 컨트롤 내의 페이지 표시 순서는 탭 컨트롤의 바로 가기 메뉴에서 [페이지 순서]를 선택하여 변경할 수 있습니다.

기출체크 정답
4. 콤보 상자 5. × 6. ×

SECTION 138

하위 폼

514401

24.4, 22.5, 22.4, 21.3, 20.2, 19.1, 16.3, 16.2, 14.2, 13.3, 13.2, 13.1, 11.1, 09.3, 08.4, 08.3, 07.4, 07.1, 06.2, 05.4, …

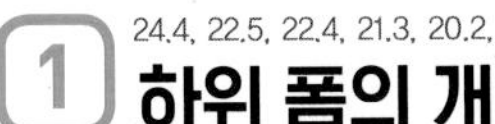

1 하위 폼의 개요

하위 폼은 폼 안에 있는 또 하나의 폼을 의미하며, 기본이 되는 폼을 상위(기본) 폼이라 하고, 상위(기본) 폼 안에 있는 폼을 하위 폼이라 한다.

- 테이블, 쿼리, 다른 폼을 이용하여 하위 폼을 작성할 수 있다.
- 기본 폼과 하위 폼이 관련된 필드로 연결되어 있어서 하위 폼에는 기본 폼의 현재 레코드와 관련된 레코드만 표시된다.
- 일 대 다 관계에 있는 테이블이나 쿼리를 효과적으로 표시할 수 있으며, '일'은 기본 폼, '다'는 하위 폼에 해당된다.
- 기본 폼은 단일 폼 형태로만 표시할 수 있다.
- 하위 폼은 단일 폼, 연속 폼, 데이터시트, 분할 표시 폼 형태로 표시할 수 있다.
- 사용할 수 있는 하위 폼의 개수에는 제한이 없으며, 하위 폼을 7개의 수준까지 중첩시킬 수 있다.
- 기본 폼이 기본키를 가진 테이블을 사용하고, 하위 폼이 기본 폼의 기본키 필드와 같거나 호환되는 필드가 포함된 테이블을 사용할 경우에는 관계가 설정되어 있지 않아도 하위 폼을 설정할 수 있다.
- 하위 폼은 폼 마법사, 하위 폼/하위 보고서 컨트롤을 이용하여 만들 수도 있고, '탐색' 창에서 테이블, 쿼리, 폼 등을 기본 폼으로 드래그하여 만들 수도 있다.

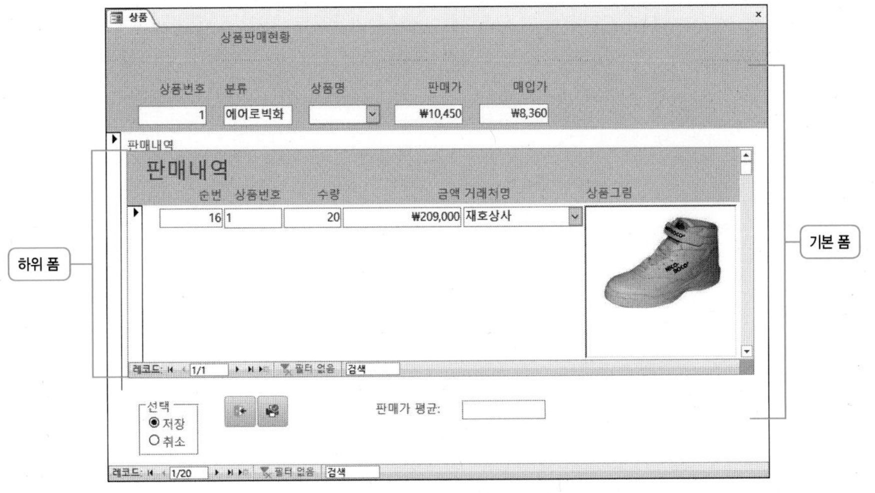

기출체크 ☑

24.4, 22.5, 16.2, 13.2, 13.1, 08.4, 07.1, 06.2, 05.3

1. 하위 폼은 단일 폼으로는 표시할 수 있으나 연속 폼으로는 표시할 수 없다. (○, ×)

전문가의 조언

하위 폼의 개념이나 특징을 묻는 문제가 출제되고 있습니다.

[기출 포인트]

- 하위 폼은 폼 안에 있는 또 하나의 폼이다.
- 기본 폼은 단일 폼으로만 표시할 수 있다.
- 하위 폼은 연속 폼으로 표시할 수 있다.
- 일 대 다 관계에서 '일'은 기본 폼, '다'는 하위 폼에 해당된다.
- 하위 폼을 7개까지 중첩시킬 수 있다.

기출체크 1번

기본 폼은 단일 폼 형태로만 표시할 수 있지만, 하위 폼은 단일 폼, 연속 폼, 데이터시트, 분할 표시 폼 형태로 표시할 수 있습니다.

기출체크 정답

1. ×

24.5, 24.2, 23.4, 23.3, 23.2, 22.4, 14.3, 13.2, 13.1, 11.3, 11.2, 09.2, 08.4, 06.4, 04.2, 03.2

2 기본 폼과 하위 폼 연결

- 연결 필드의 데이터 종류는 반드시 같아야 하며, 데이터 형식이나 필드 크기도 같거나 호환되어야 한다.
- **기본 폼과 하위 폼의 연결 필드 변경** : '하위 폼' 컨트롤의 속성 → '데이터' 탭 → '하위 필드 연결'과 '기본 필드 연결'에서 변경할 수 있다.
- 하위 폼/하위 보고서 속성 중에서 '원본 개체' 속성에는 하위 폼으로 사용될 폼을 지정한다.
- '하위 필드 연결' 속성에는 하위 폼의 필드를, '기본 필드 연결' 속성에는 기본 폼의 필드를 지정한다.
- 연결 필드를 설정할 때, 속성란에 값을 직접 입력하거나, 속성란의 작성기 단추(...)를 클릭한 다음 '하위 폼 필드 연결기' 창에서 지정할 수 있다.
- 여러 개의 연결 필드를 지정할 때는 필드 이름을 세미콜론(;)으로 구분하여 입력하거나, '하위 폼 필드 연결기' 창에서 여러 개의 필드를 선택한다.
- '하위 폼 필드 연결기' 창에서는 한꺼번에 기본 폼과 하위 폼의 연결 필드를 지정할 수 있다.

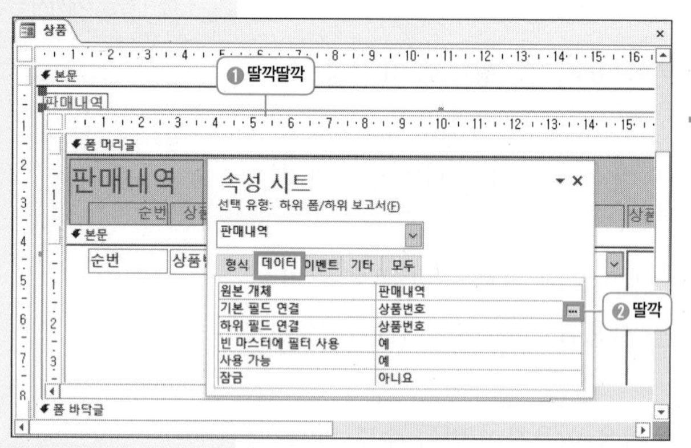

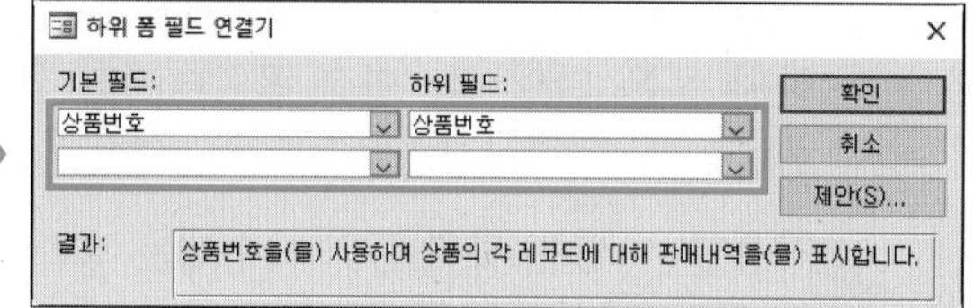

기출체크 ☑

24.2, 23.4, 23.3, 23.2, 22.4, 11.2, 08.4, 04.2, 03.2

2. 두 개 이상의 연결 필드를 지정할 때는 필드들을 콤마(,)로 구분하여 연결한다. (○, ×)

24.5

3. 하위 폼/하위 보고서 속성 중에서 '원본 개체' 속성은 기본 폼으로 사용될 폼만을 의미한다. (○, ×)

전문가의 조언

기본 폼과 하위 폼의 연결 방법을 묻는 문제가 출제되고 있습니다.

[기출 포인트]

- 여러 개의 필드를 연결할 때는 세미콜론(;)으로 구분한다.
- 연결 필드의 데이터 형식은 같거나 호환되어야 한다.
- '원본 개체' 속성에는 하위 폼으로 사용될 폼을 지정한다.

기출체크 2번

두 개 이상의 연결 필드를 이용하여 기본 폼과 하위 폼을 연결할 경우에는 필드들을 세미콜론(;)으로 구분합니다.

기출체크 3번

하위 폼/하위 보고서 속성 중에서 '원본 개체' 속성에는 하위 폼으로 사용될 폼을 지정해야 합니다.

기출체크 정답
2. × 3. ×

SECTION
139 컨트롤의 주요 속성

514602

23.2, 22.4, 17.2, 16.3, 12.2, 12.1, 09.1, 08.3, 07.4, 07.3, 03.4, 03.3, 03.2, 02.3

1 형식

컨트롤 자체에 대해 속성을 설정하는 것으로, 컨트롤 속성의 '형식' 탭에서 설정한다.

폼의 텍스트 상자

폼의 콤보 상자

속성 시트
선택 유형: 텍스트 상자(T)
상품번호
형식 데이터 이벤트 기타 모두
안쪽 여백(아래쪽) 0.053cm
안쪽 여백(왼쪽) 0.053cm
안쪽 여백(오른쪽) 0.053cm
⑦ 중복 내용 숨기기 아니요
⑧ 확장 가능 아니요
축소 가능 아니요
표시 시기 항상
읽는 순서 컨텍스트
스크롤 막대 맞춤 시스템
숫자 모양 시스템

보고서의 텍스트 상자

속성	설명
① **형식**	컨트롤에 표시되는 데이터의 표시 형식을 설정한다.
② **소수 자릿수**	컨트롤의 데이터에 소수점 이하의 자릿수를 설정한다.
③ **표시**	화면에 컨트롤의 표시 여부를 지정한다.
④ **특수 효과**	볼록, 오목, 새김(사방) 등의 특수 효과를 설정한다.
⑤ **텍스트 맞춤, 줄 간격**	텍스트 맞춤(일반, 왼쪽, 가운데, 오른쪽, 배분), 줄 간격을 설정한다.
⑥ **열 개수, 열 너비**	콤보 상자, 목록 상자 컨트롤에 표시할 열의 개수, 열의 너비를 설정한다.
23.2, 22.4, 17.2, 16.3, 12.2, 12.1, … ⑦ **중복 내용 숨기기**	보고서에서 사용되는 것으로, 현재 컨트롤의 값이 이전 컨트롤 값과 동일한 경우 데이터의 숨김 여부를 지정한다.
17.2, 09.1, 07.4, 07.3, 03.3 ⑧ **확장 가능**※	컨트롤에 표시될 데이터를 모두 볼 수 있도록 컨트롤의 세로 높이의 자동 확장 여부를 지정한다.

기출체크 ☑

23.2, 22.4, 17.2, 12.1, 07.3, 03.4, 03.2, 02.3

1. 컨트롤의 데이터가 이전 레코드와 동일할 경우에 이를 표시(혹은 인쇄)되지 않도록 설정하려면 해당 컨트롤의 ( ) 속성을 '예'로 설정한다.

전문가의 조언

중복 내용 숨기기, 확장 가능 속성의 기능을 묻는 문제가 출제되고 있습니다.

[기출 포인트]

- '중복 내용 숨기기'는 이전 레코드와 같은 경우 표시 여부를 지정한다.
- '확장 가능'은 세로 높이의 자동 확장 여부를 지정한다.

확장 가능 속성

순번	도서명
1	가고 없는
2	가고 없는

['아니요'로 지정]

순번	도서명
1	가고 없는 연인아
2	가고 없는 연인아

['예'로 지정]

기출체크 정답

1. 중복 내용 숨기기

전문가의 조언

컨트롤 원본, 유효성 검사 규칙, 잠금, 사용 가능 속성에 대한 문제가 출제되고 있습니다.

[기출 포인트]

- '컨트롤 원본'에 함수나 수식을 입력할 때는 =로 시작한다.
- '잠금'을 이용해 데이터를 편집할 수 없도록 보호한다.
- 콤보 상자나 목록 상자에서 사용할 데이터는 '행 원본 유형'에서 지정한다.

514603

22.2, 22.1, 21.5, 20.2, 16.3, 16.1, 15.3, 15.2, 11.3, 08.3, 08.1, 07.3, 06.2, 06.1, 05.4, 05.3, 05.2, 05.1, 04.2, …

2 데이터

폼에 연결된 테이블이나 쿼리에 대해 속성을 설정하는 것으로, 컨트롤 속성의 '데이터' 탭에서 설정한다.

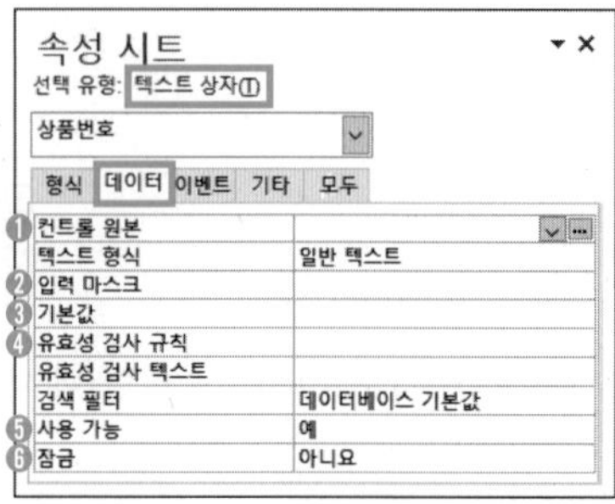

텍스트 상자

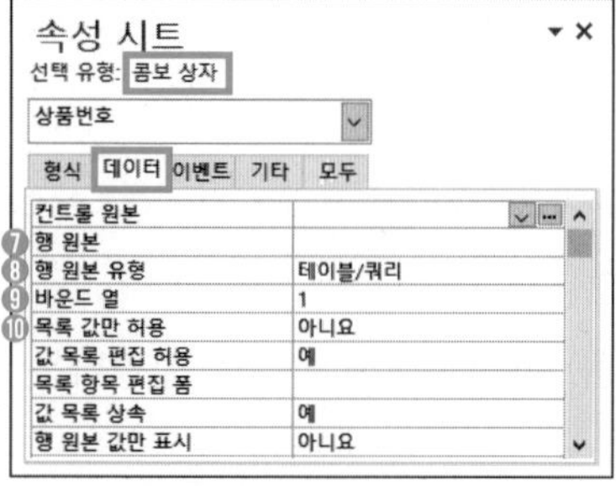

콤보 상자

속성	설명
20.2, 16.3, 16.1, 15.3, 15.2, 11.3 ❶ **컨트롤 원본**	• 필드명이나 SQL을 사용하여 컨트롤에 연결할 데이터를 지정한다. • 계산 컨트롤을 만들려면 =으로 시작하는 식을 입력하면 된다. • 함수나 수식 사용 시 문자는 큰따옴표(" ")로, 필드명은 대괄호([ ])로 묶어 준다.
05.1 ❷ **입력 마스크**	데이터를 정확하게 입력할 수 있도록 입력되는 데이터 형식에 맞게 입력틀을 설정한다.
08.3, 05.1 ❸ **기본값**	새 레코드가 추가될 때 컨트롤에 기본적으로 입력될 값을 설정한다.
07.3, 06.1, 05.2 ❹ **유효성 검사 규칙**	컨트롤에 입력할 수 있는 데이터의 사양을 설정한다.
22.2, 16.3, 16.1, 15.3, 07.3, 05.1 ❺ **사용 가능**	컨트롤에 포커스의 이동 여부를 설정한다.
22.2, 22.1, 21.5, 11.3, 07.3, 06.2, … ❻ **잠금**	컨트롤에 입력된 데이터의 편집 여부를 설정한다.
16.1, 15.3, 15.2, 08.3, 08.1, 06.1 ❼ **행 원본**	콤보 상자, 목록 상자 컨트롤에서 사용할 데이터를 설정한다.
15.2, 08.1, 04.2 ❽ **행 원본 유형**	• 콤보 상자, 목록 상자 컨트롤에서 사용할 데이터를 제공하는 방법을 지정한다. • 테이블/쿼리, 필드 목록, 값 목록 중에서 선택한다.
16.1, 15.3, 15.2, 08.3, 08.1, 06.1 ❾ **바운드 열**	콤보 상자, 목록 상자 컨트롤에 저장할 열을 설정한다.
15.2, 08.1 ❿ **목록 값만 허용**	콤보 상자에서 지정된 목록 값만 사용할지의 여부를 지정한다.

23.1, 22.1, 21.5, 05.1, 03.4

잠깐만요 컨트롤 원본 지정하기

514631

컨트롤의 컨트롤 원본에는 일반적으로 테이블이나 쿼리의 필드를 지정하지만 다른 개체에 있는 컨트롤도 지정할 수 있습니다. 다음과 같은 형식으로 지정합니다.

> =개체!개체 이름!컨트롤 이름
> =forms!상품!txt현재날짜 : 〈상품〉 폼에 있는 'txt현재날짜' 컨트롤을 참조한다는 의미입니다.*

컨트롤 원본 지정하기

각각을 대괄호([ ])로 묶어 =[forms]![상품]![txt현재날짜]와 같이 지정해도 됩니다.

기출체크 ☑

22.2, 22.1, 06.2, 03.4

2. 데이터의 편집 여부는 (   ) 속성을 이용해 설정한다.

기출체크 정답
2. 잠금

SECTION 140

폼 작성 기타

514701

24.3, 22.7, 22.6, 22.3, 21.6, 21.2, 21.1, 20.1, 19.2, 18.상시, 18.2, 17.2, 16.3, 14.3, 14.2, 12.1, 11.2, 10.3, 09.2, …

1 탭 순서

탭 순서는 폼의 컨트롤에 적용하는 기능으로, Tab이나 Enter를 눌렀을 때 이동되는 컨트롤의 순서를 정하는 것이다.

- 기본적으로 컨트롤을 작성한 순서대로 탭 순서가 설정되지만 사용자가 변경할 수 있다.
- 레이블 컨트롤에는 탭 순서를 설정할 수 없다.
- 탭 정지 속성이 '아니요'로 설정된 컨트롤은 '탭 순서' 대화상자에 표시되지 않는다.
- **탭 순서 설정하기**
  - 탭 인덱스 속성 이용하기 : 컨트롤의 탭 인덱스 속성에 0부터 '현재의 컨트롤 개수-1'까지 순서를 직접 입력하는 것으로, 폼이 실행되면 탭 인덱스가 0인 컨트롤에 포커스가 놓임
  - [양식 디자인] → [도구] → [탭 순서] 이용하기 : 구역을 선택한 후 '사용자 지정 순서'에서 원하는 순서대로 컨트롤의 위치를 변경시킴

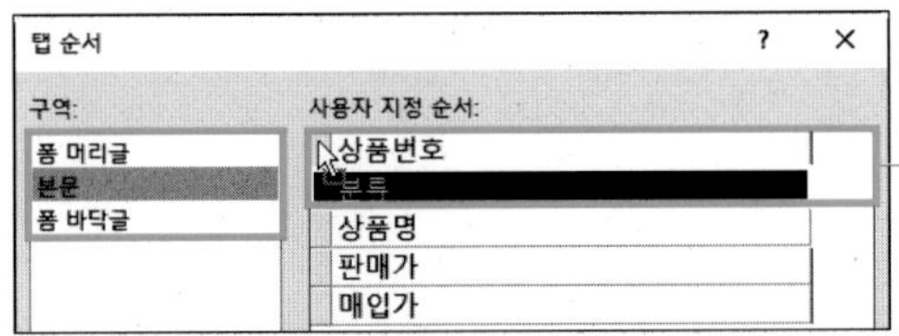

❶ 컨트롤 선택기를 클릭합니다.

❷ 다시 컨트롤 선택기를 클릭한 후 이동할 위치로 드래그합니다.

- '탭 순서' 대화상자에서 〈자동 순서〉 단추를 클릭하면 탭 이동 순서를 위쪽에서 아래쪽으로, 왼쪽에서 오른쪽 컨트롤로 자동 설정한다.

기출체크 ☑

22.7, 22.6, 22.3, 14.3, 12.1, 11.2, 10.3, 09.2, 09.1, 07.1, 03.2

1. 탭 순서는 폼의 레이블이나 명령 버튼에는 적용되지 않는다. (○, ×)

24.3

2. 탭 순서에서 컨트롤을 제거하려면 컨트롤의 탭 정지 속성을 '예'로 설정한다. (○, ×)

전문가의 조언

중요해요! 탭 순서의 특징을 묻는 문제가 자주 출제됩니다.

[기출 포인트]

- 레이블에는 탭 순서를 설정할 수 없다.
- '탭 정지' 속성이 "아니요"인 컨트롤에는 탭 순서 기능이 적용되지 않는다.
- 〈자동 순서〉는 위쪽에서 아래쪽, 왼쪽에서 오른쪽으로 탭 순서가 자동 설정된다.

기출체크 1번

레이블 컨트롤에는 탭 순서가 적용되지 않지만 명령 단추에는 적용됩니다.

기출체크 2번

탭 순서에서 컨트롤을 제거하려면, 즉 Tab을 사용하여 포커스를 이동시킬 수 없도록 하려면 컨트롤의 '탭 정지' 속성을 '아니요'로 설정해야 합니다.

기출체크 정답

1. × 2. ×

전문가의 조언

중요해요! 조건부 서식의 특징을 묻는 문제가 자주 출제됩니다.

[기출 포인트]

- 조건부 서식은 조건에 맞는 컨트롤에만 서식을 적용한다.
- 조건은 50개까지 지정할 수 있다.
- 2개 이상의 조건이 참이면, 첫 번째 조건의 서식이 적용된다.
- 조건은 '필드 값이', '식이', '필드에 포커스가 있음'을 기준으로 설정할 수 있다.
- 폼이나 보고서를 다른 파일 형식으로 변환하면 조건부 서식이 해제된 상태로 변환된다.

준비하세요

'C:\길벗컴활1급필기QnE\3과목\3과목 4장-3.accdb' 파일을 불러와 실습하세요.

514702

24.2, 24.1, 23.3, 22.6, 22.1, 21.8, 21.5, 21.4, 21.2, 21.1, 20.상시, 19.상시, 19.1, 18.상시, 17.2, 17.1, 16.2, 15.1, …

2 조건부 서식

조건부 서식은 폼이나 보고서에서 조건에 맞는 컨트롤의 값에만 적용되는 서식이다.

- 텍스트 상자와 같이 값을 표시하는 컨트롤에 설정할 수 있다.
- 컨트롤에 조건부 서식을 적용하면 컨트롤 값의 변경 사항을 쉽게 파악할 수 있다.
- **설정 가능한 서식** : 굵게, 기울임꼴, 밑줄, 배경색, 글꼴 색
- 다음과 같은 기준으로 조건부 서식을 설정할 수 있다.

필드 값이	특정 컨트롤의 값을 조건으로 지정한다.
식이	식을 이용하여 조건을 지정한다.
필드에 포커스가 있음	해당 필드로 포커스가 이동했을 때 적용할 서식을 지정한다.

- 컨트롤 값이 변경되어 조건을 만족하지 않으면 적용된 서식이 해제된다.
- 조건을 지정할 때 '*, ?' 등의 만능 문자(와일드 카드)를 사용하여 텍스트나 숫자를 나타낼 수 없다.
- 조건은 50개까지 지정할 수 있으며, 조건별로 다른 서식을 적용할 수 있다.
- 지정한 조건 중 두 개 이상이 참이면, 첫 번째 조건에 대한 서식이 적용된다.
- 두 개 이상의 규칙이 설정되어 있는 경우 우선순위를 변경할 수 있다.
- 폼이나 보고서를 다른 파일 형식으로 변환하면 조건부 서식이 해제된 상태로 변환된다.

예제 '판매내역' 폼의 '금액' 텍스트 상자의 값이 200,000 이상일 경우 '진하게', '기울임꼴' 서식을 지정하시오.

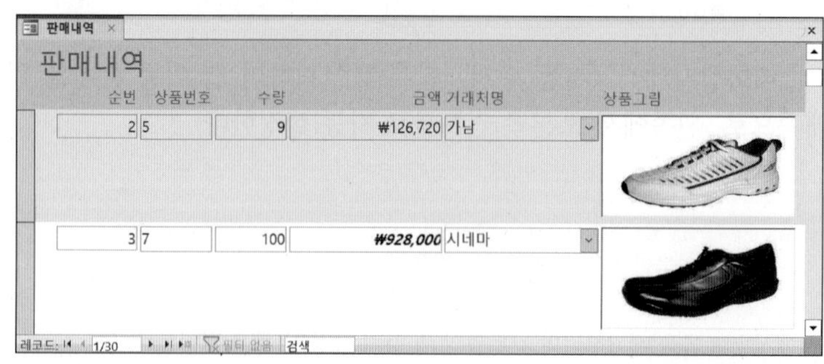

① '판매내역' 폼을 디자인 보기 형식으로 실행하고, '금액' 텍스트 상자를 클릭한 후 [서식] → [컨트롤 서식] → [조건부 서식]을 클릭한다.

② '조건부 서식 규칙 관리자' 대화상자에서 〈새 규칙〉을 클릭하고 '새 서식 규칙' 대화상자에서 다음의 그림과 같이 설정한 후 〈확인〉을 클릭한다.

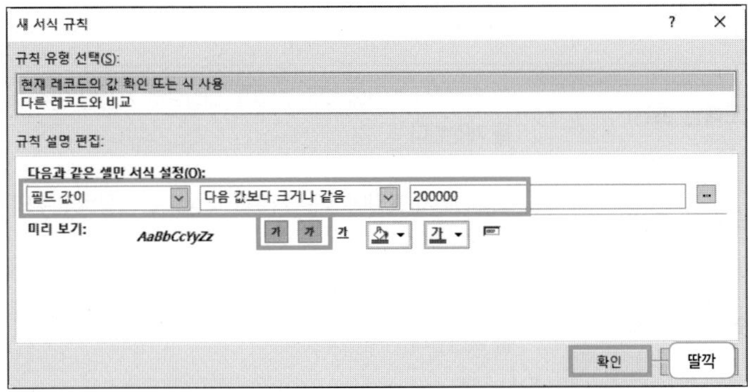

③ 이어서 '조건부 서식 규칙 관리자' 대화상자에서도 〈확인〉을 클릭한다.

기출체크 ☑

24.1, 22.1, 21.8, 21.5, 17.2
3. 폼이나 보고서를 다른 파일 형식으로 변환하면 조건부 서식이 유지된 상태로 변환된다. (○, ×)

기출체크 3번

폼이나 보고서를 다른 파일 형식으로 변환하면 조건부 서식이 해제된 상태로 변환됩니다.

514703 ▶

23.5, 23.2, 22.6, 22.4, 22.1, 21.5, 21.3, 21.2, 20.상시, 20.1, 19.상시, 18.상시, 18.2, 15.2, 15.1, 14.1, 13.2, 12.3, …

3 도메인 계산 함수

도메인 계산 함수는 레코드 집합에 대한 통계를 계산하는 함수로, 인수에는 필드 이름, 폼의 컨트롤, 상수, 함수, 도메인 등을 사용하며, 도메인에는 테이블이나 쿼리가 포함된다.

- 도메인 함수에 사용되는 인수들*은 각각을 큰따옴표(" ")로 묶어야 하며, 문자열을 연결할 때에는 &를 사용한다.
- **도메인 계산 함수 사용 형식**

=DLOOKUP("[필드]", "[도메인(테이블/쿼리)]", "조건")

예1 **=DLOOKUP("거래처명", "거래처", "거래처코드='A1'")**
→ 〈거래처〉 테이블에서 '거래처코드'가 "A1"인 레코드의 '거래처명'을 구한다.

예2 **=DLOOKUP("거래처명", "거래처", "거래처코드=1")**
→ 〈거래처〉 테이블에서 '거래처코드'가 1인 레코드의 '거래처명'을 구한다.

예3 **=DLOOKUP("거래처명", "거래처", "거래처코드=txt거래처코드")** 또는 **=DLOOKUP("거래처명", "거래처", "거래처코드=" & [txt거래처코드])**
→ 〈거래처〉 테이블에서 '거래처코드'가 'txt거래처코드' 컨트롤의 값(숫자 형식)과 같은 레코드의 '거래처명'을 구한다.

예4 **=DLOOKUP("거래처명", "거래처", "거래처코드=[txt거래처코드]")** 또는 **=DLOOKUP("거래처명", "거래처", "거래처코드='" & [txt거래처코드] & "'")**
→ 〈거래처〉 테이블에서 '거래처코드'가 'txt거래처코드' 컨트롤의 값(문자 형식)과 같은 레코드의 '거래처명'을 구한다.

전문가의 조언

- DCOUNT, DLOOKUP, DAVG, DSUM 함수의 사용 방법을 묻는 문제가 출제되고 있습니다.
- 함수의 기능과 사용법을 확실히 암기하세요.

[기출 포인트]
- 도메인 함수에 사용되는 인수는 각각을 큰따옴표(" ")로 묶는다.
- 도메인 함수의 인수 순서는 필드, 데이터베이스, 조건이다.

도메인 함수의 인수 순서

- 엑셀의 데이터베이스 함수의 인수 순서는 데(이터베이스), 필(드), 조(건)이지만 액세스 도메인 함수의 인수 순서는 필(드), 데(이터베이스, 도메인), 조(건)입니다.
- 필드를 묶는 [ ]는 생략해도 됩니다.

기출체크 정답
3. ×

• 도메인 함수 종류

함수	설명
22.1, 21.5, 20.1, 06.2 **DAVG(인수, 도메인, 조건)**	도메인에서 조건에 맞는 자료를 대상으로 지정된 인수의 평균을 계산한다.
15.2, 06.2 **DSUM(인수, 도메인, 조건)**	도메인에서 조건에 맞는 자료를 대상으로 지정된 인수의 합계를 계산한다.
23.2, 22.4, 21.2, 20.상시, 19.상시, 18.상시, 18.2, … **DCOUNT(인수, 도메인, 조건)**	도메인에서 조건에 맞는 자료를 대상으로 지정된 인수의 개수를 계산한다.
05.2 **DMIN(인수, 도메인, 조건)**	도메인에서 조건에 맞는 자료를 대상으로 지정된 인수의 최소값을 계산한다.
DMAX(인수, 도메인, 조건)	도메인에서 조건에 맞는 자료를 대상으로 지정된 인수의 최대값을 계산한다.
23.5, 22.6, 21.3, 18.상시, 15.2, 15.1, 12.3, 10.3, … **DLOOKUP(인수, 도메인, 조건)**	도메인에서 조건에 맞는 인수를 표시한다.

기출체크 ☑

23.2, 22.4, 21.2, 20.상시, 19.상시, 09.2

4. 폼 바닥글에 〈학생〉 테이블에서 '점수' 필드의 값이 60 이상인 레코드의 개수를 DCOUNT 함수를 이용하여 계산하는 수식은 (   )이다. (단, '학번' 필드는 〈학생〉 테이블의 기본키이다.)

기출체크 4번

=DCOUNT("[학번]", "[학생]", "[점수]>=60")

- **[학번]** : 인수로, 레코드의 개수를 구할 필드입니다. 레코드의 개수를 구할 때는 빈 데이터가 없는 필드를 인수로 지정하는데, 일반적으로 기본키로 설정된 필드를 지정합니다.
- **[학생]** : 도메인으로, 데이터가 들어있는 테이블입니다.
- **[점수]>=60** : 조건으로, '점수' 필드의 값이 60 이상인 데이터만 대상으로 합니다.

기출체크 정답

4. =DCOUNT("[학번]", "[학생]", "[점수]>=60")

정답 해설

해설은 465쪽에 있습니다.

22년 6회, 21년 7회

01 다음 중 폼에 대한 설명으로 옳지 않은 것은?

① 폼 내에서 단추를 눌렀을 때 매크로와 모듈이 특정 기능을 수행하도록 할 수 있다.

② 일 대 다 관계에 있는 테이블이나 쿼리는 폼 안에 하위 폼을 작성할 수 있다.

③ 폼과 컨트롤의 속성은 [디자인 보기] 형식에서 [속성 시트]를 이용하여 설정한다.

④ 폼은 레코드 원본에 연결된 대상이 테이블인지 쿼리인지에 따라 바운드 폼과 언바운드 폼으로 구분된다.

24년 5회, 22년 7회, 3회

02 다음 중 폼 영역에 대한 설명으로 틀린 것은?

① 연속 폼으로 설정하면 폼의 모든 영역이 반복되어 표시된다.

② 폼에는 기본적으로 세부 구역(본문)이 표시되며, 폼 머리글/바닥글, 페이지 머리글/바닥글 구역을 표시하거나 숨길 수 있다.

③ 페이지 머리글과 바닥글은 인쇄를 위해 사용된다.

④ 폼은 기본적으로 본문, 폼 머리글/바닥글, 페이지 머리글/바닥글 구역으로 구분된다.

23년 5회, 22년 6회, 15년 1회, 10년 3회, 09년 1회, 08년 4회

03 도서를 관리하기 위한 다음 폼은 〈도서〉 테이블을 레코드 원본으로 사용한다. 〈도서〉 테이블에는 텍스트 형식의 '저자코드' 필드가 있으며, '저자명' 필드는 〈저자〉 테이블에 존재한다. '저자코드'를 표시하는 'txt저자코드' 컨트롤을 이용하여 'txt저자명' 컨트롤에 '저자명'을 표시하도록 하기 위한 컨트롤 원본으로 가장 적절한 것은?

도서(도서코드, 저자코드, 출판사, 도서명, 가격)
저자(저자코드, 저자명)

도서정보

도서코드	저자코드	저자명
1011	103	김용갑
1012	104	김우경
1013	105	김종일

① =DLookUp(저자명, 저자, "저자코드=' "& [txt저자코드] & " ' ")

② =DLookUp("저자명", "저자", "저자코드=' "& [txt저자코드] & " ' ")

③ =DLookUp("저자", "저자명", "저자코드=' "& [txt저자코드] & " ' ")

④ =DLookUp(저자, 저자명, "저자코드=' "& [txt저자코드] & " ' ")

22년 7회, 3회, 21년 6회, 08년 1회, 07년 2회

04 다음 화면에서 설정되어 있는 폼의 속성 값으로 옳지 않은 것은?

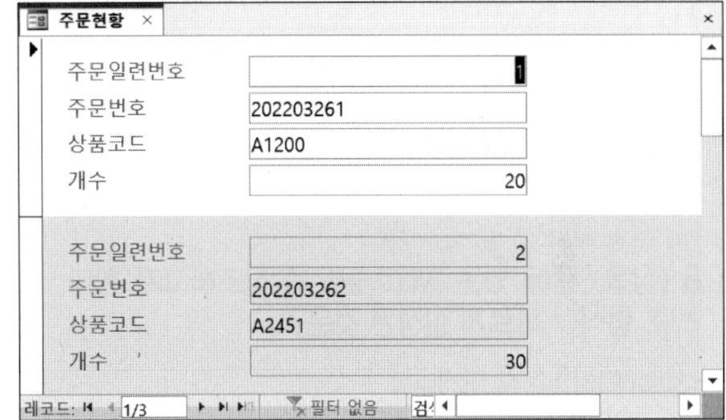

① 캡션 : 주문현황 ② 탐색 단추 : 예
③ 보기 형식 : 단일 폼 ④ 레코드 선택기 : 예

22년 1회, 21년 5회

05 다음 중 아래의 설명에 해당하는 컨트롤로 옳은 것은?

- 폼이나 보고서의 원본으로 사용되는 데이터를 표시한다.
- 계산 결과를 표시한다.

① 레이블 ② 텍스트 상자
③ 콤보 상자 ④ 목록 상자

24년 2회, 23년 4회, 3회, 23년 2회, 22년 4회

06 다음 중 하위 폼에 대한 설명으로 옳지 않은 것은?

① 하위 폼은 폼 안에 있는 또 하나의 폼을 의미한다.

② 기본 폼과 하위 폼을 연결할 필드의 데이터 형식은 같거나 호환되어야 한다.

③ 기본 폼과 하위 폼은 반드시 관계가 설정되어 있어야 한다.

④ 여러 개의 연결 필드를 지정하려면 세미콜론(;)으로 필드 이름을 구분하여 입력한다.

▶ 정답 : 1. ④ 2. ① 3. ② 4. ③ 5. ② 6. ③

기출문제 은행

해설은 465쪽에 있습니다.

21년 4회, 13년 2회, 08년 4회, 07년 4회

07 아래 내용 중 하위 폼에 대한 옳은 설명만을 나열한 것은?

> ⓐ 하위 폼에는 기본 폼의 현재 레코드와 관련된 레코드만 표시된다.
> ⓑ 하위 폼은 단일 폼으로 표시되며 연속 폼으로는 표시될 수 없다.
> ⓒ 기본 폼과 하위 폼을 연결할 필드의 데이터 형식은 같거나 호환되어야 한다.
> ⓓ 여러 개의 연결 필드를 지정하려면 콜론(:)으로 필드명을 구분하여 입력한다.

① ⓐ, ⓑ, ⓒ　② ⓐ, ⓒ
③ ⓑ, ⓒ, ⓓ　④ ⓑ, ⓓ

23년 1회, 22년 1회, 21년 5회, 11년 1회, 05년 1회, 03년 4회

08 〈상품〉 폼에 있는 '재고' 필드를 참조하고자 한다. 참조 형식이 바르게 설정된 것은?

① [Forms]![상품]![재고]
② [Forms]@[상품]@[재고]
③ [Forms]![상품]@[재고]
④ [Forms]@[상품]![재고]

22년 3회, 21년 2회, 14년 3회, 07년 12회

09 다음 중 폼에서의 탭 순서(Tab Order) 지정에 관한 설명으로 옳지 않은 것은?

① 폼 보기에서 '탭' 키나 '엔터' 키를 눌렀을 때 포커스(Focus)의 이동 순서를 지정하는 것이다.
② 키보드를 이용하여 컨트롤 간 이동을 신속하게 할 수 있는 기능이다.
③ 탭 정지 속성의 기본 값은 '예'이다.
④ 레이블 컨트롤과 옵션 그룹 컨트롤에는 탭 순서를 지정할 수 없다.

22년 6회, 21년 2회

10 다음 중 조건부 서식에 관한 설명으로 옳지 않은 것은?

① 하나 이상의 조건에 따라 폼과 보고서의 컨트롤 서식 또는 컨트롤 값의 서식을 변경할 수 있다.
② 필드 값이나 식, 포커스를 가지고 있는 컨트롤을 기준으로 조건부 서식을 설정할 수 있다.
③ 서식으로는 굵게, 글꼴 색, 글꼴 이름, 바탕 색, 테두리 색 등을 지정할 수 있다.
④ 지정한 조건 중 두 개 이상이 true이면 true인 첫 번째 조건의 서식만 적용된다.

22년 4회, 21년 2회, 13년 2회

11 다음 중 [학생] 테이블에서 '점수'가 60 이상인 학생들의 인원수를 구하는 식으로 옳은 것은? (단, '학번' 필드는 [학생] 테이블의 기본키이다.)

① =DCount("[학생]", "[학번]", "[점수] >= 60")
② =DCount("[학번]", "[학생]", "[점수] >= 60")
③ =DLookUp("[학생]", "[학번]", "[점수] >= 60")
④ =DLookUp("*", "[학생]", "[점수] >= 60")

22년 1회, 21년 5회, 20년 1회, 06년 2회

12 다음 중 폼 바닥글의 텍스트 상자의 컨트롤 원본으로 〈사원〉 테이블에서 직급이 '부장'인 레코드들의 급여 평균을 구하는 함수식으로 옳은 것은?

① =DAVG("[급여]", "[사원]", "[직급]='부장'")
② =DAVG("[사원]", "[급여]", "[직급]='부장'")
③ =AVG("[급여]", "[사원]", "[직급]='부장'")
④ =AVG("[사원]", "[급여]", "[직급]='부장'")

22년 2회, 21년 8회, 15년 2회, 08년 1회

13 다음 중 콤보 상자의 속성에 대한 설명으로 잘못된 것은?

① 컨트롤 원본 : 연결할 데이터를 설정한다.
② 행 원본 : 컨트롤에서 사용할 데이터를 설정한다.
③ 바운드 열 : 컨트롤에 저장할 열을 설정한다.
④ 사용 가능 : 데이터의 편집 여부를 설정한다.

23년 5회, 21년 8회, 7회

14 〈예약자료〉 테이블의 '담당항공사' 필드 목록의 드롭다운 화살표를 클릭하여 표시된 목록에서 값을 클릭할 수 있도록 하려면 '담당항공사' 필드의 컨트롤 표시 속성에서 선택해야 하는 컨트롤은 무엇인가?

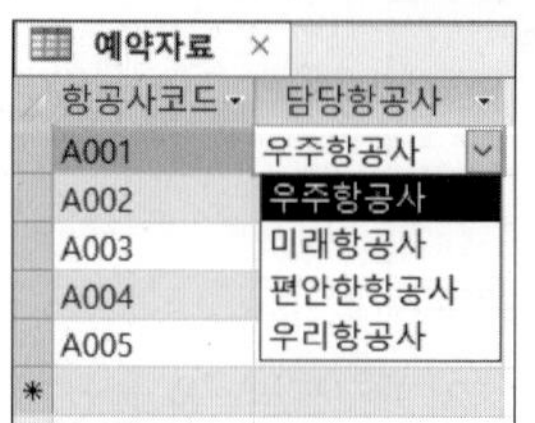

① 스마트 상자　② 텍스트 상자
③ 콤보 상자　④ 이벤트 상자

▶ 정답 : 7. ② 8. ① 9. ④ 10. ③ 11. ② 12. ① 13. ④ 14. ③

기출문제 해설

[문제 01] Section 132

바운드 폼과 언바운드 폼을 구분하는 기준은 연결 대상의 종류가 아니라 테이블이나 쿼리의 레코드와 연결되어 있는지 여부이다. 즉 테이블이나 쿼리의 레코드와 연결되어 있으면 바운드 폼, 그렇지 않으면 언바운드 폼이다.

[문제 02] Section 133

연속 폼으로 설정하면 폼의 모든 영역이 아니라 폼의 본문 영역이 반복되어 표시된다.

[문제 03] Section 140

=DLookUp("저자명", "저자", "저자코드='"& [txt저자코드] & "'")의 의미

- **저자명** : 결과 값을 구할 필드 이름으로, 여기서는 저자명을 표시하므로 '저자명' 필드를 지정한다.
- **저자** : 작업 대상 레코드가 들어 있는 테이블이나 쿼리의 이름으로서, 문제에 제시되었다.
- **"저자코드='"& [txt저자코드] & "'"** : 조건으로서 '저자코드'가 'txt저자코드' 컨트롤에 입력된 값과 같은 경우를 대상으로 한다. 단 컨트롤의 값이 문자이므로 따옴표로 묶어준 것이다.

[문제 04] Section 135

단일 폼은 레코드를 한 화면에 하나만 표시하는 것이다. 문제의 그림은 한 화면에 2개의 레코드가 표시되어 있으므로 기본 보기 속성은 '연속 폼'임을 알 수 있다.

[문제 05] Section 137

- **레이블** : 제목이나 캡션, 설명 등과 같은 텍스트를 표시하는 컨트롤
- **콤보 상자** : 텍스트 상자와 목록 상자가 결합된 형태로, 좁은 공간에서 유용하게 사용되는 컨트롤
- **목록 상자** : 콤보 상자와 비슷한 컨트롤로, 목록의 데이터만 사용할 수 있는 형태의 컨트롤

[문제 06] Section 138

테이블 간에 관계가 설정되어 있지 않은 경우에도 하위 폼으로 연결할 수 있다.

[문제 07] Section 138

ⓑ 하위 폼은 주로 연속 폼으로 표시한다.

ⓓ 여러 개의 연결 필드를 지정하려면 세미콜론(;)으로 필드명을 구분하여 입력해야 한다.

[문제 08] Section 139

다른 개체에 있는 필드를 컨트롤 원본에 지정할 경우에는 **=[개체]![개체이름]![필드이름]**과 같은 형식으로 지정한다.

[문제 09] Section 140

레이블에는 탭 순서를 설정할 수 없지만 옵션 그룹 컨트롤에는 탭 순서를 지정할 수 있다.

[문제 10] Section 140

조건부 서식에서 조건에 맞는 경우 굵게, 기울임꼴, 밑줄, 바탕색, 글꼴 색은 서식으로 지정할 수 있지만, 글꼴 이름이나 테두리 색은 지정할 수 없다.

[문제 11] Section 140

[학생] 테이블에서 '점수'가 60 이상인 학생들의 인원수를 구하는 식은 **=DCount("[학번]", "[학생]", "[점수]>= 60")**이다.

[문제 12] Section 140

〈사원〉 테이블에서 '직급'이 "부장"인 레코드들의 급여 평균을 구하는 함수식은 **=DAVG("[급여]", "[사원]", "[직급]='부장'")**이다.

[문제 13] Section 139

'사용 가능' 속성은 컨트롤에 포커스를 이동시킬 수 있는지 여부를 설정한다. ④번은 '잠금' 속성에 대한 설명이다.

[문제 14] Section 137

콤보 상자는 좁은 공간에서 유용하게 사용하는 컨트롤로 값을 목록에서 선택하거나 직접 입력할 수 있다.

memo

5장

보고서(Report) 작성

SECTION 141

보고서 작성의 기본

전문가의 조언

보고서의 개념이나 특징을 묻는 문제가 출제되고 있습니다.

[기출 포인트]

- 보고서는 데이터를 종이에 출력하기 위해 사용한다.
- 보고서에도 이벤트 프로시저를 작성할 수 있다.
- 보고서에서 데이터 입력, 추가, 삭제는 불가능하다.

514801

24.4, 24.3, 24.2, 23.3, 21.6, 21.4, 19.1, 15.2, 13.1, 12.3, 12.2, 11.3, 11.1, 10.2, 09.3, 05.4, 05.2, 04.3, 04.1, 03.4, 03.1

1 보고서의 개념

보고서는 테이블에 저장된 데이터를 요약하거나 그룹화하여 종이에 출력하기 위한 개체이다.

- 사용자는 보고서를 통해 데이터베이스 안의 데이터를 재조합하여 유용한 형태의 정보로 만들며, 이를 통해 어떤 사항에 대한 예측이나 결정 및 판단을 내릴 수 있다.
- 폼과 동일하게 여러 유형의 컨트롤로 데이터를 표시하고, 이벤트 프로시저를 작성할 수 있으나 데이터 입력, 추가, 삭제 등의 작업은 불가능하다.
- 보고서의 레코드 원본으로 테이블, 쿼리, SQL문 등을 지정할 수 있으며, 자료별 평균, 합계, 개수 등의 통계 자료를 표시할 수 있다.
- 보고서는 '디자인 보기' 상태에서 만들거나 수정한 후 '인쇄 미리 보기'나 '레이아웃 보기' 상태에서 확인한다.

기출체크 ☑

24.4, 24.3

1. 보고서는 폼과 동일하게 여러 유형의 컨트롤을 이용하여 데이터를 입력, 추가, 삭제하거나 표시할 수 있다. (○, ×)

기출체크 1번

보고서에서 데이터의 입력, 추가, 삭제 등의 편집 작업은 불가능합니다.

전문가의 조언

보고서 보기 형태들의 개별적인 특징을 묻는 문제가 출제되고 있습니다.

[기출 포인트]

- '보고서 보기'는 페이지 구분 없이 표시한다.
- '레이아웃 보기'는 '보고서 보기'와 '디자인 보기'가 혼합된 형태이다.
- '레이아웃 보기'는 컨트롤의 크기 및 위치를 변경할 수 있다.

[보기]

액세스 2021에서는 자주 사용하는 서식이나 기능은 대부분 [홈] 탭에 구성되어 있습니다. [보기] 그룹은 [홈] 탭에도 표시됩니다. [보고서 디자인]이 아닌 [홈] 탭에 있는 [보기] 그룹을 이용하여 보기 형태를 변경해도 됩니다.

514802

24.2, 24.1, 23.5, 23.3, 23.1, 22.7, 22.1, 21.7, 21.5, 21.4, 20.1, 18.상시, 17.2, 16.1, 15.3, 14.3

2 보고서 보기 형태

보고서는 보고서 보기, 인쇄 미리 보기, 레이아웃 보기, 디자인 보기 형태로 볼 수 있다.

- **보기 형태 변경**
  - 방법 1 : [보고서 디자인] → [보기]* 그룹에서 선택
  - 방법 2 : 보고서의 바로 가기 메뉴에서 선택

기출체크 정답

1. ○

• 보기 형태

인쇄 미리 보기	• 종이에 출력되는 모양 전체를 미리 볼 때 사용한다. • 보고서에 표시될 데이터를 정확하게 확인할 수 있다.
24.2, 23.3, 23.1, 22.1, 20.1, 15.3 **보고서 보기**	• 출력될 보고서를 미리보는 기능으로, 종이 출력용이 아니라 화면 출력용이다. • 인쇄 미리 보기와 비슷하지만 페이지 구분 없이 보고서를 모두 표시한다.
24.2, 23.3, 22.1, 21.7, 21.5, 21.4, … **레이아웃 보기**	• '보고서 보기'와 '디자인 보기'를 혼합한 형태이다. • 보고서로 출력될 실제 데이터와 함께 보고서의 레이아웃을 보여주는 기능으로, 데이터를 보면서 컨트롤의 크기 및 위치, 그룹 수준 및 합계를 변경하거나 추가할 수 있다.
24.1, 22.7, 21.7, 21.5, 21.4 **디자인 보기**	컨트롤 도구를 이용하여 보고서를 만들거나 수정할 수 있는 형태로, 실제 데이터는 표시되지 않는다.

기출체크 ☑

24.2, 23.3, 23.1, 22.7, 20.1, 15.3
2. 보고서의 보기 형태 중 '보고서 보기'는 '인쇄 미리 보기'와 비슷하지만 페이지를 구분하여 화면에 보고서를 표시한다. (○, ×)

1215602 ▶

24.5, 23.5, 23.4, 22.6, 22.5, 22.1, 20.2, 18.상시, 17.2, 14.1, 05.2, 04.3

3 보고서 마법사

보고서 마법사는 정해진 절차에 따라 설정 사항을 지정하면 보고서를 자동으로 만들어 주는 기능으로, 다음과 같은 특징이 있다.

• 레코드 원본, 필드, 레이아웃, 서식 등을 직접 선택하여 보고서를 작성할 수 있다.
• 여러 개의 테이블이나 쿼리를 대상으로 필드를 선택하여 보고서를 작성할 수 있다.
• 최대 4개의 필드를 대상으로 오름차순, 내림차순 기준으로 정렬을 설정할 수 있다.
• 그룹 수준을 지정했다면, 그룹화 옵션을 이용하여 그룹으로 지정할 필드의 그룹화 간격을 지정할 수 있다.
• 요약 옵션을 이용하여 숫자 필드를 대상으로 합계, 평균, 최소, 최대 값을 계산할 수 있다.

기출체크 ☑

24.5, 22.6, 20.2
3. '보고서 마법사'를 이용하는 경우 필드 선택은 여러 개의 테이블 또는 하나의 쿼리에서만 가능하며, 데이터 그룹화 및 정렬 방법을 지정할 수도 있다. (○, ×)

23.5, 23.4
4. '보고서 마법사'를 이용하여 최대 4개의 필드를 대상으로 오름차순, 내림차순, 사용자 지정 목록으로 정렬을 설정할 수 있다. (○, ×)

기출체크 2번

'보고서 보기'는 '인쇄 미리 보기'와 비슷하지만 페이지의 구분 없이 한 화면에 보고서를 표시합니다.

전문가의 조언

보고서 마법사의 특징을 묻는 문제가 출제되고 있습니다.

[기출 포인트]
• 여러 개의 테이블이나 쿼리를 이용해 보고서를 작성할 수 있다.
• 사용자 지정 목록을 기준으로 정렬할 수 없다.
• 요약 옵션은 숫자 필드만을 대상으로 설정할 수 있다.

기출체크 3번

'보고서 마법사'를 이용하는 경우에는 여러 개의 테이블 또는 여러 개의 쿼리에서 필드를 선택할 수 있습니다.

기출체크 4번

'보고서 마법사'에서 정렬할 필드는 최대 4개까지 지정할 수 있으며, 정렬 기준은 오름차순이나 내림차순만 지정할 수 있습니다.

기출체크 정답
2. × 3. × 4. ×

SECTION 142

보고서의 구성

중요해요! 보고서 각 구역들의 개별적인 용도나 기능을 묻는 문제가 자주 출제됩니다.

514901

24.3, 24.2, 23.3, 23.1, 22.7, 22.6, 22.5, 22.4, 22.3, 22.2, 22.1, 21.8, 21.7, 21.6, 21.5, 21.4, 21.3, 21.2, 20.1, …

1 보고서의 구성

보고서는 기본적으로 보고서 머리글, 보고서 바닥글, 본문, 페이지 머리글, 페이지 바닥글 구역과 컨트롤, 각 구역의 선택기 등으로 구성된다.

- 보고서 머리글/바닥글, 페이지 머리글/바닥글 구역은 표시하거나 숨길 수 있으며, 그룹을 설정하면 그룹 머리글과 그룹 바닥글을 설정할 수 있다.

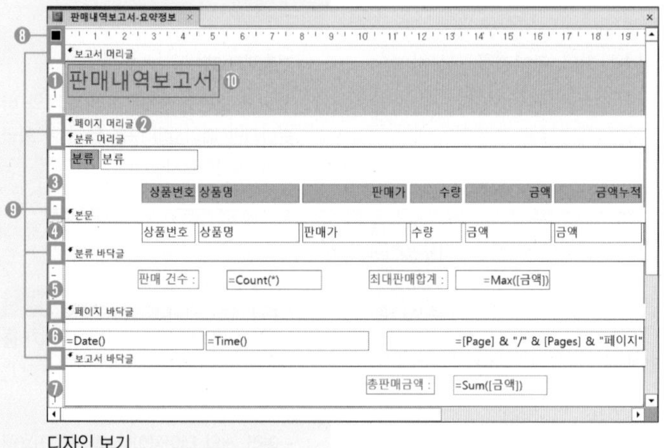

디자인 보기

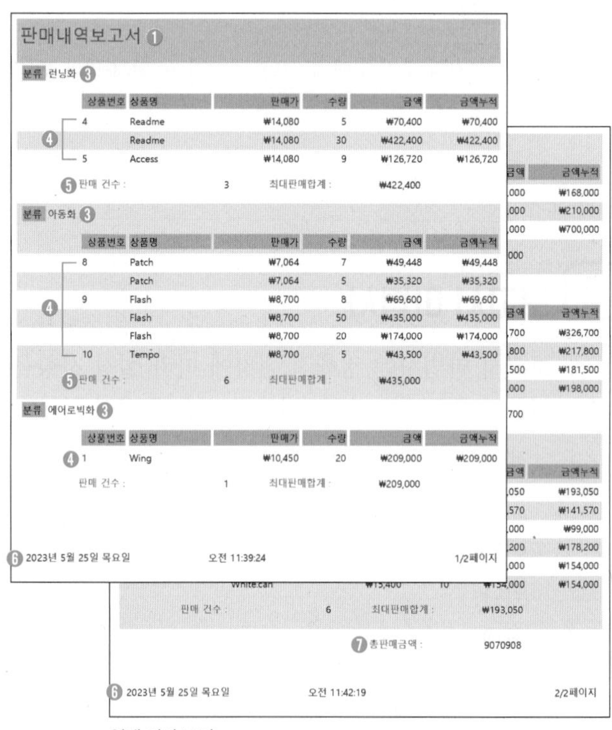

인쇄 미리 보기

22.6, 22.4, 22.2, 21.8, 19.상시, 19.2, 19.1, 18.2, … ❶ **보고서 머리글**	• 보고서의 첫 페이지 상단에 한 번만 표시된다. • 로고, 보고서 제목, 날짜 등을 삽입한다. • 함수를 이용한 집계 정보를 표시할 수 있다.
24.3, 23.1, 22.7, 22.5, 22.2, 21.8, 21.7, 21.6, … ❷ **페이지 머리글**	• 모든 페이지의 상단에 표시되며, 첫 페이지에는 보고서 머리글 다음에 표시된다. • 열 제목 등을 삽입한다.
22.7, 22.5, 22.3, 22.2, 21.5, 21.2, 20.1, 19.상시, … ❸ **그룹 머리글**	• 그룹이 지정된 경우 그룹의 상단에 반복적으로 표시된다. • 그룹의 이름, 요약 정보 등을 삽입한다. • '그룹, 정렬 및 요약' 창에서 설정한다.
22.2, 21.8, 19.상시, 19.2, 18.2, 17.1, 16.3, 10.3, … ❹ **본문**	실제 데이터가 반복적으로 표시되는 부분이다.

[기출 포인트]

- 보고서 머리글에는 함수를 이용한 집계 정보를 표시할 수 있다.
- 보고서 머리글/바닥글은 한 번만 표시된다.
- 페이지 머리글/바닥글은 매 페이지에 표시된다.
- 전체 보고서에 대한 요약 값 표시는 보고서 머리글/바닥글을 이용한다.

24.2, 23.3, 22.7, 22.6, 22.5, 22.3, 22.2, 22.1, … ⑤ **그룹 바닥글**	• 그룹이 지정된 경우 그룹의 하단에 반복적으로 표시된다. • 그룹별 요약 정보 등을 삽입한다. • '그룹, 정렬 및 요약' 창에서 설정한다.
23.1, 21.8, 21.3, 17.1, 12.3, 10.3, 09.2, 09.1, 08.4 ⑥ **페이지 바닥글**	모든 페이지의 하단에 표시되며, 주로 날짜나 페이지 번호를 삽입한다.
23.1, 22.2, 21.8, 19.1, 17.1, 16.2, 15.1, 14.3, 14.2, … ⑦ **보고서 바닥글**	• 보고서의 맨 마지막 페이지에 표시된다. • 보고서 총계나 평균 또는 안내문 등을 삽입한다. • 디자인 보기 상태에서는 가장 마지막 구역에 표시되고, 인쇄 미리 보기 상태에서는 마지막 페이지의 페이지 바닥글 위쪽에 한 번만 표시된다.
⑧ **보고서 선택기**	보고서를 선택하거나 보고서의 속성을 지정할 때 사용한다.
12.1 ⑨ **구역 선택기**	구역을 개별적으로 선택하거나 구역의 속성을 지정할 때 사용한다.
⑩ **컨트롤**	데이터를 표시하거나 작업을 수행하는 데 사용되는 그래픽 개체이다.

기출체크 ☑

22.4, 22.2, 18.1, 16.3, 14.3, 12.1, 07.3, 06.3, 04.3

1. 보고서의 제목을 전체 보고서를 통해 한 번만 출력하고자 할 때 제목이 삽입되어야 할 구역은 ( )이다.

24.2, 23.3, 21.4

2. 다음 〈보기〉와 같이 거래처별 수금액의 합계를 표시하려고 할 때 가장 적합한 보고서 영역은 ( ) 또는 ( )이다.

〈보기〉 **수금액 합계** =Sum([수금액])

· ı · 1 · ı · 2 · ı · 3 · ı · 4 · ı · 5 · ı · 6 · ı ·

- 보고서 머리글
- 페이지 머리글
- 거래처명 머리글
- 본문
- 거래처명 바닥글
- 페이지 바닥글
- 보고서 바닥글

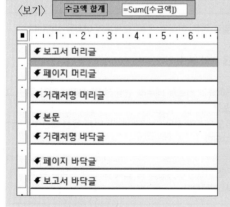

기출체크 2번

거래처별 수금액의 합계와 같이 그룹별로 구분되는 자료는 그룹 머리글이나 그룹 바닥글에 표시합니다.

기출체크 정답

1. 보고서 머리글
2. 거래처명 머리글, 거래처명 바닥글

SECTION 143

페이지 설정하기

전문가의 조언

페이지 설정의 특징을 묻는 문제가 출제됩니다.

[기출 포인트]

- 보고서마다 페이지 설정을 다르게 설정할 수 있다.
- 머리글/바닥글은 지정할 수 없다.

보고서에서 '페이지 설정' 대화상자를 표시하는 다른 방법

보고서가 '디자인 보기' 상태로 열려 있을 경우에는 [페이지 설정] → [페이지 레이아웃] → [페이지 설정]을 클릭하면 됩니다.

기출체크 1번

'페이지 설정' 대화상자에서 머리글/바닥글을 설정할 수는 없습니다.

전문가의 조언

'데이터만 인쇄' 옵션을 선택했을 때 인쇄되는 것을 묻는 문제가 출제된 적이 있습니다.

[기출 포인트]

'데이터만 인쇄'를 선택하면 레이블, 컨트롤 테두리 등의 그래픽 요소는 출력되지 않는다.

기출체크 정답

1. × 2. 데이터만 인쇄

515001

24.3, 22.2, 21.6

1 페이지 설정하기의 개요

페이지 설정은 쿼리나 폼, 보고서 등을 인쇄하기 위해 여백, 용지 방향 등을 설정하는 작업이다.

실행 인쇄 미리 보기 상태에서 [인쇄 미리 보기] → [페이지 레이아웃] → [페이지 설정] 클릭*

- 쿼리나 폼, 보고서마다 용지의 방향, 크기, 여백 등을 다르게 지정할 수 있다.

기출체크 ☑

24.3, 21.6

1. '페이지 설정' 대화상자에서 머리글/바닥글을 설정할 수 있다. (○, ×)

515002

15.2, 14.2, 13.3, 11.1, 10.2, 09.1, 08.2, 03.3

2 '인쇄 옵션' 탭

15.2, 09.1, 08.2 **여백**	밀리미터 단위로 위쪽, 아래쪽, 왼쪽, 오른쪽의 여백을 설정한다.
보기	설정한 여백을 미리 볼 수 있다.
15.2, 14.2, 13.3, 11.1, 10.2, 09.1, 03.3 **데이터만 인쇄**	• 인쇄 시 레이블과 컨트롤 테두리, 눈금선 및 선이나 상자 같은 그래픽 요소들의 출력 여부를 지정한다. • 데이터시트를 인쇄할 경우에는 '데이터만 인쇄' 옵션 대신 '머리글 인쇄' 옵션이 표시된다.
분할 표시 폼	폼 분할 도구를 이용하여 작성한 폼 인쇄 시 인쇄 형태를 폼 보기와 데이터시트 중에서 선택한다.

기출체크 ☑

15.2, 14.2, 13.3, 11.1, 09.1, 03.3

2. '페이지 설정' 대화상자의 [인쇄 옵션] 탭의 (   )를 선택하여 체크 표시하면 컨트롤의 테두리, 눈금선 및 선이나 상자 같은 그래픽을 표시하지 않는다.

515003

3 '페이지' 탭

14.2, 10.2, 09.1, 08.2

14.2, 10.2, 09.1, 08.2 **용지 방향**	용지 방향을 세로와 가로 중에서 선택한다.
14.2, 10.2, 09.1, 08.2 **용지**	용지 크기와 용지 공급 방법을 선택한다.
프린터	프린터 유형을 선택한다. • 기본 프린터 : 윈도우 '⚙(설정)'에서 '기본 프린터'로 설정한 프린터로 인쇄한다. • 프린터 선택 : 기본 프린터가 아닌 다른 프린터로 인쇄할 경우에 선택한다.

기출체크 ☑

14.2, 10.2, 09.1

3. '페이지 설정' 대화상자의 [페이지] 탭에서 보고서의 인쇄할 범위로 인쇄할 페이지를 지정할 수 있다. (○, ×)

515004

4 '열' 탭

22.7, 22.3, 15.2, 14.2, 10.2, 08.2

22.7, 22.3, 15.2, 14.2 **눈금 설정***	• 여러 열로 구성된 보고서*나 레이블을 인쇄할 때 눈금선 설정을 조절한다. • 열 개수 : 한 페이지에 인쇄할 열의 개수를 의미한다. • 행 간격 : 레코드와 레코드 사이의 간격을 의미한다. • 열 간격 : 열과 열 사이 공백의 간격을 의미한다.
22.7, 22.3, 14.2, 10.2 **열 크기**	• 여러 열로 구성된 보고서나 레이블을 인쇄할 때 열의 크기를 조절한다. • 본문과 같게 : 열의 너비와 높이를 보고서 본문의 너비와 높이에 맞춰 인쇄한다.
10.2, 08.2 **열 레이아웃**	• 여러 열로 구성된 레코드의 배치 순서를 설정한다. • 행 우선 : 출력할 레코드를 왼쪽 열부터 다음 열의 순서로 이동하여 배치해서 출력한다. • 열 우선 : 출력할 레코드를 한 행의 열을 모두 배치한 후 다음 행으로 이동하여 배치해서 출력한다.

기출체크 ☑

22.7, 22.3

4. [열] 탭의 눈금 설정과 열 크기에서 설정한 것보다 페이지의 너비가 넓은 경우 자동으로 축소되어 인쇄된다. (○, ×)

전문가의 조언

'페이지' 탭에서 설정할 수 있는 옵션을 묻는 문제가 출제된 적이 있습니다.

[기출 포인트]

- '페이지' 탭에서는 인쇄 범위를 지정할 수 없다.
- '페이지' 탭에서는 용지의 방향과 크기, 프린터를 지정할 수 있다.

기출체크 3번

인쇄할 범위는 [파일] → [인쇄] → [인쇄]를 선택하면 표시되는 '인쇄' 대화상자에서 지정할 수 있습니다.

전문가의 조언

'열' 탭에서 설정할 수 있는 옵션을 묻는 문제가 출제되고 있습니다.

[기출 포인트]

- '열 레이아웃' 옵션에는 행 우선과 열 우선이 있다.
- '본문과 같게'를 선택하면 열의 너비와 높이를 본문에 맞춰 인쇄한다.

'눈금 설정'과 '열 크기'에서 설정한 열 개수나 열 간격, 열 너비 등에 비해 페이지의 가로 너비가 좁은 경우

설정한 크기 범위 안의 데이터만 인쇄되고, 범위를 벗어나는 데이터는 출력되지 않습니다.

여러 열로 구성된 보고서

여러 열(단)을 쓰는 대표적인 경우는 레이블 보고서입니다. 보통 보고서의 경우는 하나의 열만 사용합니다.

기출체크 4번

[열] 탭의 눈금 설정과 열 크기에서 설정한 것보다 페이지의 너비가 넓은 경우 자동으로 축소되어 인쇄되지 않습니다. 설정한 크기 범위 안의 데이터만 인쇄되고 설정한 크기 범위를 넘어서는 데이터는 출력되지 않습니다.

기출체크 정답

3. × 4. ×

SECTION 144

보고서의 주요 속성

전문가의 조언

보고서의 속성 중 시험에 자주 출제되는 속성만을 정리했습니다. 각 탭별로 설정할 수 있는 속성과 속성의 의미를 확실히 알아두세요.

보고서 선택기

보고서 디자인 보기의 왼쪽 위 모서리로 눈금자가 만나는 부분입니다. 보고서 선택기를 클릭하면 보고서가 선택되고, 더블클릭하면 보고서 속성 시트 창을 실행할 수 있습니다.

515101

1 보고서 속성의 개요

보고서 속성은 보고서와 관련된 항목들의 모양을 변경하거나 동작을 지시하는 기능으로, 형식, 데이터, 이벤트, 기타로 구분된다.

- 보고서 전체, 또는 각 구역별로 속성을 변경할 수 있으며, '디자인 보기' 상태에서 설정한다.
- 보고서 전체에 대한 속성을 설정하려면 보고서 선택기*를 클릭한 후 속성 시트 창을 실행한다.
- 각 구역에 대한 속성을 설정하려면 각 구역의 선택기를 클릭한 후 속성 시트 창을 실행한다.
- **속성 시트 창 표시하기**

리본 메뉴 이용	[보고서 디자인] → [도구] → [속성 시트]를 클릭한다.
바로 가기 메뉴 이용	[속성]을 선택한다.
마우스 이용	보고서 선택기나 구역 선택기, 보고서 여백을 더블클릭한다.

전문가의 조언

'그룹 머리글'의 '반복 실행 구역' 속성을 "예"로 설정한 경우에 대한 문제가 출제되고 있습니다.

[기출 포인트]

'반복 실행 구역' 속성을 "예"로 설정하면 해당 머리글이 매 페이지마다 표시된다.

515102

22.1, 21.5, 10.3, 07.4, 04.2, 03.2

2 형식

보고서의 화면 형식에 대한 속성을 설정하는 곳으로, 보고서 속성의 '형식' 탭에서 설정한다.

속성 시트

선택 유형: 구역

그룹_머리글0

형식 데이터 이벤트 기타 모두

높이	3.298cm
배경색	배경 1
다른 배경색	배경 1, 보다 어둡게 5%
특수 효과	기본
자동 높이	아니요
확장 가능	예
축소 가능	예
표시 시기	항상
같은 페이지에	예
③ 반복 실행 구역	아니요
페이지 바꿈	없음
행 또는 열 바꿈	없음

속성	설명
❶ 캡션	제목 표시줄에 표시될 텍스트를 설정한다.
❷ 기본 보기	보고서의 보기 형식을 지정하는 것으로, 인쇄 미리 보기※와 보고서 보기※가 있다.
22.1, 21.5, 10.3, 07.4, 04.2, … ❸ 반복 실행 구역	그룹 머리글의 속성으로, 해당 머리글을 매 페이지마다 표시할지의 여부를 지정한다.

인쇄 미리 보기
종이에 출력되는 모양 전체를 미리 볼 때 사용합니다.

보고서 보기
출력될 보고서를 미리보는 기능으로, 종이 출력용이 아니라 화면 출력용입니다.

기출체크 ☑
22.1, 21.5, 10.3, 07.4, 04.2, 03.2
1. 보고서에서 '그룹 머리글'의 (   ) 속성을 '예'로 설정하면 해당 머리글이 매 페이지마다 표시된다.

515103 ▶

22.3, 19.2, 18.1, 15.3, 10.3, 07.2, 06.4, 05.3, 02.3
3 데이터

보고서에 연결된 테이블이나 쿼리에 대한 속성을 설정하는 것으로, 보고서 속성의 '데이터' 탭에서 설정한다.

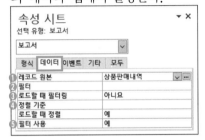

속성 시트
선택 유형: 보고서
보고서
형식 | 데이터 | 이벤트 | 기타 | 모두
❶ 레코드 원본 — 상품판매내역
❷ 필터
❸ 로드할 때 필터링 — 아니요
❹ 정렬 기준
로드할 때 정렬 — 예
❺ 필터 사용 — 예

전문가의 조언
레코드 원본의 기능을 묻는 문제가 출제되고 있습니다.
[기출 포인트]
테이블, 쿼리, SQL문을 레코드 원본으로 지정할 수 있다.

속성	설명
22.3, 19.2, 18.1, 15.3, 10.3, 07.2, 06.4, 05.3, 02.3 ❶ 레코드 원본	테이블, 쿼리, SQL문 등 사용할 레코드의 원본을 지정한다.
❷ 필터	추출 조건으로 사용할 필터를 설정한다.
❸ 로드할 때 필터링	보고서를 불러올 때 필터의 적용 여부를 설정한다.
❹ 정렬 기준	정렬할 기준을 설정한다.
❺ 필터 사용	지정된 필터의 사용 여부를 설정한다.

기출체크 ☑
18.1, 15.3
2. 보고서의 레코드 원본은 하나의 테이블에서만 필요한 필드를 선택하여 지정할 수 있다. (○, ×)

기출체크 2번
보고서의 레코드 원본으로 쿼리나 SQL문을 사용할 수 있기 때문에 하나의 테이블뿐만 아니라 2개 이상의 테이블에서도 필드를 선택하여 레코드 원본으로 지정할 수 있습니다.

기출체크 정답
1. 반복 실행 구역 2. ×

SECTION 145

보고서의 정렬 및 그룹화

515201 

1 정렬 및 그룹화의 개요

정렬 및 그룹화는 보고서로 통계적 분석을 할 때 꼭 필요한 기능으로, 보고서의 내용을 쉽게 파악할 수 있도록 데이터를 일정한 기준에 따라 구분하여 표시한다.

- **방법 1** : [보고서 디자인] → [그룹화 및 요약] → [그룹화 및 정렬] 클릭
- **방법 2** : 보고서의 바로 가기 메뉴에서 [정렬 및 그룹화] 선택

정렬 및 그룹화 설정 해제

정렬 및 그룹화 설정을 해제하려면 '그룹, 정렬 및 요약' 창에서 각 항목의 ☒를 클릭하면 됩니다.

515202 

24.3, 23.2, 22.4, 22.2, 20.1, 19.2, 17.1, 16.3, 16.2, 12.1, 11.3, 11.2, 10.1, 09.4, 09.2, 08.2, 06.4, 06.1, 05.4, 05.3, …

2 그룹화의 특징

- 그룹을 지정하면 보고서의 내용을 한눈에 쉽게 파악할 수 있다.
- 그룹화의 기준이 되는 필드를 선택하면 기본적으로 정렬 순서가 오름차순으로 설정되어 표시되지만 정렬 순서를 변경할 수 있다.
- 그룹을 만들려면 머리글 구역이나 바닥글 구역 중 하나 이상을 설정해야 한다.
- 그룹으로 설정한 필드에 그룹 간격, 요약, 제목 등의 속성을 설정할 수 있다.
- 그룹을 삭제하면 그룹 머리글이나 바닥글 구역에 삽입된 컨트롤들도 모두 삭제된다.
- 보고서에서는 필드나 식을 기준으로 10단계까지의 그룹을 설정할 수 있다.
- 두 개 이상의 필드나 식으로 그룹화할 경우, 첫 번째 기준에 대해 동일한 레코드가 나오면 두 번째 필드나 식을 기준으로 다시 그룹이 지정된다.

중요해요! 그룹화의 특징을 묻는 문제가 자주 출제되니 세부적인 내용까지 확실하게 기억해 두세요.

[기출 포인트]

- 필드나 식을 기준으로 10단계까지의 그룹을 설정할 수 있다.
- 그룹 머리글이나 바닥글 중 하나만 선택해도 그룹을 만들 수 있다.
- 그룹을 삭제하면 그룹에 포함된 컨트롤들도 모두 삭제된다.
- 그룹으로 지정된 필드의 정렬 기준을 변경할 수 있다.

기출체크 ☑

24.3, 23.2, 22.4, 22.2, 20.1, 17.1, 16.3, 16.2, 05.3

1. [그룹, 정렬 및 요약] 창의 그룹 설정에 대한 설명으로 틀린 것을 모두 고르시오. (　　)

ⓐ 필드나 식을 기준으로 최대 5개까지 그룹 수준을 정의할 수 있다.
ⓑ 같은 필드나 식을 두 번 이상 그룹화 할 수 있다.
ⓒ 그룹화를 하려면 그룹 머리글과 그룹 바닥글을 모두 선택해야 한다.
ⓓ 그룹으로 지정된 필드의 정렬 기준은 변경할 수 없으며, 기본적으로 오름차순으로 정렬된다.

기출체크 1번

ⓐ 필드나 식을 기준으로 최대 10단계까지의 그룹을 설정할 수 있습니다.
ⓒ 그룹화를 할 때는 그룹 머리글과 그룹 바닥글 중 하나만 선택해도 됩니다.
ⓓ 그룹으로 지정된 필드는 기본적으로 오름차순 정렬되지만 변경할 수 있습니다.

기출체크 정답
1. ⓐ, ⓒ, ⓓ

515203

24.1, 22.2, 20.1, 16.3, 16.2, 12.1, 09.2, 08.2, 06.1, 04.1

3 '그룹, 정렬 및 요약' 창

그룹, 정렬 및 요약

❶그룹화 기준 **분류** ❷오름차순 ❸전체 값 ❹요약 표시 안 함 ▾,

❺ 제목 추가하려면 클릭 ❻머리글 구역 표시 ❼바닥글 구역 표시 안 함 ▾,

❽ 같은 페이지에 표시 안 함 ❾ *간단히* ◂

그룹 추가 정렬 추가

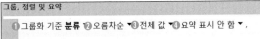

❶ **그룹화 기준** : 그룹 설정 시 기준이 되는 필드를 지정한다.

❷ **정렬 순서** : 정렬 순서를 지정한다(오름차순, 내림차순).

❸ **그룹 간격** : 레코드가 그룹화되는 방식을 지정하는데, 데이터 형식에 따라 표시되는 값이 달라진다.

데이터 형식	설정	그룹화
24.1, 22.2, 16.3, 16.2, 12.1, 09.2, 08.2, … **텍스트**	전체 값	같은 값을 갖는 레코드로 그룹화한다.
	첫 문자	첫 문자가 같을 경우 같은 그룹으로 그룹화한다.
	처음 두 문자	시작하는 두 문자가 같을 경우 같은 그룹으로 그룹화한다.
	사용자 지정 문자	사용자가 지정한 문자 수 만큼만 같으면 같은 그룹으로 그룹화한다.
24.1, 22.2, 20.1, 16.2, 12.1, 09.2, 08.2, … **날짜/시간**	전체 값	같은 값을 갖는 레코드로 그룹화한다.
	일/주/월/분기/연도	같은 일/주/월/분기/연도로 그룹화한다.
	사용자 지정 기준	사용자가 지정한 기준에 따라 그룹화한다.
24.1, 09.2, 08.2, 04.1 **숫자***	전체 값	같은 값을 갖는 레코드로 그룹화한다.
	5/10/100/1000 단위	5/10/100/1000 단위로 그룹화한다.
	사용자 지정 간격	사용자가 지정한 간격에 따라 그룹화한다.

❹ **요약** : 여러 필드에 대해 요약(합계)을 추가하거나 요약 표시 위치를 지정한다.

❺ **제목** : '확대/축소' 대화상자를 이용하여 그룹 머리글에 제목을 표시한다. '확대/축소' 대화상자를 표시하려면 '추가하려면 클릭'을 클릭한다.

❻ **머리글 구역 표시** : 그룹 머리글 구역*의 표시 여부를 지정한다.

❼ **바닥글 구역 표시** : 그룹 바닥글 구역의 표시 여부를 지정한다.

❽ 같은 페이지에 그룹 전체를 인쇄할 것인지 일부만 인쇄할 것인지를 지정한다.

❾ '그룹, 정렬 및 요약' 창의 내용을 '간단히'와 '자세히' 중 선택하여 표시한다.

기출체크 ☑

24.1
2. 숫자 데이터는 첫 문자나 처음 두 문자를 기준으로 그룹화할 수 있다. (○, ×)

전문가의 조언

데이터 형식별로 설정 가능한 그룹 간격의 기준을 묻는 문제가 출제되고 있습니다.

[기출 포인트]
- 텍스트는 전체 값, 첫 문자, 처음 두 문자, 사용자 지정 문자를 기준으로 그룹을 만들 수 있다.
- 날짜는 일, 주, 월, 분기, 연도를 기준으로 그룹을 만들 수 있다.
- 숫자는 전체 값, 5/10/100/1000 단위, 사용자 지정 간격을 기준으로 그룹을 만들 수 있다.

궁금해요 시나공 Q&A 베스트

Q 숫자를 그룹화하는 다른 방법은 없나요?

A LEFT, RIGHT 등과 같은 함수를 이용하여 전체 값, 사용자 지정 간격이 아닌 첫 번째 숫자 또는 마지막 숫자 등을 기준으로 그룹화를 할 수 있습니다.

예 첫 번째 숫자를 기준으로 그룹화하려면 LEFT 함수를 이용하면 됩니다. 컨트롤에 **=LEFT(그룹기준 필드명,1)**을 직접 입력하면 됩니다.

한 그룹의 내용이 많은 경우 그룹 머리글 표시하기

한 그룹의 내용이 너무 많아 페이지를 넘기는 경우 새로운 페이지에도 그룹 머리글을 표시하려면 '그룹 머리글' 속성의 '형식' 탭에서 '반복 실행 구역'을 '예'로 설정합니다.

기출체크 2번

숫자는 전체 값, 5/10/100/1000 단위, 사용자 지정 간격을 기준으로 그룹화할 수 있습니다.

기출체크 정답
2. ×

SECTION 146

보고서의 종류

업무 양식 보고서의 용도를 묻는 문제가 출제되고 있습니다.

[기출 포인트]

거래 명세서나 세금 계산서는 업무 양식 보고서를 이용해 작성할 수 있다.

515301

21.3, 17.1, 15.3, 07.2, 03.4

1 업무 양식 보고서

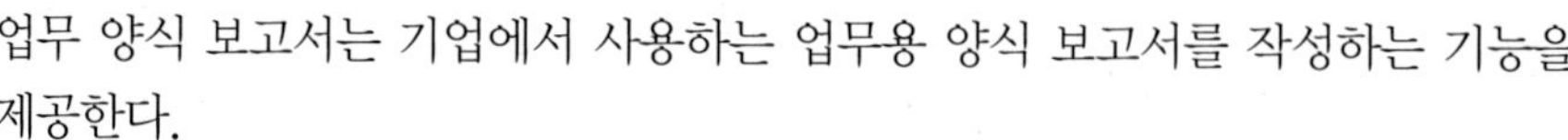

업무 양식 보고서는 기업에서 사용하는 업무용 양식 보고서를 작성하는 기능을 제공한다.

실행 [만들기] → [보고서] → [업무 문서 양식 마법사]

- **업무 양식 서식 파일의 종류** : 거래 명세서, 세금 계산서, 거래 명세서(서식 없음), 세금 계산서(서식 없음)

거 래 명 세 서 (공급받는자용)

책번호 1 권 1 호 / 일련번호 1 —

2021-10-22

노란서점 귀하

아래와 같이 계산합니다.

공급자				
등록번호	123-12-12345			
상호(법인명)	길벗	성명	시나공	
사업장 주소	서울특별시 마포구 서교동 467-9			
업태	출판	종목	서적	

합계금액 385,000 원정 (₩ ₩385,000)

날짜	품목	규격	수량	단가	공급가액	세액	비고
10월 1일	컴퓨터활용능력 1	도서	5	₩10,000	₩50,000	₩5,000	
10월 5일	컴퓨터활용능력 2	도서	15	₩10,000	₩150,000	₩15,000	
10월 10일	워드프로세서 필기	도서	15	₩10,000	₩150,000	₩15,000	
합계					₩350,000	₩35,000	

미수금	₩100,000	합계	₩385,000	인수자	김철수	인

업무 양식 보고서

기출체크 ☑

21.3, 15.3, 07.2

1. 거래 명세서, 세금 계산서 등과 같은 방식으로 데이터를 출력하기 위한 보고서는 (　　　　　) 보고서이다.

전문가의 조언

레이블 보고서의 특징을 묻는 문제가 출제되고 있습니다.

[기출 포인트]

- 레이블 보고서로 우편 발송용 주소 레이블을 만들 수 있다.
- 우편물 레이블로 추가 가능한 필드는 최대 10개이다.
- 사용자가 크기와 형식을 지정하여 레이블을 만들 수 있다.

기출체크 정답

1. 업무 양식

515302

24.5, 22.3, 20.2, 19.상시, 18.상시, 16.3, 16.2, 14.3, 13.2, 10.1, 07.3, 05.3, 04.2

2 레이블 보고서

레이블 보고서는 우편 발송용 레이블을 만드는 기능이다.

- 많은 양의 우편물을 발송할 때 쉽고 간단하게 주소를 출력할 수 있다.
- 레이블 크기, 레이블 형식, 텍스트 모양, 사용 가능한 필드, 정렬 기준, 보고서 이름 등을 지정한다.
- 사용자가 크기와 형식을 지정하여 레이블을 만들 수 있다.

- 우편물 레이블 마법사에서 한 줄에 추가 가능한 필드의 개수는 최대 10개이다.

실행 [만들기] → [보고서] → [레이블]

예제 〈거래처〉 테이블을 이용하여 '우편물 레이블 거래처' 보고서를 작성하시오.

준비하세요

'C:\길벗컴활1급필기QnE\3과목\3과목5장.accdb' 파일을 불러와 실습하세요.

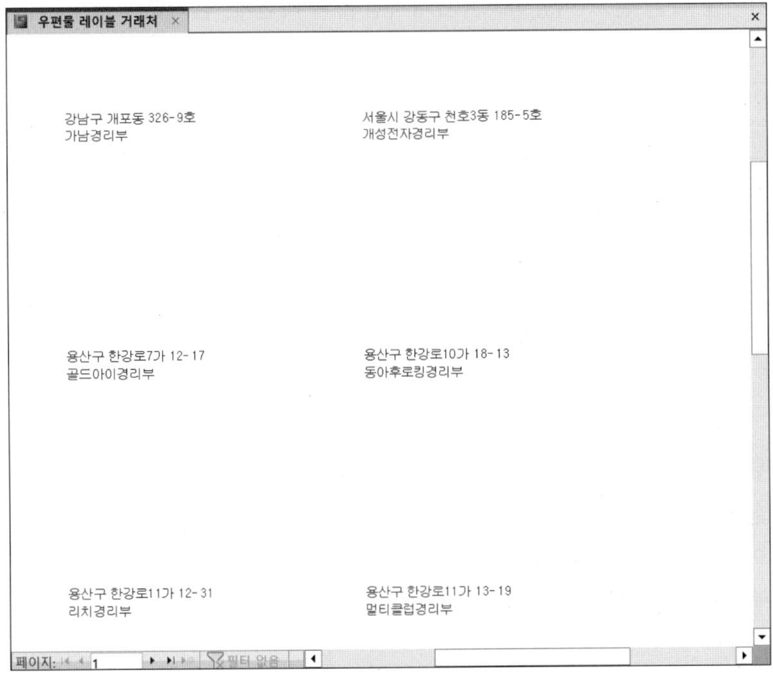

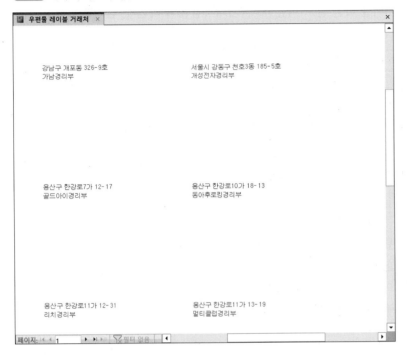

① '탐색' 창에서 보고서의 원본으로 사용할 '거래처' 테이블을 클릭한 후 [만들기] → [보고서] → [레이블]을 클릭한다.

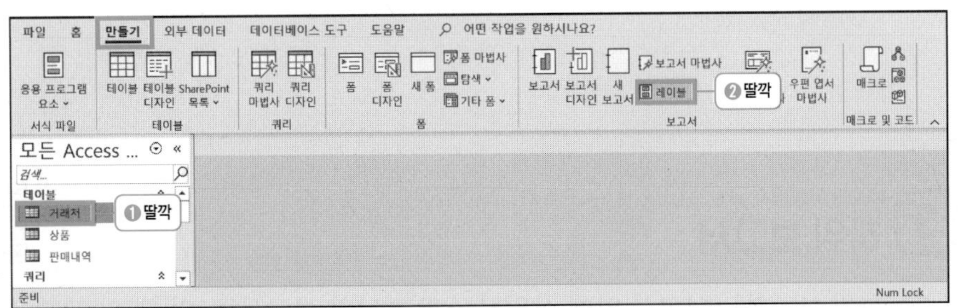

② '우편물 레이블 마법사' 1단계는 레이블의 크기*를 지정하는 단계이다. 제품번호로 'C2166'을 선택하고 〈다음〉을 클릭한다.

레이블 크기

주소 레이블은 제조업체마다 그 크기가 다양합니다. 실제로 주소 레이블을 출력할 때는 레이블 제조업체에 맞는 제품 번호로 레이블의 크기를 지정해 주세요.

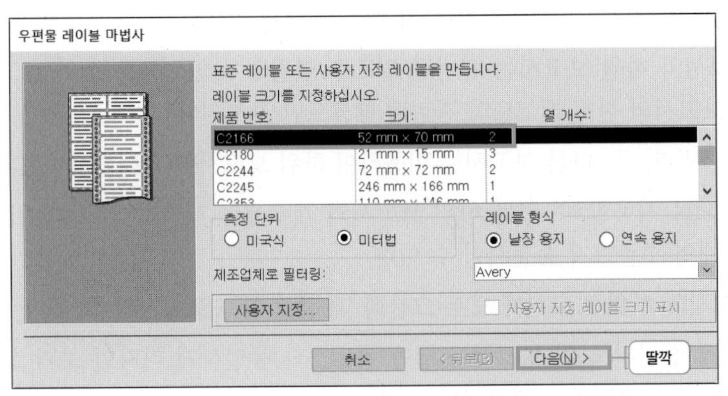

③ '우편물 레이블 마법사' 2단계는 텍스트에 글꼴, 크기, 두께, 색 등의 모양을 지정하는 단계이다. 문제에 해당 사항이 없으므로 기본값을 변경하지 말고 〈다음〉을 클릭한다.

④ '우편물 레이블 마법사' 3단계는 주소 레이블에 사용할 필드를 선택하는 단계이다. '주소'를 선택한 후 '>'를 눌러 예제 항목에 추가한 후 Enter를 눌러 커서를 다음 줄로 이동하고, '거래처명'을 추가한다. **경리부**를 입력*하면 거래처명 뒤에 항상 출력된다.

경리부 입력

'사용 가능한 필드' 항목에서 '거래처명'을 선택한 후 >를 눌러 '예제'에 추가하면 추가된 '거래처명' 뒤에 커서가 위치합니다. 여기에 **경리부**와 같이 고정적으로 출력될 내용을 입력하면 됩니다.

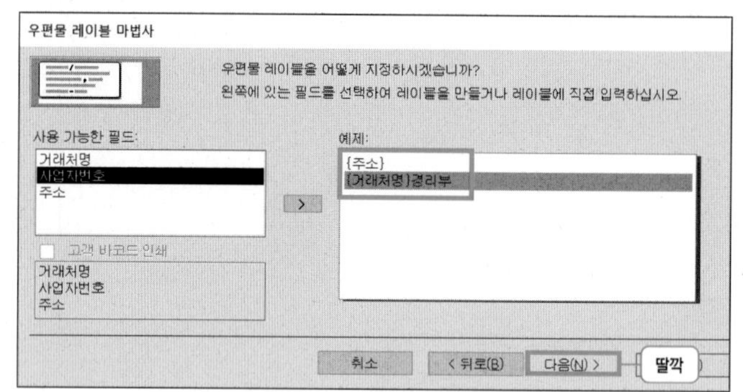

⑤ '우편물 레이블 마법사' 4단계는 정렬 기준을 지정하는 단계이다. '거래처명'을 더블클릭한 후 〈다음〉을 클릭한다.

⑥ '우편물 레이블 마법사' 5단계는 보고서 이름을 지정하는 단계이다. '우편물 레이블 거래처'가 자동으로 입력되어 있으므로, 변경 없이 〈마침〉을 클릭한다.

기출체크 ☑

22.3

2. 사용자가 크기와 형식을 지정하여 레이블을 만들 수는 없지만 레이블 제품번호를 선택하여 사용할 수는 있다. (○, ×)

기출체크 2번

'우편물 레이블 마법사' 1단계 대화상자에서 〈사용자 지정〉 단추를 클릭하여 사용자가 크기와 형식을 지정하여 레이블을 만들 수 있습니다.

515304

23.1, 21.6, 20.상시, 18.2, 18.1, 17.2, 16.1, 14.1, 12.2

3 하위 보고서

하위 보고서는 보고서 안에 삽입되는 또 하나의 보고서로, 일 대 다 관계에 있는 테이블이나 쿼리를 효과적으로 표시할 수 있다.

- 하위 보고서가 포함된 보고서에서 '일'에 해당하는 보고서가 주(기본) 보고서이고, '다'에 해당하는 보고서가 하위 보고서이다.
- 주 보고서와 하위 보고서는 관련된 필드로 연결되어 있으므로 하위 보고서에는 주 보고서의 현재 레코드와 관련된 레코드만 표시된다.
- 테이블, 쿼리, 폼, 다른 보고서를 이용하여 하위 보고서를 작성할 수 있다.
- 일반적으로 사용할 수 있는 하위 보고서의 개수에는 제한이 없고, 하위 보고서를 7개의 수준까지 중첩시킬 수 있다.
- 주 보고서와 하위 보고서에 모두 그룹화 및 정렬 기능을 설정할 수 있다.
- 보고서에 삽입된 하위 보고서도 일반 컨트롤과 동일하게 디자인 보기 상태에서 크기 조절 및 이동이 가능하다.

하위 보고서의 특징을 묻는 문제가 출제되고 있습니다.

[기출 포인트]

- 디자인 보기 상태에서 하위 보고서의 크기를 조절할 수 있다.
- 주 보고서와 하위 보고서는 일 대 다 관계이다.
- 하위 보고서를 7개까지 중첩시킬 수 있다.
- 주 보고서와 하위 보고서에 모두 그룹화 및 정렬 기능을 설정할 수 있다.

기출체크 정답

2. ×

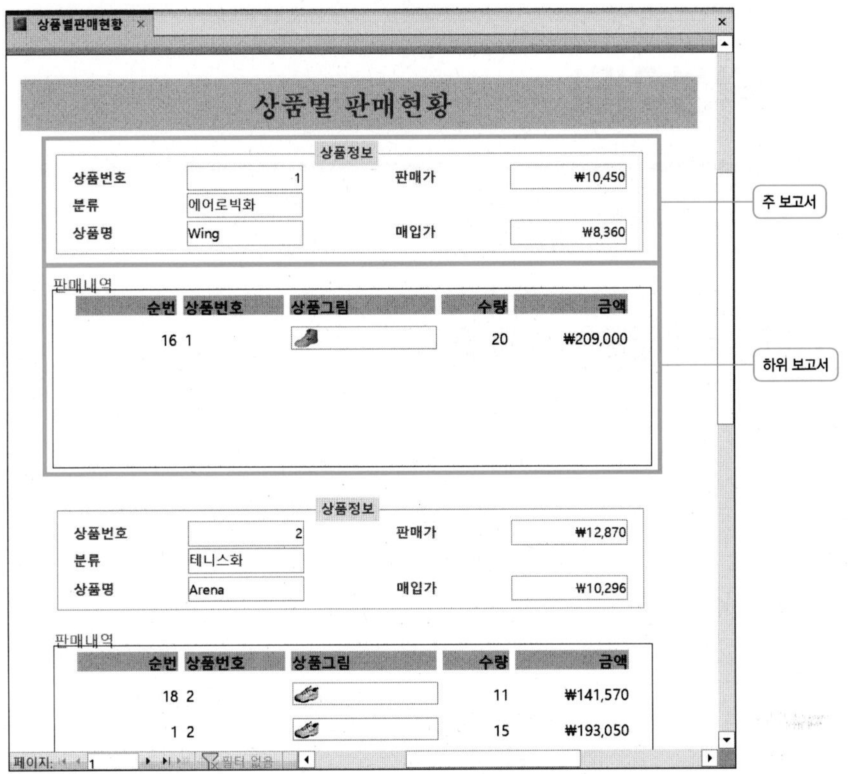

기출체크 ☑

23.1, 18.1

3. 하위 보고서에는 그룹화 및 정렬 기능을 설정할 수 없다. (○, ×)

기출체크 3번

주 보고서와 하위 보고서에 모두 그룹화 및 정렬 기능을 설정할 수 있습니다.

기출체크 정답

3. ×

SECTION 147

보고서 작성 기타

515401

1 머리글/바닥글에 날짜 표시

보고서에 현재 날짜와 시간을 표시하는 기능으로, 주로 페이지 머리글과 페이지 바닥글을 이용한다.

실행 [보고서 디자인] → [머리글/바닥글] → [(날짜 및 시간)]

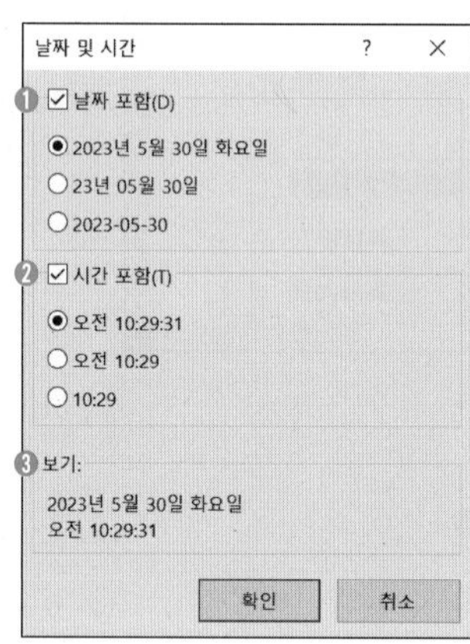

❶ 날짜 포함 여부와 형식을 지정한다.

❷ 시간 포함 여부와 형식을 지정한다.

❸ 선택한 날짜와 시간 형식의 결과를 미리 보여준다.

※ 오늘 날짜는 작업하는 날짜에 따라 다르게 표시된다.

515402

24.4, 23.5, 23.4, 23.2, 22.6, 22.5, 21.9, 21.8, 21.3, 21.2, 20.2, 19.상시, 19.1, 18.2, 16.2, 15.2, 15.1, 13.3, 13.1, 12.1, …

2 머리글/바닥글에 페이지 번호 표시

보고서에 인쇄 페이지 수를 표시하는 기능으로, 주로 페이지 머리글과 페이지 바닥글을 이용한다.

실행 [보고서 디자인] → [머리글/바닥글] → [(페이지 번호 추가)]

전문가의 조언

중요해요! Page, Pages, &을 사용한 페이지 표시 방법을 묻는 문제가 자주 출제됩니다.

[기출 포인트]

- [Page]는 현재 페이지 번호를 표시한다.
- [Pages]는 전체 페이지 번호를 표시한다.
- 페이지 번호 표시 위치는 '페이지 위쪽'과 '페이지 아래쪽'이 있다.

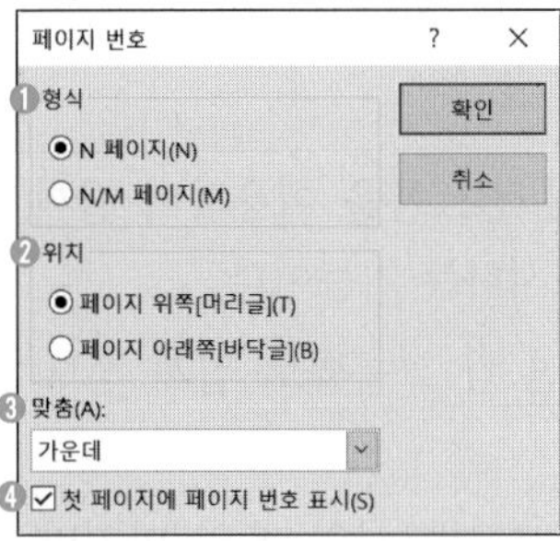

❶ 형식

- **N 페이지** : 현재 페이지 번호만 표시한다.

  ="페이지 " & [Page] → 페이지 1

- **N / M 페이지** : '현재 페이지 / 전체 페이지' 형식으로 표시한다.

  =[Page] & "/" & [Pages] & "페이지" → 1/10페이지

❷ **위치** : 페이지 번호가 표시될 위치를 지정한다.

❸ **맞춤** : 페이지 번호가 표시될 위치에 대한 정렬 방식*을 지정한다.

❹ 첫 페이지에 페이지 번호의 표시 여부를 지정한다.

- 텍스트 상자 컨트롤을 페이지 머리글이나 바닥글에 생성한 후 컨트롤 원본에 페이지 번호 표시 형식을 직접 입력할 수도 있다.
  - **큰따옴표(" ")** : 큰따옴표(" ") 안의 내용을 그대로 표시한다.
  - **[Page]** : 현재 페이지를 표시한다.
  - **[Pages]** : 전체 페이지를 표시한다.
  - **&** : 식이나 문자열을 연결한다.

페이지 번호가 표시될 위치에 대한 정렬 방식

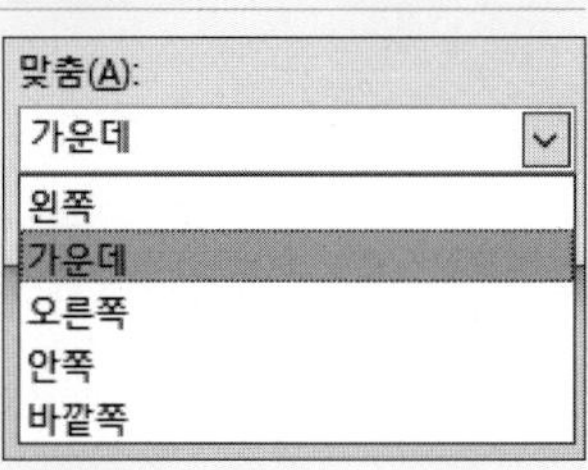

예제 전체 페이지가 5이고 현재 페이지가 2일 때 다음의 식과 그 결과를 확인하세요.

식	결과
=[Page]	2
=[Pages] & "페이지"	5페이지
=[Page] & "/" & [Pages]	2/5

기출체크 ☑

24.4, 23.5, 23.4, 23.2, 22.5, 19.상시, 19.1, 18.2, 16.2, 15.2, 15.1, 13.1, 12.1, 11.3, 11.1, 10.2, 09.4, 08.4, 08.3, 08.1, 07.1, 06.3

1. 다음은 보고서에서 '페이지 번호'를 표현하는 식이다. 그 결과를 쓰시오. (단, 전체 페이지는 3이고, 현재 페이지는 1이다.)

① =[Page] → (　　　　)

② =[Page] & "페이지" → (　　　　)

③ =[Page] & "/" & [Pages] & "페이지" → (　　　　)

기출체크 정답

1. ① 1, ② 1페이지, ③ 1/3페이지

전문가의 조언

=Count(*)을 입력했을 경우의 출력 결과나 Format의 기능을 묻는 문제가 출제되고 있습니다.

[기출 포인트]

- COUNT(*)을 입력하면 Null 필드를 포함한 레코드의 개수가 표시된다.
- SUM( ) 함수는 인수의 합계를 반환한다.
- 계산 결과를 형식에 맞게 표시할 때는 FORMAT( ) 함수를 사용한다.

페이지 머리글/바닥글에 집계 함수 사용

집계 함수는 그룹이나 보고서 전체를 대상으로 적용되므로 페이지 머리글/바닥글에 집계 함수를 사용하면 #Error 오류가 발생합니다.

515403 ▶

24.5, 24.3, 24.2, 22.7, 22.4, 21.8, 21.4, 21.1, 19.2, 19.1, 13.1, 11.2, 10.3, 08.2, 06.4, 06.2, 06.1, 05.4, 05.1

3 머리글/바닥글에 집계 정보 표시

- 보고서의 머리글이나 바닥글에 텍스트 상자 컨트롤을 이용하여 날짜, 합계, 평균, 레코드 개수 등과 같은 요약 정보를 표시하는 기능이다.
- 그룹 머리글/바닥글에 집계 정보를 입력하면 각 그룹별로 집계 정보가 표시된다.
- 보고서 머리글/바닥글에 집계 정보를 입력하면 보고서의 맨 앞/마지막 페이지에 집계 정보가 표시된다.
- 페이지 머리글/바닥글에는 함수를 이용하여 레코드의 개수, 합계, 평균 등의 요약 정보를 표시할 수 없다.*
- **사용 함수**

함수	설명
05.1 **NOW( )**	현재 날짜와 시간을 표시한다.
11.2, 06.2 **DATE( )**	현재 날짜만 표시한다.
11.2, 06.2 **TIME( )**	현재 시간만 표시한다.
22.7, 21.4, 21.1, 19.2, 19.1, 10.3, 08.2, … **COUNT(인수)**	인수의 개수를 계산한다.
21.8, 19.1 **SUM(인수)**	인수의 합계를 계산한다.
22.4, 21.8, 21.4, 19.1, 13.1, 11.2 **FORMAT(인수, 형식)**	인수를 형식에 맞게 표시한다.

기출체크 ☑

24.5, 24.3, 24.2, 22.4, 21.4, 21.3, 11.2, 06.2

2. =Format(Now( ), "m/d")와 같은 식을 입력하였을 때 오늘 날짜가 '2024-06-03'이면 06/03으로 표시된다. (○, ×)

기출체크 2번

Format 함수의 표시 형식으로 m/d와 같이 월과 일이 모두 한 자리로 지정되었으므로 오늘 날짜가 2024-06-03인 경우 6/3으로 표시됩니다.

전문가의 조언

누적 합계 속성을 이용해 그룹별로 일련번호를 표시하는 방법에 대한 문제가 출제되고 있습니다.

[기출 포인트]

- 누적 합계는 보고서 전체나 그룹별로 누적값을 계산하는 기능이다.
- 컨트롤 원본에 =1을 입력하고 누적 합계 속성을 "그룹"으로 지정하면 그룹별 일련번호가 표시된다.

515404 ▶

23.2, 22.4, 14.1, 13.2, 12.3, 11.2, 07.4, 07.1, 06.3, 05.1, 04.1, 03.3, 03.1

4 머리글/바닥글에 누적 합계 표시

누적 합계는 보고서의 텍스트 상자 컨트롤에만 적용되는 속성으로, 레코드나 그룹을 대상으로 누적값을 계산하는 기능이다.

- 컨트롤 속성의 '데이터' 탭 '누적 합계' 속성을 이용한다.

속성	설명
아니요	기본값으로, 현재 레코드의 원본으로 사용하는 필드의 데이터를 텍스트 상자에 표시한다.
그룹	그룹별로 누적 합계를 계산하여 표시한다. 이 경우, 다른 그룹이 시작되면 0부터 다시 누적된다.
모두	그룹에 관계없이 보고서의 끝까지 값이 누적된다.

- 컨트롤 원본을 **=1**로 설정하고 누적 합계 속성을 '그룹'으로 설정하면 그룹별로 일련번호가 입력되고, '모두'로 설정하면 전체에 대한 일련번호가 입력된다.

기출체크 정답

2. ×

판매내역보고서-그룹화

판매내역보고서

분류 런닝화

상품번호	상품명	판매가	수량	금액	금액누적
4	Readme	₩14,080	5	₩70,400	₩70,400
	Readme	₩14,080	30	₩422,400	₩492,800
5	Access	₩14,080	9	₩126,720	₩619,520

판매 건수 : 3 최대판매합계 : ₩422,400

분류 아동화

상품번호	상품명	판매가	수량	금액	금액누적
8	Patch	₩7,064	7	₩49,448	₩668,968
	Patch	₩7,064	5	₩35,320	₩704,288
9	Flash	₩8,700	8	₩69,600	₩773,888
	Flash	₩8,700	50	₩435,000	₩1,208,888
	Flash	₩8,700	20	₩174,000	₩1,382,888

'누적 합계' 속성을 '모두'로 설정했을 때

↓

판매내역보고서-그룹화

판매내역보고서

분류 런닝화

상품번호	상품명	판매가	수량	금액	금액누적
4	Readme	₩14,080	5	₩70,400	₩70,400
	Readme	₩14,080	30	₩422,400	₩492,800
5	Access	₩14,080	9	₩126,720	₩619,520

판매 건수 : 3 최대판매합계 : ₩422,400

분류 아동화

상품번호	상품명	판매가	수량	금액	금액누적
8	Patch	₩7,064	7	₩49,448	₩49,448
	Patch	₩7,064	5	₩35,320	₩84,768
9	Flash	₩8,700	8	₩69,600	₩154,368
	Flash	₩8,700	50	₩435,000	₩589,368
	Flash	₩8,700	20	₩174,000	₩763,368

'누적 합계' 속성을 '그룹'으로 설정했을 때

기출체크 ☑

23.2, 22.4, 14.1, 13.2, 12.3, 07.4, 03.3

3. '거래처'별로 그룹이 설정된 보고서에서 본문 영역에 있는 'txt순번' 텍스트 상자 컨트롤에 해당 거래처별로 순번(1, 2, 3, …)을 누적하여 표시하려고 한다. 'txt순번' 컨트롤의 '컨트롤 원본' 속성과 '누적 합계' 속성의 설정 값을 쓰시오.

ⓐ '컨트롤 원본' 속성 : (   )

ⓑ '누적 합계' 속성 : (   )

기출체크 정답

3. ⓐ =1, ⓑ 그룹

기출문제 은행

24년 4회, 3회, 21년 6회, 11년 3회, 1회

01 다음 중 보고서에 대한 설명으로 옳지 않은 것은?

① 보고서는 데이터를 출력하기 위한 개체이다.

② 레코드 원본에 SQL 문장을 입력하면 질의 결과를 대상으로 하는 보고서를 작성할 수 있다.

③ 보고서의 컨트롤에서는 컨트롤 원본을 사용하여 특정 필드에 바운드시킬 수 있다.

④ 필드와 바운딩된 컨트롤을 이용하여 원본 데이터의 데이터를 편집 및 표시할 수 있다.

24년 1회, 23년 5회, 3회, 22년 1회, 21년 7회, 5회, 4회

02 다음은 보고서 보기 형태에 대한 내용이다. 괄호 ㉠, ㉡에 알맞은 형태는 무엇인가?

- ㉠ : 보고서로 출력될 실제 데이터를 보면서 컨트롤의 크기 및 위치를 변경할 수 있다.
- ㉡ : 컨트롤 도구를 이용하여 보고서를 만들거나 수정할 수 있는 형태로, 실제 데이터는 표시되지 않는다.

① ㉠ 레이아웃 보기, ㉡ 디자인 보기

② ㉠ 인쇄 미리 보기, ㉡ 레이아웃 보기

③ ㉠ 디자인 보기, ㉡ 보고서 보기

④ ㉠ 레이아웃 보기, ㉡ 보고서 보기

22년 6회, 21년 1회, 19년 2회

03 다음 중 보고서의 그룹 바닥글 구역에 '=COUNT(*)'를 입력했을 때 출력되는 결과로 옳은 것은?

① Null 필드를 포함한 그룹별 레코드 개수

② Null 필드를 포함한 전체 레코드 개수

③ Null 필드를 제외한 그룹별 레코드 개수

④ Null 필드를 제외한 전체 레코드 개수

21년 2회, 19년 1회, 12년 1회

04 다음 중 그룹화된 보고서의 그룹 머리글과 그룹 바닥글에 대한 설명으로 옳지 않은 것은?

① 그룹 머리글은 각 그룹의 첫 번째 레코드 위에 표시된다.

② 그룹 바닥글은 각 그룹의 마지막 레코드 아래에 표시된다.

③ 그룹 머리글에 계산 컨트롤을 추가하여 전체 보고서에 대한 요약 값을 계산할 수 있다.

④ 그룹 바닥글은 그룹 요약과 같은 항목을 나타내는 데 효과적이다.

22년 7회, 5회, 21년 7회, 6회, 14년 2회, 09년 3회

05 다음 보고서에 대한 설명으로 옳지 않은 것은?

수금 내역

거래처코드	제품명	수금일자	담당자	수금액
C345	침대	2021-04-28	박원중	4,516,000
	TV	2021-07-27	이선길	5,296,000
		2021-04-13	최종일	5,441,000
			개수 :	6건

거래처코드	제품명	수금일자	담당자	수금액
D456	냉장고	2021-05-03	김예중	5,928,000
		2021-05-28	최종일	6,886,000
	에어컨	2021-02-12	이선길	7,373,000
		2021-04-18	김예중	7,731,000
	인덕션	2021-03-24	최종일	8,477,000
		2021-06-17	이선길	8,622,000
		2021-01-18	김예중	8,980,000
		2021-07-12	박원중	9,338,000
			개수 :	8건

2/5

① '수금 내역' 제목은 페이지 머리글에 작성되었다.

② 그룹 머리글과 그룹 바닥글이 모두 표시되어 있다.

③ "제품명"은 '중복 내용 숨기기' 속성이 "예"로 설정되어 있다.

④ 그룹 머리글은 '페이지 바꿈 속성'이 '구역 후'로 설정되어 있다.

22년 7회, 3회, 14년 2회, 10년 2회

06 다음 중 '페이지 설정' 대화상자에 대한 설명으로 틀린 것은?

① [페이지] 탭에서 용지 방향, 용지 크기, 프린터 유형을 선택할 수 있다.
② [열] 탭의 눈금 설정과 열 크기에서 설정한 것보다 페이지의 너비가 넓은 경우 자동으로 축소되어 인쇄된다.
③ [열] 탭에서 '본문과 같게'를 체크하면 열의 너비와 높이를 본문의 너비와 높이에 맞춰 인쇄한다.
④ [인쇄 옵션] 탭에서 인쇄 시 레이블과 컨트롤 테두리, 눈금선 및 선이나 상자 같은 그래픽을 제외하고 인쇄되도록 설정할 수 있다.

24년 3회, 23년 2회, 22년 4회, 21년 6회, 19년 2회

07 다음 중 보고서의 그룹화에 대한 설명으로 옳지 않은 것은?

① 그룹 머리글과 그룹 바닥글에는 그룹별 요약 정보를 삽입할 수 있다.
② 그룹화 기준이 되는 필드는 데이터가 정렬되어 표시된다.
③ 보고서 마법사를 이용하여 기본적인 그룹화 보고서를 작성할 수 있다.
④ 그룹화 기준은 한 개의 필드로만 지정할 수 있다.

21년 3회, 20년 2회

08 다음 중 보고서를 작성하는 방법으로 옳지 않은 것은?

① 우편 엽서 마법사 : 우편 엽서용 보고서를 작성한다.
② 보고서 디자인 : 디자인 보기 상태에서 컨트롤을 이용하여 사용자가 직접 보고서를 작성한다.
③ 새 보고서 : 레이아웃 보기 상태에서 필드를 추가하여 보고서를 작성한다.
④ 업무 문서 양식 마법사 : 편지 봉투에 붙이는 우편물 레이블 인쇄용 보고서를 작성한다.

23년 2회, 22년 6회, 21년 3회, 20년 2회

09 다음 중 보고서에서 [페이지 번호] 대화상자를 이용한 페이지 번호 설정에 대한 설명으로 옳지 않은 것은?

① 첫 페이지에만 페이지 번호가 표시되거나 표시되지 않도록 설정할 수 있다.
② 페이지 번호의 표시 위치를 '페이지 위쪽', '페이지 아래쪽', '페이지 양쪽' 중 선택할 수 있다.
③ 페이지 번호의 형식을 'N 페이지'와 'N/M 페이지' 중 선택할 수 있다.
④ [페이지 번호] 대화상자를 열 때마다 페이지 번호 표시를 위한 수식이 입력된 텍스트 상자가 자동으로 삽입된다.

23년 4회, 22년 5회, 21년 7회, 2회, 19년 1회, 18년 2회, 17년 1회, 16년 2회, 13년 3회, 1회, 11년 1회

10 다음 페이지 번호식을 이용하여 출력되는 예로 옳은 것은? (단, 현재 페이지는 12이고, 전체 페이지 수는 50이다.)

=[page] & 'pages'

① 12 & 50　② 1250
③ 12pages　④ 50pages

▶ 정답 : 1. ④ 2. ① 3. ① 4. ③ 5. ④ 6. ② 7. ④ 8. ④ 9. ② 10. ③

기출문제 은행

정답 해설
해설은 489쪽에 있습니다.

24년 5회, 3회, 2회, 22년 5회, 4회, 21년 8회, 6회, 04년 2회, 1회

11 다음과 같은 식을 입력하였을 때의 설명으로 틀린 것은?

=Format(Now( ), "m/d")

① Format은 계산 결과에 표시 형식을 지정하는 함수이다.

② Now는 현재 날짜와 시간을 표시해주는 함수이다.

③ 컨트롤에 입력되는 식은 =로 시작해야 한다.

④ 오늘 날짜가 '2022-06-03'이면 06/03으로 표시된다.

24년 3회, 22년 7회, 21년 4회, 19년 1회, 09년 3회

12 아래와 같이 보고서의 그룹 바닥글에 도서의 총 권수와 정가의 합계를 인쇄하고자 한다. 다음 중 총 권수와 정가 합계 두 컨트롤의 수식으로 옳은 것은?

출판사 : 다림[(02)860-2000]

도서코드	도서명	저자	정가
A547	자전거 도둑	박완서	7000
A914	와인	김준철	25000
	총: 2권	정가합계:	32000

① =Count([정가]) & "권", =Total([정가])

② =CountA([정가]) & "권", =Sum([정가])

③ =CountA([도서명]) & "권", =Total([정가])

④ =Count(*) & "권", =Sum([정가])

23년 2회, 22년 4회, 14년 1회, 13년 2회, 12년 3회, 11년 2회, 07년 4회, 03년 3회

13 다음 중 보고서에서 순번 항목과 같이 그룹 내의 데이터에 대한 일련번호를 표시하기 위해 텍스트 상자 컨트롤의 속성을 설정하는 방법으로 옳은 것은?

① 텍스트 상자의 컨트롤 원본을 '=1'로 지정하고, 누적 합계 속성을 '그룹'으로 지정한다.

② 텍스트 상자의 컨트롤 원본을 '+1'로 지정하고, 누적 합계 속성을 '그룹'으로 지정한다.

③ 텍스트 상자의 컨트롤 원본을 '+1'로 지정하고, 누적 합계 속성을 '모두'로 지정한다.

④ 텍스트 상자의 컨트롤 원본을 '=1'로 지정하고, 누적 합계 속성을 '모두'로 지정한다.

22년 1회, 21년 5회, 20년 1회

14 다음 중 아래 보고서에 대한 설명으로 옳지 않은 것은?

대리점명: **서울지점**

순번	모델명	판매날짜	판매량	판매단가
1	PC4203	2018-07-31	7	₩1,350,000
2		2018-07-23	3	₩1,350,000
3	PC4204	2018-07-16	4	₩1,400,000
		서울지점	소계 :	₩19,100,000

대리점명: **충북지점**

순번	모델명	판매날짜	판매량	판매단가
1	PC3102	2018-07-13	6	₩830,000
2		2018-07-12	4	₩830,000
3	PC4202	2018-07-31	4	₩1,300,000
4		2018-07-07	1	₩1,300,000
		충북지점	소계 :	₩14,800,000

① '모델명' 필드를 기준으로 그룹이 설정되어 있다.

② '모델명' 필드에는 '중복 내용 숨기기' 속성을 '예'로 설정하였다.

③ 지점별 소계가 표시된 텍스트 상자는 그룹 바닥글에 삽입하였다.

④ 순번은 컨트롤 원본을 '=1'로 입력한 후 '누적 합계' 속성을 '그룹'으로 설정하였다.

▶ 정답 : 11. ④ 12. ④ 13. ① 14. ①

기출문제 해설

[문제 01] Section 141

보고서에서 데이터의 편집은 불가능하다.

[문제 02] Section 141

㉠은 레이아웃 보기, ㉡은 디자인 보기에 대한 설명이다.

[문제 03] Section 142

보고서의 그룹 바닥글 구역에 **=COUNT(*)**를 입력하면 Null 필드를 포함한 그룹별 레코드 개수를 표시한다.

[문제 04] Section 142

그룹 머리글에는 그룹 상단에 반복적으로 표시될 이름이나 요약 정보 등을 표시한다. 전체 보고서에 대한 요약 값은 보고서 머리글이나 보고서 바닥글 영역에 표시해야 한다.

[문제 05] Section 142

① 현재 페이지가 2페이지인데 페이지 상단에 '수금 내역' 제목이 표시된 것으로 보아 '수금 내역' 제목은 페이지 머리글에 작성되었음을 알 수 있다.

② 필드 제목이 표시된 그룹 머리글과 그룹 내 레코드 개수가 표시된 그룹 바닥글이 표시된 것을 확인할 수 있다.

③ 거래처코드가 'C345'인 그룹에서 세 번째 레코드의 제품명인 'TV'가 표시되지 않은 것으로 보아 '제품명' 필드의 '중복 내용 숨기기' 속성이 "예"로 설정되어 있음을 확인할 수 있다.

④ 거래처코드가 'C345'인 그룹의 바닥글에서 확인된 레코드 개수는 6개인데, 그림에는 3개의 레코드만 표시되었으므로, 나머지 레코드는 앞 페이지에 표시되었음을 알 수 있다. 이와 같이 그룹의 내용이 다음 페이지에 이어서 표시되려면 '페이지 바꿈' 속성이 "없음"으로 설정되어야 한다. '페이지 바꿈' 속성이 '구역 전'으로 설정되면, 거래처코드가 'C345'인 그룹이 표시되기 전에 페이지가 바뀌고, '구역 후'로 설정되면, 거래처코드가 'C345'인 그룹이 표시된 후 페이지가 바뀐다.

[문제 06] Section 143

[열] 탭의 눈금 설정과 열 크기에서 설정한 것보다 페이지의 너비가 넓은 경우 자동으로 축소되어 인쇄되지 않는다. 설정한 크기 범위 안의 데이터만 인쇄되고 설정한 크기 범위를 넘어서는 데이터는 출력되지 않는다.

[문제 07] Section 145

그룹화 기준은 필드나 식을 기준으로 10단계까지의 그룹을 설정할 수 있다.

[문제 08] Section 146

업무 문서 양식 마법사는 기업에서 사용하는 세금 계산서, 거래 명세서 등 업무 양식용 보고서를 작성한다. 편지 봉투에 붙이는 우편물 레이블 인쇄용 보고서는 레이블을 이용해서 작성할 수 있다.

[문제 09] Section 147

'페이지 번호' 대화상자에서 페이지가 표시될 위치는 '페이지 위쪽[머리글]'과 '페이지 아래쪽[바닥글]' 중 하나를 선택하여 지정할 수 있다.

[문제 10] Section 147

=[page] & 'pages'에서 [page]는 현재 페이지를 표시하고, &는 식이나 문자열의 연결을 의미하며, 작은 따옴표(' ')는 작은 따옴표 안의 내용을 그대로 표시하라는 의미이다. 그러므로 현재 페이지는 12이고, 전체 페이지 수는 50일 경우 페이지 번호식을 **=[page] & 'pages'**로 지정하면 12pages가 표시된다.

[문제 11] Section 147

Format 함수의 표시 형식으로 **m/d**와 같이 월과 일이 모두 한 자리로 지정되었으므로 오늘 날짜가 2022-06-03인 경우 **6/3**으로 표시된다.

[문제 12] Section 147

개수를 구하는 함수는 COUNT, 합계를 구하는 함수는 SUM이다.

[문제 13] Section 147

컨트롤 원본을 '=1'로 설정하고 누적 합계 속성을 '모두'로 설정하면 그룹에 관계없이 보고서의 끝까지 값이 누적된다. 그룹별로 순번(일련번호)을 표시하려면 누적 합계 속성을 '그룹'으로 설정해야 한다.

[문제 14] Section 142

문제에 제시된 보고서는 '대리점명' 필드를 기준으로 그룹이 설정되어 있다.

memo

6장

데이터베이스 프로그래밍

SECTION 148

매크로 작성

전문가의 조언

매크로의 전반적인 특징을 묻는 문제가 출제되고 있습니다.

[기출 포인트]

- 매크로는 반복적으로 수행되는 작업을 자동화하는 기능이다.
- 매크로는 폼이나 보고서에서 컨트롤의 이벤트에 연결하여 사용한다.
- 폼이나 보고서에 포함된 매크로는 탐색 창의 '매크로'에 표시되지 않는다.

AutoExec

AutoExec는 대소문자를 구분하지 않으므로 autoexec나 AUTOEXEC로 입력해도 됩니다.

준비하세요

'C:\길벗컴활1급필기QnE\3과목\3과목 6장.accdb' 파일을 불러와 실습하세요.

5514801

24.1, 21.3, 21.1, 20.1, 19.상시, 19.2, 18.2, 18.1, 17.2, 17.1, 16.1, 10.2, 09.4, 09.3, 08.4, 06.3, 03.1

1 매크로의 개념

매크로(MACRO)는 응용 프로그램에서 반복적인 작업을 수행하는 경우, 이를 하나의 명령어로 저장한 후 같은 작업 수행 시 간단하게 처리할 수 있도록 하는 기능이다.

- 액세스에서 매크로란 테이블, 쿼리, 폼, 보고서 등 액세스의 각 개체들을 효율적으로 자동화할 수 있도록 미리 정의된 기능으로, 매크로 함수라고 할 수 있다.
- 매크로 함수는 폼이나 보고서에서 주로 컨트롤의 이벤트에 연결하여 사용한다.
- 데이터베이스 파일이 열릴 때 자동으로 실행되는 자동 매크로를 정의하려면 매크로 이름 입력란에 **AutoExec**※를 입력한다.
- 매크로 개체는 탐색 창의 '매크로'에 표시되지만 폼이나 보고서에 포함된 매크로는 표시되지 않는다.
- 액세스에서 [매크로] → [도구] → [매크로를 Visual Basic으로 변환]을 이용하여 작성된 매크로를 VBA 모듈로 변환시킬 수 있다.
- 매크로의 구조는 다음과 같다.

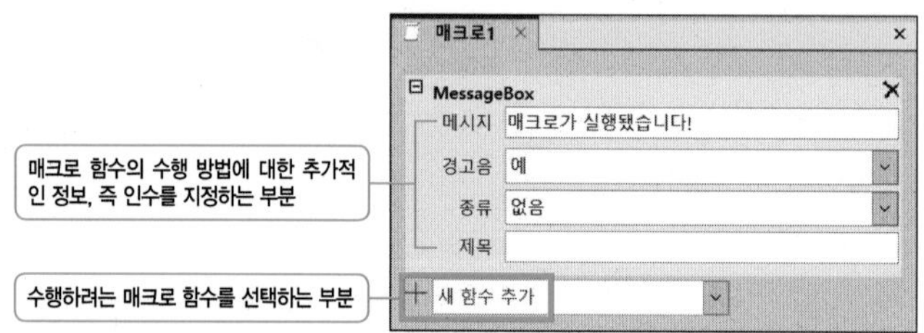

예제 다음과 같은 메시지 상자를 출력하는 매크로를 '일반매크로'라는 이름으로 작성하시오.

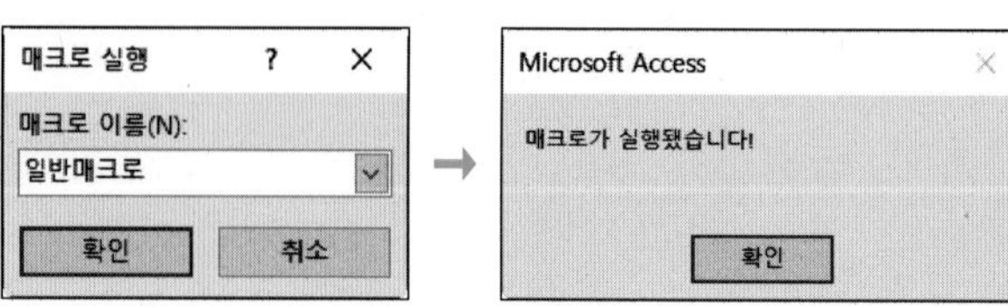

① [만들기] → [매크로 및 코드] → [(매크로)]를 클릭한다.

② '매크로1' 창에서 매크로 함수를 선택하기 위해 목록 단추를 클릭한 후 'MessageBox' 함수를 선택한다.

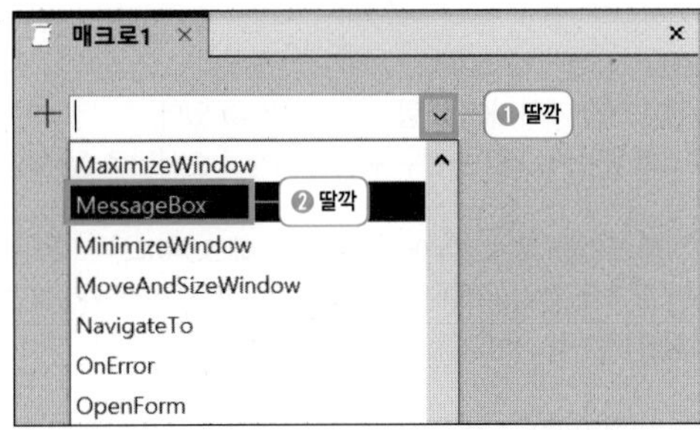

③ 매크로 실행 시 표시할 메시지를 '메시지' 인수 부분에 입력한다.

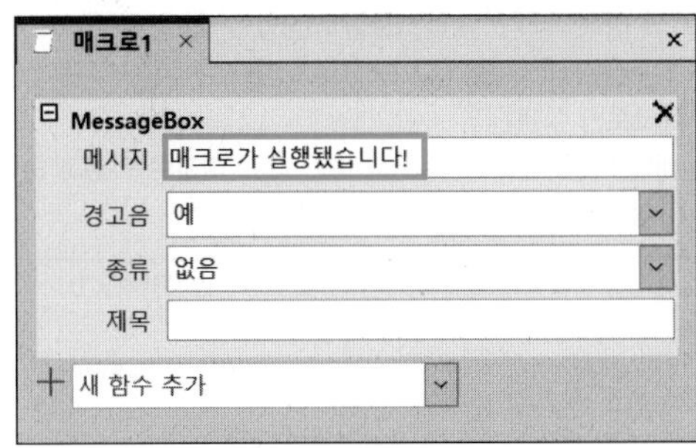

④ 닫기 단추(×)를 클릭한 후 저장 여부를 묻는 대화상자에서 〈예〉를 클릭한다. '다른 이름으로 저장' 대화상자에서 매크로의 이름을 입력한 후 〈확인〉을 클릭한다.

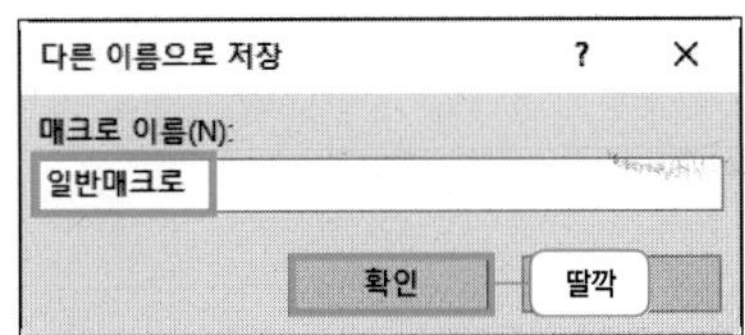

⑤ 작성된 매크로를 실행하기 위해 '탐색' 창에서 작성한 매크로를 더블클릭한다.

기출체크 ☑

24.1, 17.1

1. 컨트롤에 포함된 매크로를 포함하여 모든 매크로가 '탐색' 창의 매크로 개체에 표시된다. (○, ×)

기출체크 1번

폼이나 보고서에 포함된 매크로는 탐색 창의 '매크로'에 표시되지 않습니다.

기출체크 정답

1. ×

515502

22.4, 21.3, 21.1, 19.2, 18.2, 09.4, 09.3, 03.1

2 매크로의 종류

매크로는 일반 매크로, 조건 매크로 , 하위 매크로 등으로 구분된다.

21.1, 18.2, 09.4, 03.1 **일반 매크로**	• 하나의 이름으로 작성된 매크로이다. • 하나의 매크로에 여러 개의 매크로 함수를 포함할 수 있다.* • 여러 개의 매크로 함수가 포함된 경우 위에서 아래로 순서대로 실행된다.
21.1, 18.2 **조건 매크로**	• IF문과 같이 특정 조건에 맞는 경우에만 실행되는 매크로이다. • 조건 매크로는 매크로 함수 목록에서 [If]를 선택하거나 '함수 카탈로그' 창에서 'If'를 더블클릭한 후 작성한다
21.3, 19.2, 09.4, 09.3, 03.1 **하위 매크로**	• 하나의 매크로 안에 이름을 갖는 여러 개의 하위 매크로가 포함된 매크로이다. • 각각의 매크로는 자신이 속한 매크로 이름으로 구분된다. • 하나의 매크로에 여러 개의 하위 매크로를 작성할 수 있다. • 하위 매크로가 포함된 매크로를 대표 매크로 이름으로 실행시키면 가장 처음에 지정된 매크로만 실행된다. • 하위 매크로 내의 특정 매크로를 실행할 때는 대표 매크로 이름과 하위 매크로 이름을 마침표(.)로 구분*한다.

기출체크 ☑

22.4, 21.1, 18.2

2. 하나의 매크로에는 하나의 매크로 함수만 포함될 수 있다. (○, ×)

전문가의 조언

매크로의 종류에 따른 특징을 묻는 문제들이 출제되고 있습니다.

[기출 포인트]

• 매크로는 하위 매크로를 포함할 수 있다.
• 하나의 매크로에 여러 개의 매크로 함수를 포함할 수 있다.

MessageBox를 표시하고 폼을 닫는 매크로

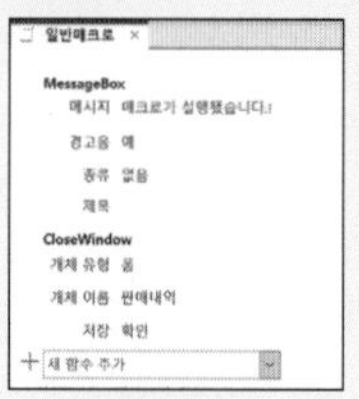

하위 매크로 실행

매크로 내의 하위 매크로를 실행할 때는 다음과 같이 마침표(.)로 구분하여 매크로 이름을 지정합니다.

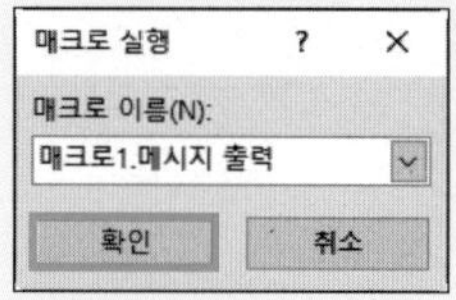

기출체크 2번

하나의 매크로에 여러 개의 매크로 함수를 포함할 수 있습니다.

기출체크 정답

2. ×

SECTION 149

매크로 함수

515601

24.5, 24.4, 23.4, 23.1, 22.7, 22.6, 22.5, 22.4, 22.3, 22.2, 21.8, 21.3, 20.2, 19.1, 15.3, 14.3, 12.1, 11.3, 11.2, 07.4, …

1 폼과 보고서 관련 매크로 함수

매크로 함수	설 명
23.4, 22.7, 22.2, 20.2, 12.1, 11.2, … ApplyFilter	테이블이나 쿼리로부터 레코드를 필터링한다.
14.3 FindNextRecord	특정 조건을 만족하는 레코드 중 현재 검색된 레코드의 다음 레코드를 검색한다.
23.1, 22.2, 21.3, 20.2, 11.2, 03.3, … FindRecord	특정 조건을 만족하는 레코드 중 첫 번째 레코드를 검색한다.
24.5, 24.4, 23.1, 22.7, 22.6, 14.3, … GoToControl	특정 컨트롤로 포커스를 이동시킨다.
22.7, 22.5, 22.3, 21.8 GoToRecord	• 특정 레코드로 포인터를 이동시킨다. • First, Last, Previous, Next 등의 인수가 사용된다.
23.4 GoToPage	현재 폼에서 커서를 지정한 페이지의 첫 번째 컨트롤로 이동시킨다.
22.4, 21.8, 19.1, 15.3, 07.4, 04.3 OpenForm*	• 폼을 연다. • 보기 형식 : 폼, 디자인, 인쇄 미리 보기, 데이터시트, 레이아웃
23.4, 22.2, 20.2, 11.3, 05.2, … OpenReport	• 보고서를 연다. • 보기 형식 : 인쇄, 디자인, 인쇄 미리 보기, 보고서, 레이아웃

기출체크 ☑

24.5, 24.4

1. 활성화된 폼에서 옵션 단추의 선택 여부에 따라 해당 텍스트 상자 컨트롤로 포커스(Focus)를 자동 이동하기 위해 사용되는 매크로 함수는 (   )이다.

515602

23.4, 23.1, 22.7, 22.2, 21.3, 20.3, 20.2, 14.3, 13.2, 12.3, 12.1, 11.3, 11.2, 09.2, 07.4, 05.2, 04.4, 04.3, 03.3

2 실행 관련 매크로 함수

매크로 함수	설 명
04.4 RunMenuCommand	액세스에서 제공하는 명령을 실행한다.
22.7, 21.3, 11.3, 04.3, 03.3 OpenQuery	질의를 실행한다.
04.3 RunCode	프로시저를 실행한다.
21.3, 04.3 RunMacro	매크로를 실행한다.

전문가의 조언

- **중요해요!** 매크로 함수의 기능을 묻는 문제가 자주 출제됩니다.
- 시험에 출제되는 함수만 다루었으니 하나도 남김없이 수록된 함수들의 기능을 확실히 기억하세요. 매크로 함수명과 기능을 관련지어 알아두면 오래 기억할 수 있습니다.

OpenForm 함수의 주요 인수

- **폼 이름** : 열려는 폼의 이름으로, 필수 요소입니다.
- **보기 형식** : 폼, 디자인, 인쇄 미리 보기, 데이터시트, 레이아웃 중 하나를 선택할 수 있습니다.
- **Where 조건문** : 조건을 지정합니다.
- **데이터 모드** : '추가', '편집', '읽기 전용' 중 하나를 선택할 수 있습니다.
- **창 모드** : 폼 창이 열리는 모드로, '기본', '숨김', '아이콘', '대화 상자' 중에서 하나를 선택하며, 기본값은 '기본'입니다.

기출체크 정답

1. GoToControl

11.2, 05.2, 04.3 **RunSQL**	SQL문을 실행한다.
13.2, 09.2, 07.4 **RunApplication**	메모장, 엑셀 등의 응용 프로그램을 실행한다.
14.3, 12.1 **CancelEvent**	이벤트를 취소한다.
23.4, 23.1, 22.2, 21.3, 20.2, 14.3, … **MessageBox***	메시지 상자를 통해 경고나 알림 등의 정보를 표시한다.

메시지 표시

매크로에서 대화상자에 메시지를 표시하는 함수는 'MessageBox'이고, 이벤트 프로시저에서 대화상자에 메시지를 표시하는 함수는 'MsgBox'입니다.

기출체크 ☑

23.4, 23.1, 22.2, 21.3, 20.2, 14.3, 12.3, 03.3

2. 화면에 경고, 알림 등의 정보를 표시하기 위하여 사용하는 매크로 함수는 (   )이다.

16.2, 12.2, 08.3, 07.1, 04.4, 04.2, 03.3

3 가져오기/내보내기 관련 매크로 함수

매크로 함수	설명
16.2, 12.2, 04.4, 04.2, 03.3 **ExportWithFormatting***	데이터베이스 개체를 엑셀(xlsx), 텍스트(txt), 서식 있는 텍스트 형식(rtf), html, pdf 등으로 내보낸다.
08.3, 07.1 **EMailDatabaseObject**	데이터베이스 개체를 전자우편 메시지에 첨부하여 전송한다.
08.3, 07.1 **ImportExportData**	다른 데이터베이스 파일과의 내보내기, 가져오기, 연결 등을 지원한다.
04.4 **ImportExportText**	텍스트 파일과의 내보내기, 가져오기, 연결 등을 지원한다.

개체별 내보내기 가능 형식

- **테이블, 쿼리, 폼** : 서식 있는 텍스트(*.rtf), 텍스트 파일(*.txt), 통합 문서 파일(*.xls, *.xlsx), *.html, *.pdf, *.xps
- **보고서** : 서식 있는 텍스트(*.rtf), 텍스트 파일(*.txt), 통합 문서 파일(*.xls), *.html, *.pdf, *.xps, *.snp

기출체크 ☑

16.2, 12.2, 04.4, 04.2, 03.3

3. [부서] 테이블의 내용을 HTML 문서인 '부서.htm' 파일로 저장하려고 할 때 사용되는 매크로 함수는 (   )이다.

515604

11.3, 11.2, 08.4, 05.2, 04.3

4 기타 매크로 함수

매크로 함수	설명
11.3, 05.2 **CopyObject**	데이터베이스 개체를 복사한다.
11.3, 11.2, 08.4, 05.2 **Requery**	개체의 컨트롤 원본을 갱신한다.
04.3 **SetValue**	필드, 컨트롤, 속성 등의 값을 설정한다.
04.3 **Beep**	경고음을 낸다.

기출체크 ☑

11.3, 11.2, 08.4, 05.2

4. 개체의 컨트롤 원본을 최신 데이터로 갱신하는 매크로 함수는 (   )이다.

기출체크 정답

2. MessageBox 3. ExportWithFormatting 4. Requery

SECTION 150

이벤트 프로시저

1 이벤트 프로시저*의 개요

이벤트는 마우스 클릭이나 키 누름과 같이 개체에 의해 인식되는 동작이며, 이벤트 프로시저는 특정 개체에 설정된 이벤트가 발생할 때 자동으로 수행되는 프로시저이다.

전문가의 조언

- 발생 시기에 따른 이벤트의 종류를 묻는 문제가 출제되고 있습니다.
- 시험에 출제되는 이벤트만 다뤘으니 하나도 남김없이 수록된 이벤트들의 발생 시기를 확실히 기억해 두세요. 이벤트 이름과 발생 시기를 연결하여 알아두면 오래 기억할 수 있습니다.

이벤트 프로시저

폼에서 〈검색〉 버튼을 클릭하면 조건에 맞는 레코드 표시하기, 〈인쇄〉 버튼을 클릭하면 폼에 있는 내용 인쇄하기 등과 같이 특정 개체에 설정된 클릭이나 더블 클릭 등의 이벤트가 발생할 때 자동으로 수행되는 프로시저를 의미합니다.

515702

23.5, 21.7, 21.6, 13.3, 10.1, 08.2, 07.1

2 데이터의 주요 이벤트

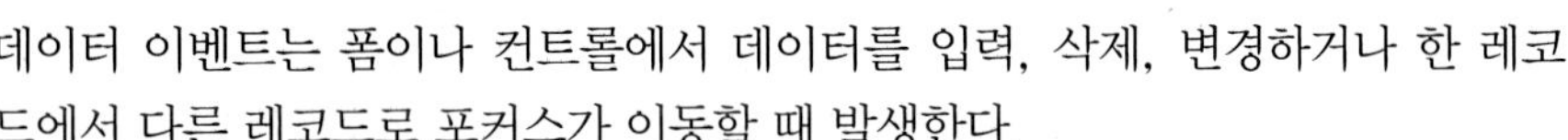

데이터 이벤트는 폼이나 컨트롤에서 데이터를 입력, 삭제, 변경하거나 한 레코드에서 다른 레코드로 포커스가 이동할 때 발생한다.

이벤트	발생 시기
23.5, 21.7, 21.6, 13.3, 07.1 After Update	컨트롤이나 레코드의 데이터가 업데이트된 후에 발생한다.
21.6, 13.3, 07.1 Before Update	컨트롤이나 레코드의 변경된 데이터가 업데이트되기 전에 발생한다.
23.5, 21.7 After Insert	새 레코드가 추가된 후에 발생한다.
10.1, 08.2 Current	포커스가 임의의 레코드로 이동되어 그 레코드가 현재 레코드가 되거나 폼이 새로 고쳐지거나 다시 질의될 때 발생한다.
21.6, 13.3, 07.1 Change	텍스트 상자의 내용이나 콤보 상자의 텍스트 부분이 바뀔 때, 탭 컨트롤에서 다른 페이지로 이동할 때 발생한다.

기출체크 ☑

10.1, 08.2

1. 포커스가 임의의 레코드로 이동되어 그 레코드가 현재 레코드가 되거나 폼이 새로 고쳐지거나 다시 질의될 때 발생하는 이벤트는 (　　　　　)이다.

기출체크 정답

1. Current

515703 ▶

21.6, 14.2, 13.3, 08.2, 07.1

마우스 관련 주요 이벤트

마우스를 클릭하거나 더블클릭하는 등의 마우스 동작이 일어날 때 발생한다.

이벤트	발생 시기
21.6, 08.2 Click	마우스 왼쪽 단추로 클릭할 때 발생한다.
14.2, 13.3, 07.1 Dbl Click	마우스 왼쪽 단추로 두 번 클릭할 때 발생한다.

기출체크 ☑

14.2, 13.3

2. 컨트롤을 마우스 왼쪽 단추로 두 번 클릭할 때 발생하는 이벤트는 (   )이다.

515705 ▶

23.5, 21.7, 10.1, 09.4, 08.2

포커스 관련 주요 이벤트

폼이나 컨트롤이 포커스를 얻거나 잃을 때, 폼이나 보고서가 활성화되거나 비활성화될 때 발생한다.

이벤트	발생 시기
23.5, 21.7, 10.1, 09.4 Activate	폼이나 보고서가 활성화될 때 발생한다.
23.5, 21.7 Deactivate	Access의 활성 창이 다른 창으로 바뀔 때, 다른 창이 활성 창이 되기 전에 발생한다.
09.4, 08.2 Got Focus	컨트롤이나 폼이 포커스를 받을 때 발생한다.
23.5, 21.7, 09.4 Lost Focus	컨트롤이나 폼이 포커스를 잃을 때 발생한다.

기출체크 ☑

23.5, 21.7, 09.4

3. (   )는 폼이나 컨트롤이 포커스를 잃을 때 발생하는 이벤트이다.

23.5, 21.7

4. (   )는 폼이나 보고서가 활성화될 때 발생하는 이벤트이다.

기출체크 정답

2. Dbl Click 3. Lost Focus 4. Activate

SECTION 151

ACCESS의 개체

515801

24.4, 24.2, 23.3, 22.2, 21.4, 21.1, 19.상시, 19.1, 14.2, 12.1, 11.1, 10.1, 08.1

1 Form(Forms 컬렉션) 개체

Forms 컬렉션은 Microsoft Access 데이터베이스에서 현재 열려 있는 모든 폼을 의미한다.

- 이름이나 컬렉션 내의 인덱스를 참조하여 각 Form 개체들을 참조한다.
- **주요 속성**

속성	설명
10.1 RecordSource	폼의 데이터 원본을 설정한다.
24.4, 24.2, 23.3, 21.4, 21.1, … Visible	• 폼, 보고서, 컨트롤 등의 표시 여부를 결정한다. • 속성 값이 True이면 표시하고, False이면 숨긴다.

- **주요 메서드**

메서드	설명
08.1 Requery	데이터 원본을 다시 쿼리하여 데이터를 업데이트한다.
12.1 SetFocus	포커스를 옮긴다.
22.2 Refresh	데이터 원본으로 사용하는 레코드를 즉시 업데이트한다.

예제

Forms!frmCustomers.RecordSource = "Customers"
frmCustomers 폼의 데이터 원본을 〈Customer〉 테이블로 설정한다.

Forms!Sale!Price.Visible=False*	Sale 폼의 Price 컨트롤을 숨긴다.
ctlList.Requery	ctList 개체의 데이터 원본을 업데이트한다.
Forms!Store!txt조회.SetFocus	Store 폼의 txt조회 컨트롤로 포커스를 옮긴다.

기출체크 ☑

24.4, 24.2, 23.3, 21.4, 21.1, 19.상시, 19.1, 14.2, 11.1

1. 현재 폼에서 DateDue 컨트롤이 표시되지 않도록 하기 위한 이벤트 프로시저이다. (   ) 안에 알맞은 속성명을 적으시오.

Me.[DateDue]!(   ) = False

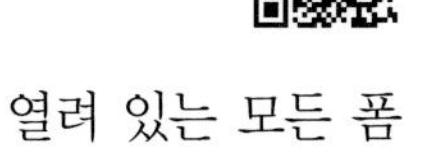

Form 개체의 속성과 메서드의 기능을 알아야 풀 수 있는 문제들이 출제되고 있습니다.

[기출 포인트]

- Visible 속성이 True면 표시하고 False면 숨긴다.
- 개체, 개체명, 컨트롤명은 느낌표(!)로 구분한다.
- 컨트롤과 속성명, 메서드명은 마침표(.)로 구분한다.

컨트롤에 속성 및 메서드 지정

- 개체, 개체명, 컨트롤명은 느낌표(!)로 구분합니다.
- 컨트롤명과 속성명, 메서드명은 마침표(.)로 구분합니다.
- Forms!Sale!Price.Visible=False
  - Forms : 개체
  - Sale : 개체명
  - Price : 컨트롤명
  - Visible : 속성명

기출체크 정답

1. Visible

- DoCmd 개체의 개념이나 매서드의 기능에 대한 문제가 출제되고 있습니다.
- 메서드명과 기능을 연관지어 메서드의 기능을 확실히 암기하세요.

[기출 포인트]

DoCmd 개체는 매크로 함수를 실행한다.

24.3, 24.1, 23.4, 23.3, 23.1, 22.5, 21.8, 20.상시, 20.2, 20.1, 19.상시, 19.2, 19.1, 18.상시, 17.1, 15.2, 13.3, 12.2, …

2 DoCmd 개체

DoCmd 개체는 Microsoft Access 매크로 함수를 Visual Basic에서 실행하기 위한 개체이다.

- DoCmd 개체는 메서드를 이용하여 매크로를 실행한다.
- **주요 메서드**

메서드	설명
24.1, 23.4, 23.3, 22.5, 20.2, 19.상시, … **OpenReport**	OpenReport 매크로 함수를 실행하여 지정된 보고서를 연다.
21.8, 19.2, 18.상시, 17.1, 15.2, 13.3, 06.3 **OpenForm**	OpenForm 매크로 함수를 실행하여 지정된 폼을 연다.
20.1, 18.상시, 17.1 **OpenQuery**	OpenQuery 매크로 함수를 실행하여 지정된 쿼리를 실행한다.
24.3, 23.2 **RunSQL**	RunSQL 매크로 함수를 실행하여 지정된 SQL문을 실행한다.
17.1, 13.3 **GoToRecord**	GoToRecord 매크로 함수를 실행하여 지정된 레코드로 이동한다.
23.1, 18.상시, 15.2 **Quit**	QuitAccess 매크로 함수를 실행하여 Access를 종료한다.
18.상시, 15.2 **Close**	CloseWindow 매크로 함수를 실행하여 개체를 닫는다.

예제

DoCmd.OpenReport "상품판매내역", acViewPreview*
'상품판매내역' 보고서를 인쇄 미리 보기 형식으로 연다.

DoCmd.OpenForm acNormal*, "판매현황"
'판매현황' 폼을 기본 보기 형식으로 연다.

DoCmd.OpenQuery "분기별판매", acViewNormal*, acReadOnly*
'분기별판매' 쿼리를 기본 보기 형식의 읽기 전용 모드로 실행한다.

DoCmd.GoToRecord acDataForm*, "상품", acGoTo*, 7
'상품' 폼의 7번째 레코드로 이동한다.

DoCmd.Close acForm*, "판매내역", acSaveYes*
사용자 확인없이 '판매내역' 폼의 변경된 내용을 모두 저장하고 폼을 닫는다.

예제의 메서드 인수들

- acViewPreview : 인쇄 미리 보기 형식
- acNormal : 폼 보기 형식
- acViewNormal : 데이터시트 보기 형식
- acReadOnly : 읽기 전용 모드
- acDataForm : 폼 개체 유형
- acGoTo : 이동
- acForm : 폼 개체 유형
- acSaveYes : 변경된 내용을 저장함

기출체크 ☑

17.1, 13.3, 06.3

2. 다음은 Command1 단추를 클릭했을 때 <사원정보> 폼이 열리고, 새 레코드를 입력할 수 있도록 비워진 폼이 표시되는 이벤트 프로시저이다. (①)과 (②)에 알맞은 메소드는 무엇인지 쓰시오.

```
Private Sub Command1_Click( )
  DoCmd.(   ①   ) "사원정보", acNormal
  DoCmd.(   ②   ) , , acNewRec
End Sub
```

24.1, 23.4, 23.3, 22.5

3. 액세스에서 보고서를 출력(미리보기/인쇄)하기 위한 VBA 개체는 (   )이고, 메소드는 (   )이다.

기출체크 2번

- DoCmd.OpenForm "사원정보", acNormal : '사원정보' 폼이 열립니다.
- DoCmd.GoToRecord , , acNewRec : 폼의 마지막에 추가되는 빈 레코드로 이동하여 새로운 데이터를 입력할 수 있도록 합니다.

기출체크 정답

2. ① OpenForm, ② GoToRecord
3. DoCmd, OpenReport

SECTION 152

데이터 접근 개체

1 ADO의 개념

515901

ADO(ActiveX Data Objects)를 사용하면 OLE DB 공급자를 통해 데이터베이스 서버에 있는 데이터에 액세스하여 조작할 수 있는 응용 프로그램을 작성할 수 있다.

- ADO의 장점으로는 사용의 용이성, 빠른 속도, 적은 메모리 오버헤드, 작은 디스크 공간 차지 등이 있다.
- ADO는 클라이언트/서버 및 웹 기반 응용 프로그램을 작성하기 위한 주요 기능들을 지원한다.

22.6, 22.2, 18.상시, 16.3, 14.1, 13.1, 09.1, 08.3, 08.1, 05.3, 04.1, 03.2

2 RecordSet 개체

515903

RecordSet 개체는 기본 테이블이나 명령 실행 결과로 얻어진 데이터를 임시로 저장해 두는 레코드 집합이다.

- Recordset 개체는 언제나 현재 설정된 레코드 집합에서 단일 레코드만 참조한다.
- Recordset 개체를 사용하여 공급자의 데이터를 조작할 수 있다.
- 모든 Recordset 개체는 레코드(행)와 필드(열)로 구성되어 있다.
- 공급자가 지원하는 기능에 따라 Recordset의 일부 메서드나 속성을 사용할 수 없다.
- **주요 속성**

RecordCount	Recordset 개체의 현재 레코드 수를 나타낸다.
22.6, 05.3 **BOF/EOF**	현재 레코드 위치가 Recordset 개체의 첫째/마지막 레코드 앞/뒤에 온다는 것을 나타낸다.
Filter	Recordset의 데이터에 사용할 필터를 나타낸다.
Sort	정렬 기준을 설정한다.

전문가의 조언

- RecordSet 개체의 특징, 속성, 메서드의 종류 및 기능에 대한 문제가 출제되고 있습니다.
- 속성과 메서드의 기능을 이름과 연관지어 확실히 암기하세요.

[기출 포인트]

공급자의 설정에 따라 일부 메소드나 속성을 사용할 수 없다.

• 주요 메서드

메서드	설명
04.1, 03.2 Open	연결된 레코드셋을 연다.
03.2 Close	열려 있는 개체와 관련된 종속 개체를 모두 닫는다.
14.1, 09.1 Update	Recordset 개체의 변경 사항을 저장한다.
14.1, 09.1, 03.2 AddNew	업데이트 가능한 Recordset 개체를 위한 새 레코드를 만든다.
14.1, 04.1 Delete	현재 레코드나 레코드 그룹을 삭제한다.
16.3, 04.1 MoveFirst, MoveLast, MoveNext, MovePrevious	지정된 Recordset 개체에서 첫째 레코드, 마지막 레코드, 다음 레코드, 이전 레코드로 이동한다.
16.3, 08.3, 08.1 Find	Recordset에서 특정 조건에 맞는 레코드를 검색한다.
16.3, 09.1, 08.3, 08.1 Seek	• Recordset의 인덱스를 검색하여 특정 조건에 맞는 레코드를 검색하고, 현재 레코드 위치를 해당 레코드로 변경한다. • Find에 비해 검색 속도가 빠르다.

예제

```
Private Sub 예제( )
    Dim rs As ADODB.Recordset                    rs라는 ADO 레코드셋의 변수를 선언한다.
    Set rs = New ADODB.Recordset                 rs에 임시로 저장할 레코드셋을 할당한다.
    rs.ActiveConnection = CurrentProject.Connection
                                                 rs라는 레코드셋에 현재 데이터베이스를 연결한다.
    rs.Open "select * from 성적"                 〈성적〉 테이블을 열어 rs 레코드셋에 할당한다.
End Sub
```

기출체크 ☑

16.3, 08.3, 08.1
1. Recordset의 인덱스를 검색하여 지정하는 값과 일치하는 행을 찾고 현재 행의 위치를 해당 행으로 변경하는 Recordset 개체의 메서드는 (　　　)이다.

22.6, 05.3
2. 현재 레코드 위치가 RecordSet 개체의 첫 번째 레코드 앞에 온다는 것을 반환하는 속성은 (　　　)이다.

기출체크 정답
1. Seek 2. BOF

기출문제 은행

정답 해설

해설은 504쪽에 있습니다.

22년 4회, 21년 1회, 18년 2회, 09년 4회

01 다음 중 매크로에 대한 설명으로 옳지 않은 것은?

① 매크로는 작업을 자동화하고 폼, 보고서 및 컨트롤에 기능을 추가하는 데 사용되는 도구이다.
② 특정 조건이 참일 때에만 매크로 함수를 실행하도록 설정할 수 있다.
③ 하나의 매크로에는 하나의 매크로 함수만 포함될 수 있다.
④ 매크로를 컨트롤의 이벤트 속성에 포함시킬 수 있다.

22년 7회, 5회, 3회

02 레코드의 위치를 지정된 레코드로 이동시키는 것으로 First, Last, Previous, Next 등의 인수가 사용되는 매크로 함수는?

① GoToRecord ② GoToControl
③ FindRecord ④ FindNextRecord

23년 1회, 22년 2회, 20년 2회

03 다음 중 매크로 함수에 대한 설명으로 옳지 않은 것은?

① FindRecord : 조건에 맞는 모든 레코드를 검색한다.
② ApplyFilter : 테이블이나 쿼리로부터 레코드를 필터링한다.
③ OpenReport : 작성된 보고서를 호출하여 실행한다.
④ MessageBox : 메시지 상자를 통해 경고나 알림 등의 정보를 표시한다.

23년 5회, 21년 7회

04 다음 중 이벤트의 발생 시기에 대한 설명으로 옳지 않은 것은?

① Deactivate : 폼이나 보고서가 활성화될 때 발생한다.
② AfterInsert : 새 레코드가 추가된 후에 발생한다.
③ AfterUpdate : 컨트롤이나 레코드의 데이터가 업데이트된 후에 발생한다.
④ LostFocus : 폼이나 컨트롤이 포커스를 잃을 때 발생한다.

23년 4회, 3회, 22년 5회, 12년 2회

05 다음 중 액세스에서 보고서를 출력(미리보기/인쇄)하기 위한 VBA 개체와 메소드로 옳은 것은?

① Docmd.OpenReport
② Report
③ Docmd.ReportPrint
④ Report.Open

24년 1회, 17년 2회

06 다음 중 매크로에 대한 설명으로 옳지 않은 것은?

① 매크로는 작업을 자동화하고 폼, 보고서 및 컨트롤에 기능을 추가하는 데 사용되는 도구이다.
② 매크로를 컨트롤의 이벤트 속성에 포함시킬 수 있다.
③ 컨트롤에 포함된 매크로를 포함하여 모든 매크로가 '탐색' 창의 매크로 개체에 표시된다.
④ 데이터베이스 파일이 열릴 때 자동으로 실행되는 매크로를 정의하려면, 매크로 이름을 AutoExec로 지정한다.

22년 4회, 19년 1회, 15년 3회

07 다음 중 폼을 디자인 보기나 데이터시트 보기로 열기 위해 사용하는 매크로 함수는?

① RunCommand ② OpenForm
③ RunMacro ④ RunSQL

21년 6회

08 다음 중 텍스트 상자의 내용이 변경될 때 발생하는 이벤트는 무엇인가?

① After Update ② Before Update
③ Click ④ Change

23년 4회, 1회

09 다음 매크로 함수에 대한 설명으로 옳은 것은?

① ApplyFilter : 테이블이나 쿼리로부터 레코드를 필터링한다.
② SetValue : 설정한 값을 지정된 컨트롤에 저장한다.
③ CloseWindow : Access를 종료한다.
④ GoToPage : 특정한 조건을 만족하는 컨트롤이 있는 페이지로 이동한다.

▶ 정답 : 1. ③ 2. ① 3. ① 4. ① 5. ① 6. ③ 7. ② 8. ④ 9. ①

기출문제 해설

[문제 01] Section 148

매크로에는 하나의 매크로 함수로 구성된 일반 매크로, 매크로 함수가 여러 개 작성된 하위 매크로, 조건식을 사용한 조건 매크로 등이 있다.

[문제 02] Section 149

- GoToControl : 활성화된 폼에서 커서를 특정한 컨트롤로 이동시킴
- FindRecord : 특정한 조건에 맞는 첫 번째 레코드를 검색함
- FindNextRecord : 특정한 조건에 의해 찾아진 레코드의 바로 다음에 위치하는 조건에 만족하는 레코드를 검색함

[문제 03] Section 149

FindRecord 함수는 현재 폼이나 데이터시트에서 지정한 조건에 맞는 첫 번째 레코드를 찾는다.

[문제 04] Section 150

- ①번은 Activate 이벤트의 발생 시기이다.
- Deactivate 이벤트는 Access의 활성 창이 다른 창으로 바뀔 때, 다른 창이 활성 창이 되기 전에 발생한다.

[문제 05] Section 151

Microsoft Access 매크로 함수를 Visual Basic에서 실행하기 위한 개체는 DoCmd이고, 보고서를 출력하기 위한 메소드는 OpenReport이다.

[문제 06] Section 148

- '탐색' 창에 표시되는 매크로는 [만들기] → [매크로 및 코드] → [매크로] 메뉴를 이용해 이름을 지정하여 만든 매크로만 표시된다.
- 특정 컨트롤에 포함된 매크로는 '탐색' 창에 표시되지 않는다.

[문제 07] Section 149

- RunCommand : RunMenuCommand 매크로 함수를 실행하여 지정된 명령을 실행함
- RunMacro : 매크로를 실행함
- RunSQL : SQL문을 실행함

[문제 08] Section 150

- After Update : 컨트롤이나 레코드의 데이터가 업데이트된 후에 발생함
- Before Update : 컨트롤이나 레코드의 변경된 데이터가 업데이트되기 전에 발생함
- Click : 마우스 왼쪽 단추로 클릭할 때 발생함

[문제 09] Section 149, 151

② SetValue는 필드, 컨트롤, 속성 등의 값을 설정한다.

③ CloseWindow는 폼이나 테이블, 쿼리 등 활성화되어 있는 데이터베이스 개체를 닫는다. Access를 종료하는 매크로 함수는 QuitAccess이다.

④ GoToPage는 현재 폼에서 커서를 지정한 페이지의 첫 번째 컨트롤로 이동시킨다.